清华大学社会学系　策划

清华社会学讲义

清华社会学讲义

清华大学社会学系　策划

社会分层十五讲

李　强／著

社会科学文献出版社

SOCIAL SCIENCES ACADEMIC PRESS (CHINA)

总　序

　　《清华社会学讲义》历经两年筹备，首批终于面世了。在我国社会学恢复、重建已二十余年，似乎臻至成熟，各种各样的社会学教材可谓品类繁多、汗牛充栋的今天，清华大学社会学系为什么还要组织这样一套讲义并付诸出版，理应在这里先行交代一番。

　　大体上说，清华大学社会学系诸同仁筹办这套讲义，基于三点考虑。

　　第一，社会学必须有能力面对各种新的经济、组织、政治和文化现象。自20世纪末期以降，高新科技的发展、经济结构的演变、社会—政治体制的改革引发的巨大、深刻的变迁，使整个人类社会面对一系列前所未闻的新问题。本系同仁认为：社会学这门学科，如果要在新世纪中生存下去，就必须有能力面对和处理这些新的问题，而要培育此种能力，就必须努力发展新的知识系统。本套讲义就是创新社会学知识系统的一个尝试。从列举的篇目中就可以看到：本套讲义的重点，是力求选取那些对研究新问题至为关切的社会学分支学科加以介绍，而不复拘泥于传统的知识体系和结构。

　　第二，社会学应当对当代人文社会科学相关领域的知识加以融会贯通，努力实现跨学科知识交流与创新，或者说，努力变成"新社会学"。这里所谓"新社会学"有两层意思。一层意思是说：社会学本身的知识内容，必得吸取人文社会科学诸相关领域的知识，才能实现发展和创新；另一层意思是说：社会学这门学科，亦有能力跨入人文社会科学诸相关领域，成为其他学科基本建设的一个环节。例如，组织行为研究就是商学院的一门基础课程，而社会研究方法则是当代各门社会科学学科所普遍使用的调查研究方法之一。所以本套教材的又一个特点，就是在这个方面用力，力求展示社会学知识与相关学科知识的交流与融合，力求变成"新社会学"。这也是当代社会学发展的一个国际性的潮流。

第三，社会学的教科书在学术上应当有一个高起点。在社会学的各类著作中，教科书承担着导引和教育下一代学科从业人员的任务，其质量的高低、选材的优劣，直接模塑下一代学人，因而关系到社会学学科的未来。就此意义而言，教科书对于学科和学术建设具有特别的重要性，撰写教科书必须慎之又慎，将就不得。基于此种考虑，本套教材主要邀请那些在海内外学有所成，常年从事教学工作，而对中国国情又不陌生的中国学者撰写；在内容上，尝试将社会学的前沿理论与中国社会的实际状况勾连起来，在两者之间架起一座桥梁；在形式上，则采取"讲义"形式，基本保留口语化特点，学理纵然艰深，但力求做到通俗易懂。

为确保出版质量，本套讲义选择在社会科学文献出版社出版。众所周知，社会科学文献出版社是近年来在出版、刊行社会学著作方面用力最多的一家出版社，本套讲义凭借此家出版社之力，无疑是获得成功的一大保障。

自2000年正式建系伊始，清华大学社会学系诸同仁即明确提出了本系学科和学术建设的宗旨："面对中国社会的真问题，与西方社会学前沿理论开展有建设性的对话。"这两句话是本系同仁总结了国内社会学界的发展状况后提出来的。所谓"面对中国社会的真问题"，是说社会学的研究问题，不应来自依据经典大师的语录而对社会生活的直接剪裁，也不应来自权力机构的"长官意志"的提示，而应来自社会学学者作为一个掌握了社会学知识的社会行动者，在这个社会里积年累月的探索和体验，那些问题必定是靠近这个社会的实作逻辑的；所谓"与西方社会学前沿理论开展有建设性的对话"，是说社会学对于这些本土问题的研究，其所形成的概念和理论，不应仅仅囿于本土范围，而必须超越本土，尝试着与西方社会学的前沿理论对话，以期丰富甚至推动整个社会学学科的发展。由此可见，这个宗旨提出的是一个"一体两面"的任务。单独实践一面已很困难，要同时做到两面则可谓难上加难。本系同仁深知实践这一宗旨实属不易，而将之作为长远的努力方向。希望本套教材的出版，向着此目标前进了一步，哪怕只是一小步。

清华大学社会学系诸同仁

二〇〇三年十月

序 言

社会分层理论是社会学学科最为重要的基础理论。任何人只要想学习社会学，就必须学习社会分层这门课程。社会分层也是全部社会科学需要研究的基础领域，社会科学的研究对象是社会或人群，而要理解社会就必须了解社会或人群的构成、结构或关系，而社会分层就是最为关键的社会构成、社会结构或社会关系。

笔者在大学课堂上讲授"社会分层与社会流动"这门课程已经有30多年了，本教材《社会分层十五讲》的前身是《社会分层十讲》。《社会分层十讲》最初出版于2008年，迄今已有14年，其间虽然也出过第二版，但内容变动不大，此次出版的《社会分层十五讲》则做出了比较大的修改增删。

笔者对于社会学和社会分层研究的兴趣始于20世纪70年代末80年代初，算起来有40余年了。1978年，笔者考入中国人民大学国际政治系读本科的时候，中国人民大学还没有"社会学"学科。笔者真正对社会学学科产生兴趣是源于一次书展。1979年，坐落在北京东四西边的中国美术馆举办了一次外文图书展。那时候改革开放刚刚起步，人们都渴望从海外获得新知识，所以，图书展上人山人海。笔者在阅读英文图书的时候，发现有一整架、一整架的图书都归类为Sociology（社会学），这些图书涉及的内容广泛、十分有趣，笔者由此产生了对于这个学科的浓厚兴趣。那个时候，中国人民大学图书馆的英文藏书还不是很多，北京外文资料藏书最多的当属北京图书馆（现已更名为中国国家图书馆）。当时，北京图书馆还没有搬到京城西郊白石桥的新馆，而是坐落在北海公园南门文津街的老馆，文津街的名字听起来就那么有文化感。在数年的时间里，笔者成了"北图"的常客。那时候一个借书证可以外借3本外文图书，父亲的借书证也归笔者使用，这样，一次可以外借 6 本外文图书。1978～1985 年笔者在中国人民大学读本科和硕士研究生这段时间，除了正常上课以外，主要就是日复一日地阅读大量的社会学英文著作和有关社会分层与流动的英文著作。这对笔者来说，确实是一种难得的社会学理论训练，也可能正是这一时期的阅读，促使笔者后来走上了社会学的道路。

笔者属于"文革"中"上山下乡"的一代人，这一代人中最终以学术为职业的占比很低，在"文革"下乡的那种环境中，学习的道路十分曲折，很多知识都是靠自学得到的。1963 年，笔者考上了北京市非常好的一所中学——北京四中，从 1963 年到 1966 年笔者确实是在极其刻苦地学习。今天，回忆起小学的学习，笔者好像没有刻苦学习过，主要的记忆都是在"玩"。到了四中，突然见到了一批很拔尖的学生，笔者这时候才意识到，只有拼命追赶，别无出路。当时，四中的流行语是"学好数理化，走遍天下都不怕"，所以，初中时笔者的学习兴趣主要是数理化，完全没有想到自己后来会以社会科学为职业。1966 年 5～6 月，正当笔者准备考高中的时候，"文化大革命"发生了，于是学业被中断。作为十几岁的年轻人，当然有对于知识的极度渴望，1966～1968 年这段时间，笔者大体上属于"逍遥派"，通过各种途径找书，阅读了不少书。当时，由于痴迷于做"半导体收音机"，笔者阅读了不少关于晶体管收音机的书。由于首都北京市的有利条件，想找到这方面的书还是非常容易的。但是，这种"逍遥派"的读书生活再次被中断，1968 年 5～6 月，学校将我们叫去参加"军训"，紧接着，笔者和另外 6 位同班同学就被安排为班里的第一批"上山下乡"成员。1968 年 7 月 2 日，笔者离开北京，坐火车、汽车，路上大约用了 3 天时间，最后来到了黑龙江边境的一个地方，属于完达山脉，住的地方不远处有一条河叫作"索伦河"。今天从地图上看，这里距离珍宝岛不远，直线距离大约数十公里，地理上属于虎林县和宝清县交界的地方，行政上隶属于"生产建设兵团"，名称很大，叫"沈阳军区黑龙江生产建设兵团某团某连"。笔者是从大城市来的年轻人，在笔者眼里，这里就是一个村庄，说是部队编制，其实笔者的工作就是种地、盖房子，从来没有摸过枪。连队里有 200 多户人家，大部分是山东来的移民，也有东北原来的老百姓，还有不多的转业军人以及少数农业技术人员。从 1968 年到 1977 年，笔者在这里劳动生活了 9 年。如果说 9 年的下乡生活对笔者后来的社会学研究、社会分层研究有什么影响的话，这 9 年的经历确实对于笔者理解中国的社会分层、城乡差异、最普通农民的需求、农民以家为单位对于美好生活的渴望等，有极大的裨益。这些收益恐怕是从书本上学习不到的。

来到农村以后，劳动生活的艰苦倒在其次，笔者最为苦恼的是没有书。笔者最初离开北京的时候，对于未来的生活几乎一无所知，没有想到那里没有书。到了村子后不久，笔者发现，村里有一个文书，他在"打砸抢"时期，将村里图书室的书都搬到家里来了。于是，笔者在一段时间里找到了图书的宝库，但图书毕竟不多，很快就读完了。后来，一些同学能够从家里寄书来。离我们二三十里外的另一个村庄一位同学的书多，笔者就跑到他那里去借书。同来的四中同学都想读书，所以，一本好书能够在一个人手里的时间也就几天。于是笔者就熬夜读书，那时候年纪还不到 20 岁，白天干一天活，夜里又读一夜书居然能够扛下来。当然，村子里经常停电，于是笔者就自制小油灯读书，到了早上，两个鼻孔都是黑黑的（被油烟熏的）。这期间虽然也阅读了不少书，但是，阅读完全不成体系，杂乱无章。今天读的是《约翰·克利斯朵夫》，明天拿到的可能就是一本《电工原理》，后天又得到一本《卓别麟——不朽的流浪汉》。这时候的学习完全没有高人指点，对于以学科为基础的知识体系、对于文明演变的整体进程并没有认知，所以，这样的读书存在严重缺陷。后来恢复高考，考上大学，笔者才认识到，知识是有学科体系的，高水平的学习也必须是成系统的，而且要循序渐进。

恢复高考是笔者这一代人遇到的改变人生的最重大的事件之一。1978年，笔者考上了中国人民大学，大学生活给笔者带来了天翻地覆的变化。居然能够以读书为生，笔者感到无比兴奋，读书真正是天底下第一等的好事！

上文讲过，笔者读的专业虽然不是社会学，但是，笔者阅读的书和研究的兴趣都是偏社会学的。1982 年笔者本科毕业论文的题目是"美国工会运动中的集体谈判"，1985 年硕士学位论文是关于欧美发达国家的"白领阶层"。这都属于社会学的研究领域。上文已述，为了准备论文，笔者阅读了大量有关社会分层、阶级阶层的英文文献，所以，这一段时间的阅读，为笔者的社会分层与流动研究打下了一些基础。

1984 年底，笔者在中国人民大学校内找到了刚刚从英国学习社会学归来的郑杭生老师，那是我们的第一次见面。笔者提出想到他刚刚建立的社会学研究所工作，郑老师爽快地答应了。1985 年暑期，笔者从中国人民大学国际政治系研究生毕业后，在中国人民大学社会学研究所留校任教，这是笔者社会学职业生涯的正式起步。当教师自然就要讲课，笔者最初讲授的课程并不是社会分层与流动，记得那段时间讲授过的课程有：社会学概论、社会指标体系、社会学理论、社会调查研究方法、美国社会问题，等等。笔者最初讲授"社会分层与社会流动"这门课程是在 20 世纪 90 年代初，最开始是为中国人民大学社会学系的研究生开设的专业课，后来笔者也为社会学系的本科生讲这门课。这一阶段的部分讲稿后来结集出版，就是由中国经济出版社出版的《当代中国社会分层与流动》（1993）一书。这本书更多的是侧重于实证研究，分层的基础理论都集中在前两章，后面的十章主要都是对中国阶级阶层的实证分析。自 90 年代初开设这门课一直到笔者离开人大，中国人民大学社会学系"社会分层与社会流动"的本科生和研究生课程教学主要由笔者来承担，讲授该课程的次数究竟有多少，笔者自己已经记不清楚了。但是，讲课虽然多，却没有专门撰写供学生用的理论教材。倒不是不想写，主要还是由于课题、调研以及撰写其他论文等事情太多，来不及写教材。1999 年，笔者离开中国人民大学，加盟清华大学，与诸位同仁在清华大学建立了社会学系，在招收了社会学研究生后，即开始开设"社会分层与社会流动"课程。

掐指算来，笔者讲授这门课程也有 30 多年时间了。笔者先后写过多种研究中国社会分层与流动的著作，同时也作为教材。最早是 1989 年出版的《中国大陆的贫富差别》，后来又出版过多种关于社会分层的著作，1993 年的著作上文已经提及了，其他著作如《社会分层与贫富差别》（2000）、《转型时期中国社会分层》（2004）、《农民工与中国社会分层》（2004/2012）、《当代中国社会分层：测量与分析》（2010）、《当代中国社会分层》（2019）等。这些著作都侧重于研究现实的中国社会状况、阶级阶层的状况，没有详细讨论社会学的分层理论。

而笔者专门阐释社会分层理论脉络的著作则是 2008 年出版的《社会分层十讲》，此后该书一直被笔者作为讲授社会分层理论的基本教材。本书（《社会分层十五讲》）实际上是《社会分层十讲》的修订版，不过由于书名改变了，按照出版要求只能作为一本新书。无论是十讲还是十五讲，都遇到一个同样的问题，即这些源于欧美社会学的理论究竟如何和中国的社会分层与流动的实践接轨，换言之，怎样用这些理论来分析中国的阶级、阶层的实际问题。在这一点上，笔者在《社会分层十讲》的序言中就阐释过，笔者同意特雷曼（D. Treiman）的观点——人类社会在结构上是具有相似性的[①]，因此，

---

① Treiman, D. J. *Occupational Prestige in Comparative Perspective*（New York：Academic Press, 1977），pp. 5–12.

解释社会结构、社会分层的理论也是具有普遍性的。所以，《社会分层十五讲》的特点仍然是，在阐释了各个流派的理论和代表人物之后，总是要联系中国社会分层的实际状况做一些分析。比如，运用涂尔干和新涂尔干主义的社会共同体思想分析中国的社会整合，运用帕金的"文化缓冲带"思想剖析中国的"社会缓冲带"现象，运用中产阶层理论来分析中国的中产阶层现状，运用社会学精英理论分析中国的精英现象，等等。总之，本书介绍社会分层与流动的理论，目的还是研究中国的社会分层与流动的实践。

社会分层与流动的理论体系极为庞大，本次修订以后扩为十五讲，与十讲比起来多了五讲。增加的部分，两讲是讨论中产阶层（中产阶层理论的发展脉络与中国中产阶层分析），三讲是讨论精英理论。精英是社会分层体系中占据最高位置的一部分人。从有文字记载的3000多年历史看，中国自古是典型的精英治理社会，精英在中国社会中发挥了极其重大的作用。但迄今为止，我国社会学界对于精英的研究比较欠缺，这也是本书增加三讲讨论精英理论的原因。其余的十讲内容，基本上还是按照《社会分层十讲》的理论架构，即包括传统的分层理论的最主要流派，以及从传统理论框架中发展起来的新马克思主义流派、新韦伯主义流派、新涂尔干主义流派、功能主义流派、新自由主义分层流派、后现代文化分层流派等。当然，本书还是延续了对社会结构测量方法的讨论，延续了关于社会结构变迁的讨论，分析了中国社会结构的最新变化。最简单的社会分层可以将社会分成社会上层、社会中间层和社会下层。比较遗憾的是，此次笔者没有安排专门的章节讨论社会下层。笔者在以往的讲课中讨论过社会下层或贫困层的理论，但是，此次囿于篇幅和时间，无法加进来了，希望未来再版时还有添加的机会。

在《社会分层十讲》中，笔者的学生李卓蒙帮助笔者做了附录的整理工作，此次也仍然列为附录。近年来，笔者在清华大学讲授社会分层课程时得到了郑路老师、何晓斌老师、刘精明老师、赵一璋老师的很多帮助。另外，在本书的编辑过程中，社会科学文献出版社的赵娜编辑做了很多工作，兢兢业业、一丝不苟。对于所有帮助笔者完成此书的人，在此一并表示深深的谢意。

笔者深知，成就一部书稿而又没有任何一点错误，实在是件非常不容易的事情。本书稿虽然经笔者本人和赵娜编辑阅读修改了多次，但是，每读一次还是能够发现错误，这着实也令笔者心惊胆战、诚惶诚恐。在此，也真诚地希望广大读者在阅读本书时给予指正，不吝赐教。

李　强

2022 年 11 月 26 日于清华大学熊知行楼

目 录

第一讲
社会分层与社会流动概述

第一节　什么是社会分层与社会流动

一　社会分层与社会流动的定义

我们知道，社会分层现象是普遍存在的，我们还没有发现哪一个社会完全没有层化现象。当然，开宗明义，先要澄清概念。社会分层，英文是social stratification。这个词，对于有些人来说恐怕比较生疏。如果从字面上推测，大约可以理解，是指社会有高低不同的分层次现象。在社会学里，这个词最初是从地质学中引入的。地质学中称为 stratify，指的是地质的沉积成层现象。后来，这个词被引入社会学，用意在于：采用地质中的分层现象比喻人类社会各社会群体之间的层化现象。如果从学术上给社会分层下定义的话，笔者认为可以理解为：社会分层是指社会成员、社会群体因社会资源占有不同而产生的层化或差异现象，尤其是指建立在法律、法规基础上的制度化的社会差异体系。这里之所以采用"社会资源"概念，是因为造成地位差异的因素是多方面的。社会资源是指对人有价值的全部资源的总称，它包括：政治资源、经济资源、文化资源等。当然，在社会资源中最核心的还是包括财产、收入在内的经济资源。既然社会资源是多元的，那么，造成的层化现象也是多种多样的。比如，因经济资源不同而形成富裕层与贫困层，因教育资源不同而分成高学历群体和低学历群体，等等。

那么，什么是社会流动呢？社会流动，英文是 social mobility，指人们的地位、位置的变化。更准确地说，它包括个人或群体在社会分层结构中位置的变化和在地理空间结构中位置的变化两个方面。当然，社会学更注重研究前一个方面，即社会地位高低的变化。像农民工流入城市、工人调动工作、家庭成员几代人的变迁、干部升迁、富裕集团的形成等，都属于社会流动的领域。社会分层与社会流动是一个事物的两个方面，两者密切相关，一个讲的是社会分成高低不同的层次，另一个讲的是人们怎样进入这种层次。两者的关系详见本讲第三节。

二　社会差异、社会不平等、社会不公平、社会不公正等概念辨析

社会分层的本质是说人们的社会地位是高低不同的，是不平等的。这样社会分层就具有了价值判断。是不是一切社会差异、社会差别现象都可以说成是社会分层或社会不平等呢？当然不是。

让我们从最简单的差异现象开始。无论是自然现象还是社会现象，差异、差别都是普遍存在的，自然界没有两片完全一样的树叶，人类社会也没有两个完全一样的人。当然，对于人类社会来说，其差别要比自然界的差别复杂一些，因为，人同时具有自然差别和社会差别两个方面。人从出生以后，就会发生和遇到各种各样的差异，首先会遇到自然差别，比如男孩、女孩，随之而来的就是社会差别。所谓自然差别是人与人之间因生理原因而形成的差别，比如：年龄的差异、高矮的差异、相貌的差异等。所谓社会差别则是人们因政治、经济、文化以及交往关系等社会因素而形成的差别。虽然我们试图从理论上对这两类差别予以区分，但实际上，这两类差别常常互相交织在一起。譬如，直观地看，男人与女人是明显的生理差异，但无论是在传统的女权社会或男权社会，还是在现代社会，男人和女人都被赋予了重要的社会意义。所以，自然差别与社会差别的区分也是相对的。

以上分析说明，差别、差异是普遍存在的。那么，差别与不平等是什么关系呢？差别就是不平等吗？社会学认为，仅仅有差别还不意味着就是不平等。当我们说"穷人与富人"的经济地位"不平等"时，显然赋予了"穷人与富人"这种现象以一定的价值判断。那么，什么样的说法有价值判断，什么样的说法没有价值判断呢？笔者在此做一下词义上的辨析。我

们中国人讲究"春秋笔法"，用词常常有褒贬含义在里面，这样，在使用的术语上就更为复杂一些。首先，在这方面，最不具价值倾向、取向的术语是差别、差异，而"分化"（division）则指差别、差异的形成过程，最初也不具有价值倾向、取向。

其次，有一对概念，含义很不清晰，常常引起争议，这就是"平等""不平等"概念。之所以常常引起争议，是因为人们常常在两重意义上使用这对概念。一方面，它被用来描述"均等"或"不均等"（有人爱用"平均"或"不平均"概念，意思是一样的）现象，即完全客观的数量上的一致或不一致。比如体力劳动者与脑力劳动者的收入水平是不均等的、不一样的，这里只是做客观描述，没有做主观上的公正或不公正、合理或不合理的评价。但是，也有些人在使用"平等""不平等"概念时，不是在完全客观的意义上讲的，而是加上了主观评价。所以，为了使学术表达更为准确，避免引发歧义，笔者以为，当我们试图表述纯粹客观上的差异现象时，应尽量使用"均等"或"不均等"（"平均"或"不平均"）概念；而当我们想表现主观上对一种差异现象的评价时，应尽量使用明确的主观评价术语，比如不公正、不合理等。

再次，我们还需要对合理或不合理、公平或不公平、公正或不公正等概念做一下辨析。这类概念的共同特点是有明显的价值判断，虽然各对概念之间略有差异。比如，合理是讲道理的意思，是指对事物的判断要合乎人们的理性思考。合理与平均不是一回事，合理的不一定是均等的。比如，根据社会主义的分配原则，"多劳多得、少劳少得"是合理的，这样，有贫富差别也可以是合理的，没有贫富差别也可能是不合理的。而公平或不公平虽然被用得最为广泛，但在含义上就容易产生一点歧义。因为"公平"这个概念里有一个"平"字，所以，有些人误以为"平均"的才是公平的，不平均的就不是公平的。"公平"这个词确实容易导致歧义。因为从字面上看，这个词同时跨了"公正"和"平均"两个领域，第一个领域是有明确价值判断的领域，第二个领域是表述一种纯粹的客观现象，没有价值判断。笔者以为，在严格的意义上，中国人在使用"公平或不公平"概念时，是想表达一种明确的价值判断，但由于字面上有"平"这个字，就很容易导致误解。所以，为了使表述更为严谨，笔者主张，在表述有明确价值判断时，我们还是使用"公正或不公正""合理或不合理"好一些。笔者在此做的词义辨析，可不是简单的文字游戏。在中国目前的现实生活中，人们频繁使用"公平或不公平""平等或不平等"这样的概念，而有的时候，一些人没有辨析清楚要表述的真实含义，所以，仅就词语本身而言已经造成了很大的思想混乱。比如，有些人在论证收入分配的合理与不合理时，使用的是"公平或不公平""平等或不平等"概念，而在他们的潜意识中，似乎"公平的"或"平等的"与"均等的"是同义语，这样，讨论就进入了误区。笔者以为，如果要表述明确的立场、观点、价值判断，最好还是使用"公正或不公正"、"合理或不合理"这样的词语，以使得观点更为澄清。笔者认为，在今日中国的分层问题、分配问题上，尽管测量贫富差距的数值和系数偏高，但最为核心的问题不是"均等不均等"问题，最为核心的还是"合理不合理""公正不公正"问题。老百姓意见大的还是一些不合理和不公正的现象，比如权钱交易、以权谋私、贪污腐败、侵吞国有资产、欺压百姓、违法乱纪等。老百姓最不能容忍的是这些问题。至于一些真正有贡献的人获得数百万元奖金，比如，水稻专家袁隆平、计算机专家王选各获得500万元国家科学技术奖奖金，老百姓不但没有意见，反而认为很合理、很公正。

总之，通过以上的概念辨析，我们知道，在研究社会分层时，我们会遇到两种现象，一种是纯粹客观的社会差异现象，另一种是对社会差异现象的主观评价。所谓社会分层研究就是研究这两种现象的关系。

三　社会分层与社会结构的关系

按照上文的叙述，社会差异现象是普遍存在的，但不是任何一种社会差异都可以被称作社会分层。那么，什么样的社会差异可以被称作社会分层，什么样的社会差异不可以被称作社会分层呢？也如上文所述，社会分层是指社会形成一种制度化的不均等体系，该体系大多有明确的法律、法规的规定。对于这种稳定的、制度化的社会不均等体系，社会学通常称之为"社会结构"或"社会分层结构"。所以，对于社会结构，不同学科往往有不同的侧重，社会学更加关注社会群体的地位结构，也就是上下、高低不等的垂直结构。最典型的社会分层结构就是"阶级结构"，它是指各阶级群体因为经济地位、经济资源占有不同而形成的地位差异结构。当然，阶级结构是社会结构的一种而不是全部。比如社会还有经济结构、产业结构、职业结构、组织结构、城乡结构，等等。这些结构也会表现出地位差异的制度化体系。比如，在我国当前的城乡结构中，城市处于较高位置，农村处于较低位置。总之，社会学在理解社会结构时比较强调这种地位不同的社会差异体系，也就是本书的核心："社会分层体系"或"社会分层结构"。

笔者曾经在阐述社会结构定义时说："社会结构是指社会各要素或各部分相互之间的一种比较稳定的关系模式或互动模式。"社会的要素有多种结合方式，而社会学和社会分层特别重视社会要素的这种上下、垂直的结构形态或结合模式（李强，2004a：369~381）。

第二节　研究社会分层与流动的意义

一　社会分层研究在社会学理论中占有重要地位

社会分层是社会学这门学科的根基所在，是社会学研究赓续不绝的主题之一。我们知道，尽管社会学涉及领域很广、问题很多，社会学的分支也很多——目前社会学已经有107个分支，包括家庭社会学、人口社会学、政治社会学、经济社会学、体育社会学、军事社会学等，但是，对于所有这些分支来说，社会分层研究都是很重要的基础。为什么这样说呢？我们知道，社会学研究的对象是整个人类社会，偏重于强调社会整体，而你面对芸芸众生，比如，中国现在有14亿人，面对如此巨大的人类聚合体，14亿人，你怎么下手研究呢？我们知道，一个最基本的科学方法就是对复杂的聚合体、研究对象进行分类。社会分层实际上就是对人群的一种基本分类，而且是一种本质的分类。对于人群分类，有多种方式，比如按体质特征分类、按血型分类、按人格分类等。再比如，按地域可以分成河南人、河北人、浙江人、山东人等，不同地域的人，可能乡土口音就不一样。社会上的差异现象有千千万万，有差异就可以进行分类，所以，分类也有千千万万种。但在所有这些分类中，分层研究的问题是非常本质的问题，分层首先关注的是人们社会地位高下的不同。什么造成社会地位高低不同呢？最为核心的还是经济方面的原因。所以，社会分层研究的是个人之间、群体之间的利益差异，特别是经济利益的差异，这涉及对社会群体分类的最根本问题。这一点符合马克思主义，即人与人之间尽管有多种关系，但经济利益关系是最为本原的关系，其他关系都是从这种本原关系中派生出来的。从经济、物质利益上去剖析人类的行为，是最为深层次的解剖。

二 几乎所有重要的社会学理论家，对分层问题都有所关注

社会学这门学科，从 19 世纪 30 年代算起，到现在差不多有 190 年的历史。在这样长一段历史过程中，涌现了很多重要的社会学家。从孔德、斯宾塞、马克思、韦伯、涂尔干到帕克、帕森斯、米尔斯、吉登斯、布迪厄、福柯等，几乎每个重要的社会学家都从某个方面阐释了社会分层现象。所以，我们只要讲社会学，就要讲社会分层。

三 社会分层研究对于中国社会具有特殊的重要意义

在中国人的社会生活中，社会分层起着非常重要的作用。中国自古以来就是一个十分讲究等级层次的社会，连落草的水泊梁山兄弟们，也要隆重地排一排座次。迄今为止，无论是出席礼仪、会议发言，还是电视上镜头、报纸上排名之先后，都常常遵循非常严格的级别顺序。说起社会分层对中国社会的巨大影响与作用，老百姓人人都十分关心的"子女教育"就是一个明显例证。教育原本的功能是对人的教化和培育，即古人云"传道、授业、解惑"，今人讲"教书育人"。然而，如果我们考察一下社会现实，就会发现，很多老百姓关心的并不是教育原本的功能，而是关心教育所造成的社会分层。在中国，考大学几乎成了教育的终极目的。可怜天下父母心，家长所希望的就是孩子考上大学或考上名牌大学。而一旦考取名牌大学，无论是家长还是孩子就都松了一口气。对于大学里究竟教些什么、怎样教育，多数人并不关心。这也难怪。自古以来，中国教育制度的首要功能就是通过"教育筛选"而实现社会分层。最为典型的就是"科举制"，它通过考试筛选出各级官员。科举制显示出，"筛选人"是当时中国教育的第一位功能。这一点一直影响到今天。以"高考"为指挥棒的教育体制说明，筛选和分层仍然是现行教育体制的首要功能。结果，教育本来的教化、培育、传道、授业、解惑的功能反倒位居其次。

四 关于中国社会急剧分化的现实与社会分层

为什么要研究社会分层，其实对我们中国人来说，最为重要的意义还在于，中国目前正面临非常严峻的社会分层问题。改革开放 40 多年来，中

国社会结构发生了重大变迁。迄今为止，中国社会仍然处在分化、解组、整合、流动比较剧烈的时期。举个例子，改革开放以前，中国社会的私营企业主、民营经济主，以及所谓富翁阶层都已经消失多年。而今天，动辄就是富翁排行榜，亿万富翁有很大一批。而中国社会又是长期有"不患寡而患不均"传统的社会，贫富分化以后，一些人有很大的不满情绪。研究证明，社会分化和社会分层已经成为激化社会矛盾的重要背景。几乎所有社会冲突都与分层问题有关。比如，城市向农村征地造成"失地农民"问题，城市房地产开发造成"拆迁"中的利益冲突；再比如近年来房产主、业主与居住者的维权运动，城市外来人口与城市管理的矛盾；等等。所有这些方面的社会矛盾、社会冲突，都与社会分层研究密切相关。所以，社会分层是今日中国关乎社会安全、社会和谐、社会稳定的研究领域。

第三节　社会分层的形成过程

一　形成社会分层的机制是什么？

上文分析了社会分层与社会结构的关系。那么，一种既定的社会分层结构是如何形成的呢？形成的机制是什么呢？社会分层形成的机制有三个方面。

第一，社会制度、社会文化定义了社会资源的价值。不同制度、不同文化的社会关于什么有价值、什么无价值的定义并不一样。比如，在家族、宗族盛行的中国古代社会，一个人年龄越大，辈分越高，他在家族、宗族中的地位就越高，所以，那时候，年龄大是一种社会资源；而今天，中国进入市场竞争社会，实施了比较严格的退休年龄限制，这样，年纪轻成为重要资源，年龄大反而不利于市场竞争。当然，在这个定义的过程中，资源本身的特性也有一定影响。首先，这类资源是为人们所需求的，如果没有需求，也就谈不上价值。其次，资源是稀缺的，如果供给无限也就体现不出价值。比如，在古代没有空气污染问题，所以也就体现不出空气的价值；而近年来城市空气污染严重，所以，与旷野、草地、树林临近的空气质量好的居住区也就被定义为有较高居住价值的地区，于是，其价格攀升。当然，影响资源价值的最主要因素还是社会制度和社会文化。

第二，社会分配规则决定这些资源在不同位置的社会群体中如何分配，比如，私营企业主、医生、干部、农民、技术工人、体力工人等，他们得到多少和多大比例的资源。譬如，1956年我国对全国的企业、事业和国家机关进行了全方位的工资改革，确定了新的社会分配规则。这个规则将干部分为30个级别，又将全国划分为11类工资区，对每一个级别上的不同工资区的工资数额做了具体规定；并且比照干部的工资分层标准，对企业和事业单位的管理者、教学人员、工程技术人员、医务人员、实验人员、编辑出版人员、图书馆人员、技术工人、一般生产工人等，都做了严格的工资级别上的规定，其中，专业技术人员分为10~20级不等，工人分为8级。所以，1956年以后直到改革开放初期的社会资源分配，基本上都按照这样的规则执行。当时资源配置的内容不仅是工资，而且连住房标准、电话安装、汽车配备、秘书服务人员、医疗、食品定点供应、家具、生活用具等，都有明确规定。这些体现了计划经济时代的社会分配规则。

改革开放以后，特别是1992年以后，市场原则在社会分配规则中起到越来越重要的作用。换言之，"看不见的手"、竞争等在资源配置中发挥重大作用。于是，一方面，有些企业，包括不少私营企业迅速崛起，在分配中获得越来越大的份额，甚至出现了一批亿万富翁。市场冲破了原来计划经济的各种福利配置格局。另一方面，一些企业破产、不景气，工人下岗，他们得到的资源大大缩水。新的社会分配规则也是在这个过程中逐渐形成的。当然，这个新的规则也还有很大的不合理成分，因为我国中央政府首肯社会主义市场经济，也就是二十几年的时间，市场经济肯定还有很多不完善的环节、很多漏洞。所以，在资源的分配上，有些人就钻了空子，甚至有些人靠走私、偷税、贪污、不正当交易攫取了大量资源；而另一些人由于分配规则不完善而利益受损。所以，今天我国在改革上面临的一项艰巨任务就是理顺和完善社会分配原则。正因为如此，2020年10月党中央在"十四五"规划建议中提出：要着力提高低收入群体收入，扩大中等收入群体，完善再分配机制。

第三，社会分层机制形成的最后一个方面是"社会流动"。社会流动将社会中的个人或社会群体引导到社会分配的高低不同的层级位置上去。大经济学家和大社会学家熊彼特（Schumpeter）曾经说过：既有的社会结构或职业结构就像一个旅馆，旅馆总是要住人的，但是，居住在旅馆客房里的人却总是流动的，不同的人都可能住在一个高档的客房或一个低档的客房里（转引自 Giddens，1975：107）。所以，在稳定的和按照常规运作的社会里，社会分层是一种社会结构或高低不同的位置结构，至于谁进入哪一种位置，则是由社会流动决定的。考察不同社会的社会流动的特点，我们可以根据流动率的高低，将其分为两种不同类型的社会，即高流动率的社会和低流动率的社会。如果一个社会中处在下面的阶层能够以较高比率流入社会上层，比如，贫苦农民的子弟经过自己的奋斗，后来比较多地变成富有者，我们就称之为"高流动率的社会"。反之，如果一个社会大多是自己阶层内部的流动，比如，农民的子女还是农民，富商的孩子仍是富商，很少有跨阶层的流动，我们就称之为"低流动率的社会"。当然，无论是高流动率社会还是低流动率社会，制约流动的最主要因素还是社会制度、社会文化等。换言之，高流动率或低流动率也还是有规律的，是按照一定的社会规矩、社会常规进行的。

如果社会不稳定，不按照常规运作，比如，中国"文化大革命"时期，原来的社会层级结构被破坏了，如果用熊彼特的比喻，就是连旅馆的结构也被打碎了，这时候，社会流动和社会分层就会处于混乱的状态。改革 40 多年来，中国社会的分层结构逐渐"定型化"（李强，2004b：93～99），也就是说，社会流动开始形成一定的规矩和规律，开始有秩序了，这样人们能够预期自己的社会流动和社会位置。在这种情况下，我们说，中国开始形成按照常规运作的社会。

二　构成社会分层的两个基本方面

对于上述社会分层的形成过程，也可以从另一个角度看，这就是构成社会分层的两个基本方面。对此，社会分层研究的大师伦斯基通俗地解释为，每一种分层理论所涉及的基本问题都是两个方面：第一，谁得到了什么；第二，为什么得到（伦斯基，1988：2）。

用规范的学术语言表述，这两个方面，第一个方面是社会的不均等结构或者说"地位差异结构"，即社会分为地位高低不等的结构或社会地位差异的网络。这是我们考察任何一个社会、社区时，一眼就可以看到的，譬如，收入分层、级别分层，社会上有的人穷，有的人富。

第二个方面研究的是人们究竟是怎样进入地位差异结构的，比如从各级学校毕业的学生如何进入职业的分层位置，有的穷人后来变成富人，有的富人后来变成穷人。社会学家管这种进入的程序叫作"地位准入"

(recruitment)机制（Parkin，1971：13）。

由此，我们可以发现两种截然不同的公平观。一种公平观认为，社会分层结构本身就是不公平的，要实现公平就必须消除此种层级结构。另一种公平观认为，分层结构本身的差异是难以消除的，公平是指人或人群进入这些结构的过程是公平的。我们暂将第一种称为"消除地位差异"的公平观，将第二种称为"地位准入"的公平观。

从"地位准入"的角度看，历史上曾经出现过如下一些准入机制。第一，血统的或等级的"地位准入"。例如，中国古代皇权的承继、欧洲资本主义以前的等级制社会，那时，贵族的地位是通过家族血统继承的。第二，通过关系网或私人介绍。从世界各国的精英集团的来源看，关系网或熟人关系都对"地位准入"发挥了重要作用。第三，推荐制度。据传说"禹爷"以前的时代，一国之主是由推荐产生的。中国自古就有举孝廉、举秀才的举荐制度。"文化大革命"中，中国大学生的选拔也曾奉行"群众推荐"制度。第四，考试制度。中国的科举制开世界上通过考试实现"地位准入"之先河。今天世界各国的文官制度、公务员考试制度也都是通过考试来筛选政府管理人员。目前，考试制度的领域已经大大拓展，诸如律师、会计、评估师以及各类技师考试，五花八门，不一而足。第五，文凭制度、学位制度，它们是考试制度的进一步延伸。它们使"地位准入"更加标准化、规范化。第六，选举制度，通过选票的多寡决定"地位准入"。第七，市场竞争或经济竞争，即在商业经营、市场交易过程中，或被淘汰，或获成功。从历史变迁的角度看，近代以来，地位准入的渠道变得越来越多地依赖竞争体制，例如上述第三至第七项都属于竞争型。这是符合"地位准入"公平观的理念的。

如果对中国改革开放以前和以后的社会进行对比的话，就会发现，改革开放以前占上风的是第一种公平观，即认为只有消除分层结构、缩小地位差异才是公平。而在改革开放以后，随着邓小平同志提出"允许一部分人先富起来"口号的普及，主导意识形态开始注重"地位准入"或"进入过程"的公平观，即并不一般反对分层本身，而是主张竞争型的"地位准入"，这样就给社会各阶层的地位上升提供了更多的竞争机会。40多年来的中国社会，既经历了社会分层结构的巨大变迁，也经历了公平观念的巨大变迁。

第四节　怎样看待各类社会分层标准

一　社会分层标准的目的与意义

如上文所述，社会分层理论研究的是人们的利益差别、地位差别和不均等、不公正现象。利益、地位的差别和不均等是一种客观事实，对它可以有不同的观察角度，不同的分层理论家也有着不同的研究视角，如主要考察收入差别、职业差别以及财产、权力、声望、教育等方面的差别，由此便形成了社会分层的多种标准。而不同理论家在采用某种视角、某种分层标准的时候，总是与一定的研究目的相联系；换言之，不同的理论家之所以采用不同的标准常常是为了实现他们的不同目标。

从宏观上看，社会分层、阶级分层标准的目标可以分为两大类。一类旨在发动和组织社会运动、阶级斗争，因而它更强调社会不平等对立与冲突的一面。依此目的，社会分层、阶级划分的标准必须十分严格，各阶层、群体、阶级之间应有本质区别并需要揭示冲突的内在根本原因。另一类则旨在调和各利益群体或阶级，依此目的划分的阶层、阶级的标准则可以较为宽泛。各群体、阶层、阶级的区分多是非本质的。

对于采用上述第一类的人员，著名社会分层理论家伦斯基称之为"激进主义者"，对于第二类，称之为"保守主义者"。他指出，激进主义者的信念是认为现存分配制度基本上是不合理的，而保守主义者的信念则是认为现存分配制度基本上是合理的。伦斯基认为，第一类常常采用从性质上区分的方法，而第二类常常采用从数量上区分的方法。伦斯基总结了"激进主义者"与"保守主义者"观点的八方面不同，即对于人性、对于社会性质、对于强制在不平等中的作用、对于冲突、对于获得权力与特权的手段、对于不平等是否可以避免、对于国家和法律的性质，以及对于阶级看法的不同（伦斯基，1988：31~33）。伦斯基还认为，"激进主义者"与"保守主义者"的观点可以综合。他认为，韦伯、戴维斯、帕森斯、达伦多夫、索罗金、帕累托、奥索夫斯基等，都为综合做出过贡献。伦斯基认为，激进主义与保守主义是社会科学的两大主要探讨方式；两种观点都正确，但都有缺点，因为两种观点在强调现实的某些方面时，都忽视了其他方面，而"人类社会比这两个理论体系中的任何一个所承认的都更为复杂"。所以，他认为，对两种观点进行综合是必需的（伦斯基，1988：27）。

在过去的革命战争年代，中国共产党的目的是组织人民进行革命斗争，于是很自然地采用了具有激烈冲突含义的阶级、分层标准，并将它作为发动和组织群众的一件锐利武器。而到了社会主义建设时期，党和国家的主要目标是调整和协调社会各阶层、各阶级、各群体的利益关系以实现社会整合。然而，在1979年以前的一段时间里，特别是在"文化大革命"期间，由于不适当地夸大了这一武器的作用，曾经伤害了广大民众的利益，这是一个重大的教训。2004~2005年，中国共产党十六届四中全会和十六届五中全会以来，中央明确提出"构建社会主义和谐社会"的目标，这既是对中华人民共和国建立半个多世纪以来经验教训的总结，也是对发展目标和建设手段的重要调整。而为了实现和谐社会，从社会分层理论的角度看，我们也需要探索适合和谐社会战略目标的社会分层理论工具。

为此，在这一部分，笔者将剖析各种各样的区分社会地位、利益差别、阶级阶层差别的标准和方法；研究的目的在于探索什么是与和谐社会战略目标相适应的社会分层理论、方法。

二 社会分层的十种标准

前文已述，分层本质上讲的是社会资源在各群体中是如何分布的，因此，资源的类型和占有水平也就常常成为划分阶层、社会地位的标准。而"社会资源"的内容很广泛，那么，可以用来分层的资源主要有多少种呢？相比较而言，以下十种资源最为重要，即生产资料资源、财产或收入资源、市场资源（以上三种属于经济资源），以及职业或就业资源、政治权力资源、文化资源、社会关系资源、主观声望资源、公民权利资源、人力资源。格伦斯基（David B. Grusky）曾提出七种资源的区分，笔者在此的分类也吸收了他的思想（Grusky，2001：4；李春玲，2005）。

经济资源毫无疑问在社会分层中居于首要位置，前文已经讲过经济资源的本原特性，经济资源分配的差异会导致多方面资源配置的差异，而经济资源的内容又比较广泛，所以，以下第一到第三种分析经济资源，第四种以后分别分析其他七种资源，总共是十个方面。

第一，根据生产资料的占有或剥削与被剥削划分社会阶层。虽然多数社会分层理论家都非常重视经济资源在分层中的重要作用，但他们所注重的经济资源的内容有很大不同；这种内容的不同，导致分层目的和目标的重要差异。

根据生产资料的占有或剥削与被剥削划分社会阶层是一种冲突色彩最为浓厚的分层理论和方法，提出这一思想的首推马克思。马克思不愧为阶级分层理论的大师，他揭示了阶级分层的根本属性。他认为社会对立、阶级对立的实质是生产、付出与占有剩余价值、剩余劳动的问题。而为什么有的人成为剩余价值的付出者，有的人成为剩余价值的占有者，关键在于所有权，比如土地、农场、企业、公司等的所有权。此种理论的意义在于它可以解释各冲突群体、各阶级之间的斗争。还有一些分层理论大师也持此种观点，比如传统马克思主义者美国的米尔斯（C. W. Mills）、布雷弗曼（Harry Braverman）等，以及新马克思主义大师赖特（Erik Olin Wright）等。

就我国目前的情况看，运用此种标准有助于揭示社会分层现象的本质，由此可以对中国体制改革中的阶级分层的长远发展趋势做出预测，并有助于对阶级对立将产生的社会后果做出政策性修正。但是，此类标准具有明显的冲突色彩，如果在传媒上广为宣传显然容易激化社会矛盾，不利于和谐社会的构建。

第二，按照收入划分社会分层群体。按照此种标准，低收入者构成社会下层或弱势群体，中等收入者是中间层或中产阶级，高收入者是社会上层，此种分层虽然理论基础并不强却被人们广泛采用。我国自改革开放以来，平均主义的利益格局被打破，出现了社会分化、利益差别，这些很大程度上反映在收入方面。收入分层比较容易操作，有很大的应用价值，目前国家统计局每年都公布按照收入划分的各阶层收入户的情况。

在社会分层中，按照收入划分社会群体也有利于社会协调。因为，高收入、中等收入、低收入只是陈述社会事实，并未有明显的褒贬含义，使用此种划分标准不会引起人们的反感。正因为如此，中央的一些文件目前也较多地采用此种分层方法。比如，党的十九大报告就使用了"扩大中等收入群体，增加低收入者收入，调节过高收入，取缔非法收入"这样的说法。

第三，按照市场地位划分阶层。这是韦伯的观点。按照韦伯的说法，所谓市场地位是指人的生存机会或控制商品与劳务等的能力，即人们在市场中可以得到的或交换到的经济资源。它比按收入划分阶层更进一步。因为，有些人的分层地位高或低并不来自收入而是来自占有其他经济资源，比如占有财产、占有某种商品、占有某种信息、占有某种机会、占有某种市场的能力等。此种标准综合了一个人多方面的生活机会和生活状况，反映了人的实际生活地位。虽然它与传统从生产关系上划分阶层并不一致，但也不可被忽视。生产关系标准注重的是内在本质，市场关系则反映的是外在表现。本质固然重要，外在表现也不可缺少，两者合一才是社会分层的事实。运用此种标准有助于区分社会上因交换关系形成的不同利益集团，比如房主与房客、销售者与消费者、债权人与债务人等。

第四，根据职业划分社会阶层。从职业角度解释社会分层的当首推社会学大师涂尔干，他从社会分工角度辨析了社会分层的必要性，剖析了职业地位高低的原因。美国社会学家彼得·布劳和奥蒂斯·邓肯在他们有重要影响的专著《美国职业结构》一书中，提出了以职业地位为基础的阶级分层模式。他们认为资本主义社会阶层的变化速度太快，人们是否属于某一集团已无意义，唯一可以作为分层标准的只有职业。他们说，"阶级虽然可以根据经济资源与利益来定义，但对于大多数人而言，决定这些的首要因素是其职业地位"，"马克思曾经用雇佣与被雇佣作为划分阶级的标准……然而，这一标准已不再适用了，因为今天在大公司掌权的经理本人也成了公司的雇员。在当代社会中，如果阶级指的是人们所占据的经济角色以及他们对企业经营发挥的作用，那么，这些更精确地反映在他们的特定职业上而非雇佣地位上……虽然职业并非包含阶级概念的一切方面，但它是阶级最好的单独指标"（Blau and Duncan，1967：6）。

此外，根据职业划分社会阶层的社会学家还有很多。比如后工业社会理论的先驱丹尼尔·贝尔认为，在工业社会的发达阶段，诸如科学家、工程师、技术人才将成为新的统治阶级。他们在分工中的特殊地位使他们垄断了科学知识，而科学知识使他们能够控制发达工业社会的主要机构。"在未来的科学城里，已经展现出三个阶级：有创造性的杰出科学家和高层专业管理人员，工程师和具有教授地位的中产阶级，以及由技术员、低级教职员和教育助理人员组成的无产阶级"（贝尔，1984：240~241）。再者，新韦伯主义者戈德索普（John Goldthorpe）也属于按职业分层的理论家（详见本书第七讲）。陆学艺主编的《当代中国社会阶层研究报告》一书提出的当代中国社会"十大阶层"也主要以职业分层为基础。

根据职业划分社会阶层可以看作上述伦斯基所说的"保守主义者"的一种战略，因为它在揭示人们多层次社会差别的同时，使人与人的关系不具有冲突色彩。从职业分工体系出发，也可以对社会分层做出合理解释，即人们地位的不同，是因为分工的不同，因而具备不同专业知识、不同技术水平的人去从事不同的工作，处在不同职业位置上就是合理的。

第五，根据政治权力划分阶层。在韦伯的三元分层理论中，政治权力是重要的一元，所以，韦伯可以被看作政治权力分层理念的较早提出者。其他社会分层理论家，如达伦多夫、普兰查斯（Nicos Poulantzas）等也都尝试按照政治权力分层（参见本书第三讲）。

此种理论具有较强的冲突色彩。我国自古以来就是有突出特征的官僚等级社会，迄今为止，权力之大小、高低依然是社会差别的重要标志，权力资源所能够发挥的作用常常超过财产、收入。因此，根据权力大小划分不同阶层确实可以反映社会利益群体的重大差异和对立。当然，应用此种标准必须小心，要避免因为此种划分而产生的集团对立情绪。

第六，按照文化资源区分阶层。如果就文化分层理论溯源的话，那么，凡勃伦（Thorstein Venblen）于1899年发表的《有闲阶级论》一书可以被看作开山作品之一。凡勃伦在该书中研究了闲暇生活、服装、古代遗风、宗教信仰、高级学识等文化现象与金钱和阶级之间的关系（凡勃伦，1964）。文化分层理论的另一位突出代表是法国社会学家布迪厄（Pierre Bourdieu），他在《区隔》一书中研究了不同阶层的生活方式与文化，探讨了阶级文化与"惯习"的关系（参见本书第九讲）。此外，迪马季奥等也是研究文化分层的重要理论家（DiMaggio，1992）。其实，对于中国社会来说，文化分层有久远的历史。比如，从语言文字上看，古代上流社会、士绅阶级书写和使用的是文言文，而普通老百姓使用的是白话文，所以，语言上已经形成了两个世界。对于文化差异表现出的阶级差异，鲁迅的小说《孔乙己》中也有记录。到鲁镇酒店来喝酒的穿长衫的和"短衣帮"就代表了服饰不同的两个阶级。孔乙己本属于穿长衫的阶级，却落魄到"穷人"的队伍中来，尽管他还保留着士绅阶级的文化特征。所以，经济分层、阶级区分与文化分层并不总是有一种固定的搭配，并不总是一致的。在按照常规运作的稳定社会状态下，富人阶级会形成"贵族文化"、绅士文化，穷人阶级形成"短衣帮"的文化，文化分层对经济分层、阶级区分起到了固化的重要作用。但是，在社会发生巨变时期，文化分层与经济分层常常会错位。一个世纪以来，中国社会处于巨变时期，仅在半个多世纪的时间里就发生了毛泽东主席领导的土地改革、社会主义革命、历次政治运动、"文化大革命"，以及邓小平同志开创的改革开放。由于社会总是处于巨变之中，文化分层与经济分层错位的现象就变得十分普遍。笔者试列出几种表现。首先是"文化破碎"。自古以来，高品位的文化当然容易与士绅阶级联系在一起，结果，在打碎士绅阶级的同时，高品位的文化也被打碎了。尤其是在"文化大革命"中，试想如果连旗袍、西装、高跟鞋也要毁掉，哪里还有高品位的服饰文化呢？改革40多年来，我们确实恢复了很多高品位文化，但是，文化的建设需要"练内功"，需要比较长的时间。其次是"文化张扬"。中国的富人阶层正在出现，这并不是坏事情，但由于时间太短，富人阶层中的一部分人仍然具有"暴发户"的特征。他们唯恐别人不知道他们富有，在文化的外在符号上极力张扬。比如，用豪华轿车张扬富裕，宾利、法拉利、悍马、劳斯莱斯等牌子的轿车成为他们竞相购买的对象。据报载，英国皇室的御驾宾利牌轿车在中国18个月内售出82辆，售价高的上千万元一辆。此种张扬的文化和生活方式表现为"纸醉金迷"的特征，与中国的国情十分不协调。再次，"文化拾人牙慧"。由于自己的文化破碎了，于是就模仿外来文化。引入外来文化本是好事情，但在太短的时间内大量引入，不辨优劣、鱼目混珠，结果将负面因素也当作好东西引入。最后是"文化复古"。同样，由于文化破碎了，一时找不到替代物，于是就从老祖宗那里寻找。文化复古也不是坏事情，但是，要复古首先要读懂古代的文化，如果根本就不懂古代文化，结果把一些糟粕也当作好东西来恢复，那就是坏事情了。

第七，社会资源（社会关系资源）。中国人自古就重视社会关系，可惜，我们没有很好的理论构建和理论总结，反而是西方学者提出了系统的社会关系理论。从理论脉络来看，在社会分层中最早重视社会关系资源的是沃纳（W. Lloyd Warner）等人。他们在1949年出版的《美国社会阶级》（*Social Class in America*）一书中分析了社会网络、社会关系对人们进入上层社会的重要作用等。当然，如果就"社会资本"概念溯源的话，有主张追溯到雅各布斯（Jacobs，1961）的，也有主张追溯到布迪厄的。后者在1980年发表的《社会资本随笔》中认为，社会资本是"实际或潜在资源的集合，这些资源与由相互默认或承认的关系所组成的持久网络有关，而且这些关系或多或少是制度化的"（李惠斌、杨雪冬，2000：3）。科尔曼（James Coleman）则认为："社会资本基本上是无形的，它表现为人与人的关系。"（科尔曼，1990：335）此外还有格兰诺维特（Mark S. Granovetter）和林南等人，他们则更注重实证研究和对中国社会关系的研究等。其实，论起社会关系，在实践层面上，中国最为发达。

改革40多年来，在中国社会分层关系发生巨大变迁的过程中，社会资本、社会关系起到了至关重要的作用。其发挥作用的渠道，大多是"熟悉人"关系、社会网络、社会圈子等。笔者在这里使用"熟悉人"一词而没有使用"熟人"一词，因为前者涵括了所有具有中国特色的社会关系，而后者仅仅是社会关系中的一种。在此，笔者有必要对所使用的"熟悉人"概念做一点解释。"熟悉人"特指在中国的场景下，因多种社会联系而形成的具有比较频繁社会互动的社会关系群体。① 传统上，人们常说中国是"关系社会"，笔者所说的"熟悉人"就是对我国"关系社会"的概括。在中国，"熟悉人"是社会信任的基础，而社会信任是社会成员能够相互联结、社会得以正常运转的基础。费孝通先生曾经用"差序格局"来概括中国关系社会的基本特征和基本结构。笔者所说的"熟悉人"与"差序格局"是一致的，差别仅在于解释的向度不同。"差序格局"是解释中国人以己为中心而形成的像水波纹一样"近强远弱"的社会关系结构，而"熟悉人"是解释中国人相互联结的本质特征。

改革40多年来，在中国的场域里，"熟悉人"对于资本、资源、财产、收入等的调整起到了至关重要的作用。我们知道，改革的本质就是人们或人群利益关系的调整。在不同的社会里，利益调整的渠道是不一样的，在中国，"熟悉人"就是利益调整的重要渠道。

"熟悉人"的类型多种多样，比如，亲属关系。中国社会历来重视亲属关系，传统中国社会是家族、宗族型社会，亲属关系的队伍十分庞大。亲属关系是社会信任、社会团结的主要纽带。正因为如此，责任也是连带的，于是才有所谓"诛九族、满门抄斩"的被视为最严酷的处罚。改革以来的中国社会虽然以小型家庭为主，但家庭、亲属的社会纽带作用仍然十分突出。在急剧转型的中国社会里，当众多业缘关系随着企业、单位的转制而解体以后，传统的社会纽带和信任关系瓦解了，于是亲属关系作为社会依赖、社会信任的地位有所上升。20世纪90年代末，笔者对失业下岗现象的研究曾经发现，根据全国的调研数据，职工失业下岗后，生活来源的主要依靠，排在第一位的是家庭成员和亲戚，其他关系和因素的比例都远远小于亲属关系。同样的道理，在转型中，当家庭某一个成员获得巨大利益后，他往往会将资源在亲属内部再分配，因此，亲属关系也就成为改革以来物质利益再分配的重要渠道。譬如，迄今为止，在中国的私营企业里，老板多是将最重要的经营管理权托付给亲属来控制。所谓"打虎亲兄弟，上阵父子兵"，就反映出中国"家庭伦理本位"社会的基本特征。以

---

① 笔者所提的"熟悉人"概念曾受到笔者友人郑也夫先生的启发。

上仅以亲属关系为例，说明中国"熟悉人"体系怎样调节利益分配。至于其他的"熟悉人"，比如老同事、老战友、老首长、老部下、老乡、老同学等，也莫不如此。

由此我们可以总结，转型时期"熟悉人"关系对分层的影响同时存在两个方面：聚集财富的作用和分散财富的作用。在聚集财富方面，特别体现出"关系就是财产"的特点。一些人通过"熟悉人"关系获得了各种具有垄断性的特权，比如土地使用"批件"、各种特殊经营许可证等。通过"熟悉人"来聚集财富，手法十分隐蔽，能够钻很多法律的空子，表面看来是公平竞争，实际上是资源为极少数"熟悉人"群体所控制。而且，很多的腐败、贿赂、回扣、资金返还，也是通过"熟悉人"实现的。当然，"熟悉人"也有分散财产的作用。如前所述，一些失业下岗人员从家庭其他成员、亲属那里获得救助，就是分散财富的重要例证。那么，"熟悉人"究竟是聚集财富的作用大，还是分散财富的作用大呢？这当然需要实证的数据证明。笔者在此提出一个假设，即亲属关系所起的作用，还是以分散财富为主。其原因如下。

改革以来，我们所承继的社会结构和家庭结构的主要特征是阶级结构被打碎了。这样，无论是在家庭内部还是在社会组织中，社会网络均表现为较强的成员异质性，即同一个社会网络里有处于不同地位上的社会成员。改革40多年来也没有能够改变成员异质性的特征。比如，在同一个家庭里，有的人发财了，有的人却下岗了。正因为如此，中国家庭内部常常通过社会关系网络交换资源。比如，当兄弟姐妹之间出现很大经济地位差异时，常常是父母出面进行再分配。这种现象是中国社会所特有的，在其他社会很少见到。所以，这是中国"熟悉人"社会经济资源再分配的一种特殊途径。这一途径在一定程度上缓解了贫富差距的危机。

此外，还有一种区分社会群体的因素也可以归入社会关系资源的分层标准，这就是"社会距离"（social distance）。不同社会层次、不同社会阶级之间有着不同的社会距离。按照这种理论，社会距离是反映社会关系亲密程度和等级的指标，它可以用来区分社会阶级。同一阶级或群体成员之间有社会交往的可能性，有社会认同感，可以形成社会交往关系，甚至有密切的接触，社会距离很小。不同阶级之间有社会障碍、社会阻碍，社会距离比较远，人们甚至可以发现不同社会阶级之间的鸿沟现象。奥索斯基认为，社会距离是阶级的基本特征之一，是划分社会阶级的行为标准，不同阶级的行为不同，它也会产生多方面的影响（Ossowski, 1963：Chapter 9）。

美国社会学家埃默里·博格达斯（Emory Stephen Bogardus）最早设计了社会距离的态度量表，被称为"博格达斯社会距离量表"（Bogardus Social Distance Scales），他试图用量化的方法测量人们之间的社会距离（Bogardus, 1925）。

第八，因社会声望资源不同而形成的分层群体。这是一种主观分层模型。社会学历来重视主观评价对社会地位的影响，这是有道理的。因为一个人社会地位的高或低，必须要得到别人或公众的认可。如果没有公众的认可，他的所谓社会地位也就失去了意义。比如，社会上有一些所谓"暴发户"虽然赚了很多钱，经济地位很高，但是不被上流社会认可，结果就进不了上流社会的圈子。

传统的主观分层模型的主要代表有沃纳等人，亦称沃纳学派（Warner School）。沃纳与伦特（P. S. Lunt）、米克（Marchia Meeker）、伊尔斯（Kenneth Eells）等人于1949年发表《美国社会阶级》，提出主观的阶级模型。他们采用了社区居民相互之间声誉评价的方法，提出了六个阶层的观点，即上、中、下三个阶级各自分为两层，六个层为：上上层、下上层、上中层、下中层、上下层和下下层。

帕森斯也是主观分层的倡导者，他认为一个人在社会上地位的高低是由他人的评价决定的，而这种评价是根据这个人所能够做到的与社会上占统治地位的价值观相一致的程度决定的（Parsons, 1964：83）。所以，主观的意识形态和价值观是第一位的，而经济的地位是第二位的。此外，特雷曼（Donald Treiman）也是专门研究声望分层的。他用数据证明，世界各国对于职业声望高低的评价非常接近，也就是说，职业声望的排序并不因各国文化之不同而发生差异，并解释说这是社会结构相似所致（Treiman, 1977：5-12）。

我们知道，声望地位与经济地位常常不一致，比如声望地位很高的人财产地位却可能比较低，对于这种不一致的情况，社会学称为"地位相悖"（status inconsistency）。比如改革前期（20世纪80年代），中国社会曾出现"脑体倒挂"现象，就是指声望地位较高的知识分子，当时的收入地位变得很低，结果引发了他们的不满情绪。再比如，一些"暴发户"狂购豪华轿车，他们虽然财产很多，但是声望地位很低，被人们嗤之以鼻。同一个社会群体在不同的社会背景下声望地位也会不同。比如，传统中国社会里老人的声望地位高，村庄里一些争端常常由德高望重的老人来裁决。而改革以来，村庄里以年轻人为主体的农村精英，在流动中获得了较多的经济资源、技术资源和文化资源，因而在村庄中的声望地位有很大上升，甚至超过了老人。

改革以来，我国的声望地位处于很不稳定的状态。笔者曾经用数据证明，我国目前存在"冲突型"的职业声望评价，即社会上对同一种职业的评价产生重大分歧，声望评价的"标准差"很高。数据显示，我们的职业声望评价与国际上多数国家的职业声望评价有着明显的差异，职业声望评价的一致性低于多数国家，冲突性的、分裂性的职业声望评价高于其他国家。究其原因，笔者以为是中国社会正在经历重大的社会结构变迁，传统价值观念体系解体，新的价值观念体系又还没有形成，于是声望评价失衡。所以，声望分层的优点是能反映社会心态，表现真实互动的社会成员的地位评价；缺点是很不稳定。

第九，民权资源的分配。这是一个比较典型的西方概念。社会学认为民权包括三个方面：第一，公民权利，包括言论、集会、结社和自由行动等权利，即在法律面前的平等权利；第二，政治权利，包括选举权和被选举权等；第三，社会经济权利，包括享受社会福利、社会保障的权利等。英国社会学家马歇尔（Thomas H. Marshall）在其 1950 年出版的著作《公民、社会阶级等论文集》中做了较为详细的探讨。马歇尔认为，早期社会，民权资源是阶级区分的重要标志，有公民权的与没有公民权的、有选举权的与没有选举权的是不同的阶级；随着资本主义工业社会的发展，一般的公民权利扩大到了社会的各个阶级，既然在法律面前人人平等，民权就成为各个阶级共享的资源（Marshall, 1950）。批评者认为，马歇尔是过于乐观了。民权资源在社会阶级、社会群体中的分布仍然是不平等的，特别是在社会经济领域，社会福利、社会保障的分层差异还非常明显。

民权资源分配所造成的社会分层对于中国是否有意义呢？笔者以为不仅有意义，而且具有特殊的重要意义。笔者在以往的研究中已经多次论证过，自古以来中国就是一个十分注重身份等级的社会，身份等级将人分为三六九等，这在共和制建立以前的时代是司空见惯的现象，所谓"礼不下庶民，刑不上大夫"。然而，共和制建立以后，确实产生了矛盾：一方面，按照宪法的原则，在法律面前人人平等；但另一方面，民权资源又确实不是平等分配的。远的不说，直到今天，民权资源在中国公民中的分配也有巨大差异，这方面的例证最突出的莫过于户籍制度。户籍制度将中国的公民按照他们的户籍登记地而区分为享受不同公共资源的区域群体，人们在教育、社会福利、社会保障方面当然就会出现民权资源的重大差异。所以，研究民权资源的分配，对于我们确实有重大现实意义。

第十，人力资源或人力资本的分配。这研究的是由于资历、教育、工龄等的不同而产生的分层现象。人力资本理论的创立者是舒尔茨（Theodore Schultz）、贝克（Gary Becker）等人，他们的研究大大扩展了物质资本的内容（Schultz，1963）。科尔曼认为，人力资本与社会资本是不同的，社会资本存在于人与人之间，而人力资本存在于一个人的自身之内，并认为人力资本与社会资本相互补充（科尔曼，1990：335~336）。由于人力资源的差异而造成的分层地位的不同，被认为符合"后天努力"原则。在研究社会分层时，社会学常常使用两个概念，一个是"先赋地位"（ascribed status），指一个人与生俱来的、不经后天努力就获得的地位，比如贵族爵位的继承；另一个是"自获地位"（achieved status），指不是先天具有的，而是通过后天努力而获得的地位。这一对概念所内含的价值观认为，先天的地位差别是不合理的，而因后天努力所形成的地位差别是合理的。从这种视角看，因人力资源不同而形成的地位差别属于"自获地位"。

然而，如果比较中国在改革以前和改革以后，人力资源对经济地位、经济收入的影响，就会发现有很大的差异。改革以前，我国人力资源中的年功、资历对工资的影响巨大，一个人在单位工作的年头越多、资历越高，工资就越高。所以，老年人的工资水平高而年轻人的工资水平低。改革以后，工资分为基础工资和奖金两个部分。在多数单位，基础工资占比很低，而奖金部分占比很高，而年功、资历仅仅对基础工资部分有影响，而占比很高的奖金部分与年功、资历没有关系，是由业绩、成果、劳动量决定的。这样，老年人当然比不过年轻人的业绩、效绩、成果、劳动量，所以，近年来，我们越来越明显地看到青壮年的工资高于老年人的工资。而且，作为退休金计算的仅仅是基础工资部分，奖金部分完全没有，所以，就出现退休后收入剧减的情况。从经济地位上看，我国社会总体趋势是年轻人的地位上升，老年人的地位下降。

总之，按照以上十种不同的资源可以区分不同的社会分层群体。十个方面的侧重点各自不同，由此划分了不同的分层组合。而这些不同的分层组合所划分的阶级、阶层、社会集团、社会群体又常常相互交叉。在一种标准下处于同一个阵营的群体，在另一种标准下又可能被分解为不同的社会群体。反之，在某一种标准下有差异的多个集团，在另一种标准下却可能被划为同一个集团。韦伯曾经提出三元分层视角，其实，社会分层的体系远比三元分层复杂得多。如果说韦伯的三元标准在一定程度上可以缓解社会群体的利益冲突的话，那么，本讲提出的十种标准当然可以在更为广泛的领域缓解群体间的对立关系。

既然分层的标准是多样的，不同的社会学家自然会采用不同的标准。那么，某一位社会学家，之所以采用某一种标准而没有采用另一种标准，显然有其目的、目标或价值取向。本节一开始，笔者就指出，作为处在市场转型和社会巨变最为重要时期的社会学家，面对十分复杂的社会矛盾和社会问题，探索区分社会地位、利益差别、阶级阶层差别的标准和方法，其目的和目标是想寻找缓和社会矛盾、协调社会关系的有效途径。从这个角度看，以上所阐述的分层的十种标准就是分层研究的十种工具，至于我们采用哪一种标准，那要看哪一种工具更有利于缓和社会矛盾、协调社会关系，更有利于构建和谐社会。

参考文献

丹尼尔·贝尔，1984，《后工业社会的来临——对社会预测的一项探索》，高铦等译，北京：商务印书馆。

凡勃伦，1964，《有闲阶级论——关于制度的经济研究》，蔡受百译，北京：商务印书馆。

格尔哈斯·伦斯基，1988，《权力与特权：社会分层的理论》，关信平等译，杭州：浙江人民出版社。

詹姆斯·科尔曼，1990，《社会理论的基础》，邓方译，北京：社会科学文献出版社。

李春玲，2005，《社会分层研究的新趋势》，载李培林、覃方明主编《社会学理论与经验》，北京：社会科学文献出版社。

李蕙斌、杨雪冬主编，2000，《社会资本与社会发展》，北京：社会科学文献出版社。

李培林、李强、孙立平等，2004，《中国社会分层》，北京：社会科学文献出版社。

李强，1989，《中国大陆的贫富差别》，北京：中国妇女出版社。

李强，1993，《当代中国社会分层与流动》，北京：中国经济出版社。

李强、洪大用等，1995，《市场经济、发展差距与社会公平》，哈尔滨：黑龙江人民出版社。

李强，2004a，《农民工与中国社会分层》，北京：社会科学文献出版社。

李强，2004b，《当前我国社会分层结构变化的新趋势》，《江苏社会科学》第6期。

Bendix, Reinhard and Seymour Martin Lipset. edited. 1966. Revised edition. *Class, Status, and Power: A Reader in Social Stratification*. New York: Free Press of Glencoe.

Bogardus, Emory Stephen. 1925. "Measuring Social Distance." *Journal of Applied Sociology*, vol. 9.

Bourdieu, Pierre. 1996. *Distinction: A Social Critique of the Judgement of Taste*. Cambridge, Massachusetts: Harvard University Press.

Bourdieu, Pierre. 1986. "The Forms of Capital." Pp. 241-258 in John G. Richardson. Editor. *Handbook of Theory and Research for the Sociology of Education*. New York: Greenwood Press.

Bourdieu, Pierre. 1987. "What Makes a Social Class? On the Theoretical and Practical Exis-tence of Groups." *Berkeley Journal of Sociology*, vol. 32, No. 1, 1-18.

Bourdieu, Pierre. 1973. "Cultural Reproduction and Social Reproduction." Pp. 71-112 in *Knowledge, Education, and Cultural Change: Papers in the Sociology of Education*, edited by Richard Brown. London: Tavistock.

Blau, Peter M. and Otis Dudley Duncan. 1967. *The American Occupational Structure*. John Wiley & Sons, Inc.

DiMaggio, Paul. and John Mohr. 1985. "Cultural Capital, Educational Attainment and Marital Selection." *American Journal of Sociology* 90: 1231-1261.

DiMaggio, Paul. 1992. "Cultural Boundaries and Structural Change: the Extension of the High Culture Model to Theater, Opera, and the Dance, 1900-1940." Pp. 21-57 in *Cultivating Differences: Symbolic Boundaries and the Making of Inequality*, edited by Michele Lamont and Marcel Fournier. Chicago: University of Chicago Press.

Giddens, Anthony. 1975. *The Class Structure of the Advanced Societies*. New York Harper and Row Publishers.

Ganzeboom, Harry B. G., Donald J. Treiman, and Wout C. Ultee. 1990. "Comparative Intergenerational Stratification Research: Three Generations and Beyond." *Annual Review of Sociology* 17: 277-302.

Grusky, David B. ed. 1994. *Social Stratification: Class, Race, and Gender in Sociological Perspective*. Westview Press, Inc.

Grusky, David B. ed. 2001. *Social Stratification: Class, Race, and Gender in Sociological Perspective*. Westview Press, Inc.

Jacobs, Jane. 1961. *The Death and Life of Great American Cities*. Random House Inc. and Jonathan Cape.

Joyce, Patrick. 1995. *Class (Oxford Readers)*. Oxford: Oxford University Press.

Lenski, E. Gerhard. 1966/1984. *Power and Privilege: A Theory of Social Stratification*. Chapel Hill: The University of North Carolina Press.

Marshall, Thomas H. 1950. *Citizenship, Social Class and Other Essays*. Cambridge, England: Cambridge University Press.

Ossowski, Stanislaw. 1963. *Class Structure in the Social Consciousness*. London: Routledge and Kegan Paul.

Parkin, Frank. 1971. *Class Inequality and Political Order*. Mac Gibbon and Kee London.

Parsons, T. 1964. *Essays in Sociological Theory*. New York: The Free Press.

Schultz, Theodore. 1963. *The Economic Value of Education*. New York: Columbia University Press.

Sorokin, Pitirim A. 1959. *Social and Cultural Mobility*. New York: The Free Press.

Treiman, Donald. 1977. *Occupational Prestige in Comparative Perspective*. New York: Academic Press.

Warner, W. Lloyd, P. S. Lunt, Marchia Meeker, and Kenneth Eells. 1949. *Social Class in America*. Chicago: Science Research Associates.

第二讲
传统社会分层理论

讲到传统社会分层理论，以往人们主要关注的是两个流派，即马克思的阶级理论和韦伯的分层理论。其实，除了这两大流派外，涂尔干的分层理论也不应忽视，因为，后来的功能主义分层理论主要是从涂尔干这里发源的。而且，涂尔干所阐述的分工和职业分层，在今天的社会中日益重要。所以，将传统分层理论分为三个流派有其道理。从后来的发展看，如果说有新马克思主义、新韦伯主义的话，那么也有新涂尔干主义。下面分别述之。

第一节 马克思的阶级理论

马克思是阶级理论、分层理论的大师，因此，开宗明义，首先介绍一下他的观点。

一 关于阶级与社会分层起源的思想

马克思认为，阶级现象的出现同生产发展的一定历史阶段相联系。马克思认为，这是他对于阶级理论所做出的三个新贡献之一（《马克思恩格斯选集》第四卷，1972：332～333）。对于这一思想，恩格斯后来在《社会主义从空想到科学的发展》一书中，做了较为清晰的说明。他认为，所谓阶级现象"同生产发展的一定历史阶段相联系"，就是说，当生产力有一定发展而又未高度发展，当社会的总产品还不能充分满足全体成员的需要，当社会的剩余产品还只能满足少数人的较高需求时，社会就必然产生阶级（《马克思恩格斯选集》第三卷，1972：439）。

那么，阶级产生的具体过程如何呢？马克思认为，它起源于分工和私有制。马克思较多地从分工的角度研究了社会分层。

在分工问题上，马克思区分了自然分工与社会分工。他认为，自然分工是分工发展的起点。他说，分工起初是性别差异造成的，后来，由于天赋（比如体力的差异）而发生了自然分工（《马克思恩格斯选集》第一卷，1972：36）。当然，在有些场合他也强调，自然分工是自然环境不同引起的，他认为社会分工或社会内部分工是从自然形成的分工上发展起来的。他阐述了社会分工的两个起点，即一个起点在于氏族内部因生理差异而形成的自然分工，另一个起点在于不同的氏族由于所处的自然环境不同、所拥有的生产和生活资料不同，于是他们之间进行产品的互相交换，在这种交换中产生了社会分工（《资本论》第一卷，1975：389～390）。自从有了社会分工，私有制便产生和发展起来。正是在这个意义上，他说："分工和私有制是两个同义语，讲的是同一件事，一个是就活动而言，另一个是就活动的产品而言。"（《马克思恩格斯选集》第一卷，1972：37）而分工和私有制使社会上形成了对立的阶级。如果将马克思的思想用图展示则为：

$$\boxed{\text{自然分工}} \rightarrow \boxed{\text{社会分工}} \rightarrow \boxed{\text{私有制}} \rightarrow \boxed{\text{阶级出现}}$$

二　关于阶级形成的思想

要理解马克思的所谓"阶级形成"，首先要理解什么是阶级。虽然马克思从来没有给"阶级"下过一个明确的定义，但他的众多著述都表明，阶级是占有同样经济地位的群体，特别是指一个集团与生产资料的关系，或是否占有生产资料。这样说来，阶级讲的是经济地位。

如果阶级仅仅是经济地位，那么，我们可以在统计上将所有具有同样经济地位的人放在一起而称之为阶级。如果是这样的话，那么，阶级还具有行动上的意义吗？阶级在多大程度上是一个有真实社会互动的、有社会行为意义的社会群体呢？

对于韦伯来说，这并不是个最为核心的问题，因为，韦伯完全把阶级和阶级行动隔开来，他不认为阶级必然会产生共同行动。然而，对于马克思来说，这却是一个至关重要的问题。因为，马克思预言工人阶级会联合起来，形成共同行动。之所以如此，就是因为他们被社会抛到了底层，共同的被剥削的经济地位会促成他们的共同行动。马克思曾被这个问题困扰，他多次预言工人阶级革命的到来，但又一次次没能够实现。

在《路易·波拿巴的雾月十八日》一文中，当分析阶级能否形成时，马克思说："既然数百万家庭的经济条件使他们的生活方式、利益和教育程度与其他阶级的生活方式、利益和教育程度各不相同并互相敌对，所以他们就形成一个阶级。"（《马克思恩格斯选集》第一卷，1972：693）这就是说，阶级的形成首先是人群要具备经济地位的一致性，在此基础上，这一群体形成的生活方式、利益、教育也具有一致性，特别是不同群体利益的对立，促成了阶级的形成。然而，在同一篇文章中，马克思又说："由于各个小农彼此间只存在有地域的关系，由于他们的利益同一性并不使他们彼此间形成任何的共同关系，形成任何的全国性的联系，形成任何一种政治组织，所以，他们就没有形成一个阶级。"（《马克思恩格斯选集》第一卷，1972：693）这样看来，马克思认为所谓经济地位的一致性、经济利益的统一性还不足以导致阶级形成，阶级的形成还必须具备真实的社会关系和社会互动，要有联系和政治组织。

那么，阶级的形成到底是一个群体具备经济地位、经济利益的一致性就可以了呢，还是，阶级的形成必须是一个群体具有真实的社会联系、社会互动和建立政治组织呢？

如果仔细考察马克思的思想的话，可以发现，马克思认为阶级形成有两个阶段，即"自在阶级"（class in itself）与"自为阶级"（class for itself）。马克思在《哲学的贫困》中说："经济条件首先把大批的居民变成工人。资本的统治为这批人创造了同等的地位和共同的利害关系。所以，这批人对资本说来已经形成一个阶级，但还不是自为的阶级。在斗争中，这批人逐渐团结起来，形成一个自为的阶级。他们所维护的利益变成阶级的利益。"（《马克思恩格斯选集》第一卷，1972：159）所以，马克思的观点是，阶级的形成有两个阶段，有了共同的经济地位和利害关系只是第一个阶段，有了真实的社会互动、社会行动和政治组织以后才是第二个阶段。

马克思以此解释经济地位与阶级行为、社会态度不一致的情况。他认为，一个人所处的客观经济地位最终一定会通过这个人的思想行为表现出来，但这要有一个过程。比如，工人的思想态度可能与其经济地位并不一致，但这并不意味着工人的经济地位不起作用，而只是说明，这些工人尚处在"自在"阶段。

三　关于"一切社会的历史都是阶级斗争的历史"的思想

马克思说："到目前为止的一切社会的历史都是阶级斗争的历史。"（《马克思恩格斯选集》第一卷，1972：250）斗争是压迫者和被压迫者的斗争；斗争的结局，或者是整个社会受到革命改造，或者是斗争中的各阶级同归于尽。

怎样看待这个思想呢？过去，我们的理解曾有一定偏差，特别是在"文化大革命"中，我们将人类社会的历史仅仅理解为阶级斗争的历史，结果，一方面是人为地挑拨阶级斗争，另一方面，我们编写的历史书写的全都是农民起义、阶级斗争。

自有文字以来的历史，因群体经济利益的对立而产生的冲突是普遍存在的，但不能认为人类社会只有阶级冲突，不能认为人类历史仅仅是阶级斗争的历史，马克思绝不是这个意思。人类社会也有和谐相处的一面。我们中华民族的历史，也是中华民族经济和文化发展的历史、物质进步的历史，也是中华民族所特有的精神文明——仁义理智信、礼义廉耻进步的历史。那么，怎样理解马克思所说的阶级斗争呢？

阶级斗争的思想，揭示了人类社会关系的本质，但绝不是人类社会关系的全部。人类社会关系的本质确实是经济利益关系，这是马克思用阶级关系表述的。但除了经济利益关系以外，人类也还有多种社会关系。人类当然也有和谐相处的一面，中华民族的历史还是和平的时间长、战争的时间短。但是，从马克思的观点看，即使和平时期人类社会关系的本质也是经济利益关系，也存在人们经济利益上的矛盾和冲突。所以，笔者以为，马克思的意思是，对于任何时期的社会历史和社会活动，都可以做阶级利益或经济利益的剖析，都可以从中发现阶级利益冲突的痕迹。而且，正是这种阶级利益或经济利益，成为经济发展、文明发展的动力，促使人类社会进步。举个例子，改革开放40多年，是近百年来中国经济发展最为迅速的时期。表面上看来，这40多年是工业化和城市化的快速发展，是城市的大规模建设。如果用马克思的阶级理论剖析，就可以发现隐含在内部的利益冲突和利益驱动，比如一方面，城市的迅速扩张与房地产商所获的巨大利益密切相关，而另一方面，房地产商与许多拆迁户的利益冲突又是绵延不断的。从这样一个特殊的视角看，就正如马克思所说的："人们奋斗所争取的一切，都同他们的利益有关。"（《马克思恩格斯全集》第一卷，1956：82）

四　关于资本主义工业社会必然形成重大社会冲突的思想

马克思认为，资本主义工业社会由于其内在的矛盾，必然会产生重大的社会冲突，并最终导致革命的发生。对于资本主义工业社会的这种内在矛盾，马克思有过哲学、经济学和社会学的多种表述："劳动和资本的这种对立一达到极限，就必然成为全部私有财产关系的顶点、最高阶段和灭亡"（《马克思恩格斯全集》第四十二卷，1979：106）；还说，雇佣工人"和资本家之间的鸿沟，随着现代大工业的逐渐占有一切生产部门而变得越来越深，越来越宽"（《马克思恩格斯全集》第二十二卷，1965：110）。那么，矛盾为什么会愈演愈烈呢？

马克思论证的逻辑是这样的。第一，工业化发展越迅速，社会不平等问题就越严重。第二，工业化越发展，社会就会有更多的被统治者或无产者，他们会形成一个紧密团结的阶级。第三，随着被统治者形成紧密团结的阶级，统治阶级与被统治阶级之间冲突的频率和强度会增加。第四，在冲突中，阶级成员通过交往会发展出自己的意识形态，认识他们自身的阶级利益，从而更增加他们的团结。第五，随着社会的统治阶级与被统治阶级的两极分化，冲突不断加剧。第六，冲突的加剧导致革命的发生。

马克思、恩格斯的论证逻辑最初表述在《共产主义原理》和《共产党宣言》中，后来，他们又在其他很多著作中对此观点做了论证。马克思关于社会两极分化、无产阶级与资产阶级的冲突越来越激烈的观点，也是受到他哲学上异化（alienation）思想的影响。

关于社会矛盾导致重大社会冲突并最终导致革命的问题，后来又有许多学者从实证角度做了论证，比如戴维斯（Davies，1971）和格尔（Gurr，1970），以及斯梅尔塞（Smelser，1962）等。

然而，事实的发展是，后来欧洲工业化资本主义国家并没有发生马克思所预言的革命，为什么呢？仔细考察，马克思的论证逻辑也并没有错，问题是资本主义的实践发生了重大变化。

笔者以为，主要有三个变化。第一，这已经被库兹涅茨"倒 U 型曲线"的实证研究证明，即资本主义"不平等"的发展并不是沿直线上升的，而是在达到一定程度后，又会沿着"倒 U 型曲线"的路径下降。第二，就是本书后面分析达伦多夫的理论所揭示的，资本主义建立了制度化的调节社会矛盾的机制。第三，就是本节下面第五点所谈的，中间阶级在西方社会发展壮大起来。

五 马克思关于无产阶级化和中间阶级的思想

总的来看，马克思在他的著作中比较鲜明地阐述了随着资本主义的发展，无产阶级队伍会不断扩大的思想。这主要表现在两方面。

第一，无产者队伍的扩大。马克思说："资本愈增长，雇佣劳动量就愈增长，雇佣工人人数就愈增加，一句话，受资本支配的人数就愈增多。"（《马克思恩格斯选集》第一卷，1972：367）

第二，中间阶层不断落到无产阶级队伍中来。他说："以前的中间等级的下层，即小工业家，小商人和小食利者，手工业者和农民——所有这些阶级都降落到无产阶级的队伍里来了，有的是因为他们的小资本不足以经营大工业，经不起较大资本家的竞争；有的是因为他们的手艺已经被新的生产方法弄得一钱不值了。无产阶级的队伍就是这样从居民的所有阶级中得到补充的。"（《马克思恩格斯选集》第一卷，1972：259）

如何评价马克思的这一思想呢？如果仅从资本主义社会关系雇佣劳动化这一点上看，当代资本主义社会，几乎所有劳动都被打上了雇佣劳动的烙印，绝大多数有经济活动能力的人口，都变成要么是雇主，要么是领取工资的受雇者。仅从这一点上看，马克思的预言是对的。但我们知道，所谓无产阶级通常是指处在社会下层的阶级或贫困者。如果从这种观点看，当代西方资本主义国家的社会下层阶级或贫困者的规模不仅没有扩大，反而有所缩小。

值得注意的是，马克思本人在其著作中也确实曾经表达过中间阶级并不是日益缩小，而是有所扩大的观点。

马克思在《剩余价值理论》中写道：马尔萨斯的"最高希望是，中等阶级的人数将增加，无产阶级（有工作的无产阶级）在总人口中的比例将相对地越来越小（虽然它的人数会绝对地增加）。马尔萨斯自认为这种希望多少有点空想，然而实际上，资产阶级社会的发展进程却正是这样"（马克思，1976a：63）。

马克思在批判李嘉图站在资产阶级立场上，为资本主义制度下采用机器做辩护时说："李嘉图在这一章中要努力解决的正是这些矛盾。他忘记指出：介于工人为一方和资本家、土地所有者为另一方之间的中间阶级不断增大，中间阶级的大部分在越来越大的范围内直接依靠收入生活，成了作为社会基础的工人身上的沉重负担，同时也增加了上流社会的社会安全和力量。"（马克思，1976b：653）

所以，如果全面考察马克思的理论，也会发现，马克思对于中间阶级的发展也表达过不同于他的"无产阶级化"的理论见解。

六　马克思关于阶级模式的思想

所谓阶级模式指阶级体系是怎样构建的。对于马克思的阶级模式思想，学界存有争论。归纳起来，主要是三派观点，即认为马克思是两个阶级的模式、三个阶级的模式和多个阶级的模式。①

所谓两个阶级的模式，学者一般是引用《共产党宣言》中的话：资产阶级时代的一个特点是，"它使阶级对立简单化了。整个社会日益分裂为两大敌对的阵营，分裂为两大相互直接对立的阶级：资产阶级和无产阶级"（《马克思恩格斯选集》第一卷，1972：251）。上文已经讲过，如果仅仅从西方工业社会就业已经充分雇佣化了的角度看，今天的欧美社会还真的具有雇主和雇员两个阶级的特点。当然，如果从其他角度看，情况则要复杂得多。

所谓三个阶级的模式，有两种解释。一种是根据马克思在《资本论》中的一段话。马克思说："单纯的劳动力所有者、资本的所有者和土地的所有者，——他们各自的收入源泉是工资、利润和地租，——也就是说，雇佣工人、资本家和土地所有者，形成建立在资本主义生产方式基础上的现代社会的三大阶级。"（《资本论》第三卷，1975：1000）研究者认为，马克思的这个模式显然受到古典经济学家亚当·斯密一分为三职能图式的影响。另一种是按照人与生产资料的关系，占有大规模生产资料的、占有有限生产资料的和不占有生产资料的，分别为资产阶级、小资产阶级和无产阶级。

所谓马克思的"多阶级的模式"，是指马克思在具体的国别研究中列举的阶级。比如，在《1848年至1850年的法兰西阶级斗争》中，马克思

---

① 以下关于阶级模式的观点摘引自王宏周《欧美学术界研究马克思恩格斯阶级理论的基本动向》，《马克思主义研究参考资料》总第103期，1981年第51期，第1~9页。

列举了六个阶级：金融资产阶级、工业资产阶级、小资产阶级、农民阶级、无产阶级和游民无产阶级；在《德国的革命和反革命》中，马克思列举了七个阶级：封建贵族、资产阶级、小资产阶级、富农与中农、佃农、农业工人和工业工人。

第二节　韦伯的分层思想

韦伯关于分层的思想主要表述在他的一篇论文《政治社会中的权力分化：阶级、身份群体与政党》中。文章虽然不长，但对社会学分层理论的影响却十分久远。

一　韦伯关于社会是多元分层体系的思想

传统上，说起韦伯的分层理论，人们首先要谈的就是他的多元分层思想。人们认定为韦伯的多元分层理论，常常是这样表述的（波普诺，1999：239~242）：韦伯确定了社会分层的三个基本方面或基本维度，即财富和收入（经济地位）、权力（政治地位）、声望（社会地位）。财富指全部经济财产的构成，因财富的不同，人们被区分为穷人和富人。权力是指一个人或一群人对他人实施控制和施加影响的能力。声望则是一个人从他人那里获得的良好评价或社会的公认。实际上三种地位并不分立，而是交织在一起的。

那么，这三个基本方面相互之间是什么关系呢？在马克思看来，经济地位具有本原的特征，人们占有了经济地位、拥有了生产资料就可以直接或间接地拥有政治权力，并进而影响控制意识形态。韦伯则认为，三者具有相对的独立性，影响是互相的，而不是单向度的一方决定另一方的关系。韦伯认为经济的权力也可能来自非经济的权力，比如任何一种法律秩序的结构都会对经济权力的分配发挥影响作用，并不占有生产资料的政府或官僚机构的雇员也可以行使很大的经济权力。人们追求权力不一定仅仅就是为了经济上的发财致富，权力也有其自身的价值。同样，权力与声望以及金钱与声望的关系也是如此，并非任何权力都能带来声望，赤裸裸的金钱权力绝对不是被人们认可的社会声望的基础。相反，社会荣誉、社会声望却常常可以成为政治权力和经济权力的基础，事实就是如此（Weber，1994a：113）。

笔者以为，韦伯多元分层的意义绝不仅仅在于他提出了社会分层的三个基本维度。就分层的维度来说，可以区分社会层次的主要维度还有很多方面，本书第一讲就提出了十个方面，即生产资料、财产或收入、市场资源、职业或就业、政治权力、文化、社会关系、主观声望、公民权利，以及人力资源等。韦伯多元分层更突出的意义在于"多元"，即区分社会阶级、阶层、社会地位群体可以有多种标准。由于标准众多，各个阶级、阶层、社会地位群体的关系也就变得是交织在一起的。这样，所谓利益分化的界限也就变得模糊起来，该理论的倾向是要调和阶级利益。过去在革命战争年代，革命组织者的责任是要激化阶级矛盾与冲突，当然就要采用锐化阶级界限的定义，当然就要摈弃调和阶级利益的理论。然而，今天在社会主义建设时期，从构建和谐社会的角度看，这样的模糊当然有利于调解社会矛盾、缓和社会紧张关系。所以，寻求社会稳定、社会和谐的研究者都比较倾向于采用韦伯的多元分层标准。

二　共同体与社会分层

韦伯频繁使用"共同体"的概念。什么是共同体呢？韦伯说，如果"参与者主观感受到的（感情的或传统的）共同属于一个整体的感觉，这时的社会关系，就应当称为'共同体'"（韦伯，2000：62）。那么，仅仅是主观感觉就可以成为共同体吗？情况还不这样简单。韦伯说："关于共同境况和其后的简单'感觉'，还不能造就一个共同体。他们只有在这种感觉之上，不仅仅在他们各人和环境之间，而且以某种方式在他们各人之间，在双方的相互行动中互为取向，他们之间才出现了社会关系。而只有到这一社会关系打上了同属于某一整体的感觉印记时，才产生了'共同体'。"（韦伯，2000：64）所以，共同体是一种特定的社会关系，其成员有着互为取向的行为作为基础，而外在表现为成员的相互认同的感受。

韦伯关于社会分层的思想表现在他对"共同体"的分析之中。他在剖析共同体内部权力分配的时候，提出了三种共同体，即阶级、身份群体和政党。他认为，这三种共同体都具有如下四个特点：第一，有一定的区域界限；第二，有提供为其统治所需物质力量的能力；第三，对于共同体内的社会互动有明确规定；第四，有一套被成员认可为合法的法律规范体系。

韦伯认为，阶级、身份群体和政党是社区内部权力分配的三个重要方面。阶级与经济秩序相联系，身份群体与社会秩序相联系，政党与政治或法律秩序相联系。如果与马克思的思想比较的话，韦伯的意思是说，人们频繁地在三种共同体里生活，而不仅仅是在阶级这样一种共同体里生活。韦伯甚至认为，阶级实际上还谈不上是共同体，因为阶级还仅仅是在经济方面有着一致利益的人，这些人很可能并没有形成互动，彼此没有关联。这就是为什么韦伯在定义"阶级"时还特别强调：阶级不是确定意义上的共同体。相比之下，韦伯更强调身份群体的互动特征，比如在同一所大学上学的学生，尽管他们来自不同的阶级，但他们的社会身份相似性可能更强，他们之间的互动和认同更强。同样，政党也是促使其成员产生实质的、密切的社会互动的共同体。所以，在三种共同体比较中，韦伯更看重的是身份群体和政党的实际社会互动意义，而或多或少地轻视阶级的共同体意义。

在这个意义上，中国社会也有一些具有本民族特色的、有着实质社会互动关系的共同体。比如，中国传统社会的家族、宗族共同体所联合的成员规模比西方社会要大得多。再比如，中国改革以前的"单位"共同体创造了一种成员（职工）对于单位依赖的特殊模式，单位包揽了其成员广泛的社会福利、社会保障的职责，单位共同体是当时中国城市社会最重要的社会整合模式。

分层原本强调的是垂直的地位差异，而共同体强调的是横向的互动和认同，所以，共同体显然是一种弥合地位差异的视角。韦伯在分层的研究上突出共同体的特性，这与其缓和利益冲突的倾向相一致，当然也可以成为我们构建和谐社会的理论工具。

三 韦伯的阶级定义

韦伯认为，阶级是指在生活机会、商品占有和经济收入等方面有着一致利益的群体。他给阶级下了一个定义："在我们的术语中，'阶级'并不就是共同体，它仅仅代表一种共同行动的可能性和经常的基础。只是在下列情况下，我们才可以说阶级：第一，在生活机会特定的作为原因的构成上有着一致性的人们；第二，这种构成仅仅是指商品占有与收入机会上的经济利益；第三，这种构成是处在商品的或劳动市场的条件下。"（Weber, 1994a：113-114）

怎样理解韦伯的阶级定义呢？韦伯定义阶级时的核心术语是"生活机会"（life chance）。他在强调阶级的三要素时，将生活机会放在了第一位，其次才是商品占有和收入。生活机会概念的优点是涵括力强，它将造成地位差异的各种类型的资源都包含在内。当然韦伯重视的是经济资源。在韦伯看来，占有或不占有房产、车间、矿山、牲畜、资本等，最终都会对生活机会产生影响，但最重要的还是生活机会。而且，韦伯强调只有在市场的条件下才形成阶级，如果没有市场就没有自由交换和自由流动，那就只会形成等级而不是阶级。在市场上，不同地位的人在利用商品或劳动的机会上有着明显的差异。韦伯认为，市场上的这种机会对于个人命运来说是一致状况的决定因素，在这个意义上，阶级地位就是市场地位（Weber, 1994a：114）。总之，韦伯重视的是阶级的市场关系而不是生产关系。

韦伯区分了阶级与阶级地位（class situation），认为阶级地位是指个人或群体所能够获得的以下三方面的典型的可能性或机会：第一是商品获得，第二是外在的生活状况，第三是内在的主观的满意和不满意。而在这三方面占有同样地位的人群就是阶级（Weber，1994b：122）。

就好比韦伯在分层上是多元标准一样，在阶级的区分上韦伯也是多元标准。韦伯认为根据不同的标准可以区分三类不同的阶级体系。

第一类叫作"财产型阶级"（property class），即主要根据占有财产的不同类型来区分的阶级。财产型阶级分为正向的获利者和负向的利益受损者。正向获利的有产者有如下垄断特权：购买价格十分昂贵的消费品；销售中的垄断地位；垄断了财富迅速积累的机会；垄断了投资等资本积累的机会；垄断了社会方面的一些优势、特权（比如教育）。典型的有产者如"吃租息者"、债权人等。与此相反是负向的利益受损者，比如连他们自己也被当作财产占有对象的、没有人身自由的人，失去社会地位的古代的无产者，负债人，穷人等。

第二类叫作"获得型阶级"（acquisition class），即主要根据在市场中获得服务的机会决定的阶级，也分为正向的获利者和负向的利益受损者。获得型阶级中的正向获利者，比如企业家、商人、船商、银行家、金融家等，也包括在技术和教育方面享有特权的自由职业者，比如律师、医生等，以及包括占据垄断位置的具有特殊技能的工人等。获得型阶级中的负向利益受损者，比如各种工人，包括熟练的、半熟练的和不熟练的工人。

第三类叫作"社会型阶级"（social class）。韦伯用这个词来表现成体系的阶级，但他并没有明确定义什么是社会型阶级。他只是说：社会型阶级的结构是由多元的阶级地位构成的。在这里，个人之间的地位变化以及代际的变化频繁发生（Weber, 1994b: 122-123）。韦伯举了如下四个例子说明社会型阶级：第一，作为一个整体的工人阶级，劳动过程越自动化，该阶级就越发展；第二，小资产阶级；第三，受到特殊技术训练的阶级，如没有独立财产的知识分子、主要依靠技术为生的工程师、商业职员、政府官员等；第四，垄断财产和教育等特权地位的有产阶级。

后来，吉登斯对社会阶级做出阐释，认为社会阶级是与经济阶级（economic classes）相区别的，经济阶级仅提人们经济地位的差异，而社会阶级则是已经形成了社会关系，也就是说从经济阶级到社会阶级是一个过程，对于这个转变过程的研究是一个重大的理论空白（blank spots）。（Giddens, 1975: 105）

韦伯的阶级定义与马克思的有什么相同点和不同点呢？相同点在于，他们都是从经济角度考察阶级，都认为阶级是一种由客观经济指标决定的分层体系；然而在区分阶级地位的客观经济指标的内容上却存在很大差异。马克思主张生产资料的占有或不占有是区分阶级的核心指标，这样生产资料的占有者——资本家与劳动力的出卖者——工人就被视为社会的两大阶级。而韦伯强调的是因为生活机会的不同而产生的地位差异，占有不占有生产资料只是影响生活机会的一个因素，而影响生活机会的其他因素还有很多。由于人们的生活机会的内容是如此之多，所以，如果仅仅因为生产资料的占有或受雇就将他们视为同一个阶级，这样的分类会出现诸多漏洞。比如，律师、矿工、医生、清洁工、经理和卡车司机都是受雇的雇员，如果将他们都视为无产阶级，那是滑稽可笑的。在阶级区分上，韦伯不注重所有权，认为工人不具有生产资料的所有权并不异常，官僚也并不具有行政管理工具的所有权，军官也并不拥有武器和军队的所有权，但是，这并不影响他们操纵社会活动的运行。总之，马克思是从生产的领域去区分阶级，而韦伯是从市场的领域去区分阶级。

四 韦伯关于阶级行动的观点

韦伯也分析了阶级行动（class action）。他认为，阶级行动本质上是一种经济行动。什么是经济行动呢？经济行动是旨在获得社会上所能够提供的商品和服务的行动。在韦伯看来，经济行动属于工具型合理行动（means-ends rational action），这种行动建立在对手段与结果进行精心筹划、权衡比较利弊得失的基础上。因此，作为经济行动之一的阶级行动，是比较个体化的行动，不太容易形成共同的集体行动。韦伯说："整个经验表明，生存机会哪怕有再大的分化，本身绝不会产生'阶级行为'（阶级所属成员的共同体行为）。"（韦伯，1997b：250）因为作为一种经济行动，阶级行动是要获取收入、利润、利益的行动，它只出现于能够获得这些收益的市场之上，每个人都在追求自己的特殊经济利益。所以，那种为了共同阶级利益而做出共同努力的阶级行动并不普遍。相似的经济利益并不一定形成共同的有组织行为。因为这样的行动取决于每一个人的抉择，而绝大多数人并不一定能够认识到他们的共同利益是什么。所以，韦伯既质疑阶级利益的概念，也质疑建立在共同阶级地位上的那种"共同行动"（communal action）。韦伯认为，"阶级利益"（class interest）概念本身就是模糊的，因为每一个个体的工人之间的利益差异也很大，这种差异源于工人自身也有劳动技能上的高、中、低之分。韦伯常用"群众行动"（mass action）来描述共同的阶级地位所能够带来的行动，他还说，这甚至连"群众行动"都够不上，仅仅是一种"无定形的共同行动"（amorphous communal action）（Weber，1994a：115）。总之，韦伯认为："任何阶级虽然都可能是某一种可能以无数形式出现的'阶级行为'的体现者，但它不是必然会这样。"（韦伯，1997b：250）正是在这种意义上，韦伯常常说阶级本身并不就是共同体。他的意思是说，仅仅有阶级还不能构成共同行动的群体。

从以上韦伯关于阶级行动的观点中，我们更可以体会出韦伯与马克思关于阶级是生产领域的概念还是市场领域的概念之区别的重大意义。韦伯认为阶级是市场领域的概念，所以，由此导出的阶级行动的目的是要在市场领域的讨价还价中获取工资、商品、服务方面的经济利益。因而，韦伯所能够提出的社会策略必然是改良的、调和的和温和的。而马克思认为阶级是生产领域的概念，由此导出的阶级行动的目的是对生产中的指挥权、生产资料的控制权提出挑战，其结论必然是激烈的、冲突的、革命的。

五　韦伯关于阶级斗争形成的条件

韦伯并不讳言阶级斗争，他认为，在古代和中世纪因为生活机会不同而导致的阶级斗争是出现过的，但这种斗争主要是因为垄断、囤积居奇等经济原因刺激产生的。他指出，当生活机会的巨大反差不仅仅作为一种事实存在，而且还进一步促使人们将不公平分配的结果归因于财产分配制度的不公正和具体的经济秩序结构的不公正时，阶级的成员才能够意识到他们相同的阶级地位。所以，韦伯特别重视阶级斗争形成的主观意识条件。应该认识到，在任何社会里，大规模集体行动都与成员主观的归因有直接联系。笔者在研究转型时期中国的社会矛盾时，提出"在'公正失衡'的舆论环境下，社会矛盾自然会频繁发生"（李强，2004：47）。这与韦伯的观点是一致的。

韦伯还专门总结了阶级成员组织起来进行阶级斗争的条件，他提出了四个环境条件（Weber，1994b：124-125）。

第一，有直接的、集中的利益冲突的目标或敌人。比如，工人反对每天都在直接控制他们的经理，而不是反对一个看不见的股份持有人。这一点强调利益冲突的直观性。

第二，人数众多的成员处在一种相似的阶级地位上。

第三，大型人群在空间上的相对集中，比如在现代的工厂里，众多工人聚集在小的区域里。

第四，斗争的目标明确。这种目标往往是知识分子提出的或解释的，该目标是成员们都能够清楚理解的。

韦伯实际上是在思考一种冲突的社会生态条件，他虽然仅仅提出了四个条件，但却启发了人们的思考。后来，达伦多夫在研究冲突的条件时，也循着这种社会生态的思路进行。

六 关于身份和身份群体

在韦伯看来，身份是人们相互之间所做的主观声望评价。他频繁使用"身份群体"（status group）的概念，认为，身份群体是由受到同样的肯定或否定社会声望评价的人构成的群体。韦伯提出，身份群体虽然是一种主观声望评价的结果，但并不是没有基础。身份群体的基础有三种：第一，生活方式；第二，正式的教育；第三，出身的声望或职业的声望（Weber，1994b：125）。也就是说，同一身份群体的成员之所以具有相似的社会声望、社会地位，是源于他们长期相似的生活方式、经验的与理性的教育以及家庭的和职业的熏陶。韦伯认为身份群体至少要以上述三个方面之一为基础。

韦伯认为，身份群体与阶级不同，阶级是由经济地位决定的，而身份群体则是由"社会评价"所制约的声望决定的。阶级与身份群体当然会有联系，比如占有财产也会对维持身份起作用，在企业界，富有也会是一种身份。但身份群体与阶级并没有必然联系，两者甚至常常是对立的。富有者与贫穷者也可能属于相同的身份群体，比如在同一所大学的学生无论贫和富都属于同一个身份群体。韦伯还举例说，很富有的老板和没有钱的雇员可能同属于一个俱乐部的身份群体，在打台球和打牌的时候，他们的地位是平等的，这正是身份群体吸引人之所在。

身份群体对于阶级的市场原则是一种障碍。因为按照市场原则，有钱就有地位，没钱就没有地位。然而在身份群体的标准中，一个暴发户式的亿万富翁，由于没有教养而可能没有地位，为上流社会所鄙视。而一个没有财产，但受过很好教育、很有君子风度的人，却可能很有地位，为上流社会所接纳。

身份群体的区分显示了韦伯的所谓"价值合理行动"（value rational action），即建立在行动者对事物的价值判断、信仰基础上的行动。这种行动并不计较经济上的利益得失，而是价值观判断的结果。正如上文所述，身份群体的行为导向受到相似生活方式、相似教育背景的影响，于是社会上就形成了很多超越阶级的交往的小圈子，甚至有跨越阶级的通婚。

那么，身份群体依靠什么来维持其"共同体"界限呢？依靠什么来阻止不同声望的人进入共同体呢？换言之，具有特殊生活方式的人如何来维持自己的特定生活方式的交往圈子呢？从韦伯的文章中可以发现如下一些手段。

第一，门当户对的婚姻。韦伯的说法是：家庭依据选择同样身份地位者的兴趣，垄断或控制了女儿的婚姻和求婚者。

第二，垄断特权获得方式，设置一些禁忌使得他人难以进入，比如通过政治的或宗教的权威而垄断社会资源。身份方面的分层总与对精神的、物质的或机会的垄断相联系，比如特殊的服饰、特殊的物品、特殊的优先权等。

第三，发展出一种特殊的生活方式，包括职业文化的一些特殊类型，于是非本群体的人就难以进入。

第四，行为惯例。与上一点有相似之处。在任何社会中，身份群体之所以发挥作用都是依靠行为惯例的控制，想进入该圈子的人都按照此种惯例行事，并且是一种默契的共同体行为而不是模仿做作的行为，这样身份群体就形成了。行为惯例可以制造非理性的消费条件，阻碍自由市场的形成。这一点也与前面的"垄断特权获得方式"有关，某些身份群体垄断的物品不能进入自由流通的市场。

第五，来自出身的排他，韦伯称之为出身"继承魅力"（hereditary charisma），即由高贵的出身所带来的声望，或相反的负向因素。

正是在论述身份群体共同体的界限的时候，韦伯使用了社会屏蔽（social closure）、社会接纳（social inclosure）和社会排他（social exclosure）的概念。后来，新韦伯主义者帕金（Frank Parkin）做了较为详尽的阐发和论证。

笔者曾经对中国户籍制度进行分析，认为户籍制度的本质是一种身份制度；并认为，构成中国改革前身份制度的不仅是户籍，还有一整套复杂而又相互匹配的身份体制，比如根据参加工作时间、级别、工作单位性质以及家庭出身等进行筛选的体制。笔者认为，区分身份地位的指标多是一些非连续型的、异质型的指标。比如，收入是个连续型指标，它难以区别身份；而职业是个非连续的、异质型的指标，它可以区分出工人、农民、知识分子这样的身份群体。区分身份地位指标的再一个特点是，它们多与一些"先赋因素"（ascribed factors）有关。所谓"先赋因素"指一个人与生俱来的、不经后天努力就具有的因素，比如，一个人的年龄、性别，又如一个人的家庭出身。因此，出生地、户口类别显然是个典型的"先赋"指标。以先赋因素来确认人的身份地位，这样一种体制的最大特点就是讲究等级、秩序。当这种身份得到法律、法规的认可后，各身份群体也就难以越轨，没有了跨越身份界限的非分之想。每一个人都被定位在一定的等级上，整个体制井然有序。此种体制的最大弊端是束缚社会成员的活力和积极性，因为它将每个人定位在先天决定的身份体系上，人们很难突破此种先天限制，很难超越级别。在此种体制下，人们的后天努力与地位变迁没有太大联系。因此，这是一种缺少公平竞争机会的体制。身份制突出，反映出改革以前中国社会基本上还属于一种传统的社会结构，它是市场经济不发达的产物。

韦伯还认为，所谓身份群体有两种，一种以分工为基础，另一种以世袭为基础，后者如等级、种姓，这是身份群体的极端形式。在这种极端形式里，身份群体成为一种封闭的体系，并且有法律、宗教、经济权力的保障。

总之，从理论上说明了经济地位与社会地位的区别，这是韦伯的贡献。

七　政党与政治权力

　　韦伯认为：阶级的真正故土在"经济制度"里，身份群体的真正故土在社会制度里，政党的真正故土在"权力"领域里（韦伯，1997b：260）。政党的活动旨在获得社会的"权力"，所以，政党活动的目标是要获得权力，是要施加自己的政治影响。

　　韦伯认为，政党是一种自由联合的协会。参加者的目标，作为领导者是为了获得权力，作为积极的党员是为了理想或物质利益。政党有明确的政治目标，总是在有计划地争取某种目标，而阶级和身份群体就不是这样，它们并没有明确的政治目标。韦伯认为，原则上讲，大的共同体内部都会有党派化的倾向，无论是国家还是俱乐部，内部都会有派别。所以，政党是追求派别的政治利益的群体。对于它来说，最重要的是政治权力，因为有了权力才能够施加自己的影响。所以，如果用经济区分阶级，用声望区分身份群体，那么，就可以用权力区分政党。

　　一个政党，既有可能代表阶级的利益，也有可能代表身份群体的利益，还有可能同时代表两者的利益。同样，政党既有可能从阶级也有可能从身份群体中吸收其党员，或者从两者中吸收。所以，三种政治共同体是互相交叉的关系，你中有我，我中有你。

　　一个政党的内部结构与其政治目标，会依它受到阶级或身份群体控制的程度之不同而有所变化。在合理的法律体系内，政党是阶级或身份群体为取得控制而进行斗争的形式。斗争的焦点是影响、管理和争夺社会成员，它会采取合法的形式。所谓合法的形式，即政党为其成员建立了机构，或影响那些掌权的人，但这些活动都遵守他们在其中从事斗争的政治共同体的规则。这样，一个合理的法律权力体系就提供了政治活动的场所，提供了政党这一工具。使用这个工具，阶级和身份群体就可以进行斗争。

　　韦伯认为政党通常是由那些有兴趣从事政治活动的人运作的，这样有投票权的公民就分为两种人：政治上的积极分子和政治上的消极分子。那些以政治为业（politics as a vocation）的人也可以分为两类，一类是为政治而生存的人，另一类是靠政治获得收入（source of income）的人，当然这种区分不是绝对的，也可以两者兼而有之。而当一个政党执政后，就会出现官僚化的现象，于是那些依靠政党为生、以谋取利益为目标的人就会越来越多，这是政党发展的一种趋势。在政党的积极参与者中当然有一些怀有真诚信念、为信仰而奋斗的人。但是，当政党执政后，为信仰奋斗的领袖的追随者们通常很容易变化为追逐利益俸禄的人（Weber，1946：84-125）。

第三节　涂尔干的分层理论

一　功能主义的分层思想

一般认为，涂尔干是功能主义思想的奠基人。

功能主义认为，社会是由相互联系、相互作用的众多部分所构成的统一体，每一部分都为维持社会整体的平衡发挥着一定功能。例如，经济系统的功能是将人们衣食住行的物质条件提供给社会，而教育系统的功能是将知识、技术提供给社会成员。社会的稳步发展有赖于各个组成部分功能的正常发挥。任何一个社会要想维持良好的运转而不发生大的问题就必须具备一些基本条件。

涂尔干是在探讨分工的社会功能时阐述了他的思想。他认为，所谓功能是指有机体的系统与有机体的某种需要之间的相互关系（涂尔干，2000：13）。他在《社会分工论》一书中，首先从当时的一个时髦话题谈起，即关于社会发展与道德之间的关系，也就是大思想家卢梭早年所写的那篇檄文的主题，即认为，科学与工业的发展带来了道德的堕落。涂尔干认为，分工的发展与道德的需要并没有什么关联。他认为，分工的最大意义也并不在于提高劳动生产率，提高劳动生产率仅仅是分工的一个附带功能。分工的最大意义在于它对社会整体发挥作用，它将整个社会紧密地结合起来，使社会成为可能。没有分工的这些功能，社会就不可能存在。所以，分工具有整合社会机体、维护社会统一的功能，并且是凝聚社会的主要因素（涂尔干，2000：24~27）。这里实际上阐述了结构功能主义的核心思想，即部分与社会整体之间十分密切的相互作用关系。涂尔干曾经用一个很好的比喻说明整体与局部的这种相互关系，他说："如果能够使肌体得以成活的重要器官被分割下来，那么整个生命就会陷入极端混乱的状态。"（涂尔干，2000：111）

作为功能主义社会分层理论的先驱，涂尔干解释了社会分层体系的必要性，实际上也是在为社会分层辩护。笔者将他的主要观点概括为以下五点。

第一，社会分工是必需的，并且随着人类社会的发展，分工体系会越来越复杂。

第二，在任何社会的分工体系中，总有某些工作被视为比其他工作更重要。

第三，社会上人们的才能、知识、智力、技术水平各不相同。

第四，让最有才能者去担负最重要的工作，让弱者去承担较轻的工作，应是社会分层的基本原则。他说："一个病人完全可以在社会组织的复杂结构里找到一个合适的位置，做些力所能及的事情。如果他的身体比较柔弱，精神却比较健康，那么他就可以从事某种研究工作，把自己的思辨才能发挥出来。如果他的大脑不太健全，'当然就不应该加入知识领域的激烈竞争，但社会的蜂房还会给他提供一个不太重要的巢室，使他幸免于难'。"（涂尔干，2000：111）

第五，社会分工体系中各种社会角色、职位的配置有一定比例，不是任意的。他说："如果公职人员、士兵、经纪人和牧师的人数过多，其他职业就不免会受到这种过度亢奋的损害。"（涂尔干，2000：228）所以，处在高层位置上的人必然是少数。

二　关注的基本点是社会整合

涂尔干认为，200年来，经济的不断发展使得社会出现最为严重的混乱，为了解决社会失范问题，就必须建立一个群体，建立起规范体系；而能够完成这一任务的只有职业群体（涂尔干，2000：15~17）。他认为传统社会是通过机械团结的方法联系的。传统社会瓦解后，社会出现了极端混乱的状况。其实他所说的状况，有点像我们今天的社会：道德滑坡、信任断裂；用社会学家的术语说，就是严重的"社会失范"。涂尔干说的是当时的法国和欧洲，原来联系人们的是熟悉关系和熟悉群体，村庄、村落、家庭、邻里等，但由于社会的转型，传统的维系社会的方式很难继续存在。于是，涂尔干想寻找一种东西，能够把社会重新联系起来，用社会学的术语说就是"社会整合"。正是在寻找实现社会整合的新的途径和方法时，他提出职业群体这一渠道："相互依存的职业群体将变成国家与个人之间的协调者，创造出有机团结。"

与涂尔干所讲的情况非常相似，中国社会目前职业体系还没有形成。最为典型的就是今天的农民工群体，一方面他们似乎进入了现代工业职业群体，另一方面，他们又没有形成一个真正的职业群体。如果形成了，我们就不会称已经进城、在工业体系中劳动的人为"农民工"。农民工的多数处在一种临时职业的位置上，城市里一般称为"临时工"。农民工的多数还处于循环流动的地位上，即候鸟式的流动，他们随时都可能回到农村。由于其人数十分巨大，一般认为，目前已经达到 2.9 亿人之多，其年龄在 20~30 岁，是中国最具经济活动能力的群体。所以，农民工对中国的影响极其巨大。按照涂尔干社会整合的思路看，如果不能将农民工变成稳定的工业劳动职业群体，我们就无法结束社会转型期的混乱状态。所以，仅从农民工一个群体看，在我国，稳定的职业体系还远远没有形成。稳定的职业体系没有形成，就会产生社会失范。对这一问题的分析，后文将有详述。

三 以职业群体为基础的"有机团结"的新社会结构

涂尔干认为，职业群体之所以能够成为社会群体的基础有如下原因。

（1）人们寻找职业、自我选择的力量会使相似心态的工作者进入相似的职业。

（2）频繁的社会互动。分工和从事职业是人们每天的活动，每天的见面使人们形成相互依赖的关系，而其他关系比较起来都相对短暂。

（3）共同工作的社会互动，使同一职业的工人之间产生合作和共享的价值观。

（4）各种专业化培训是一种社会化，加上非正式互动，产生了同质化效果。

（5）职业的责任、义务使得就业者形成了可以追求的共同利益。

（6）在以分工为基础的职业群体内，会形成一种行为规范和组织形式，而这些形式会变得非常稳固和明确，成为职业内的法律法规。

（7）在职业群体内部，还有很多不成文的习俗，职业内部的习俗又可以大大巩固法律法规（涂尔干，2000：28~29）。涂尔干（2001：17）还进一步认为："任何职业活动都必须得有自己的伦理。"职业伦理是确保整个社会正常运转的重要基础，他还提出将职业伦理推广到各个职业群体中去，以实现社会的和谐。他说："如今，我们已经有了为牧师、士兵、律师和官员等制定的职业伦理。为什么不为贸易和工业制定这样的伦理呢？为什么没有制定雇主和雇工之间的相互义务呢？为什么不制定商人之间的义务呢？这样可以减弱和调节他们彼此的竞争，使他们不再像今天这样，时常卷入像战争那样残酷的冲突。"（涂尔干，2001：33）所以，他对社会的和谐，寄很大希望于职业伦理的建立。

（8）分工的有机团结的特点。涂尔干认为，表面看来分工造成人与人的分化，实际上，"劳动越加分化，个人就越贴近社会"（涂尔干，2000：91）。"群体的各个部分都具有了各自的功能，相互已经难以分割"（涂尔干，2000：110）。分工使人与人形成了内在的相互依赖关系。分工"在人与人之间构建了一个能够永久地把人们联系起来的权利和责任体系"（涂尔干，2000：364）。所以，涂尔干就将"归因于劳动分工的团结称为'有机'团结"（涂尔干，2000：92）。

（9）从分工的角度研究社会分层还有一个特点，即比较容易缓和矛盾，比较有利于社会的团结。因为在解释人们地位差异的时候，一个比较温和的说法是"分工的不同"。比如，当刘少奇告诉时传祥说，我们之间只是分工的不同时，比较容易为处在下层地位上的人所接受。涂尔干说："各种不同的职业可以同时存在，互不侵害，因为它们追求的目标是不同的。士兵追求的是赫赫战功，牧师追求的是道德权威，政治家追求的是权力，资本家追求的是财富，科学家追求的是学术声誉。每个人可以在不妨碍他人实现目标的同时达到自己的目的。"（涂尔干，2000：224～225）他还说："幸亏有了分工，不然竞争对手就会把对方置于死地，不能共同生存下去。在某些同质性较强的社会里，绝大多数的个人都是注定要被淘汰掉的，然而正因为有了分工的发展，这些人才能够自保和幸存下来。"（涂尔干，2000：228）

总之，涂尔干认为，在实现社会整合方面，现代职业群体所具备的条件是其他任何一种社会群体都难以比拟的。涂尔干更多的是从积极意义上论证分层，重视职业分层的积极意义；强调职业群体的职业壁垒与社会屏蔽是一致的。他比前面两派分层理论更加强调"共同体"的形成不是外力强加的，而是自发形成的。结论是，如果充分发挥职业群体的社会整合功能，则因社会转型所带来的社会失范、社会无序和道德沦丧就可以被克服、纠正。

四　涂尔干与马克思和韦伯的比较：三种分层理论所涉及的实质问题

从一个角度看，涂尔干的分层，也属于韦伯的多元社会分层思路，不过他突出了另一种共同体，即分工基础上的职业共同体。职业共同体的特点是兼顾马克思的经济和韦伯的身份群体。要理解为什么涂尔干探讨分层问题，最后把落脚点放在职业共同体上，就要回到分层的本原问题：为什么要研究社会分层？

为什么要研究社会分层呢？不同的人当然有不同的目的，然而，从大的宏观政策的角度看，研究社会分层的重大意义在于，可以发现具有真实社会活动和社会互动意义的社会共同体。于是，我们就更能够理解毛泽东在《中国社会各阶级的分析》中开宗明义所提出的关键问题："谁是我们的敌人？谁是我们的朋友？这个问题是革命的首要问题。"

下面试比较一下马克思、韦伯和涂尔干的分层思想，看看他们各自关心的最主要的社会共同体是什么，以及这种共同体对于今天的意义何在。

马克思强调阶级的共同体。他设想失去生产资料的雇佣工人会由于经济地位、经济利益的一致性而形成紧密联合的共同体，他甚至提出跨越国界的"工人阶级无祖国""全世界无产者联合起来"的战略构想。如果社会的有产者与无产者之间的经济差异，真的断裂成如此巨大的鸿沟，那么，因经济利益一致而形成的阶级，也可能形成具有密切互动意义的共同体。但是，西方社会后来的发展证明，有产者与无产者之间的经济差异并没有那样巨大，所以，阶级作为共同体的意义是下降了的；更何况，阶级的共同体过于巨大，在今天形成社会互动和社会活动的能力较弱。

如果仔细考察韦伯的分层思想，就会发现，韦伯陈述了三种社会共同体，即阶级、身份群体与政党。在三种共同体中，韦伯不是很看重阶级共同体的社会互动意义，认为阶级形成共同行动的可能性不大，形成的多是一种"不完全的大众反应"。阶级组织起行动来，需要的条件太多。政党作为共同体是韦伯的视角，他认为党派是通过建立一种理性的制度并且执行这种制度而形成的共同体（韦伯，1997b：261），当然这是有重要的社会互动意义的；但其范围必定窄小，只是对那些进入政党派别的人有约束，对普遍的社会人群不具有约束力。

所以，作为韦伯分层理论特色的，以及作为韦伯的更为实质的贡献，是其提出了"身份群体"。身份群体是社会声望、社会荣誉地位相似的人组成的群体。但是，韦伯提出的身份群体内容十分庞杂，包括从等级群体直到俱乐部、兴趣群体的各种类型的共同体。韦伯认为有两种最为主要的身份群体：一种是以分工为基础的，也就是职业群体；另一种是以世袭为基础的等级群体。所以，韦伯实际上是将各种类别的共同体凑在一起，将这个大杂烩称为身份群体。

而涂尔干对共同体的思考，则要清晰得多。他强调的就是因分工不同而形成的职业群体，实际上是提出了不同于前两位理论家的另一种社会共同体，即分工基础上的职业共同体。职业共同体的特点是兼顾马克思的经济和韦伯的身份群体。因为职业有明确的经济含义，有些职业本身就同属一个阶级，比如，公司老板。职业作为共同体，内部具有实质的社会互动，是有真实意义的社会群体。

所以，虽然韦伯分析了三种共同体，但从对社会整合的意义看，还是涂尔干提出的职业共同体更为现实。

尤其是，当一个社会由于社会转型、社会规范巨变而变得分崩离析，人与人之间连基本的社会信任关系都失去的时候，依靠什么能够重建社会整合呢？职业显然是最有利的渠道。其原因，在上述涂尔干阐述的九点中已经很清楚了。所以，当中国由于急剧的社会转型而出现社会解组、社会信任链条断裂以后，依靠职业群体重建社会整合就显得尤为必要。所谓职业共同体，是覆盖人群最广的社会共同体，通过职业共同体实现社会整合具有广泛的社会包容性。

参考文献

戴维·波普诺，1999，《社会学》（第十版），李强等译，北京：中国人民大学出版社。

弗·恩格斯，1972，《共产主义原理》，载《马克思恩格斯选集》第一卷，北京：人民出版社。

《马克思恩格斯全集》第一卷，北京：人民出版社，1956。

《马克思恩格斯全集》第二十二卷，北京：人民出版社，1965。

《马克思恩格斯全集》第四十二卷，北京：人民出版社，1979。

《马克思恩格斯选集》第一、二、三、四卷，北京：人民出版社，1972。

卡尔·马克思，1960，《德意志意识形态》，载《马克思恩格斯全集》第三卷，北京：人民出版社。

卡尔·马克思，1965，《哲学的贫困》，载《马克思恩格斯全集》第四卷，北京：人民出版社。

卡尔·马克思、弗·恩格斯，1972，《共产党宣言》，载《马克思恩格斯选集》第一卷，北京：人民出版社。

卡尔·马克思，1972，《1848 年至 1850 年的法兰西阶级斗争》，载《马克思恩格斯选集》第一卷，北京：人民出版社。

卡尔·马克思，1972，《路易·波拿巴的雾月十八日》，载《马克思恩格斯选集》第一卷，北京：人民出版社。

卡尔·马克思，1972，《〈政治经济学批判〉序言》，载《马克思恩格斯选集》第二卷，北京：人民出版社。

卡尔·马克思，1972，《〈政治经济学批判〉导言》，载《马克思恩格斯选集》第二卷，北京：人民出版社。

卡尔·马克思，1975，《资本论》第一、二、三卷，北京：人民出版社。

卡尔·马克思，1976a，《剩余价值理论》第三册（《资本论》第四卷），北京：人民出版社。

卡尔·马克思，1976b，《剩余价值理论》第二册（《资本论》第四卷），北京：人民出版社。

李强，2004，《转型时期中国社会分层》，沈阳：辽宁教育出版社。

马克斯·韦伯，1987，《新教伦理与资本主义精神》，于晓、陈维纲等译，北京：生活·读书·新知三联书店。

马克斯·韦伯，1997a，《经济与社会》（上卷），林荣远译，北京：商务印书馆。

马克斯·韦伯，1997b，《经济与社会》（下卷），林荣远译，北京：商务印书馆。

马克斯·韦伯，2000，《社会学的基本概念》，胡景北译，上海：上海人民出版社。

滕尼斯，1999，《共同体与社会——纯粹社会学的基本概念》，林荣远译，北京：商务印书馆。

涂尔干，1999，《宗教生活的基本形式》，渠东、汲喆译，上海：上海人民出版社。

涂尔干，2000，《社会分工论》，渠东译，北京：生活·读书·新知三联书店。

涂尔干，2001，《职业伦理与公民道德》，渠东、付德根译，上海：上海人民出版社。

涂尔干，2006，《乱伦禁忌及其起源》，汲喆等译，上海：上海人民出版社。

Davies, James C. 1971. *When Men Revolt and Why*. New York: Free Press.

Gerth, H. H. and Mills, C. W. (eds.) 1948. *From Max Weber, Essays in Sociology*. Routledge, London.

Giddens, Anthony. 1975. *The Class Structure of the Advanced Societies*. New York: Harper & Row Publishers.

Grusky, David B. edited. 2001. *Social Stratification: Class, Race, and Gender in Sociological Perspective*. Boulder: Westview Press.

Gurr, Ted Robert. 1970. *Why Men Rebel*. Princeton: Princeton University Press.

Smelser, Neil J. 1962. *Theory of Collective Behavior*. New York: Free Press.

Weber, M. 1963. *The Sociology of Religion*. Boston, Mass.: Beacon Press.

Weber, M. 1964. *The Theory of Social and Economic Organizations*. New York: Free Press.

Weber, M. 1978. *Economy and Society*, edited by G. Roth and C. Wittich. Berkeley, Calif.: University of California Press.

Weber, M. 1994a. "Class, Status, Party." Pp. 113-122 in *Social Stratification*, edited by David B. Grusky. Boulder: Westview Press Inc.

Weber, M. 1994b. "Status Groups and Classes." Pp. 122-126 in *Social Stratification*, edited by David B. Grusky. Boulder: Westview Press Inc.

Weber, M. 1946. *From Max Weber: Essays in Sociology*. Translated, Edited by H. H. Gerth and C. W. Mills. New York: Oxford University Press.

第三讲
新马克思主义分层理论

　　第二讲是关于传统分层理论的，那么，读完之后，人们自然会问，传统理论到今天怎么样了？应该承认，今日的各主要流派，仍然是对传统理论的承继。正如第二讲一开始所说的，传统马克思主义分层理论演变为今日的新马克思主义分层理论，传统的韦伯分层思想演变为新韦伯主义分层思想，而传统的涂尔干分层思想则演变为新涂尔干主义。本书的第三讲、第四讲和第五讲就分别对这三个新的理论流派进行阐述。当然，除了这三个流派以外，还有其他一些新的派别，本书第九讲则单辟出来，对这些新流派进行分析。

　　本讲既然要谈新马克思主义分层理论，那么，首先就必须阐述清楚，新马克思主义分层理论是在什么样的历史背景下产生的。我们知道，第二次世界大战结束以后，即20世纪40年代末50年代初，世界的总体格局是稳定的。欧美学术界、思想界在意识形态上，是保守主义思潮占上风。在社会学界甚至社会科学界，帕森斯的功能主义思想占据了统治地位。这期间，西方学术界的马克思主义思想处于低潮，仍然从马克思主义视角探讨问题的学者为数不多。然而，到20世纪50年代末60年代初以后，潜伏着的社会矛盾逐渐浮出水面，各种各样的社会运动开始兴盛；到了60年代中后期，声势浩大的社会运动甚至社会冲突已经形成，诸如美国的民权运动、欧洲的工人运动，以及欧美的学生运动、妇女运动、环境运动等，风起云涌，一直持续到70年代中后期。这一时期，马克思主义在西方国家的学术界、思想界表现出复兴的趋势。不少学者采取马克思主义的、冲突的理论视角，根据变化了的政治、经济和社会状况，重新对马克思的理论以及变化了的社会现实进行新的阐释。人们将这一时期的马克思主义理论流派称作"新马克思主义"。在新马克思主义流派中，对变化了的社会结构和社会分层的研究占有重要地位。本讲就对新马克思主义的分层理论做一介绍，并有针对性地剖析该理论对于中国社会的意义。

在欧美学术界，最早对保守倾向的帕森斯功能主义思想提出质疑的理论家有三位，他们是米尔斯（C. W. Mills）、洛克伍德（David Lockwood）和达伦多夫（Ralf Dahrendorf）。他们对帕森斯的批评始于20世纪50年代，当时，帕森斯及其理论如日中天，因此，这几个人颇有反潮流的意味。从理论倾向看，他们都属于冲突派。也就是说，当大家都比较强调社会和谐一面的时候，他们比较强调社会不和谐的一面。到了60~70年代，西方社会出现了矛盾、冲突激化的形势，于是，理论界受到他们思想影响的新马克思主义派别变得流行起来。这时候，涌现了众多新马克思主义的主要代表人物，包括沃勒斯坦（I. Wallerstein）、布雷弗曼（Harry Braverman）、普兰查斯（Nicos Poulantzas）、赖特（Erik Olin Wright）、奥索斯基（Stanislaw Ossowski）以及法兰克福学派等。

本讲着重介绍的人物有五位，即达伦多夫、沃勒斯坦、布雷弗曼、法兰克福学派的马尔库塞（Herbert Marcuse），以及希腊的普兰查斯。

第一节　达伦多夫的社会分层理论

达伦多夫1929年出生于德国汉堡的一个工人家庭。他先后拿过两个博士学位，先是1952年在德国的汉堡大学得到哲学博士学位，后来又到英国一所社会科学非常好的学校——伦敦政治经济学院（London School of Economics and Political Science）学习和研究，并于1956年得到博士学位。达伦多夫拿到学位以后，曾先后在一些大学任教，包括：萨拉布朗肯（Saarbrucken）大学、德国汉堡大学、美国哥伦比亚大学、德国杜宾根大学、德国康士坦兹大学等。1974~1984年曾出任伦敦政治经济学院的院长。达伦多夫也曾获得众多荣誉，仅荣誉博士学位就有12个之多，比如美国马里兰大学、英国曼彻斯特大学、比利时鲁汶大学等都曾授予他荣誉博士学位。此外，他还是英国上议院议员，并被英国女王授予贵族称号。总之，达伦多夫真可谓是功成名就，享有很高的社会声誉。

本书将达伦多夫列入新马克思主义行列是因为：第一，他在改变当时流行的理论趋势、开创冲突论视角方面的贡献；第二，他在批评保守主义社会模型方面的贡献；第三，他根据马克思以后社会关系变化的情况，提出了新的系统的冲突理论。但是，达伦多夫同时也接受了韦伯的分层思想，虽然人们一般不将达伦多夫列入新韦伯流派。所以，将他列入新马克思主义流派也仅仅是相对而言的。

达伦多夫的社会分层和社会冲突理论，对于我国的现实有特殊的重要意义。21世纪初期，社会矛盾、社会冲突在我国比比皆是。根据中国社会科学院社会学所发布的《社会蓝皮书》，全国"群体事件"的次数和频率均达到了很高的指标（陆学艺、李培林、陈光金，2012：13）。根据达伦多夫的理论，冲突是工业生产的一种必然结果，无论什么性质的社会，冲突都是必然存在的。我们要研究冲突的规律，从而控制冲突的发生。

达伦多夫的著作数量并不是很多，但论证都十分精彩。在社会分层和冲突理论方面，主要著作有两种。其一是他的成名之作，即《工业社会的阶级与阶级冲突》（*Class and Class Conflict in Industrial Society*），剖析了马克思以来的阶级冲突学说和阶级冲突状况，对后资本主义社会的阶级冲突做出了全新阐释。其二是前一书的姊妹篇《现代社会冲突》（*The Modern Social Conflict*），着重研究了社会冲突而不是阶级冲突。达伦多夫提出的基本问题是，阶级冲突和社会冲突究竟是一种什么性质的现象？它们究竟是资本主义工业社会独有的呢，还是它们的存在是工业生产的一种必然结果，因而，它们会是工业社会的一种持续特征？如果冲突是工业社会的一种持续的特征，那么我们应该怎样对待冲突，换言之，我们的对策是什么？

达伦多夫的论述表明，一方面，他与功能主义者的观点不同，他持比较激进的冲突立场；另一方面，他又与传统马克思主义不同，他不认为阶级冲突必然导致社会的崩溃，他认为冲突是可以被控制在制度之内的。下面第一、二点就表明了他的这两方面立场。

一 关于两种社会模式的对比

"冲突型社会模式"是达伦多夫理论最为重要的基本假设和出发点，它表明达伦多夫对当时在理论界占统治地位的帕森斯的整合型模式的公开宣战。他告诉世人不要一味地歌功颂德，要回到现实中来，而社会冲突就是不可回避的社会现实。

达伦多夫尖锐地抨击帕森斯关于社会系统的构想是乌托邦主义。他说：乌托邦者以为社会是一个持续的、稳定的、各要素很好整合的结构，以为社会中有普遍一致的价值观和制度；乌托邦者否认价值观的冲突，否认制度的冲突，这是不合理的、错误的。乌托邦不过是知识分子的一个梦，现实生活中根本不存在。

作为一个理性主义者，达伦多夫提出了新的冲突型假设：社会是建立在一些要素被另一些要素强制的基础之上的，解体、冲突和变迁不断发生。社会并不稳定，而是处于不断的变动、动荡之中，强制、冲突和变迁随处可见，这些倒是社会的更为真实的写照。

笔者将达伦多夫关于两种社会模式的对比加以归纳，列为表 3-1。

表 3-1　达伦多夫关于两种社会模式的对比

帕森斯等结构功能论者的社会整合模式（integration model of society）	达伦多夫等的社会冲突模式（conflict model of society）或社会压制模式（coercion model of society）
1. 每个社会都有一种固定不变的结构,该结构由众多要素（elements）组成 特征:稳定	1. 每个社会随时都有可能发生变迁,社会变迁无时不在
2. 每个社会都是一种相当整合的结构（well-integrated structure） 特征:整合	2. 每个社会在任何时空下,均呈现对立和冲突,社会冲突无时不在
3. 在一个社会中,每个要素均具有某一功能,这也就是维持某一体系运转的功能 特征:功能协调（functional coordination）	3. 社会中的每个要素都可促使社会变迁或不整合的发生
4. 每种发挥功能的社会结构,均建立在它的成员之间具有一种价值共识（consensus omnium）的基础之上 特征:共识（consensus）	4. 每个社会均建立在某些社会成员对其他成员的压制（coercion）、统治（ruling）的基础之上

其实，两种社会模式也是人们观察社会的两种不同角度，对此达伦多夫有清醒的认识。他说：社会好比是一个具有两副面孔的人，这两副面孔同时代表着相同的社会实体；从社会学理论来看，有些社会问题可以通过社会整合理论提供的假设来解释，而另一些社会问题可以通过社会强制理论所提供的假设来解释（Dahrendorf, 1959：159）。他还说："在社会学理

论框架里，两种理论模式中的任何一个都不是唯一正确和适用的模式，在分析整个社会结构和结构中的每一种要素时，两种模式是互相补充的，而不是互相排斥的。"（Dahrendorf, 1959: 163）

二 认为马克思以后的社会关系发生了重大变化

在《工业社会的阶级与阶级冲突》一书中，达伦多夫从剖析马克思的阶级理论开始，分析了马克思关于资本主义社会冲突的基本逻辑，即占有生产资料的工业资产阶级与不占有生产资料的雇佣劳动者形成了对立，这种经济地位的差异造成冲突的利益，形成冲突的群体（阶级）；冲突最初是个别企业的经济型的，但最终将导致政治冲突。达伦多夫将马克思关于阶级结构和阶级冲突发展的逻辑分解为如下四个步骤。第一，资本主义社会有一种固有的阶级阵营两极分化的趋势，一极是人数很少的大资本家，另一极是雇佣工人，小资产者也都落入无产者阵营中来了。第二，也是资本主义固有的，无产阶级贫困化（pauperization）的趋势。第三，资产阶级和无产阶级两个阶级，各自内部越来越同质化，这样都各自形成团结的阶级。第四，上述趋势的必然结果是社会结构的断裂（social structure breaks）、革命的发生、资本主义的终结、无产者掌握政权，最终是阶级的消亡和无阶级社会的出现（Dahrendorf, 1959: 32-35）。

然而，接下去，达伦多夫话锋一转，提出，马克思以后的阶级关系和社会结构发生了重大变化。换言之，他试图否认上述逻辑，以及为他提出新的有关冲突的逻辑展示社会背景的基础。

那么，马克思以后西方工业社会究竟发生了什么变化呢？他提出了四个重要变化。

第一，资本方面的重大变化：所有权与控制权分离。达伦多夫认为，马克思在资本主义生产领域寻找资本主义变迁之根源是对的，但是，资本主义变化的结果与马克思预测的却相反。马克思晚年在分析股份公司时已经多少预感到了这一点。19 世纪后半期股份关系已经占有一席之地，但到了 20 世纪，它已经在各类行业中发展为一种新的经济形式。今天，在发达工业化国家，三分之二的公司是股份制公司，其财产超过全部企业财产的五分之四。那种同时既是所有者又是经营者的资本家，已经不是今天的主要形式。既然所有权与经营权已经分离，那些没有所有权的经理与工人之间的距离反而缩小了。与此相反，所有者则完全被排除出生产领域，其功能专一化为"剥削"。这样，没有了功能的资本家让位于"发挥重要功能但没有了资本的群体"。工业上的这样一个新的统治群体，完全不同于那种"完全的资本家"（full capitalists）（Dahrendorf，1959：42-43）。

从工业社会结构的角度看，这意味着企业家权威合法性基础的巨大变化。老式资本家有权威，因为他们拥有生产工具，权威是财产所有权的一部分，反过来，财产所有权只不过是权威制度化的一种形式。经理的权威在很多方面类似于政治机构领导人的那种。经理有两方面的权威，一方面是以财产所有权为基础的权威并没有丧失，经理的发号施令产生于所转让来的、代表财产的权利；另一方面，经理由于接近生产者，不得不寻求第二种权威合法性的基础，即那些服从其指令的人的一致性认可。经理与"完全资本家"不同，他们不能总是违背被管理者的意志（Dahrendorf，1959：43-44）。

随着资本功能的分化，企业家阶级也分化为三种：资本家（capitalists）、财产继承者（heirs）和专业管理官僚（bureaucrats）。三种群体都有不同的准入机制。资本家拥有企业，自己创业和发展企业，有管理企业的经验。财产继承者则相反，他们先天就拥有企业，但可能不懂得如何经营企业。而专业管理官僚则有两种准入方式，一种方式是通过管理工作的职业生涯，在企业中一步步爬上来；另一种方式是文凭准入，今天，一个人担任高层经理主要是由于获得了高文凭。他们既不同于传统管理型资本家，也不同于现今的纯粹资本家（Dahrendorf，1959：45-46）。对于上述变化，达伦多夫称之为资本的分解（decomposition of capital）。

第二，劳动方面的重大变化。达伦多夫认为，今日的工人阶级与马克思时代的有很大差别，他们不是马克思时代的那种无技术的、贫困的、同质型群体。工人分解为众多群体，就像资本的分解一样。马克思曾认为，机械化取代了工人的技术，工业越发展工人就越没有技术。19世纪确实发生过这样的变化，但20世纪以来有两种新的趋势：第一，体力工人变成半技术工人，他们与无技术的工人不同；第二，由于机器的复杂化，对技术工人的需求增加，新的趋势是无技术工人需要变为技术工人。

达伦多夫认为发达工业社会的劳工至少分化为三个分层群体。第一，高技术的工人是增长的阶层，他们越来越多地与工程师和白领雇员相融合。第二，半技术工人是一个稳定的阶层，他们具有特殊的工业劳动经验，技术水平的跨度很大。第三，无技术工人，这是一个日益减少的阶层。这三个阶层的不同不仅是因为技术水平的差异，也存在很多社会阶层特征的差异，包括工资的差异、福利的差异和社会声望地位的差异，因此工人内部也形成了层级的差异结构。他们的利益要求也不一致，还常常相互冲突甚至相互对立。所以，要想让工人为了一个共同目标而团结起来十分困难（Dahrendorf，1959：50—51）。

第三，中产阶级的变化。达伦多夫说，直到马克思去世的时候，每20个雇员中仅有1人可以称作属于职员阶级或中产阶级，而今天，每5个雇员（如果是第三产业则每3个雇员）中就有1个属于中产阶级。达伦多夫将这个阶层称为"新中产阶级"。而新中产阶级内部的差异性是如此之大，以至于无法为它设定一个上界和下界。

达伦多夫说，资本和劳动的分解和分化是社会发展所致，而中产阶级则从它一出生就处于分解、分化状态。达伦多夫更倾向于将中产阶级区分为上层和下层两个集团。

那么中产阶级对于阶级结构和阶级冲突的意义是什么呢？达伦多夫认为，按照我们既有的阶级模式去设想，中产阶级的上层是资产阶级的延伸，而中产阶级的下层——白领工人是工人阶级的延伸。其社会后果是什么呢？达伦多夫认为，其结果是使得阵线更为混淆，这是一个比分化和分解还要复杂的异质型群体。虽然白领工人与产业工人一样没有产业和权力，但他们的社会特征却与产业工人大相径庭。同样，中产阶级的上层官员虽然占有权力，但也不同于统治阶级。达伦多夫认为，由于中产阶级造成的复杂局面，很难想象传统的阶级模式对于解释后资本主义社会的阶级冲突会具有什么应用价值。

总之，冲突的参加者、内容、类型都变化了，所以，人们无法再用传统马克思主义去解释发达工业社会的结构与冲突（Dahrendorf，1959：52—57）。

第四，阶级冲突的制度化，即形成了处理阶级冲突的制度结构。发达工业社会为什么没有发生马克思所预言的暴力革命呢？达伦多夫用冲突的制度化去解释。达伦多夫同意盖格（Theodor Geiger）的观点，即认为资本与劳动之间的紧张关系已经被制度化缓解了，制度使得两者之间的关系合法化，从而阶级斗争的方法、武器和技术就被置于制度的有效控制之下。这样，阶级斗争就走出了误区，它变为相互平衡的权力之间的合法斗争，资本与劳动的冲突就变成关于工资水平、劳动时间、劳动条件的谈判或协商。

传统的观点认为，资本主义社会完全不能处理好由于它的结构所产生的阶级冲突。达伦多夫认为，实际上，如果采用制度化的办法，任何一个社会都有能力处理其内部产生的新问题。在处理阶级冲突方面，制度化虽然已经有了一套成功的、完善的模式，但在创立之初也曾有过教训。在经历惨痛的过程后人们才认识到，互相竞争的政党都是合法的利益群体。在这样一种制度化框架下，在产业关系中，工人和企业家都能够形成自己的联合体保护自己的利益。在非产业的政治领域，也具有相似的模式。建立组织是制度化的必要手段。当然，在组织发展的一定时期，冲突有可能出现强化的趋势，但组织化的最终结果会导致如下两种情况。第一，组织预先假定了冲突群体的合法性，这样就将暴力冲突永久地排除了。第二，组织使得对于冲突的系统的管理规则成为可能。总之，组织是制度化的构成部分，组织的显在功能是保护组织成员的利益。然而，组织的潜在功能却使得冲突制度化了，从而避免了利益差异导致的暴力冲突。

阶级冲突的制度化意味着，阶级冲突还是存在的，但制度化的冲突与残酷的、绝对的阶级冲突完全不同。没有人可以保证一种特定的冲突管理模型会永远成功。罢工等冲突还会继续发生。但事实已经证明，工业社会是能够处理其内在的结构所造成的利益冲突的，各个利益群体（interest groups）是能够与工业社会和平相处的。在这里，群体冲突已经变成一种市场关系，在这个市场中，相对自治的各种力量根据特定的游戏规则互相竞争，没有永久的胜利者或失败者（Dahrendorf, 1959: 64-67）。

三 论证了权力、权威关系，使用了"强制型协作团体"的分析模式

达伦多夫认为，社会分层起源于这样的事实，即在任何一个社会中，个人或群体都要被强制性地实施奖惩。这种实施奖惩的能力，不管是正的还是负的，都意味着权力关系的存在。他认为，所谓社会分层的不平等体系，只不过是社会权力结构的派生物。权力、权威是社会结构中普遍存在的因素，权力、权威比财产地位、经济地位更为普遍，财产不过是权力或权威的一种特殊形式。只要权力、权威存在，就会有统治者和被统治者。所以他认为，不平等反映的是权力关系，而不是简单的经济关系。

达伦多夫试图辨析"权力"（power）与"权威"（authority）的定义。他认为诸多的社会学家对此并没有形成共识，他大体上还是遵循了韦伯对这两个概念的定义。韦伯认为："权力指在一种社会关系内，行动者即使遇

到反抗也能够贯彻自己意志的可能性，不管这种可能性是建立在什么样的基础之上。"（Dahrendorf，1959：166）达伦多夫也转引了韦伯的权威定义："权威是有特定内容的命令被特定的人群服从的可能性。"（Dahrendorf，1959：166）那么权力和权威的根本区别在哪里呢？达伦多夫认为，最重大差异在于：权力总是与个人人格相联系，而权威总是与社会位置、社会角色相结合。比如，政治煽动家对于听他演说的大众有权力，或具有控制他们行动的可能性。而权威指官员对于下属的控制，经理对于工人的控制。在这里，占据官员、经理位置的特定的人行使了一种人们对于该位置的社会期望的行为规范。所以，权力说的是一种现实的社会关系，而权威说的是一种统治与服从的合乎社会期望、合乎法律的关系。在此意义上，权威就是合法的权力。在合乎法律和期望的条件下，权力便转变为权威。于是，一些社会角色（而不是个人）就用一种合法的权力去统治和强制那些处在从属地位上的社会角色。

达伦多夫总结了权威关系的五个特点。第一，权威关系总是表现为一种上级与下级的关系。第二，只要有权威关系存在，为社会期望所认可的关系模式就是，上级通过命令、要求、指示、警告、禁止来控制下级的行为。第三，这样的社会期望与稳定的社会位置相联系，而不是与个人的品质相联系，因此，这是一种合法的关系。第四，权威与权力不同，它不是一种随意控制他人的一般关系，权威总是明确地指明哪些人必须接受控制，以及在什么范围内允许控制。比如，一个企业家在企业组织内具有权威，但到了他的教区却可能只是一名教徒，他必须接受教区内其他人的权威。第五，既然权威是一种合法的关系，那么，拒绝服从权威的命令就要受到惩罚；支持合法权威关系的有效实施，确实是法律制度的一项重要功能（Dahrendorf，1959：166-167）。

那么，用什么样的一种概念才能够表现上述这种具有强制特点的、具有冲突特点的组织模式呢？达伦多夫认为"社会体系"（social system）这个概念显然不合适，于是他从韦伯那里借用来一个概念，叫作"强制型协作团体"（imperatively coordinated association，简称ICA），他认为这个概念比较符合他对团体冲突的分析。任何一个组织，不管是政府、教会、企业、政党还是工会、俱乐部等，表面看来都是协作型联合体，但只要有权威关系存在，我们就会发现，这种协作或结合是具有强制性的，是具有压制、约束性的，所以，需要采用冲突的模式分析，而不应该采用整合的"社会体系"模式去分析（Dahrendorf，1959：167-168）。

他认为，权威引起社会冲突，因为它是相互对立的群体去争夺最为基本的稀缺资源。他写道："权威存在于一切工业社会的结构之中，它为绝大多数冲突和冲撞提供了决定性的支撑因素。"（Dahrendorf，1959：71）所以，凡是有行使权威之处，便一定会有群体冲突。他认为，在社会里，不同的地位有着绝对不同的利益，这样社会建立在一种非此即彼的分化之中，或者占有权威，或者不占有权威。这种两极的分化模式造成绝对的利益冲突：统治者总是要保持现状，而被统治者总是要改变现状。因此，权威也是不稳定的，利益关系不断在发生变化，而达伦多夫更为关注的是这样一种变化的过程模式。下面就专门谈谈他的这种过程模式。

四 关于社会分层、社会冲突的过程模型

达伦多夫建立了关于社会分层、社会冲突的一种过程模型。这里的所谓过程模型表现的是社会分层和冲突如何一步步形成，以及产生什么样后果的全部过程。用他自己的话说："我将试图展示，在社会结构具有强制特性这一假设下，权力或权威关系是如何造成角色利益的冲突，这种在某些条件下的角色利益导致在有限社会组织内以及在整个社会上组织化的、对抗型群体的形成。"（Dahrendorf，1959：165）

他大体上的论证思路是从"社会角色"分化开始，分析潜在的利益如何变成显在的利益，又如何转化为冲突的群体，如何导致阶级的冲突，最终引发社会的变革。

从强制（coercion）的视角出发，达伦多夫认为，社会组织的形成不是因为成员出于自愿的合作，而是由于一些成员对另一些成员的强制、限制、约束。在任何一个社会组织中，为了保证运行的效率，一些位置被赋予权力行使对于另一些位置的控制权。换言之，组织内有一种不同地位的权力、权威结构的分布。而这种不同权力、权威结构的分布不可避免地成为社会冲突的决定因素。冲突的根源在于占据统治地位的和处在服从地位上的社会角色的安排。达伦多夫所说的社会角色（social roles）指组织中的一组位置以及与此位置相关联的行为规范。关键是，这些社会角色的差异结构反映的是行使权力或权威的差异结构，所以，所谓社会角色的行为规范就是各种社会角色通过强制实施肯定的或否定的奖励与惩罚而形成的规范。所以，只要组织中有这些统治和服从的角色存在，群体冲突就是不可避免的。所以，要进行冲突分析，首先就要确认与权力、权威的分布相联系的不同

角色。

所有社会组织都存在社会角色的统治与服从的对立的分化，但是，为什么有些发生了冲突，而另一些却没有转化为冲突呢？关键是这里有一个转化的机制或转化的过程。达伦多夫的贡献在于剖析了这个转化的机制或过程。

为了说明这种转化，达伦多夫使用了两个概念："潜在利益"（latent interests）与"显在利益"（manifest interests）。所谓潜在利益，指这样一种行为取向，即在"强制型协作团体"内部，固有地就存在两个地位互相对立的聚合体，虽然他们并没有主观地意识到这种对立。而显在利益则是指另一种行为取向，即上述地位对立的两个聚合体的成员已经意识到了这种对立，并且已经形成相互对立的群体行为。与上述两种不同利益取向相对应的是，存在两种不同的群体现象："准群体"（quasi-group）和"利益群体"（interest group）。"准群体"是达伦多夫创造的一个概念，指该群体的成员虽然占有相似的地位，却处在潜在利益的状态，他们还没有组织起来。准群体概念的提出很有意义，因为它可以解释，为什么有的时候对立的利益可以风平浪静，有的时候却又变成狂风暴雨。也就是说，它是一个有可能变为有组织的冲突群体的有潜在力量的群体，之所以会发生冲突是因为其成员享有共同的角色与利益。尽管在潜在利益的状态下，他们可能对此一无所知。而"利益群体"则是指群体成员处在显在利益的状态下，成员已经组织起来形成了集体行动。

在达伦多夫看来，"利益群体"的形成是导致冲突的非常关键的一步。利益群体有其自身的结构、组织形式、目标和成员队伍。利益群体不断从规模更大的"准群体"中吸收成员，所以，总是准群体更大，而利益群体是由准群体成员的一部分转化而来的。利益群体是群体冲突的真正代表。利益群体从来都不是"初级社会群体"，而是"次级社会群体"，成员之间的关系是利益驱动形成的。那么，利益群体是否就是冲突群体呢？不是的。冲突群体都是利益群体，但反过来说就不对了。

那么，具备什么样的条件，利益群体就会发展为冲突群体呢？冲突的形成需要具备什么条件呢？达伦多夫用了很大的篇幅进行讨论。对于这些条件的具体内容，我们将其归纳为社会冲突的理论命题，在后面具体论述。这里只介绍一下达伦多夫论述冲突形成时的逻辑结构。达伦多夫认为，冲突的形成需要具备四个方面的条件：第一，组织的技术条件；第二，组织的政治条件；第三，组织的社会条件；第四，组织的心理条件。对每一种条件，他提出了一些假设或命题。比如，将干部、领导者等视为冲突群体形成的技术条件；又如，将非专制的政治制度等视为冲突群体形成的政治条件；再如，将地理上的相对集中等视为冲突群体形成的社会条件；还比如，将群体成员的互相认同等视为冲突群体形成的心理条件。总之，达伦多夫认为，只有以上四个方面的条件都具备，冲突群体和冲突才会形成。

在这里我们要注意，达伦多夫有时候使用的是冲突群体、利益群体概念，有时候使用的是阶级概念。有什么区别吗？达伦多夫注意到了理论界在赞同阶级概念和反对阶级概念上的争论。反对派认为，阶级的模式不适宜分析"后资本主义社会"，其理由有四。第一，历史的理由。阶级的性质已经发生变化，资产阶级和劳工阶级都已发生重大变化，阶级更适用于分析 19 世纪的状况。第二，理论的理由。阶级强调的是经济的原因，而冲突可能是经济的原因，也可能不是经济的原因。第三，阶级概念本身也是含混不清的。比如，究竟是"自在阶级"还是"自为阶级"？第四，阶级和阶层的说法使得分析更为复杂。而赞同使用阶级概念的人也提出三点理由：第一，认为阶级是冲突群体的最好的替代概念；第二，马克思的阶级概念对于冲突研究具有很大启发；第三，马克思以后，许多学者已经对阶级概念做出修正和新的贡献。而达伦多夫认为，在冲突和冲突群体的分析中，应该维持使用阶级概念，但他在使用阶级概念时特别强调以下两点：第一，这是一种系统的社会冲突并且具有结构方面的原因；第二，阶级冲突是一种特殊类型的社会冲突（Dahrendorf, 1959：201-204）。

那么冲突造成什么样的社会后果呢？达伦多夫认为，这涉及价值判断。从维持社会秩序的角度看，冲突破坏了社会稳定，可能导致社会控制的崩溃，所以，冲突是坏的，是负功能，是病态。达伦多夫则持相反的价值判断，认为，冲突是社会结构和过程的一个必不可少的、基本的构成部分，因此，冲突也有正功能。他强调两点正功能：第一，冲突有助于社会体系的整合；第二，冲突有助于创造变迁（Dahrendorf, 1959：207）。达伦多夫比较详细地探讨了冲突的组织化程度、冲突的强度、冲突的暴力程度等对结构变迁的影响，以及利益多元的冲突和利益重叠的冲突对结构的影响等，提出了一些命题和假设。对于这些，本节下面会专门介绍。

他认为，冲突引发的结构变迁至少有三种模式。第一种，在"强制型协作团体"中处于统治地位的人员的整个更换（total exchange of personnel）。比如，革命导致政府的整个更换；再如，在某些特例中，执政党下台后，统治集团进行了近乎全部的更换。这种模式往往是突发性的，在现代国家，突发的概率不高。第二种，对于统治集团的部分更换，这往往是一种改良而不是革命。比如，在选举制度的国家，在野党通过选举变成执政党，他们仅仅部分更换政府成员，法官、外交官、一些高级公务员等还会留任。第三种，统治集团在人员上并没有发生更换，冲突对结构的影响并不是表现在人员更换上，而是表现在立法和政策变迁上。比如，多数党与反对党的位置并没有更换，但多数党却将反对党的建议吸收到自己的立法和政策中。过去，人们以为不更换统治集团社会结构就不会变化，这种观点是错误的；历史上有无数事例说明，不更换统治者也可以出现变迁。达伦多夫说："结构变迁的这第三种模式，是一种最为缓慢的革新，它要求统治者具有特殊的技巧，以避免因为压制反对派而激起反抗。但毫无疑问，这种模式可以使得统治阶级在相当长时期里维持其权威的合法性。"（Dahrendorf，1959：232-234）

对于上述全部论证，如果我们用图示的方法，就可以更好地理解达伦多夫关于社会冲突的过程模型。美国教授特纳（J. H. Turner）在《社会学理论的结构》一书中，也曾试图用图示的方法对比达伦多夫的过程模型（特纳，1987：183）。笔者参考了特纳的分析，并另外做了一些补充。下图中这样一些概念的变化趋向和演变，显示了达伦多夫从权力或权威关系造成"社会角色"分化，并由此开始，直至引发社会结构变迁的全部论证。

五 关于社会冲突的理论命题

通过上述对过程模型的分析可以看到，冲突形成的关键是出现转化。比如，准群体向利益群体的转化、潜在利益向显在利益的转化。达伦多夫提出了一些理论命题来说明这种转化。他在论证中提出的命题很多，他自己在书中虽然试图对这些命题进行归纳，但其线索并不是很清晰。因此，不少社会学家都曾试图对他的命题进行重新归纳。比如，特纳就曾试图总结这些命题，可惜条理也不是很清楚（特纳，2001a：176）。笔者参考了这些归纳，下文试将达伦多夫的这些命题分为三个方面。

第一个方面是关于组织或群体在何种条件下形成的命题。主要探讨的是潜在利益究竟如何变为显在利益，准群体究竟如何转变为利益群体。达伦多夫在这方面提出的命题很多，笔者以为以下十点比较重要（Dahrendorf，1959：185-191）。

（1）"准群体"转变为有组织的利益群体，依赖于其成员中的奠基人，有责任心、事业心的领导者或干部（cadre）。

（2）有组织的利益群体的形成，依赖于"准群体"中系统的理论和"意识形态"的形成。

（3）高度控制的政治环境下，根本不允许建立社会组织，这样，尽管有准群体和潜在利益存在，社会控制也可以阻止准群体向利益群体转化。

（4）准群体成员沟通的机会越多，这个群体就会变得越有组织。

（5）准群体成员在地理生态分布上越分散，就越不容易组织；越集中，就越容易组织起来。

（6）利益群体的形成需要社会结构的支撑。如果进入某一群体的人员，形成一种结构化的模式，而不是一种偶然的进入，这时组织就容易形成。换言之，由于结构化的社会原因，人们进入一种社会地位，这样的人员容易形成利益群体；反之，如果个人仅仅是偶然原因进入某一社会位置，就不容易形成组织。达伦多夫以马克思的论证为例：由于犯罪、疾病等而落入社会底层的无业游民无产者就不容易形成组织。

（7）准群体成员对于其所处地位的主观认同，有助于形成利益群体。

（8）从属人员越是占有相似的角色，就越容易形成组织。

（9）社会流动的比率越高、群体的开放程度越高，就越不容易形成组织。

（10）一个处于从属地位的群体越有组织，就越有可能与统治的群体相冲突。

第二个方面主要是探讨哪些因素会影响冲突的激烈程度。对于冲突程度的分析，达伦多夫主要使用两个概念，一个是强度（intensity），另一个是暴力（violence）。所谓冲突的强度，是指参与冲突群体之力量、能量的消耗程度和卷入程度。而所谓冲突的暴力程度，是指参与冲突的群体为表达其仇恨、愤怒而选择的不同斗争武器的差异。它是一个连续的变量，从最为和平的谈判直到最为激烈的战争等军事冲突。如果有一个暴力程度量表的话，它包括：讨论、争论、比赛、竞争、斗争、战争等。笔者试将他在此领域的命题或假设归纳为以下十二点（Dahrendorf，1959：211-229）。

（1）冲突中的群体越有组织，他们之间的冲突强度就越高。

（2）冲突重叠的程度越高，冲突的强度就越高。达伦多夫举例说，比如，在一个国家里有三种主要冲突——阶级之间的冲突、城市和农村之间的冲突、基督教与天主教的冲突；如果这三种冲突都是重叠在一起的，则会大大提高冲突的强度。达伦多夫还举例说明了经济地位、声望地位与权力地位的重叠与分散的关系。

（3）反之，如果冲突是分散的和多元的（pluralism），那么冲突的强度就会降低。

（4）相对剥夺会增加冲突的强度而不是暴力。

（5）绝对剥夺再加上被权力排斥，会增加暴力。

（6）阶级之间的流动率越高，他们之间冲突的强度就越低，反之亦然。

（7）阶级之间的流动有"代际流动"和"代内流动"两种形式。"代内流动"显示一个人地位变化的幅度，如果一个社会建立了一种制度化的个人改变阶级归属的机制，它就处于"准无阶级状态"（a state of quasi-classlessness），这样，冲突自然会大大弱化。

（8）冲突中的群体越有组织，冲突中的暴力就会越少。

（9）冲突群体越是整合进社会，暴力的可能性就越小。

（10）冲突双方所同意遵守的规则越多，暴力就会越少。

（11）冲突双方越是更多地认识到对方的客观利益，暴力就越会受到限制。达伦多夫以议会为例，认为如果两个敌对的团体都有机会陈述其反对意见，"那些同意用讨论的方式来解决争端的人，通常不会实施物质的暴力"（Dahrendorf，1959：226-227）。

（12）一个群体内的不平等程度越高，统治者与被统治者冲突的暴力程度就越强。

第三个方面是关于社会变迁，即冲突造成的结果的命题。这方面达伦多夫提出的命题不多，他总的想法是，冲突有重大社会功能，冲突可以推进社会变化、社会变革，甚至社会进步。从成本效益比的角度看，如果以最小的成本获得社会变革和进步当然最好。所以，达伦多夫在上文论证冲突引发结构变迁的三种模式时，他的价值取向是想说明，不更换统治集团也可以实现改革或社会变革。同样，如果能够不出现暴力而实现变革，当然也是最好的。他在这方面提出的命题如下（Dahrendorf，1959：

232—236）。

（1）阶级冲突会影响统治地位占有者，而统治地位占有者的变化会引起社会结构的变化。

（2）冲突的强度和暴力程度是两个不同的向度，强度影响的是社会变迁的深刻程度，暴力影响的是变迁的突发性。冲突的强度越高，对社会结构变迁的影响就越深刻。

（3）冲突的暴力程度越强，社会结构的变迁就越具有突发性。所以，降低冲突的暴力程度可以防范社会结构变迁的突然发生，比如，防范前面所说的突然发生整个统治集团的更换。

（4）如果对冲突进行调节，缓和它的强度和暴力程度，这样社会变迁的速度就会十分缓慢，其变迁模式接近于上述结构变迁的第三种模式，即在统治集团没有更换的情况下发生改革或变革。

（5）冲突的强度和暴力程度对社会变迁的影响也受到团体性质和结合方式的限制。比如，对于政治团体来说，领导人的更替是现实的、可能的，所以，突发型变迁可以应用于此；而对于工业团体而言，根本就不存在政治团体里的选举制度，工人不可能变成老板，所以，结构变迁的方式就只能是在领导人不变更前提下的政策的变化。

六　对于社会冲突的调节

从表面上看，上述所有命题讨论的都是被统治群体组织起来进行冲突的条件，马克思在研究无产阶级与资产阶级进行斗争时，分析的也是这些问题。但我们一定要看到，达伦多夫与马克思研究的目标、取向完全不同。马克思研究的是如何利用上述条件组织无产阶级的斗争。达伦多夫研究的目标、取向是什么呢？他总结说："在任何'强制型协作团体'中，有两个，也只有两个'地位聚合体'应加以区分，即统治的地位和从属的地位。这两种聚合体，特点都在于：有共同的潜在利益，与其构成准群体相一致的个人的集合体，潜在利益被明确地表达为显在利益，准群体变成有组织的利益群体……而如果通过在实际上干涉形成组织条件的各种变量，就可以阻止显在利益的表达和利益群体的组织。"（Dahrendorf，1959：239）可见，他研究的目的是探索控制和管理冲突的办法。

当然，对于冲突的控制和管理，他不同意采用"冲突平息"（conflict resolution）的做法，因为从原因上看，冲突是不可能被平息或清除的。他也不同意采用压制社会冲突（suppression of social conflict）的做法，冲突是不可能被长期压制的，压制的结果只能是积蓄能量，最终总会爆发出来。达伦多夫主张对社会冲突采用"调节"（regulation）的方式。所谓冲突的调节是指对冲突的表现的控制方式，而不是对冲突原因的控制。因为达伦多夫认为，利益群体之间的对立是持续存在的事实，无法消除。他认为，有效的冲突调节需要具备三个条件。

第一，正在冲突的群体双方都必须正视和承认冲突的必要性与真实性，承认冲突对方的利益是一个客观事实，如果一味否认对立，一味强调共同利益，抹杀冲突的界限，反而不利于冲突的调节。第二，冲突的利益群体必须具有组织，如果没有组织，一片混乱，冲突就无法调节。第三，冲突的双方必须遵守一些正式的"游戏规则"（formal rules of the game），这些规则提供了双方关系的基本框架。所以，最为关键的是将社会冲突制度化。制定规则可以保障两个敌对群体双方的利益，减少双方受损害的程度，增加冲突行动的可以预测的特性。当然，达伦多夫还强调冲突双方立足点的平等，不要预先就认为自己优于对方，只有这样，制度和规则才能发挥作用（Dahrendorf, 1959：225-227）。

对于调节冲突的制度化机制，他后来讲得更为直白："有些社会对立会导致政治的冲突。然而，这种冲突并非变得日益诉诸暴力和日益具有破坏性，而是通过各种组织和机构得到抑制。通过组织和机构，冲突可以在宪法制度之内得到表现。政治党派、选举和议会，使得冲突成为可能，又不至于爆发革命。"（达仁道夫，2000：141）

很明显，达伦多夫研究的目的不是激化冲突而是缓和冲突。所以，对于前述关于冲突的二十多个命题，我们也应从缓和冲突的方向上去解读。比如，准群体转化为利益群体的条件有干部因素、理论或意识形态因素、政治控制因素、地理生态因素等，那么，干涉这些因素就可以延缓利益群体的形成。再比如，建立规则、增加流动率和降低不平等程度可以减少暴力，这样，缓解社会矛盾就有了采取措施的切入点。

转型中的中国社会面临高风险，社会矛盾丛生，各种类型的社会冲突频仍。因此，如何处理社会矛盾、缓解社会冲突就变得异常重要。所以，为构建和谐社会，我们可以从达伦多夫的理论中吸取很多东西。

至此，我们可以对达伦多夫的理论做个小结。本节一开始笔者就试图说明，将达伦多夫的社会分层理论放在新马克思主义分层理论这一讲中讲授，是因为，达伦多夫的社会分层与冲突思想，在很多方面受到马克思的影响。他同意马克思关于阶级冲突是社会基本冲突、阶级斗争是社会变迁动力之一的思想。他的分析范畴、分析形式与马克思的也非常相似。比如，他所说的潜在利益与显在利益就很近似于马克思的自在阶级与自为阶级的观点。当然，他的很多观点与马克思的大相径庭。

比较突出的差异是，一方面，马克思认为，阶级冲突的根源是财产的所有制关系，而权威等只不过是建立在经济关系之上的上层建筑。权威关系是因经济关系变化而变化的。达伦多夫则以权威关系为基础，建构起了冲突的关系模式。另一方面，由于达伦多夫的理论比马克思的理论迟了将近一个世纪，因而他的理论也确实反映了一些新时代的新关系。比如，资本家阶级内部的分化、工人阶级内部的分化以及中产阶级的兴起，这些都是马克思当年没有遇到的。达伦多夫在分析马克思所预言的革命并没有在西方发生的原因时说，这一预言的失败，理论逻辑上的原因是：马克思对于冲突的调节机制不够重视。马克思认为资本主义的冲突会越来越激烈，而在西方社会的现实中，这种冲突找到了制度化的调节方式。而达伦多夫关于社会冲突、阶级冲突的众多命题和理论，就是在探索冲突的调节机制。

七　关于"冲突理论"的小结

至此，笔者试对"冲突理论"做一个小结。冲突理论与功能主义对于社会分层的看法是根本对立的。与功能主义强调协调、平衡相对立，冲突理论强调冲突与斗争。冲突理论又可以分为以下几个流派。

第一，阶级冲突论。该理论认为，自文明时代以来，阶级就是最主要的社会分层群体，阶级之间因利益不同而引起的冲突是造成多数社会问题的根本原因。阶级冲突理论最重要的代表是卡尔·马克思，本书第二讲已做了阐释。当然，持阶级冲突论观点的并不都是马克思主义者，也有很多社会学家对阶级的理解与马克思完全不同。比如，也有人认为阶级是一种主观的东西，是主观心理和行为方式具有一致性的群体。

第二，权力冲突论。本节介绍的达伦多夫是权力冲突论的代表，他将权力、权威视为冲突的关键，本节已有详述，此处不赘述。

第三，群体冲突论。这里的所谓群体冲突比阶级的对立要缓和一些。例如，齐美尔（G. Simmel）提出"陌生人"或"外来人"、"外乡人"群体的概念，指的是因地域空间、漫游与定居而产生的群体差异现象（西美尔，2002：512）。在此意义上，我国近来不少学者对于"外来人口""流动人口"，以至于关于征地、拆迁中的一些冲突的研究，也可以归入此类视角。群体冲突的研究还包括关于种族偏见、种族冲突、社会距离、边缘群体、弱势群体等的研究。

第四，价值冲突论、文明冲突论。这种理论认为现代社会的突出特点就是价值观的多元化，持不同价值观的人在交往中会发生分歧、冲突，由此造成社会矛盾、社会问题。价值冲突论早在 20 世纪 30 年代就有影响。近年来，亨廷顿关于"文明冲突"的观点亦可以归入这一派（亨廷顿，2002）。当然，亨廷顿讲的是国际关系中的冲突与世界上七八种主要文明之间的关系。

第二节 沃勒斯坦的世界体系论

沃勒斯坦于 1930 年出生，2019 年去世。他获得了很高的学术荣誉，曾任国际社会学协会的主席。2004 年 7 月第 36 届世界社会学大会在中国召开时，他也曾来参加会议。他是新左派的著名代表。当然，在学术生涯的初期，他的观点并不是如此激进。他的思想转变发生在 20 世纪 60 年代他到了非洲之后，他比较同情当时的民族主义运动，于是开始了对非洲的研究。对非洲的研究使他感到，如果要更好地认识非洲，就必须将其置于一定的世界体系之内，作为那个框架中的一个组成部分加以研究，才能得到清楚的认识。从此，他便关注世界体系的研究（沃勒斯坦，1998a：2~3）。

沃勒斯坦在理论体系上属于新马克思主义派别，不过他对分层的解释更多是从全世界的范围内做出的，从这点来讲他还是有创造性的。他认为，发端于 16 世纪的、以西欧北欧为中心的世界性资本主义经济体系，将全世界分为核心区、半边缘区和边缘区，从此，形成了全世界范围内的不平等体系。这个体系在开始建立的时候虽然很薄弱，但在几个世纪之后，已经形成了世界范围内的政治、经济、文化强大的核心国家与弱小的边缘国家的基本格局。每个国家都是这个世界体系的一部分，都不能逃脱或者处在核心，或者处在边缘的位置，即或者剥削他人或者被剥削的地位。由此，他提出了世界范围内的两极分化问题。所以，要想了解一个国家内部的阶级差异和阶级斗争，就必须将这个国家放到世界体系中才能够搞清楚。

他认为，世界体系观点的提出是欧洲政治优势受到挑战后的结果（沃勒斯坦，1985b：307）。

他的这套理论和我们讲的"三个世界"有些相似。中国政府在 20 世纪 70 年代提出了"三个世界"的观点，与沃勒斯坦的中心区、半边缘区和边缘区的说法几乎是同时。当然，沃勒斯坦早期的著作是 20 世纪 60 年代就发表了的。有人曾就此问题问过沃勒斯坦，他回答说，当然是毛主席影响了我。

一 对资本主义的批评态度

沃勒斯坦的《现代世界体系》中文版有三大厚本，在中文版序言中，他提出了三个十分重要的观点。

第一，他认为，"创立资本主义不是一种荣耀，而是一种文化上的耻辱。资本主义是一剂危险的麻醉剂，在整个历史上，大多数的文明，尤其是中国文明，一直在阻止资本主义的发展。而西方的基督教文明，在最为虚弱的时候对它屈服了。我们从此都在承受资本主义带来的后果"（沃勒斯坦，1998a：1）。他认为，资本主义是所有生产方式中唯一这样一种生产方式，就其本身而论，它实现了剩余价值创造的最大化。他激烈抨击资本主义，认为中国可以避免资本主义。所谓资本主义的生产方式，是以资本增殖也就是赚钱为目的的，人们渴望资本在短时间内迅速增殖。而一些人为了赚钱不择手段，如售卖假冒伪劣商品、违法违规赚钱。这种状态还谈不上是成熟的资本主义，而只能说是早期资本主义，或原始积累时期的资本主义。资本主义发展到后来的成熟时期，建立了比较完善的法律体系，以制约和约束人们的行为。当然，其追求剩余价值的本质依然如故。

沃勒斯坦在序言里又重新提起人们讨论了长达两个世纪之久的问题：资本主义作为一个世界性的体系，为什么发端于西欧而不是中国？我们知道，韦伯曾在其名著《新教伦理与资本主义精神》中探讨过此问题，将资本主义在西欧的产生归因于基督教新教伦理。后来他又出版了《中国宗教：儒教与道教》一书，认为中国之所以一方面具备发展资本主义的很多有利条件，另一方面却没有发展出资本主义生产方式，是受到中国固有宗教和意识形态的阻碍：儒家蔑视工商业、崇尚人格化的伦理道德，妨碍了资本主义的发展。而沃勒斯坦则认为，资本主义之所以没有发端于中国，不仅是因为伦理的阻碍、意识形态的障碍。他分析了中国与西方在集团利益和经济发展动力方面的差异。中国由于幅员辽阔，经济扩张仅通过内部扩张就可以实现,而不需要向海外扩张。中国在境内的东南部建立了强大的稻米生产基地,从而解决了对经济发展的需求。而欧洲人的内部空间有限、内部资源枯竭,这促使他们革新技术、采用新工艺和向海外扩张(沃勒斯坦,1998a:40~45)。这个道理与改革以来中国国内区域之间发展差异颇有相似之处。比如,温州地区人均土地资源十分有限、内部自然资源枯竭,结果反而刺激了该地区工商业的发展;改革40多年后,温州已经成为中国民营资本、民营经济最为繁荣的地区。

所以,阻碍中国资本主义发展的原因可以分为精神因素与物质因素两个方面。精神方面是因为"农本商末"的意识形态;物质方面是因为内部的扩张余地较大,缺少刺激出新科技和新经济模式的动力。然而,弗兰克在《白银资本:重视经济全球化中的东方》一书中提出,在非资本主义的经济模式下,中国的经济在相当长的历史时期里,曾经达到过很高的发展水平。他用重金属白银流通数量证明,在18世纪末的工业革命之前,中国曾经是全球经济体系的中心。如果没有资本主义的外部入侵,中国恐怕仍然会在原有的经济模式内循环。所以,沃勒斯坦认为中国文明一直在阻止资本主义的发展,他把这看作一件好事而不是坏事。这也并非没有道理。为什么呢?因为资本主义这样一种以追求剩余价值最大化为目的的生产方式对于资源的耗费是历史上任何一种生产方式都无法比的。在工业化以前,中华民族维系了5000年的运转,在环境和资源上没出现太大的危机。然而,对于环境和资源的破坏如果不加控制,就会出现严重的危机。因此,沃勒斯坦的警告值得我们深思。

第二,他认为:"我们并非处于资本主义胜利时期,而是处于资本主义混乱的告终时期。"(沃勒斯坦,1998a:1)这是他对全世界形势的分析,观点确实与众不同。自从苏联、东欧的所谓社会主义阵营瓦解以后,我们听到的都是一边倒的大唱资本主义的赞歌。自由主义和新自由主义独占花魁。然而,左派大师沃勒斯坦却说这是资本主义混乱的告终时期。其实,这涉及如何定义资本主义。如果资本主义就是最大限度地追求剩余价值、追求利润,连损害环境、损害公共福利、损害社会利益也在所不惜的话,那么,这种制度会受到世界上多数人的唾弃。

第三,他说:"资本主义是一个不平等的体系。"(沃勒斯坦,1998a:2)他认为,到21世纪中期的时候,会有一个或多个体系取代资本主义世界体系。他当然希望后面的体系会比目前的资本主义世界体系更平等一些。我们目前的这个世界体系,不平等的特征当然是十分突出的。仅从中国的角度看，我们数以千万计的农民工在各类"三资企业"、跨国公司里工作，工资不及这些企业国外同行的十分之一，甚至几十分之一。看看我们农民工的劳动和生存条件，再与这些国际大公司本国的职员的条件比较，不啻天壤之别。所以，我们无奈地被这个不平等的世界体系控制。沃勒斯坦寄希望于中国人民，希望我们能够为创造一个更为平等的世界做出贡献。

二　世界体系论的基本概念

我们先来看沃勒斯坦提出和使用的一些主要概念。

他把全世界分成三种区域。第一种是"核心区域"（core area）或称"核心地带"（core zoon）。"区域"（area）和"地带"（zoon）这两个词沃勒斯坦都在使用，含义没有区别。第二种是"边缘区域"（periphery area）或"边缘地带"（periphery zoon），而居于这两者之间的是"半边缘区域"（semiperiphery area）或"半边缘地带"（semiperiphery zoon）。

与上述三种区域相对应，沃勒斯坦也常常使用"核心产品"与"边缘产品"、"核心国家"与"边缘国家"的概念，其含义大体相近。在资本主义世界经济体系的分工中，上述三种区域承担了不同的经济角色，它们的地位是不平等的，从世界经济体系中获得的利益也是大相径庭的。核心区域与边缘区域的交换是不平等的，从边缘区域转移来剩余价值，换言之，核心区域在剥削边缘区域。而"半边缘"居于核心与边缘之间，半边缘国家出口"边缘产品"到核心国家，也出口"核心产品"到边缘国家，并且两者差不多等量。也就是说，半边缘区域一方面剥削边缘区域，另一方面又受到核心区域的剥削。在这个意义上，沃勒斯坦有时候也使用"次帝国主义"（sub-imperialism）的概念来解释这种"半边缘"现象。半边缘对于核心来说是边缘，但对于边缘来说又是核心，它们常常起到协助核心国家的作用。总之，这三种区域形成了一个三元的世界分工体系。

核心与边缘的概念最初并不是沃勒斯坦提出来的，而是"联合国拉丁美洲经济委员会"的普雷比希（Raul Prebisch）及其同僚提出的，但沃勒斯坦确实对这个理论做出了比较全面的阐释（Hopkins and Wallerstein, 1985：339）。

而"边缘化"（peripheralize）概念则指，边缘是一个过程。边缘化有两种向度：一种是两个地区之间，核心与边缘的强度更为加深，贫穷与富裕的两极分化更为严重；另一种是"广度"，即更多的区域被卷入世界体系。所以，边缘国家或地区被卷入世界资本主义体系的过程就是边缘化。他以印度为例，认为，17世纪虽然印度与欧洲存在贸易，但还不属于边缘化，因为那时资本主义世界体系还没有形成，而19世纪的印度则被边缘化了。按照这种理论，如果不卷入世界体系就不会被带入边缘化的过程。所以，如果坚持经济上自力更生，创造出自己独立的工业体系，就不会被边缘化。当然，这里我们国家也遇到一个悖论，如果不开放，经济上仅仅靠自己，没有外资投入和技术引进，我们的发展就会变得很迟缓；而如果采取开放的政策，经济的发展速度会比较快，却不可避免要被卷入边缘化的过程。

而核心与边缘相互之间是一种特定的生产组合，核心国家生产的核心产品价格高昂，而边缘国家生产的边缘产品价格低廉，所以，两者之间存在"不平等交换"（unequal exchange）。

"不平等交换"这个概念最初是埃曼努尔（Arghiu Emmanuel）于1972年提出的。他认为，资本已经在世界范围内流动，而发达国家的工资率明显高于不发达国家，这是不平等的。沃勒斯坦则做出了进一步解释，即剩余价值不仅从生产者身上转给其他受益者，而且，转移的方向是朝向核心国家的。这样不仅核心区域的无产阶级与边缘区域的无产阶级是不平等的分配关系，核心区域的资产阶级与边缘区域的资产阶级也是不平等的分配关系。换言之，核心国家的资产阶级既从边缘国家的无产阶级身上获利，也从边缘国家的资产阶级身上获利。于是，在不同的国家，无产阶级与资产阶级的结构比例也是不一样的。因为西方发达国家从经济落后国家转移的剩余价值多，所以其资产阶级的比例也比经济落后国家的资产阶级的比例高。

在这个意义上也可以解释，为什么马克思当年预言的社会主义革命没有在西方资本主义国家发生，倒反而在东方经济落后国家发生了。那是因为，东方经济落后国家是沃勒斯坦所说的边缘国家，这里的无产阶级受到来自核心国家、半边缘国家以及本国资产阶级的三重剥削，当然矛盾就更容易激化，革命就更容易发生。

与"不平等交换"相关联的一个概念叫作"厚利贸易"（the rich trades）。沃勒斯坦认为，这个概念指："在A与B贸易中，生产者A认为他卖给B的是非常没有价值的东西；而生产者B认为他卖给A的也是没有

价值的东西。可是，两者却都认为他们所买的东西相当棒。"（沃勒斯坦，
1985b：329）虽然表面上看，双方都认为很值得，似乎是公平的，但由于
核心国家处在产业的高端，边缘国家处在产业的低端，实际上还是核心国
家更能够由此获得丰厚的超额利润。

三 关于世界范围内分工的理论

沃勒斯坦的"核心—边缘"理论，实际上讲的就是世界范围体系内的
分工问题。马克思始终重视分工的研究，他曾区分了自然分工、社会分工、
生产分工，以及研究了工厂企业的分工等。不过马克思所说的分工指的是
一个国家、一个区域之内的分工，而沃勒斯坦讲的是跨区域的分工，在此
意义上他大大扩展了马克思的分工概念。他说："资本主义世界经济体是以
世界范围的劳动分工为基础而建立的，在这种分工中，世界经济体的不同
区域（我们名之为中心区域、半边缘区域和边缘区域）被派定承担特定的
经济角色，发展出不同的阶级结构，因而使用不同的劳动控制方式，从世
界经济体系的运转中获利也就不平等。"（沃勒斯坦，1998a：194）他从全
世界国家的角度，把世界分成以欧美为经济中心的核心国家，以亚洲、非
洲、拉丁美洲的发展中国家为代表的边缘国家，以及处在两者之间的中间
地带——半边缘国家。这三种不同的国家和地理区域在世界经济体系中有
着不同的生产功能。当然，这种功能也会随着时间推移而变化，但不平等
和互补性确实始终存在。核心地区总是以较高水平的机械化、高技术而获
得较高利润和较高工资，边缘地区提供的则大多是初级产品、农产品或资
源，而半边缘地区则表现为一种核心和边缘的混合体。所以，世界经济体
系也可以被看作一种世界范围内的阶级体系（Hopkins and Wallerstein，
1985：353）。

在中国，大家都知道"三个世界"的观点。三个世界的观点是由毛泽
东主席提出、邓小平同志在联合国大会上宣布的。当然，沃勒斯坦有系统
的理论著作，相比之下，我们还缺少大部头的、系统的理论著作。从理论
角度说，沃勒斯坦在很大程度上受到诺贝尔奖获得者、经济学家缪尔达尔
（Gunnar Myrdal）"循环累积因果原理"（Principle of circular and cumulative
causation）的影响。该理论指出，在资本与市场的作用下，一些地区的发
展是以另一些地区的不发展为代价的。传统上人们以为，一些中心区域资
本积累了、富裕了，发展到一定程度，必然引起这些富裕区域土地价格的

暴涨、劳动力供大于求。这样资本在经济发达区域的增长就受到限制，于是资本和劳动力就会从经济发达区域流到经济不发达区域。这是一种传统的均衡观点。缪尔达尔反对这个传统观点，认为事实根本不是这样。他论证说，实际上，高水平的经营人才、高技术人才还会持续不断地流往发达地区。因为发达区域越是聚集了高水平的人才，经济发展的能力就会越强，极高素质劳动力的价格不但不会下降反而会继续上升。于是，发达区域从不发达地区吸引了更多的人才，聚集了更高水平的劳动力，发展的动力更强，利润率会更加上升（Myrdal, 1957）。所以，这是一种循环累积的效应，也可以叫作"马太效应"。沃勒斯坦在著作中赞同缪尔达尔的理论。此外，学者纳克斯（Ragnar Nurkse）曾提出"贫困恶性循环"（vicious circle of poverty），讲的是循环累积的另一端，即贫困地区陷入贫困的程度会越来越深（Nurkse, 1953）。

沃勒斯坦认为，三种区域的分工是一种世界范围内的生产关系结构，表现为一种在全世界空间地域结构中分布的生产关系。以往对生产关系的研究多在一个国家、一个区域范围内，多是对生产过程各要素之间关系的研究。沃勒斯坦将生产关系拓展到世界范围，开拓了区域之间、全球布局中的生产关系研究。在世界经济贸易交换中，可以发现众多一对一的对偶关系，即一方属于核心区域，另一方属于边缘区域。于是，整个世界形成一个完整的分工体系，不同区域、不同国家之间是一种分工关系。由于世界型的分工体系形成了，任何一个国家，只要被纳入这个世界型的分工体系，不管该国自己主观上想处于怎样的位置或采取怎样的政策，它在世界体系中的位置都已由分工关系决定。经济不发达国家必定被置于边缘区域的位置，无法逃离这个位置。

四　世界体系中的国家关系

世界体系形成后，国家之间处于竞争型和冲突型的关系之中。沃勒斯坦从三个层次上分析了国家关系，即强国与弱国之间的关系、强国与强国之间的关系以及国内阶级关系与国家关系（Hopkins and Wallerstein, 1985：344）。

首先，我们看看强国与弱国之间的关系。沃勒斯坦认为，这表现为一种"帝国主义"的支配模式，即强国对弱国的控制和支配。帝国主义的动力是来自输出资本、攫取资源的需要。有人认为，帝国主义是资本主义经济的一个特殊时期，是与殖民主义相结合的模式，似乎到了 20 世纪六七十年代，民族国家独立后就不存在帝国主义了。沃勒斯坦则认为，直接殖民统治的结束并不意味着帝国主义的结束，直接殖民统治结束后，又出现了"新殖民主义"（neo-colonialism），出现了"无形的帝国"（informal empire）。这两个概念均是指，核心国家对于边缘国家的政治经济干预，不是直接的殖民统治或控制，而是多通过经济手段、多采用改变市场安排的方式（Hopkins and Wallerstein，1985：345）。

其次，我们看看强国与强国的关系。强国与强国之间，经济与军事的实力如果相似的话，就会出现权力平衡现象。国家关系中的权力平衡有两种不同方式。第一种是由众多的强国组成两组联盟，双方的力量相近，谁也压不倒谁，这时候就会出现暂时的停战或和平。但是双方的对立依旧，所以也可以说是一种冷战状态。第二次世界大战以后，美英的北大西洋公约组织与苏联东欧的华沙条约组织的对立就是这样一种状态。双方的对立、斗争、冲突从来没有中断过，但两个联盟都有相当的约束力，都有所控制，使得冲突不会无限升级。如果平衡被破坏，双方的力量失衡，反而更容易演变成战争状态。第二种是，某一个强国，力量太强大，没有其他国家可以向它挑战、与它抗衡，这时就会出现独霸（hegemony）现象。沃勒斯坦认为，资本主义世界经济中的独霸现象与历史上的帝国时代的绝对统治并不一样。历史上的帝国是政治上的绝对控制，而今天的独霸主要是采用市场等经济手段实现的（Hopkins and Wallerstein，1985：345-346）。如果考察今日世界，20 世纪 90 年代初，苏联瓦解以后，国际上的超级大国只剩下美国，几乎没有其他力量能够与之抗衡。目前，美国就处于独霸地位。

最后，国内阶级关系与国家关系。即考察形成世界经济体系之后，国内的阶级关系是否会对国家关系产生影响。马克思认为，阶级关系可以超越国界，因此他曾提出"全世界无产者联合起来"的口号，甚至引用过"工人无祖国"的观点。沃勒斯坦也试图探讨，资产阶级与无产阶级之间的冲突是否可以演变为国家之间的冲突。也有学者提出，将世界上的国家分成资产阶级国家和无产阶级国家。这样，马克思本来是用于解释一国之内的阶级关系的观点——社会两极分化（polarization），现在被世界体系论者应用于解释世界范围内的阶级关系和国家之间的两极分化。但这些是否真的可以解释国家关系，迄今并没有一个明确的答案（Hopkins and Wallerstein，1985：346）。

五　周期韵律与世俗化趋势

如果不是仅从个别国家的角度看，而是从所有国家构成的总的体系看，就可以发现，世界经济体系存在着循环的、周期的变迁现象，沃勒斯坦称之为"周期韵律"（cyclical rhythms）。该韵律表现为一种"扩张"与"紧缩"的周期模式：当世界经济总产量小于世界经济的有效需求总量时，世界经济就会呈现扩张的趋势；当世界经济总产量大于世界经济的有效需求时，世界经济就会呈现紧缩的趋势。沃勒斯坦认为，每75年至100年，世界经济就会出现一次循环，在循环中，当出现经济紧缩问题时，就必须通过政治力量对经济做重新安排（沃勒斯坦，1985b：314）。

马克思在其著作中很早就注意到英国、美国等主要资本主义国家再生产的周期性，并将这种周期性总结为危机、萧条、复苏、高涨四个阶段的循环。四个阶段相互连接，前一个阶段便孕育着下一个阶段，危机是前一个阶段的终点，又是下一个阶段的起点。一些学者又将此种循环的周期分为"短周期"与"长周期"。沃勒斯坦认为，短周期是资本主义市场经济供应与需求调节的一种基本模式，像钟摆的运动一样周而复始，其弧形运动是可以控制的（Hopkins and Wallerstein，1985：347）。最早提出"长周期理论"的是俄国经济学家康德拉捷夫（Nikolai D. Kondratieff），他在1925年的一篇论文中提出长波（long waves）观点，认为资本主义经济的周期是长度大约50年的长波。他通过对法国、英国、美国等的统计资料分析，发现资本主义经济发展中的三个长波：第一，1789～1849年，上升期为25年，下降期为35年，总共60年；第二，1849～1896年，上升期为24年，下降期为23年，总共47年；第三，从1896年开始，上升24年，1920年以后是下降期，直到他发表论文的时候还是下降期。康德拉捷夫的理论以及后来熊彼特（Schumpeter）提出的长、中、短三种周期的理论，和"库兹涅茨周期"（Kuznets Cycles）理论等都对沃勒斯坦的经济周期观点产生了影响（许涤新，1980：567～568）。

"周期韵律"是在商业化、"世俗化趋势"（secular trends）里发生的。沃勒斯坦所说的"世俗化趋势"指的是资本主义发展的走向与特征，与"周期韵律"同步。虽然沃勒斯坦有时也讲这是两个趋势，但实际上这是同一事物的两个方面。沃勒斯坦所阐述的"世俗化趋势"或资本主义化的具体内容，包括如下一些方面。第一，扩张，即资本主义在全世界范围的扩张。资本主义扩张与传统帝国扩张的根本不同在于，传统帝国扩张是核心国家将边缘国家纳入宗主权范围，原封不动地保留原有的生产体系，而资本主义的扩张改变了边缘国家的生产体系，将边缘国家纳入上述世界分工体系。第二，商品化（commodification）。资本主义扩张的一个重要内容是将自然经济中的土地、劳动力等各种资源市场化、商品化，将几乎一切生产要素都纳入可以买卖的、可以获取利润的机制之中。第三，普罗化或无产阶级化（proletarianization）与资产阶级化（bourgeoisification）。劳动力被商品化，变为被雇佣阶级，另一极则变为雇佣阶级，于是，资本主义的阶级关系在世界范围内形成。第四，机械化（mechanization）。工业革命和科技革命大大推动了机械化的发展，而机械化的发展又对资本和劳工关系产生了重大影响。马克思曾经论证，机械化的发展，会日益剥夺劳动者的技术，使得资本与劳工更加对立，而相反的观点则认为，机械化的发展缓解了资本与劳工的对立关系。究竟哪一派观点更符合事实呢？本讲在阐述布雷弗曼与马尔库塞的观点时会做出进一步分析（Hopkins and Wallerstein，1985：349-351）。

六　世界体系论对于中国的意义

从世界体系论的角度，可以发现中国发展战略中存在的巨大隐患。从表面上看，中国经济发展曾经十分顺利，GDP 总量从改革前 1978 年的 3624 亿元，增长到 2010 年的 39.80 万亿元，后者为前者的 109.8 倍，年均增长速度接近 10%，而同期世界经济平均增长速度仅约 3%。在我国经济的高速增长中，出口外贸经济占有重要地位，2008 年我国进出口贸易总额排名全世界第三，看起来成绩斐然。但如果细心考察增长的内在结构的话，就会发现，我国出口的大多是低端产品，进口的大多是高端产品，这样一进一出，实际上在世界体系的分工中更为边缘化了。中国出口的产品还是以服装、鞋帽、玩具、手工产品、原材料等初级产品和资源型产品为主。按照世界体系论的观点，只要你是以出口初级产品、边缘产品为主，你就肯定是一个边缘国家。在世界体系中，核心产品与边缘产品的交换本身就是不平等的。对于这个不平等的交换，如果用马克思主义术语表达的话，就是边缘国家的剩余价值被转移到核心国家去了。这方面也确实有很多证据。邱晓华研究员曾指出：江苏 DVD 企业出口一台 DVD，交给外国的专利费是 18 美元，生产成本是 13 美元，企业每出口一台仅仅能挣 1 美元的利润；而一台售价 79 美元的 MP3，国外要拿走 45 美元的专利费，加上制造成本 32.5 美元，留给我国企业的利润只有 1.5 美元。[①] 所以，表面看来我们的进出口贸易额很大，而实质上获利甚微。为什么甚微呢？按照沃勒斯坦的解释，这是由世界经济体系的核心与边缘关系决定的，我们受到经济发达国家的剥削。这样，我们就遇到一个进退维谷的窘境，当我们没有被纳入这个体系的时候，当我们的基本国策是自力更生的时候，当我们生活在世界体系之外的时候，我们没有受到剥削，剩余价值没有被大量转移到经济发达国家，但由于经济不开放，没有资本和技术的引入，国家和老百姓都很贫穷。当我们采取开放政策的时候，经济总量的膨胀很快，但受剥削却很重。唯一的解决出路就是中央强调的，提高自己的自主创新能力、掌握自主知识产权、优化产品结构、实现产品升级；用世界体系论的术语说，就是摆脱边缘地位。当年的日本、韩国等，也曾经历过出口产品从边缘产品向核心产品过渡的过程，所以，中国也应该走出一条自己的摆脱边缘地位的道路。

按照世界体系论的观点，我国的社会结构也会受到核心与边缘关系的重大影响。如上所述，在国际经济交往中，我国劳动者的收入被压得很低，他们创造的剩余价值被转移到了经济发达国家。也就是说，经济发达国家的社会各阶级可以从经济不发达国家的社会各阶级身上获利。这样，经济发达国家与经济不发达国家就塑造出了不同的社会结构。经济发达国家可以形成一个庞大的中产阶级，而这个庞大的中产阶级的经济支撑，恰恰是经济不发达国家劳动者剩余价值的转移。而经济不发达国家则由于转出巨额的剩余价值而形成了巨大的底层社会。以中国的情况看，我国有大约 2.9 亿城市农民工，无论是从他们的技术水平看还是从他们所提供的劳动的质量和数量看，都达到了相当的水平。然而，他们的工资水平无论是从国际标准讲还是从国内标准讲都是十分低廉的，他们生产的产品很多都被廉价地销往海外。工资低廉的劳动者，构成了比例过高的底层社会。这是一种很不稳定的社会结构。因为底层巨大的社会必然是一种两极分化的结构，社会上的利益群体和阶级群体处于对立的状态，社会关系是一种紧张的状态，社会矛盾容易激化。造成这种状况的原因当然与剩余价值的大量转移有关。

---

① 参见《中国高新企业发展国际论坛 24 日上午实录》，http：//finance. sina. com. cn，2006 年 5 月 26 日。

那么，什么是稳定的社会结构呢？社会学认为，菱形的或纺锤形的结构是稳定的社会结构，这种结构即以中产阶级为主体的社会。

问题是，在世界体系中，被转移了大量剩余价值的边缘国家，难以形成以中产阶级为主体的社会。所以，我们只有摆脱边缘区域的窘境，才可以改变底层社会过于巨大的状况。这就涉及沃勒斯坦所说的边缘与核心的关系。在世界体系中，如果我们不摆脱边缘地位，大量剩余价值通过不平等交换输送到了核心国家，其结果是我们为富裕国家培养着中产阶级，而形不成中产阶层在本国的主体地位。中国是一个有14亿人口的大国，如果我们能够培育出自己的中产阶层主体，完全可以不依赖出口外贸经济，而形成本国的巨大消费市场，形成良性的国内市场。笔者的研究证明，中国呈现土字型社会结构，也就是说底层还过于巨大。所以，扩大我国的中产阶层规模，改变底层过于巨大的现状与摆脱我国在世界体系中的边缘地位，是同一事物的两个方面。

近年来，我国在努力提高自己的科技创新能力，在一些核心技术、核心产品上攻坚，努力提高高科技产品的水平，但明显地受到以美国为首的国际上一些发达经济体的打压，这也充分体现了沃勒斯坦所阐释的观点：要想突破现有的世界体系是极其艰难的。

第三节　布雷弗曼与马尔库塞关于工人阶级变迁的理论

马克思对进入大机器生产时期的工人阶级做出了分析，认为机器的推广使工人的劳动失去了独立的性质，工人变成机器的附属物，劳动已经异化为劳动者的对立物，工人生产的财富越多，则工人变得越贫困，预言工人阶级是具有特殊利益和负有特殊历史使命的特殊阶级，预言工人阶级最具有革命性，将推翻资本主义制度（马克思、恩格斯，1972：257~263）。然而，马克思逝世100年以后，大机器生产方式本身也发生了重大变化，那么工人阶级会发生什么变化呢？如何看待马克思预言的劳动者雇佣化、社会两极分化观点？随着机械化、自动化的发展，白领阶层在就业队伍中占据了主体地位，他们还属于工人阶级吗？怎样看待这种变化呢？

针对上述变化，在新马克思主义阵营里，也产生了两派对立的观点。一派认为，虽然工人阶级的构成和特征发生了巨大变化，但资本与劳动对立的本质没有变化，工人阶级仍然具有战斗性。另一派则认为，工人阶级已经不是马克思时代的状况了，工人阶级已经融入资本主义社会，所以，工人阶级已经失去了战斗性。新马克思主义者布雷弗曼与马尔库塞就是这两派观点的代表。

一　布雷弗曼关于发达资本主义社会劳动分化的理论

布雷弗曼是美国社会学家，他是典型的传统马克思主义理论的代表。他自己曾经做过工人，所以他对生产过程特别熟悉，他的主要著作《劳动与垄断资本》很早就被翻译成中文了。这本书主要是研究马克思逝世近100年后，发达资本主义国家的劳动究竟发生了什么变化。他试图探讨，在发达资本主义时期，各种产业技术的变化对劳动的性质和对工人阶级的构成究竟产生了怎样的影响。

布雷弗曼的研究有两个特点：一是他对具体的劳动过程非常熟悉，所以他在书中对劳动过程的分解和解释非常详细；二是他当过工人，对工人有感情，所以，是站在工人的立场上看问题的。他说："我在那些年中不仅有机会亲自看到各种工业劳动过程的变化，而且还看到了这些劳动过程是如何重新组织的，而被有系统地剥夺了一种手艺遗产的工人又如何得不到代替这种遗产的东西。我象所有手艺工人，甚至最不善表述内心思想的手艺工人一样……我感到其中不仅有一种社会的义愤感，而且也许还有个人的受侮辱的感觉。"（布雷弗曼，1978：9）他的主要观点如下。

1. 对于分工的研究

资本主义生产方式最早的创新原则就是制造业方面的分工。分工的本质是降低劳动力价格，而降低价格的最好办法就是将劳动分解成最简单的成分，易于操作，谁都可以干，即使不是从事这个专业的进城的农民也可以很快学会。

布雷弗曼在书中剖析了马克思的分工思想。马克思关于分工的一个思想对布雷弗曼影响很大，即马克思认为资本主义工厂分工实际上在很大程度上剥夺了工人的技术。问题是到了高技术、高信息时代，马克思的这个思想还符合实际吗？布雷弗曼认为仍然符合实际。他证明在现代科学技术的生产条件下，分工和管理的精髓仍然是使劳动过程的每个步骤尽可能细化，尽可能脱离专门知识、专门训练。因为训练高技术者需要很高的成本，比如说训练出一个博士、一个科学家需要很长时间。而分工可以让很复杂的事情简单化，把复杂劳动变成简单的劳动环节，于是，工人就被安置在从事非常单一劳动的环节上。

这样，在号称技术高度发达的现代社会，分工使得劳动者在技术上出现两极化。一极是那些高技术的劳动者，他们的劳动时间具有极其高昂的价值，享受极高的薪金；另一极是简单操作的工人，他们的劳动时间几乎分文不值。布雷弗曼说："这甚至可以说是资本主义分工的一般规律。"（布雷弗曼，1978：77）

他分析，劳动过程的分工分成两步，第一步是把劳动过程分解，分成不同步骤、环节，第二步是在工人当中进行细的分化，把工人分解开。分工使得资本更容易控制劳动，资本家获得双重好处，不仅在生产效率上获益，而且在管理控制上获益。

我国的高技术企业也有类似的劳动结构两极化现象。比如深圳、珠海的很多外资企业，听起来是高新技术产业，但如果去观察它们的劳动过程，就会发现，在号称现代化的劳动生产条件下，劳动过程和劳动环节非常简单，操作的工人并不需要什么知识、技术，工厂里所需要的就是眼力比较好、手比较快、行动敏捷的工人，所以，受过较低教育的女工在这里十分受欢迎。这些企业也需要懂技术、会维修的技术工人，但需要的数量很少。现代工业中的这种两极化的劳动结构需要引起我们的重视。因为，这涉及我们如何培训自己的劳动者，过去以为劳动者受教育水平越高越好，实际上并不是如此。布雷弗曼告诉我们，只要是在劳动力商品化的情况下，劳动者就必然是个两级化的过程，掌握高技术的只是极少数人，绝大多数人并不需要掌握很高的技术。而中国目前的人口结构恰恰具有这种两极化的特点，所以，这在一定程度上也可以解释中国经济高速增长的原因。

2. 传统的泰勒制与劳动分化

布雷弗曼认为，劳动分化有两个完全不同的阶段，第一个阶段是泰勒制的劳动分化，第二个阶段是科技革命之后的新的劳动分化。我们先看看泰勒制的劳动分化。我们知道泰勒也是具有一线劳动经验的，他做过普通工人、机工班长，后来又成为总工程师。他很聪明，创造了劳动分化的、技术分解的大规模的生产方式。他的一个贡献就是把劳动过程分解，把工人的技术分解。他仔细研究生产过程中的每一个环节到底需要几秒钟。他是一个很严肃的研究者，把整个生产过程分解成完全都是非常单纯的动作，这就好比当年喜剧大师卓别林在电影《摩登时代》中所表演的人变成像机器、齿轮一样的动作。布雷弗曼认为，泰勒制奉行的原则有三个。

第一个原则就是使劳动过程与工人的技术分离开来。也就是说，从前工艺技术与劳动者是合为一体的，劳动者占有工艺技术，由于是高技术的劳动者，复杂劳动等于倍加的简单劳动，所以，工资水平就比较高。采用泰勒制以后，技术被标准化为一系列的动作，技术与劳动者被剥离开来。这样，劳动者从事的是简单劳动，工资水平自然就变得比较低下。

第二个原则是脑力劳动和体力劳动分离的原则。布雷弗曼说，这就是概念和执行相分离的原则。在工厂里，发号施令和执行命令相分离，管理和被管理相分离。当然，脑力劳动者、管理者总是少数，多数是体力劳动者、被管理者，所以，这还可以节省生产成本。

第三个原则是利用对知识的垄断来控制劳动过程的每一个步骤以及劳动过程的执行方式。所以，布雷弗曼是想证明泰勒制的本质是资本控制劳动。

当然，不可否认，采用泰勒制以后，美国创造了流水线的大规模生产方式，极大地提高了生产效率，降低了生产成本，使得过去价格极高的商品现在能够为普通人所享用。其结果是提高了国民的基础生活水平。

3. 科技革命与布雷弗曼命题

布雷弗曼认为，劳动分化的第二个阶段，是 20 世纪 50～60 年代的科技革命之后，大量白领阶层产生、办公室自动化、计算机化以后出现的新的劳动分化，这个分化是布雷弗曼论述的重点，也可以说是他的贡献。他在书中详细分析了这种劳动分化。他分析办公室自动化的劳动过程，人们开抽屉用多长时间，关抽屉用多长时间，每写一封信用多长时间，贴一张信纸用多长时间，等等；分析在大量白领阶层产生之后出现了怎样的劳动分化。布雷弗曼论证了如下几个主要观点。

第一，他认为，科技革命的本质是"科学本身化为资本"（布雷弗曼，1978：149）。以往对科技革命的解释多是从"非阶级"的角度做出的，比如丹尼尔·贝尔强调后工业社会中阶级的淡化、理性主义至上、知识技术的重大功能等。而布雷弗曼则描述了一种完全不同的场景：资本以科学的面目出现。

第二，科技革命对工人的影响是后者被高度控制。他认为，科技革命以前，管理者对劳动者的控制也只能是部分控制或某一方面的控制，而科技革命之后却变成管理部门能够掌握整个劳动过程和控制劳动过程的一切要素，科技越发达，控制手段越突出。

第三，科技革命以后，垄断的特性更强了，政府的作用加强了。为什么会这样呢？他分析说，因为垄断资本总是生产出大大超过它吸收能力的经济剩余，要靠政府来购买。他强调，军事冲突的加剧也导致国家作用的增强。以美国为例，第二次世界大战结束以来，美国不断参与战争和军事冲突，当然，它的军队得到了很好的训练，冲突也导致国家力量的增强。此外，救助贫困、社会保障制度的建设、教育作用的增强等也导致国家力量的强化（布雷弗曼，1978：252~253）。这一点对我们有启发，即现代社会，国家的管理作用究竟是强化了，还是弱化了？布雷弗曼证明国家的管理功能是大大强化了。过去，中国是强势政府的社会，那么，改革的方向究竟应该是强势还是弱势呢？这值得我们深思。

第四，针对科技革命对工人的影响，他提出，办公室机械化、自动化、计算机化的结果是劳动者日益被剥夺了技术。他提出一个概念——"去技能化"或"非技术化"（deskilling），即技能与工人相分离，多数劳动者是更加没有技能了。他认为，办公室人员出现了两极分化：一极是雇佣劳动者的队伍越来越大，在职业条件上，他们已经丧失从前高于工业工人的那些优越条件；绝大多数所谓白领，包括销售人员、服务业人员，作为另一极，都是低薪劳动者。关于科技革命对工人的这样一种影响，理论上也称作"布雷弗曼命题"（Braverman's thesis）。所以，布雷弗曼的结论是，如果将低层白领也归入工人阶级的话，那么，西方的总体社会结构、资本与雇佣劳动的关系并没有发生根本变化，社会的本质仍然是资本与劳动的对立、垄断资产阶级与工人阶级的对立。

布雷弗曼证明，在现代科技革命下，社会结构两极化的倾向仍然很严重，一方面是高层管理者、高层技术人员，但另一方面是人数众多的低层白领人员和蓝领人员。布雷弗曼这套理论对中国的意义在哪儿呢？布雷弗曼解释了现代科技革命后，在高度科技化之下，劳动者的分化也是不可避免的。这就告诉了我们中国巨型人口和大量劳动力的未来出路。笔者曾经证明，中国的人口和劳动力的结构是比较两极化的。但如果布雷弗曼所证明的是事实的话，我们的这种两极化的劳动力结构就完全可以与现代科技革命接轨，这也可能在一定程度上解释40年来中国经济持续高速增长的社会结构原因。中国现在是以制造业为主体的产业结构，将来产业升级了，会变为以第三产业甚至信息产业等为主体的结构。如果如布雷弗曼所说，劳动的结构仍然是两极化的，那么，我们在劳动力上仍然会占有极大的优势。

二 马尔库塞关于发达工业社会劳动阶级变迁的理论

上述布雷弗曼的理论倾向于仍然采用传统的马克思主义，解释发达资本主义社会的资本与雇佣劳动关系。而马尔库塞的理论是倾向于采用不同于传统马克思主义理论的视角解释变化了的劳资关系。

这种所谓非传统的视角，在理论上被称作"法兰克福学派"（Frankfurt School）。法兰克福学派是西方马克思主义的一个重要流派，它试图对科技革命以后西方发达工业社会的社会关系与阶级结构做出新的解释。当然，法兰克福学派的最初历史可以追溯到 20 世纪 20 年代德国法兰克福大学的社会研究所。后来由于受到希特勒法西斯主义的迫害，在第二次世界大战期间，该研究所迁到美国加利福尼亚州，直到 50 年代初又迁回西德。马尔库塞是"法兰克福学派"最重要的理论代表。早在 20 世纪 50 年代，他就发表了《爱欲与文明》（1955）、《苏联的马克思主义》（1958）等一系列著作，认为传统马克思主义已经无法解释变迁了的社会现实，试图对传统马克思主义进行修正。

1964 年，马尔库塞发表了《单向度的人：发达工业社会意识形态研究》一书，认为，在现代发达社会里，人们丢失了批判力和创造力，变成了"单向度的人"（One dimensional man）。也就是说，人本来应该是双向度的，人有满足的一面还有不满足的一面，人有赞同、保守的一面还有批判的一面。但到了发达工业社会阶段，社会环境将人改变了。他认为当代工业社会是一种新型极权主义社会，它成功压制了这个社会中的反对意见，压制了人们内心的否定性、批判性向度，从而使社会变成单向度的社会（马尔库塞，1989：2）。这种单向度表现在社会的各个方面，无论是在政治领域、经济领域还是在意识形态、思维领域，批判已经停顿，反对派已经消失。在经济发达的环境下，人的需要得到了满足，这样，他们对于社会批评和抗议的理由也被消除了，丧失了批判精神。由此，他阐述了工人阶级所发生的重大变化。

在发达的工业社会里，马克思原来设想的，可以承担特殊历史使命、推动社会向社会主义转变的工人阶级，已经由于生活水平的提高、基本需要得到满足而失去了革命精神。他认为，工人阶级的决定性变化有如下四个方面。

第一，发达工业社会的机械化、自动化使得工人体力劳动的数量和强度都大大下降了，这与马克思当年论证的工人阶级状况完全不同。马克思所分析的工人阶级是受到残酷压榨的、处于极端贫困状态下的群体，当年工人的劳动强度大、工资低下、劳动环境差、工作场所拥挤，劳动使人厌恶。因而，马克思得出工人阶级具有特殊品格的结论，证明工人阶级会成为潜在的革命主体。

然而，到了发达工业社会，早期资本主义的那种重负的奴役已经消失，工人也过起了比较富裕的生活。马尔库塞（1989：24）说："发达资本主义愈益完善的机械化劳动却在改变着被剥削者的态度和地位。"工人生存条件的危机消失了，工人的革命性也就消失了。

第二，在职业分层中出现了同化的趋势。在重要的产业部门，蓝领劳动者的队伍不断缩小，白领劳动者的队伍不断扩大，非生产工人数量不断增加。过去是两极化的职业分层，现在是人们的职业差异在缩小，地位在趋同。

他认为，技术变化、自动化也从根本上改变了死劳动与活劳动的关系。他说："这种变化似乎取消了马克思主义有关'资本有机构成'的概念及其有关剩余价值的创造的理论。"（马尔库塞，1989：28）他的意思是说，在自动化的条件下，我们很难计算剩余价值在哪一个环节中产生。

第三，发达工业社会里劳动特点和生产工具的上述变化，改变了工人阶级的态度和意识。按照马克思主义的原理，人们的社会存在决定人们的社会意识。在工厂里，工程师、大学生、高学历的人员在增长，工作中形成了技术组织，这使得工人与工厂形成更为紧密的相互依存关系。工人开始参与管理，在解决生产问题上发挥他们的积极性，在企业中获得了既定的利益。

工厂内、物质生产过程中的一体化，必然造成社会意识的一体化。这样，人们的需要、愿望、生活标准、闲暇生活、政治见解也变得一体化，劳工阶级与资本主义社会一体化了（马尔库塞，1989：29～30）。

第四，科学技术的进步削弱了工人阶级的否定地位。一方面，工人阶级不再是资本主义社会的对立物。另一方面，老板也在发生变化，过去是阶级的统治，现在变成了管理，阶级统治消失在合理化的外表后面。这样，阶级冲突和阶级仇恨也大大淡化了，技术进步的面纱掩盖了社会再生产的奴役和不平等。社会控制方式也改变了，过去用饥饿、强力进行控制，现在则采用合理的行政控制、职业分层趋同以及消费领域平均化等，所有这些加在一起，改变了工人阶级的否定地位（马尔库塞，1989：30~32）。

总之，马尔库塞认为，马克思当年所设想的无产阶级革命已经失去了政治的、经济的、文化的和意识形态的基础。随着科技革命的推进，机械化、自动化大大降低工人的劳动强度，白领和非生产型工人比例大增。马克思当年所阐述的造成工人阶级革命性的环境条件不复存在，发达工业国家的工人阶级已经丧失了否定性与革命性，不再具有承担领导阶级历史使命的能力。技术的进步、劳动生产率的日益提高、生活水平的上升以及富裕起来的人们对于核战争的恐惧感，合在一起，化解了社会矛盾，缓和了社会冲突，冲淡了阶级斗争，"使国内显示出一种在工业文明的先前阶段闻所未闻的联合和团结。这是在物质基础上的团结"（马尔库塞，1989：21）。

可见，马尔库塞的结论与"布雷弗曼命题"完全相反。布雷弗曼是典型的传统马克思主义者，他强调劳动分化还在继续，强调在新的形势下，在发达工业社会里工人阶级仍然具有否定地位。而马尔库塞认为，在发达工业社会里，既然过去那种非人条件下的劳动不复存在，工人阶级的否定地位也就失去了。当然，从理论观念上看，马尔库塞仍然属于马克思主义派别。他激烈地抨击发达工业社会的社会现实，认为一个社会如果连批评和抗议都没有了，一个社会如果它的各阶级都提不出不同的观点了，这个社会就要死亡了，所以他把著作定名为《单向度的人》。

那么，马尔库塞的上述观点对中国有什么意义呢？首先，我们要看到，中国工人阶级的状况和结构也在发生变化，我们要研究这种变化。科技革命也在中国发生了，所以，科技革命所带来的劳动关系的变化也会在中国发生，在这方面我们可以参考马尔库塞的观点。其次，对于工人阶级的认识，我们也要与时俱进。对于工人阶级的组成部分，过去，毛泽东主席否认知识分子是工人阶级一部分，而比较强调我国知识分子的资产阶级属性，邓小平同志把党的理论修改为：知识分子是工人阶级一部分。进入21世纪以后，中央一再强调，要推动当代中国先进生产力和先进文化的发展，要维护和实现最广大人民的根本利益。所以，我们对于先进生产力的阶级构成也要做深入研究。最后，马尔库塞认为，在发达的工业社会，阶级冲突、社会矛盾、社会对立会出现大大缓解的局面。其实，这正是我们在社会管理方面求之不得的。中央提出构建和谐社会，我们也要研究如何通过提高全体人民的生活水平来缓解社会矛盾、缓和社会冲突、化解社会仇恨。

第四节 普兰查斯的阶级理论

一 生平与主要著述

普兰查斯于 1936 年 9 月 21 日出生于希腊雅典，是西方马克思主义政治学理论的一位重要代表。他曾就读于希腊雅典大学、德国海德堡大学和法国巴黎大学索邦本部等著名学府，上大学期间加入了希腊共产党国内派。获得博士学位后，他在法国巴黎第八大学社会学系执教，也曾到法兰克福、雅典等地讲学；还担任了法国大学出版社《政治丛书》的主编。后因法国左派联盟失败而患抑郁症，于 1979 年 10 月 3 日自杀身亡，死时年仅43 岁。

普兰查斯发表的主要著作有：《政治权力与社会阶级》（1968）、《法西斯主义与独裁》（1970）、《当代资本主义中的阶级》（1974）、《独裁的危机：葡萄牙、希腊、西班牙》（1975）、《国家、权力和社会主义》（1978）。其中，《政治权力与社会阶级》是他阶级与社会分层理论的主要代表作。

普兰查斯的主要贡献是在政治理论方面。他认为，马克思并没有系统地阐述其政治学理论，而他则试图完成马克思主义的政治学理论。他对于政治学理论做了很多基础研究，剖析了国家、权力、阶级等基本概念。他认为，国家不可能是一种完全独立的权力，因此，应该从经济方面寻找它的基础。他并不赞同经济决定论，而是主张"多元决定作用"，认为国家权力的特点是"相对自主性"（波朗查斯，1982：2）。

在社会分层方面，他的主要贡献是比较全面地分析了马克思主义的阶级理论，并提出了自己的阶级定义。所以，下面我们就专门介绍一下他的阶级理论。

二 对于马克思主义阶级理论的剖析

什么是阶级？普兰查斯首先想搞清楚马克思是怎样回答这个问题的。马克思从来没有正式给阶级下过定义，《资本论》第五十二章标题就是"阶级"，马克思似乎要在这里专门探讨阶级理论。可惜，这一章刚开了个头，手稿就在这里中断了。如果仔细阅读这一章的开头部分，就会发现，马克思提出：什么事情形成阶级？什么事情使雇佣工人、资本家、土地所有者成为社会三大阶级？表面看来，同一收入源泉的人属于同一阶级，比如，工人依靠劳动力获得工资，资本家依靠资本获得利润，土地所有者依靠土地权获得地租。如果是这样形成阶级的话，那么，有多少种收入和收入源泉就会有多少种阶级。马克思显然不同意这个观点。可惜，手稿中断了，他没有回答到底什么事情形成阶级。

普兰查斯认为，《资本论》即使手稿没有中断，也回答不了什么是阶级的问题。因为，《资本论》是马克思的经济学著作，马克思在此集中对资本主义生产方式的经济部门和环节进行探讨，如果有第五十二章全文的话，也仅是从经济方面研究阶级。经济是重要的，但这绝不意味着，仅仅经济方面就可以决定阶级。普兰查斯分析了马克思的众多著作，认为马克思对于阶级的研究有三个方面。

第一是经济斗争，指资本家和工人之间的"个人冲突"，是个别工人与个别资本家之间的冲突，在这个阶段，工人的斗争是分散的。

第二是阶级的经济利益的斗争，即工人所维护的利益不再是个人的和个别的，而是开始维护共同的利益了。为阶级经济利益的斗争有助于工人联合起来，团结起来，这样就更能够认识到阶级的利益。

第三是阶级的政治斗争。工人在反对有产阶级联合权力的斗争中，建立了自己的组织，建立了政党（波朗查斯，1982：56~57）。

普兰查斯反对对马克思阶级理论做"历史循环论"的解释，后者将社会结构、生产承担者、阶级、阶级斗争、社会结构的转化，看作一种循环的过程。

普兰查斯也不同意对马克思阶级理论的"经济主义"解释，认为，按照经济主义解释，阶级仅仅存在于生产关系方面，即阶级被说成是人们在劳动过程中的地位、他们与生产资料的关系。普兰查斯认为，经济固然十分重要，但阶级绝不只是经济一个方面的问题。"经济主义"在这个问题上歪曲了马克思主义，在概念上将社会关系与生产关系混淆了。

我们知道，列宁在解释阶级的时候，强调阶级是社会生产体系中地位不同的集团。如果按照普兰查斯的看法，列宁也是偏重于从经济方面定义阶级的。列宁说："所谓阶级，就是这样一些大的集团，这些集团在历史上一定社会生产体系中所处的地位不同，对生产资料的关系（这种关系大部分是在法律上明文规定了的）不同，在社会劳动组织中所起的作用不同，因而领得自己所支配的那份社会财富的方式和多寡也不同。"（列宁，

1972：10）列宁的阶级定义对于中国的社会科学界、政治界有广泛影响，但普兰查斯不同意列宁的阶级定义。他认为，单纯的经济理解忽视了阶级的政治意义和意识形态的意义，阶级的政治意义一点不亚于它的经济意义。在这个问题上，确实有一个长期困扰我们的问题，即阶级究竟是一个纯粹的经济范畴还是一个广泛的社会范畴？对此下文还有进一步阐述。

普兰查斯总结说，马克思对于社会阶级的分析从来都不是单单指经济关系或生产关系，而是指社会形态、生产方式结构的整体，即所有这些关系的整体（波朗查斯，1982：60）。

三　普兰查斯的阶级定义

在对马克思思想进行总结的基础上，普兰查斯提出了自己的阶级定义："社会阶级是这样一个概念，它表示结构的整体，表示一种生产方式或者一种社会形态的模式对承担者——他们构成社会阶级的支持者——所产生的影响。"（波朗查斯，1982：64）在这个定义里，他采用了两个概念来表述什么是阶级，一个概念是"生产方式"（mode of production），另一个是"社会形态"（social formation）。这两个概念都十分宏大，而阶级就是受这两个宏大体系影响的社会行动者的群体。他的意思是说，制约阶级的是社会的整个体系而不仅仅是生产过程、生产关系或生产体系，虽然生产过程或经济因素起了主要作用。他认为，阶级表现在三个方面，首先是在经济方面，其次在政治方面，再次在意识形态方面；社会阶级就是各种结构的整体及其相互之间关系的产物。所以，分辨一个社会阶级既可以从经济方面，也可以从政治方面，还可以从意识形态方面（波朗查斯，1982：60）。他认为，阶级是三个方面的统一体，如果仅仅有一个方面是不能构成阶级的。他主张，当使用社会阶级这个概念的时候，所指的对象必须是既有经济上的、物质上的利益，也有政治上的诉求和政治集团，同时还有其意识形态的表现。只有具备了这些条件，才有阶级可言。

所以，普兰查斯认为，阶级并不如很多人所设想的，仅仅是一种经济关系。他认为，经济确实有重要的或首要的作用，但是，"纯粹的经济标准并不足以决定社会阶级、不足以确定社会各阶级的位置。当我们考察一个具体的社会形态时，这一点就变得非常清楚了。考察阶级在社会劳动分工的意识形态与政治关系中的位置也是绝对必要的"（Poulantzas，1982：107）。阶级是生产方式和社会形态的结构的整体，这是普兰查斯的解释。

他试图解决长期困扰人们的一个难题，即经济地位如果与政治行为、政治态度、意识形态不一致怎么办？上述列宁的阶级定义，主张阶级是人们在社会生产体系中的一种地位或位置，普兰查斯不同意这个观点，认为这样的话就完全忽视了作为政治现象的阶级，忽视了作为意识形态现象的阶级。普兰查斯认为，如果认真阅读马克思的著作，就会发现，马克思的观点是：仅仅社会关系与经济结构之间的关系不能构成阶级的概念（波朗查斯，1982：71）。他认为，马克思主张"阶级的存在完全只是政治斗争方面所构成的"（波朗查斯，1982：70），认为马克思对于"政治阶级斗争"特别重视。普兰查斯说："政治阶级斗争是阶级斗争（即社会关系）领域内起多元决定作用的方面，它集中各方面的矛盾，并且反映阶级斗争其他各方面之间的关系。之所以如此，因为在一种形态中，国家的政治上层建筑起着调和因素作用，而政治阶级斗争的目标也就是这个国家。正是根据这些论据，我们可以弄清楚'政治阶级斗争是历史动力'这种提法的确切意义。因此，明确承认只有在政治斗争方面才实际存在着阶级的这个马克思的公式。"（波朗查斯，1982：73）所以，普兰查斯的观点是，如果只是讲经济上的利益群体，那还不是阶级，那仅仅是经济上的利益群体，与阶级没有关系，只有当一个经济的利益群体形成政治实体的时候，它才具有阶级的意义。他阐释马克思的思想说：只有当阶级组成一个政党的时候，它才能作为一个阶级而存在（波朗查斯，1982：71）。

那么，怎样看待普兰查斯关于阶级是经济、政治和意识形态三位一体的整体这个思想呢？怎样看待，与列宁的阶级定义相比，普兰查斯更加突出政治和意识形态的问题呢？笔者试图将普兰查斯的观点放到中国的场景下做一个剖析。笔者以为，普兰查斯的阶级定义是将阶级视为经济、政治和意识形态的统一体，而列宁的阶级定义强调阶级是生产体系中的不同集团。根本的分歧在于：阶级究竟是一个纯粹的经济范畴，还是一个意义广泛的社会范畴。这个问题在我国政治界和理论界曾经有过激烈的争论。

为什么会产生激烈的争论呢？因为遇到了理论上和实践上的难题。

第一是理论上的难题。因为人们的经济地位与政治行为、态度常常不一致，比如，恩格斯就他的经济地位而言，是个资本家，但在政治行为、态度上他是工人阶级理论的创立者。如果考察中国历史上历次农民起义的领导者，就会发现，他们绝大部分也不是农民。中国工人阶级政党中国共产党的组织者、领导者，大部分也不是工人，但他们却能够代表工人的利益。相反，由于共产国际片面强调要从具有工人阶级成分的人中选领导，1928 年 7 月在莫斯科召开的中国共产党第六届中央委员会第一次全体会议选举了工人成分的向忠发为中共中央政治局主席（习惯上称总书记），结果向忠发不但代表不了工人阶级的利益，后来还当了叛徒。所以，如果仅仅从经济上划分阶级，而不管他们的政治行为、态度，那么这种划分也没有什么意义，说明不了问题。马克思主义认为，人们的社会存在决定人们的社会意识，经济地位决定人们的政治行为与态度，但无数的例证都说明事情绝不是这样简单。因此，这始终是困扰理论界的一个难题。对于这样一个难题，后来新马克思主义者赖特试图区分出阶级位置、阶级结构、阶级形成、阶级意识与阶级斗争来加以解释。具体内容参见本书第七讲。

　　第二是实践上的难题。中华人民共和国中央人民政府曾经领导过大规模的划分阶级的实践。先是 1950 年 8 月由政务院通过文件，在农村开展划分阶级成分的运动，后来 1956 年在社会主义改造运动中又对城市在业人员划分了阶级成分。划阶级成分的标准大体上是经济型的，但后来在实践中遇到一系列难题：一个人的阶级成分与政治行为、政治态度、政治地位是什么关系？一个人被划为某种阶级成分以后，就是一种终身的身份吗？如果是终身的，身份岂不成了落后的身份制度了？如果不是终身的，那又根据什么来改变？1950~1978 年近 30 年的实践，证明这种划分成分的做法引发了诸多问题，在"文化人革命"期间还曾经因为"出身论"引起了激烈的辩论。由于难以解决政治行为、政治态度与阶级成分之间的关系，在实践中，还出现了按照思想划分阶级的做法，即一个人被认定为具有资产阶级思想于是就被归属于资产阶级。这样的做法引发更多的社会矛盾和社会冲突。所以，1979 年元月，中共中央决定为地主、富农分子"摘帽"，从此开始实行淡化阶级成分和淡化阶级斗争的政策。实践证明，这样的政策是有利于构建和谐社会的。

　　普兰查斯将阶级视为经济、政治和意识形态的统一体，从理论上来说似乎想探索和解决政治行为、政治态度与阶级成分不一致的问题，但在实践中难度很大。如果将政治行为和意识形态也作为划分阶级的标准的话，那岂不又成为以思想定阶级？而如何判定某种思想属于何种阶级，本身就是个十分有争议的问题。我们国家在这个问题上有着重大的经验教训。

四 阐释什么是权力

普兰查斯关于权力的概念与阶级的概念密切相关。他给权力下的定义是："权力标志着一个社会阶级实现其特殊的客观利益的能力。"（波朗查斯，1982：108~109）他认为，权力的概念是由阶级实践的领域构成的，他甚至说，阶级关系就是权力关系。他认为，阶级和权力两个概念的领域是相同的，是同类的概念，权力关系不是阶级关系的基础，阶级关系也不是权力关系的基础。

普兰查斯对比了他的权力概念与其他理论家的权力概念的差别。

拉斯威尔（Lasswell）认为，权力是参与决策的事实。普兰查斯认为这只是一种表面现象，本质问题是阶级对于权力的分配。韦伯认为，权力是一个合法的概念，是某个集团的人遵从特定命令的概然性。帕森斯认为，权力是坚持某些职责以造福于整个社会制度的能力。达伦多夫认为，权力是行动者贯彻自己意志的可能性。普兰查斯认为，这些人都属于统治阶级的理论家，而自己是代表被统治阶级说话的理论家。

在所有理论家中，只有普兰查斯是从阶级的角度来阐释权力的。他认为：第一，只有阶级的社会才有权力，在那些没有阶级统治或从属关系的社会里不应该使用权力的概念。在有阶级存在的时候，权力就是一个阶级通过实践来实现其自身利益的能力。由于阶级利益不同，一个阶级总是与其他阶级实现利益的能力处于对立状态。普兰查斯认为，权力的概念不适用于个人之间的关系。

第二，普兰查斯这样一种权力的定义，与他对阶级组织的分析有关。作为一种社会力量的阶级，它的表现形式就是阶级必须组织起来。如果不组织起来，阶级就没有力量，也就行使不了自己的权力。比如分散的小农，处于孤立状态，没有任何组织，所以，马克思一般拒绝赋予小农明确的阶级性质（波朗查斯，1982：111~112）。

第三，既然权力是阶级实现其客观利益的能力，那么，什么是阶级的客观利益呢？普兰查斯认为，阶级与阶级的个体成员不是一回事，与个体的需求可能并不一致。阶级的客观利益是阶级拓展自己作为一种社会力量的能力。一个阶级要拓展自己的能力就必然与其他阶级产生矛盾。所以，一个阶级实现客观利益的能力也取决于它的对手的能力。他还分析了阶级的长远利益与眼前利益的区别等（波朗查斯，1982：116~117）。

第四，权力也表现在各种各样的阶级实践方面，既然阶级利益分为经济利益、政治利益和意识形态利益三个方面，权力也就分成经济权力、政治权力和意识形态权力三个方面。正像阶级利益并不仅仅表现在经济方面一样，权力关系也不仅仅表现在政治方面。经济权力固然重要，但政治权力和意识形态权力也不简单就是经济权力的表现形式。一个阶级在经济上处于统治地位，在政治上或意识形态上也可能并不处于统治地位。所以，三种权力可能是一种错综复杂的关系（波朗查斯，1982：118~119）。

由权力的概念，他又论述到"国家权力"。对于国家权力，他仍然坚持"阶级本位"的观点，认为，国家的那些机构、部门本身并没有任何权力，这些机构只有在与掌握权力的社会阶级联系在一起时才有权力。在执行权力的时候，社会阶级的权力被置于特殊的机构中，这些机构就成为权力中心。"在这个意义上，国家就是执行政治权力的中心。"（波朗查斯，1982：120）当然，普兰查斯也并不认为国家的这些机构、部门就仅仅是社会阶级的工具或附属物，他认为国家还是有相对独立性和相对自主性的。

总之，普兰查斯认为马克思的著述中没有对政治学原理的系统表述，而普兰查斯自己的研究就是为了填补马克思主义的这个空缺。至于他是否填补了这个空白，那只有由学界去评价了。

参考文献

盖奥尔格·西美尔，2002，《社会学：关于社会化形式的研究》，林荣远译，北京：华夏出版社。

贡德·弗兰克，2000，《白银资本：重视经济全球化中的东方》，刘北成译，北京：中央编译出版社。

哈里·布雷弗曼，1978，《劳动与垄断资本：二十世纪中劳动的退化》，方生等译，北京：商务印书馆。

赫伯特·马尔库塞，1989，《单向度的人：发达工业社会意识形态研究》，刘继译，上海：上海译文出版社。

列宁，1972，《伟大的创举》，载《列宁选集》第四卷，北京：人民出版社。

马克思、恩格斯，1972，《共产党宣言》，载《马克思恩格斯选集》第一卷，北京：人民出版社。

马尔科姆·沃特斯，2000，《现代社会学理论》，杨善华等译，北京：华夏出版社。

尼科斯·波朗查斯，1982，《政治权力与社会阶级》，叶林等译，北京：中国社会科学出版社。

乔纳森·特纳，1987，《社会学理论的结构》，吴曲辉等译，杭州：浙江人民出版社。

乔纳森·特纳，2001a，《社会学理论的结构·上册》（第6版），邱泽奇等译，北京：华夏出版社。

乔纳森·特纳，2001b，《社会学理论的结构·下册》（第6版），邱泽奇等译，北京：华夏出版社。

塞缪尔·亨廷顿，2002，《文明的冲突与世界秩序的重建》，周琪等译，北京：新华出版社。

伊曼纽尔·沃勒斯坦，1998a，《现代世界体系》第1卷，罗荣渠等译，北京：高等教育出版社。

伊曼纽尔·沃勒斯坦，1998b，《现代世界体系》第2卷，庞卓恒等译，北京：高等教育出版社。

伊曼纽尔·沃勒斯坦，2000，《现代世界体系》第3卷，庞卓恒等译，北京：高等教育出版社。

伊曼纽尔·沃勒斯坦，1985a，《当前对世界不平等的争论》，载萧新煌编《低度发展与发展》，台北：巨流图书公司。

伊曼纽尔·沃勒斯坦，1985b，《世界体系分析：理论与诠释的问题》，载萧新煌编《低度发展与发展》，台北：巨流图书公司。

拉尔夫·达仁道夫，2000，《现代社会冲突》，林荣远译，北京：中国社会科学出版社。

李强，1993，《当代中国社会分层与流动》，北京：中国经济出版社。

李强，2004，《转型时期中国社会分层》，沈阳：辽宁教育出版社。

陆学艺、李培林、陈光金主编，2012，《社会蓝皮书：2013年中国社会形势分析与预测》，北京：社会科学文献出版社。

Terence Hopkins、Immanuel Wallerstein，1985，《当代世界体系的发展模式：理论与研究》，载萧新煌编《低度发展与发展》，台北：巨流图书公司。

Theda Skocpol，1985，《论Wallerstein的资本主义世界体系：理论与历史的批判》，载萧新煌编《低度发展与发展》，台北：巨流图书公司。

徐崇温，1980，《法兰克福学派述评》，北京：生活·读书·新知三联书店。

徐崇温主编，2000，《西方马克思主义理论研究》，海口：海南出版社。

许涤新主编，1980，《政治经济学辞典》（中册），北京：人民出版社。

Braverman, H. 1974. *Labor and Monopoly Capital.* New York：Monthly Review Press.

Dahrendorf, Ralf. 1959. *Class and Class Conflict in Industrial Society.* Stanford University Press, Stanford, California.

Dahrendorf, Ralf. 1969. "On the Origin of Inequality among Men." In A. Beteille edited, *Social Inequality.* Harmondsworth：Penguin.

Dahrendorf, Ralf. 1987. "The Erosion of Citizenship and its Consequences for Us All." *New*

Statesman, 12 June.

Dahrendorf, Ralf. 1992. "Footnotes to the Discussion." In D. J. Smith edited, *Understan-ding the Underclass*. London: Policy Studies Institute.

Wallerstein, Immanuel. 1979. *The Capitalist World-Economy*. Cambridge: Cambridge University Press.

Wallerstein, Immanuel. 1983. "Rethinking the Concepts of Class and Status-Group in a World-Systems Perspective." *Review*, Vol. 6, pp. 283-304.

Wallerstein, Immanuel. 1991. "The Construction of Peoplehood: Racism, Nationalism, Ethnicity." In E. Balibar and I. Wallerstein edited, *Race, Nation, Class*. London: Verso.

Grusky, David B. edited. 2001. *Social Stratification: Class, Race, and Gender in Sociological Perspective*. Boulder: Westview Press.

Grusky, David B. edited. 1994. *Social Stratification: Class, Race, and Gender in Sociological Perspective*. Boulder: Westview Press.

Marcuse, H. 1964. *One Dimensional Man*. London: Routledge and Kegan Paul.

Myrdal, Gunnar. 1957. *Economic Theory and Underdeveloped Rigions*. London: Gerald Duchworth Co.

Nurkse, Ragnar. 1953. *Problems of Capital Formation in Underdeveloped Countries*. Oxford.

Poulantzas, Nicos. 1969. "The Problem of Capitalist State." *New Left Review*, No. 58.

Poulantzas, Nicos. 1973. *Political Power and Social Classes*. London: NLB and Sheed and Ward.

Poulantzas, Nicos. 1976. "The Capitalist State: A Reply to Miliband and Laclau." *New Left Review*, No. January-February.

Poulantzas, Nicos. 1982. "On Social Classes." Pp. 101-111 in Anthony Giddens and David Held (eds), *Classes, Power and Conflict*. Berkeley: University of California Press.

Robinson, Robert V., and Jonathan Kelley. 1979. "Class as Conceived by Marx and Dahrendorf: Effects on Income Inequality, Class Consciousness, and Class Conflict in the United States and Great Britain." *American Sociological Review* 44: 38-58.

第四讲
新韦伯主义分层理论

　　什么叫作新韦伯主义呢？我们知道韦伯在解释分层时一个很重要的思想就是多元思想。马克思是从一个向度去解释分层现象的，韦伯强调的是多元性；马克思更多从剥削的关系、生产过程中的位置去解释阶级关系，韦伯更多是从市场去解释；马克思更多讲的是生产的过程，韦伯则讲的是消费的过程。韦伯认为，阶级是我们实际看到的人们生活水平不同的群体。人们的生活机会不一样，即我们所观察到的人们在实际消费过程中过着不同的生活，他解释这就是阶级。20 世纪 70 年代以后，凡是按照这个思路去解释的理论家，我们一般把他归为新韦伯主义的派别。

　　新韦伯主义的阵营十分强大，主要代表有：安东尼·吉登斯（Anthony Giddens）、弗兰克·帕金（Frank Parkin）、皮奥里（Michael J. Piore）、戈德索普（John Goldthorpe）以及大卫·洛克伍德（David Lockwood）等。本讲仅介绍三个人物，即吉登斯、帕金和洛克伍德，三位都是在分层理论上很有影响的人物。当然，戈德索普的研究也十分重要，由于他在阶级测量上的贡献很突出，所以，笔者将他放到第七讲阶级测量中去介绍，并且与新马克思主义的测量方法做对比。

第一节　吉登斯的社会分层理论

　　今天在中国，无论是在学术界还是在知识分子中，吉登斯已经是大名鼎鼎的人物。吉登斯在一般公众中的声名鹊起可能与他的参政有关，与他作为英国首相布莱尔的顾问帮助工党调整战略，以及与他的现实政治著作《第三条道路》有关。他的很多著作都已经被翻译成中文，包括《社会的构成》、《民族—国家与暴力》、《现代性与自我认同》等。吉登斯 1938 年 1 月出生于伦敦北部的爱德蒙顿。据说他年轻的时候，在中学里的成绩不是很突出，不是很优秀的学生，后来他上了大学，最初也不是最好的大学（赫尔大学，Hull University）。一开始他想到政府去工作，不想去上学，但后来因为有个教授比较欣赏他，所以他就改变主意到伦敦政治经济学院去读书。伦敦政治经济学院是一所非常好的文科学校，到该校读书以后，他才开始展露才华。在取得硕士学位后，他到莱斯特大学任讲师，讲授社会心理学。后来，他于 1966～1968 年到加拿大温哥华和美国加州任教，1969 年又回到英国。我们知道，他后来做到伦敦政治经济学院的院长，做到布莱尔的很重要的政治参谋，甚至他提出所谓第三条道路，分析整个政治格局（吉登斯，1998：3；郑曦原、李方惠，2002）。

吉登斯在社会分层方面的主要著作，是他在 1973 年发表的《发达社会的阶级结构》（*The Class Structure of the Advanced Societies*）一书。当时的世界，与 20 世纪八九十年代保守主义占上风的局面迥然不同，受到 60 年代中后期民权运动、学生运动、工人运动的影响，左派和激进主义声势浩大，阶级的讨论是热门话题，新马克思主义蜂起。在这样一种局面下，吉登斯表现得相当冷静，对马克思和韦伯的著作进行了再思考。吉登斯的著作体现了阶级分析中相当温和的立场，这也正是韦伯主义的特色。

一　阶级与阶级结构的基本概念

1. 简单的阶级结构与复杂的阶级结构

吉登斯指出：马克思在阶级概念上强调的是对生产工具所有权的占有和不占有，这样，马克思创造的是一种相对简单的阶级结构，除"过渡"型阶级稍复杂一些。韦伯的观点则要更为复杂，他的阶级概念在保留生产工具所有权的同时，还引入"市场技能"（marketable skill）的因素。这样，在非所有权的体系内就产生了众多的群体分化。达伦多夫用占有和不占有权威（authority）、权力定义阶级，此模式看似简单，实际上在应用于任何一个具体社会时，人们都会发现潜在的数量众多的阶级群体（Giddens，1975：100）。

2. 市场能力的概念

吉登斯提出了"市场能力"（market capacity）的概念，这个概念最能体现他的韦伯主义立场。他认为，占有生产工具确实使得所有者比非所有者处在更有利的地位上，但是，工资劳动者也占有一定的能力，这就是他们的劳动力。他们虽然所处地位不利，但也不是完全的单向受控关系，工资劳动者所拥有的财产正是雇主所需要的。所以，无论是生产工具还是劳动力，都可以在市场的讨价还价中起作用。由此，吉登斯提出了"市场能力"的概念，其含义是个人可以带到市场上增强其讨价地位的各种形式的相关属性（attributes）。他认为，由于马克思过于强调"生产劳动"，过于强调现代技术将生产操作降低到无技术的、无差别劳动的水平，所以，马克思没能认识到"市场能力"并非直接来自财产所有权（Giddens，1975：103）。吉登斯认为从市场能力的角度看，工资劳动者也拥有特殊的"财产"："就是他带到契约关系中等待售卖的劳动力。"（格伦斯基，2005：134）那么，在吉登斯这里，财产所有权、生产资料所有权的所有者资本家与技术、技能的所有者雇员就处在市场的平等竞争关系中；在吉登斯看来，他们之间并不存在谁控制谁的问题，而是取决于谁是"稀缺价值"（scarcity value）（Giddens，1975：103）。如果生产资料在当时的市场上是稀缺价值，那么资本家就处在有利地位上；如果技术、技能在当时的市场上是稀缺价值，那么"工资劳动者"就处在有利地位上。所以，吉登斯充分展示了韦伯主义保守立场的本质特点，所谓市场的阶级地位就是平等的阶级地位，在冲突论那里是互相冲突的阶级，而在韦伯或吉登斯这里是平等竞争的双方，双方互有胜负，谁更有力量，那要看谁是稀缺价值。这样一种理论的目标当然是要弥合阶级矛盾、缓和阶级对立。在过去的革命战争年代，我们是鲜明地反对这种弥合阶级矛盾的观点的，然而在今天，我们的目标是要构建和谐社会，这种缓和阶级矛盾的观点显然有其价值。

近来，在国内有所谓"知本家"的说法，就是将产业关系中知识的占有者也看作一种特殊财产的所有者。在高科技发展的今天，知识、技术、技能作为一种市场能力，确实有地位越来越重要的趋势，所以具有高技术的劳动者地位会上升。中国劳动力总数在 2012 年以前是持续上升的，很长一段时间里表现为劳动力过剩，而当时财产、资本、生产资料所有权是稀缺价值，按照吉登斯的理论，资本一方处于有利位置，而劳动力一方处于不利位置。2012 年，中国劳动力总数达到峰值 7.64 亿，此后一直处于下降趋势，到 2030 年预计会下降到 6.27 亿，这样劳动力会出现短缺，于是，劳动力一方会处在有利的位置。近年来广东等地出现了"招工难"，就是一种征兆。

3. 关于界定阶级概念

吉登斯认为阶级有两重含义。就阶级概念而言，在方法论上产生混淆不清问题的根源就在于，它常常被用来同时指两个方面：一方面，阶级是一个经济范畴；另一方面，阶级是一种特殊的社会群体的聚合。韦伯是在两种意义上使用这个词的。当然，韦伯采取分别使用"阶级"和"社会阶级"的说法，来表明两者的区别。吉登斯强调，他是在韦伯的"社会阶级"含义上进行探讨的（Giddens，1975：105）。

吉登斯提出了阶级"不是"什么的问题，他讲了三点。他说，第一，阶级不是一个实体、统一体（entity）。就是说，不存在加入一个阶级群体的问题。这是什么意思呢？这一点与前述韦伯关于共同体的观点是一致的，韦伯之所以说阶级实际上还谈不上是共同体，就是说阶级内部的成员还不具有实质的社会互动。吉登斯认为，阶级不是实体，而是一种特殊的"聚合体"，其特殊就在于该群体十分巨大，其成员之所以隶属该阶级仅仅是因为其经济地位相似，成员之间并没有真正的社会互动。这在一定程度上大大降低了阶级的重要性。有没有道理呢？也并非完全没有道理。对于阶级的意义确实应给予适当评价。在中国，改革以前有一段时间，阶级的意义被大大高估，什么问题都试图从阶级上给予解释，把阶级理论看作"包治百病"的理论，结果酿成很多荒诞的事件，甚至造成社会的动荡不安。当时的很多事情，其实本来和"阶级"没有关系，阶级对于这些问题并没有足够解释力。所以，适当降低对阶级意义的估计还是符合我国国情的。笔者以为，作为巨型聚合体的阶级成员之间的关系，具有两种可能性，一种是相互之间认同，另一种是相互之间不认同。那么，什么情况下阶级成员相互认同，什么情况下阶级成员相互不认同呢？笔者以为，只有在阶级利益十分锐化的局面下，阶级成员的认同感才会加强。所以，阶级能够发挥较大作用的时期，往往是一个国家或地区阶级矛盾、利益冲突比较激化的时期。如果社会上大体是一种和平发展的局面，社会各群体之间的利益比较缓和，那么，阶级的地位就会下降。当然，从这个意义上看，我们的局面有些尴尬。所谓尴尬是指，20 世纪 50 年代，当我国打碎了阶级体系的时期，明明社会上已不存在经济意义上的阶级，但我们却在社会政策上大搞所谓"阶级斗争"。改革开放以来，我国从身份分层向经济分层演变，最需要的是一个稳定发展的时期，但这一时期却又是利益分化、阶级分化、矛盾最易激化的时期。这就是中国在社会分层方面遇到的最大难题。换言之，吉登斯可以大谈降低阶级的意义，而我们今天却还不敢忽视。第二，吉登斯说，阶级不是阶层（stratum），阶级不是数量分层。作为分层，为了分析的目的，人们可以确定一个指标，比如收入分层，根据收入水平将人群分组，而阶级之间的区分从来都不是这个样子的。这就是说，阶级是一种关系。第三，阶级与"精英"（elite）、"大众"（mass）的区分不是一回事（Giddens，1975：107）。

4. 三种市场能力与三个阶级

吉登斯提出，有三种重要的市场能力，即对于生产资料的财产的占有、对于教育或技术资格（qualifications）的占有和对于体力劳动力的占有。由此产生出资本主义社会的三个基本阶级：上层资产阶级、中产阶级和下层阶级或称工人阶级（Giddens，1975：107）。然而，资本主义社会的一个固有特征就是，它并没有为阶级之间的流动设置正式的、合法的障碍。

二 阶级关系的结构化及其两种基本类型

"结构化"思想是吉登斯阶级理论的重要内容，他在1975年的著作中提出的"阶级关系的结构化"（structuration of class relationship）思想，恐怕对他后来关于整个社会构成的理论都有重要影响。那么，吉登斯提出"阶级关系的结构化"思想的意义何在呢？应该说这涉及阶级、分层理论的最核心内容。为什么众多的人都研究和关心阶级、分层问题？因为阶级、分层总是与利益分化、阶级矛盾、阶级冲突、阶级斗争联系在一起。对于历史上多次发生的、重大的、有震撼力的社会冲突，人们常常用阶级理论去解释。所以，谈起阶级和阶级斗争，没有人敢忽视它。但是，阶级这个现象很奇怪，有时候它会形成重大的社会行动，有时候它却毫无动静。马克思曾预言欧洲国家无产阶级的联合行动很快就会到来，但这种愿望却一次次落空。为了解释为什么阶级有的时候有行动、有的时候却没有行动，马克思提出了"自在阶级"与"自为阶级"的区别，达伦多夫提出了"准群体"与"利益群体"的区别。正是在这个意义上，吉登斯研究了"阶级关系的结构化"问题。为了阐述自己的理论，吉登斯分成两步。他先是纯粹学术型地、形式主义地探讨"阶级关系的结构化"，然后，才亮出了自己的目标，解释"阶级感知"（class awareness）、"阶级意识"（class consciousness）与阶级行动的关系。下面，笔者就分几个问题来介绍。

吉登斯是沿着上述三种市场能力怎样形成阶级的话题谈起阶级关系结构化的。他认为，从市场能力到阶级形成之间，还有一个过程，在这个过程中，有一些因素在发挥作用。吉登斯将这个过程称为结构化（structuration）。他认为，结构化有两种，一种是"阶级关系的间接结构化"（mediate structuration of class relationships），另一种是"阶级关系的直接结构化"（proximate structuration of class relationships）。下面我们就分别解释这两种结构化，然后解释一下阶级关系的结构化与中国现实社会的关系。

什么是"阶级关系的间接结构化"呢？吉登斯用它来表示阶级形成中的一些中介因素的作用，这些中介因素的作用导致可以从市场中分辨出来的阶级群体的形成。所以，过去国内曾将这个概念翻译成"阶级关系中介结构化"。2005 年，华夏出版社翻译出版了格伦斯基编的《社会分层》一书，将这个概念翻译成"间接结构化"，笔者以为这样很好，更容易理解，所以也遵从了这个译法。间接结构化是居于市场能力与阶级形成之间的现象，它一头联结着市场，另一头联结着形成结构体系的阶级关系。

什么是间接结构化的主要社会机制呢？吉登斯认为，是社会流动机制，是"流动机会的分布"（distribution of mobility chance）。表面看来，流动与阶级结构似乎无关，其实不然，流动是促成阶级形成的重要因素。社会流动将人们输送到不同的阶级位置上，每个人的流动机会是不一样的，所以，流动机会控制和制约（governed）着社会的阶级结构。社会学家常说，有两种不同类型的社会流动机制，一种是开放型的，另一种是封闭型的。无论是父母、子女两代人之间的代际流动，还是一个人一生中的职业变迁流动，流动的封闭性越强，则阶级内部成员的一致性就越强。因为，代际流动的封闭性（closure）有助于形成一代有着共同生活经验（common life experience）的群体。在这里，吉登斯使用了再生产（reproduction）概念，即封闭性可以很容易地再生产出与父辈更相似的一代人。所以，吉登斯说，与市场能力相关联的流动的封闭性，决定着阶级结构化的形成（Giddens，1975：107）。

所谓"阶级关系的直接结构化"是指直接决定和形塑阶级结构的过程。吉登斯认为，直接结构化包括相互关联的三个方面：一是在生产企业内部的劳动分工；二是企业内部的权威、权力关系（authority relationships）；三是吉登斯称作"分配群体"（distributive groupings）的影响（Giddens，1975：108）。

下面就简单解释一下这三个方面。

第一，生产企业内部的劳动分工，即生产组织中职务位置的分配对结构化的影响。吉登斯说，马克思是在十分广泛的意义上使用"劳动分工"概念的，该概念既是指市场关系，也是指生产组织内部的专业任务的分配、配置。而吉登斯则专指后者。在资本主义情境下，企业中的劳动分工是由与利润最大化相关联的生产效率的提高决定的。劳动分工既是阶级关系分裂的基础，也是阶级关系团结的基础。它对阶级形成的推进作用在于，它创造了同质的群体。分工中对结构化影响最大的是技术，而工业技术创造了体力、非体力工人之间的最主要分化（Giddens，1975：108）。

第二，权威关系（authority relationship）对于阶级关系结构化的影响。在管理人员参与权威指令或仅仅是执行命令的过程中，他们便与从属于这些指令的体力劳动者分离开来（Giddens，1975：108）。

第三，阶级关系直接结构化的第三个源泉来自消费方面而不是生产方面。马克思的传统阶级结构理论认为，阶级是一种生产领域的现象，消费关系完全区别于和从属于生产关系。吉登斯认为，没有理由完全偏离这一重点。但是，在维持阶级最终是在资本主义市场的经济结构中建立的观点的同时，完全可以将消费模式视为影响阶级结构化的重要因素。韦伯所说的"身份"与"身份群体"，将两种不同的因素混淆在一起了。一方面，是在消费中群体的形成；另一方面，是不同类型的社会分化形成，它们是建立在对群体赋予荣誉、声望等非经济因素基础之上的。虽然两者可以一致，但并不必然如此。这样，吉登斯所说的"分配群体"专指在经济物品的消费模式上具有共同特征这样一种关系，而不管所涉及的个人在意识上对于荣誉、声望的评价。而吉登斯所说的"身份"则专指这样一种主观评价（Giddens，1975：109）。

吉登斯提出了"分配群体"概念，指经济物品消费模式上的共同群体，如同社区的成员、邻里。"分配群体"与上述另外两个方面，在不同市场能力的分化中起重要作用。在这方面，最有意义的分配群体就是分割的社区或邻里的分化。这类分化趋势的形成，并不仅仅是由于经济收入的分化。例如，工人阶级邻里与中产阶级邻里的分化，体力劳动者在购房时大多不采取抵押贷款（mortgages）形式，而非体力劳动群体则不费吹灰之力就获得了此种贷款，所以，分化与金融体制有关。工业厂区一般坐落在主要城区以外，而主要依靠工厂提供住房的工人阶级，其社区便聚集在这些地区（Giddens，1975：109-110）。

三　阶级意识与阶级冲突

在分层与阶级的理论中，阶级意识从来都是最为复杂的问题，因为它涉及主观与客观、阶级结构与阶级行动的关系问题。吉登斯做了如下的理论阐释。

1. 阶级感知与阶级意识

吉登斯首先区分了阶级感知与阶级意识。阶级是一种结构化的现象，在阶级成员中一般会存在一种相同的感知，他们接受一种相似的态度和信仰，属于一种共同的生活方式。他使用"阶级感知"一词，指这种态度、信仰并不涉及阶级的隶属问题，也不意味着认识到不同态度、信仰、生活方式的其他阶级的存在。相反，吉登斯使用"阶级意识"一词，却涉及阶级隶属问题，以及意识到其他阶级的存在。阶级感知与阶级意识区分的意义在于，如果仅仅是阶级感知，那么也可以没有认识到阶级的隶属，这个群体就很可能采取一种否认阶级存在和否认阶级真实性的立场，吉登斯认为，中产阶级就常常是这样的（Giddens，1975：111）。

吉登斯认为，阶级意识是有程度上的差异的，并进而将阶级意识分为三个层次。第一个层次，最初级的、最低程度的阶级意识，就是社会群体只感觉到了阶级身份，感觉到了和其他阶级有差别。比初级的再高一个层次是有了"阶级冲突的概念"，即社会群体意识到有对立的利益、有对立的阶级存在。第三个层次，即最高的层次，是"革命的阶级意识"（revolutionary class consciousness）。吉登斯认为，与阶级冲突的意识不同，革命的阶级意识是指，认识到对社会制度进行"全面重组"（overall reorganization）的可能性，并且相信只有通过阶级行动才能实现此种重组。马克思认为，革命的阶级意识会直接从阶级冲突的意识中产生，当然，吉登斯知道，列宁讲过社会主义理论不会自发地从工人阶级中产生。吉登斯不同意马克思的观点，他认为，革命意识与冲突意识产生的过程不一样（Giddens，1975：113）。

吉登斯的阶级感知和阶级意识都是与阶级结构化密切联系在一起的，阶级结构化既意味着阶级感知，也意味着阶级意识。这样，感知和意识也是结构化的重要组成部分。传统上讲阶级结构的时候，人们往往仅仅将它看成一个纯粹的客观结构。吉登斯认为，其实马克思的思想也并不完全像那些正统的唯物论者表述的那样，认为意识就仅仅是真实社会的附属物和伴生物。马克思也表述过意识并不是物质世界中人类行为的"effect"，意识构成了指导行为的精神的特质，与行为分不开（Giddens, 1975: 113）。

而阶级现象很特殊。阶级是一群地位相同的人，他们对于自己地位的认同，对于其他群体的区别、敌对是一种主观意识，如果这种主观意识不强烈，他们也就不会走向阶级行动。所以，形成结构的阶级必须将阶级意识包括在内，而不能将阶级意识看作仅仅是附属物，阶级意识甚至在阶级的形成中起到最为关键的作用。所以，它也是结构化的最为主要的构成部分。所以，在分析结构化的时候如果仅仅分析结构化的客观因素，那还不够，那几乎是仅仅关注了阶级的一半而忽视了另一半。

2. 阶级冲突与阶级矛盾

为了说明阶级意识的起源，吉登斯还分析了冲突与矛盾（contradiction）的区别。他说，马克思使用这两个概念，但并没有清楚地辨析二者的区别。作为一个阶级社会，资本主义是建立在资本与雇佣工人利益冲突的基础之上的。在马克思的理论里，正是阶级对立这一矛盾，作为资本主义特殊的社会与经济"矛盾"的最终源泉，最终会从内部摧毁资本主义生产方式。吉登斯所说的阶级"冲突"是指阶级利益的互相对立，而"冲突意识"是指认识到了这样一种利益的对立。然而，吉登斯使用的"矛盾"一词，则是指不平衡现象，即一种工业控制的现存模式与原本固有的模式之间的差异现象。所谓"工业控制"，即企业内部控制的调解手段，它存在于各级权力结构之中。吉登斯认为资本主义社会的稳定依赖于将经济与政治隔离开来，这样，工业组织就变成一种非政治组织。这一点具有重要意义。因为，如果不分离，任何一种对资本主义工业控制系统的威胁，都立即是一个政治问题。而如果将经济与政治分离，将工业企业与政治分开，就可以大大降低风险。笔者以为，吉登斯表述的，将政治与经济和经济管理分离是资本主义社会寻求社会稳定的一种统治经验。此种统治经验对于我国也有一定的参考意义。经济和经济管理涉及人们经济利益的分配，涉及集团的利益，当然与政治有关。但如果将这些总是与政治、政府、国家政权联系在一起，显然容易激化利益群体与政府、国家管理者的矛盾，容易强化阶级意识和阶级冲突，所以，分离经济与政治显然有利于实现社会稳定。

吉登斯还提出，只有当阶级冲突产生于资本主义的基本矛盾之中时，冲突意识才会变为革命意识。这种革命意识的发展与资本主义社会的成熟发展并没有直接关系（Giddens，1975：114）。也就是说，如果没有革命的意识形态的创造，没有政治的组织和政治力量的干预，仅仅由于资本主义和资本主义产业模式不断走向成熟，是不可能自己产生革命意识和革命行动的。所以，吉登斯同意列宁的观点：工人阶级仅凭自己的力量，只会产生工会主义意识。

吉登斯认为影响冲突意识发展的因素，很大程度上涉及阶级结构化的直观特点（visibility）。比如，马克思所说的促进无产阶级变成自为阶级的那些因素，如机械化使得工人的劳动变得更为同质性，大工厂使得工人在一个地方大量聚集。在这种状况下，工人很直观地看到了他们的一致性。吉登斯认为，其他因素，马克思较少涉及，而韦伯则提到了。韦伯说，体力工人会对直接接触的经理更为仇视，因为经理总向他们发号施令，而工人由于不接触银行家、金融家自然也就谈不上仇视。而如果阶级与种族、民族等身份群体的界限一致，则会大大强化直观性。这一点与本书上一讲达伦多夫的群体或冲突的重叠效应是一致的。

那么，组织与阶级的关系是什么？在与对立阶级的比较中形成的阶级利益的认同会促进组织机构的发展，后者反过来也会推进前者。毫无疑问，在工会和政党中，冲突的意识会更加清晰地表达出来。于是，这些组织就会指导大众的阶级意识，会促进阶级利益的发展，会强化冲突的意识，却不能解释为什么这类意识采取了革命的形式（Giddens，1975：116）。

如果促进冲突意识的最主要因素就是阶级差异的直观性，那么，影响革命意识的最主要因素就是在一种既定的生产体系内经历的相对性。吉登斯所定义的革命意识是，认为现存的社会经济秩序不合法，要在一个新的基础上重新加以组织。这样一种意识的产生意味着这样一种结构，在该结构中个人可以使他们的经历远离现存的社会现实，设想着一种激烈否定现实的可能性。只有当人们受到一个具体计划的鼓励，有了一种可以带到现实中来的可以选择的秩序，不满的情绪才能变成一种革命的意识。吉登斯也不认为相对剥夺可以促进革命意识，他认为剥夺只能促进冲突意识，只有明确的政治目标才能促进革命意识。但问题是工人阶级能否认识到这样一种明确的政治目标呢？吉登斯实际上针对西方发达国家的状况给予了否定的回答（Giddens，1975：116）。总之，革命意识的形成相当困难。正如前文已经表述的，吉登斯认为，资本主义的走向成熟并不会产生革命的意识。

四 "阶级关系结构化"与中国的"阶级关系定型化"

笔者曾经引用吉登斯的"阶级关系结构化"思想来分析中国的分层现象。吉登斯将社会阶层以及阶层之间关系越来越趋于稳定的现象称为"阶级关系结构化"，而笔者则将该概念改造为"阶级关系定型化"或"阶层结构定型化"（李强，2004a）。那么吉登斯所说的"阶级关系结构化"与笔者所说的"阶层结构定型化"是什么关系呢？吉登斯的"阶级关系结构化"试图从理论上阐释阶级形成，从经济分异直到阶级观念形成。而笔者的"阶层结构定型化"仅仅是指，在中国社会转型的特殊时期，出现了社会分层群体、利益集团社会关系固化的现象。笔者的观点显然受到前者的影响。但是，"阶层结构定型化"与吉登斯讲的"阶级关系结构化"显然不能等同，且不说吉登斯构建的略显繁琐的理论体系与定型化没有关系，单就阶级形成的过程看，定型化显然没有包括结构化的全部过程。比如，笔者以为，中国的定型化所涉及的更多是客观社会指标和客观社会关系，而基本上没有形成阶级和阶级冲突的意识形态。笔者认为，我国阶层结构定型化主要表现为以下几个方面。

第一，阶层之间的界限逐渐形成。20世纪50年代中国进行打碎阶级的实验以后，阶层变得界限不明显了。从50年代到70年代，各社会群体在经济地位上的差异性不是很大，阶层之间的界限越来越模糊。80年代初市场改革以来，直到90年代中期，各社会群体之间的流动比较频繁，阶层之间的界限也仍然不很清晰。当时，有一大批原来经济地位比较低下、生活十分贫苦的人，甚至是社会边缘群体，在市场经营中赚了很多钱成为富有阶层的成员。然而，到了90年代后期和21世纪，阶层之间的界限越来越明显，富有阶层准入的条件比以前严格多了，包括注册资本的限额、土地或铺面房的价格等，这些准入标准越来越成为难以逾越的鸿沟。从产业结构看，20世纪80年代进入市场的多是小商品经营者，这些小商品经营者有些逐步积累做大，到90年代成为富有阶层。但是，90年代中期以后，房地产、金融、高技术产业兴起，进入这些产业的准入条件大大提升，一般社会群体难以进入。"中国企业家调查系统"的数据证明，从学历等看，经营层、企业家层大多有较高的学历、文凭，这些也成为阶层结构定型化和界限形成的重要标志，产权和文凭证书的排他作用开始出现。

第二，社会下层群体向上流动的比例下降。阶层界限形成的一个重要特征就是阶层之间流动率发生变化。20世纪80年代的中国，很多低收入层也可以竞争进入高收入层，笔者曾将此种现象称为市场转型的一个"特殊阶段"："社会边缘群体从市场中获得利益"；当时的研究发现，社会下层群体向上流动的比例，比社会上层群体向上流动的比例还高，甚至引发"脑体倒挂"现象。到了90年代末期，下层向上流动的机会大大下降。中国社会科学院社会学所李春玲博士等人通过全国调研的数据证明，总的流动率虽然比以前的高，但如果区分社会上层和社会下层，则社会上层向上流动的比例更高，社会下层向上流动的比例较低，社会下层流入上层的机会减少。笔者分析一些区域调查的数据，发现了类似的现象：社会下层群体、社会边缘群体获利明显减少，向上流动比例下降。

第三，具有阶层特征的生活方式、文化模式逐渐形成。社会各个阶层都开始形成一些作为本阶层所特有的生活方式。在20世纪50~70年代打碎阶级实验的时期，中国城市的居住模式是"阶层混杂型"。比如，在城市"单位大院"的居住模式中，高层人员和低层人员都居住在同一个大院，甚至同一幢楼房里。由于当时采取非市场型"分房模式"，家庭人口、是否结婚、参加工作年限等被看作重要的分房记分标准，所以，分房、居住与经济分层没有关系。随着居住房屋的市场化，房地产价格的巨大差异造成的阶层区隔正在形成，一方面，城市中形成了一些高档社区、高档物业小区，在这里，房屋的价格和物业管理的价格都十分昂贵，只有一些富有阶层可以承担；另一方面，社会边缘群体聚集的地方，也形成了一些低收入和边缘群体的社区。从消费上看，不同的消费档次开始区分开来，从富有者消费的极高档次的商品和服务，到专为社会边缘群体服务的小商店、小理发馆、小诊所等，各个档次等级次序分明。对于不同阶层的生活方式、品味，布迪厄曾经做过详细描述（Bourdieu，1996：128）。其实，具有阶层特征的生活方式、消费方式、文化模式，是一种普遍存在的社会现象。过去有一段时间，在激烈的社会动荡下，分层的文化模式受到严重冲击，而在稳定的社会局势里又出现了复归的倾向。

第四，阶层内部的认同得到强化。阶层之间流动率的下降与阶层内部互动的加强几乎是一个同步的过程。富有阶层的交往形成了一些新的社会组织，比如，一些高会费的俱乐部、会馆等。如果要进入这些俱乐部、会馆就要交纳很高的费用，这一点将低收入者阻挡在门槛之外。又如，目前一些大学开设高学费的 EMBA 教育，学费高达 25 万~50 万元，结果许多企业的经理、老板以参加这样的学习组织为荣。这类学习加强了企业高层管理者的互动，促成了富有阶层内部的社会网络。当然，这些社会网络在一定程度上起到了建立商业信任关系的作用。

如何评价阶层结构定型化的趋势呢？其实，对此也不必惊讶。任何市场经济社会，经济分化、分层的最终结果必然是分层结构定型化。虽然现阶段出现一些阶层向上流动率的下降，但阶层结构定型化本身也并不一定造成长久的流动率下降。阶层结构定型化的主要作用是使社会流动循着一定的标准进行，因而更有规律。中国过去的社会流动确实没有规律，更多表现为阶级、阶层瓦解所造成的社会流动；在“文化大革命”期间，甚至出现了靠“造反”起家向上流动的现象。阶层结构定型化以后，其社会流动会变得常规化。记得大经济学家熊彼特曾经讲过，阶级就好比是一节一节的火车车厢，阶级成员就好比是从这些车厢里上上下下的过客。他讲的就是阶层结构定型化以后社会流动的特点。阶层结构定型化以后人们社会地位的上升更有规律性，人们争取地位的上升采取更为常规型的手段，比如考试、文凭、职务晋升、市场竞争等，其结果是社会变得更为稳定。

读者也许会注意到，笔者所阐述的阶层结构定型化并没有提到阶级、阶层意识的问题。是的，笔者所说的阶层结构定型化的四个方面都是客观地位、社会关系方面，都没有涉及主观阶级意识。为什么没有提及呢？因为，笔者发现，在我国现阶段，虽然社会群体层化的现象已经出现，但这种层化现象还主要表现在客观经济方面，主观阶级意识的色彩还不突出。国内的一些研究证明：我国的主观阶层认同与收入、教育、职业和消费等各项客观分层指标之间，虽有一定联系，但“关联强度不大”（李培林、张翼等，2005：87）。所以，中国的主观阶级意识状况，如果用吉登斯的术语来说，就还仅仅是一种“阶级感知”，还称不上是阶级意识。

为什么我国阶级阶层意识分化不明显呢？在上文中，吉登斯分析了促进阶级意识形成的因素，这对我们有启发意义。吉登斯指出，阶级意识、冲突意识的形成，需要阶级分化的直观（visibility）环境，即人们对于这种分化直观地就可以看到。而笔者曾经分析了，当前中国社会分化的一个重要特点是利益的“碎片化”，多种因素造成直观的“多元与碎片”，所以，此种环境并不利于阶级意识、冲突意识的形成。笔者曾经分析了中国当前阶级阶层利益碎片化的三个特点（李强，2004a：98~99）。

第一个特点是阶层分化与身份群体交织在一起产生了多元利益群体。虽然改革以来中国社会产生了经济利益的分化，产生了贫穷与富裕的巨大差别，但这种差别与身份群体交织在一起，是相互交叉的复杂关系，而不是简单的叠加关系。

第二个特点是户籍、地域的差异与阶层差异交织在一起，而形成多元利益群体，直观的并不是阶级整体，而是户籍或地域分化群体。比如，同是在一个城市里经商的老板、经理，由于户籍身份的不同，就形成阶层内小的利益群体。虽然都是农民，但在不同区域他们的经济地位会有巨大差别。很多情况下，区域的差异远远大于阶级的差异。

第三个特点是体制的差异与阶级阶层的差异交织在一起而产生多元利益群体。新产生的体制五花八门，包括私营，个体，外商投资，有限责任公司，股份有限公司，股份合作单位，联营、合资企业，香港、澳门、台湾商人投资企业，等等。这还仅是一些大的分类，笔者在实地调查中发现，实际运作中的体制比这些还要复杂得多，比如：承包的、转包的、出租的、租柜台的、包工队式的、挂靠式的、交管理费式的，等等。体制的"碎片化"与阶层分化交织在一起，就形成了利益的碎片化。

所以，直观的利益的碎片化在很大程度上阻碍了阶级冲突意识的形成。换言之，碎片化和多元利益群体的特征，虽然并不能阻碍小群体的冲突意识和冲突行为，却可以阻止规模比较大的阶级、阶层冲突意识的形成。

在此，我们还可以反思一下吉登斯关于阶级意识的最高层次——"革命意识"的论述。吉登斯同意列宁的观点，即革命意识不可能由阶级阶层自发产生，而只能由意识形态方面的专家——知识分子去生产。所以，如果没有意识形态精英的创造，如果没有知识分子的外在推动，如果没有政治组织和政治力量的干预，而仅仅依靠资本主义产业模式不断发展和成熟，是不可能自发产生出革命意识和革命行动的。吉登斯用这样的理论阐释了英国社会为什么长时期保持政治上稳定，为什么资本主义生产方式相当成熟的英国始终没有出现阶级阵营的重大革命行动。我们也可以用同样的道理来解释中国。中国社会，一方面社会问题确实很突出，但另一方面我们也发现，这些事件都只是局限在小的范围内，并没有形成大范围的、阶级阶层的行动。吉登斯的解释是有道理的，如果没有知识分子的外在推动，如果没有政治组织，如果没有革命的意识形态，冲突就只可会局限在小的区域里。所以，就像吉登斯解释为什么英国可以长期保持稳定一样，用同样的道理，我们也可以解释，尽管今天中国还存在社会风险，但实现长期稳定是完全可能的。

总之，笔者所说的阶层结构定型化，主要说的是客观因素。由于利益碎片化等影响，我国阶级阶层的主观阶级意识并没有形成，而这恰恰是社会稳定的重要原因。换言之，按照这个原理，如果能够阻止阶级意识的形成，就可以防止社会矛盾的激化。

此外，吉登斯在《发达社会的阶级结构》一书中还阐述了他的"精英理论"。我们将其放到精英理论部分去讲，此处不赘述。

第二节　帕金的社会分层理论

弗兰克·帕金是新韦伯主义分层思想的重要代表，他的贡献主要在理论方面，比如他十分清晰地阐述了韦伯主义的社会屏蔽思想等。

帕金比吉登斯的年龄要大些，他于 1931 年出生于英国格拉摩根（Glamorgan）郡的阿伯戴尔（Aberdare）。他和吉登斯一样都曾在伦敦政治经济学院学习，1958~1961 年帕金在伦敦政治经济学院读了三年本科，后来于 1966 年获得博士学位。在读博士期间，他曾在吉登斯读书的赫尔大学任助理讲师。得到博士学位以后，他到肯特大学（Kent University）社会学系教书，历任讲师、副教授（Reader）、教授。1992 年他在肯特大学建立了社会与政治运动研究中心，该中心的学术取向体现了与社会政策、社会实践相结合的特点。21 世纪以来，他仍然参与很多教学和学术活动，曾任英国牛津大学莫德林学院（Magdalen College）的指导教师（Tutor）。

帕金的著述颇丰，其中《中产阶级激进主义》（*Middle-Class Radicalism*）一书发表于 1968 年。该书研究了英国中产阶级在和平运动以及核裁军（nuclear disarmament）运动中的作用，认为阶级的视角在分析当代社会运动中仍然重要，与阶级的解释相比，男女性别差异等视角的解释是次要的；指出中产阶级激进主义有重要意义，因为传统上关于中产阶级的韦伯主义解释常常谈它的社会稳定功能，而忽视了中产阶级推进发展、变革社会的功能。帕金的《阶级、不平等与政治秩序：社会分层与共产党社会》（*Class, Inequality and Political Order: Social Stratification and Communist Society*）一书发表于 1971 年，对社会分层与社会流动的基础理论做了很多研究，特别是对西方资本主义社会与以苏联为代表的社会主义社会在分层与流动上的差异做了对比研究。《马克思主义与阶级理论：一个资产阶级的批判》（*Marxism and Class Theory: A Bourgeois Critique*）一书发表于 1979 年，这是帕金对自马克思、韦伯以来的阶级理论做的一次全面反思，详细阐释了帕金新韦伯主义的立场。下面，笔者尝试归纳一下他的主要理论观点。

一　什么是区分阶级的界限？

在《马克思主义与阶级理论：一个资产阶级的批判》一书中，帕金首先分析了区分阶级的界限（Parkin，1979：11-15）。他认为，传统的社会学比较强调体力劳动与非体力劳动的阶级界限，这样一种界限的优点是好测量、好区分，因此在实际社会调查的操作上被广泛采用。但这样一种阶级界限区分的理论前提，是主张和谐的和整合的社会模型；如果理论前提相反，研究者根本就是主张冲突的模型，那么，体力劳动与非体力劳动的区分就无法解释。如果是主张冲突的理论前提的话，那么马克思主义的那种按照财产权划分阶级的方式就更为适合。

更进一步的分析可以发现，体力劳动与非体力劳动的关系，在两种不同的社会背景下，情况是不一样的。一种是在传统的大工厂的社会背景下，体力劳动与非体力劳动的区分很大程度上还可以反映管理与被管理的对立，因此，还可以应用体力劳动与非体力劳动的阶级模型。但第二次世界大战以后，非体力劳动的队伍急剧扩张，这样就出现了另一种社会背景：新产生的大批中下层白领劳动者，他们与体力劳动者并不存在管理与被管理的关系，体力劳动与非体力劳动的阶级模型在这里失效了。

所以帕金认为，我们应该将体力、非体力的区分看作两种生活机会和机遇（life-chances and opportunities）不相同的群体，而不是传统上那种对立的、统治与被统治关系的阶级群体。帕金不仅不同意现在的群体关系模型是冲突模型，而且认为，连韦伯所说的共同体内的权力分配差异的群体也不是。

那么，怎样看待马克思主义冲突型的区分阶级的界限呢？帕金认为，马克思主义的阶级理论的队伍已经大大分化了，以至于很难说还存在一个马克思主义的阶级理论。比如，有的新马克思主义者用权力、权威区分阶级，实际上是用它来取代财产权的概念。所以，帕金认为，今天的马克思主义已经很难用财产权来区分阶级，比如，为了区分白领雇员内部的差别，就采用高级雇员、中级雇员、低级雇员的说法。这样的区分实际上已经不是马克思主义的概念，已经与韦伯主义走到一起了。

二　社会屏蔽与社会排他理论

社会屏蔽（social closure）是帕金社会分层理论的主要概念。从思想来源看，帕金的社会屏蔽思想来源于韦伯。韦伯是怎样讲社会屏蔽与社会排他的呢？韦伯认为，各个社会集团都试图将获得资源和机会的可能性归属到具有某种资格的小圈子里，社会屏蔽就是为此设定的这样一套资格的程序，符合资格者能够获得最大的收益。于是，集团就必须选择某种社会的或自然的属性，作为排除他人（exclusion）的正当理由。韦伯认为，任何一种集团型属性，比如民族、语言、社会出身、宗教等都可以作为排他的理由，这实际上也是由一部分人垄断了社会的、经济的机会（Parkin，1979：44-45）。

帕金认为，社会排他的一个突出特征是它的合法性，本质上，它是一个社会集团采用合法手段牺牲另一个集团的利益。从这一角度看，任何一种社会分层制度都是社会屏蔽与社会排他。新韦伯主义扩展了马克思的剥削概念，认为，剥削不仅是指资本对剩余价值的占有，任何一种社会排他都可以被定义为剥削；只要是统治集团和从属集团的关系，都可以被视为剥削。资产阶级对无产阶级、基督教徒对天主教徒、白人对黑人、男人对女人的关系都具有剥削的性质（Parkin，1979：46-47）。

帕金进一步分析了资本主义社会屏蔽的特点。历史上所有社会都采用一定形式的社会屏蔽，比如等级制、血统制、贵族制等。资本主义社会屏蔽制度的特点在于，它不采用家庭、血统方面的资格限制，表面上看，它是开放的，在原则上，成员资格的条件对于每个人都是开放的。现代资本主义设计了两种精巧的排他制度，据此保住了资产阶级的利益。第一是财产制度。这涉及一系列关于收益、报酬、经济权力的法律制度，宣布了产权所有者的权利，使得其他人不得占有生产资料及生产资料的成果，将其他群体屏蔽到产权利益之外（Parkin，1979：48）。

第二是专业资格、技术证书制度。帕金认为，在社会屏蔽方面，专业资格、技术证书制度与财产制度具有同样重要的意义。技术证书监控着劳动分工中的关键职位，决定着谁可以进入这些职位，谁不能进入这些职位。在现代资本主义社会，由于白领职业的增长，人们更加重视技术证书的排他性，所以，在决定阶级结构方面，技术证书的功能丝毫不亚于财产制度的功能。帕金认为，社会上流行的所谓"文凭主义"（credentialism）现象，就是极力提高教育证书的地位，用证书来控制劳动分工中的关键位置。所以，所谓专业化本身就是社会屏蔽和社会排他，为某些职业设立门槛，限制进入者的资格和人数，用这样的办法来保障该职业的市场价值（Parkin，1979：48-55）。

帕金又分析了现代资本主义的社会屏蔽与阶级再生产之间的关系。他认为，社会屏蔽也是阶级再生产的一种途径。在任何制度下，处于社会优越位置上的人都会希望他们的子女也保持住同样的地位。不过，具体的做法有区别。有一些制度试图实现世代相传，如老一代统治者通过血统、门第将自己的特权完全传给后代，这是资本主义以前的制度。而现代资本主义不是这样。在现代社会，无论是财产制度还是文凭制度，都不能保证优势代代相传。与传统社会相比，在一个商业迅速发展的社会，财产变化无常，资产阶级不可能保障自己的后代不发生向下流动的现象，也不可能阻止暴发户进入本阶级。有人说，证书是一种文化资本，它可以使阶级优势传递下去。帕金对此表示怀疑，他用数据证明，英国高级专业、管理人员中，其父辈也处于高级专业、管理地位的仅占四分之一，甚至低于父辈是无产者的子弟。

这样就出现两种不同的观点，一种是利用财产制度、证书制度为一代人服务，另一种是试图将地位优势代代传递。资本主义的竞争者是靠自己的竞争实现地位上升的，它不可能停止社会竞争的机器。所以，资本主义表面上反对血统继承，主张个人奋斗，但实际上它也形成了一种阶级再生产的模式：不仅是阶级的再生产，而且是个人主义价值观的再生产。资产阶级的高明之处在于，他们把个人主义的原则进一步延伸，结果产生了一种表面上是个人主义原则的社会屏蔽制度。例如，用笔试制度保证了有产者子女的总体考试水平总是高于工人子女的总体考试水平。个人主义认为，只有允许竞争，只有充分发挥个人天赋能力的社会屏蔽制度才是公正的制度。然而，这种制度建立的结果，仍然是保证了社会优势集团代际上的优势地位（Parkin，1979：60-66）。

三　集体排他与个体排他

于是，帕金比较了两种不同的社会屏蔽制度。一种是集体排他（或集体屏蔽），另一种是个体排他（或个体屏蔽）。所谓"集体排他"
（collectivist exclusion）就是将某些社会群体整体地排斥在资源的享有之外，
比如以种族、民族、宗教作为社会屏蔽的标准。所谓"个体排他"
（individualist exclusion）就是所制定的屏蔽、筛选标准有利于个人竞争，而
并不将某一个身份群体整体地排斥在外。例如，通过考试来选取人才，这
样被选取者和被淘汰者都是以个体形式出现的，并没有一个身份群体被整
体排斥。前面讲的财产屏蔽和文凭证书屏蔽都属于个体排他。帕金认为，
集体排他的结果是产生了一个"共同集团"（communal group），由于这个
共同集团是被整体排斥的，它必然会做出比较激烈的反应，由此常常会激
化社会矛盾。与此相反，个体排他的结果产生的是"分散的身份群体"
（segmental status group）。在个体排他的体制下，每个人都有参与的机会，
一个人之所以被排斥，通常被认为是这个人的能力不够或水平不行。帕金
认为，资本主义社会演变的基本趋势是从集体排他转向个体排他。他说：
政治不满的引擎一向是由集体排他发动的，当社会引入个体排他的机制后，
政治不满的引擎就失去了燃料。帕金进一步用这个理论解释了当代西方社
会实现社会稳定的原因（Parkin，1979：68-70）。

当然，帕金也注意到，当代社会的实际制度，都是"两种排他"的结
合，而不是某一种排他的纯粹类型。帕金对于号称"社会主义"的苏联社
会以及西方资本主义社会进行研究，结果发现，尽管两种社会都标榜说不
问社会出身，主张选拔人才，但实际上，社会屏蔽的结果都是对统治集团
更有利，统治集团的子女更容易实现地位承继，所以，都存在集体排他现
象，尽管他们并不公开承认集体排他。因此，两种社会都成功地利用社会
屏蔽，实现了阶级的再生产。

所以，他认为阶级制度本身就是两种排他的结合。因而，当代的"阶
级"既不是仅仅由于集体排他而产生的"共同集团"，也不仅仅是个体排
他而产生的"分散的身份群体"，而是居于两者之间一种中间状态的群体。
他认为，19世纪早期和中期，由于社会上集体排他比较盛行，当时的无产
阶级受到整体的排斥，因此，更接近于一种"共同集团"。正是这种状况，
造成当时风起云涌的工人阶级运动。而当代资本主义社会，由于集体排他
衰落，个体排他兴起，作为两种排他结合物的阶级，就更接近于"分散的
身份群体"，这正是当代阶级运动衰落的制度原因。

笔者以为，帕金的理论对于我们有很大的启发意义。笔者曾经运用
该理论分析我国的农民工政策（李强，2004b：123~142）。改革以前，

根据我国的户籍制度，农民不能进城打工，而只能待在农村务农，这样的政策当然属于集体排他。改革以后，我们虽然允许农民进城了，但在大城市的户籍上，多数情况下，还是不允许他们正式落户。由于不能够正式落户，他们就不能享有城市居民的诸多社会福利。从这样一种户籍制度的角度看，农民工由于不具有城市的正式户口，他们在整体上就被排斥在城市的正式居民之外。

笔者的研究发现，在我国的户籍上受到集体排他的不仅仅是农民工，在主要的大城市里，由于户籍政策的限制，所有不属于该城市的外来人口、流动人口，都受到了排斥。大城市流动人口中的白领阶层、中上层群体，提出了明确的权利要求。流动人口中的白领阶层要求取消就业中的户籍限制的呼声甚高，流动人口中的企业经营者要求给予企业经营所在城市的正式户籍，等等。在此种呼声之下，政府管理部门也做出了回应。公安部提出，允许各地根据当地情况进行户籍改革实验，实验的基本原则是：当地需要，当地受益，当地负担，当地有效。例如，上海、广州推出"蓝印户口制度"，外来人口取得当地蓝印户籍后，符合在该地生活、工作一定期限就可以申请该市常住户籍；北京市人事部门也对流入人才的户籍管理做出了比以前更为宽松的调整；石家庄、宁波等城市甚至更推出全面放开准入标准的户籍改革。

根据帕金所提出的原理，精英群体被集体排他，必定会激化社会矛盾。解决的办法就只能是从集体排他转为个体排他，这样可以大大缓解社会矛盾。所以，无论是户籍制度还是其他分层制度，我国改革的基本方向都应该是趋向个体排他。当然，制度的变革总要有一个过程，操之过急也不行，通过一种渐进的变革，最终社会可以走向更为稳定与和谐。

四　社会流动与政治安全阀

作为新韦伯主义者，帕金对社会分层研究的基本目标是要寻求社会稳定和政治秩序。他指出，社会的基本事实是，上层地位优越者总是少数，下层总是多数，上层试图控制下层，于是不稳定是必然的。那么怎么办呢？帕金试着这样提出问题：具备什么条件或机制，下层就不造反？传统上，我们说，统治者的基本手法是两种："胡萝卜"和"大棒"。帕金实际上也是这个观点，一方面，靠镇压和强制也可以实现政治秩序；但另一方面，帕金认为，这不是好的解决办法。帕金认为，好的持久的解决办法是，统治者一定要使得管理一个社会财富分布、收入分配的基本原则或规则，看起来合理合法，即使低收入者也认同这样的原则或规则，这就是所谓社会共识（consensus）。实现了社会共识，稳定的政治秩序就可以实现。帕金在他的另一本著作《阶级不平等与政治秩序》中，对这一问题进行了研究。他试图探讨实现稳定的社会根源（social source of stability）（Parkin，1971：48）。

帕金认为，强制和共识是任何社会实现社会控制的两个基本方面，虽然不同的社会两个方面的比例会有所不同。他强调，不要忘记，即使是最讲"仁政"、人权的社会，也少不了采取强制的控制功能。然而，现代社会并不轻易动用强制手段，因为一些巧妙的、温和的社会机制被创造出来维持社会稳定。于是帕金提出了安全阀的概念。他认为，最重要的、具有政治意义的社会安全阀就是社会流动。他认为社会流动就是实现政治稳定的社会根源。

怎样利用社会流动实现社会稳定呢？帕金研究了向上流动的重大政治意义。他指出，粗略地估计，现代西方国家的平均值为，有 1/4～1/3 的出身于体力劳动工人家庭的人，将会流入中产阶级行列（Parkin，1971：49）。向上流动（upward social mobility）的政治含义是什么呢？流动给下层阶级中那些精力旺盛、雄心勃勃的人提供了逃离下层阶级的渠道，于是就减轻了因不平等造成的社会紧张（tensions）。一个人升入中产阶级，意味着他通过个人的努力解决了社会地位低下的问题，这样就削弱了那种试图通过集体活动，解决整体的社会下层阶级命运的努力。上升流动之所以削弱了下层阶级的政治基础，很大程度上是由于它将那些潜在的政治领导人吸收殆尽（Parkin，1971：50）。帕金认为，也不要夸大现有教育制度和就业制度在选拔吸收高才能者方面的作用，实际上，现有制度还远不是充分的人才竞争机制，很多有才能者就没有被选入中产阶级。所以，潜在政治精英不能上升流动的危险性是存在的。

向上流动是一种政治安全阀（political safety-valve）。向上流动常常伴随着政治态度从左翼转向右翼，因为地位的改变常常使人们对自己进行再定义；而且，向上流动的距离越远，个人自我定义地位调整的幅度就越大，比如长距离流动到专业技术和管理型中产阶级的人，其自我地位认同就会与仅仅是短距离流动到普通办公室职员的人完全不同。研究证明，多数的社会流动是短距离的，因此，这些人的社会态度、自我地位认同就不会有太大幅度的变化。体力工人的子女虽然也有向上流动的机会，但流动的距离不是很远，多数仅流入诸如职员、销售人员、商店店员、小学教师等普通白领位置。如果要流入中产阶级专业阶层，他们则需要较长时间的训练和教育，所以不十分普遍。总之，这种短距离的流动，对于工人阶级价值观和社会态度的影响并不很大。而且有研究证明，短距离流入白领中较低层次的出身于工人阶级家庭的人，在一定程度上还持有原来阶级的某些价值观念，也就是说他们很难突然放弃在儿童时代形成的社会观念。所以帕金认为，向上流动进入中产阶级的人与原先就出身于右翼的中产阶级在政治态度上也是有区别的。但这种上升流动也在改变着右翼队伍的社会基础，即由于原先出身于工人阶级家庭的，现在进入白领阶层，并且队伍越来越大，所以，保守主义队伍的基础发生了变化。由于这种变化，英国保守党也就比较容易接受一些体现社会福利和集体主义的社会政策。这些福利政策比较容易得到白领下层群体的支持。所以，阶级分层本身及其政治特征也受到上升流动的影响。总之，地位上升确实可以缓和分层上的对立，可以成为稳定政治秩序的机制（Parkin，1971：51-52）。

那么，向下流动（downward mobility）的社会影响是什么呢？很多工业化国家显示，向下流动的比例高于向上流动的比例。例如，在英国，超过40%的出身于非体力劳动家庭的人会落入体力劳动工人阶级队伍。其他西方国家也显示了相似的情况。整体社会地位的下降，可以被视为政治不稳定的源泉。那些出身于中产阶级，并且已经习惯于该阶级所具有的保障和地位的人，当他们落入社会环境较差的体力工人队伍后，显示出对于该社会制度的疏远。社会指标也显示，与社会地位没有下降的人相比，地位下降的人对于前途更失去信心。但是，从整体上来看，这种不满意的表示一般并不会采取公开的政治形式，至少对社会秩序不会采取敌视、反对的态度。多数国家的调研显示，向下流动并不会改变该人群的政治隶属感。威伦斯基（H. L. Wilensky）发现，在美国，与出身于工人阶级家庭的体力工人相比，向下流入体力工人队伍的人更多还是认为他们自己是中产阶级甚至上层阶级，出身于工人阶级家庭的体力工人中81%认为自己是下层阶级或工人阶级，而向下流动到工人阶级的人群中，此比例仅为46%。英国的研究也证明，那些体力工人，如果他的父亲是白领阶层，则他们更倾向于认为自己是中产阶级，而且他们也期望不久离开工厂工人的职业。利普塞特和戈登对于旧金山的研究也得出了类似结论。这部分人比较抵触工会主义，对向上流动的可能性更多持乐观态度。所以，这种现象很奇怪，向上流动导致政治态度的从左翼转向右翼，而向下流动却并不常常伴随着政治态度的从右翼转向左翼（Parkin，1971：53-54）。

为什么会是这样呢？帕金认为，这与人们的心理特征有关。向下流动以后，人们心理上还不承认地位低下的局面，还在心理上存有希望，还不太愿意抛弃他们过去的政治认同。地位下降造成一个人的自我与其真实社会地位之间的冲突，为了减轻心理上的这种冲突，人们常常自认为这种下降只是暂时的，总认为地位最终会得到恢复。所以，下降流动的社会后果，并没有像有些人原先预想的那样，会对社会分层秩序产生重大威胁。其中一个原因还在于，那些原来是中产阶级的成员，他们历来接受的是个体主义的社会化，而不是集体主义的社会化，因此他们对于地位下降的反应，也往往是采取个体的、个人自我调整的应对方式，而不是求助于集体的、共同的行动（Parkin，1971：54）。

五　社会文化缓冲带

在对社会流动做出详细分析以后，帕金提出了"社会文化缓冲带"（a social and cultural "buffer zone"）的理论。他认为，在中产阶级与工人阶级之间存在一个"社会文化缓冲带"，这个缓冲带是由大量低层白领职业群体构成的。他认为，大量社会流动是围绕缓冲带进行的，最上层阶级与最下层阶级之间的流动很少见，因为两极之间距离太远、流动困难，而流入和流出缓冲带的阶级流动要更容易一些。上文对西方社会的研究已经证明，社会流动多数是短距离的，也就是说，流动不管是上升还是下降，都会先进入这个缓冲带。

帕金认为，缓冲带具有重要的社会稳定功能。由于有了这个缓冲带，社会流动就不会引发明显的社会不适应问题（adjustment problem）。比如，出身于工人阶级家庭的人，向上流动，进入中产阶级下层的缓冲带。在这个缓冲带里，他们的行为模式、所认同的社会符号，就不会与周围有太大差距。他们就不会显得很不适应，就不会有外来感。所以，大量所谓社会流动，只不过是边缘阶层进出缓冲带的流动，是同一个家庭两代人之间发生的边缘地位的流动。

如果父母向下的流动所失去的地盘能够通过子女的成功又重新获得，那么父母社会地位下降的感觉就会有所减轻。研究证明，由于他们子女地位又上升了，那些地位下降的父母心理上得到很大满足。这些向下流动以后，又在下一代具有上升能力的家庭，不仅反映了很多的阶级交换，而且减轻了地位下降所造成的心理紧张。所以，要将两代人的流动综合起来看，一代人的损失通过另一代人得到补偿，也可以起到缓冲作用。

阶级之间的流动也可以带来原来阶级的文化，这也是一种文化缓冲。研究显示，那些家庭里曾经有过中产阶级经历的工人阶级的孩子，比那些家庭里没有过中产阶级经历的工人阶级的孩子，在学校里的学习表现要好得多。那些出身于中产阶级但是嫁给工人阶级的妇女，她们在促进该家庭子女学习上进方面起了很大作用。科恩（Elizabeth Cohen）对美国工人阶级家庭的中学生的研究表明，如果母亲曾经是白领家庭出身，那么孩子中有 80% 能上大学，而如果母亲是工人阶级家庭出身，则孩子只有 42% 能上大学。既然受教育水平与职业成就之间有十分密切的关系，那么，这个数据就可以证明那些母亲曾经是中产阶级出身，后来下降流动到工人阶级家庭，其子女具有明显高的上升流动的潜在动力。对此，还可以找到更为直接的证据。杰克逊与马斯登（Jackson and Marsden，1962）的研究证明，那些通过取得教育成就而流入非体力职业的工人阶级子女，大多是或者有父母出身于中产阶级家庭，或者父母处在工人阶级与中产阶级边缘位置，而不是出身于那种典型的、传统的工人阶级家庭（Parkin，1971：56-57）。

各阶级的向下流动，由于受到上述因素的制约，社会紧张就得到很大的缓和，因此就可以避免造成严重的政治后果。所以，帕金的缓冲带理论是在解释，为什么西方国家大量的下降社会流动并没有产生危及整个社会体制的政治后果。

帕金认为，专业和管理阶层中产阶级及其子女在下降流动中会比下层白领职业成员受到更大的文化震惊。对于体力工人的生活方式、工作经历、报酬水平，那些已经习惯于中产阶级特殊地位的人，显然需要做出很大的适应调整。在工业社会中，有时确实会发生这种类型的长距离地位下降流动。但在绝大多数情况下，专业技术中产阶级家庭能够保证他们的子女承继某种白领地位。这里所说的承继更多不是指继承私有财产，而是指通过提供给子女较好的教育、较好的家庭环境而有助于子女的成功。目前，对于中产阶级上层家庭下降到体力工人队伍的研究还很不够，但一些事例证明，那些长距离下降流动的家庭往往存在具体的弱势原因，比如精神疾病、残疾、个人人格问题等，常常是这些特殊的原因使他们被淘汰。此外，在富裕的西方社会也出现过出身很好的年轻人自动放弃中产阶级地位的现象，但这毕竟是极少数。

当然，长距离下降流动，除了上述所说的个人病理、自动放弃等原因外，也不排除竞争淘汰方面的原因。那些出身于富有阶级家庭的子女，当然也会有人由于能力较弱而落入报酬很低的体力劳动者行列，但其比例十分小。由于上层阶级子女所获得的在文化、教育、环境方面的优越条件，即便是最为愚钝的人，他们也可以得到大量的知识、重要的社会技能，从而使得他们比较容易适应白领的工作。所以，较高家庭地位出身的人，即便是下降，也会有很多缓冲的因素（Parkin，1971：57-58）。

总之，长距离下降流动不是主流，主流是进入临近的阶级，而"社会文化缓冲带"大大缓解了社会紧张和社会不适应。这就是西方社会得以稳定的重要原因。

笔者以为，帕金的"社会文化缓冲带"理论，对于中国也有重要意义。中国目前处在改革与社会巨变的时代，社会流动规模扩大，速度加快。上升流动和下降流动频繁发生。地位上升固然是好事，但一部分人的地位上升，比如迅速富裕起来，也会导致其他群体的地位相对下降。而且在这一时期，地位下降也并不少见，比如，20世纪90年代中后期大批城市职工失业下岗、城市存在相对和绝对贫困人员等。传统上，对于地位下降，人们集中于探讨它所造成的社会动荡、社会不稳定、社会矛盾、社会冲突，而帕金却提出这样一个命题：下降流动也可以因为缓冲带的机制而转化为社会稳定。这是一个很好的思路，沿着这个思路考虑，我国当前可以探讨的具有中国特色的"缓冲带"机制有哪些呢？

笔者以为，一方面，我国部分城乡居民确实出现了地位下降的情况，但另一方面，从历史的纵向比较看，我国当前还是比较好的发展时期，还属于"大治"之世，与"文化大革命"的"大乱"之世形成鲜明对照。从社会流动的角度看，有哪些机制起到了缓冲带的作用呢？笔者试列出如下几种。

第一，基层组织"缓冲带"。中国是组织资源最为发达的社会。改革以前的计划经济时代，我们曾利用层级管理的组织体系，甚至在很大程度上取代了市场，通过组织管理和票证制度，将物质资源配置到每一个个人。当然，这样一种人为配置资源的做法扼杀了个人的积极性，一般被视为计划经济的严重弊端。但如果从社会资源的角度看，这又确实是一种极为强大的组织资源。长期以来，我们通过这套组织资源实现了极为罕见的社会动员。改革以后，从表面上看，层级的组织管理体系有所弱化，但2003年对于突发"非典"危机的处理以及2020年以来对新冠肺炎疫情的治理都证明，即使在市场转型以后，我国的组织资源仍然是极为强大和有效的。既然是强大有效的资源，我们就应该充分发挥它的效能。目前，在社会转型中，与老百姓联系最为密切的组织资源是城市里的街道、社区居委会，农村的村委会等。单从城市的社区居委会的工作看，近年来，它在辅助城市弱势群体，实施城市最低生活保障线，照顾老弱病残，建立城市社区医疗保障体系，协助城市失业下岗人员再就业，解决家庭困难、纠纷与矛盾等方面，发挥了重要的缓冲带功能。在全世界，能够像中国这样，通过极为庞大的基层层级——街道、社区居委会组织体系实现社会救助、社会帮助的，确实不多见。所以，这应被看作具有中国特色的缓冲带。

第二，传统单位体制的"缓冲带"功能。近来关于单位制的探讨大多集中在市场转型时期单位制的变迁和衰落方面，而对市场转型中单位制为缓和社会矛盾继续发挥功能方面关注得不够。其实，即使在 20 世纪 90 年代中后期国有企业转制，失业、下岗、离岗、内退等人员激增的时期，单位制还是在发挥作用的。下岗、离岗、内退等人员在很长一段时间里，仍然与单位保持一定的联系，不少单位在不同程度上为曾经工作过的职工提供了一些福利。90 年代中后期，单位房屋体制改革将原属于单位的住房用比较低的价格卖给了职工，因此最近的数据显示，中国城市居民住房的自有率在全世界位居前茅，而居民拥有住房的主要渠道就是"单位房改"。调查显示，多数城市居民拥有自己的住房是来自"单位房改"，而拥有自己的住房成为社会稳定的重要原因，所以，"单位房改"实际上也起到了社会缓冲的功能。

第三，政治身份群体"缓冲带"。在我国 20 世纪 90 年代中后期城市体制大转轨中，随着大批国有企业的转制，很多原来处在中间阶层地位上的国企职工经济地位明显下降。但是，这也分为不同情况，其中的某些群体，特别是具有传统优秀政治身份的群体，在不同程度上得到了一些社会照顾和福利。比如，市级以上的劳动模范、革命伤残人员、军属、烈属等受到一些政策的保护，这缓解了他们的一些危机。

第四，社会保障机制起到了缓冲带的功能。20 世纪 90 年代以来，针对城市里出现的地位下降群体或新的贫困层，国家逐步建立了一系列社会保障机制。比如，城市最低生活保障线，即对城市居民中的贫困阶层给予经济上的帮助。又比如，针对失业下岗，各个城市均建立了多种再就业机制，一些城市提出防止"零就业家庭"的出现，即保证家庭中至少有一人就业。再比如，在城乡居民中建立"广覆盖"的医疗保障机制等。

第五，子女地位上升对父母地位下降的补偿功能。帕金的研究证明，在西方国家，一代人的地位下降，可以从另一代人的地位上升中得到补偿。在我国，这种现象也很突出。改革以来，由于产业更替很快，很多中老年群体的技术被淘汰了，他们出现了明显的地位下降状况，但是，新生代由于受教育水平高、掌握新技术的速度快，所以，出现了某些新生代地位迅速上升的现象。笔者曾将此种现象称为"中国中等阶层的代际更替"（李强，1999），即认为改革以前的国有企业职工层在我国当时的社会中是类似于中产的阶层，改革以后大部分衰落了，随着国有企业的解体而地位明显下降，但是，年青的一代却迅速成长起来，所以，家庭中工作不久的孩子收入明显超过父亲和母亲的现象比较普遍。这里面有明显的代际补偿，这也是一种重要的社会缓冲现象。

第六，家庭内部的经济互助，这是最具有中国特色的社会缓冲机制。改革以来，我国同一家庭内部成员的上升和下降流动是很不一样的。常常出现同一家庭，兄弟姐妹之间，有的人迅速致富，有的人失业下岗。在多数西方国家，兄弟姐妹之间很少有经济往来，因此也就缺少一种缓冲机制。而笔者的研究证明，在我国，家庭内部的经济互助、金钱帮助十分普遍。家庭中一个成员富起来了，父母就会出面调解，让兄弟姐妹之间能够互相帮助。这种家庭成员之间的互助使得下降流动的成员得到了经济补偿，缓解了他们的危机，这是一种特殊的缓冲带机制。

总之，下降流动是任何一个社会都无法避免的。虽然好的社会体制应该能提供更多的上升流动机会，但是，如果发生了下降流动，也并不可怕。上面的分析就说明，很多因素可以起到缓冲作用，可以起到补偿作用。

第三节　洛克伍德的分层思想

大卫·洛克伍德是社会分层研究的老前辈。他出生于 1929 年，在英国有名的中学 Honley Grammar School 受的中等教育，后来在伦敦政治经济学院得到学士学位，1957 年在这里获得博士学位。在伦敦政治经济学院读博士期间他已经开始做助理讲师，获得博士学位后成为正式讲师。一年以后，1958 年，他获得洛克菲勒奖学金到美国加州大学伯克利分校访问一年。1960~1968 年，他受聘在英国剑桥大学四大学院之一的圣约翰学院（St. John's College）任讲师；其间，于 1966~1967 年到美国哥伦比亚大学社会学系做访问教授。1968 年后到英国 Essex 大学任教授，后来一直做到该校的校长；其间，曾于 1973~1976 年任英国社会科学委员会委员。洛克伍德的著述甚多，最主要的著作有两部。一部是 1958 年发表的《职员》一书，该书的副标题是"对于阶级意识的研究"，可见他延续了自马克思、韦伯以来的阶级研究的主题。这本书奠定了他韦伯主义立场的社会分层基础理论。另一部是 1968~1969 年陆续发表的三卷本大部头著作《阶级结构中的富裕工人》（*The Affluent Worker in the Class Structure*），继续探讨发达资本主义社会中经济地位大大改善后的工人的意识与社会态度。后一部书是与戈德索普合作完成的，戈德索普当时与洛克伍德同在剑桥大学教书，后来他成为韦伯主义阶级测量方法和阶级分类标准的创立者。这些将在本书第七讲中介绍。

一 将阶级地位与阶级意识的关系作为研究主题

这个主题源自马克思主义的争论。马克思预言，随着资本主义的发展，雇佣工人阶级必然会从自在阶级走向自为阶级，阶级意识与阶级地位最终会走向一致。但是，从实际历程看，这种不一致却长期存在。洛克伍德认为，马克思在论述阶级地位与阶级意识问题上存在基本矛盾。洛克伍德选择了以一个人数迅速增长的雇佣劳动阶层——职员为例。为什么选择职员呢？他指出，半个多世纪以来，职员人数的迅速增长超过其他任何职业集团。对于英国的工会来说，它已经无法忽视这样一个巨大的社会集团了（Lockwood，1989：13）。职员处在一种很特殊的社会地位上，可以说是一种边缘的地位，它也是工人阶级向上流动的一个主要渠道。职员的地位很具有典型意义，一方面，职员处在雇佣劳动者的位置上，与体力工人属于同一类型的受雇劳动者；另一方面，他们的意识和社会态度却又有很大不同。

那么怎样研究职员的阶级意识呢？他认为，就是研究那些影响着职员，使他们产生与体力工人认同（identification）或不认同（alienation）感觉的因素。

很明显，职员的阶级地位是与生产资料所有权相分离的，他们出卖劳动力是雇佣劳动者，但他们在意识上完全不同于工人阶级。这是为什么呢？

从历史上看，职员的政治表现一直大大区别于工人阶级。从 1871 年英国通过承认工人罢工合法的《工会法案》以后，一直到第二次世界大战，职员阶层对工会运动始终不感兴趣。这样，人们就常常用"虚假的意识"

（false consciousness）来描述职员的表现。

怎样解释这种奇怪的现象呢？通常的解释是，同样的一种经济地位可以产生不同的思想。洛克伍德认为，这种解释不准确，这种不准确首先表现在空泛的阶级定义上。他认为，应该对职员的地位做出实证的研究，对他们实际的地位做出细致的考察，而不要仅仅根据一种空泛的"无产"或"受雇佣"概念就认定他们的社会地位。于是，在实证研究的基础上，洛克伍德提出了一种新的关于阶级地位的定义。他认为，按照这种关于阶级地位的新定义就可以比较，在工业发展的不同阶段，职员与体力劳动工人在多大程度上具有相同的地位，在多大程度上具有不同的地位。

洛克伍德认为，所谓阶级地位，是由三个方面构成的。第一方面是市场地位（market situation），狭义上是指经济地位，主要是指经济收入，也包括经济机会和所有福利型的经济指标。第二方面是工作地位（work situation），是指一套社会关系，在这些关系中，个人的地位由他在劳动分工中的地位所决定。第三方面是身份地位（status situation），或者说是个人在全社会声望等级体系中的地位，包括社会地位、出身、教育地位、通婚情况。

洛克伍德的所谓身份地位，很明显是来自韦伯，而他的工作地位则比较接近于马克思所理解的"阶级地位"。至于市场地位，应该说，主要是来自韦伯的观点，尽管在细节上它与韦伯的市场地位有些差异。

洛克伍德考察了大规模产业化以前公司职员发展的历史。在现代化的公司产生以前，企业的规模比较小，职员的劳动分工也不发达，办公室的工作也就是管理一些账目；要求职员具备的才能不是很专门，因为什么样的工作都需要做，但基本上是管理文件、起草文件的秘书工作。职员与雇主之间的关系比较密切，建立了私人关系。他们的职位具有不可替代性。职员需要具备的是商人的才能。由于与雇主之间有密切的关系，所以职员容易受到提拔。职员的收入没有一个固定的标准，因人而异。那时候职员的很多工作，在今天属于经理的工作。当然，洛克伍德也指出，这个时期的职员也分为两个不同的阶级，一个是银行、保险业职员以及政府公务员等，他们是真正的中产阶级；另一部分则是职员下层，与技术工人的地位相近，他们在经济上称不上是中产阶级，虽然他们很想进入中产阶级。

接着，洛克伍德考察了现代公司、现代办公室产生后职员的情况。由于现代企业组织的发展，职员在劳动力中的人数激增。以英国为例，职员在总体劳动力中的比例，1851 年仅占 0.8%，1901 年为 4.0%，1951 年则为 10.5%（Lockwood，1989：36）。职员的性别比例也发生很大变化，历史上，1851 年职员几乎都是男性，女性只占 0.1%；而到 1951 年，女性在职员中所占比例已经上升到 59.6%。

办公室自动化的发展改变了职员的劳动方式，该方式更像一种机械化的方式。普遍教育水平的提高，使得职员的潜在队伍不断扩大，打破了职员阶层的垄断性。

于是洛克伍德开始研究，在现代办公室的条件下，职员的三种地位究竟发生了什么变化？变成了什么样子？

洛克伍德指出，研究这些变化的目的，是想说明职员的这些变化与他们阶级意识的发展是有关系的。

二　职员的市场地位

洛克伍德对市场地位的解释要更为详细。他主要测量了三个指标，一是收入的来源与多少，二是职业的保障性，三是向上层职业流动的机会。他收集了大量关于英国职员收入的数据及其与体力工人相比较的数据。通过考察第一次世界大战以前、第一次世界大战期间、第一次世界大战与第二次世界大战期间、第二次世界大战以后这样几个阶段，他指出，总的趋势是收入差距缩小了。在比较职业的保障方面，在养老金上，职员比体力劳动者要好些。比如，"二战"后的英国，非休力劳动者的 40% 和体力劳动者的 21% 享受到了养老金（Lockwood，1989：55）。

洛克伍德认为，传统上，人们以为体力工人与职员有着相同的市场地位，因此不能理解他们在阶级意识上的重大差异。传统观点之所以不能分辨两者的市场地位差异，是因为它仅仅将所谓"有产"和"无产"作为划分阶级的标准。而洛克伍德证明，所有进入无产状态和雇佣劳动者状态的社会阶层，完全可能处在不同的市场地位上。所以，对无产阶层进行考察时，一定要注意他们的不同群体在市场地位上的重大差异。所以，洛克伍德认为，意识上的差别不过是一种现象，更为核心的是这些群体在市场地位上就是不同的。以往的误解在于仅仅关注表现出来的意识的不同，而忽视了作为客观的市场地位的不同。发生误解的原因在于过于笼统地使用"有产"和"无产"的概念，定义十分粗泛，而没有认真分析市场地位的细节。

虽然职员与体力工人表面上一样都不占有生产资料，但从他们的收入看，从职业保障看，从职业流动机会看，他们与体力工人是完全不同的。作为一个集团，职员比体力工人更具有如下物质利益。第一，洛克伍德认为，在他所考察的绝大部分历史时期内，职员比体力工人获得了更多的收入，历史上给他们较高的薪金是因为职员稀缺，今天还给他们较高薪金是因为他们的地位特殊，他们的忠诚对于企业特别重要。所以，他们的较高薪金是因为他们的特殊地位。所以，决定他们收入的原则与决定体力工人工资的原则是不一样的。第二，职员比体力工人享有更高的职业保障，这种保障虽然还没有成为像财产权那样的独立因素，但也是社会地位的重要选项。洛克伍德认为这是体力工作与非体力工作在市场地位上的最大不同。第三，职员有更多上升流动的机会，可以流动到管理、监督的位置上。第四，职员市场地位的特殊性，还应包括享有退休金、养老金，以及办公室工作的优势：干净、舒适、劳动时间短、带薪假日等。所有这些均应被视为经济上的好处。这些经济上的好处或市场地位的好处历来是职员地位优越的体现。虽然在大家工薪普遍上升时期和充分就业时期，这些好处有时并不明显，但它们确实可以解释职员阶层在社会态度、意识形态方面的差异（Lockwood，1989：202-204）。

三　职员的工作地位

市场地位强调的是物质利益指标，但是，显示地位的还有很多非物质的社会关系指标。洛克伍德所说的工作地位就是后一类指标，指的是劳动者在就业中的关系。人们对于这种关系、位置的满意或不满意也是十分重要的。在现代社会中，人们的首要地位是职业地位，塑造个人心理状态最重要的社会条件来源于生产、管理、分配的组织之中。由于现存的分工体系，每一个雇员都被置于一种无法逃避的关系之中，与其他雇员处于或者是监督、或者是管理、或者是客户的关系中。工作地位涉及就业者个人的分离与集中，与他人的一致或不一致造成孤立、敌对或团结的感觉。

对于现代工厂里体力劳动工人的工作地位，人们已经有过很多研究。马克思正是根据对这些工作条件的分析提出了工厂工人的社会特征。洛克伍德同意这些分析，他也认为，现代工业企业的工作地位是比较容易将阶级的对抗扩大到最大程度的。工厂工人的这些工作地位因素包括：工人与资本家的相互之间不接触、隔离与社会疏远，工人们的集中劳动，工人们相互之间的地位相近。机械化生产的精确性、计量性、合理性促进了管理者与工人之间的非人格关系。这种关系在工厂以外也被再生产出来。洛克伍德认为，这些因素比较容易造成阶级之间的对抗、分裂（Lockwood，1989：205-206）。

如果将上述体力工人的这些因素与职员的工作地位比较的话，会发现两者完全不同。那么职员的工作地位特点是什么呢？

第一，工作的单元比较小，规模不大，比较分散；在办公室里与雇主有私人的交往，关系比较密切，容易建立个人关系，反而与工人疏远。工作的个人化比较突出，工作环境有利于促进个人奋斗。

第二，办公室内部的劳动分工、部门级别的设立，比较容易导致职员内部分化，分隔成小的群体，这样职员个人与资方比较容易形成私人的接触和私人关系。

第三，职员个人的技术水平、资格很难形成统一标准，所以，职员工作的劳动力市场化发展也比较缓慢。所以，职员提升并无统一标准，多是由个人任命提升的。

第四，职员办公室工作的机械化，与一般工厂的机械化有很大区别。

洛克伍德进一步指出，现代办公室也需要区分两种不同情况：一种是"家长制"仍然盛行，另一种是现代"科层制"已经形成。先看第一种情况。在这里，一般是办公室规模很小，办公室内部的分层还只是一些非正式的地位差别，还没有形成任何制度化的提升渠道，等级报酬标准也是非制度化的。这些说明劳动市场上还只是个人关系和特殊主义（particularism），这些均阻碍了职业共同意识的发展，阻碍着集体行动（Lockwood，1989：207）。再看第二种情况。在这里，办公室的规模比较大，形成了严格的等级制度，向上流动有了障碍，因此更容易形成水平流动，产生非人格的和标准化的工作关系。这种工作地位，比较有利于职员产生集体的、相互倚赖的感觉，这种感觉是一致行动的先决条件。洛克伍德指出，即使在第二种情况下，即使在这种容易产生集体意识的工作地位中，物质上的分化和社会的分化仍然是职员与体力工人之间的一道障碍，使得他们相互之间并不认同。他们之间的社会距离感主要起源于他们与当权者的关系不同，由于这种不同，他们两个群体之间处于相互不满和敌视的状态。

由此，洛克伍德提出了他的论断：在职员的阶级意识形成过程中，工作地位起到了极为重要的作用。洛克伍德专门分析了阶级意识是怎样起源的，他认为，阶级意识起源于两个相互关联却又各自独立的过程：第一是雇主与雇员之间利益分化的意识，第二是雇员中利益共同体形成的意识。

只有当个人对立的意识发展成、构成集体的对立和团结意识时才可以说是阶级的意识。看来，使职员与体力工人意识不同的、起到决定作用的不是无产、受雇佣的市场地位，而是他们不同的工作地位。

因此，同样是无财产的市场地位，却可以包含多种多样的不同工作地位。洛克伍德认为，阶级地位由三种地位构成，三者缺一不可。所以，尽管职员与体力工人都处在受雇佣、无产的市场地位上，但他们的工作地位很不相同，因而他们的阶级地位是不同的（Lockwood，1989：208）。

四 职员的身份地位

洛克伍德接着又说明了身份地位对于职员阶级意识的影响。他与韦伯的看法一样，认为身份属于主观声望等级评价体系，是人们对相互之间行为的一种价值判断。表面看来，阶级注重客观，身份注重主观，阶级注重实际利益，身份注重价值观念，似乎两者距离很大，洛克伍德认为实际并不是这样。他认为，统治阶级从来都是给与自己联系最为密切的那些品质、活动赋予最高的价值评价和声望，从而使自己的地位合法化。在现代工业社会中，作为身份地位基础的、占统治地位的价值观是企业家、专业技术阶层以及中产阶级的价值观。具有最广泛影响的声望标准是，个人的职业成就越高，社会声望就越高。在这里，职业是核心，职业所需要的教育、收入和所担负的职责，也就成了个人社会地位最主要的决定因素。更进一步引申，于是，与非体力劳动相结合的要素，如办公室、白领、洁净的工作场所等也就变成决定人的社会位置的重要因素。

洛克伍德指出，他之所以使用占统治地位的价值观这样的说法，是因为，只要阶级冲突存在，就永远不存在完全一致的身份标准。在英国，虽然中产阶级的价值观念受到很多人的尊崇，但身份意识比较强的土地贵族就完全拒绝中产阶级的观念。所以，阶级分化实际上制约了占统治地位的价值观的影响范围。

而身份差别的不同状况，既可以强化阶级意识，也可以缓和阶级意识。先看强化阶级意识的例子。在欧洲国家，体力劳动和非体力劳动的身份差异十分突出，其结果是强化了工人阶级与中产阶级对立的意识。作为对比，在美国，身份差别不很严格，体力劳动不但没有背上恶名，反而被人们看重，这样一种社会价值观的结果是淡化了体力劳动工人的阶级意识。所以，对于美国为什么没有强大的工人运动有多种解释，洛克伍德试图从身份地位淡化的角度来说明阶级矛盾缓和的原因。

身份影响阶级意识的另一个例子，表现在那些与中产阶级接近的或可以说是处在中产阶级边缘位置的工人身上。这些人可能原来出身于中产阶级，也可能是希望他们的子女可以上升到中产阶级。他们总是试图表现出中产阶级的价值观、社会态度，例如尽力保持小的家庭规模、重视教育、强调声望，他们总是表现出个人主义的文化，而不是工人的那种集体主义的文化。他们通过个人行动而不是集体行动来求得个人地位的上升，所以，他们对于身份地位的渴望削弱了他们的阶级意识（Lockwood，1989：210）。

总之，身份对于阶级意识的影响证明，不仅在职员身上，而且在所有阶级地位上都可以找到社会声望、社会地位的印记。所以，阶级分化并不简单就是利益分化，而且也与上流社会或下层社会的观念密不可分。体力劳动与非体力劳动的区分，提供了一道清楚的界线。这种区分覆盖了众多领域，包括可以对比的收入、保障、提升机会、权威、教育等方面，所以，也就成了现成的身份分界线。职员与体力工人的这种身份鸿沟，其影响不亚于经济地位和工作地位的作用。

那么，怎样看待办公室科层化以来的新变化呢？洛克伍德认为，半个世纪以来的变迁，并没有完全排斥非体力工作的传统优势，职员虽然失去了中产阶级的一些身份，但并不意味着就获得了工人阶级的身份。所以，洛克伍德还是认为，职员与工人的身份差异是主要方面。

最后让我们来总结一下洛克伍德关于阶级地位与阶级意识关系的观点。洛克伍德认为，一个社会阶层的社会态度、阶级意识完全可以从他们的阶级地位上找到根据。那么，怎么理解，同样是雇佣劳动阶级，职员与体力工人在意识形态上有重大差异的现象呢？洛克伍德认为，仅仅根据生产资料的占有与否以及与生产资料的关系来划分阶级，那是太简单化了。那种认为某一个阶层或某些人的态度、行为偏离了他们阶级地位的说法，是简单地贴上"无产"标签的方式造成的。如果将阶级的概念不简单地拘泥于与生产资料的关系，而是扩大为洛克伍德所说的三个方面，那么，我们就可以清楚地看到，职员的阶级意识与他们的地位是完全一致的。所以，传统的意识与地位偏离论，是因为观察太粗泛。如果考察地位的细节，特别是如果分为市场地位、工作地位、身份地位三个方面考察地位的细节，那么就可以发现地位与态度、意识之间的真实关系（Lockwood，1989：212-213）。

五　洛克伍德的职员地位理论与我国知识分子的阶级地位问题

洛克伍德将阶级的概念区分为三个维度，即经济的、劳动关系的和社会声望的，这有些像韦伯社会分层的三元标准。洛克伍德的贡献在于解释三个维度与阶级意识、社会态度的关系。他的研究发现，人们社会态度、社会意识、阶级意识的状况，总是能够从人们的三维地位上找到原因。这应该说是合乎逻辑的。以往理论确实有这样一种困惑，即不能解释为什么阶级意识与阶级地位可以不一致。洛克伍德解释说，那是因为探究不细，如果细心探究的话，当然可以找到依据。

在中国，一个长期困惑人们地位与意识关系的问题，就是知识分子的阶级地位与阶级意识的问题。知识分子的阶级地位与阶级意识的关系在两个方面与洛克伍德所分析的职员的地位与意识，有相似之处。第一方面，中国知识分子的阶级归属，即知识分子究竟属于哪个阶级，一直有不同意见和争论。第二方面，对于知识分子的阶级地位与他们的意识、社会态度之间的关系，传统上认为，知识分子，仅凭他们的经济地位不足以解释其社会意识、社会态度。而且，中国知识分子的阶级地位与阶级意识的关系，恐怕比洛克伍德阐述的职员地位与意识的关系还要复杂。这里面牵扯了很多政治因素。

在此有必要分析一下我国知识分子的阶级地位问题的各派观点，主要有三种说法。其一，资产阶级知识分子论；其二，认为我国知识分子多数属于小资产阶级；其三，认为属于劳动人民，或者认为属于工人阶级。前两种说法都是源于毛泽东的观点。

毛泽东在他的名著《中国社会各阶级的分析》中，将中国知识分子的多数归于小资产阶级。他说：当时，中国知识分子的多数是小知识阶层，即学生、中小学教员、小员司、小事务员、小律师等，他们属于小资产阶级。为什么要这样归属呢？后来，他在1939年12月发表的《中国革命和中国共产党》一文中解释说："知识分子和青年学生并不是一个阶级或阶层。但是从他们的家庭出身看，从他们的生活条件看，从他们的政治立场看，现代中国知识分子和青年学生的多数是可以归入小资产阶级范畴的。"（毛泽东，1969a：604）这样，毛泽东提出了知识分子阶级归属的三因素观点，第一是家庭出身，第二是生活条件，第三是政治立场。用一个人的家庭出身，而不是一个人自己的经济地位来决定其阶级地位，确实有"血统论"之嫌。当然，考虑到 1939 年的中国，刚刚从封建社会过渡到半封建社会，根深蒂固的封建式家庭关系和宗法制度还笼罩着整个社会，所以，强调一个人的经济地位与家庭的经济密不可分，还算是有一点道理吧。然而到了 1957 年以后，甚至到了 20 世纪 60～70 年代，如果还是认为家庭出身决定阶级地位，那就不合适了。第二个要素是生活条件，这是指经济方面。这当然是决定阶级地位的要素之一，生活条件有些类似于韦伯或洛克伍德的市场条件。然而，在这里，毛泽东的理论忽略了工作条件或工作地位。第三个要素是政治立场，应该是阶级地位决定政治立场而不是相反。这种观点后来更发展为主观思想可以决定阶级地位，在政治上造成了惨痛的教训。

洛克伍德研究的主题是阶级地位与阶级意识的关系，他是这个领域的大家。洛克伍德从来都是将阶级地位与意识形态、社会态度分得很清楚。他发现职员的阶级地位与职员的意识形态、社会态度有很大的一致性，而不是像以往说得那样是不一致的。他认为，这种一致性的原因在于，职员的阶级地位影响了他们的意识形态和社会态度而不是相反。

关于中国知识分子的多数属于劳动人民，以及属于工人阶级一部分的说法，可以从 1949 年以来的多种官方文献中发现。最早提出这一观点的是刘少奇同志。1949 年 4 月 25 日，刘少奇在天津的一次讲话中说：国营企业中的职员，在马克思主义者看来，是无产阶级中的一个特殊阶层，是整个工人阶级中的一部分（贾春增，1996：157）。当然，刘少奇当时讲话的范围有限，影响面并很不大，所以，一般社会上很少知道他的这一观点。对全社会影响比较大的是周恩来总理的报告。他在 1956 年 1 月 14 日中央召开的知识分子会议上，作了《关于知识分子问题的报告》；他在报告中提出：我国知识分子"他们中间的绝大部分已经成为国家工作人员，已经为社会主义服务，已经是工人阶级的一部分"（周恩来，1984：188）。1962 年 1～2 月中央的"七千人大会"以后，周恩来总理在 3 月的关于文艺工作的广州会议上，作了《论知识分子问题》的报告，提出知识分子属于劳动阶层的观点（贾春增，1996：166）。紧接着，在 3～4 月召开的全国人大二届三次会议上，周恩来总理在政府工作报告中明确提出：知识分子中的绝大多数，"毫无疑问，他们是属于劳动人民的知识分子。我们应该信任他们，关心他们，使他们很好地为社会主义服务。如果还把他们看作是资产阶级知识分子，显然是不对的"（周恩来，1984：426）。不过，此后形势发生很大变化，"文化大革命"中知识分子的多数又重新被定性为资产阶级。1978 年 3 月，邓小平同志在全国科学大会开幕式上讲话，重新提出我国知识分子的绝大多数"已经是工人阶级自己的一部分"（邓小平，1994：89），这是重新回到周恩来、刘少奇的观点。此后，中国共产党所有关于知识分子的文件都始终坚持这一观点。

怎样看待知识分子是工人阶级一部分的观点呢？应该说，这样的提法更多是出于政治上的考虑。我国宪法强调工人阶级是领导阶级，所以，讲知识分子是工人阶级一部分，是中国共产党在理论上肯定知识分子的地位和作用。在实践上，这样的归属，纠正了过去长期贬低知识分子地位、忽视知识分子作用的错误做法。

今天，知识分子的地位和作用已经得到全社会的认可，已经完全没有贬低知识分子地位、作用的社会环境了。在这样的条件下，我们倒需要仔细考察一下知识分子的实际社会地位。洛克伍德关于职员的分析，给我们提供了一些可以参考的思路。如果采用洛克伍德的分析方法，对知识分子的市场地位、工作地位和身份地位进行细致分析，就会发现，正像洛克伍德描述的职员那样，知识分子与体力劳动工人的地位还是有重要区别的。在今天，认识这种区别也同样具有重要意义。

参考文献

安东尼·吉登斯，1998，《社会的构成：结构化理论大纲》，李康、李猛译，北京：生活·读书·新知三联书店。

戴维·格伦斯基编，2005，《社会分层》（第2版），王俊等译，北京：华夏出版社。

邓小平，1994，《在全国科学大会开幕式上的讲话》，载《邓小平文选》第2卷，北京：人民出版社。

贾春增主编，1996，《知识分子与中国社会变革》，北京：华文出版社。

毛泽东，1969a，《中国革命和中国共产党》，载《毛泽东选集》合订本，北京：人民出版社。

毛泽东，1969b，《中国社会各阶级的分析》，载《毛泽东选集》合订本，北京：人民出版社。

李强，2004a，《当前我国社会分层结构变化的新趋势》，《江苏社会科学》第6期。

李强，2004b，《农民工与中国社会分层》，北京：社会科学文献出版社。

李强，1999，《市场转型与中国中间阶层的代际更替》，《战略与管理》第3期。

李培林、张翼等，2005，《社会冲突与阶级意识：当代中国社会矛盾问题研究》，北京：社会科学文献出版社。

郑曦原、李方惠，2002，《通向未来之路：与吉登斯对话》，成都：四川人民出版社。

周恩来，1984，《关于知识分子问题的报告》，载《周恩来选集》下卷，北京：人民出版社。

周恩来，1984，《周恩来统一战线文选》，北京：人民出版社。

Bourdieu, Pierre. 1996. *Distinction: A Social Critique of the Judgement of Taste.* Cambridge (Massachusetts)：Harvard University Press.

Grusky, David B. edited. 2001. *Social Stratification: Class, Race, and Gender in Sociological Perspective.* Boulder：Westview Press.

Grusky, David B. edited. 1994. *Social Stratification: Class, Race, and Gender in Sociological Perspective.* Boulder：Westview Press.

Giddens, Anthony. 1975. *The Class Structure of the Advanced Societies.* New York：Harper & Row Publishers.

Giddens, Anthony. 1976. *New Rules of Sociological Method.* London：Hutchinson.

Giddens, Anthony. 1977. *Studies in Social and Political Theory.* London：Hutchinson.

Giddens, Anthony. 1979. *Central Problems in Social Theory.* London：Macmillan.

Giddens, Anthony. 1984. *The Constitution of Society.* Cambridge：Polity Press.

Giddens, Anthony. 1990. *The Consequences of Modernity.* Cambridge：Polity Press.

Giddens, Anthony. 1991. *Modernity and Self-Identity: Self and Society in the Late Modern Age.* Cambridge：Polity Press.

Giddens, Anthony. 1994. *Beyond Left and Right: The Future of Radical Politics.* Cambridge：Polity Press.

Giddens, Anthony. 1997. *Sociology.* 3rd edition. Cambridge：Polity Press.

Giddens, Anthony. 1999. *The Third Way: The Renewal of Social Democracy.* Cambridge：Polity Press.

Goldthorpe, J. H. and D. Lockwood. 1963. "Affluence and the British Class Structure." *Sociological Review* 11 (2)：133-163.

Goldthorpe, J. H., D. Lockwood, F. Bechhofer, and J. Platt. 1968a. *The Affluent Worker: Industrial Attitudes and Behaviour.* Cambridge：Cambridge University Press.

Goldthorpe, J. H., D. Lockwood, F. Bechhofer, and J. Platt. 1968b. *The Affluent Worker: Political Attitudes and Behaviour.* Cambridge：Cambridge University Press.

Goldthorpe, J. H., D. Lockwood, F. Bechhofer, and J. Platt. 1969. *The Affluent Worker in the Class Structure.* Cambridge：Cambridge University Press.

Lockwood, David. 1989. *The Blackcoated Worker: A Study in Class Consciousness.* Oxford：Oxford University Press. (First published 1958 by George Allen & Unwin Ltd.)

Lockwood, David. 1975. "Sources of Variation in Working-class Images of Society." In M. Bulmer edited. *Working-class Images of Society.* London：Routledge and Kegan Paul.

Lockwood, David. 1992. *Solidarity and Schism: "The Problem of Disorder" in Durkheimian and Marxist Sociology*. Oxford: Clarendon Press.

Parkin, Frank. 1968. *Middle-Class Radicalism*. Manchester: Manchester University Press.

Parkin, Frank. 1979. *Marxism and Class Theory: A Bourgeois Critique*. New York: Columbia University Press.

Parkin, Frank. 1971. *Class, Inequality and Political Order: Social Stratification and Communist Societies*. London: MacGibbon & Kee Ltd.

Parkin, Frank. edited. 1974. *The Social Analysis of Class Structure*. London: Tavistock.

Jackson, Brian and Dennis Marsden. 1962. *Education and the Working Class*. London.

Wilensky, H. L. and H. Edwards. 1959. "The Skidders: Ideological Adjustments of Downward Mobile Workers." *American Sociological Review*, April.

第五讲
新涂尔干主义与中国的社会整合

本书第二讲在谈到传统分层理论的时候，笔者表述为三个大的派别，即马克思主义分层理论、韦伯分层理论和涂尔干分层理论。第三、四、五讲则分别讲述这三个大的流派在今天的延续。所以，本讲试图阐述涂尔干的分层理论在今日是如何延续的。我们将近年来在国际上流行的，注重从分工和社会整合角度来探讨分层的理论，称为"新涂尔干主义"。

笔者以为，涂尔干和"新涂尔干主义"分层理论，对于中国的社会转型有着特殊的重要意义。我国在社会转型时期遇到的社会解组、社会失范问题，与涂尔干当年遇到的问题颇有相似之处。涂尔干当年为转型中的社会开的药方是：重建社会共同体，实现新的社会整合。以往，我国社会学界对于涂尔干分工思想介绍较多，但对于涂尔干职业共同体思想，以及通过职业共同体实现社会整合的思想重视不够。所以，本讲将介绍新涂尔干主义在这方面的观点。本讲还特别用比较大的篇幅探讨了在中国如何培育职业共同体以及其他社会共同体，以期推进我国新的社会整合。

第一节 新涂尔干主义的分层理论

一 新涂尔干主义的背景及理论传承

如本书第二讲所述，涂尔干关于分层的中心概念是社会整合与职业共同体。新涂尔干主义也沿用了涂尔干的核心概念。

那么，新涂尔干主义是在什么背景下提出他们的理论的呢？格伦斯基与索伦森（Jesper B. Sorensen）对此做了分析。在阶级问题上历来有两大流派：一派主张阶级分析，另一派反对阶级分析。主张阶级分析的通常是左派学者，尤其是到了 20 世纪 60 ~ 70 年代，左派知识分子激烈抨击阶级的不平等，对当时激烈的社会冲突采用阶级分析的模式。一时间，阶级分析的理论颇占上风。比较重要的代表，如普兰查斯、赖特、奥索斯基、卡切迪（G. Carchedi），以及后来的豪特（Michael Hout）等人。但到了 80 ~ 90 年代，随着西方社会步入平稳发展时期，阶级理论的影响明显减弱，就连传统的阶级理论家也不得不承认，阶级的地位下降了。

反对阶级分析的一派认为，阶级概念对于社会学已经没有什么用处。这一派的比较典型的论述，见帕库斯基（Jan Pakulski）和沃特斯（Malcolm Waters）的《阶级的消亡》一书。该书认为，到了 20 世纪 90 年代，随着苏联的解体，冷战的模式逐步退出，"阶级正在失去它的意识形态意义及在政治中的核心地位"，认为左右两派都不再关注阶级问题。该书提出：阶级划分正在失去它不证自明、放诸四海而皆准的特性，阶级认同也受到"新团体"和新社会运动的挑战，阶级激进运动不再是学术沙龙与大学校园里的热门话题（格伦斯基，2005：752）。

该书认为，在不同社会，阶级的强度不一样。在阶级高度成型的社会里，以经济为基础的阶级与社会、文化、政治意识形态密切联系在一起，构成了一个整体。这时候，阶级意识锐化，于是，该社会的政治就被双方都是以阶级为基础的群体或组织的斗争控制。然而，现代发达资本主义社会却不是这样的社会，在这些社会中，阶级强度很弱或正在消解，所以，也可以说这些最发达社会已经不再是阶级社会。该书认为，所谓阶级分析，与一个社会的阶级强度是密切联系在一起的。阶级强度高，阶级分析才有意义，才重要；阶级强度低，甚至很低，阶级分析就很不重要，就失去了意义（Grusky, 2001：867-868）。

当然，该书也指出，他们所说的阶级消亡主要发生在发达资本主义社会，至于在亚、非、拉等政治经济还比较落后的国家，阶级现象仍然很突出。这些社会还处于工业生产比较初级的阶段，因此，还是一种阶级社会（格伦斯基，2005：752）。

正是在这样的关于阶级分析是否失去意义的理论争论背景下，格伦斯基与索伦森独树一帜，提出了第三派观点。他们在《美国社会学季刊》上

发表文章，试图在主张阶级分析与反对阶级分析之间找到第三条出路。他
们既批评了阶级无用论，也批评了阶级维护论。他们提出，不是阶级分析
的任何模式都失去了意义，而只是那种宏大的阶级分析模式，那种将阶级
仅仅视为巨大阵营的观点，那种巨大分类的阶级，失去了意义。而作为有
实质社会互动的具体社会群体的阶级不但没有失去意义，反而应该成为今
天社会分析的主导模式。于是，他们提出一种新的阶级分析模式，试图将
阶级下降到可以分析的层次上，即在劳动分工体系中围绕功能位置而形成
的"真实社会群体"（real social groupings）（例如职业），对它们进行分析。
他们认为，采取将大的聚合体分解、解组（disaggregating）的方法是重要
的，这样可以发现植根于社会深层的"共同体"（*Gemeinschaftlich*，
communities），这种"共同体"有真实的社会互动意义。我们知道，如本
书第二讲所述，"职业共同体"是涂尔干的概念。格伦斯基与索伦森认为，
用"职业共同体"的概念取代常规的阶级分析范畴，不仅对社会学家有意
义，而且对公众有意义。他们将此种重新回到涂尔干"职业共同体"的分
析视角，自称为"新涂尔干主义"。

　　格伦斯基与索伦森认为，在他们之前，就有人注意到了异质性和分
化所形成的新的阶级群体。比如有人提出：由于专业技术工作在教育、
收入、声望上的巨大差异性，很难设想所有专业技术职业会有共同的文
化、共同的物质利益，会使用同样的方式朝着同一方向采取政治行动。同
样，一些社会分层学者也对"分解"（unpacking）常规的阶级范畴很感兴
趣。当然，也有相反的采取"再聚合"（reaggregation）模式的学者
（Grusky，2001：184）。

　　从理论传承和学术承继上来说，格伦斯基与索伦森认为，除了涂尔干
以外，他们也继承了布迪厄等人的传统。布迪厄认为，社会学家应该对韦
伯关于阶级与立场（stand）相对立的观点进行再思考，但布迪厄后来的著
作更多是强调职业屏蔽文化方面的意义，而不是经济方面的意义。格伦斯
基与索伦森强调的是分解大的阶级群体（disaggregation），关注经济与文化
分化结果的职业分组，在这里，阶级与立场能够实现统一（Grusky，2001：
184）。

　　如前面第二讲所述，涂尔干认为职业是现代国家与个人之间的协调力
量，职业可以起到社会整合的作用。前面也已经介绍，他从九个方面阐述
职业群体为什么能够成为社会群体的基础。比如，人们寻找职业、自我选
择的力量会使相似心态的工作者进入相似的职业。又如，共同工作的社会

互动，使同一职业的工人之间产生合作和共享的价值观。再比如，各种专业化培训也是一种社会化，加上非正式的互动的作用，产生了同质化效果。此外，职业的责任、义务使得就业者形成了可以追求的共同利益等。格伦斯基与索伦森继承了涂尔干的职业群体立场，继续论证职业为什么是"真实社会群体"。

二　格伦斯基与索伦森对于采用职业群体分析模式的论证

格伦斯基与索伦森强调的是分解大的阶级群体，关注经济与文化分化结果的职业分组，认为在这里，阶级与立场能够实现统一。他们试图从阶级认同、社会屏蔽和集体行动等方面论证大的阶级聚合体的分化（Grusky，2001：184-187）。

1. 阶级认同的弱化

他们提出，当代的调查证明，多数工人并不认同阶级概念。研究表明，只有7%的澳大利亚人视其社会阶级为很重要的身份，很多人否认阶级的存在。多数新马克思主义学者也认为，工人中对于传统的阶级概念很少有认同的。格伦斯基与索伦森认为，人们在放弃阶级的同时却认同于具体的职业群体。特雷曼（D. Treiman）等人也认为，职业群体已经有了专门的职业学校来训练，在就业中，雇主也在强化这种职业群体的训练。所以，职业已经深深嵌入在发达工业社会的机制里面。反之，阶级则主要是学术界的概念，是学者们分析使用的概念，而不是工人、雇主以及广大公众在日常生活中使用的概念。

2. 社会屏蔽机制形成了职业群体

对于阶级关系的分析，目前，新的模型强调屏蔽的制度化手段，如：产权、证书、许可证等。虽然社会屏蔽理论对于理解阶级之间的关系提出了一套新的话语，但要想实际操作阶级分层，还有很大难度。格伦斯基等认为，实际上社会屏蔽理论真正可以应用和操作的是职业群体。比如，非常现实的社会屏蔽机制就是专业协会、技术协会等，它们基本上是区域型组织而不是全国的大组织。这些技术协会建立和实施了一套屏蔽措施，比如许可证、执照、证书等，防止非专业人士的竞争。这些许可证、执照是在具体的职业入口和出口起到控制作用。所以，职业群体有代表自己的组织——职业协会，而大的阶级聚合体却没有自己的组织代表，也没有合法的、制度型的屏蔽机制来防止其他群体成员的进入。所以，所谓阶级，所谓传统的聚合的剥削型的大阶级，例如，赖特所说的阶级，其内部隐藏着高度分化的群体，充满利益上的裂痕和差异。用这种大的阶级聚合体进行分析，并没有实质意义。

3. 职业层次上的集体行动

格伦斯基与索伦森认为，新马克思主义者使用阶级概念的目的是探讨阶级行动。然而，当代社会学家所确认的那种聚合的大阶级，却并不按照此种理论所说的走向阶级行动。

后现代理论的兴趣越来越多地是在生产领域以外去探讨阶级问题。后现代主义的这样一种形式，虽然颇为流行，却忽视了这样一种简单的事实，即多数集体行动毫无疑问是从社会结构的诸群体中产生的，虽然这些群体并不是那种巨大的、聚合的社会阶级。所以，对于阶级行动的探讨，也应该归结到职业群体上来。

在职业群体的层次上，集体行动的策略是保护其群体利益。我们很容易发现职业群体集体行动的三种主要类型。第一，职业群体对于位置比其低的下层职业群体的集体行动战略是屏蔽，其设计的目标是限制下层的人进入该职业位置。第二，对待同层的战略是职业协会与劳动分工功能位置之间的竞争。第三，集体行动对待上层的战略是，从国家和雇主那里获得职业特殊利益（如垄断保护）。

传统上，大的阶级理论是与大的历史理论相联系的。格伦斯基的职业层次上的集体行动，分化为小的职业群体的分析模式，也就意味着，它抛弃了那种聚合的大的阶级分析模式，抛弃了那种以阶级为基础的历史理论。他们自认为这是一种知识分子的温和计划，认为具体职业的区域冲突并不会推动人类历史发展，区域协会一般只是追求局部目标。所以，这种微观冲突的系统结果，不会是那种有巨大深远影响的事情。

4. 从结果上看，也是职业群体更具实际意义

格伦斯基与索伦森认为，由于大的聚合体并没有集体行动，阶级分析的目标就变得十分有限。结果当代许多学者就只好分析个人层次上的阶级结果（individual-level outcomes），比如社会态度、选举行为、生活方式、消费行为，等等。虽然这些分析也有一些成果，但它们实际上掩盖和忽视

了职业群体的"共同体"功能。

如上所述,现代的社会屏蔽确实是在具体的职业层次上实现的,社会互动的限制将产生和维持文化亚群体,而这种文化亚群体当然是分解的小群体。这些区域的文化是通过次级社会化锻造出来的,比如,学徒、警察与军队、研究生院、职业训练学校等。很多职业之所以需要长期训练,就是为了传授行为模式。反之,大的聚合阶级,却没有类似的、相应的次级社会化训练机构。当就业者根据他们的价值观选择职业时,当雇主根据他们的价值观和职位的要求去选择职员时,这些职业的倾向和习惯就得到了加强。所以,对生活方式、气质、态度等进行分析,如果用传统分析方式就没有解释力,如果用作为共同体的职业分析,就很有解释力。

格伦斯基与索伦森认为,社会学家以往的分析层次是错误的。阶级分析家是在寻求真实的结论,但问题是,他们采用的聚合阶级的分析模式只在名义上是可行的;相反,职业分析家,只得到名义上的结论,比如用"社会经济量表"(socioeconomic scales)测量,得到了具体数值,所采用的分析模式却是真实的。不管是马克思主义学者还是非马克思主义学者,这一点都一样。劳动分工代表一种典型的纯技术特征,尽管以职务分工为基础的这种名义上的分组常常被转换成有共同文化和共同利益的真实的社会集体行动。因此,社会学应该更多受益于对这种区域集团的深入研究。

三 对于发展趋势的分析

格伦斯基与索伦森陈述了对社会分层发展趋势的看法。他们认为,从趋势上看,聚合体分化式的结构,仍然是可能的社会趋势。在理解社会分层的趋势时,许多欧洲学者流行的观点是,分层与生产领域、生产方式的联系越来越弱,但格伦斯基与索伦森却认为,用职业群体的观点看,分层与生产的联系仍然是很强的。这表现为三个方面:第一,嵌入劳动分工的技术层面的活动;第二,执行这些活动的组织层面;第三,在生产领域发展的职业群体的联合方式,比如工会、专业协会等。这三个方面也表现为三种趋势,即社会技术变迁的趋势、组织变迁的趋势和协会变迁的趋势(Grusky,2001:187-191)。下面分别述之。

1. 社会技术变迁的趋势

在历史上，早期的工业化、机械化带来的是工人劳动技术的分化，工人失去了完整的技术，变成了机器的一个部件，劳动变得"同质化"，于是造成了马克思所说的地位一致的劳工的团结。后现代主义与后福特主义认为，后工业社会出现了相反的倾向，它不仅对技术劳动者，而且对体力劳动者的技术要求也有所提高。而社会技术的此种变迁，显然削弱了聚合体式的阶级的团结。生产领域个体技术要素的增强，削弱了劳动分工领域内的聚合体团结现象。

格伦斯基与索伦森认为，技术的发展并不能证明所有以生产为基础的团结就不复存在。实际情况是，这种团结范围缩小了，新的技术变迁趋势不仅需要技术工人团结，而且需要技术工人有更多的交流。所以，技术的发展使得职业共同体更有必要，使得团结更有必要，当然，这种团结是小范围的、区域的。

2. 组织变迁的趋势

工业化以前的劳动分工曾经是一种劳动者自我管理的活动，工业化以后，随着劳动活动被分解和分化，形成了由权力中心控制的垂直管理的组织形式。那么，在后工业化时代，工业中垂直管理的组织方式是否会发生变化呢？在这个问题上，有两派观点。

一派是所谓"后职业理论"（post-occupational theories）。这种理论认为，当代的组织越来越依赖于团队的工作，依赖于交互的训练和多元的活动；早期工业中被分解了的劳动，在后工业时代，表现为合作、融合的特征。这一派观点占据主流地位。

另一派是所谓"修正主义的理论"。这种理论认为，在后工业时代，专业技术队伍等在规模上迅速膨胀，在组织管理上垂直管理的组织体系也在膨胀，这些专门化的组织本身也变成一种职业。在专业化部门，劳动过程被专家控制着，这些统治的专家更强调专业化而不是工作的融合。在这里，交叉、合并以及团队合作不受重视。

3. 协会变迁的趋势

大规模的工会组织已经衰落，但区域型的、部门的工会、协会等，作为建立在部门基础上的集体主义组织，对工人仍然很有影响。传统马克思主义认为，工联主义意识实际上使工人阶级的队伍分化了，这确实是事实，但是，工人分解为小的职业利益群体又是不可避免的。这有利于保障小群体的利益，防止其他职业群体的人进入。所以，协会变迁的趋势是：以职业为基础的、小的专业化的组织会发展起来。

总之，格伦斯基与索伦森认为，职业共同体的思路，可以成为社会分析、阶级分析中的第三条道路。他们同意涂尔干所说的，职业协会可以成为国家与个人之间的结合物，可以形成一种新的组织力量，一方面与阶级的力量相抗衡，另一方面与国家的暴政相抗衡；无论是赖特的新马克思主义的阶级模型，还是戈德索普的新韦伯主义的阶级模型，都不是真实的社会群体，也不具备实际操作的意义。所以，这些分析模型所能够做的只是纸上谈兵。而只有在劳动分工中，围绕分工的功能位置出现的职业共同体，才是具有实际意义的社会群体，其分析才具有实际意义。笔者认为他们讲的是有道理的。下面，笔者就采用涂尔干和新涂尔干主义的视角来分析一下中国当前所面临的问题。

第二节　中国的社会失范、社会
共同体与社会整合

一　中国所遇到的社会转型与社会失范问题

前文已述，涂尔干当年所遇到的社会局势与我们在社会转型时期所面临的局面颇有相似之处。当年，欧洲社会是从传统向现代转型，是从农业社会向工业社会转型，是逐步建立起市场机制的。由于维系传统社会整合的纽带已经瓦解，而新的整合机制又没有建立起来，所以，欧洲社会曾经陷入极端混乱的状态。相比之下，社会转型时期中国也面临类似的难题。中国40多年前开始的改革开放，实际上是中国从传统社会向现代社会转型加速期的开始，社会从农业社会向工业社会过渡，从乡村社会向城市社会过渡，从传统文明向现代文明过渡，中国遇到的难题比欧洲大得多。欧洲当年的人口总共不超过4亿人，社会转型用了100多年的时间，在很大程度上还是靠对外扩张来解决内部危机，甚至还因为转型激化矛盾引发了两次世界大战。而中国面临14亿人口的转型，转型的时间比欧洲要短得多，而且遇到的能源问题、资源问题、环境问题、农村问题、城市问题等，都比当年欧洲遇到的问题要严峻，更何况中国完全是靠自己内部的调节来化解危机，而没有企及外部扩张因素。

从这个角度看，我们就不难理解为什么我国改革以来的社会变迁引发了社会失范和社会解组。笔者以为，这种失范和解组比较突出地表现在三个方面。

第一，从组织上看，改革以前有整合社会的比较严密的组织体系，比如，农村的人民公社和城市的单位管理体制；而改革以后，这些组织或者瓦解、解体，或者发生重大变迁，不再能承担大范围的或全社会的整合功能。对于组织解组、解体的分析，下文有进一步阐述，此处不赘述。

第二，从规范上看，社会管理规则发生了根本变革。改革以前尤其是"文革"时期，一度出现所谓"群众专政"，流行的是"造反哲学""造反的意识形态"。毛泽东主席曾说，这样的做法是乱了敌人，但实际上是将自己的社会规范搞混乱了。笔者以为，规范混乱也是一种"社会管理形态"，也就是人们不认同规范和规则，动辄否定规范或规则。这种现象的负面影响极其深远。迄今，中国的一些社会冲突仍然根源于人们对规范、规则的否定态度。

改革以来，中国的法律体系几乎是重新建立的，1982 年的新宪法已经是中华人民共和国历史上的第四部宪法，中华人民共和国当时成立了仅仅 33 年。对于不断变换的法律体系，老百姓当然需要一个比较长的时间去了解和适应。据统计：仅自 1979 年起至 1999 年 8 月底止，除新宪法外，中华人民共和国最高立法机关已审议通过 253 部法律、106 部有关法律问题的决定；国务院颁布了 800 多部行政法规，各省级人大及其常委会制定或批准了 7000 多部地方性法规，国务院各部委和地方政府还发布了 3 万多部规章；20 世纪 90 年代中期以后，最高立法机关平均每 13 天就制定一部法律，国务院平均每 6 天就颁布一部行政法规（金亮贤，2002）。

面对如此多的法律和法规，普通老百姓当然不可能在短期内就全面了解和适应。从如此大量的立法到这些法律法规变为社会成员普遍遵守的行为规范之间，当然需要一个较长的时期。正是在这个特殊的转型时期，"社会失范"得以滋生和泛滥。

第三，观念上的混乱。上面第二点讨论规范问题已经涉及观念。我国的改革开放最初是源于思想解放，20 世纪 70 年代末 80 年代初关于真理标准问题的讨论改变了中国社会的社会标准、社会定义，此事非同小可。观念变迁对于变革中国社会起到了至关重要的作用。然而观念变革也是"双刃剑"，它一方面推进了中国社会，另一方面也带来了思想混乱。笔者曾在一篇文章中讲了社会学关于"和谐社会"的基本条件（李强，2005b），其中有两条：一条是人们对于社会基本事物之含义有一致的认识，另一条是社会群体的奋斗目标基本一致。这两条都是强调观念在整合社会中的作用。观念、意识形态就好比巨大钟摆上面的固定点，一般来说，观念、意识形态的稳定是实现社会稳定的基本条件，而如果钟摆的固定点变了，钟摆就会发生巨大变化。从这种观点看，改革以来，我们对于原来的社会定义和社会目标的修正，特别是主导意识形态的混乱，比如"致富的观念"、对所有制的看法、对股市的看法等的变化也在一定程度上造成了观念的混乱。根据社会学的原理，对于社会定义和社会目标的修正必然会造成观念上的混乱。

所以，改革与观念变迁密切相关。近些年，人们对贫富差距、社会公正问题的激烈讨论，比如"郎咸平与顾雏军之争"等，均源于观念上的冲突。观念上的混乱使得人们的是非界限模糊了。

社会转型时期，中国遇到了严峻的观念冲突问题。笔者曾经用职业声望调查的数据证明，在社会评价相对稳定的职业声望的评价上，中国人也产生了重大的分歧和冲突（李强，2000）。连曾经比较受尊重的社会群体——律师、医生、教授也成为社会批评的对象，一度被老百姓叫作"黑蛇、白蛇、眼镜蛇"，可见社会示范群体的声望危机。

总之，组织上、规范上、观念上的巨变，导致社会解组与社会失范的表现是多方面的。比如，社会道德水平下降，道德滑坡。再如，社会信任链条断裂，陌生人之间不能信了，传销搞得连熟人之间也不能信任。又如，违规行为比比皆是。在大城市里面，仍偶尔可以看到办假证件的小广告、卖假发票的、私刻公章的，各种违规、违法行为，路人已司空见惯、熟视无睹。社会成员居然能够如此容忍违法行为，确实反映出社会的混乱。

社会解组和社会失范必然造成犯罪率的上升。由于国家统计局并没有公布全国犯罪率的数据，笔者就采用中国统计年鉴的公安机关立案的刑事案件数字代替，它大体上也能反映犯罪率急剧上升的情况（见表5-1）。

表 5-1　1996~2004 年全国公安机关立案的刑事案件情况

单位：件

案件类别	1996	1998	1999	2000	2002	2003	2004
杀人	25411	27670	27426	28429	26276	24393	24711
伤害	68992	80862	92772	120778	141825	145485	148623
抢劫	151147	175116	198607	309818	354926	340077	341908
强奸	42820	40967	39435	35819	38209	40088	36175
拐卖妇女儿童	8296	6513	7257	23163	5684	3721	3343
盗窃	1043982	1296988	1447390	2373696	2861727	2940598	3212822
诈骗	69688	83080	93192	152614	191188	193665	205844
走私	1147	2301	1205	1993	1149	1178	955
伪造、出售、贩运假币	5128	6654	10047	15863	5238	3151	2315
其他	184111	265917	331988	575134	710814	701537	741426
合计	1600716	1986068	2249319	3637307	4337036	4393893	4718122

资料来源：国家统计局编《中国统计年鉴》1997~2005 年各册，中国统计出版社。

从表 5-1 可以看到，1996~2004 年，刑事案件的立案总数从大约每年 160 万件上升到大约每年 470 万件，上升幅度约为 300%，这确实反映出违法犯罪问题比较严重。从具体的刑事案件内容看，抢劫案和盗窃案增长速度很快，这类犯罪的目的是追求钱财，反映出市场转型时期的社会失范受到财富目标的很大影响。另外，刑事案件的"其他"类数量增长很快，这说明犯罪的种类变得多样化，这也是转型期犯罪的一个特点。

总之，转型时期，我们遇到的社会解组和社会失范问题是比较严峻的。我们与涂尔干当年遇到的问题相似。涂尔干当年给法国社会开出的药方——"重建社会共同体，实现新的社会整合"，对我们有重要意义。在分析如何实现新的社会整合之前，让我们先看看传统上以及改革以前中国社会是如何实现社会整合的。

二　中国传统上的社会共同体与社会整合

中国的社会整合有其特点，其中一个特点是：国家政权在社会整合中起到至关重要的作用。国家政权的最突出作用是通过强制的甚至武力的、法制的手段，从上至下施加力量，实现社会整合。不服从者会受到严厉制裁。当然，从社会学的角度看，如果仅仅靠自上而下的、强制的力量，任何国家都难以实现长期的、稳定的社会整合。所以，成功的社会整合必然还有其内在的社会力量的支持。下面，笔者就简要分析一下传统的中国社会和改革以前的中国社会，是靠什么样的民间社会力量、社会共同体来实现社会整合的。

传统中国社会，也就是民国以前的、君主制时代的中国社会，从民间来看，有两种力量在整合社会中起到重要作用。其一是士绅阶层，其二是家族、宗族。士绅阶层是政府与普通老百姓之间的重要缓冲力量。它一方面与政府结合，成为政府选拔官员的重要源泉；另一方面，它又与民众相联系，是民间社会的最重要的组织者和表率。传统中国社会的另一个突出特点是重视家族、宗族。家族和宗族是整合传统社会的非常重要的社会共同体。而上述这两种共同体在当代中国社会中都早已瓦解、不复存在了。20世纪目睹了中国士绅阶层的瓦解以至消失，而今日中国社会家庭已经小型化，目前中国的平均家庭户规模只有2.62人，所以，家族、宗族早已销声匿迹。当然，整合传统中国社会，从规范来看礼教在起作用，而当时整合社会的思想体系是儒家学说。所以，传统中国社会有一整套组织、规范和观念整合全体民众。

1949年以后，新中国建立了一套全新的共同体与社会整合机制。改革开放以前，中国城市大体上由"单位制"完成社会整合。绝大多数人都有自己的工作单位，个人对于单位具有很强的依附性，个人生活的各个方面，甚至连结婚、生孩子都要单位批准。遇到的各种问题包括生活困难、疾病等都由单位解决。所以，单位是实现社会整合的基础。城市里一部分没有单位的人归街道、居委会管理，全社会基本上没有"盲点"。农村则由人民公社、生产队完成社会整合。

改革以后，原有的社会组织瓦解了。首先是农村的人民公社解体，农民变成了"自由人"。虽然自由度大了，农民可以到任何自己想去的地方，但社会整合的组织体系也瓦解了。城市里到20世纪90年代中期以后，随着国有和集体企业的转制，多数人失去了传统上依靠的单位体制。

目前，多数人开始到公司求职，公司与过去单位的区别在于，它们仅仅是人们挣钱的地方，不再承担社会整合的功能。

应该承认，改革以前城市的单位体制和农村的人民公社曾经非常成功地整合了中国的城乡社会。当然，这两种共同体的问题是与市场经济格格不入。单位体制是与当年的计划经济相匹配的，而人民公社束缚了农民的手脚，在今天都不可能成为整合社会的力量。

所以，我们遇到的问题是怎样形成新的整合社会的共同体。本讲开宗明义，指出职业共同体可以实现此种社会功能。那么，除了职业共同体还有其他共同体吗？让我们先分析一下其他有实际意义的社会组织，由此我们才能知道，为什么职业共同体最为重要。

三　今日中国的社会共同体剖析

本书第二讲的结尾曾探讨了社会学对于社会共同体的观点。马克思特别强调"阶级共同体"，韦伯认为有三种共同体——阶级、身份群体与政党，涂尔干重视的则是职业群体。那么，在今日中国的场景下，怎样看待传统的社会学关于共同体的分析？在中国有实际意义的社会共同体有哪些，作用如何？什么是有利于今日中国社会整合的共同体呢？

第一，我们看看阶级。阶级属于超大型社会共同体，马克思阐述了阶级关系的核心问题——剥削。所以，阶级共同体最突出的是相互之间具有"冲突"的特性。在中国目前的情况下，强调阶级不利于中国社会的整合。而且，正如格伦斯基与索伦森所阐述的，阶级也确实具有局限性。阶级由于群体过于巨大，即使处于同样阶级地位的成员，其内部形成真实互动的可能性也很小。这就是为什么韦伯总是说，阶级的行动需要很多特殊条件。中国目前也不具备阶级行动的这些条件，所以，谈阶级也是空谈。近来，人们爱谈"中产阶级"，其实，中产阶级已经不是真正意义上的阶级群体了。中产阶级按照上中下划分，从方法上看已经是一种等级群体而不是真正的阶级群体了。更何况，今日中国，无论怎样计算，中产阶级加上其家庭成员，在中国人口中所占比例至多不过29%，也就是说中国人71%以上都不是中产阶级，所以，仅靠中产阶级无法实现全民族的社会整合。

第二，我们看看政治共同体。今日中国社会，力量最强大的政治共同体有两个：政府和政党。前文已述，中国社会的基本特征就是政府在社会整合中起到重大作用，从古到今莫不如此。当然，上文也分析了政府整合的弱点，即它是自上而下的、外在力量的整合。完全靠政府力量实现社会整合的实验我们也做过，即改革以前城市以公有制单位为载体，农村以人民公社为载体，实现政府对于社会的全面整合。实践证明，这种完全靠政府的全面整合也有很大缺陷。政党也就是中国共产党，其在中国社会发挥的巨大整合作用有目共睹。改革开放 40 多年来，中国共产党的社会整合机制逐渐法治化、规范化。比如，每年秋季的中央全会提出对下一年工作方针的建议，然后广泛征求意见，在下一年的全国人民代表大会上通过，从而成为指导全国工作的方针。当然，执政党的整合功能并不排斥民众中多元的社会整合能力，社会的整合当然需要多重力量。正如上文分析韦伯的共同体思想所指出的：政党主要是对那些进入了政党的成员的约束，而不是对普遍的社会人群的约束。

第三，传统的农村整合共同体和城市"单位"共同体。如前所述，改革以前，在中国社会整合中起到最重要作用的共同体是两个：农村的人民公社和城市里的"工作单位"。当然，1958 年初我国建人民公社时，设定的单元太大。当时将整合的单元设定为数万人的、乡镇规模的"人民公社"，这完全不符合中国农民"小群体熟悉人"社会关系的本性，所以，以公社为核算单位的"社会整合"实验彻底失败。三年困难时期就是这种失败的最为残酷的证明。1961 年以后，中共中央修改政策，提出"三级所有，队为基础"。这样，"社会整合的单元"缩小到"生产队"，实际上是退到了规模较小的"高级社"，相当于"自然村"，符合农民的小圈子传统。当然，虽然"队为基础"是缩到了较小的单元，但当年还是有"三级所有"的过大的、公有整合框架的限制。改革以后的"大包干"制度彻底打破了人民公社体制，"队为基础"的体制也就瓦解掉了，农村的整合单元退缩到了"家庭"，符合中国人传统的"家庭伦理本位社会"的本性。但缺点是整合单元太小，因为今日中国的家庭规模已经小型化，完全承担不起社会整合的职能。所以，今日中国农村实际上是处于社会原子化或社会整合缺失的状态。

改革以前，城市里的"工作单位"曾经非常出色地承担了社会整合的功能。20 世纪 50 年代以后，中国城市居民就业比例大幅度上升，连妇女也大批走出家门参加就业。50 年代中期以后，绝大多数城市劳动者是在国有的或集体的公有制"单位"就业。单位承担了职工的经济来源、就业、医疗、养老、住房、食堂、商店等包括思想工作和业余活动的一切方面，甚至还包括职工孩子的从幼儿园到中学教育，有的还有所谓"接班"，即保证职工孩子的工作。反过来，职工对单位也陷于一种"依附"关系（Walder, 1996）。当然，这种整合有过度整合之嫌，在改革以前与政治整合是结合在一起的，缺点是使职工失去流动的权利和社会没有活力。今天，传统的"单位"体制已经大大衰落，虽然还有一定比例的城市居民生活在传统的"单位"体制中，但其人数比例与当年相比，已经大大萎缩，不足城市就业人口的三分之一。所以，传统的单位体制已经承担不起城市社会整合的主导功能。

第四，家庭共同体。家庭是社会的基本单元，家庭历来承担着一定的社会整合功能。自古以来，中国是家庭伦理本位的社会，家庭的社会凝聚和社会整合功能比别的民族还要突出。但正如上文所述，在家族、宗族瓦解以后，今日中国的家庭规模，平均家庭户只有 2.62 人，家庭所能够整合的范围已经大大收缩。这样的规模是致命的约束，使得家庭难以承担具有一定规模的社会群体整合的功能。

第五，各类经济共同体。改革以来中国社会的一个巨大变化就是各类经济共同体变得异常活跃，中国的改革是以经济改革为先导的，称作经济体制改革。如前所述，改革以前实行的是计划经济，其重大缺陷之一就是否认经济共同体的独立性，将几乎所有经济组织，比如企业、公司、工厂、作坊，都改造成各级政府控制的国营或集体单位，结果扼杀了经济共同体的活力，经济发展严重滞后。改革以来的重要经验就是理顺政府与企业的关系，保证经济共同体的独立运转。所谓经济共同体既包括实体的企业，也包括联系企业的工商业的协会、行会等。中国改革开放 40 多年来之所以经济高速发展，很重要的原因就是承认经济共同体独立运转的特点。而经济共同体与涂尔干讲的职业群体是一回事。涂尔干在讲职业共同体、法人团体时，常常使用"corporation"概念，该词本身就有企业、公司的含义。企业是人们职业活动的最重要载体。所以，经济共同体聚合了最为广泛的职业群体，与职业群体是一致的。

第六，各种专业共同体。所谓专业群体，其基础还是职业群体。一部分有经济功能的专业共同体与前述的经济共同体也是交叉的。这里只是强调除了具有明显经济功能的企业、公司以外，还有不少非经济类型的职业。比如，在我国，有各种专业型的学会或协会。在我国民政的社团部门注册的正式团体，多数是这类学会或协会。这类共同体非常重要，是民间最有活力的社团组织。这类组织与本讲强调职业群体共同体的核心作用的主题，是完全一致的。所谓专业型组织，就是职业组织，下一节会更详细分析。

第七，社区共同体。在改革以前，中国曾经实现了社区共同体与职业共同体的一致性，单位分房子，将职业与居住社区一致化，农村也是一致的。今天，随着城市的房屋体制改革，人们的住房越来越与职业活动分开。中国今天的居住小区开始多元化。社区共同体中的邻里相助对于人们的生活是重要的，特别是对于离退休的老同志来说意义更大。但是，对于多数在业人员，如果将社区互动与职业活动相比，当然职业活动还是第一位的。

第八，各类社会组织。它们在我国是 20 世纪 90 年代以后兴起的，近来在社会生活与社会活动中开始崭露头角。不过，迄今为止，中国的社会组织都有挂靠单位，所以，名为社会组织实际上是政府功能的延伸。不过，这类组织与笔者说的职业群体也是类似的，专职的社会组织是以社会帮助活动为职业的群体。

第九，各种兴趣群体。近年来，随着民间社会生活的繁荣，各种兴趣群体应运而生。这类共同体的特点是，社会网络的形成具有自发性，是真正的民间群体。组织松散，聚得快、散得也快。多数兴趣群体规模不是很大，具有明显的年龄特征。比如，早晨锻炼的群体多由中老年人构成，互联网络群体多是年轻人，街头秧歌队多为中年妇女，街头舞伴群体多为中年以上的人员。兴趣群体也会发挥整合功能，由于该群体仅仅是社会的一部分人，所以功能有限。如果与职业群体相比较，这类兴趣群体仅仅起到补充功能。

为什么笔者特别重视政治共同体以外的社会共同体呢？因为中国有 14 亿人，如果仅仅依靠自上而下的政府、政党的控制，必然耗费巨大的行政成本。面对 14 亿人，要组织多少人才能监督、控制得住呢？譬如，目前我们对付制假贩假，简直防不胜防，但如果生产者群体组织自治的共同体，比如行业协会，由于其制约是内部发生的，那么这样的约束才是最有效的。什么是老百姓中最有自发动力的社会共同体呢？职业群体恰恰是最重要的一个，因为老百姓要生活就必须找工作，进入职业体系。该道理涂尔干已经讲得很清楚了。这就是涂尔干所说的"机械团结"与"有机团结"的区别。靠政治的共同体实现的仅仅是"机械团结"，而职业共同体的自治实现的是"有机团结"。

总之，改革以后，中国社会共同体发展的特点是多样化，但在多样化的社会群体中，全面的有机整合功能却只有职业群体可以承担。

第三节 职业共同体与今日中国的
社会整合

改革以来，中国社会处于社会结构的剧变时期。40 多年来，以农业为主体的产业结构已经变成以制造业为主体的产业结构，并且第三产业甚至第四产业上升的趋势也十分明显。产业结构的巨变自然导致职业结构的巨变。而在传统职业体系瓦解的同时，中国还发生了以国有、集体体制为主体的管理体制的变迁，与国有、集体企业共生的单位制出现衰落，原来承担社会整合功能的单位制衰落导致社会整合的危机。

所以，本节的核心就是要探讨，如何培育新的社会共同体以推进中国新的社会整合。笔者的观点很明确，这个新的共同体就是职业共同体。

目前，中国正处在传统职业群体瓦解、新职业群体形成的特殊时期。由于新的职业不断涌现，进入新职业位置的多是"新人"，所以，职业共同体和职业规范的建设就异常重要。然而，近些年，我们恰恰对这方面的工作相当忽视。比如，我们有2.9亿城市农民工，他们在城市就业的基本特征就是不稳定，这就是因为缺少共同体的建设。其实，建设职业共同体是整合处于解组状态的社会的最好途径。因为，农民工急于打工挣钱，他们必然要进入职业共同体，哪怕是一个小包工队；我们的任务是使得他们进入的职业群体形成稳定结构，群体内部产生信任，小群体与外部的关系协调，雇主和用人单位为雇员提供保障等。这些做法从小单元看仅仅解决了农民工的个人生存问题，但从大单元看实现了社会的整合。

笔者以为关于通过职业共同体建设实现新的社会整合，具体说来需要做到如下几方面。

第一，职业道德建设。职业内部有着明确的道德规范。在社会转型时期，中国出现了道德滑坡，职业道德水平也大大下降。传统上，社会对一些职业有着明显的角色期待：比如，法官公正不阿，医生救死扶伤，教授为人师表，等等。好的职业道德可以固化法律规范，滑坡的道德体系却可以瓦解法律规范。前文已述，我国目前是法律规范体系正在形成的时期，通过职业道德来辅助这样的规范体系的建设就异常重要。这也正是涂尔干阐述的职业群体可以整合社会的原因。

第二，职业技术建设。职业是社会的分工体系。职业的很重要活动是专业活动。任何一种劳动或职业活动都有技术可以钻研。比如，今天中国制造的产品打遍全世界，产品特别是手工制品物美价廉。为什么会如此呢？显然是因为生产这些产品的工人、农民工制作的工艺水平很高。但我们恰恰忽视了对于工人追求工艺技术水平的奖励。过去，中国还强调技术比武、技术评比、技术考级，今天人们却很少有耳闻了。中国建筑业是新中国成立以来发展最为迅速的行业，我们最近十年所建造的高楼、高速公路、城市建筑集群等，几乎超过过去 100 年建造的总和。完成这些建设的工人（包括农民工）都是技术高手，无论是瓦工、木工、漆工还是架子工、管道工等，都具备与世界上包括德国、日本在内的技术工人可以媲美的职业技术水平。但在今天的社会生活中，这些人的大多数，没有被纳入规范的技术级别认定体系。在此意义上，我们确实忽视了维护职业体系的核心环节——职业技术。

第三，职业荣誉感和敬业精神。笔者以为，职业群体之所以可以自发形成向心力、凝聚力，很大程度上是因为职业的从业者具有很强的职业荣誉感和敬业精神。而我国目前的状况是"这山望着那山高"，人们缺少职业荣誉感和敬业精神。为什么呢？有多种原因。首先，改革以来虽然社会进步很大，但是官本位的趋势有增无减。官员成为全社会的核心，各行各业都在追求官员的位置和官员阶梯的攀升。近来高校毕业生考公务员，几百人、上千人才能取一名就是一例。于是，除官员以外的各种职业、专业都受到忽视。有时候，连专业技术人员也要给予官员的位置后似乎才有地位。比如，大学也强调行政级别；再如，所谓院士相当于副部级；等等。另外，中国的社会上升机制也造成人们不尊重自己的职业。比如，中国的高考，造成千军万马走独木桥，除了高考以外，其他似乎都不是上升的正规途径。

再者，目前中国社会处在转型期，社会变化太快，人们不断变换工作，缺少稳定性。比如公司、饭馆、企业，没有长性，动辄就转手，职业不稳定问题突出。中国改革以前是没有流动，现在是流动率过高。中国的情况恐怕还是形成相对稳定的职业体系比较好。在这方面，日本的模式值得我们考虑。在日本，"永久雇佣制"比较普遍。稳定的就业体系比较有利于形成尊业、敬业的局面。

此外，改革以前是"铁饭碗"，人们没有失业压力自然就不敬业。但中国目前是劳动力市场体制，劳动力市场又明显是供大于求，人们获得职业不容易。按道理，人们应该更加重视、尊重自己的职业或职位，但为什么还是存在不敬业的现象呢？笔者以为，这有观念上的问题。中国社会有一种很不好的意识，将人分为三六九等。笔者的研究曾证明，中国是"倒丁字型"社会结构（李强，2005a），多数人当然处于职业的下层，而社会流行的等级观念是看不起下层。人人都想往上爬，都看不起自己的职业，这样，多数的就业者没有职业荣誉感，于是当然就缺少敬业精神。比如，看不起服务业的情况在中国很普遍，认为它低人一等，相比之下，其他很多国家就不是这样。比如在日本，列车服务员就非常尊重自己的职业。笔者认为，我们应创立一些制度，以促进全社会尊重那些职业位置比较低的群体的工作。比如，我们看一些古代建筑，工匠的名字常常是刻在建筑物上的，这体现了对劳动者的尊重和劳动者的责任。所以，笔者主张，在今天千千万万的新建大厦上，应该刻上包括农民工在内的所有建设者的姓名，以示尊敬、尊重和责任。

总之，市场会是很好的机制，市场的机制会驯化劳动者的敬业精神。我们现在要利用好机会，在劳动力市场机制建立的初期就形成尊业、敬业的局面。否则，相反的路径选择也是可能的，即形成一方面是供大于求的局面，另一方面是人们不尊重自己的职业。

第四，职业亚文化建设。各种职业都会形成特定的亚文化。职业是由分工体系的不同专业构成的。正如涂尔干所说的，职业内部的习俗可以巩固法律法规。任何职业活动都有自己的规矩，都有伦理在里面。比如，过去的老手艺人，非常强调工序操作的严格，绝不许偷工减料，而今天恰恰由于不按照工序要求去做，劣质产品充斥于市。职业亚文化的建设就是要挖掘出各职业的合理成分，推进职业伦理建设，从而推进社会的伦理建设。职业的亚文化是职业的标识，是职业魅力的体现，职业亚文化建设也有利于职业荣誉感和敬业精神的形成。

第五，企业和企业主的社会责任。职业共同体的建设固然需要全体雇员或就业者的配合，但企业和企业主（单位或单位负责人）的社会责任是不可推卸的。为什么说企业主比一般雇员承担着更重要的社会责任呢？这不仅因为企业主处在指挥者的位置，可以对企业发号施令，而且因为，企业如果获利他将是最大的受益者。近来，人们对于贫富的问题争议较大，其实，贫富还不是问题的关键，关键问题隐藏在贫富背后，即为什么贫穷？为什么富裕？如果一个企业主因为经营能力和创新使得企业发展而富裕起来，比如像比尔·盖茨那样，那么这样的富裕就是合理的，有积极意义的。在这个意义上，"仇富"不利于社会进步，因为问题的关键不是富有不富有，而是富有者是否承担了社会责任，企业主是否承担了应尽的社会责任。在建设职业共同体上，如果企业主起了表率作用，关心雇员的利益，按照我国的《劳动法》建立了覆盖企业职工的医疗、养老、就业保险的机制，支持在雇员中推进各种有益身心的文体活动等，那么，这种企业的职业共同体建设就会比较顺利。反之，如果企业主只顾自己捞钱，根本不为企业雇员的社会保障出力，甚至连工资都拖欠，那么，雇主、雇员之间就会相互不信任，企业就没有凝聚力，职业共同体的建设就会十分困难。

第六，职业群体的内部关系。职业共同体为什么能够成为新的社会整合的基础呢？前述涂尔干讲了九点，已经很清楚了，笔者不再赘述。笔者只想谈谈，在中国的场景下，职业共同体承担社会整合功能的特殊性。费孝通先生在理解中国社会时提出了"差序格局"的概念（费孝通，1998：24~30），笔者以为这个概念确实解释了中国社会关系的精髓。我国社会成员之间社会关系的特征是以"己"或以"自己家庭"为中心的"小圈子社会"，这种小圈子是在中国最有生命力的"社会共同体"。凡是符合这一原则的社会共同体就会有极强的生命力并发挥重大作用，凡是不符合这一原则的社会共同体总是难以发挥作用。比如，改革以前城市里的"单位制"之所以能够在短期内形成，重要原因之一是单位制符合中国人"小圈子社会"的原理，单位成为维持"小圈子"利益的重要机制。笔者重提涂尔干提出的职业共同体整合社会，重要原因之一也是职业共同体符合中国"小圈子社会"的原理。所以，笔者强调的职业共同体，其基础是人们日常交往的职业小圈子，比如同事、同单位人员等。笔者以为，不同社会的"共同体"的特点也不同。比如，涂尔干在讲职业共同体时，可能是指欧洲比较大的职业共同体，而笔者强调的中国社会的职业共同体的特征是：小圈子、熟人关系，这种职业群体是社会成员交往最为密切的小组。换言之，在传统中国社会，家族、家庭曾经成为社会整合的最重要载体，但在今日中国，当家庭的小型化导致它难以承担社会整合的首要机制的角色以后，当改革以前的"单位制"也衰落以后，笔者认为，推进人们日常交往的小的职业共同体建设的意义就凸显出来，它成为今天社会整合、社会团结和构建和谐社会最重要的民间基础。

参考文献

戴维·格伦斯基编，2005，《社会分层》（第2版），王俊等译，北京：华夏出版社。
费孝通，1998，《乡土中国 生育制度》，北京：北京大学出版社。
金亮贤，2002，《改革开放以来法律文化变迁述评》，《政治与法律》第5期。
李强，2000，《我国转型时期冲突型的职业声望评价》，《中国社会科学》第4期。
李强，2005a，《"丁字型"社会结构与"结构紧张"》，《社会学研究》第2期。

李强，2005b，《从社会学角度看"构建社会主义和谐社会"》，《社会科学战线》第
　　6 期。

涂尔干，1999，《宗教生活的基本形式》，渠东、汲喆译，上海：上海人民出版社。

涂尔干，2000，《社会分工论》，渠东译，北京：生活·读书·新知三联书店。

涂尔干，2001，《职业伦理与公民道德》，渠东、付德根译，上海：上海人民出版社。

涂尔干，2006，《乱伦禁忌及其起源》，汲喆等译，上海：上海人民出版社。

Amin, Ash. 1994. "Post-Fordism: Models, Fantasies, and Phantoms of Transition." Pp. 1−39
　　in *Post-Fordism: A Reader*, edited by Ash Amin. Oxford: Blackwell.

Bourdieu, Pierre. 1984. *Distinction: A Social Critique of the Judgement of Taste*, translated by
　　Richard Nice. Cambridge, Massachusetts: Harvard University Press.

Grusky, David B. and Robert M. Hauser. 1984. "Comparative Social Mobility Revisited:
　　Models of Convergence and Divergence in 16 Countries." *ASR* 49: 19−38.

Grusky, David B. and Stephen E. Van Rompaey. 1992. "The Vertical Scaling of Occupations:
　　Some Cautionary Comments and Reflections." *AJS* 97: 1712−1728.

Grusky , David B. and Jesper B. Sorensen. 1998. "Can Class Analysis Be Salvaged ?" *American
　　Journal of Sociology* 103: 1187−1234.

Grusky, David B. edited. 2001. *Social Stratification: Class, Race, and Gender in Sociological
　　Perspective*. Boulder: Westview Press.

Grusky, David B. edited. 1994. *Social Stratification: Class, Race, and Gender in Sociological
　　Perspective*. Boulder: Westview Press.

Pakulski, Jan and Malcolm Waters. 1996. *The Death of Class*. London: Sage Publication Ltd.

Sorensen, Jesper B. 1992a. "Locating Class Cleavages in Inter-Generational Mobility: Cross-
　　national Commonalities and Variations in Mobility Patterns." *European Sociological
　　Review* 8: 267−282.

Sorensen, Jesper B. 1992b. "'More Matter, with Less Art': A Rejoinder to Erikson and
　　Goldthorpe." *European Sociological Review* 8: 307−310.

Treiman, Donald J. 1977. *Occupational Prestige in Comparative Perspective*. New York: Academic
　　Press.

Walder , Andrew G. 1996. *Communist Neo-traditionalism: Work and Authority in Chinese Industry*.
　　University of California Press.

第六讲
功能主义的社会分层理论

功能主义的思想由来已久，一般认为法国社会学家涂尔干、英国人类学家拉德克里夫-布朗（A. R. Radcliffe-Brown）以及马林诺斯基是功能主义的主要奠基人。其实，在不甚严格的意义上，比他们更早的孔德和斯宾塞就已经有这种思想了。当然，这一理论的较大发展和具有广泛影响，还是得益于美国社会学家帕森斯、默顿等人的努力。

本书第二讲介绍过，法国社会学家涂尔干是功能主义分层理论的开创者，还进一步介绍了他的功能主义分层思想的五个重要观点。那么，这里讲的功能主义分层理论与第二讲的涂尔干分层理论是什么关系呢？从时间和地域上看，本讲主要谈的是第二次世界大战以后美国的功能主义分层理论，而涂尔干分层理论则是传统的欧洲的理论。

第一节　美国功能主义分层理论的来源

功能主义是如何解释社会分层现象的呢？它认为，既然社会上的地位差别、收入差别、贫富差别等是一种长期存在的普遍现象，那么，它作为社会的一个构成部分必然对社会发挥着某种功能，满足着社会的某种需要。满足何种需要呢？它认为，在社会进行的全部活动中，有些活动只有具备特殊品质、特殊能力的人才可以做，而另一些活动是任何人都可以做的。因此，社会对于不同品质、不同能力、不同责任、不同劳动的人给予不同的报酬、地位就完全合理。换言之，给那些担负重大责任、能力强、贡献大的人以较高报酬和地位，可以刺激人们的奋斗心理，有利于整个社会的发展。

一 美国分层研究的起源

美国分层理论是怎样起源的呢？传统上，美国不如欧洲那样重视社会分层的研究，原因可能是早期的美国社会并没有存在欧洲社会那样等级森严的阶级体系，或者是美国社会比较强调机会均等，美国的阶层之间社会流动更多一些。

美国社会学真正重视社会分层研究，始于 1929~1933 年的大危机、大萧条时期。最早对此进行探索的是罗伯特·林德与海伦·林德（Robert Lynd & Helen Lynd）夫妇，他们二人于 1929 年出版了《中镇》（*Middletown*）一书（林德、林德，1999）。该书用实证调研的方法，研究了美国一个十分具有代表性的小镇的社会分层现象。之所以说该镇具有代表性，是因为林德夫妇在选择该镇时依据七个条件：气候适中、有足够快的增长率、具有现代工业文化、不是单一工业城市、有大量本地艺术活动以平衡其产业活动、代表中等型的美国社区、地处美国中西部。该镇人口 3 万多人，这样的人口数量既可以形成制度化的分层体系，也比较容易进行全面调研。林德夫妇认为，人们的一切行为都是由六类活动构成的，即谋生手段、建立家庭、教育子女、闲暇活动、参加宗教仪式、参与社区活动。林德夫妇就从这六个方面进行研究。

林德夫妇发现，这个小镇社区内居民大体上有 400 种谋生方式，包括艺术家、会计师、银行职员、书店职员、装卸工、染匠、电工、电气工程师、昆虫学家、排字工、机械师、装配工等。林德夫妇将所有这些谋生活动梳理区分为两类，提出了一种两个阶级的社会分层模式。一个阶级是"生产阶级"，从事"以'物'为对象的谋生活动，他们使用物质工具来制造产品和提供服务"。另一个阶级是"经营阶级"，从事"以'人'为对象的谋生活动，他们销售或推广产品、服务和出主意"，提供多种非物质的、制度的活动。在该社区的全部就业者中，生产阶级人数是经营阶级的 2.5 倍，即生产阶级占 71%，经营阶级占 29%（林德、林德，1999：29~30）。林德夫妇研究了上述两个阶级在所有六类活动中的重大差异。他们的结论是，两个阶级之间有着明显差异。所以，林德夫妇的观点并不是比较温和的功能派的立场，毋宁说，他们是一种冲突的立场，更强调社区内政治权力、经济利益的不平等方面。之所以将他们的研究放在这里介绍,是因为他们开创了美国的社会分层研究。后来的美国功能主义的分层理论只是沿着这一领域进行研究,而不是继承了林德夫妇的立场。

二 沃纳学派的功能主义分层研究

真正在美国开创功能主义分层研究的是沃纳、伦特等人,他们的研究比林德夫妇的稍晚一些,时间大约在 20 世纪 30~40 年代。他们的调查方法与林德夫妇的相似,也是选择一个典型社区,应用社会调查、参与观察等方法,研究一个完整社区的社会分层。他们选择的是美国新英格兰州的一个小镇——Newburg Port。该镇只有 17000 人。出于学术保密原则,在发表学术成果时,他们将研究的小镇称为"扬基城"(Yankee City)。后来他们共同完成了一套丛书,丛书名就叫"扬基城"。这套丛书从社会生活、身份体系、声望分层、种族群体等角度探讨了社区内部的社会分层、社会不平等与社会流动。沃纳等人的社会分层研究的影响很大,在学术史上被人们称为"沃纳学派"。

沃纳研究分层主要使用身份的概念,虽然他也使用阶级的概念。这样,他对于分层的看法,在观点上比较温和。他承认社会分层差异的事实,但不主张采用阶级的分析模式。沃纳提出了一种六个层的地位分层模式。首先将全社会分为上层、中层、下层三个层,然后将上、中、下每个层再分为两个层,这样一共是六个层。沃纳对以美国新英格兰社区为模本的六个层做了如下分析(格伦斯基,2005:211~213)。

首先是上层群体里的两个层:上上层(UU)和下上层(LU)。他认为,上上层即社会的顶层,约占总人口的 1.4%,他们是"名门望族",世家富裕,已经形成贵族式的家族,在社区中至少存在三代人或更多。他们拥有大量财富,已经形成上流社会生活方式。多数是大商人、金融家、高级职业者,在社区中有很高声望。上层中的下上层往往渴望与这样的家族联姻。

上层中的下上层,是一些新产生的富裕家庭,也可以说是新的暴发户,约占总人口的 1.6%。他们多是一些新兴产业的业主,比如制鞋业、纺织业、银器业的业主。他们渴望进入上流社会,但他们还没有学会上流社会的生活方式,社会声望还不高。

其次是中层群体里的两个层:上中层(UM)和下中层(LM)。上中层由中等企业所有者、商业所有者、财产所有者和专业技术人员等构成，约占总人口的10%。他们居住在郊区，有独立的住房，有一定的社会声望，比较受人尊敬。与上层群体比，他们的财产收入要低一些，但比其他阶层的收入明显要高。沃纳甚至认为，这个阶层与上层群体的两个层一起，组成大众阶层之上的层级。这三个阶层合在一起占总人口的13%，他们与下面的三个阶层有很大距离（Grusky，2001：242-243）。沃纳的这种区分上层和中层群体的做法特别反映出社会分层的非对立性特点。这里的所谓上、中、下层都只是相对意义的划分，这种层级式的阶层划分与属性式的阶级划分完全不一样。属性式的阶级划分，比如，按照有产与无产的划分，是非此即彼的，是界限清晰的。而沃纳的这种层级划分，阶层之间的界限很模糊，但也正因为模糊，比较容易调和与缓和矛盾。这一点正是功能主义的特色。

中层群体里的下中层，是大众阶层里的上层，它由职员、其他白领工人、小零售商、技术工人以及神职人员等构成，约占总人口的28%。沃纳非常形象地描述了这个阶层的居住特点：他们的小房子拥挤地排列在"希尔大街"（Hill Street）以下旁边的小巷子里，"希尔大街"住的是比他们高的阶层。下中层的此种居住，被比他们地位高的人称为"小巷子里的人"，这个词的含义是较低下的生活方式和社会身份。他们的财产不多，但拥有住房。从族群来看，一些少数族群，如意大利人、爱尔兰人、法裔加拿大人中的成功者，达到了这个层次（Grusky，2001：242）。

最后是下层群体，也分上下层（UL）和下下层（LL）两个阶层。上下层由从事体力劳动的半技术或无技术工人构成，他们约占总人口的34%，是人数最多的一个阶层。沃纳还特别描述了这个阶层在消费方面省吃俭用的特点，比如收入主要用来支付食品、房租等，几乎没有钱用于娱乐消费。其实，沃纳也意识到，他的这种分层标准很难划清阶层界限。但也正是因为很难划清界限，阶层标准模糊才有利于弥合阶级矛盾，实现社会稳定。这是功能主义分层的重要特点。

下下层是指无固定收入者和失业者。沃纳认为，该群体在调查的小镇里占总人口的25%，应该说比例还是相当高的。这说明美国社会当时还远远称不上是中产阶级社会。沃纳对于下下层的分析，似乎更多是一种道德评价，认为他们被高阶层的人视为懒惰、无能，不愿工作，没有进取心，不求上进，依赖救济生活，甚至性行为混乱等。沃纳实际上也同意这种判断。换言之，他认为下下层懒惰无能，就应该受穷，这是典型的功能主义立场。功能主义认为,有能力者进入上层,无能力者进入下层,是合理的分层机制,是社会分层机制发挥功能的表现。但是,一个社会居然有这样高比例(25%)的人被视为懒惰、不愿工作,这很让人疑惑。

沃纳等人在前述的六种地位群体(UU、LU、UM、LM、UL、LL)区分的基础上,还进一步研究了各种复杂的共同体内部的及其相互之间的分层关系。该调研对于被访者的年龄、性别、经济、教育、宗教、本地(native)或外来移民(细致的分类是:爱尔兰、法国、犹太、意大利、希腊、亚美尼亚、波兰、俄罗斯、黑人等)、社团等都做了详细的记录,据此来分析阶级结构与家庭、利益集团、协会等之间的关系。比如,家庭成员通常被认为属于同一个阶级,但实际上,家庭成员也可能是跨阶级的;利益集团的成员可能是同一个阶级的,也可能跨两个阶级;社会团体、协会的成员则通常不是同一个阶级的,可能跨两个、三个、四个,甚至更多的阶级。沃纳等人以此来研究不同类型的共同体内部不同阶级的相互关系。比如,在同一个共同体里,会同时存在几个阶级的成员,这样,处在上层阶级位置上的成员,虽然在总体社会结构中不是最上层,在自己的共同体里却有着明显的地位优势。所以,该研究认为,对于每一个社会成员来说,既有垂直的阶级关系,也有水平的社会关系。图 6-1 展示了扬基城的多种类型家庭的这种复杂的社会关系,将家庭分成了 24 种不同的类型。比如,类型 1 是完全由上上层成员构成的家庭,而类型 24 则完全是由下下层成员构成的家庭,这两种不同类型家庭的行为模式、消费模式、生活态度等会有巨大差异;类型 12 是由三种不同地位的成员构成的家庭,成员 18 属于上中阶层,他的社会地位显然优于同一家庭的成员 28 和成员 35(Warner,1942:5-10)。

图 6-1　扬基城的家庭地位体系

在此,我们可以总结一下沃纳等人在"扬基城"丛书中表达的沃纳学派的社会分层观点。该学派认为,社会分层对于复杂的社会体系是必要的,因为它发挥着重要的社会功能。作者的主导观念是,追求机会均等、公平竞争的社会,可让有才能者进入社会的上层,作者将这些视为美国社会的特征。这样，沃纳学派就忽视了对冲突、不平等、贫困等问题的研究。具体地说，该分层的几个特点如下。第一，该分层是典型的等级分层，而不是按群体的属性或按照社会关系的不同类型进行的分层。第二，该分层标准是多元的，而不仅仅是经济标准。第三，该分层注重主观声望标准，甚至主观道德标准，这样就产生了经济地位与社会声望不一致的情况。沃纳的道德标准是为他的功能主义服务的，即符合社会主导意识形态和道德的人社会地位高，不符合社会主导意识形态和道德的人社会地位低。这个思想后来被帕森斯进一步阐释为自己社会分层理论的核心观点。第四，该分层重视生活方式、生活机会和消费，这样就与韦伯的分层近似。第五，该分层不注重经济上、权力上的对立，比如，雇主与雇员之间的管理与被管理、控制与被控制，这样，社会各群体之间没有对立和冲突的关系，这是功能主义分层最重要的特征。

1949 年，沃纳在一部题为《琼斯韦尔的民主》的著作中，总结了社会分层是维护社会秩序的必要机制的思想。他认为，现代社会异常复杂，与这种复杂的情况相对应，社会有着一套复杂的社会分层体系，将社会中的人安置在高低不同的位置上；之所以如此，是因为唯有这样，才能使社会成员相互协调地处于一个社会有机体中。不过，沃纳只是提出了这一思想，但没有对此做出进一步论证。而论证的工作，不久便由功能主义大师塔尔科特·帕森斯及其弟子完成了。

三 帕森斯的功能主义社会分层理论

帕森斯（Talcott Parsons）是美国功能主义的大师，其功能主义分层理论继承了涂尔干和美国社会分层研究中沃纳学派的传统。帕森斯对于分层并没有做实证研究，因此，他的论述比较抽象。

帕森斯的功能主义分层思想主要表述在他的几篇论文中，这些论文包括：《对于社会分层理论的一种分析型的探索》、《对于社会分层理论的一种分析型探索的修正》、《现代社会中的平等与不平等》。在不同时期，帕森斯对社会分层理论的表述也有一些差异，本节是对他分层思想的综述。

帕森斯在分层理论上考虑问题的角度是：社会秩序是怎样成为可能的。他的回答是，要通过规范与价值观念。他认为，社会有着自己的需要，其中一个重要需要就是社会整合，而一个共同的价值观念体系就是为满足这个需要而产生的。从这个基本点出发，帕森斯阐述了他的分层理论。

1. 什么是社会分层

帕森斯认为，社会分层是构成一个既定社会体系的人类个体位置差异的排列，是有关人们的社会尊重方面、人与人之间一种相对位置高低的排列（Parsons，1954：69）。帕森斯对于社会分层概念定义的特点是特别强调其主观声望、尊重。他曾经将"阶级"定义为：阶级是这样一些人或集体的聚合单位，这些人自己以及他人均认为他们在社会上占有大致相同的地位。也就是说，帕森斯的分层概念更强调主观因素，而比较忽视客观因素。这样的概念与多数分层理论家的看法很不一致。帕森斯还强调，社会分层是所有社会体系都具有的一般结构，社会分层与社会系统整合的水平和类型有关（Parsons，1954：386）。

2. 价值观念在分层中的重要作用

帕森斯认为，他研究分层的目的就是要解释：第一，为什么这种地位差异体系被视为社会体系的根基；第二，什么是在这种分层体系中发挥重要作用的尊重、尊敬（Parsons，1954：69）。帕森斯特别强调分层的主观特征，他认为，分层首先是一种精神道义上的差异。所以，要集中讨论的是，以个人为单位的精神道德、道义上的差异究竟要怎样评价。一个人的社会地位高，首先是因为被社会认可的精神道德的高地位，是在社会上受到尊敬、尊重，是社会给予的肯定。反之，另一个人的社会地位低，是因为社会对这种地位的否定，造成的结果是，该社会位置没有尊严，不受尊重。

帕森斯承认，在某种意义上，将一种道德评价标准选择为分层体系排列的标准似乎有些霸道，但实际上并非如此。由于有了这种道德价值观评价体系，一个人对于另一个人的评价就不是个人的评价，而是意味着一种社会体系中的位置。这样就不是两个人获得了位置，而是每一个人都获得了位置。

道德价值观与行动者的动机——自我利益因素是相互联系的。道德期望影响人们的行为。如果一个人失去道德尊敬，他就很难保持一种较高的地位。这样，如果与社会的规范不一致，就会伤害这个人的自我利益。

帕森斯这种用价值观来区分人们社会地位高低的理论，与传统分层理论家的观点确实很不一样。帕森斯认为，地位的区分与价值观的区分是联系在一起的，价值观提供了有的人地位高、有的人地位低的原因，为这种地位差异的合法、合理性做出辩护。

3. 价值观念与分层地位的六要素

帕森斯在他 1940 年发表的论文《对于社会分层理论的一种分析型的探索》中，提出六种导向不同价值观体系的分层地位要素（elements of stratificatory status）。在六种不同的地位要素中，社会尊敬的内容是不一样的，崇尚着不同的价值观，这样也就为社会地位高低的不同标准做出辩护（Parsons，1954：74-76）。

第一，家族亲属的成员。不同家族成员形成不同的身份群体。进入一个家族群体的途径有两种，或者是由于出生血缘，或者是通过婚姻。家族体系比较强调内部团结，在分层上，家族是不可逾越的界限。尽管实际上由于性别、年龄会形成地位差异，但家族内部仍然具有平等性。比如，印度的种姓制度，就是以出身、血统区分阶级的，所有其他分层要素，如成就、所有权、权威、权力、品质均不能更改阶级地位。所以，在此种体系里，出身、血统最受尊崇，形成主导的价值观。如果用帕森斯的观点来分析中国，我们传统上有所谓"皇亲国戚"之说，这些人就是因为血缘、亲属关系而提高了社会地位。

第二，个人品质的差异。这是指与个人相联系的一切可以显示个人品质区别于他人品质的因素，比如，性别、年龄、容貌、智力、体力等，这些因素可以影响地位的高低。比如，性别。帕森斯认为，在当时的美国社会，性别角色的区分，多数情况下使得妇女与职业地位相分离，即使是职业妇女，也是从事具有性别角色的职业，一般不与男子形成职业竞争。这样，性别差异就形成性别的价值观。在个人品质上，比如个人魅力。社会对于男人的价值判断与对妇女的是不一样的，比如男人的服装品味、价值判断与妇女的就完全不同。所以，对于男人成就的判断集中在职业领域，而对于妇女成就的判断就不是在职业领域。

第三，一个人取得的成绩、成就。这是一个人行动的结果。成就、成绩可以是物质的或非物质的。帕森斯认为，在美国社会，阶级地位区分的主要标准是成就要素，特别是"职业成就"。

第四，所有权、占有。这里所说的一个人拥有其物品的所有权、占有，就是他可以将此物品转让给他人。上述第二、第三类——品质、成就，并不一定是可以转让的，虽然不排除有时候也可以转让。

第五，权威。权威是一种被制度承认的、影响他人行动的权利。这种权利可以被占有某种官职者，或其他由社会定义的身份者去实施，比如父母、医生等。实施权威的种类和程度，是个体价值差异的最主要基础。

第六，权力。所谓一个人占有权力，就是他有影响他人的能力，他具有不需要经过批准就可以获取占有权的能力。权力也可以获得合法的身份和社会的认可。

帕森斯认为，一个人的地位归属总是与上述六种分层要素中的一种相结合，于是就受到与该分层要素相联系的共同价值观的影响，由此决定人们在社会分层体系中的地位。

帕森斯还用林顿（Ralph Linton）提出的先赋身份（ascribed status）与自获身份（achieved status）（Linton, 1936: chap. Ⅶ）分析上述六个方面的价值观取向。第一种是以血缘关系为基础的，第二种是人们先天就具有的，所以，重视第一种和第二种资源的，当然就属于按"先赋身份"区分社会地位。第三种及以下，是人们可以通过后天努力而获得的资源，所以，重视这些资源的，就比较容易按照自获身份区分社会地位。当然，帕森斯也指出，财产所有权、权威、权力也可能是通过家庭继承来的，这样它们就成为"先赋身份"了（Parsons, 1954: 76-77）。

帕森斯的上述观点是在1940年发表的文章中阐述的，这时候，他的社会行动理论还在探索中，还不够系统。所以，他的分层理论以分层六要素的形式表现。不过，在这里他的共同价值观决定社会分层的观点已经形成，并始终不渝。后来，到他完成《社会行动理论底稿》时，1953年，他在自己的另一篇关于分层的文章里，又修正了1940年的上述观点，将价值观念与他自己的 AGIL 模型结合，而不是仅仅与上述六要素结合。

4. 社会分层中的首属因素和次属因素

可以说，帕森斯在分层方面的最主要观点有两个。第一个观点是，他认为，一个人在社会上的地位之高低，是由社会上的其他人，根据这个人所能做到的与社会上占统治地位的价值观念相一致的程度决定的。换言之，越是符合该统治地位价值观的人，其社会地位就越高。对于这个观点，上面第二、第三点，已经做了较全面介绍。第二个观点是，虽然他也承认人们在财产、权力方面的实际差别，但他认为，这些仅是次级、次属的（secondary）。他多次强调，财富并不是分层的首属标准，财富的主要意义仅仅在于它是一种社会成就的象征。分层的首属标准仍然是共同的价值观念（Parsons，1954：83）。帕森斯认为，在美国社会，财富成为身份地位标准要更复杂一些。尽管很多人不同意这个观点，但从共同价值观体系的角度看，财富只是分层的次属标准，正如办公室职位一样，首先是作为成就的象征。

从帕森斯分层地位的六要素也可以看到，不同社会侧重的分层要素是不一样的，给予地位报酬的内容也是不一样的。所以，首要的因素是得到共同价值观念体系认可的社会地位，社会地位是提供给行动者、社会群体或社会成员的首属报酬。在此基础上，行动者、社会群体或社会成员才得到第二个层次上的报酬，或称"次属报酬"。次属的报酬可以是金钱、收入、财富，也可以是其他方面，比如政治权力、政治地位、特殊的荣誉等。

帕森斯还分析了作为次属因素的权威。权威之所以重要是因为它是执行职业功能的必要工具，当然反过来，权威的实践也成为职业地位声望的主要标准之一。于是，权威，特别是办公室职位的权威，就成为对于过去成就的一种奖赏或酬劳，一个人占有权威地位是因为他过去有很大成绩。因此，权威、职位权威就成了次级的差异，仅仅是地位的一种象征标准。当然，一旦占据这个办公室，办公室就会独立发挥声望的功能，不管这个人有无成就，这个占据办公室的人都具有社会声望（Parsons，1954：83）。

总之，决定社会地位高低的首要因素，是一个人所能做到的与社会上占统治地位的价值观一致的程度。比如，在崇尚职业成就的美国社会，财富只是职业成功的一种象征。价值认可的职业成功是第一位的，而财富占有是第二位的。按照这个原理，比如，在我国改革以前，职业成功的象征就不是金钱，而是政治地位、劳动模范等。帕森斯举例说，在美国社会，教授的地位首先是社会价值的认可，教授获得社会地位的象征不是靠财富，而是靠学术奖励或学术酬劳。教授可以富有也可以不富有，这都不影响其社会地位，他的社会地位不是靠财富决定的。这就再次证明财富不是社会分层的首属因素（Parsons，1954：84）。

5. 用 AGIL 模型阐释社会分层

如上所述，帕森斯对于社会分层的研究是与他的社会系统和社会行动的理论联系在一起的。到了 20 世纪 50 年代，帕森斯终于完成了他的社会行动理论，于是，他开始运用 AGIL 理论解释社会分层。我们知道，所谓 AGIL 理论，是帕森斯提出的社会具有四个子系统的观点。他提出，任何社会要生存就必须满足其自身的四种基本需求或四个功能条件：第一，适应的功能（adaption），社会要适应环境，从环境中寻找资源，维持社会的生存发展；第二，实现目标的功能（goal attainment），为社会确立目标，调动资源去实现目标；第三，整合的功能（integration），保证社会各个部分之间的协调关系；第四，潜在调节的功能（latency），使得社会成员在动机、需求、角色技能上适合于社会体系的要求，使社会的模式能够保持下去（郑也夫、李强，1987：191）。

为了实现这四个必要条件，相应地，社会产生了四个最为重要的具体机构：第一，经济机构；第二，国家政治机构；第三，法律和宗教机构；第四，家庭、学校等文化机构。帕森斯认为，这四个机构都是社会有机体的构成部分，对于社会整体发挥作用。第一，经济机构的功能是为社会成员寻找资源，为社会提供商品、服务等，使得社会能够与物质环境相适应，支撑社会的发展。第二，国家政治机构的功能是为社会设定和提供目标，作为个人和群体的行为导向。第三，法律和宗教机构为社会提供规范与道德标准，发挥社会整合的功能。第四，家庭、学校等文化机构通过对人的训练、驯化，使社会成员完成社会化，维持社会模式的运转。

那么，这样一种 AGIL 理论与社会分层、社会地位的高低有什么关系呢？帕森斯提出两个观点：第一，上述四个社会机构的功能不同、任务不同，从而会导向重视不同的价值观；第二，在不同的社会中，四个社会机构受到重视、尊重、崇尚的程度是不一样的，因此，它们就可以被视为四种不同类型的社会体系，在每一种理想类型的社会体系中，某种社会机构最受重视，它就成为首要社会机构。

这样，四种不同类型的社会体系，分别崇尚四种不同的首要机构。在任何一种类型的社会体系中，都会有一种价值观处在至高无上的地位（paramount value），并成为共同的价值观。于是，与这种价值观相联系的社会角色、社会群体便获得较高的社会地位。第一种是经济机构为首要机构的社会体系，社会至高无上的价值观是崇尚经济效率，于是经济地位高的人、有钱人的社会地位就高。第二种是国家政治机构成为首要机构的社会体系，社会至高无上的价值观是政治目标，于是符合政治目标的人社会地位就高。第三种是法律和宗教机构成为首要机构的社会体系，社会至高无上的价值观是法律或宗教的整合功能，于是与法律或宗教相关的人的社会地位就高。第四种，家庭、宗族等文化机构成为首要机构的社会体系，社会至高无上的价值观是崇尚与家庭血缘等相关的先天品质、先赋因素

（ascribed system qualities），于是血统地位高的人社会地位就高。当然，帕森斯指出，他这里所描绘的是从纯理论抽象角度看的四种理想类型的社会体系，实际的社会体系可能是混合的、交融的（Parsons，1954：398）。

6. 帕森斯主要观点的总结

最后，让我们来总结一下帕森斯功能主义社会分层理论的最主要观点，可以概括为以下四个方面。

第一，在分层体系中，一个人的地位、身份由他人的道德价值观评价决定。

第二，判断地位高低的依据是共同价值体系（the common value system）。

第三，这种共同价值体系是由首要的社会制度、机构塑造的，哪种制度能够成为首要制度，由特殊的历史、文化、环境决定。

第四，实践了这种价值观的人会得到较高地位，并得到较高报酬。

第二节　功能主义分层原则及其
批判与修正

一　戴维斯和莫尔的功能主义分层原则

与帕森斯一样，戴维斯和莫尔的理论也继承了沃纳的传统。戴维斯（Kingsley Davis）和莫尔（Wilbert Moore）均毕业于美国哈佛大学，是帕森斯早期的学生，在学术倾向上受到当时哈佛大学教授索罗金（Sorokin）和帕森斯的影响。当时，哈佛形成了一个强大的功能主义理论的大本营。其实，哈佛大学在美国的功能就是作为美国社会主导意识形态的重要基地，这种功能与美国另一海岸的著名学府伯克利完全不同。第二次世界大战刚刚结束的时候，美国社会是保守主义思潮占据统治地位，主导观念是求稳定，不愿意再有大的变动。正是在这种背景下，戴维斯和莫尔发表了功能主义分层理论的最主要作品《分层的原则》（Some Principles of Stratification）一文。

戴维斯和莫尔提出，任何社会都需要建立某种机制，来保证处在社会不同位置上的角色能够有效地发挥作用和保证社会有效运行；而这个社会机制就是社会分层。社会分层是这样一种体系，它将不同的报酬、不同的待遇配置给处在社会不同位置上的角色。这种不均等的资源配置，可以刺激人们的动力，使社会运行更为有效率。所以，社会分层对于满足一个复杂社会系统的要求是必需的。

那么，这里就产生问题了：谁应该得到多一些，谁应该得到少一些；为什么要这样配置；这里面有什么道理？戴维斯和莫尔的理论就分层的合理性提出了一些原则。

首先，他们提出了决定人们在社会上位置、地位的两个最主要因素。第一，社会的不同位置、地位对于社会的功能是不一样的，重要性不同，有的对社会最为重要（greatest importance for the society），有的不重要。位置差异设置的目标是增强竞争，将最有才能者吸引到最重要的位置上去。第二，不同人才的稀缺性不一样，某些社会位置需要天赋极高的人，而胜任者甚微。即使一些人具有很好的天赋，但要胜任这些位置还需要漫长的、昂贵的训练，其结果是这样的高级人才变得十分稀缺。总之，一方面是位置的重要性不一样，另一方面是人们的能力和人才的稀缺性不一样，为了将最有能力的高级人才吸引到最重要的位置上去，就要增加这些位置的吸引力，于是，就要将较高的社会等级、高声望、高薪水、充裕的闲暇等赋予这些重要位置。戴维斯和莫尔承认，在一种社会被看作重要的位置，在另一种社会却可能被看作不重要，人才的稀缺性也是这样。但是，在任何一个社会，总会有些位置重要，有些不重要，有些人才稀缺，有些不稀缺。因此，这两个因素和原则是长存的。

其次，他们分析了一些社会位置的社会功能，即试图用上述两要素阐释社会位置是怎样分层的。第一，宗教和神职人员的社会功能与社会位置。宗教的功能是整合社会，实现社会团结的功能当然重要。神职人员可以与神交往，于是具有很高的地位。但从另一个要素——人员稀缺上看，这又对神职人员的社会地位不利。更何况在现代社会，科技高度发达，超自然的传统神学衰落了，神职人员面临失去信任的危险。所以，只有在对神职人员高度信任而进入神职人员位置又被高度控制的社会里，他们的地位才最高。第二，政府。政府通过法律和权威整合组织，指导社会，协调冲突，功能当然重要。从人员稀缺上看，高级官员、高级决策者人数少、比例低，所以容易得到高待遇。但不利因素在于，统治者的行为受到约束，统治者需要得到他人的技术帮助，所以地位也受影响。笔者以为，戴维斯和莫尔所说的美国政府官员的不利因素，在中国却恰恰相反。相比较而言，中国官员的权力大，向属下发号施令，更少受到约束，所以，中国官员地位要更高一些。第三，经济地位，指财产、财富与资产的地位。戴维斯和莫尔认为，每一种社会位置都会得到相应的经济报酬，于是人们会误以为经济报酬本身就是社会地位。在这里，他们同意帕森斯的观点，即经济报酬、经济收入、财产、财富不是分层的第一位要素，而是第二位的。第一位要素是该位置的社会功能。社会功能重要，所以才带来高收入。戴维斯和莫尔也认识到，作为资本所有权的经济地位，却是第一位的要素，有了资本所有权就可以带来高收入。那么，问题来了，资本所有权有什么功能？如果是第一代资本家，作为资本的经营者显然是有功能的，但是，如果不参与经营了，如果是纯粹的资本所有权有什么重要的社会功能呢？比如，一个财产继承者，继承了巨额资本，由此获得极高的收入，但这个纯粹的继承者并没有什么重要的社会功能。戴维斯和莫尔也承认：在这个例子中，很难证明该位置具有功能的重要性，所以，工业生产的私人所有权制度，这种无功能的所有权制度，越来越受到抨击（Grusky, 2001：60）。第四，具有高技术知识的位置。高技术知识位置的功能显而易见，因此，它比较容易得到较高报酬，并进而吸引人才。但戴维斯和莫尔认为，技术知识仅是一种手段，没有宗教、政治的社会整合功能重要，因此，技术知识位置的报酬也就低于后者。当然，技术专家也受到供应量的影响，人数过多报酬就会下降。

　　最后，他们提出，在不同类型的分层体系中，位置的功能重要性和人才的稀缺是各不相同的。他们分析了一些方面的差异。第一，专门化程度。一种功能如果与其他功能混在一起，在分层上就很难受到重视，只有当它从结构上分化出来，变成非常专门的功能，它的地位才能变得特殊而受到重视。当然，如果数量太多，专门化的功能又会变得不重要。第二，不同社会突出的功能重点不一样。这个观点与帕森斯所说的不同社会侧重于不同社会机构的观点几乎是一致的。戴维斯和莫尔提出三种社会：家族主义社会，重视家族关系，家长的地位高；神权社会，宗教功能重要，僧侣地位高；世俗的资本主义社会，经济和技术的地位上升。第三，不同社会的平等程度是不同的，极端的例子可以分为均等社会与不均等社会。第四，不同社会的流动机会不一样，有高流动率的开放社会，也有低流动率的封闭社会。第五，不同社会阶级的团结程度不一样，阶级的组织化程度影响阶级的利益。

　　总之，戴维斯和莫尔比较全面地论证了分层对于维系社会运转所发挥的重要功能，论证了地位差异的合理性，认为高地位、高收入、高报酬是对稀缺的高级人才的奖励，并为此提出一些功能主义的基本原则。因此，《分层的原则》被视为功能主义分层理论的代表作。但社会的现实却常常显示，庸才占据高地位的现象并不罕见。如巨额财富的继承者，没有什么才智，也没有发挥什么社会功能却占据高地位。戴维斯和莫尔的辩护难以做出合理解释，所以，他们的理论也常常受到抨击。在所有批评者中，图闵（Melvin M. Tumin）的抨击最为有名。

二　图闵对戴维斯-莫尔理论的批判

就在戴维斯和莫尔的论文发表不久，图闵于 1953 年发表了《分层原则：一种批判的分析》，针锋相对地对戴维斯-莫尔理论的原则进行了全面批判。

图闵将戴维斯-莫尔理论的分层原则概括为七条，并对这七条原则逐条加以批驳。

第一，戴维斯-莫尔理论认为，任何社会均有某些位置（positions）在功能上比其他位置更为重要，需要具备特殊才能和技术者去承担。而图闵认为，所谓重要或不重要具有很强的价值判断的特征，也就是说具有很强的主观性，站在不同的价值立场上，关于重要性的结论会完全相反。比如，同是在工厂里，究竟是工程师、技术人员更重要，还是普通工人更重要？可见，所谓重要性是一种主观评价，并没有客观标准。同样，所谓这些具备特殊才能的人，其"才能"本身也颇可质疑。一种才能的特殊性、不可缺少的特性以及是否可以替代的特性，也是由既有的社会文化体系塑造的，而不是纯粹自然的、无价值判断的属性。换言之，有权势者会将与他们地位相关的某些才能的作用夸大。

第二，戴维斯-莫尔理论认为，在任何社会中，只有少数具有天才的人，才有可能被训练成掌握这些职位技术的人，从而承担这些重要职务。图闵则认为，天赋的说法是一种假设，很难证明。说一个职务只有某人能做，别人就不能做，缺少证明。说只有那些有天才者可以学会某些技能，但问题在于怎样发现这些有天才者。由于人们在进入社会的竞争机制、晋升途径和训练方面存在不平等，所以，社会分层本身就限制了对全社会的全部的真正有天赋者的发现。而且，一个社会的分层体系越严格，能够新挖掘出其成员的天才的机会就越少（Grusky，2001：67）。由于不能让所有有才能者充分进入竞争机制，一部分人会受到阻碍，所以，实际上扩大社会资源的可能性就受到了限制。

　　第三，戴维斯-莫尔理论认为，将这些有天才者转变为掌握技术者，需要一定时期的训练，在这一训练时期，受训者会受到一定程度的损失，有所牺牲。而图闵认为，这是高地位者为自己的特权地位所做的辩护。实际上，受更高水平教育的人，与他们的天才并没有什么关系，而是因为他们的家庭条件好，而他们的家庭是因为其本身的特权和分层位置比较高，才可以支付这样的高学费。于是，由于家庭分层位置高，子女就可支付高学费，支付高学费就获得高地位。这是一种特权地位的循环，很难说是损失、牺牲。如果真要计算损失、牺牲的话，那么，上大学那几年没有得到的收入，远远比不上高地位者常年在高位置上比其他人高出的大笔收入和财富。而受更高水平教育的人，不仅得到高收入、财富，还得到高声望、更多的发展机会、更多的休闲和自由。所以，仅仅讲教育期间受损失和牺牲的道理，难以辩护地位、财富以及多方面重大社会差异的正当性。

　　第四，戴维斯-莫尔理论认为，为了使有天才的人愿意经受这种牺牲，从而获得训练，他们将来的位置就必须具有吸引人的价值，具有特殊利益。即在进入那些社会上难得的、报酬高的职业时，这些人具有特权，很容易进入该位置。而图闵认为，激励有才能者受训，可以有多种方式，分层并不是唯一和最有效的方式。其他方式，比如将工作的动机、工作享受的价值判断嵌入年轻人的社会化模式中，年轻人接受了社会化，也就接受了这些人才与位置互相匹配的社会模型。总之，社会模式具有多种可能性，不能认为现存的就一定是合理的。

　　第五，戴维斯-莫尔理论认为，上述所说的稀有的、具有吸引力的职业好处包括：与职位相联系的权利和一些福利条件。这些权利和条件，有助于实现下列好处：生活的舒适、消遣和娱乐、自我尊重和自我发展。

　　第六，戴维斯-莫尔理论认为，这种对社会基本报酬获取程度的差异，所造成的结果，是不同的社会阶层获得不同的声望和尊重。因此，这些特殊的权利和福利条件，也就是在制造着社会的不平等，这就是社会分层。

　　对于这两条，图闵认为，生活舒适、消遣娱乐、自我尊重和发展当然是好的东西，问题是怎样配置这些报酬才合理，难道所有这些报酬配置给高地位者就是合理的？三种报酬的配置是比例有差别呢，还是完全等量呢？戴维斯-莫尔理论并不能做出合理解释。图闵提出与前述帕森斯分层理论相类似的观点，即不同的社会为了实现责任与报酬之间的平衡关系，在各自所强调的报酬类型上，存在非常大的差异。正如帕森斯所说的，有重视经济差异的，有重视政治差异的。在重视家族、宗族的社会，年长和年轻会成为分层的重要因素。所以，分层的模式不是只有一种，而是有多种选择。图闵进而批评说，社会分层体系实际上起的是维持现存制度的作用，它给精英提供了政治权力，而精英通过政治权力获得意识形态的统治权，而意识形态统治权又使得现存制度更为合理化。总之，如果按照戴维斯-莫尔理论的观点，现存的一切永远合理。

第七，戴维斯-莫尔理论认为，表现在稀少物品享有、声望尊重差异上的各阶层的社会不平等，在任何社会中，都既起到正功能作用，又不可避免。图闵认为，如果说稀少物品的分配有功能上的合理性和必要性的话，那么任何社会唯一必须被不均等分配的项目，就是当人们承担不同的社会任务时，为完成任务所必需的权力和财产，而将声望、自尊、尊重也不均等地分配就没有什么道理，因为，在社会的意义上每个人都同等重要，都应该受到尊重。

最后，图闵对功能主义分层原则提出了全方位批判。图闵认为，社会分层体系的实际作用，是将地位的自我认定非常不公平地分配给社会上的人。而这种自我认定是一个人发展的前提，自我认定地位低的人就失去了发展机会。

由于报酬上的不平等不能充分得到社会上无权者的赞许与接受，社会分层实际上制造着社会上的敌视与怀疑，这样就阻碍了社会整合，限制了社会整合扩展和深化的可能性。

由于人们的社会地位取决于人们在社会分层体系中的位置，社会分层就制造着社会不平等。

由于一个人对社会的忠诚度，取决于他自己认为在该社会中地位的重要性，社会分层体系就不平等地分配着人们对社会的忠诚。

由于人们对社会的参与或不参与取决于他们自己认为是社会成员的程度，社会分层实际上在人口中人为地分配着这种不同的参与动机。

总之，针对戴维斯-莫尔理论强调分层的正功能、合理性的观点，图闵全面论述了社会分层的负功能和不合理的方面。

对于功能主义分层理论的缺陷，笔者在过去的著作中也曾予以分析，指出了其理论的四点不足。第一，功能主义分层理论忽视了社会贫富差距不合理的一面。功能主义论证了收入差距的合理性，认为给贡献较大的人以较高报酬可以鼓励其积极性。但活生生的社会现实却是：人们所取得的报酬与他们为社会所做的贡献常常并不一致，有时甚至完全相反。劳者不获、获者不劳的现象并不罕见。尤其在社会转型期，由于制度上的漏洞还比较多，一方面，有些人短期内迅速致富，聚集了巨额财产，获财的途径存在很多问题；另一方面，一些积极肯干的劳动者，却因为单位不景气，失业、下岗，甚至失去社会保障，落入底层，生活陷入困境。对此如果再强调贫富差距合理的一面，就太没有道理了。

第二，功能主义的贫富差距观忽视了社会上一部分人在竞争中所面临的障碍。在致富的竞争中，如果机会是均等的，人们是从同一条起跑线出发，竞争是公正的，那么，即使最终造成贫富差距的事实，人们也可以接受。但在现实生活中，人们的起跑点常常相距甚远，竞争规则又有许多漏洞，在此状况下如果一味论证收入差距的合理性，那就极不公平。对此，上述图闵的文章已经做出了很多分析，笔者不再赘述。

第三，功能主义忽视了社会上的阶级现象。阶级的区分常常与人们的贡献大小没有太大关系。在现代社会，虽然阶级地位不再是先赋的，社会具有了较大的流动性，但社会调查表明，多数人的阶级地位仍然与其父母的阶级地位相近。这就是说，阶级地位在代际继承上具有一定的稳定性。下层阶级与上层阶级从一开始就不平等，最终还是不平等。

第四，功能主义分层理论无法解释现代社会中各种分工相互依赖、任何一个分工环节均不可缺少的事实。功能主义认为，一些位置或工作比另一些更重要，因此，报酬应有差别。但在现代社会中，各种工作、社会位置、社会分工，都是相互依赖的，不存在哪项重要、哪项不重要的问题。从分工的角度看，体力劳动者对于社会的贡献与脑力劳动者一样重要，比如，清洁工如果不工作，大城市也会瘫痪。对此，功能主义确实无言以对。

三　辛普森对戴维斯-莫尔理论的修正

功能主义分层理论的核心问题是要解释分层差异的合理性，是要论证为什么有些人收入高、有些人收入低是合理的。戴维斯-莫尔理论虽然做出了经典的辩护，但在图闵的抨击下也显得漏洞百出。美国宾夕法尼亚州立大学的辛普森（Richard L. Simpson）教授则提出了分层上的"供需论"观点，试图对戴维斯-莫尔理论做出修正（Simpson，1956）。

辛普森也是从对戴维斯-莫尔理论的批评开始的。他认为，一种社会地位或位置（positions）对于社会的重要性难以测量。有些位置仅为个人服务，比如贵族的奴仆、管家，对社会并没有什么贡献。还有一些位置，比如电影明星，无论从社会重要性的角度看，还是从训练受损的角度看，社会给他们的报酬都大大超过了其贡献或损失。所以，说因为功能重要所以收入高，道理讲不清楚。辛普森批评说，如果按照戴维斯-莫尔理论的观点，所有分层体系都可以被解释为是最好的，所有报酬和分配都可以被解释为是功能必要的。

既然从功能的必要性、重要性角度无法阐释差异的原因，那用什么办法去解释呢？辛普森认为可以用供给和需求（demand-supply）的模式去解释。一种位置的功能重要性无法测量，但人才的供给和需求却可以测量。那么，这种解释是否有退到纯粹的经济学理论之嫌呢？辛普森认为不会。因为这里所探讨的供需不是用货币来衡量的，这里所表现的影响供需的不是价格的涨跌，而是社会学的因素。

辛普森认为，是社会位置承担者的需求和供给决定着分层地位的高低。在一个社会中，对于某种位置承担者的需求越高，则他们的报酬就会越高。同样，能够承担这些职位的人越少，他们的报酬也就会越高。所以，一方面是人才的供应，对于人才的培训，另一方面是人才的需求，社会对于社会位置承担者的需要，两条曲线相交叉，就决定了某种社会位置的报酬水平。因此，社会学必须研究的是，哪些因素影响了人才需求曲线，哪些因素影响了人才供给曲线。

辛普森分析了三类影响人才需求或社会对于社会位置承担者需求的因素。

第一，文化价值观（cultural values）。不同文化模式和不同价值观念的社会，对社会角色的需求有很大差异。崇尚宗教的社会，对牧师或僧侣有很高的需求，现代工业社会则对工业管理人才有很高的需求。

第二，技术（technology）。一个社会的技术发展水平对人们需要的产品和服务有很大影响，而人们需要的这些产品和服务决定着社会的人才需求。所以，技术的发展创造着社会位置的体系，也就决定着人才的需求。现代工业社会，技术更为分化，于是社会位置体系也就更为多元化和复杂。辛普森认为，这使得与位置相对应的报酬体系，从最高到最低的层次更多，差距更大。

第三，权力（power）。任何社会都会赋予某些位置以权力，这些权力就能够决定位置和报酬。这种权力决定的位置和报酬，有可能符合社会的需要或符合社会的目标，但也有可能不符合社会的需要与目标，甚至完全与社会目标相反。比如，公司总裁花重金雇用律师来为该公司的违法行为辩护，公司经理雇用高级会计来为该公司避税做财务设计，公司花重金雇用广告人员制作夸大产品功能的虚假广告。再比如，在没有业绩的情况下，公司总裁给自己加薪等。这些都证明权力可以决定社会位置的需求，虽然这种影响有时候会损害社会。

辛普森接着分析了影响人才供给的五种社会因素。

第一，某种位置所需要的训练和天赋决定着人才的供给，即需要的天赋越高、训练越难，人才的供给就越少。辛普森指出，戴维斯-莫尔理论也解释过训练和天赋的影响，但将它解释为影响分层的唯一因素，而忽视了其他多种因素。

第二，利用权力对于人才供给的限制。垄断商品可以抬高该商品的价格，同样，垄断人才也可以抬高该种人才的报酬。社会组织和个人可以利用权力垄断某些职位或严格控制进入该类职位的人员。比如，为了维持某些专业职位的高薪，一些专业协会就对进入该专业的人严加限制，设置很多苛刻的准入条件、训练条件，这样能够符合条件的人很少，于是维持了高薪金、高价格。辛普森举例说，美国有些工匠协会严格限制工匠资格，于是垄断了该类人才。

第三，特殊技艺、才能。这一点还是与垄断有关。辛普森举了一些影星、体育明星的例子。这些特殊的技能、才能，别人不具备，只有明星们具有，于是供给极少，价格高昂。当然，辛普森也指出，明星们的技能是否事实上真的别人都不具备，倒不一定。但只要公众都这样认为，那么人才供给的规律就会发挥作用。

第四，人们职业选择的倾向。所有那些影响人们职业选择的因素，都会影响人才的供给。比如，社会流行一种价值观念，人们趋之若鹜地崇尚某种职业，于是供给增加。当然，人们的价值观念不同、兴趣不同、家庭背景不同，对于职业的倾向也就各不相同。研究发现，家庭背景影响价值观，而价值观影响一个人的职业选择，于是出现了知识分子的孩子还是做知识分子、工人的孩子还是做工人的倾向。

第五，职业流动的因素。职业流动的障碍越多，职业越不流动，则某种人才短缺、人才不平衡的局面越不容易得到纠正。反之，职业流动越容易，人才不平衡的局面越容易得到纠正。辛普森举例说，一种新职业收入明显上升，而处于同样职业地位的另一种老职业收入下降，于是人们便期望从老职业转入新职业。然而，这种转变常常有障碍。比如，地区的障碍，有时候要长途迁徙。再比如，要学习新的职业技能，而丢掉老技能学习新技能不是那么容易。因此，这种职业流动常常通过两代人的转变才能实现。因此，职业流动率低就造成某些人才供给的不足，于是某些职业就会在报酬上比另一些高很多。

总之，辛普森并没有放弃功能主义立场，而是补充了功能主义的不足。他试图从人才供应和需求差异的角度解释地位报酬差异的原因。当然，辛普森认为，除了供应和需求以外，还有其他一些因素会影响社会位置的报酬。比如，他提出的"晕轮效应"（halo effect），是指有时候一些象征意义或假象也会影响社会地位和报酬。他认为，有些白领、蓝领的地位差异并不是工作技能的实际差异，而是一种象征效果的差异。再如，历史的传承、习俗等也会影响地位差异（Simpson, 1956：136-137）。

第三节 功能主义分层理论与中国改革以后的收入分配政策

从上述分析可以清楚看到，功能主义分层理论的核心是试图证明社会上的地位差别、收入差别、贫富差别具有合理性，试图证明分层具有正向的社会功能：分层对于维持社会秩序、满足社会需要是必需的；分层可以鼓励积极性、刺激人们的奋斗心，从而促进全社会的效率。

改革开放以来，中国共产党和中国政府实行了允许一部分人先富的政策，其政策目标是试图发挥收入差距、贫富差距的正向社会功能，来激发广大群众的劳动积极性。因此，从理论上看，这应属于功能论的视角。改革开放40多年来，这样一项政策对中国社会产生了极大影响，下面笔者就尝试做出一些分析。

一 怎样看待"允许社会上一部分人先富起来"的政策

一部分人先富政策的创始人邓小平同志，1978年12月13日在中央工作会议闭幕式的重要讲话中提出了这个思想。他是这样表述的："在经济政策上，我认为要允许一部分地区、一部分企业、一部分工人农民，由于辛勤努力成绩大而收入先多一些，生活先好起来。一部分人生活先好起来，就必然产生极大的示范力量，影响左邻右舍，带动其他地区、其他单位的人们向他们学习。这样，就会使整个国民经济不断地波浪式地向前发展，使全国各族人民都能比较快地富裕起来。"（邓小平，1994：152）很显然，邓小平是从社会功能的角度阐释富裕的意义。他提出，富裕具有社会示范的功能，一旦富裕成为一种榜样，人们就会去效仿，由此推动整个国民经济的发展。此后40多年中国经济高速发展的事实证明，富裕的示范功能极其巨大。

　　一个国家的领导人，敢于提出一部分人先富的口号，这确实是罕见的。尽管从社会分层的事实看，绝大多数国家都存在富裕与贫穷之间比较大的差距，都存在一部分人比其他人更为富裕的事实，但各国领导人的执政口号往往是强调：平等、均富、人人富足。作为社会主义国家的领导人，邓小平为什么要提出这样的口号呢？这一定不能离开当时的社会背景。什么样的社会背景呢？这就是改革前的计划经济和平均主义的分配政策严重挫伤了劳动者的生产积极性。当时收入分配的局面是"干多干少一个样，干好干坏一个样"。既然多劳不能多得，少劳也并不少得，那么就等于，积极辛勤的劳动者受到惩罚，懒惰者反而受到奖励，即所谓"奖懒罚勤"。平均主义分配政策所造成的严重社会后果，是劳动生产率和经济发展水平低下，与发达国家的经济差距越来越大。

　　20世纪80年代，一部分人先富政策倡导的初期，人们对于政策的内涵还不很清楚，社会上曾有很多争论。争论的焦点是：究竟哪一部分人应该先富起来？从利益角度看，当时几乎所有社会阶层都认为自己这一部分应该先富起来。由于改革是从农村开始的，所以20世纪80年代中期，曾经有一些农民富裕起来，成为所谓"万元户"，于是，有些市民对于自己未能富裕感到不平。接着，报纸上有的文章提出从事科学研究的知识分子贡献大，应该先富；而一些工人表示不满，认为在"四个现代化"建设第一线的工人贡献大应该先富。针对有人利用特权发财的现象，当时的国家领导人还特别强调，要让群众先富、干部后富。所以，究竟哪一部分人应该先富，当时的争论是很激烈的。

　　究竟应该怎样看待这个问题呢？笔者以为，在制定社会政策时不应该事先就预定或规定让某个社会群体先富，而让其他群体等待着后富；倘若这样做，是极不公正的，那只能引发不满情绪的增长和社会的不稳定。因为，改革后鼓励富裕的政策目的是发挥导向作用，它为人们的活动指出一个方向，使人们朝此方向努力。至于谁先达到目标，那只能是竞争的结果，而不能在人们起跑的时候就事先予以规定。换言之，致富的机会应该是均等的，竞争程序应该是一样的，至于谁先到达终点、谁最终致富，那应该是个人努力及一系列因素影响的结果。从理论上看，前述戴维斯和莫尔的文章就是想论证哪一部分人报酬应该多一些，所以，他们遇到的问题，与我们遇到的问题是一样的。戴维斯和莫尔在回答这个问题的时候之所以陷入困境和受到抨击，是因为他们将两个理念混淆在一起了。一个理念是，他们认为，一部分人的报酬之所以高是因为这些人的社会位置在功能上比其他的更重要。他们还举例试图论证为什么某些社会位置更重要。这个理念最容易受到质疑。因为从分工的角度看，社会作为一个有机体，不同位置都有自己的功能，缺一不可，究竟是"手"更重要还是"脚"更重要无法论证。另一个理念是，戴维斯和莫尔认为决定某个人或某个职位报酬的多少是有些原则的。比如，他们认为承担某种职位需要的训练成本高、训练时间长，那么，这种职位的报酬应该高一些。这个理念有道理。戴维斯和莫尔的问题是将两个原则混淆在一起，反而大大降低了论证的力度。

笔者认为，第二个理念是对的。马克思也说过，复杂劳动等于倍加的简单劳动。在分析收入差距、报酬差距时，从公正合理的角度看，确实要有一些原则能够说明为什么有些工作收入高、有些工作收入低。特别是在我国，政府的管理功能比较强大，在制定收入分配政策时，应该有一些公正合理的原则。笔者认为以下四条原则比较重要。

第一，技术水平差别的原则。这一条原则最容易被接受。这与戴维斯和莫尔讲的训练成本原则、马克思讲的复杂劳动等于倍加的简单劳动的原则相似。当然，笔者所说的技术水平要更复杂一些，包括教育、训练、经验、实际工作表现、创造力、机敏程度等诸因素。凡是在这些因素上更复杂一些，技术上的要求更高一些，训练的时间更长一些，难度更大一些，则报酬就应该高一些。技术水平差别也决定了报酬的层级系列和层级差异。技术水平差别大的、差异复杂的、难易程度多元化的，级差和层级也应该相应大一些或多一些。

第二，责任差别的原则。所谓责任，应包括：对于人的安全的责任，对于物质财产的责任，对群体工作的指挥、监督的责任，对完成总体任务的责任，等等。权利与义务、责任与报酬是相对称的，享受权利就应该承担义务，享受权利多就应该承担更多的义务。同样道理，承担的责任大与报酬多之间，应该相互平衡。承担责任大，也就意味着一旦在责任上出现失误，那么受到的惩罚也应该比较重，这与高报酬也是对应的。

第三，劳动付出差别的原则。报酬、工薪收入应与劳动支出的多少相对应。当然，劳动支出有体力脑力之分。区分脑力支出的标准应包括：工作的复杂程度、工作的紧张程度和工作的变化性。区分体力支出的标准也应包括三方面，即劳动的轻重、工作的困难程度与工作的紧张程度。

第四，工作环境差别的原则。凡是工作的物质环境对人的身体不利的，都应该在报酬方面有所补偿。比如，野外作业、接触有毒物质、不利的工作场所、不利的劳动时间等，对在这些环境中工作的人均应在工资、报酬上有所补偿。

当然，在实际的社会运行中，还有很多其他因素影响着收入分配。比如，上文讲的辛普森提出的影响人才供给与需求的因素。某一种人才奇缺，其市场价格就会上升，这并不能用分配原则的合理与不合理去解释。但在市场供需稳定的情况下，上述四条原则还是会发挥作用。如果社会实际的收入分配完全违背上述原则，比如技术水平高的反而报酬少、责任小的反而报酬高、劳动付出多的收入比劳动付出少的收入还少、工作环境的损失得不到补偿，那么就涉及公正与不公正的问题了。

二 收入分配与社会公正

自从实行一部分人先富政策以来，关于收入分配的公正问题一直是社会上最为热门的话题。从实际的收入分配情况看，改革开放40多年来，其格局确实也发生了根本变化。

第一，我们先考察一下纯粹客观的收入差距本身，特别是与改革开放以前相比，达到了什么样的状况。

如果采用国际上测量收入差距、贫富差距的通用方法——基尼系数来测量的话，就会看到这两方面的数据确实有了很大的上升。关于改革开放以前的数据，笔者采用世界银行的材料：世界银行1979年在中国的调查数据证明，中国城乡合计的、居民家庭人均收入的基尼系数是0.33，我们可以将这个数据看作改革起点时期的贫富差距情况。后来的研究证明，基尼系数是一路攀升的。学者们引用比较多的数据，比如，到了1988年城乡居民家庭人均收入的基尼系数是0.382，这个数据是中国社会科学院赵人伟研究员和李实教授等调研的结果。1994年，笔者所做的数据证明，城乡居民家庭人均收入的基尼系数上升到0.434的水平。1996~1997年，笔者组织的一项全国调研证明，城乡居民家庭人均收入的基尼系数是0.4577。对于2004~2020年的情况，笔者比较了这期间做的一些调查（有的调查是全国的，有些调查是几个地区、几个省的），同时比较了国内其他几个单位的调查数据。笔者认为，21世纪的这个时期，我国城乡居民家庭人均收入的基尼系数在0.50至0.55之间。当然，要再次强调，上述这些数据都是学者们的调研数据，而不是官方数据。学者们的这些数据都是在全国做的抽样，虽然抽样方法设计有所不同，但在调研方法上、调研设计上还是比较周全的。所以，数据是可信的。当然，学者们的研究能力和财力毕竟有限，不像国家统计局那样在全国设有机构和调查网。中国官方的数据还是国家统计局做得比较权威。最近的情况表明，国家统计局的数据，与上述学者的研究数据已经比较接近了。根据2020年国家统计局的一项调研数据，中国城乡居民家庭人均收入的基尼系数是0.465。所以，对于中国收入差距、贫富差距比较大的情况，人们基本上没有什么争议。

那么，中国目前的收入差距从国际比较的角度看，是怎样的状况呢？应该说，我们是比较大的，但没有进入差距最大的分组。根据国际劳工组织的统计资料，20世纪90年代，世界上基尼系数最高的10个国家分别是塞拉利昂0.629，巴西0.601，危地马拉0.596，南非0.593，巴拉圭0.591，哥伦比亚0.572，巴拿马0.571，津巴布韦0.568，智利0.565，几内亚比绍0.562。

第二，我们分析一下，这样的基尼系数的内涵是什么，即在这样一种收入差距的格局下，收入等资源在真实的社会群体中是如何配置的。

笔者以为，差距比较大。首先反映为两种差距，一种是城市和农村的差距，另一种是区域、地区之间的差距。改革开放以前，我国城市和农村的经济差距原本就比较大，但近年来的数据反映出，目前的城乡差距比改革开放以前有所加大。研究上一般采用比较城镇居民与农村居民的人均收入和人均消费指标的方法。改革开放以前，无论是人均收入还是人均消费，城镇居民均为农村居民的2倍多。改革开放以后，20世纪90年代和21世纪初均达到了3倍以上的水平。在2005年以后，中央采取了一系列建设新农村、取消农业税、乡村振兴的政策，城乡差距才有所缩小。根据2022年的中国统计年鉴，2021年我国城镇居民人均可支配收入为农村居民人均纯收入的2.5倍，同年，我国城镇居民人均消费支出为农村居民人均生活消费支出的1.9倍。当然，这里只计算了货币收入，如果将城镇居民的非货币收入，包括在城镇享受的医疗、教育、养老、社会保障、交通以及公共设施等方面的福利也计算在内的话，城镇居民收入和消费水平均会大大上升，而农村居民则很少享受到这些福利；如果这样计算的话，目前城乡的差距仍然在较高的水平上。我们且不论这样的计算是否严密，从多数学者的研究成果看，他们普遍认为，缩小城乡差距、加快乡村振兴仍任重道远。区域、地区的差距也是如此。改革开放以来沿海省份、地区的富裕与西部的贫穷形成明显反差。中央西部开发战略的目标就是试图通过向西部注入资金来调整这种不平衡的局面，但由于沿海的资本利润率大大高于中西部的利润率，结果资金还是继续从西部向东部流动，区域的差距并没有缩小。

除了研究城乡和区域的差距，也可以通过分析社会上的主要阶层和群体，包括工人、农民、农民工、干部与官员、企业管理者阶层、知识分子与专业技术人员、个体工商户（中小工商业经营者）、私营企业主等，来展现基尼系数变化的内涵。如上文所述，邓小平同志在最初阐述允许一部分人先富的观点时，还特别提到了"一部分工人农民"先富起来的想法，40多年以后情况究竟如何呢？如果在农民内部做对比，确实有少数农民富裕起来了；如果在工人内部做对比，也有少数工人富裕了，但是，就农民和工人的总体而言，与其他阶层相比，他们在社会分层中的位置，相对是下降了。中国社会科学院的陆学艺教授等，曾经提出当今中国社会有十大社会阶层，并用数据证明工人和农民分别排在第八位和第九位，而排在第十位的是"城乡无业失业半失业者阶层"，这并不是一个有职业的群体，所以，就职业群体看，工人和农民排在最后了。如果对改革开放40多年来所走的历程进行考察的话，我们就会发现，工人、农民在收入分配中的位置曾经经历过前后两个不同阶段。在改革的第一个阶段，即20世纪80年代，工人、农民的收入是明显上升的。由于改革从农村开始，农村引入市场机制，使得农民在改革的这个阶段明显获益，这种获益甚至导致20世纪80年代中后期城乡差距一度缩小的局面。同样，在这个阶段，由于工厂、企业开始引入市场型的收入分配机制，采取奖金、包工、计件等机制，工人的收入明显上升，甚至超过脑力劳动者，社会上出现了"脑力劳动者与体力劳动者收入倒挂"的现象。然而到了改革的第二个阶段，即20世纪90年代以后，市场转型向高端产业演进，金融业、保险业、房地产业的市场化迅速发展，就连科研、教育、文化、医疗卫生也纷纷向市场经济转型，这时候，知识分子与专业技术人员、企业管理者阶层、工商业经营者、干部与官员等的经济地位明显上升，而工人农民的收入地位相对下降。笔者曾将这种变化表述为市场转型两个阶段的观点（李强，1996）。

那么，在这种利益调整的过程中，谁是经济收入中获益最大的群体呢？笔者曾在《当前中国社会的四个利益群体》一文中，使用"特殊获益者群体"的概念来涵盖包括民营企业家，各种老板，经理，工程的承包人，市场上的各种经纪人，证券大户，歌星、影星、球星等明星，以及与外资、外企结合的外企管理层、技术层等在内的高收入层。笔者认为，改革初期的那些"个体户""万元户"现在已经从这个群体中退出去了，现在这个群体里主要是大企业主、高层管理人员、外资企业的雇员、各种社会精英层等。总之，基尼系数的扩大，在社会阶层中表现为一端是一些巨富阶层的形成，另一端是广大工人农民的收入比较低下。在这里，如果有数量和比例巨大的中等收入层起到平衡器作用的话，社会分化就会受到制约。但笔者的研究证明，目前我国中等收入层或中产阶层比例又偏小，所以，中产阶级的欠缺导致社会分化的现象比较突出。

第三，对于影响收入分配的因素进行分析。

既然上文的结论是收入差距扩大，阶层分化突出，那么我们就要分析，原因是什么。我们知道，社会分层所要研究的两个基本问题，一是谁得到了什么，二是为什么得到。上文关于我国收入差距、阶层利益的说明，只解释了谁得到了什么，而更进一步的问题是，为什么得到这样的收入，是哪些因素在影响着经济资源在各阶层中的分布。

笔者对影响收入分配的因素或对为什么得到的问题提出过两个观点：第一是政治分层与经济分层的观点（李强，1997），第二是先赋因素与自致因素的观点（李强，2000b）。笔者提出，改革开放以前，中国的家庭人均收入的基尼系数比较低，原因在于，当时中国是以政治分层为主的社会。一方面，政治运动直接影响着收入分配的基本格局；另一方面，当时政治地位比经济地位更重要，人们之间有较大的政治地位差异，政治地位具有重要的功能，政治斗争激烈，甚至存在较严重的政治歧视。所以，当时的社会分层差异主要表现在政治地位上，而没有表现在经济地位上。改革开放以后，政治地位的重要程度大大下降，而经济地位的重要程度却大大上升。因此，改革开放以来，社会分层结构的一个重大变化就是，中国从以政治分层为主的社会转变为以经济分层为主的社会，是经济上的不平等取代了政治上的不平等。所以，应该分清改革开放以前和以后社会分层内容的重大区别。改革开放以前，政治分层十分明显，政治不平等和政治歧视均比较严重。在市场被引入以后，政治差别缩小了，但人们之间经济上的差别明显扩大，因此，取代政治不平等的是经济不平等。由此，笔者提出，社会不平等是一种深藏在社会结构内部的社会群体之间的关系，政治分层与经济分层只不过是这种关系的不同表现形式。笔者认为，社会分层反映的是人群之间以及人群占有资源之间的关系，当资源十分有限时，人群之间的关系必然十分紧张，社会不平等的程度也就必然较高，社会各群体之间的差距也就比较大。这种较大的差距既可以表现为经济方面的较大差距，也可以表现为政治方面的较大差距。

那么，笔者所说的先赋因素与自致因素的观点是什么呢？所谓先赋因素（ascribed factors），是指一个人与生俱来的、不经后天努力就具有的因素。比如，人们不能选择父母，所以，家庭出身是先赋的。又如，人们不能选择出生地，所以，城乡户籍是先赋的。所谓自致因素（achieved factors），指一个人通过后天努力而获得的因素。比如，"受教育水平、文凭"是人们通过日复一日、年复一年的学习和通过考试获得的，"文化水平"是人们通过长期的文化积累而获得的。再比如，职业是人们后天获得的。从这两个方面看，相比较而言，如果先赋因素更少一些，自致因素更多一些，那么，这样的收入就是较为公正的收入。改革开放以前，先赋因素对社会地位影响巨大，比如户籍、家庭出身对一个人生命轨迹的影响往往是决定性的。那时，个人要想提高收入，机会十分有限。一个人或者在人民公社当社员，或者在国有集体单位当职工，收入是否提高要看队里或社里的整体情况，或者要等待国家颁布涨工资的规定。这样的体制，本质上打击了勤奋者的积极性，其结果是整个社会的生产效率低下。而改革开放以来，体制变革的基本趋势是，自致因素的作用逐步上升。我国近年来这方面的变化有很正向的作用。对我国最近一些数据的分析发现，在影响收入变化的因素中，个人本领的作用明显上升，非个人努力的因素作用下降，这是非常重要的积极因素。因为，后天努力的作用大了，会引导人们增强个人本领或重视个人实干，这显然会促进经济效率和社会活力。仅以受教育程度对收入的影响为例，即测量教育的收益率，一个人每多上一年学，将来工作以后与少上一年学的人比，收入是增加了还是减少了？如果增加了，那么，增加了多少？前文已述，我国曾经出现过教育负收益的现象，这就是人们常说的"脑体倒挂"现象，即教育努力越多收入反而越低，这种教育负收益的现象曾经对社会造成了严重的负面影响。试想，如果越受教育收入越低，其结果可能是整个国民的受教育水平降低。经过40多年的经济体制改革，教育负收益的现象终于被根本扭转，个人受教育努力的因素对于收入上升的影响越来越突出，教育的收益率正在逐步增加。如今"脑体正挂"的意义不仅在于它符合马克思说的"复杂劳动等于倍加的简单劳动"的原理，而且因为它最终会促进经济与社会的进步。从具体数据上看，自 20 世纪 90 年代以来，教育收益率逐年攀升的情况如下。1990 年我国的教育收益率为 2.43%，即每多上一年学将来可以多获得 2.43% 的收入。1991 年为 2.64%，1992 年为 2.91%，1993 年为 3.64%，1994 年为 4.30%，1995 年为 4.81%，1996 年为 5.37%，1997 年为 5.94%，1998 年为 6.51%，1999 年为 8.10%，2003 年已经上升到 9.3% 的水平（李实、丁赛，2003；刘精明，2006）。到 2020 年，多数研究认为中国教育收益率在 11%~14%（李实、张钰丹，2020；刘泽云、刘佳璇，2020）。这已经与美国等发达经济体的教育收益率不相上下了。这意味着仅从经济收入看，我们完全有能力吸引国际上最为优秀的人才了，这对中国未来发展具有重要意义。

从以上两方面影响收入分配的因素看，改革开放以来显然具有合理化的趋势。所以，在分析改革开放以来收入差距扩大的问题上，不能否定收入分配变迁的正功能。正是由于此种正功能，中国经济才能持续高增长。当然，40 多年来，影响收入分配的因素并不都是合理的，收入差距扩大也存在很多不合理的因素，这就涉及下文探讨的收入分配不公问题。

第四，关于公正与不公正的问题。

其实，全部功能主义分层理论所要解释的最为核心的问题就是，社会分层是公正的还是不公正的。笔者在这里使用的概念是公正与不公正，而不是公平与不公平，主要是为了避免歧义，对此，本书第一讲第一节已经做了辨析。回顾中国改革 40 多年来所走的道路，可以看到，在影响社会分层、收入分配的各种因素中，公正与不公正两个方面的因素都存在。在上述第三点中，笔者较多地阐述了公正、合理的因素，那么，什么是不公正、不合理的因素呢？按照上文所阐述的理论框架，所谓收入分配中的不公正、不合理有两种观察角度。一种是上文所说的先赋因素与自致因素，即如果收入的高低主要是由于先赋因素的作用而不是靠自己努力，那就是不合理的，反之，如果收入的高低主要是由于自致因素的作用，那就具有合理性。当年邓小平在阐述一部分人先富观点时说的是"由于辛勤努力成绩大而收入先多一些"，这里的"辛勤努力"就是自致因素。笔者的这个视角与其观点一致。上文所阐述的第二种观察角度是笔者提出的收入分配上的四条原则：技术水平差别的原则、承担责任差别的原则、劳动付出差别的原则和工作环境差别的原则。即凡是符合这四条原则的收入分配就是合理的、公正的,如果与之抵触,则是不合理、不公正的。其实,这两种观察角度是一致的。先赋因素与自致因素的观察角度是一种宏观的框架,而上述四条原则是微观角度,两者的结合就可以解释收入分配上的合理与不合理,即,首先在大的框架上分为先赋因素与自致因素。一般来说,先赋因素影响的收入分配是不合理的,而自致因素影响的收入分配具有合理性。但并不是所有自致因素影响的收入分配都是合理的,只有符合上述四条原则的自致因素影响的收入分配才是合理的、公正的。

那么,按照上面两种视角的结合,什么是收入分配方面最突出的不合理、不公正现象呢?笔者以为最突出的是两种,一种是依靠垄断、寻租、设租而获得的财富、收入,另一种是贪污腐败、利用公共权力为个人或小集团谋取财富、收入。先看第一种,迄今为止,我国行业垄断现象还比较突出。一些垄断行业或企业,依靠公共权力控制市场,排斥竞争,垄断价格,从而获得超额利润,又将因垄断获得的超额利润转变为本集团内部成员的收入,这种收入具有很大的不合理性。再比如,一些具有很大公共权力的单位,通过政府批件获得划拨的本属于公共财产的土地,再将土地上建筑的房屋低价出售给自己单位的成员,成为他们个人的财产,这里实际上是转移了公共财产。总之,在这里,财富、收入的获得,都不是因为职工辛勤努力工作,而是靠先赋的因素,同时也是与笔者提出的四条原则相抵触的,所以是不公正、不合理的。再看第二种,贪污腐败的致富,这里的不合理、不公正一目了然。上述两种现象都是不合理、不公正的,都是利用了公共权力,使少数人获利。但是,两者性质不同,第一种是合法的,而第二种是不合法的。第二种贪污腐败的致富,不合法的致富,违法地获取财产,其不公正的性质毋庸置疑,所以,一经发现就可以绳之以法,依法惩处。但第一种不公正,情况却比较复杂。利用公共权力依靠垄断的致富,寻租、设租的致富等,具有很大的迷惑性,因为从规定上看,它常常没有违反法律法规,其所依据的规则往往也是政府正式颁布的,这就涉及合法但不合理的问题。在我国体制改革、社会转型时期,这种合法但不合理的收入分配问题比较突出,这就涉及制度法规本身的不公正问题,只有靠推进制度法规的变革才能解决。但更为深层次的问题是,这些制度法规往往与社会上某些集团的利益直接相关,如果变革这些规则,就会使这些集团的利益受损,所以改革就变得十分困难。这种现象不独在中国有,在其他很多国家也有。而对于这种现象,功能主义理论往往强调现存制度法规具有发挥正功能的一面，往往从维护现存制度的角度予以解释。这往往还涉及精英集团、政治权力、意识形态与现存制度的相互关系问题，所以，变革确实不是件容易的事情。

参考文献

戴维·格伦斯基编，2005，《社会分层》（第 2 版），王俊等译，北京：华夏出版社。

邓小平，1994，《邓小平文选》第 2 卷，北京：人民出版社。

李强，1996，《"脑体倒挂"与我国市场经济发展的两个阶段》，《社会学研究》第 6 期。

李强，1997，《经济分层与政治分层》，《社会学研究》第 4 期。

李强，2000a，《当前中国社会的四个利益群体》，《学术界》第 3 期。

李强，2000b，《影响中国城市居民收入的"先赋因素"与"自致因素"》，《中国社会科学季刊》夏季号（总第 30 期）。

李实、丁赛，2003，《中国城镇教育收益率的长期变动趋势》，《中国社会科学》第 6 期。

李实、张钰丹，2020，《人力资本理论与教育收益率研究》，《北京大学教育评论》第 1 期。

刘精明，2006，《市场化与国家规制——转型期劳动力市场中的收入分配》，《中国社会科学》第 5 期。

刘泽云、刘佳璇，2020，《中国教育收益率的元分析》，《北京师范大学学报》（社会科学版）第 5 期。

罗伯特·S. 林德、海伦·梅里尔·林德，1999，《米德尔敦：当代美国文化研究》，盛学文等译，北京：商务印书馆。

郑也夫、李强主编，1987，《西方社会学史》，北京：能源出版社，1987。

Davis, Kingsley. 1949. *Human Society*. New York：Macmillan.

Davis, Kingsley and Wilbert E. Moore. 1945. "Some Principles of Stratification." *American Sociological Review* 10：242−249.

Grusky, David B. edited. 2001. *Social Stratification: Class, Race, and Gender in Sociological Perspective*. Boulder：Westview Press.

Grusky, David B. edited. 1994. *Social Stratification: Class, Race, and Gender in Sociological Perspective*. Boulder：Westview Press.

Linton, Ralph. 1936. *The Study of Man*. New York：Appleton.

Lynd, Robert and Helen Lynd. 1929. *Middletown*. New York：Harcourt, Brace and Co.

Parsons, Talcott. 1937. *The Structure of Social Action*. New York：McGraw-Hill.

Parsons, Talcott. 1951. *The Social System*. New York: The Free Press.

Parsons, Talcott. 1954. *Essays in Sociological Theory. Revised Edition*. Glencoe Illinois: The Free Press.

Parsons, Talcott. 1960. *Structure and Process in Modern Societies*. Chicago: The Free Press.

Parsons, Talcott. 1967. *Sociological Theory and Modern Society*. New York: The Free Press.

Parsons, Talcott. 1969. *Politics and Social Structure*. New York: The Free Press.

Radcliffe-Brown, A. R. 1952. *Structure and Function in Primitive Society*. New York: The Free Press.

Simpson, Richard L. 1956. "A Modification of the Functional Theory of Social Stratification." *Social Forces* 35: 132-137.

Tumin, Melvin M. 1953. "Some Principles of Stratification: A Critical Analysis." *American Sociological Review* 18: 387-394.

Warner, W. Lloyd and Paul S. Lunt. 1941. *The Social Life of a Modern Community*. Vol. I, "Yankee City Series." New Haven: Yale University Press.

Warner, W. Lloyd and Paul S. Lunt. 1942. *The Status System of a Modern Community*. Vol. II, "Yankee City Series." New Haven: Yale University Press.

Warner, W. Lloyd and Leo Srole. 1945. *The Social Systems of American Ethnic Groups*. Vol. III, "Yankee City Series." New Haven: Yale University Press.

Warner, W. Lloyd, M. Meeker, and K. Eels. 1949. *Social Class in America*. New York: Harper & Row.

第七讲
阶级结构的测量：赖特模型
与戈德索普模型

所谓测量阶级结构，就是用数量化的、指标化的方法，描述和分析社会的整体阶级结构和各个阶层的状况。传统上，对于社会分层的状况多是采用定性的方法研究和分析。比如，马克思在《1848～1850 年的法兰西阶级斗争》一文中就是用定性的方法分析了法国社会的阶级结构和各个阶级的状况，剖析了法国的金融资产阶级、工业资产阶级、小资产阶级（咖啡店和餐馆的主人、酒店老板、小商人、小店主、小手工作坊主）、农民阶级、无产阶级、游民无产阶级等。马克思虽然勾勒出了当时法国社会的阶级结构，但是对于各阶级并没有做出数量的分析。这是因为 170 多年前，无论是统计资料还是统计手段都还没有能够提供数量分析的充分条件。20 世纪中期以来，统计资料和统计方法的不断拓展，尤其是计算机技术的革命性变迁，极大地推动了社会科学中的量化研究。一些社会分层的研究者应用和发展各种量化研究技术，对社会分层结构、阶级结构进行测量，提出了一些新的理论模型和方法模型。

在社会分层研究中，对于阶级结构的测量和量化分析，当然具有很重要的意义。通过测量，人们可以获得各个阶级人数、比例的准确数据，可以细致分析各个阶级、阶层的力量对比，可以比较准确地描述阶级结构的整体形态，可以发现阶级结构的细微变化，还可以预测阶级结构变化的趋势。

当然，对于阶级结构的测量并不仅仅是测量方法的问题，这里面也有理论问题。因为要想测量阶级结构，首先要定义什么是阶级。对于阶级、分层的不同定义，会形成不同的理论模型和方法模型。在这方面，最重要的两位社会分层的理论家是美国教授赖特和英国教授戈德索普，他们分别提出了两种不同的社会分层模型。本讲就是对这两位学者的社会分层理论和社会分层模型的介绍和分析。由于赖特的观点在新马克思主义理论中占有非常重要的地位，所以，第一节偏重于介绍他的理论贡献，第二节和第三节则偏重于介绍赖特和戈德索普的阶级测量。

第一节　赖特的社会分层理论

赖特是新马克思主义阶级理论的最重要代表，本书第三讲介绍新马克思主义阶级理论时提到过他的名字。之所以没有将赖特放在第三讲中介绍，笔者是为了突出他在阶级测量、阶级模型方面的贡献，放在本讲中还可以与戈德索普的阶级测量和阶级模型相互比较。赖特提出的是新马克思主义的阶级模型，而戈德索普提出的是新韦伯主义的阶级模型，所以，两者的比较很有意义。

赖特于 1947 年 2 月出生于美国加利福尼亚州的伯克利（Berkeley），这里的加州大学伯克利分校在文化属性上，属于美国与主导意识形态相抗衡的激进主义的大本营，这与具有反叛精神的新马克思主义立场十分相近。此外，2007 年暑期赖特访问北京时曾谈到，他自己出身于低收入家庭，这种家庭背景也对他的马克思主义立场有影响。赖特 1964 ~ 1968 年在美国哈佛大学读本科获社会研究（Social Studies）学士学位，而后到英国牛津大学读研究生，于 1970 年获历史学硕士学位，最后又回到加州大学伯克利分校攻读博士，于 1976 年获社会学博士学位。赖特当大学生和研究生的年代，正值美国民权运动、反战运动的高潮，所以，他也深受当时激进主义思潮的影响。在理论方面，他接受了马克思主义分析的基本范畴。他自己在评价这段时期的学习和研究时说：从马克思的劳动价值论到资本主义国家理论，理所当然地被看作出发点，"当时我们满怀极大的热情和兴奋，所有人都觉得自己牢牢把握住了真理"（赖特，2006：2）。

1976 年起，赖特到坐落在麦迪逊（Madison）的威斯康星大学（University of Wisconsin）社会学系任教，该社会学系在美国社会学学科排名中历来名列前茅。赖特先是任助理教授，1980 年升为副教授，1983 年，他 33 岁就已经荣任正教授。在评价这段事业的成功经历时，赖特还是很有批判精神地分析说："在从研究生到终身教授的转变过程中，我也陷入了一系列极具诱惑的荣誉之中。我关于阶级的研究带来了一系列高额经费，这些经费不仅支付了我的部分薪水，而且使我能够从教学中腾出时间进行写作。随着我的名声日渐显赫，我获得了无数到世界各地去旅行和演讲的机会。我所在的社会学系和威斯康星大学给了我可观的报酬。作为一个马克思主义唯物论者和阶级分析学者，我不敢断言所有这些对我没有产生影响，我也不敢断言，面对自由民主的发达资本主义社会中殷实的大学教授职位所带来的安逸舒适的生活，单凭我的意志就能够彻底抵制诱惑。"（赖特，2006：3）不过，如果综观赖特的全部论著，就可以发现，他确实一直保持着对资本主义的批判精神。

赖特的著述颇丰，围绕的主题是阶级与分层。他 1976 年完成的博士学位论文于 1979 年发表，题为《阶级结构与收入决定》（*Class Structure and Income Determination*），探讨阶级结构怎样影响收入资源的配置。这个主题几乎贯穿他此后的全部研究。直到 2007 年 7 月，他到中国来作学术演讲，演讲的主题听起来与阶级分析毫无关系，是一个很古怪的题目，叫"真实的乌托邦"；但是，如果细心考察其核心内容，就会发现他讲的仍然是在决定资源配置中，国家权力、经济权力和市民社会是如何发挥影响和决定作用的。此外，赖特关于阶级分析的著作还有：1978 年由左翼书店出版的《阶级、危机与国家》（*Class, Crisis and the State*），1985 年出版的《阶级》（*Classes*），1990 年出版的《关于阶级的争论》（*The Debate on Classes*），1994 年出版的《审视不平等》（*Interrogating Inequality*），1997 年出版的《阶级总计》（*Class Counts: Comparative Studies in Class Analysis*），等等。

对于赖特的著作，国内早就注意到了。早在 1981 年，国内学者王宏周就翻译了赖特关于阶级研究的一些论文，刊印在当时国内的一份内部刊物《马克思主义研究参考资料》上。目前，国内完整翻译的赖特的著作有两种：一本是他 1985 年出版的《阶级》，另一本是他 1997 年出版的有关阶级理论总清点的著作 *Class Counts: Comparative Studies in Class Analysis*，中译本题目为"后工业社会中的阶级：阶级分析的比较研究"。其实，这本书中译本的书名并不符合作者的原意，因为作为新马克思主义代表的赖特历来是批判后工业社会理论的。

赖特的主要思想有如下几个方面。

一　对马克思主义阶级概念的解析

赖特的研究从考察和反省马克思的阶级概念开始。我们知道，马克思从来没有明确提出阶级的定义，这样，新马克思主义首先就面临如何理解马克思所说的阶级的问题。赖特认为，马克思是从两种意义或在两个层次上使用阶级概念的。第一种是在抽象结构的意义上使用阶级概念，即从生产方式的层次上分析阶级，并因此描述了资本主义两极分化的阶级关系图，同时对历史上奴隶主与奴隶、封建领主与农奴的分析也是从抽象的意义上、从生产方式的层次上讲的。另一种是在具体形态的层次上使用阶级概念，关注的是人们组织成集体来参与斗争的方式，关注的是有组织的社会力量之间的相互作用。比如，马克思在《路易·波拿巴的雾月十八日》中对各个阶级、阶层之间的斗争及其与政权之间关系的分析，就是在具体形态的层次上使用阶级概念。赖特认为，马克思的上述两种阶级概念之间，并没有系统的联系（赖特，2006：8~9）。

赖特又进一步将马克思的阶级概念两层次，扩展为阶级分析的三个层次，即抽象程度的三种层次，从最高的抽象到最低的抽象。最高的抽象层次是生产方式："这里阶级被当作社会生产关系的纯粹形式而加以分析，每一个阶级都体现着一种特殊的剥削机制。"（赖特，2006：11）中间层次是"社会形式"，指对于生产方式之下的特定的社会所进行的分析。在这里，社会是一个分析的单元，比如分析具体社会中各阶级之间的冲突或联盟。最后一个分析层次是"具体事态"（concrete conjuncture），指对社会中具体制度细节的分析，比如对工会、政党构成、社会运动的阶级分析。

在提出上述抽象程度三个层次阶级分析的同时，赖特还将阶级分析的对象分为阶级结构与阶级形成两个方面。阶级结构（class structure）是个人或家庭参与其中的社会关系的结构，这种结构决定着人们的阶级利益。阶级结构界定了社会位置、社会地位的体系，而个人或家庭占据着这些位置或地位（赖特，2006：11）。赖特的所谓阶级形成（class formation），指阶级形成的全过程，即阶级成员以阶级利益为基础而形成群体、组织的过程。对于阶级结构和阶级形成这两个概念及其相互关系，赖特在1985年的《阶级》一书中表述得还不是很清晰。后来在1997年的著作里，他对阶级结构与阶级形成的概念及其关系又做了新的阐述。

上述的阶级分析抽象程度的三个层次与阶级分析的对象的两个方面，交叉在一起就成为六个方面，赖特用表 7-1 来显示阶级分析的六个重点（赖特，2006：10）。

表 7-1　阶级分析的理论对象和抽象层次

抽象层次	阶级结构	阶级形成
生产方式	两极分化的阶级关系	阶级间的重大斗争
社会形式	基于不同生产方式和既定生产方式的不同发展阶段中的阶级共存	阶级联盟
具体事态	特定行业的阶级关系中的组织变化	具体的阶级组织：政党、工人组织联盟

二　提出了矛盾阶级地位论

任何一种社会理论都是特定历史背景的产物，那么，赖特提出"矛盾阶级地位论"是在什么样的历史背景下呢？我们知道，到了 20 世纪 70 年代，西方发达资本主义国家的社会结构已经发生很大变化，马克思所阐述的简单两极分化的社会结构理论已经与当时的社会现状相去甚远。在发达资本主义社会阶级结构的研究中，最令马克思主义学者困扰的问题就是"中间阶级"的问题。而正是在研究这个问题时，赖特提出了矛盾阶级地位的观点。

为了更好地理解赖特的矛盾阶级地位论，让我们先看看当时的新马克思主义派别为解决这个问题提出过哪些思路。

第一种是简单的两极分化的观点。该观点坚持传统马克思主义的解释，认为这些处在中间地位的所谓"中间阶级"只是一种假象。从本质上看，受雇的管理人员和专业技术人员并不拥有自己的生产资料，也是靠出卖劳动力为生，所以，也属于无产阶级或工人阶级。如果说有所不同的话，它也只不过是无产阶级中的一个特殊阶层。当时，主张这一观点的有查尔斯·洛伦（Charles Loren）、佛朗西斯卡·弗里德曼（Francesca Freedman）、詹姆斯·贝克尔（James F. Becker）等人。比如，按照洛伦的估计，当时美国人口中，大约 90% 都是工人阶级，8% 是小资产阶级，2% 是资本家阶级。此外，本教材第三讲介绍的布雷弗曼也属于这一派。

第二种是新小资产阶级的观点。这种观点认为，各种专业技术、管理方面的雇员属于小资产阶级的范畴，但他们与小商人、小手工业主等传统小资产阶级有所区别，所以称为新小资产阶级。新小资产阶级论又分为两派，一派叫作技术证书新小资产阶级论，另一派叫作非生产劳动新小资产阶级论。技术证书新小资产阶级派认为，智力劳动者占有技术证书，后者也是一种财产。智力劳动者占有这种特殊形式的财产并因此获得相应收入，但由于他们不雇用他人，因此属于小资产阶级。持此种观点的代表是朱达·希尔，该观点其实与前述第四讲吉登斯的三种市场能力与三个阶级的观点有些相近（赖特，1981：39）。非生产劳动新小资产阶级派的最主要代表是希腊学者普兰查斯，本教材第三讲曾介绍他的阶级理论。普兰查斯认为，非生产劳动不创造剩余价值，不创造剩余价值者在剥削关系中就不属于无产阶级或工人阶级一方，因此，所有从事监督劳动、脑力劳动的人，甚至商业劳动者，都不属于工人阶级。普兰查斯认为，考虑到这些人的政治和意识形态倾向，以及他们不同于传统小资产阶级的情况，可以将他们定位为新小资产阶级。

第三种是"新阶级"观点，认为这些新的雇佣劳动者与工人阶级、资本家阶级、小资产阶级都不相同，构成了一个新的阶级。其代表人物是巴巴拉·埃伦莱克（Barbara Ehrenreich）与约翰·埃伦莱克（John Ehrenreich），他们认为，这个新阶级可以称作"专业—管理阶级"（PMC）。该阶级由那些依赖薪金生活的脑力劳动者构成，这些人不占有生产资料，他们在社会劳动分工中的主要职能，可以广义地解释为再生产资本主义的文化和资本主义的关系。这个阶级有自己专门的组织——各种专业联合会；有自己的意识形态——专家治国论（赖特，1981：46~47）。

第四种是卡切蒂（G. Carchedi）的三种标准阶级地位观点。卡切蒂在1977年出版的《社会阶级的经济认同》一书中，从所有权、剥夺权和职能因素三种标准出发，来确定阶级地位。第一个标准，经济方面的所有权，是大家早已熟知的。所有权区分了以往资本主义社会的阶级，但是对于当代资本主义不灵验了，它不能区分工人阶级与新中间阶级的差异。于是，卡切蒂提出第二个标准——剥夺权，指剥夺他人的剩余价值或被他人剥夺，而新中间阶级总的来说处于既剥夺他人也被他人剥夺的地位。卡切蒂还将新中间阶级分成上层、中层和下层，上层剥夺他人多一些，下层剥夺他人少，而被剥夺多一些。第三个标准是职能因素，即分析处在生产关系内部特定地位上的阶级所完成的职能是什么。卡切蒂认为在垄断资本主义阶段，生产关系位置上的职能分化为两种：完成总体资本的职能和完成总体工人的职能。那么各个阶级在完成什么职能呢？垄断资本家、高级行政人员、高级管理人员的职能很清楚，是完成总体资本的职能；工人阶级的职能也很清楚，是完成总体工人的职能；而新中间阶级则是脚踏两只船，既完成总体资本的职能也完成总体工人的职能，其上层主要是完成总体资本的职能，其下层主要是完成总体工人的职能（赖特，1981：48~49）。卡切蒂的理论有两个特点，一是划分阶级的标准是三重的，二是认为新中间阶级处在矛盾的阶级地位上，这两点都与赖特的立场相似。赖特认为，卡切蒂的分析与自己的最为接近。

第五种是中间阶层论，即将处在中间状态的不便归属的群体简单地标以"中间阶层"而不是中间阶级。赖特认为，这不过是一种临时解决方案，等于放弃了阶级的归属。

在对上述理论全面分析、反省、批判的基础上，赖特提出了矛盾阶级地位论。

赖特的矛盾阶级地位论观点，最初发表在 1976 年出版的《新左派评论》上，后来又有多篇论文加以论证，而最为全面的阐述是在他 1985 年出版的《阶级》一书中。

赖特首先要解决的是划分阶级的标准，即根据什么标准区分阶级位置。赖特提出的区分标准是三种控制权。第一是对金钱资本或投资的控制权，即控制流入生产或流出生产的资金。第二是对物质资本或物质生产资料的控制权。第三是对劳动的控制权，即对生产中的直接生产者劳动活动的控制。从这三种标准看，资产阶级、资本家是拥有三种控制权的，所以阶级地位十分清楚，没有矛盾。工人阶级是完全不拥有这三种控制权的，阶级地位也十分清楚，没有矛盾。纯粹的小资产阶级（不包括小雇主）对金钱资本和物质资本有控制权，但没有对劳动的控制权，其阶级地位也是清楚的，没有矛盾。

但赖特发现，控制权并不都是非此即彼的关系，也有很多处在中间状态的情况。这样，赖特就将控制权分成四个级别：全部控制、部分控制、微量控制、没有控制。由于有四种程度的不同，问题就复杂化了，出现了又控制又不控制的情况。复杂的问题还在于，在上述三个基本的阶级之间，存在一些群体，处在既占有又不占有、既控制又不控制的位置，或者是部分占有、部分控制的位置，所以是一种矛盾的阶级地位。这里面主要有三组群体。第一，在资本家阶级与工人阶级之间，是中高层经理、技术管理者、工头、监督人员等，他们或者有对金钱资本、物质资本的部分或微量控制权，或者有对劳动的部分或微量控制权，因此是一种矛盾的地位。第二，在工人阶级与小资产阶级之间，有一些半自主的雇员，他们虽然对金钱资本和劳动没有控制权，但对物质资本却有微量控制权，所以，也是一种矛盾地位。第三，在小资产阶级与资本家阶级之间，有一些小的雇主，雇一些员工，他们与纯粹的小资产阶级不同，除了对金钱资本和物质资本有控制权外，对劳动也有微量控制权，因此，也处在矛盾的地位上。

赖特说："它们之所以是矛盾的位置，是因为它们同时具有两个不同阶级的关系特征。结果就是，它们和两个不同的阶级共享了相同的阶级利益，但同时也有不同于任何一个阶级的利益的自我利益。"（格伦斯基，2005：89）

于是，当代资本主义的阶级结构就被描述为图7-1所示。

图7-1　当代资本主义阶级结构

赖特提出矛盾阶级地位论，直接的作用与上述五种理论一样是试图对现实的中间阶级问题给予马克思主义的解释。从理论上看，矛盾阶级地位论解释了社会基本阶级之间的处于中间状态的群体，解释了主要阶级之间是如何连接的，提出了阶级的中间连接（inter-connected）；提出了阶级关系是多向度的（multidimensional），而不是只有一个向度；从马克思主义的角度提出了多元的阶级标准，提出了三种控制权。

同时，他也提出了一些有意义的问题。比如他发现，占有与支配是不一样的，不占有也可以支配。过去，我们重视所有权，以为只要解决了所有权，就可以解决其他问题。但实际上，所有权与控制权和支配权可以是分离的，没有所有权也可以有控制权和支配权。比如，我国过去的单位分房子，职工分到的房子并没有所有权，却有着重要的控制权和支配权，这种控制权和支配权不亚于所有权。这里面的矛盾一直延续到城市房屋体制改革以后的今天，一些房子虽然就所有权来说还属于单位，但如果不经过有着控制权和支配权的职工的同意，单位休想改变房屋用途。赖特指出，这种支配和控制的程度也有差异，至少可以分成四种不同程度，于是就形成多元地位群体。所以，就我国的情况来说，工人虽然都叫职工，但根据他们的控制权和支配权的不同，也可以区分为不同地位。

赖特还将他的矛盾阶级地位论推广到不同生产方式、不同社会类型的解释上去。他认为，任何社会都有处于中间状态的阶级，因此也都符合矛盾阶级地位的原理。比如，在封建主义生产方式的社会，基本阶级是领主和农奴，而当时的资产阶级处在矛盾阶级地位上。在资本主义社会，无产阶级与资产阶级是基本社会阶级，管理者、专业技术者处在矛盾阶级地位上。而在政府主导型社会主义国家，官员与工人是基本社会阶级，而知识分子成为处于矛盾阶级地位的群体。

当然，赖特也意识到自己矛盾阶级地位论的不足，在 1985 年出版的《阶级》一书中他也剖析了该理论的缺陷。

三 多元剥削理论与阶级分类模型

在提出矛盾阶级地位论的基础上，赖特又进一步建构了阶级分析的一般框架。赖特提出了有四种资产和四种剥削机制的理论，并用此种多元资产和多元剥削理论建构了新的阶级分类模型，大大发展了矛盾阶级地位的模型。该理论的提出以及赖特的很多观点，都脱离不开当时赖特与经济学家约翰·罗默（John Roemer）的讨论和争论，特别是对罗默的著作《剥削和阶级的一般理论》（*A General Theory of Exploitation and Class*）一书的剖析。此外，到赖特 1997 年的著作《阶级总计》中，观点又有所发展。赖特论证的特点是经常变化和发展，赖特也常常对自己的观点进行反思和批判。所以，不同著作有不同归纳，甚至在同一著作中，赖特的观点也有变化。正因为如此，对于赖特的多元剥削思想也有不同的归纳，有的归纳为三种资产和三种剥削机制理论，但笔者以为还是归纳为四种资产和四种剥削机制理论比较合理。由于赖特的原论证比较繁琐，笔者特去繁从简，下面仅对他的观点做一概括。

剥削是马克思主义的核心概念。什么是剥削呢？赖特认为，"剥削将被定义为一个阶级的劳动成果被另一个阶级经济压迫性地无偿占有"。这里面有两个概念——经济剥削与经济压迫，两者是不一样的。如果只是单纯的经济压迫，被压迫者死亡了也可以不影响压迫者的物质利益，而剥削则是将剥削者与被剥削者的利益捆绑在一起，剥削者的福利依赖于被剥削者的劳动（赖特，2006：78~80）。赖特认为阶级的基础或剥削的根源在于对资源、资产的占有或有效控制。他认为有四种资产并由此产生四种剥削关系。

第一种资产是物质生产资料，这是马克思主义最频繁讲到的资产。虽然赖特在前面提出三种控制权的时候，曾经区分了金钱资本（或投资资本）与物质生产资料资本的不同，但他后来又论证说这种区别不是很大，他还是更重视物质生产资料这种资产（赖特，2006：53）。资本家占有物质生产资料，而工人不占有，于是受雇于资本家，受到剥削，这是马克思主义通常讲到的剥削机制。

第二种资产是劳动力。正如在下文表 7-2 中显示的，在封建社会里，劳动力是不平等分配的首要资产。在资本主义社会里，虽然劳动力不是不平等分配的首要资产，虽然工人控制着其自身的劳动能力，但一旦工人将劳动力当作商品出卖给资本家，就变为受雇者，受到雇用者一方的管理和监督，受到剥削。赖特还提出"可售劳动力"的观点。这种观点认为，不是任何一种劳动力都可以出售，只有生产需要的劳动力才具有经济价值，而技术使工人的劳动力变得可以出售，所以，获得技术就成为关键。但是，因为底层阶级被排斥在技术之外，他们的劳动力就不能出售，所以他们就永远处在底层位置上。

第三种是组织资产。赖特认为，马克思和亚当·斯密都认为技术分工也是一种生产力的源泉。生产过程得以组织起来的方式就是一种生产资源。作为复杂劳动分工下生产者之间协同合作的条件，组织本身就是一种生产性资源。在当代资本主义社会，组织资产通常是由管理者和资本家控制的，而在中央集权的社会，组织资产呈现大得多的重要性。对组织资产的控制不再仅仅是企业层面管理者的任务，它延伸到国家的中央计划机构。组织资产与职权、等级关系密切，赖特认为，运用组织资产的行动就是对劳动技术分工本身的控制。他说，如果组织资产被不平等地分配，就会导致某些地位比其他地位拥有更多的对这种资产的实际控制，那么这种资产带来的社会关系就呈现权力等级的形式。在这里赖特仍然认为，这种权力本身并不是资产，组织才是通过权力等级所控制的资产（赖特，2006：80~81）。

但是，到了1997年作为集大成之作的《阶级总计》中，赖特放弃了组织资产的概念，而是直接使用"权力维度"的概念，作为阶级地位区分的标准之一，所以，到这里，他与韦伯的三元分层已经大大靠近。当然，赖特强调，他所说的阶级关系中的权力，一方面具有统治的职能，另一方面涉及对剩余的占有关系，这样，他与韦伯的看法还是不一样的。

第四种是技术资产，即技术/资格证书也是社会中一种不平等分配的财产形式。技术资产的基础是技术证书，因为各种各样由法规认定的技术证书限制了技术或技术专家的供应量。而拥有证书的专家在生产中控制他们所拥有的技术知识，并凭借这种技术统治从生产中无偿占有部分剩余价值，这就是所谓技术剥削论。其实，赖特也很矛盾，一方面，他认为，技术资产的所有权可能在市场交换中成为剥削的基础；但另一方面，他又认为，技术并不能直接转化为资产，技术专家可能与非专家具有不同的利益，但说他们是另一个阶级理由并不充分。所以，对于使用技术资产的维度来测量阶级，他自己也并不满意。但他又认为，技术/资格证书资产在对中间阶级的分析中有重要作用，所以最终还是采纳了。他的思路是，可以将技术剥削当作阶级内部分类的基础，同一阶级在阶级关系内享有共同地位，但在剥削方面却占据不同地位（赖特，2006：96~97）。他认为，对比其他的统治和剥削，技术统治和技术剥削作为一种阶级力量要弱得多。在这里，赖特真的陷入了理论的困境，因为一方面，他论证指出了剥削是马克思主义阶级理念的核心，剥削反映了阶级对立的本质；另一方面，在技术资产、技术剥削理论中，他又论证技术剥削是如何弱化，不显示阶级对立，只反映阶级内部关系的。他的上述说法就自相矛盾。

此外，赖特承认组织资产与技术资产也很容易混淆。组织资产也可以被视为仅仅是技术资产的一种特殊类型，即一种管理的技术。他说这是两种以技术为基础的剥削（skill-based exploitation）：一种通过对特定技术劳动力数量的供给加以限制的机制而产生，另一种围绕工作、生产的组织本身而形成（赖特，2006：96）。

以上就是赖特四种资产和四种剥削机制的理论。那么，这四种剥削机制相互之间是什么关系呢？他认为是两个方面，一方面，任何一种剥削机制的功效都是独立于其他剥削机制的，另一方面，不同的剥削机制严格地具有相加的效果（赖特，2006：98）。尽管理论上还存在很多漏洞，但赖特还是以四种资产理论、四种剥削关系理论为基础建立了阶级分类的基本模型，见图7-2（赖特，2004：26）。

图7-2　赖特阶级分类的基本模型

在图7-2中，首先根据物质生产资料的拥有与否，区分为左边的所有者阶级与右边的非所有者阶级，左右之间用断开的框来区分，表示这种区分非常重要，这坚持了马克思主义的物质生产资料拥有与否具有首要意义的观点。左边框内的三个所有者阶级为：资本家、小雇主和小资产阶级，区分他们地位的标准是劳动力资产，即雇员的多少，分别为雇用许多、雇用少数和不雇用，从上到下排列。右边九个是非所有者阶级，其地位通过组织资产和技术资产来区分，从左上角的既有充分组织资产也有充分技术资产的"专家经理"，直到右下角的既无组织资产也无技术资产的"非技术工人"。两者之间是处于中间状态的各群体，包括担任不太高管理职务的专家、没有任何管理职务的专家、担任较高管理职务但仅有半资格技术证书的管理者、半资格技术证书的监督人员、没有任何管理职务的半资格技术证书工人、没有资格技术证书但管理职务较高的人、没有资格技术证书的监督者。

赖特又进一步将这种多元剥削理论应用于阶级与剥削的一般理论，用来解释各个历史时期的阶级、不平等分配和剥削机制（见表7-2）。

表 7-2 资产、剥削和阶级

阶级结构类型	不平等分配的首要资产	剥削机制	阶级	革命改造的中心任务
封建主义	劳动力	剩余劳动的强制攫取	领主和农奴	个人解放
资本主义	生产资料	劳动力与商品的市场交换	资本家与工人	生产资料社会化
中央集权主义	组织	以等级为基础,根据计划对剩余的占有和分配	管理者/官员和非管理者	组织控制的民主化
社会主义	技术	通过谈判,对剩余从工人到专家的再分配	专家与工人	实质的平等

四 阐释了阶级位置、阶级结构、阶级形成、阶级意识与阶级斗争之间的基本关系

马克思的一个基本观点是认为阶级结构是基础,最终会决定阶级的行动和阶级的斗争。但由于当代西方发达国家并没有产生如马克思所预言的重大阶级斗争,于是,马克思的这个理论也常常受到质疑。

赖特试图从理论上回答马克思主义遇到的这个难题,赖特认为自己是同时在微观和宏观两个层次上进行分析的。

第一,在微观层次上,他使用的概念是阶级位置、阶级意识和阶级实践。什么是阶级位置呢?他解释说:"我将把'阶级位置'这个术语作为在阶级关系的结构中个人(有时是家庭)位置的微观层次概念来使用,而同时用'阶级结构'术语作为在某种更加宏观的分析层次上阶级关系的整体组织的概念。"(赖特,2004:385)他举例说,比如,经理处于管理阶层的位置,他就被嵌定在一套特定的互动模型中,他可以对下属发号施令或监督下属,下属也会服从命令。赖特还将阶级位置区分为直接阶级位置与间接阶级位置。间接阶级位置是指一个人通过某种关系而与阶级联系起来,家庭纽带是间接阶级位置的最主要依据,当然社团等也会起到纽带作用。

关于阶级意识,他说:"我将用阶级意识概念去指个人的特定方面。因此,意识将作为一个严格的微观概念来使用。"(赖特,2004:389)他认为,意识是个人心理现象,阶级意识影响一个人的行为选择,而集体无法思想、无法思考,所以他认为阶级意识不是宏观概念。在这里之所以特别

强调是"阶级"的意识，是指有两重含义。其一，意识的内容是阶级的，资本家信仰私有制，所以，对于私有制的愿望和信仰是阶级的内容。其二，意识对行为有特定的阶级取向的影响，这种取向与阶级的利益是一致的（赖特，2004：390）。

而"阶级实践是一个阶级的成员，为了实现（至少是部分地实践）本阶级的利益而利用阶级力量参加的活动。'实践'在这个意义上意指活动是有意识的（即，它有一个有意识的目标）；'阶级'实践意指目标是基于阶级的利益的实现"（赖特，2004：388）。赖特举例说，一个工人求职，在劳动力市场上出卖劳动力，与老板讨价还价商定工资，这是阶级实践。再比如，监工处罚操作失误的工人，或股东在股东大会上进行投票选举等。赖特将这一类阶级成员的个人行为、日常活动都视为阶级实践。

第二，在宏观层次上，赖特分析了阶级结构、阶级形成和阶级斗争。

赖特对新马克思主义阶级理论的一个很重要贡献是区分了阶级结构与阶级形成。赖特所说的阶级结构本身并没有更多新意，赖特说，阶级结构主要是个宏观概念，指阶级组成的一个体系。当然，这里也要特别注意赖特的分析层次，赖特实际上从微观、中观和宏观三个层次上分析，见表7-3（赖特，2004：382）。这样，赖特的阶级结构可以在中观和宏观两个层次上分析，所以，阶级结构的宏观意义也是相对的。赖特举例说，一家公司可以具有特定的阶级结构，由老板直接指挥的公司与有董事会股东的大公司，其阶级结构是不一样的。阶级结构可以是整个社会的阶级结构，也可以是世界资本主义体系的阶级结构。

表 7-3　社会分析的微观与宏观层次

分析层次	成分的子单位	关系的性质	关系的例子
微观社会层次	个人	人际关系	朋友、生产点的阶级关系
中观社会层次	人际关系	有边界的组织和网络（人际关系中的关系）	公司、家庭、工会、学校
宏观社会层次	组织	组织中的关系	国家、经济

如果说赖特的阶级结构并没有太多新意的话，"阶级形成"（class formation）概念则反映了赖特的创新。赖特解释说：阶级形成既是指阶级形成的过程也是指阶级形成的结果。"在两者情况下，该词都是指在追求阶级利益的阶级结构中集体组织的社会力量的形成。如果说阶级结构是

通过阶级位置之间的对抗性社会关系来定义，那么阶级形成则是通过在阶级结构中的合作性社会关系来定义。"（赖特，2004：385~386）比如在非常团结一致的关系中，个人为群体目标而奋斗，就是阶级形成的表现之一。

赖特的贡献在于，找到了阶级结构与阶级斗争之间的关键环节——阶级形成，如果仅凭阶级位置所产生的阶级意识，个人之间的利益会是互相冲突的，所以就形不成群体的力量。而阶级形成是指形成一种群体的、集体的能力。有什么指标能够反映出阶级的形成吗？赖特认为，创立组织，比如政党、工会，是阶级形成的重要标志，因为这些组织可以将不同位置的个体成员联系成一种群体的力量。影响阶级形成的因素很多，比如种族、民族、性别、法律制度等都会发挥作用。而非正式社会网络、社会俱乐部、社会团体、宗教群体等，都会成为阶级形成的促成因素。赖特认为，阶级结构与阶级形成的区别，类似于马克思的自在阶级与自为阶级的区别。马克思没有阐释清两者的转化过程，而赖特的贡献是解释了两者之间的转化是怎样发生的。这就是下面讲的三种转化关系。

第三，赖特解释了无论是宏观模型还是微观模型，阶级各个要素之间转化的基本关系。赖特将其分为限制、选择和转变三种关系。所谓限制，就是一种要素对另一种要素的制约，不是说就完全控制了另一种要素，而是表现为对发生概率的影响。比如，阶级位置限制个人的阶级实践，一个地位低下的工人，能够贷款开办企业的概率是很低的。所谓选择，赖特说是"限制的限制"，什么意思呢？比如，阶级位置限制了阶级意识，而阶级意识又限制了阶级的实践，这就是限制的限制。那为什么要用"选择"一词呢？在微观层次上，选择是指个人采取行动要有一个思考、推断、判断以及受个人价值观影响的过程；在宏观层次上，选择是指阶级的组织（政党、工会等）所采取的战略、策略、政策、措施的过程。而"转变"是指实践对结构的冲击，是反作用的意思，比如，一个人的阶级实践可以反过来影响、改变一个人的阶级位置。在宏观层次上，阶级之间的斗争可以改变一个组织或一个社会的阶级结构。

第四，赖特将其思想总结为微观模型和宏观模型。我们先看看他的微观模型，见图7-3（赖特，2004：396）。

图7-3阐释了一个人的阶级位置与他个人的阶级意识和阶级实践是什么关系。首先，一个人的阶级位置限制了他的意识。注意，这里使用的是

图 7-3　阶级位置、阶级意识和阶级实践关系的微观模型

限制一词而不是决定。我们通常爱说地位决定意识，赖特不同意，因为这里的影响只是一种概率，总有例外的情况，比如一个工人也可能在意识上更倾向于资产者。其次，一个人在受到地位制约的前提下，在特定阶级意识的立场上选择了阶级的实践行动。比如，一个失业工人，没有工资收入了，他选择的有可能是合法的实践——领救济金（如果有失业救济金的话）；也有可能是非法的实践——钱财犯罪。这里的所谓阶级实践对于阶级意识的转变，就上述例子看，如果该失业工人因犯罪而受到刑事处罚，这有可能使他变得更加疏离于主导价值观。最后是阶级位置与实践之间的关系，既有一个人的阶级位置会在概率上限制他的阶级实践的方面，也有阶级实践会反过来改变一个人的地位的情况。比如，一个工人因为要求提高工资，与资方发生矛盾，而被资方解雇，从就业者变为失业者，地位更低下（赖特，2004：395~399）。

　　在宏观模型中，赖特阐述了阶级结构、阶级形成与阶级斗争之间的关系。首先从大的集体、集团的角度看，阶级结构限制着阶级的形成，这种限制有可能是正向地促进形成，也可能是负向地阻碍形成。在此，赖特剖析了三个促进或阻碍阶级形成的要素（或机制）。第一个要素是物质利益，物质利益是促进或阻碍阶级形成的首要因素。比如，在本讲前述图 7-2 展示的赖特阶级分类基本模型中，与“非技术工人”距离近的“非技术监督者”“技术工人”，由于他们的物质利益接近，就比较容易形成一个阶级。而距离远的“专家经理”，与“非技术工人”物质利益很不一致，就不容易形成一个阶级。第二个要素是认同，阶级结构制约着群体及个人之间的认同，只有认同了才能形成阶级。当然，民族、语言、宗教等也会影响认同。第三个要素是资源，指人力、财力等。各个政党为了争取更多的支持者以建立自己的联盟，往往需要付出很多的人力和财力。

　　其次，阶级形成既选择阶级斗争，又受到阶级斗争的影响。赖特认为这突出地表现为作为阶级形成标志的政治组织，它们可以选择不同形式的阶级斗争。而这些组织采取什么样的组织形式，比如集权的还是分散的，也会影响它们的斗争形式。反过来，阶级斗争又会转变阶级形成，阶级斗争常常可以改变阶级组织的环境和条件，从而也改变组织本身，阶级的政治组织本身也是一种斗争的结果。

最后，阶级斗争与阶级结构的关系。阶级结构必然限制和制约着阶级之间的斗争，因为，有了结构，存在着这些阶级，才可能形成它们相互之间的斗争；如果这些阶级本身就不存在，哪里会有这些阶级之间的斗争呢。再者，如果阶级结构处于一种严重分化的局面，阶级斗争就会频繁和激烈。反过来，阶级斗争的一个很重要目标就是要改变阶级结构。阶级斗争改变了物质利益结构和分配关系，这也就在一定程度上改变了阶级结构。关于宏观模型的图示，见图7-4（赖特，2004：400~406）。

图7-4　阶级结构、阶级形成和阶级斗争的宏观模型

总之，赖特的微观模型和宏观模型还是有很多新思想、新观点的，他的论证大大细化了马克思主义关于阶级地位与阶级意识、阶级结构与阶级斗争的理论。赖特根据当代的社会状况，对阶级位置、阶级结构、阶级形成、阶级意识及阶级斗争等，做出了新的阐释。

第二节　赖特阶级分类模型的应用

就在赖特刚刚形成自己的矛盾阶级地位论的时候，很幸运，他自1979年起，获得了美国国家科学基金会以及其他一些基金会的资助，从事关于西方发达国家的社会不平等、阶级结构等问题的研究。这样，赖特就有机会对自己提出的阶级概念给出操作化定义，运用经验调查数据来检验自己的理论。赖特认为，这很重要，因为此前他的研究只能依靠别人的二手数据，而由于阶级分类的标准不一样，二手数据很难验证自己的假设。

自1979年开始，赖特实证研究的范围越扩越大，参加的国家越来越多。瑞典、英国、加拿大、挪威、澳大利亚、丹麦、日本、新西兰、联邦德国、俄罗斯、韩国、西班牙等 15 个国家和地区，都先后成为他的实证研究对象，耗资数百万美元。所以可以说，赖特的阶级分类模型是分层研究中应用最广泛的模型。本节就对它的应用和结果做一简单介绍。

一　赖特阶级分类模型的操作化

上面指出赖特提出四类资产，用来区分阶级，这样在实证研究中赖特首先遇到的问题就是要将四类资产区分阶级变成操作化定义。

1. 生产资料资产与劳动力资产的测量

赖特首先要将占有生产资料资产、雇用他人的人与不占有生产资料、不雇用他人的人区分开来。

关于生产资料占有，在问卷中，他设计的问题是："你是被他人雇用，还是自我雇用？"如果回答"被他人雇用"，就属于后面用组织资产和技术资产区分的人群。所谓"自我雇用"指生意、公司就是自家的，自己给自己的公司工作，因此，自我雇用也就是当老板的，是资产者。这个问题看起来简单，但要想搞清楚也不是很容易。因为复杂的情况很多，比如，公司是父亲的，儿子也在公司里工作，究竟是被雇用还是自我雇用？有时候就说不清楚。这样，赖特设计了追问的问题："你是这家公司的所有者、部分所有者还是不是所有者？"如果回答是所有者或部分所有者，还要追问，是实际控制公司的所有者，还是合作的伙伴，或是仅仅持有股权，并不实际管理。总之，调查中会遇到千奇百怪的个案，都要一一分类。

关于劳动力资产，问卷中询问：这家企业或公司经常性的雇员人数是多少？赖特设计的雇员分类的标准是：雇用 10 人和 10 人以上的为资本家，雇用 2~9 人的为小雇主，雇用 0~1 人的为小资产阶级。本来在赖特的理论中，小资产阶级是不雇用他人的，为什么在这里又将雇用一个人的也列入小资产阶级而不是小雇主呢？赖特承认这是调查中的概念不清造成的。由于调查时没有特别声明，雇员是指除了自己以外的其他雇员，有些被访者填答有一个雇员，实际上就是指他自己，这样就与那些回答除了自己还有一名雇员的混淆在一起了。数据处理时，两种情况已经难以分辨。所以，最后就只能将小资产阶级定义为不雇用他人或仅雇用 1 人。

在中国的场景下，如果要做类似阶级分类调查的话，要注意雇工标准有所区别。中国官方定义的私营企业主是雇工 8 人和 8 人以上，而雇工 7 人和 7 人以下的定义为"个体工商户"（也就是小雇主）。由于中国多年来的统计都是按照这个标准做的，如果完全不考虑中国的标准，数据就失去了可比较的意义。所以，还是要考虑到中国雇工的特殊分类。

2. 组织资产的测量

赖特将组织资产的测量分为两个方面：直接参与为组织制定决策和对下属具有实际的监督权。

先看第一个方面。问卷设计的问题是："在制定有关产品和服务的提供、雇员人数、预算等问题的政策方面，您是否参与这类决策，或提供建议？"如果回答"是"，则属于有不同程度决策权的人。为了分辨不同程度的决策权，赖特设计了如下八项内容，询问被访者在这八方面如何参与决策（赖特，2006：306）。

（1）在您的工作场所增加或减少雇用人员总量的决策。

（2）机构的产品、规划和提供服务的显著变化的决策。

（3）日常工作步骤或工作量需要改变时的决策。

（4）工作的基本方法或程序需要重要改变时的决策。

（5）关于工作场所的预算的决策。

（6）（如果上一项回答"是"）预算总规模的决策。

（7）关于总预算中资金分配总体的决策。

（8）工作场所中任何其他种类的决策，并请注明。

为了区分对上述八个方面参与决策的方式和程度的差异，赖特又设计了以下四个选项，供被访者选择其中之一：①根据自己的职权做出决策；②作为决策小组的投票人参与决策；③服从上级的批准而做出决策；④向实际做出决策者提供建议。

根据对上述变量的细致分析，赖特将被访者区分为：决策制定者、建议者和非决策制定者。

再看第二个方面，对下属的监督情况，首先询问："您是否监督其他雇员的工作或告诉其他雇员做什么工作？"如果回答"是"，则进一步询问他们直接监督多少人，并询问下属的地位，下属是否还监督其他人。

接下来询问监督的两类情况：一是监督者的职责情况，二是监督者决定事情的情况。关于监督者的职责情况是询问被访者是否拥有下列各项职责：①决定特殊任务或向您的下属分派他们要执行的工作；②决定您的下属在他们工作中所使用的程序、工具或物资；③决定您的下属的工作进度快慢、工作时间长短、必须完成的工作有多少（赖特，2006：307）。

关于监督者决定事情的情况，也就是所谓批准或批复的权力，询问被访者，下面四项事务的决定权或批复权，究竟是被访者自己就可以做出的，还是单位内地位更高的人才能做出？这四项事务是：①同意提高下属工薪或晋升下属职位；②由于下属工作表现差或行为不当，而阻止给其提工资或晋升职位；③开除下属或对其做出暂时停职的处罚；④对下属发出正式警告（赖特，2006：307）。

根据对上述监督变量的分析，来区分出非监督者、名义监督者、任务监督者和批复监督者。当然，对组织资产的实际测量，赖特的分析还要更复杂一些，包括对管理等级形式地位等的研究，此处不详述。

3. 技术资产的测量

与上述组织资产的测量相比，技术资产的测量要稍显简单一些，主要是三项指标：技术职位、教育证书和工作自主性。由于职业的分类和细节描述还不足以显示技术职位的细微差异，所以，赖特引入另两项变量：教育证书和工作自主性。教育证书比较简单，就是用受教育的程度或毕业证书来折射人们的技术地位。教育证书的标准化很强，所以很容易用来测量技术资产。那么，什么是工作自主性或职位自主性呢？为什么用它来测量技术资产呢？赖特认为，自主性本身并不是技术资产，但它是技术资产的一个很好的间接指标。因为有很多边缘职位没有资格证书可以分辨，而自主性是一个可以很好区分技术地位细微差异的间接指标。

为了测量工作自主性或职位自主性，问卷中设计了这样的问题："在您的工作中，您是否被要求规划您自己工作的重要部分，并且将您的想法应用于实践？"回答的选项设计了六个：①高度自主；②可能高度自主；③中度自主；④可能中度自主；⑤低度自主；⑥无自主。虽然选项显示了差异程度，但我们知道，要想准确测量工作自主性并不容易。所以，赖特还让被访者举例说明工作是如何运作的，并将众多例子编入量表，以求准确测量这种自主性（赖特，2006：311）。

总之，技术资产测量的最终结果是形成三个类别：专家、技术雇员和非技术雇员。所谓专家指所有专业人员和具有学士及以上学位的技术人员。技术雇员包括学校教师、手工艺者、低于学士学位的技术人员和具有学士学位的销售人员、职员及工作有现实自主权者。所谓非技术人员指不满足技术雇员的资格证书标准或自主标准的销售人员、职员，以及非手艺的体力职位和服务职位人员（赖特，2006：157~158）。

在确立上述对四类资产的测量方法以后，赖特组织了大量实证调查研究，获得了大量数据。通过对这些数据的分析，他完成了对很多国家的阶级测量和阶级分类。下面笔者就对他的实证研究结果做一个简单介绍。

二　赖特运用其模型对一些国家阶级结构的研究

我们知道，在赖特的研究之前，马克思主义对资本主义社会的阶级结构提出过很多论断，但从来没有人采用马克思主义的阶级概念进行过大规模问卷调查，没有通过抽样方法采集数据做实证的量化研究。所以，赖特的实证研究具有重要的开创意义。赖特的数据调研也第一次从学术的角度对马克思主义的一些阶级理论进行了检验。

赖特阶级分类模型的本质特点是将阶级看作一种关系，一种或者相互对立，或者相互结合的关系，而不是一种简单的等级层次。所以，根据赖特的阶级分类可以进一步做阶级关系、阶级联盟或阶级冲突的战略研究。

1. 对美国与瑞典阶级结构的对比研究

赖特关于阶级结构最初的实证研究，是 20 世纪 70 年代末在美国和瑞典进行的，研究的成果就是他 1985 年出版的《阶级》一书。在这项研究中，他将自己的阶级分类方法应用于实践，验证了自己的矛盾阶级地位论。他指出，选取美国和瑞典做对比是有道理的，因为这两个国家分别代表了发达资本主义的两种不同模式。瑞典是高福利国家，个人所得税税率非常高，国家用大量的税收资金建设公共服务体系，在意识形态上崇尚社会公平，而美国崇尚个人自由竞争，公共福利体系水平和覆盖率都不高，市场竞争的特点更突出，更注重效率；瑞典的贫富差距非常小，是全世界不平等程度最低的国家之一，而美国的贫富差距巨大；瑞典受雇于政府的劳动力比例甚高，而美国则很低；等等。

对美国和瑞典阶级结构测量的基本数据参见图 7-5（赖特，2006：199）。

生产资料资产

所有者	非所有者（雇佣劳动者）		
1.资本家 美国1.8% 瑞典0.7%	4.专家经理 美国3.9% 瑞典4.4%	7.半资格证书 管理者 美国6.2% 瑞典4.0%	10.无资格证书 管理者 美国2.3% 瑞典2.5%
2.小雇主 美国6.0% 瑞典4.8%	5.专家监督者 美国3.7% 瑞典3.8%	8.半资格证书 监督者 美国6.8% 瑞典4.0%	11.无资格证书 监督者 美国6.9% 瑞典3.1%
3.小资产阶级 美国6.9% 瑞典5.4%	6.专家非管理 者 美国3.4% 瑞典6.8%	9.半资格证书 工人 美国12.2% 瑞典17.8%	12.无产阶级 美国39.9% 瑞典43.5%

组织资产 ＋ ＞0 －

＋　　　　　＞0
技术/资格证书资产

美国：$N=1487$　　　瑞典：$N=1179$

图 7-5　赖特测量的美国和瑞典的阶级结构

由上述调查，赖特得出五点结论。

第一，工人阶级仍然是发达资本主义社会中人数最多和所占比例最高的阶级。分类第12，既无管理监督职务，又没有专门技术的雇员，即纯粹的无产阶级，美国为39.9%，瑞典为43.5%。这个比例，比人们印象中的无产阶级比例要高很多。因为通常人们以为，在像美国与瑞典这样的发达资本主义社会里，中产阶级已经占到主体地位。现在看来，在社会各阶级中，还是工人阶级占最高比例。如果将分类第9，即有半资格技术证书的工人与纯粹的无产阶级相加，则美国的工人阶级比例上升到52.1%，而瑞典为61.3%，所以，工人阶级确实占了社会的大多数。

第二，在阶级结构的比较中，瑞典的工人阶级所占比例比美国的高。无论是从纯粹无产阶级的比例看，还是将其与半资格技术证书的工人合在一起计算，都是瑞典工人阶级所占比例高。

第三，美国监督者的比例高于瑞典监督者的比例。将分类的三组监督者（即第5、8、11）合在一起，美国的监督者占17.4%，而瑞典的监督者占10.9%，这在一定程度上解释了为什么美国的普通工人比例比瑞典要低些。

第四，瑞典专家不拥有组织资产的比例高，换言之，更多的瑞典专家就是纯粹专家，并不承担管理。在图7-5中，如果将全部专家视为100%的话，那么，在瑞典全部的专家中，45%的人不拥有组织资产，而美国的这一比例为31%。

第五，美国的所有者比例高。美国的资本家、小雇主、小资产阶级三种所有者合计为14.7%，而瑞典的三种所有者合计仅为10.9%。所以，美国有产业的人比例要高一些。

总之，数据证明，美国资产阶级的阵营要更强大一些，而工人阶级相对弱一些；而瑞典雇佣劳动者的力量、劳工的力量要更强大一些，资产阶级的力量要稍弱一些。

2. 对美国与瑞典阶级意识的对比研究

马克思主义的阶级分析历来对阶级意识给予特殊关注，因为它是工人能否组织起来的重要条件。如上文所述，赖特认为阶级意识是一个严格的微观概念，表现为个人的政治态度，所以他设计了一组量表来测量被访者的政治态度。态度测量一共采用如下六个命题，被访者可以选择同意或不同意（赖特，2006：264）。

（1）企业是以工人和消费者为代价，而使企业的所有者受益。

（2）现代社会有可能在没有利润动机的条件下有效率地运行。

（3）如下的情况是有可能的，即非管理的雇员在没有老板的情况下能够在其工作岗位上有效地工作。

（4）在罢工期间，法律应当禁止管理者另行雇用工人来代替罢工者工作。

（5）当前，大公司在美国（瑞典）社会中力量过于强大。

（6）如果主要产业的工人为工作条件和工资而进行罢工，您愿意看到下列哪种结果：a. 工人赢得他们最主要的要求；b. 工人赢得他们的某些要求并做出某种妥协；c. 工人只赢得很少的要求并做出大量妥协；d. 工人没有赢得任何要求就复工。

对上述命题的回答，可以反映出被访者是更倾向于资本家、所有者一方，还是更倾向于工人阶级一方。图7-6和图7-7就是对美国和瑞典的调查结果（赖特，2006：262）。

图7-6是对美国的调查结果，正值表示对这些命题是正向的态度，即赞同工人阶级立场的态度，而负值表示对这些命题是负向的态度，即反对工人阶级立场或赞同资方立场的态度。图中显示，在美国的阶级结构中，赞同工人阶级立场的只有12. 无产阶级（非技术无任何管理权的工人）、9. 半资格证书工人和11. 无资格证书监督者。三个阶层在美国阶级结构中所占比例为59%，比例还相当高。该数据也验证了赖特阶级结构模型的有效

图 7-6　赖特测量的美国的阶级意识

图 7-7　赖特测量的瑞典的阶级意识

性。右下角三个临近的阶层，都是权力最低下、技术资产最少的雇员，反映在阶级意识上就是突出的工人阶级立场或反对资产阶级的立场。所以，赖特的研究证明，阶级位置与阶级意识是一致的。

　　从图 7-7 的阶级意识调查看，瑞典与美国还是有些区别。在阶级意识上，支持工人阶级立场的阶层从美国的三个扩大为瑞典的九个，瑞典这九个阶层的总和占到阶级结构的 90.9%，成为社会的绝大多数。而且，瑞典的阶级意识分布，也再次验证了赖特模型的有效性，阶级意识的分布完全符合赖特四种资产分布的理论。通过比较美国与瑞典的阶级意识，还可以发现，处于矛盾地位的阶级、阶层有可能加入不同阶级阵营。所以，在阶级的战略中，工人阶级完全可以争取处于矛盾地位的阶层加入本阶级的联盟，对此下文有进一步的分析。

3. 多国比较研究与工人阵营的调整

到了 20 世纪 90 年代，赖特的研究开始扩展到众多发达资本主义国家和地区。同时在 1991 年和 1995 年赖特又组织对美国和瑞典做了第二次调查。这些调查的结果显示，发达资本主义国家的阶级结构具有很大的相似性。图 7-8 是依据赖特模型，在美国、瑞典、挪威、加拿大、英国和日本六国所做的阶级结构调研的结果（赖特，2004：49）。①

图 7-8 赖特模型的六国阶级结构（单位:%）

图 7-8 中各阶级的位置与前面赖特模型是一致的。从图中可以看到，各国的阶级结构还是略有一些差异。资本家阶级比例最高的是英国，为 2.1%，最低的是瑞典，只有 0.7%。纯粹工人阶级比例最高的是瑞典，

---

① 在图 7-8 中，有些相加之和不等于 100%，有微小差异，这是由于计算中四舍五入的方式所致，这在百分比计算中常发生。后文中亦有类似情况，不再赘述。

为49.1%，比例最低的是加拿大，为35.4%。而专家经理比例最高的是美国，为5.5%，最低的是英国只有2.4%。赖特模型在各国的调查提供了各个阶级比较分析的实证基础，可以发现阶级结构的各方面差异，这是以往的阶级分析做不到的。同时，对于处在中间状态的阶层，赖特还尝试做出阶级阵营和阶级联盟的战略调整，参见图7-9（赖特，2004：56）。

图7-9 六个国家雇员阶级分布的调整

图7-9显示，在雇员队伍中，有两个极端，最左上角的一极是既占有组织资产又占有技术资产的专家经理，而最右下角的一极是既不占有组织

资产又不占有技术资产的纯粹工人阶级。如果将临近的中间类型的阶层做两极归属的话，就形成两个阵营，工人一方形成扩大了的工人阶级，专家经理一方形成扩大了的专家经理。图7-9中的各个阶层的百分比与图7-8不一样，是因为将雇员总体视为100%，而且样本数也不一样。调整以后，六个国家中扩大了的专家经理的比例分别为：美国14.4%，瑞典9.6%，挪威14.7%，加拿大13.9%，英国13.3%，日本14.8%。而从前面展示的阶级意识的调研可以看出，这种阶级分布的调整是有依据的。而扩大了的工人阶级比例为：美国71.4%，瑞典79.2%，挪威71.8%，加拿大73.9%，英国74.2%，日本73.5%。各国工人阶级的比例居然如此相近。

在关于工业社会阶级结构演变的预测上，历来有马克思主义与后工业社会理论之争。两种理论对工业社会一些主要的阶级、阶层发展的预测是不一样的。传统马克思主义认为，随着工业化的发展，工人阶级的队伍会不断扩大，非技术劳动会替代技术劳动，工人劳动的自主性降低，技术工人和专家的人数会减少。而后工业社会理论恰恰相反，认为工人阶级的队伍会不断缩小，而技术工人和专家的人数会不断增多。以往这类争论都缺少数据证明，而赖特的研究填补了空白。赖特采用自己的阶级分类模型，研究了1960～1990年30年间美国阶级结构演变的情况。赖特的结论是，虽然30年间变化的趋势也并不总是朝着同一方向，虽然1960～1970年也曾出现过工人阶级扩大的情况，但从整体上看，阶级结构演变的结果否定了传统马克思主义的预测，而支持了后工业社会理论的预测。

此外，赖特还用他的模型研究了阶级边界的渗透性、阶级与性别、阶级结构与意识等许多问题。

三　许嘉猷采用赖特模型对中国台湾阶级结构的研究

在阶级结构的测量上，赖特模型应用得最广。中国台湾学者许嘉猷曾经运用赖特模型对台湾的阶级结构与流动进行研究。许嘉猷1966～1970年在台湾大学获得学士学位，后到美国求学，于1980年在美国印第安纳大学获博士学位，此后回台湾，一直从事社会分层与社会流动的研究。他曾于1986年出版《社会阶层化与社会流动》一书，在大陆有一定影响。他采用1992年的数据资料，对台湾阶级结构进行研究，于2000年发表了《台湾都会地区的阶级结构、阶级流动与再制》一文。下面做一简介。

许嘉猷的阶级分类的操作化定义，基本上沿用赖特的标准，只是有些地方简化了一些。

第一，区分是否工作，即只访问有工作者。

第二，区分自雇者和受雇者。

第三，对自雇者进行区分，雇用 10 人和 10 人以上的是资产阶级，雇用 1~9 人的是小雇主，其余既不受雇于人也不雇用他人的从业者是小资产阶级。

第四，对受雇者进行四个指标的区分，即工作中的正式层级位置、权力（是否管理其他人）、决策权（是否参与重要决策）和工作自主性（谁决定什么时候上下班，谁决定工作任务或工作内容），根据受雇者的这些指标，区分出经理（或佐理）、监督者、半自主受雇者和劳工阶级四个阶级阶层。

第五，由于工作自主性的概念在操作上不太容易把握，许嘉猷认为，赖特的多元剥削取向建构的阶级分类模型比矛盾阶级地位的阶级分类模型更有优势，于是，他就又采用多元剥削的操作化定义，以学历指标取代工作自主性指标，用大学或专科学历取代半自主受雇。这样，凡是大学或专科学历以上的称为专业与半专业人员。

由上述分类可以看出，许嘉猷的总体阶级模型将赖特的 12 个阶级阶层简化为 7 个，即资产阶级、小雇主、小资产阶级、经理/佐理、监督者、专业与半专业人员、劳工阶级。表 7-4 就是按照 7 个阶级阶层的模型描述的台北市的阶级结构（许嘉猷，2000：26）。

表 7-4 按照简化了的赖特模型测量的台北市的阶级结构

单位：%

阶级分类	占比	阶级分类	占比
资产阶级	3.8	B. 监督者	4.7
小雇主	7.8	专业与半专业人员	20.8
小资产阶级	12.5	劳工阶级	25.8
经理阶级（A+B）总和	29.3	总计	100.0
A. 经理/佐理	24.6		

表 7-4 显示，台北市的资产阶级、小雇主、小资产阶级的比例很高，三者之和为 24.1%，这表现出台北市是有产者、所有者比例很高的社会。经理阶级总和为 29.3%，加上专业与半专业人员的 20.8%，共 50.1% 是所谓

现代中产阶级，所以，台北也是现代中产阶级比例很高的社会。当然，这只是台北市的情况，如果与台湾全岛比较的话，就会发现很大的结构差异。表7-5是台湾全岛的阶级结构（许嘉猷，2000：33）。

表7-5　按照简化了的赖特模型测量台湾全岛的阶级结构

单位：%

阶级分类	占比	阶级分类	占比
资产阶级	2.3	B. 监督者	1.1
小雇主	8.7	专业与半专业人员	13.2
小资产阶级	23.8	劳工阶级	41.8
经理阶级（A+B）总和	10.1	总计	100.0
A. 经理/佐理	9.0		

台湾全岛的阶级结构与台北市有很大差别，台北市的资产阶级占3.8%，而台湾全岛的资产阶级占2.3%，台北市的小资产阶级占12.5%，而台湾全岛的小资产阶级占23.8%，可见，台湾有大量小资产阶级，而台北市是大资产者多一些。台北市的现代中产阶级合计达到50.1%，而台湾全岛的现代中产阶级仅为23.3%，所以，台北市具有明显现代社会阶级结构的特征，而台湾全岛距离现代社会阶级结构还有很大距离。此外，台湾全岛的劳工阶级比例达到41.8%，而台北市仅为25.8%，可见，台湾居民总体的学历水平远低于台北市居民的学历水平。以上这些差异当然也表现为政治态度上的重大差异。

表7-6　台北市代际的阶级流入

单位：%

父辈阶级结构	子女阶级结构					父辈阶级结构合计
	资产阶级	小资产阶级	经理阶级	专业与半专业人员	劳工阶级	
资产阶级	26.5	13.0	16.7	15.8	12.5	16.1
小资产阶级	29.4	45.7	24.8	17.9	30.1	27.9
经理阶级	25.0	27.5	31.8	40.6	36.0	33.4
专业与半专业人员	10.3	4.3	15.2	17.9	5.2	11.3
劳工阶级	8.8	9.4	11.5	7.7	16.3	11.4
列的百分比总计	100.0	100.0	100.0	100.0	100.0	—
子女阶级结构合计	12.1	12.2	29.3	20.8	25.6	100.0

　　许嘉猷还采用赖特模型研究了台北市阶级的代际流动，看看父辈阶级构成与子女阶级构成有什么变化，即流入和流出的情况。这里仅看代际阶级流入的情况（许嘉猷，2000：33）。

　　表 7-6 是台北市的调查数据，显示子女一代是来自何种阶级的家庭。首先我们看最下面一行，是子女阶级结构，即资产阶级占 12.1%，小资产阶级占 12.2%，经理阶级占 29.3%，专业与半专业人员占 20.8%，劳工阶级占 25.6%。这样看来，与他们的父辈比较，资产者、所有者的比例反而是下降了，而劳工阶级的比例是上升了。因为父辈资产阶级占 16.1%，小资产阶级占 27.9%，两者合计高达 44.0%，而父辈劳工阶级仅占 11.4%。这有可能是年青一代还没有成长起来，将来发达以后，有产者比例也可能会上升。当然，这也间接证明中国人的特定财产关系与代际关系：产业、财产还主要由老一代控制。

　　这里的所谓阶级流入，就是看子女来自什么样的阶级。我们按列来看子女的每一个阶级。先看第一列，子女是资产阶级的，有 26.5% 来自资产阶级家庭，29.4% 来自小资产阶级家庭，25.0% 来自经理阶级家庭，10.3% 来自专业与半专业人员家庭，只有 8.8% 出身于劳工阶级家庭。再看第三列，子女做经理的，有 16.7% 父辈是资产阶级，有 24.8% 父辈是小资产阶级，有 31.8% 来自也是做经理的家庭，有 15.2% 父辈是做专业半专业工作的，有 11.5% 来自劳工阶级家庭。第五列，子女是劳工阶级的，有 12.5% 父辈是资产阶级，有 30.1% 父辈是小资产阶级，有 36.0% 父辈是做经理的，有 5.2% 父辈是做专业半专业工作的，有 16.3% 父辈是劳工阶级。总的来看，台北市的代际流动率还比较高，各阶级的流入和流出均有较大的开放性。

第三节　戈德索普的阶级结构测量模型

　　本书第四讲介绍新韦伯主义时，已经提到过英国社会学家约翰·戈德索普，他曾与洛克伍德合作完成巨著《阶级结构中的富裕工人》。戈德索普生于 1935 年，大学本科在伦敦大学读现代史专业，于 1956 年获学士学位，后来又到伦敦政治经济学院学习社会学。1957～1960 年在英国莱斯特大学（University of Leicester）任教，1961～1968 年在剑桥大学经济与政治系任教。正是在这段时间，他与洛克伍德成为剑桥大学的同事与合作者，而两位都是新韦伯主义分层理论的重要代表。戈德索普于 1969 年到牛津大学纳菲尔德学院（Nuffield College）任教，此后一直任职于该学院。

戈德索普是研究社会分层与社会流动的大师，他的理论研究和实证研究的功底都很深厚。他的主要著作有：《现代英国的社会流动与阶级结构》（*Social Mobility and Class Structure in Modern Britain*）。该书 1980 年第一次出版，1987 年又做了修订。正是在该书中，他提出了自己的阶级分类框架，并采用该框架探索了英国的分层结构与社会流动。1992 年，他出版了《持续的流动》（*The Constant Flux*）一书，对社会流动提出许多新的见解。21 世纪以来，他还不断有研究著述发表：如 2002 年发表《全球化与社会阶级》（*Globalisation and Social Class*）、《代际不平等：社会学的视角》（*Intergenerational Inequality: A Sociological Perspective*），2004 年发表《社会阶级的经济基础》（*The Economic Basis of Social Class*）等。

一　戈德索普阶级分类的理论来源

本书第一讲曾经分析了社会分层的十种标准，也就是说，如果区分社会人群的地位的话，有十个方面的因素可以作为标准。这样的标准是复杂了一些，体现了分层的多元化特点。但是，在严格讲到阶级概念的时候，社会学各个流派对于阶级区分，大体上有两种思考角度。

第一种思考角度探讨，阶级究竟是等级不同的群体，还是性质不同的群体？按照这种思考角度，一派认为，阶级仅仅是等级不同的群体。按照这种观点，区分阶级很容易，只要确立一定的数量标准，就可以区分阶级，比如，按照收入分为上层阶级、中间阶级和下层阶级。另一派认为，阶级不是简单上下排列的等级层次问题，阶级是社会性质、社会属性完全不同的群体，这样，区分阶级就要找到显示阶级之间属性差异的指标。赖特和戈德索普作为新马克思主义和新韦伯主义的阶级分类的代表，从总的理论倾向看，都是主张阶级是性质不同的群体，但在阶级分类的操作上，赖特更突出强调阶级是社会属性完全不同的群体，而戈德索普更多地将等级的标准与属性的标准混在一起。比如，在下面戈德索普的阶级分类里，他就使用高层（Higher-grade）、低层（Lower-grade）这样的等级概念区分阶级差异。赖特虽然有时也用数量指标，比如，在操作化定义上采用雇员人数区分资产阶级、小雇主与小资产阶级，但他从来都认为这是三个属性不同的阶级，而不简单是雇员人数不同的阶级。

第二种思考角度探讨，阶级究竟是职业地位不同的群体，还是社会关系不同的群体？很多人主张阶级就是职业群体。比较典型的如本书第一讲说过的，美国社会学家布劳和邓肯在社会分层重要著作《美国职业结构》中提出，决定阶级地位的首要因素就是职业地位，职业地位是阶级地位最好的单独指标。英国社会学家雷德（I. Reid）在《不列颠的社会阶级差异》中指出，阶级就是以职业为基础的大的群体分类。与此相反的观点认为，职业与阶级是两回事，职业是一种技术分工，是人们在劳动的技术分工中的位置，职业与资本、财产并没有必然关系；而阶级是一种社会关系，特别是人们与资本、财富、财产的关系。无论是马克思还是韦伯都不同意将职业与阶级画等号。这些对戈德索普的阶级分类都有影响。一方面，戈德索普遵从韦伯的观点，认为阶级是一种社会关系，但另一方面，他又重视职业的分层作用。因为，职业作为社会地位的重要标志，在社会上受到普遍重视，无论是学术研究还是政府管理和商业上的分类，都很看重职业地位。这对戈德索普也有重要影响。所以，戈德索普采取的是一种折中策略，试图将职业分层与体现社会利益关系的阶级结合起来。

戈德索普的职业与阶级分类，也直接与英国的"登记注册分类"（Registrar-General's classification）有关。英国很早就有专门负责出生、死亡、婚姻等登记的官方的部门和负责人，称作 Registrar-General。该部门因为登记注册需要一种分类标准，于是，医疗统计学家史蒂文森（Stevenson）于 1913 年提出了"登记注册分类"。史蒂文森提出该分类，最初目的是用它来分析婴儿死亡率问题。当时，社会上争论的一个问题是，婴儿死亡率的高低受到哪些因素的影响。婴儿死亡率的高低究竟反映的是人的生理的自然的等级结构，还是反映一种社会的等级结构。所以，该分类最初用于医学目的，后来广泛应用于就业、教育、家计调查以及出生、死亡的统计。"登记注册分类"亦称"登记注册阶级分类"（Registrar-General's social class classification），后经一系列修正，形成五个大的阶级分类，并应用于英国的人口普查（Crompton，1998：58-59）。

1. 专业类型职业

2. 中间等级职业（Intermediate occupations）

3a. 技术型非体力职业

3b. 技术型体力职业

4. 半技术型职业

5. 非技术型职业

从上面这个英国颇为流行的"登记注册阶级分类"中，可以明显看出它对后来戈德索普提出的阶级分类的影响。比如，将专业类型职业放在最高位置，使用 Intermediate 的概念，对体力劳动和非体力劳动的区分，对技术型、半技术型和非技术型职业的区分等。后来，戈德索普在他的阶级分类中都沿用了这些原则和概念。

1974 年，戈德索普与基思·霍普（Keith Hope）合著了《职业的社会等级：一种新的方法与量表》（*The Social Grading of Occupations: a New Approach and Scale*）一书，提出了被后人称为"戈德索普-霍普量表"的职业量表，该量表将职业分为 36 类并给予量化值。而后来戈德索普提出的七阶级分类，就是将"戈德索普-霍普量表"中的 36 类职业分别归入七个阶级的大类。比如，将"戈德索普-霍普量表"的第 1、2、3、4、7 职业归入第一阶级，将量表的第 5、6、8、9、10、12、14、16 职业归入第二阶级，将第 21、25、28、34 职业归入第三阶级等。

在将职业类别转变为阶级范畴时，戈德索普依据的基本原则是洛克伍德的社会地位理论。本书第四讲介绍了洛克伍德将阶级地位（class situation）分为三个方面，即市场地位、工作地位、身份地位。而戈德索普在将职业转化为阶级时主要采用市场地位和工作地位的分析原则，即一方面是分析这些职业的市场地位，即收入的来源、收入的水平、职业的福利保障水平、向上流动或经济发展的机会；另一方面是分析这些职业在权力体系中的位置、在生产过程中的地位，包括工作的自主性水平、工作场所监督管理特点等。通过这两个方面的分析，戈德索普将"戈德索普-霍普量表"中的 36 种职业都纳入七大类阶级之中。当然，20 世纪 90 年代以后，戈德索普又放弃了工作地位的观点，转而采用就业关系（employment relation）的概念，但这是后来的事情了。

二 戈德索普阶级分类的主要内容

在 1980 年出版、1987 年修订的著作《现代英国的社会流动与阶级结构》中，戈德索普正式提出了自己的阶级分类框架。不过这时他还不是用清晰的图表来展示的，直到他 1992 年的著作中，他才使用了下面的图表（李春玲，2005：72~73）。不过也要注意，戈德索普在不同著述中关于阶级分类还略有一些差异。

表 7-7　戈德索普阶级分类

全部分类	7 分类阶级	5 分类阶级	3 分类阶级
1. 高层专业人员、行政管理人员和政府官员；大企业中的经理；大业主	1+2 公务人员阶级		
2. 较低层专业人员、行政管理人员和政府官员；高级技术人员；小企业中的经理；非体力雇员的监管人员			
3a. 在较高级的（如行政和商贸）机构中的非体力雇佣办事人员	3a+3b 非体力办事人员	1~3 白领工人	
3b. 在较低级的（如销售和服务业）机构中的雇佣办事人员			非体力工人
4a. 雇用他人的小业主和手艺人	4a+4b 小资产阶级	4a+4b 小资产阶级	
4b. 不雇用他人的小业主和手艺人			
4c. 农场主；小股东；第一产业中的自我雇佣者	4c 农场主	4c+7b 农业工人	农业工人
5. 低级技术人员；体力劳动的监管人员			
6. 技术体力工人	5+6 技术工人	5+6 技术工人	
7a. 非农产业的半技术体力工人	7a 非技术工人	7a 非技术工人	体力工人
7b. 第一产业中的农民和其他雇工	7b 农业体力工人		

　　如表 7-7 所示，戈德索普将职业转化为阶级的分类，首先，分成七大阶级。那么，为什么就可以将这些职业转为七个阶级呢？上面说了，他依据的是洛克伍德的市场地位、工作地位的理论。下面我们就看看戈德索普是怎样解释具体归类的（Goldthorpe, 1987：40-43）。

　　在第一阶级（Class Ⅰ）里，戈德索普将无论是公共部门还是私营部门的高层专业人员、行政管理人员、中央政府与地方政府的官员、大企业的经理、大企业主看作同一个阶级。将雇主、自我雇佣的、被雇佣的都看作同一个阶级，这样做合适吗？戈德索普当然意识到，人们会质疑这里的矛盾现象。但戈德索普坚持认为，矛盾只是表面的，实质上没有矛盾。从市场地位看，这些人的收入水平是相近的，有很好的福利保障，一生中地位都朝上流动。从工作地位看，这些职业均有很大的工作自主性和自由度，有着很大的职权。戈德索普援引达伦多夫和德国社会学家卡尔·伦纳（Karl Renner）都曾使用的一个概念，称他们为现代资本主义社会的"公务阶级"（service class），其含义是：以公司和部门的名义来行使公务权力的阶级。

第二阶级（Class Ⅱ），戈德索普将较低层专业人员、较低层行政管理人员和政府官员、高级技术人员、小公司/小企业经理、非体力雇员的监管人员，归入这个阶级。戈德索普认为，第二阶级的收入水平仅仅次于第一阶级，就业条件也比较好，处在等级层次结构的中等地位，可以在一定程度上行使权力，当然，同时也受到高层的控制，为高层服务。所以，第二阶级起着辅助第一阶级的作用，戈德索普将它也归为公务阶级，但认为它是公务阶级的下层。

第三阶级（Class Ⅲ），在行政、商业机构工作的，从事日常行政管理的非体力雇员、销售人员、服务业的普通雇员等均被归入此阶级。戈德索普解释说，第三阶级的收入水平明显低于第一和第二阶级，甚至比一些体力劳动雇员还要低。但第三阶级的绝大多数人，确实享有较高的就业保障，因此，在一定程度上是科层结构的重要基础。一方面，在工作中他们并没有什么权力，即使有一点，也是工作规则和程序赋予的，他们自行决定事务的权力很小。另一方面，他们自己必须服从科层管理的一系列规定，所以总的来说，第三阶级处在从属的位置上，与上面的公务阶级是分离的。他们常常被视为代表了白领劳动者，只是在功能上与公务阶级相连接。戈德索普在五阶级的分类中，将第一阶级、第二阶级、第三阶级视为白领阶级。另外，戈德索普认为也可以有另外的组合，将第三阶级、第四阶级和第五阶级视为"中间阶级"（intermediate class）。这里所谓中间阶级的含义就是在社会结构中，处在公务阶级与工人阶级之间的阶级。

第四阶级（Class Ⅳ），主要是小业主，包括雇用他人的小业主、手工艺人和不雇用他人的小业主、手工艺人，也包括农场主、小股东、第一产业中的自我雇佣者等。戈德索普认为第四阶级相当于小资产阶级（petty bourgeoisie），其内部收入水平相互之间差异很大。与领薪金的雇员阶级比，这个阶级的保障地位、经济地位并不稳定。该阶级在工作地位上具有独立性，由于其经济完全依赖于市场，因此，市场也给他们带来巨大压力，他们在大公司的夹缝中生存。当然，与更低下的阶级比，他们具有一些资本优势，也具有较高水平的自主性，在完成他们的工作任务时，有相当的自由度，不受他人控制。

第五阶级（Class Ⅴ），是低级技术人员和体力劳动的监管人员。低级技术人员的工作性质在一定程度上已经接近体力劳动者，可以说他们是蓝领群体的精英。第五阶级的收入水平比较高，几乎等于第二阶级的收入水平，而且福利保障的水平也不错。虽然经济收入很好，但他们在科层结构中的地位并不高，与那些融入科层管理位置的人相比，他们提升的前景并不好。他们处在管理的边缘位置上，但从功能上说，从他们在企业中的就业位置看，他们是区别于普通工人大众的。

第六阶级（Class Ⅵ），是技术型的体力工人。在各种类型的工厂里，他们包括那些学徒的技术型体力工人，也包括那些受过各种形式训练的、有比较高技术的工人。

第七阶级（Class Ⅶ），是工业、各类产业的所有体力劳动工人，包括半技术的、无技术的工人，也包括农民和其他雇工。

在1987年的著作中，戈德索普认为，第六和第七阶级合在一起相当于工人阶级。到了1992年的著作中，他又认为，第五、第六和第七阶级合在一起相当于工人阶级。他认为，第六阶级比第七阶级的收入水平高，尽管相互间会有重合的部分。而第六阶级的技术工人比第七阶级的非技术工人有更高的职业保障，工作自主性也更强一些。第六和第七阶级的共同点在于，一方面，他们市场地位的特点是通过出卖劳动力来换取工资；另一方面，他们工作地位的特点是管理上处于从属位置，他们必须服从雇主或机构的指令或权威。

戈德索普的阶级分类，在理论基础和分类标准上，都没有赖特论证得那样细致和严格，所以，历来就受到很多批评。戈德索普的阶级分类是专对男性而言的，在他的分析中，妇女被完全排斥在外。比如上文所介绍的十个阶级，在他1982年和1987年的著作中，都是专指男性，他用的是男人（men）概念，所以，分析有很大局限性。后来，由于受到太多的批评，到了1992年的著作中，他不得不将女性也包括在内。

三　戈德索普阶级分类的应用

戈德索普的研究兴趣在于社会流动，所以，他的阶级分类很大程度上是为他的社会流动研究提供基础框架。而流动就涉及"上升流动"和"下降流动"。那么在戈德索普的阶级框架中，哪些属于上升流动，哪些属于下降流动呢？他自己的说法也并不一致。一方面，戈德索普特别强调，只有当流动是流入第一阶级和第二阶级，才是"上升流动"。这样，不管是从第三阶级、第四阶级和第五阶级的"中间阶级"（intermediate class）流入第一、第二阶级，还是从第六、第七阶级流入第一、第二阶级，都属于上升流动。而只有当流动是从第一、第二阶级流出的才被视为下降流动。另一方面，他又将七个阶级分为三组，这样，三组之间的流动被视为上升或下降流动，而组内的流动则属于水平流动。

在关于社会流动的问题上，社会学历来关注的焦点是，现代工业社会社会流动的一般模式是什么？这方面，社会学曾经提出过一些假设或命题。比如，早期社会学界曾经流行着"工业化程度越高社会流动率越高"的观点，其实当时这种观点并没有数据的支撑。因为这需要长周期的数据，而跨世纪的社会流动数据当时根本没有。后来的数据研究否定了这样的观点。再比如，所谓 LZ 假设（LZ hypothesis），即李普塞特（S. M. Lipset）和泽特博格（H. L. Zetterberg）用第二次世界大战以后的数据证明，美国的社会流动率并不比其他国家高，而是与欧洲国家的社会流动率相似。又比如，所谓 FJH 假设（FJH hypothesis），即费瑟曼（D. L. Featherman）、琼斯（F. L. Jones）和豪泽（R. M. Hauser）提出的观点。他们通过数据分析，证明所谓长周期的流动率是值得怀疑的。他们坚决反对这样的论断，即认为在工业主义下，会发生开放程度稳步加快的现象。他们认为，虽然在工业化过程中，最初的发展效果会有一些朝这个方向的变化，但流动和开放继续上升的现象却不是事实。换言之，一旦某一社会被定位成工业化社会，流动的体制就会被固定在一定常规的模式上，并不会出现任何特殊的和持久的趋势，不会出现集中于朝向更开放或其他类似趋势。所以，这也被称为"无趋势"（no trend）假说。该结论与李普塞特和本迪克斯（R. Bendix）的观点相近。其实，戈德索普也赞同这样的观点，他在 1992 年的著作中，批评了自由主义那种认为随着工业化的进展流动率会上升的理论。戈德索普证明享有阶级优势的成员是能够通过先赋因素的传递，将社会优势传递给自己的子女的（Erikson and Goldthorpe，1992：23~25）。

戈德索普在 1987 年的著作里用他的阶级分类分析了有关社会流动的两个命题。一是所谓"封闭性命题"（closure thesis），主要包括以下三重观点。其一，处在相似分层结构地位的群体之间最容易发生流动。其二，在分层结构中间层次上发生的包括上升和下降的流动最多，而在两极发生的最少。其三，流向最高地位、分层的顶尖的社会流动最少，这一方面是因为最高地位者总是想保住他们的地位，因而会阻止别人的流入；另一方面是由于他们控制着资源，这也使得他们能够这样做。二是所谓"缓冲带命题"（buffer zone thesis），本书第四讲介绍过该命题，是帕金提出的。该命题认为在中产阶级与工人阶级之间存在一个由大量低层白领职业群体构成的"缓冲带"，大量的社会流动围绕缓冲带进行，缓冲带具有稳定社会的功能。戈德索普用阶级分类和数据模型来剖析这两个命题是否经得起验证。

戈德索普的具体操作方法，是建立起工作经历的流动模型，从而展示地位变迁与社会流动。该模型所测量的内容与布劳-邓肯用路径分析研究社会流动的内容相似。戈德索普称其为"三点流动"（three point mobility）研究，第一点是被调查者父亲的阶级地位，第二点是被调查者第一份全职工作时的阶级地位，第三点是做此调查时被调查者的阶级地位。该数据是1972年做的，所以，第三点均为1972年。戈德索普限定被调查者的年龄在35岁及35岁以上，因为这样年龄的人进入了职业地位成熟的阶段，在这样的成熟阶段，"三点流动"的分析才有意义。当然，这里的被调查者也均为男性，所以仍有上面所批评过的缺陷。戈德索普用简化的图形来显示，也类似一种路径分析。在分析中，戈德索普将阶级分类简化为三组阶级的分类，即第一、第二阶级为上层组，第三、第四、第五阶级为中层组，第六、第七阶级为下层组，用这样的模式来分析流动（见图7-10）。

图7-10显示的是出身于第一、第二阶级家庭的人的社会流动情况。

图7-10 出身于第一阶级和第二阶级家庭者的流动情况（N=661；单位：%）

从图 7-10 中可以看到，出身于第一、第二阶级家庭的人，在第一点到第二点时，发生了很大的变化，但到了第三点时，又有了很大的回归，所以，最终还是维持了较高的阶级地位。父亲属于第一、第二阶级的，在第二点时有 29% 仍然维持在高层阶级地位上，36% 是中层，而 35% 流入下层。到了第三点，第一、第二阶级合计占 48%，第三、第四、第五阶级合计占 36%，而最终流入下层的仅占 14%。所以，该数据证明是符合封闭性命题的。

图 7-11 显示的是出身于第三、第四、第五阶级家庭的人的社会流动情况。

父亲的阶级地位　　被调查者第一份全职　被调查者被调查时的
　　　　　　　　工作时的阶级地位　　　　阶级地位

图 7-11　出身于第三阶级到第五阶级家庭者的流动情况（$N=1605$；单位：%）

从图 7-11 中可以看到，出身于第三、第四、第五阶级家庭的人，在第一点到第二点时，仅有 10% 上升到第一、第二阶级，到第三点时则共有 19% 上升到第一、第二阶级。在第二点时，仍在第三、第四、第五阶级，即地位没有变化的为 31%，而到第三点时为 46%，所以，回到原家庭出身阶级组的比例最高。出身于第三、第四、第五阶级家庭的人，在第二点时地位下降的比例很高，达 59%，但到第三点职业地位成熟时，该比例又降低到 32%。

图 7-12 显示的是出身于第六、第七阶级家庭的人的社会流动情况。

从图 7-12 中可以看到，出身于第六、第七阶级家庭的人，在第一点到第二点时，绝大部分还是进入了下层阶级，即 76% 留在了第六、第七阶级，而到第三点时有所减少，但仍有 54% 最终留在第六、第七阶级。上升流动进入上层第一、第二阶级的，到第二点时有 4%，到第三点时有 9%。如果考虑到跨阶级流动有相当难度，这样的比例不算低。上升流动进入第三、第四、第五阶级的，在第二点时有 20%，到第三点时共有 36% 的人进入中层——第三、第四、第五阶级。所以，下层阶级出身的人仍然留在下层阶级的占 54%，流出下层阶级的占 46%。

图 7-12　出身于第六阶级和第七阶级家庭者的流动情况（*N* = 2955；单位：%）

在此总结一下戈德索普在运用他的阶级分类做社会流动研究中的发现。第一，关于社会流动的"封闭性命题"。戈德索普的研究证明社会流动的封闭性确实存在，上述上、中、下三个阶级组，多数人还是流入原来家庭出身的阶级组。第二，缓冲带命题。虽然确实有不少比邻阶级的流动，但戈德索普还是认为，仍然有一些跨阶级的流动，因此，这些例外并不能支持"缓冲带命题"。第三，戈德索普还提出了"反流动"（counter-mobility）的观点，即阶级地位、职业地位的流动有这样一种效应，在经过一系列的流动以后，很多人最终会返回到他们家庭出身的阶级地位上去。比如上图 7-8、图 7-9 都有这个特点。

总之，戈德索普应用他的阶级分类，更多是用来分析社会流动，社会流动是他研究的兴趣所在，他在 1992 年的著作《持续的流动》中做了更全面的研究。本书并没有专门介绍社会流动理论与方法，笔者计划在下一本教材中专门设立关于社会流动研究的章节。

参考文献

埃里克·奥林·赖特，1981，《各种马克思主义的阶级结构概念》，《马克思主义研究参考资料》第40期（总第92期），北京：中国社会科学院马列所。

埃里克·奥林·赖特，2004，《后工业社会中的阶级：阶级分析的比较研究》，陈心想等译，沈阳：辽宁教育出版社。

埃里克·欧林·赖特，2006，《阶级》，刘磊、吕梁山译，北京：高等教育出版社。

E. O. 赖特，2015，《真实乌托邦》，新北：群学出版有限公司。

戴维·格伦斯基编，2005，《社会分层》（第2版），王俊等译，北京：华夏出版社。

李春玲，2005，《断裂与碎片：当代中国社会阶层分化实证分析》，北京：社会科学文献出版社。

吕梁山，2007，《赖特的阶级理论研究》，北京：中共中央党校出版社。

许嘉猷，1986，《社会阶层化与社会流动》，台北：三民书局。

许嘉猷，2000，《台湾都会地区的阶级结构、阶级流动与再制》，载刘兆佳等编《市场、阶级与政治：变迁中的华人社会》，香港：香港中文大学香港亚太研究所。

Carchedi, G. 1977. *The Economic Identification of Social Classes*. London: Routledge & Kegan Paul.

Crompton, Rosemary. 1998. *Class and Stratification: An Introduction to Current Debates*. Second Edition. Cambridge UK: Polity Press.

Erikson, Robert. 1983. "Changes in Social Mobility in Industrial Nations: the Case of Sweden." *Research in Social Stratification and Mobility* 2: 165-195.

Erikson, Robert and John H. Goldthorpe. 1987. "Commonality and Variation in Social Fluidity in Industrial Nations, Part I: A Model for Evaluating the 'FJH Hypothesis'." *European Sociological Review* 3: 14-38.

Erikson, Robert and John H. Goldthorpe. 1992. *The Constant Flux: A Study of Class Mobility in Industrial Societies*. Oxford: Clarendon Press.

Featherman, D. L., F. L. Jones, and R. M. Hauser. 1975. "Assumptions of Social Mobility Research in US: the Case of Occupational Status." *Social Science Research* 4.

Goldthorpe, John H. 1987. *Social Mobility and Class Structure in Modern Britain*. Oxford: Oxford University Press.

Goldthorpe, John H. and Keith Hope. 1974. *The Social Grading of Occupations: A New Approach and Scale*. Oxford: Clarendon Press.

Goldthorpe, John H. and Gordon Marshall. 1992. "The Promising Future of Class Analysis: A Response to Recent Critiques." *Sociology* 26: 381-400.

Goldthorpe, John H. 1996. "The Quantitative Analysis of Large-Scale Data-Sets and Rational Action Theory: For a Sociological Alliance." *European Sociological Review* 12: 109-126.

Goldthorpe, John H., Mier Yaish, and Vered Kraus. 1997. "Class Mobility in Israeli Society: A Comparative Perspective." *Research in Social Stratification and Mobility* 15: 3-28.

Lipset, S. M. and H. L. Zetterberg. 1956. "A Theory of Social Mobility." *Transactions of the Third World Congress of Sociology*. London: International Sociological Association.

Lipset, S. M. and R. Bendix. 1959. *Social Mobility in Industrial Society*. London: Heinemann.

Reid, I. 1981. *Social Class Differences in Britain*. London: Grant McIntyre.

Roemer, John. 1982. *A General Theory of Exploitation and Class*. Cambridge, Mass. : Harvard University Press.

Wright, Erik Olin. 1973. *The Politics of Punishment: A Critical Analysis of Prisons in America*. New York: Harper and Row and Harper Colophon Books.

Wright, Erik Olin. 1978a. "Race, Class, and Income Inequality." *AJS* 83: 1368-1397.

Wright, Erik Olin. 1978b. *Class, Crisis and the State*. London: New Left Books.

Wright, Erik Olin. 1979. *Class Structure and Income Determination*. New York: Academic Press.

Wright, Erik Olin. 1985. *Classes*. London: Verso.

Wright, Erik Olin and Bill Martin. 1987. "The Transformation of the American Class Structure, 1960-1980." *American Journal of Sociology* 93: 1-29.

Wright, Erik Olin. 1990. *The Debate on Classes*. London: Verso.

Wright, Erik Olin and Donmoon Cho. 1992. "The Relative Permeability of Class Boundaries to Cross-Class Friendships: A Comparative Study of the United States, Canada, Sweden, and Norway." *ASR* 57: 85-102.

Wright, Erik Olin 1993. "Typologies, Scales, and Class Analysis: A Comment on Halaby and Weakliem's 'Ownership and Authority in the Earnings Function'." *ASR* 58: 31-34.

Wright, Erik Olin 1994. *Interrogating Inequality*. London: Verso.

Wright, Erik Olin, Janeen Baxter, and Gunn Elizabeth Birkelund. 1995. "The Gender Gap in Workplace Authority: A Cross-national Study." *ASR* 60: 407-435.

Wright, Erik Olin. 1997. *Class Counts: Comparative Studies in Class Analysis*. Cambridge University Press.

Duncan, O. D. 1961. "A Socio-economic Index for All Occupations" and "Properties and Characteristics of the Socioeconomic Index", in *Occupations and Social Status* (Albert J. Reiss, Jr., Ed.), pp. 109-161, Glencoe, IL: Free Press.

Hope, Keith. Ed. 1972. *The Analysis of Social Mobility: Methods and Approaches*. Oxford: Clarendon Press.

Ganzeboom, Harry B. G., P. M. De Graaf., and D. J. Treiman. 1992. "A Standard International Socio-economic Index of Occupational Status." *Social Science Research* 21: 1-56.

Ganzeboom, Harry B. G. and D. J. Treiman. 1996. "Internationally Comparable Measures of Occupational Status for the 1988 International Standard Classification of Occupations." *Social Science Research* 25: 201–239.

Hodge, R. W. 1981. "The Measurement of Occupational Status." *Social Science Research* 10: 396–415.

Treiman, D. J. 1977. *Occupational Prestige in Comparative Perspective*. New York: Academic Press.

第八讲
中国社会结构的测量

第七讲介绍了社会阶级阶层结构测量的一般理论与方法。那么，这些理论与方法能否运用于中国社会呢？对于中国社会结构、阶级结构的测量有相当的难度。首先，中国人口众多，有 14 亿人口，仅从数据收集的角度看，就比区域型的小社会难度大。其次，中国幅员辽阔，地区之间差异和城乡之间差异巨大，所以社会结构的复杂程度也很高。最后，中国目前正处在社会巨变时期，阶层结构随时都在发生变化，这当然更增加了测量的难度。

一些学者尝试着对中国社会结构进行测量，比较重要的有以下两种，笔者特分为两节进行介绍。

第一节　关于十大社会阶层的模型

"十大社会阶层模型"是中国社会科学院社会学所"当代中国社会结构变迁研究"课题组提出的，该课题组组长是陆学艺研究员。该研究发表的成果是陆学艺研究员主编的《当代中国社会阶层研究报告》一书。另外，该课题组的另一位主要成员李春玲研究员发表的《断裂与碎片：当代中国社会阶层分化实证分析》一书，对于该课题的研究程序，特别是阶级划分的理论和方法做了比较全面的介绍。后来，该课题组又出版了著作《当代中国社会流动》《当代中国社会结构》，这些均在我国社会学界有较大影响。

一 阶级阶层划分研究的背景与意义

中国社会科学院对中国社会阶级阶层的研究，有较长远的历史。改革开放以来，中国的阶级阶层发生了重大变化，所以早在 20 世纪 80 年代中期，就有了一些关于阶级阶层的研究。1987 年在河北沧州召开了关于"阶级阶层问题"的研讨会，这是中国社会科学界第一次举办全国规模的有关阶级阶层的会议。由于 80 年代的改革是从农村开始的，改革以后，农村的社会结构开始发生变化，农民出现职业分化和阶层分化，而城市的改革还比较滞后，所以，沧州会议上讨论比较多的是农村的阶级阶层问题。与此同时，1987 年 11 月，经全国社会科学规划领导小组批准，设立了"我国现阶段阶级、阶层研究"课题，作为第七个五年计划期间哲学社会科学国家级重点研究课题。该课题组由中国社会科学院社会学所所长何建章任组长，有北京、上海、山东、辽宁、贵州、河北等地的研究人员参加。该课题对我国的阶级阶层状况做了一些调研。

然而，在阶级结构的确定和阶级的划分上，该研究遇到了难题，焦点是怎样评价当时新产生的雇主阶层。一种观点认为，雇主阶层、私营企业主就是资本家阶级。私营企业雇用工人是对工人的剥削，雇用了一定数量工人的私营企业的老板占有了工人生产的剩余价值，就是资产阶级。但是，如果论证改革开放以来出现了一个新生的资产阶级，这与当时的政策是不符合的，是一个很敏感的话题，这甚至会对改革起到负向的作用。所以，课题组不能采用这种观点。另一种观点认为，我国的私营企业主并不是西方的那种资本家阶级，其性质已经发生了变化，并引用马克思的论著作为依据，即马克思曾经阐释了处于支配地位的生产关系会对其他生产关系的地位产生影响。（马克思，1972：109）该观点认为，我国的私营企业主是处在社会主义这个主导生产关系下的，在社会主义普照的阳光下，各个阶层都具有明显的社会主义因素。但是，到了 80 年代中后期，一些地方的私营企业已经规模十分宏大了，雇工达到数千人甚至上万人，所以，仍然有很多争论。由于在这些问题上意见分歧较大，该课题并没有完成预定的成果，而是出版了一部介绍国际上阶级阶层的理论著作，笔者也曾为该书撰写了介绍西方国家白领阶层的论文（何建章，1990）。由此可见此问题研究的敏感性与难度。

大约十年以后的 1999 年，中国社会科学院社会学所成立了"当代中国社会结构变迁研究"课题组，由陆学艺研究员任组长。与上一个课题的研究相比，这一时期，国内社会学界在社会调查、量化分析方面有了长足进展。所以，这个课题研究是建立在大规模问卷调查的基础之上的，调查覆盖了全国 12 个省、区、市，完成了 6000 份问卷。该课题的重要成果就是出版了《当代中国社会阶层研究报告》一书，提出了当代中国"十大社会阶层模型"，后来又出版了相关著作并进行了修订，当然还是坚持了"十大社会阶层模型"的基本假设。尽管这些成果出版后在政治方面还是比较敏感，但是，如果与上一个课题没有出版关于中国阶级阶层研究成果的局面相比，研究的环境还是有很大进步的。

那么，阶级阶层划分的意义何在呢？《当代中国社会阶层研究报告》提出了三点意义。第一，阶级阶层的划分，历来是制定路线方针政策的重要依据，所以，任何时期都要做阶级阶层划分的研究。第二，改革开放以来中国的社会结构发生了重大变化，传统的划分阶级阶层的方法已经不适合当前的局面了，所以，要根据当前的国情提出新的划分方法。第三，当前社会利益关系错综复杂，科学地划分阶级阶层有利于协调好社会各个阶层的利益关系，有利于团结和动员更多的社会力量，来实现经济与社会的发展。笔者以为，还有第四个意义，就是对于中国社会学研究而言，阶级阶层的划分是其基本任务。阶级阶层研究是社会学这门学科的根基所在，是社会学探索的赓续不绝的主题。中国改革开放四十余年来，最深刻的变化是社会结构的变化，我们之所以说改革是不可逆转的，最主要就是因为社会的阶级阶层结构变了，利益驱动和利益需求的结构与过去不一样了，社会学为了解释清楚这些变化的内容和意义，就必须做出阶级阶层的划分。

二 什么是划分阶级阶层的标准

该研究认为，传统的按照生产资料的占有来划分阶级阶层的方法，已经不能够解释当前的中国社会了。一方面因为，公有制社会与私有制社会不同；另一方面，当前我国社会结构十分复杂，对物质财产的占有并不是衡量阶级阶层地位的唯一标准。该研究还强调，在概念上更倾向于使用阶层概念而不是阶级概念，这主要是因为，阶级一词往往使人联想到对立、冲突、动荡，民众对于阶级一词也有反感，而阶层一词不具有冲突含义，比较适合中国当前的国情（陆学艺，2002：6）。所以，下面对于该研究的介绍，笔者也是使用阶层概念而不是阶级概念。

1. 提出阶层划分的四种主要机制

该研究认为，改革开放以来的中国的阶层分化是在两大力量的推动下发生的，这就是工业化和市场化的力量，这两个方面被视为促进阶层分化的动力源泉。而导致阶层分化的具体机制是四个（李春玲，2005：102～113）：第一，劳动分工；第二，权威等级；第三，生产资料占有与否[①]；第四，制度分割。我们可以看到，四个机制中的前三个都是社会分层的研究者历来比较重视的，而第四个是具有中国特色的机制。下面就让我们逐个地看看这四种机制。

第一，劳动分工或职业分工。本书前面在介绍分层理论时多次提到劳动分工或职业分工在分层中的重要作用。美国社会学家布劳和邓肯更直接地认为，职业结构是分层结构的基础。本书第七讲戈德索普的阶级分类，也是建立在职业分工的基础之上。所以，该研究承继了这一派的传统。该研究提出的十大阶层，基本上属于劳动分工或职业分工。

第二，权威等级。虽然社会学自韦伯以来就重视权威等级在分层中的作用，但直到赖特才真正将权威等级变成可以操作的定义。赖特使用了参与决策的程度和监督下属情况的一系列量表来分辨权威等级，研究得非常细致。而"当代中国社会结构变迁研究"课题对权威等级的测量则要粗糙得多。

第三，生产资料占有与否。这个机制则相对简单一些，分为占有生产资料的雇主或私营业主、占有生产资料的个体户、不占有但可以控制生产资料的中高层管理者、不占有生产资料的工人、占有少量生产资料的农民等。

第四，制度分割。指改革以后出现的国有单位与非国有单位、体制内单位与体制外单位，更具体地还分为体制内核心单位、体制内边缘单位等。中国社会分层的一个很重要的特点是体制单位级别对于分层地位有重要影响，单位的级别高则其职工的地位也高，反之亦然。对此，边燕杰教授在他的著作《中国城市中的工作与不平等》中，以天津的调研为例做了研究

---

① 该研究原来使用的概念是"生产关系"，这并不稳妥。因为，劳动分工、权威等级也是一种生产关系（即人们在生产中形成的关系），这样，四个概念就不是同一层次的概念了。笔者认为该研究使用"生产关系"概念意思是指"生产资料占有与否"，所以，笔者对其概念做了改动。

（Bian，1994）。当然，边燕杰教授研究的主要是城市单位改革以前的情况。那时候，大家都在体制内的单位里工作，大家的地位都受到单位级别的影响，所以，地位高低的比较和测量标准一样，相互比较要容易一些。而改革后，由于单位体制变迁，出现了国有单位与非国有单位、体制内单位与体制外单位等多种区分，再加上国有企业级别淡化，新生企业不容易测定级别等，要想测量制度分割对分层地位影响的具体分值是十分困难的。虽然对于传统的体制内单位，还可以使用传统的行政级别来量化单位地位，但对于体制外单位就无法量化了，由于没有统一的单位地位量化标准，地位测量的意义就大大缩水了。

2. 提出阶层划分的三种资源

在分析了阶层分化的上述四个机制以后，该课题还提出了阶层划分的三种资源，认为在当代中国社会，对于三种资源的拥有状况或占有量决定了各社会群体在阶层结构中的位置以及个人的综合社会经济地位。这三种资源就是：组织资源（亦称权力资源）、经济资源、文化（技术）资源。该课题组是这样定义这三种资源的："组织资源包括行政组织资源与政治组织资源，主要指依据国家政权组织和党组织系统而拥有的支配社会资源（包括人和物）是能力；经济资源主要是指对生产资料的所有权、使用权和经营权；文化（技术）资源主要是指社会（通过证书或资格认证）所认可的知识和技术的拥有。"（陆学艺，2002：8）下面就让我们逐一地看一下三种资源。

第一，组织资源。很明显，组织资源的概念来源于赖特的组织资产。赖特甚至明确指出，在资本主义社会，组织资产指由管理者和资本家控制的权力，特别是在企业生产中控制的权力，而在中央集权的社会，组织资产表现为国家、政府机关控制的权力。"当代中国社会结构变迁研究"课题组强调，组织资源更偏重于指国家行政组织资源与政治组织资源。所以，在对具体阶层进行描述时，该课题组认为，主要占有组织资源的阶层是"国家与社会管理者""干部"，而主要占有经济资源的阶层是"私营企业主"，且认为"私营企业主"不占有组织资源。这也就是说，在我国，由于国家、政府管理和控制着巨大的资源，而作为国家、政府管理者的干部、工作人员也获得了支配这些资源的能力，并且由于具有这种能力而获得了社会地位。

第二，经济资源。如该课题组所说，指对生产资料的所有权和使用权。

用生产资料占有与否来区分阶级阶层，是马克思主义所主张的。该课题组认为，在我国最重要和最大量的生产资料由国家和集体占有，所以，用生产资料的占有与否来区分阶级阶层，对于"私营企业主"是可以的，但对其他阶层已经不适合了。

第三，文化（技术）资源。主要用资格证书来测定。这显然也是来源于赖特的技术资产。如前所述，赖特认为，技术资格证书也是社会中一种不平等分配的财产形式，但实际上，赖特采用技术资格证书仅仅是作为阶级内部分类的基础。"当代中国社会结构变迁研究"课题组认为，正像"国家与社会管理者""干部"占有组织资源、"私营企业主"占有经济资源一样，专业技术人员阶层占有文化（技术）资源，再加上经理人员阶层既拥有组织资源也拥有文化（技术）资源，于是，分别占有这三种资源的四个阶层，就被列为地位最高的四个阶层。其他阶层都只是部分或少量地拥有这三种资源，于是在分层地位上都被排在后面。

如果细心考察，就会发现，以上三种资源与前述四种机制，相互之间有雷同之处。比如，经济资源与生产关系机制（生产资料占有与否）就是相同的，而组织资源与权威等级机制又是相似的。所以，如果将互相雷同或相似的合并的话，按照该课题的逻辑，在我国阶层划分中有意义的要素是五个：第一，职业或劳动分工；第二，经济资源；第三，组织资源；第四，文化资源；第五，单位地位或制度分割。该课题组分两套线索去分析反而显得比较烦琐。从社会分层理论来源看，第一个要素是受到戈德索普的影响，第二、三、四个要素是受到赖特的影响，只有第五个要素是中国特色。在后来的著述中，该课题组还提出了"机会"要素，指社会成员获取资源的可能性（陆学艺，2010：10），讨论的中心还是资源获取，所以就不作为新的要素了。

三　十大阶层的基本内容

在上述分析的基础上，该课题组提出了当代中国的十个社会阶层（陆学艺，2010：22）：

第一，国家与社会管理者阶层（拥有组织资源）；

第二，私营企业主阶层（拥有经济资源）；

第三，经理人员阶层（拥有文化资源或组织资源）；

第四，专业技术人员阶层（拥有文化资源）；

第五，办事人员阶层（拥有少量文化资源或组织资源）；

第六，个体工商户阶层（拥有少量经济资源）；

第七，商业服务业员工阶层（拥有很少量的三种资源）；

第八，产业工人阶层（拥有很少量的三种资源）；

第九，农业劳动者阶层（拥有很少量的三种资源）；

第十，城乡无业、失业、半失业者阶层（基本没有三种资源）。

下面，笔者试对这样的社会分层做一个分析与评价。看了以上十个社会阶层的罗列后，人们很自然地提出的第一个问题是：为什么将当代中国社会分层概括为这十个社会阶层？笔者以为，如果对比一下我国的职业分类表的话，就可以看到，上述十个社会阶层与我国标准职业分类的大类（国家职业分类大典修订工作委员会，2015）是很接近的。

国家标准职业分类的大类是：

第一，国家机关、党群组织、企业、事业单位负责人；

第二，专业技术人员；

第三，办事人员和有关人员；

第四，商业、服务业人员；

第五，农、林、牧、渔、水利业生产人员；

第六，生产、运输设备操作人员及有关人员；

第七，军人（人口普查不涉及）；

第八，不便分类的其他从业人员。

可以清楚地看到，十大社会阶层与国家标准职业分类的大类是非常近似的，是在国家标准职业分类的基础上增加了私营企业主、经理人员、个体工商户和无业失业人员。我们知道，这种从职业分类的大类中归纳社会阶级阶层的做法源于戈德索普。

人们很自然地提出的第二个问题是：这十个阶层位次排列顺序的依据是什么？我们知道，我国的国家标准职业分类主要来源于国际标准职业分类，而国际标准职业分类大类本身的顺序就暗含了职业地位的高低顺序。所以，该课题的十大阶层位次顺序有一些是从标准职业分类大类的顺序转化而来的。该课题组认为，决定地位高低不同的一个重要依据是对组织资源、文化资源和经济资源三种资源的占有数量，占有数量大的排在上面，占有数量少的排在下面，三种全都不占有的排在最后。

于是，我们很自然地就提出了第三个问题，组织资源、文化资源和经济资源这三种性质不同的资源怎样比较？谁排在前面？谁排在后面？按照该课题组提出的顺序是：组织资源排第一，经济资源和文化资源并列第二。为什么这样排列呢？该报告说："组织资源是最具决定性意义的资源，因为执政党和政府控制着整个社会中最重要的和最大量的资源；经济资源自20世纪80年代以来变得越来越重要，但它在当代中国社会中的作用并不像在资本主义社会中那么至关重要，相反，现有的社会制度和意识形态都在抑制其影响力的增长；文化（技术）资源的重要性则在近十年来上升很快，它在决定人们的社会阶层位置时的重要性并不亚于经济资源。"（陆学艺，2002：10）正是根据这种论证，该课题组在2002年的著作中排列了前面四个阶层：第一，国家与社会管理者阶层；第二，经理人员阶层；第三，私营企业主阶层；第四，专业技术人员阶层。关于经理人员与私营企业主的位置，在后来的修订著作中，排序略有变化，第二为私营企业主阶层，第三为经理人员阶层（陆学艺，2010：394~395），但在同一著作中，仍然有一处排序为：第二为经理人员阶层，第三为私营企业主阶层（陆学艺，2010：388）。

笔者以为，这两者之间的排序还是需要认真思考的。如果私营企业主阶层被排在第三，而他们雇用的经理人员却排在第二，老板比他所雇的手下人的地位还低，这确实没有道理。国家与社会管理者阶层，也就是官员、干部被排在第一位，该课题组论证说："因为执政党和政府控制着整个社会中最重要的和最大量的资源。"这确实具有中国国情的特色，但是这里面也有不少矛盾。首先，官员、干部是被雇用或被任命而承担该职务的，他们可以管理这些资源，但是，如果严格按照管理规则办事，他们的权限是很有限的。现实中，确实有一些腐败官员，将公共资源据为己有，但那是违法的行为。其次，既然是被任命的，就有任期，如果任期到了，他们的地位就会下降吗？再次，不同职务的官员控制资源的性质和数量有很大差异，那么，级别一样的官员，在不同的部门分层地位也不一样吗？最后，官员、干部最终是要退休的，退休以后还是不是排在第一位呢？这些问题都很难解答。

笔者认为，与官员、干部的资源控制权不能继承的情况正好相反，私营企业主的经济资源却是属于他们自己的，是可以传递给子女的。在2007年3月《中华人民共和国物权法》通过以后，私营企业主私人资产继承和传递的意义就更为突出了。如果从这种角度看，私营企业主的经济资源与官员干部的组织资源是性质完全不同的。私营企业主的经济资源保证了家庭代际传递的社会分层地位，而干部的组织资源只是任期内的权力，而且受到各种管理规则的严格限制。所以，赖特在画阶级结构图形时，将生产资料占有者画在一个框里面，而将不占有生产资料的画在另一个框里面，两个框之间是分隔开来的，这样做还是颇有道理的。在我国，占有生产资料的私营企业主、老板以及巨富阶层的利益，与社会上其他阶层的利益还是有重大差别的。尽管官员、干部在任期内控制组织资源，但如果严格守法、不出现腐败的话，官员干部的组织资源会受到相当的制约，而且不能在家庭成员中传递。如果上述条件能够实现的话，从阶级结构上看，官员干部的利益与工人、农民、知识分子以及广大雇员阶层的利益还是具有一致性基础的，这也是政府的政策能够代表多数人意愿的重要阶级依据。

笔者以为，至于文化资源，与人们的才能、能力密切相关，从理论上看属于"自致因素"。正如前面功能主义所辩护的，以文化资源来区分社会地位，相对于以其他资源来区分社会地位，更具有合理性。因为，如果文化资源多的社会地位高，人们就会争取获得更多的文化资源，这最终对于提高全民族的文化、技术水平有好处。虽然它也有缺点，比如高考导致文凭至上、学历至上，但相对于其他资源配置上的不公正而言，文凭、证书和学历的竞争，在竞争机制上更强调公平原则，其社会导向比其他不公平现象的社会导向要好得多。总之，三种资源不是简单的数量差异的问题，而是根本性质完全不同的问题。在区分社会地位时，究竟将谁放在最重要的位置上，还是很值得研究的，并不是可以简单决定的事情。

该课题组还借鉴戈德索普的多重阶级归类的做法，将十大社会阶层转化为五个大的社会等级：社会上层、中上层、中中层、中下层和社会下层。其中，社会上层是由十大社会阶层的前四个阶层中的高层领导干部、大企业经理、高级专业人员和大的私营企业主构成的。中上层是由前四个阶层中的中低层领导干部、大企业中层管理者、中小企业经理、中级专业人员和中等私营企业主构成的。中中层是由初级专业技术人员、小企业主、办事员、个体工商户构成的。中下层是由个体劳动者、一般商业服务业人员、工人、农民构成的。而社会下层是由生活处于贫困状态并缺乏就业保障的工人、农民和无业、失业、半失业者构成的。具体转换参见图8-1（陆学艺，2002：9）。

五大社会等级　　　　　　　　十大社会阶层

社会上层：高层领导干部、大企业经理人员、高级专业人员及大私营企业主

国家与社会管理者阶层（拥有组织资源）

经理人员阶层（拥有文化资源或组织资源）

私营企业主阶层（拥有经济资源）

中上层：中低层领导干部、大企业中层管理人员、中小企业经理人员、中级专业技术人员及中等企业主

专业技术人员阶层（拥有文化资源）

办事人员阶层（拥有少量文化资源或组织资源）

中中层：初级专业技术人员、小企业主、办事人员、个体工商户

个体工商户阶层（拥有少量经济资源）

商业服务业员工阶层（拥有很少量的三种资源）

中下层：个体劳动者、一般商业服务业人员、工人、农民

产业工人阶层（拥有很少量的三种资源）

农业劳动者阶层（拥有很少量的三种资源）

社会下层：生活处于贫困状态并缺乏就业保障的工人、农民和无业、失业、半失业者

城乡无业、失业、半失业者阶层（基本没有三种资源）

图 8-1　十大社会阶层与五大社会等级转换

第二节　土字型社会结构的模型

此种模型是完全从量化的角度测量每一位社会成员的社会地位，得出每一位社会成员社会地位的分值，按照分值从高到低排序，这样就得到了全体成员社会地位、社会结构的图形。笔者采用此种方法，根据第六次全国人口普查数据，得出了我国社会结构的图形，非常类似于"土"字的形状，故称"土字型社会结构"。笔者曾经依据第五次全国人口普查数据，

用同样的方法得出了"倒丁字型社会结构"的结论。可见，采用此种方法可以发现我国社会结构总体状况的变迁。此种方法就是"国际标准职业社会经济地位指数"的方法，下面试做一介绍。

一　什么是国际标准职业社会经济地位指数？

社会学对于社会地位的测量有很多种方法。第一种是阶级归类或阶级划分的方法，其特点是探索出一些有重要经济社会差异的大的阶级类别，然后将社会人群纳入这些大的类别之中。像前面介绍的赖特的阶级分类方法、戈德索普的阶级分类方法，以及陆学艺研究员等提出的中国十大社会阶层的划分方法等，都属于这一类方法。

第二种是职业声望测量的方法。首先，设计出某种形式的职业声望量表，然后选择一些有代表性的、熟悉职业的人群，让他们对各个职业打分，最后统计出他们评价的分值，根据评价的结果对职业排位次。这是一种对社会地位的纯粹的主观评价。

第三种比较简单，就是按照经济收入将人群分组。比如根据国家统计局数据，将2020年我国居民按收入五等份分组，各组人均可支配收入如下[①]：20%高收入组家庭人均可支配收入为80293.3元，20%中间偏上收入组家庭人均可支配收入为41171.7元，20%中间收入组家庭人均可支配收入为26248.9元，20%中间偏下收入组家庭人均可支配收入为16442.7元，20%低收入组家庭人均可支配收入为7868.8元。这样的收入分组还可以计算收入差距，如基尼系数等。当然，这种收入组仅仅是统计意义上的分组，并不是具有真实社会互动、社会关系、社会共同体意义的社会群体。

第四种就是本节使用的方法，是试图综合上述各种方法的优点，将职业声望、经济收入等社会经济指标综合起来，并且试图做出国际的比较，收集世界各国的社会经济数据，创造一种国际上可以通用的测量社会地位的量表。

这种综合性测量职业地位的方法，可以追溯到加拿大学者布利深（Blishen，1958：519-531）和美国学者邓肯（Duncan，1961：109-161），该方法是根据各个职业群体的客观平均受教育水平和平均收入水平加权打

① 《中国统计年鉴2021》表6-2，国家统计局官网。

分，有时还考虑到就业者的年龄因素甚至就业者父亲的财富、社会经济特征等。"社会经济地位指数"是综合人们的多种社会经济因素而排列的顺序和分值，是一种客观地位而不是主观地位，尽管该指数与职业主观声望测量的指数具有很强的相关关系。

在将此类指标国际化的过程中，美国社会学家特莱曼（D. Treiman）做出了很大贡献。他将遍布世界各大洲的包括从发达社会直到传统不发达社会在内的 60 个国家的 85 套职业声望数据进行整合，提出了"国际标准职业声望量表"（International Standard Classification of Occupations，简称 ISCO）（Treiman，1977）。此后，特莱曼又与甘泽布姆（Ganzeboom）和格拉夫（Graaf）一起提出了"国际标准职业社会经济地位指数"（International Socio-Economic Index of Occupational Status，简称 ISEI），即笔者所使用的方法（Ganzeboom et al.，1992）。在建立该指数时，特莱曼等使用了 16 个国家的 31 套数据，这些国家包括从经济不发达国家到经济高度发达国家，因此该指数是有国际代表性的。特莱曼等人采用的是国际标准化职业分类体系，而且在形成该指数时，他们对教育的和收入的指标也做了国际标准化处理，从而解决了国别差异问题。

当然，不同方法之间的界限也不是像一刀切那样十分分明，各种方法也是互相包含的。比如，戈德索普的阶级分类就是以职业分类为基础的，因此，他所创造的分类与 ISEI 也是可以转换的。如上所述，声望虽然是主观评价，但人们在做出判断和评价时也是综合考虑了职业的政治、经济、社会地位等因素，所以，有关职业地位的各种测量相关性非常强。比如，特莱曼的 ISCO 量表以及后来经过修正的"标准国际职业声望量表"（Standard International Occupational Prestige Scale，简称 SIOPS）与 ISEI 同样可以转换。本书的附录中列出了职业地位测量的三种量表，即"标准国际职业声望量表"（SIOPS）、"国际标准职业社会经济地位指数"（ISEI）和戈德索普量表（简称 EGP[①]）。下面试截取三种量表的两小部分，来简单说明一下（Ganzeboom and Treiman，1996）。

---

① 戈德索普（Goldthorpe）的量表是与埃里克森（Erikson）等合作完成的，所以国际上常常称作 EGP class scheme，Erikson 的名字放在前面，Goldthorpe 简称 GP，所以是 EGP。

表 8-1 标准国际职业声望量表（SIOPS）、
国际标准职业社会经济地位指数（ISEI）和戈德索普量表（EGP）之比较一

SIOPS	ISEI	EGP	职业大组代码	职业小组代码	职业细类代码	职业再细类代码	具体职业
62	70	1	2000				专业人员
63	69	1		2100			物理、数学和工程学专业人员
69	74	1			2110		物理学家、化学家及相关专业人员
75	74	1				2111	物理学家、天文学家
72	74	1				2112	气象学家
69	74	1				2113	化学家
67	74	1				2114	地质学家及相关专业人员
56	71	1			2120		数学家、统计学家及相关专业人员
69	71	1				2121	数学家及相关专业人员
55	71	1				2122	统计学家
51	71	1			2130		计算机专业人员
51	71	1				2131	计算机系统设计师和分析师
51	71	2				2132	电脑程序员
51	71	2				2139	计算机及相关专业人员
63	73	1			2140		建筑师、工程师及相关专业人员
72	69	1				2141	建筑师、城市交通规划师
70	69	1				2142	土木工程师
65	68	1				2143	电气工程师
65	68	1				2144	电子及通信工程师
66	67	1				2145	机械工程师
66	71	1				2146	化学工程师
61	67	1				2147	采矿工程师、冶金专业人员
58	56	2				2148	制图、测量工程师
56	69	1				2149	未归类的建筑师、工程师等专业人员

表 8-2 标准国际职业声望量表（SIOPS）、国际标准职业社会经济地位指数（ISEI）和戈德索普量表（EGP）之比较二

SIOPS	ISEI	EGP	职业大组代码	职业小组代码	职业细类代码	职业再细类代码	具体职业
32	40	3	5000				服务业、商店市场销售人员
32	38	3		5100			个人服务和保安服务人员

续表

SIOPS	ISEI	EGP	职业大组代码	职业小组代码	职业细类代码	职业再细类代码	具体职业
32	34	3			5110		旅行服务员及相关人员
50	34	3				5111	旅游服务员、乘务员
32	34	3				5112	列车长
29	34	3				5113	旅行和博物馆导游
26	32	3			5120		房屋管理和饭店服务员
37	30	2				5121	房屋管理等人员
31	30	8				5122	厨师
21	24	9				5123	饭店服务员、调酒师
27	25	9			5130		私人保姆、为个人照料服务的人员
23	25	3				5131	保姆、幼儿照料服务员
42	25	9				5132	在机构中为个人照料服务的人员
17	25	3				5133	在家庭中为个人照料服务的人员
29	25	9				5139	其他从事照料服务的工作人员
29	30	8			5140		其他为个人照料服务的人员
32	29	8				5141	理发师、美容师等工作者
17	19	9				5142	贴身侍候的人（男仆、女仆）
34	54	8				5143	殡葬人员
29	19	9				5149	其他为个人照料服务的人员等
37	43	2			5150		占星师、算命者等人员
37	43	2				5151	占星师等相关人员
37	43	2				5152	算命、看手相等人员
37	47	9			5160		提供保护服务的工作者
35	42	3				5161	消防队员
40	50	8				5162	警察
39	40	9				5163	狱警
39	40	8				5164	武装部队士兵
30	40	9				5169	其他类提供保护服务的工作者
31	43	3		5200			售货员、模特、推销员
28	43				5210		时装及其他模特
32	43	10			5220		商店售货员、模特
24	37	10			5230		货摊、市场售货员

　　表 8-1 和表 8-2 是我们分别截取三种量表［标准国际职业声望量表（SIOPS）、国际标准职业社会经济地位指数（ISEI）和戈德索普量表（EGP）］的两小部分。表 8-1 取的是职业分类第二大组"专业人员"中的一小部分，主要是物理、数学和工程学专业人员的部分职业。表中前三栏是三种量表对相应职业给予的分值，第四、五、六、七栏是职业不同层级组的代码，采用的是 1988 年国际标准职业分类的四级代码，最后一栏是具体的职业。从表中可以看到，比如对于"气象学家"，标准国际职业声望量表（SIOPS）给了 72 分，而国际标准职业社会经济地位指数（ISEI）给了 74 分，戈德索普量表（EGP）则将其归入第一阶级。再比如对于"制图、测量工程师"，标准国际职业声望量表（SIOPS）给了 58 分，而国际标准职业社会经济地位指数（ISEI）给了 56 分，戈德索普量表（EGP）则将其归入第二阶级。不同量表根据各自的理论和测量，给予同一职业的分值和归类还是有差异的。

　　表 8-2 取的是职业分类第五大组"服务业、商店市场销售人员"中的一小部分，主要是个人服务、保安服务人员、售货员、模特、推销员等。这里着重解释一下戈德索普量表（EGP）的分值，从表 8-2 中可以看到，对于"职业再细类代码"5111 的"旅游服务员、乘务员"，戈德索普量表（EGP）给出的量表值是 3，即归入第三阶级，这个还比较好理解。但是，对于"职业细类代码"5130 的"私人保姆、为个人照料服务的人员"，戈德索普量表（EGP）给出的量表值是 9，对于"职业再细类代码"5161 的"消防队员"给出的量表值是 8，对于"职业细类代码"5230 的"货摊、市场售货员"给出的量表值是 10，可能就比较费解了。因为，前面第七讲介绍戈德索普的阶级模型时是七阶级分类，那么这里的量表值 8、9、10 是什么含义呢？要注意，这里的戈德索普量表（EGP）的数值与七阶级之间的分类关系如下：

　　EGP 数值 1：第一阶级（Class Ⅰ）；

　　EGP 数值 2：第二阶级（Class Ⅱ）；

　　EGP 数值 3：第三阶级（Class Ⅲ）；

　　EGP 数值 4：第四阶级中的 a，即雇用他人的小业主和手艺人（Class Ⅳa）；

　　EGP 数值 5：第四阶级中的 b，即不雇用他人的小业主和手艺人（Class Ⅳb）；

　　EGP 数值 6：第四阶级中的 c，即农场主、小股东、农业自我雇佣者等（Class Ⅳc）；

EGP 数值 7：第五阶级 （Class Ⅴ）；

EGP 数值 8：第六阶级 （Class Ⅵ）；

EGP 数值 9：第七阶级中的 a，即非农业的半技术体力工人（Class Ⅶa）；

EGP 数值 10：第七阶级中的 b，即农民和其他农业雇工（Class Ⅶb）；

EGP 数值 11：第七阶级中的 c，即农场工人、自耕农等（Class Ⅶc）。

当然，戈德索普对于阶级分类的表述在不同的文章中曾有些差异，所以上面 EGP 数值 6 与 EGP 数值 11 内容上有些重复（Erikson and Goldthorpe，1992：28-39；Ganzeboom and Treiman，1996）。关于戈德索普阶级分类的具体内容参见本书第七讲，关于上述三种量表的全部内容，可以参见本书的附录部分。

采用社会经济地位指数的测量与前面阶级结构的测量，在方法上有什么区别呢？我们知道，在社会地位的测量上，有两种完全不同的思路。一种是将人群区分成不同类别的比较大的群体，各类别之间有明确的界限，相互之间的关系不是连续的，而是中断的，这种方法称作"类别型方法"（categorical approach）。对此，上文已有论述。另一种是用连续不断的数据显示社会地位的高低，称作"连续型方法"（continuous approach），上文所显示的"标准国际职业声望量表"（SIOPS）的方法和"国际标准职业社会经济地位指数"（ISEI）方法均属于这一类。类别型和连续型两种方法各有利弊，"类别型方法"比较有利于分析各个类别、各个阶级之间的关系。而"连续型方法"的优点是：地位测量非常细致，反映的地位更准确。"类别型方法"的一个大问题是，有时候会发生归类的错误。由于一定要归入大类，而有些社会地位是处于中间的状态，归入非此即彼的大类后，反而不是其真实的社会地位了。连续型方法所显示的社会要更复杂一些，每个人的地位都会有细微的差别。连续型方法也解决了本讲第一节提出的性质完全不同的资源怎样排序的问题，坚持了用同一种标准测量社会地位的原则。

二　采用国际标准职业社会经济地位指数测量的我国土字型社会结构

笔者的研究在将职业指标转换为 ISEI 值的时候，也尽量做到了对于职业进行辨析和实现转换的准确性。我国的职业分类自 1986 年国家统计局和国家标准局发布职业分类标准以来，已经过多次修改，修改的总的倾向是越来越接近于国际标准职业分类，对绝大部分行业的技术、工种和操作工作的描述都采用了国际标准。

本讲使用的是 2010 年第六次全国人口普查"长表"数据的 1% 抽样数据。人口普查原数据非常大，这里使用的是等距抽样数据，抽样数据代表人口结构是没有问题的。由于分析的焦点是职业地位所反映的社会结构，所以仅选取了其中 16~64 岁的有职业的人口①，最终的总样本为 683291人。研究使用了该次人口普查的职业分类。笔者在分析中发现，在绝大部分职业分类与国际标准一致的前提下，也有些职业类别由于国情的特征，与国际分类有某些差异，主要表现为三类。第一，目前我国的职业分类有些类别还没有国际分类那样细致，这可能与我国的职业分化还在演变过程中有关。这并没有影响分值的转换，只是将有些缺少细致分类的职业归属到了某些大组，这样在显示社会结构图形时线条不是那样平滑。第二，在管理人员分类中，我国的党群组织负责人，即各级党组织、人民政协、民主党派、社会团体、共青团、妇联等负责人，需要做出认真的分辨和对应。第三，国际标准分类中，与立法、法律相关的，以及与医生相关的职业地位很高。这些都根据中国的实际情况做出了小的调整，当然该类情况所涉及的人数很少。笔者对于个别不容易对应的职业，也都做出了认真的鉴别，根据该职业活动的具体内容，在分辨的基础上完成了对应的工作。总体而言，由于我国的职业分类是源于国际标准职业分类的，所以，多数职业对应比较容易，经个别调整后，最终完成了全部职业分值的转换。

此外，需要说明的是，以往的研究曾经证明，中国的职业地位受到单位体制的影响，个人间的不平等受到单位间的不平等的调节。本讲前面提到的"当代中国社会结构变迁研究"课题组提出的影响社会分层的"制度分割"也是指同一种情况。但是，此次转换为 ISEI 值时，没有采用单位地位的调节，这是因为：第一，随着市场经济的发展，单位地位对个人地位的影响力已经大大下降了；第二，目前由于众多新型单位的涌现，连单位地位的高低也很难分辨了。所以，如果用单位地位去修正，反而会造成更大的误差。

转化成 ISEI 后，我国各个职业阶层的地位值如下（见表 8-3）。

①　如无特别说明，后文所有的社会结构分析都是针对 16~64 岁、有职业的人口而言的。

表 8-3　中国 16~64 岁人口的"国际标准职业社会经济地位指数"（ISEI）

ISEI 分值	人数	占比（%）	ISEI 分值	人数	占比（%）
19	321	0.05	52	2074	0.30
20	9625	1.41	53	1319	0.19
21	1014	0.15	54	2901	0.42
22	1825	0.27	55	900	0.13
23	317669	46.49	56	120	0.02
24	11409	1.67	57	1207	0.18
25	2185	0.32	58	2700	0.40
26	2038	0.30	60	161	0.02
27	2529	0.37	61	49	0.01
28	5018	0.73	64	1152	0.17
29	11669	1.71	65	715	0.10
30	42054	6.15	66	5313	0.78
31	24285	3.55	67	562	0.08
32	14807	2.17	68	1185	0.17
33	7886	1.15	69	7062	1.03
34	20822	3.05	70	1210	0.18
35	3785	0.55	71	26	0.00
36	4649	0.68	72	8045	1.18
38	12260	1.79	73	2158	0.32
39	5527	0.81	74	151	0.02
40	12119	1.77	75	11429	1.67
41	3836	0.56	77	1671	0.24
42	178	0.03	78	611	0.09
43	65783	9.63	80	580	0.08
45	25366	3.71	81	43	0.01
46	1389	0.20	82	2181	0.32
48	342	0.05	85	508	0.07
49	3691	0.54	88	246	0.04
50	4285	0.63	90	896	0.13
51	7750	1.13	总计	683291	100.0

　　从上述结果可以看到，虽然总的来看有些低分值组占比较高，但是得到中等分值的一些组也有一定的占比。将上述数据转换为社会结构图形，可以清楚看到是一种土字型社会结构（见图 8-2）。

图 8-2 第六次全国人口普查数据 ISEI 值百分比显示社会结构

下面试介绍上述 ISEI 分值一些主要群体的构成情况。

23 分组占了全部就业者的 46.49%，而组成该分值的职业群体基本上就是农民，包括从事大田、棚架等农作物种植的人员，农副产品加工人员和其他种植养殖业从业人员，畜牧业生产人员，家畜家禽等从业人员，收垃圾为生者，清洁工等。其中的主体是从事大田劳动的农民，也是中国传统意义上的农民。读者可能会问，为什么农民的分值这样低？ISEI 分值的确定是以很多研究为基础的，在现代工业社会中，只有成规模的产业经营才能创造效益，如果仅仅是有很少的田地、依靠体力劳动种田为生的农民，其经济社会条件还是较差的。在我国，虽然不排除在个别大城市周边，有些农民依靠出租房屋等获得了较高的经济收益，但是，凡是富裕起来的农民肯定是有其他的经济活动或经济来源的，即不再是仅仅依靠种田为生的农民。种田农民如果没有其他经济来源的话，仍然是我国经济收入最低的社会群体。

29~31 分组人数稍多一些，占 11.41%，多为建筑工人、土石方施工工人、混凝土配置加工工人、架子工、地质勘查工人、煤矿冶金矿物开采工人、建筑材料加工工人、金属加工工人、装运搬运工人、人力车工、运输工、伐木工人、屠宰场和肉类加工工人、皮毛生产加工工人、制鞋业工人、手工业工人等。这类人多是由农民转化而来的农民工、乡镇企业工人，他们的实际社会地位和实际生活水平与农民比较接近。

33～38分组占全部就业者的7.22%，主要是公路、道路、铁路、水上运输人员和其他运输服务人员，商业服务业普通营业人员，餐饮业服务人员，机电产品、电子产品装备人员和装配人员，机械动力设备装配人员，机械设备修理人员，电子元器件与设备制造、装配人员，仪器仪表修理人员，工艺品制作人员，乐器制作人员，生活生产电力设备安装操作修理人员，化工业的半技术人员，加工业的半技术人员等。这个阶层介于中产阶级与蓝领层之间的位置，可以称作蓝领上层，也可以称作白领下层。

43～45分组占全部就业者的13.34%，主要是小学教师，幼儿教师，护士，普通行政业务人员，办公室普通职员，企业普通职员，商业服务业人员，推销、展销、购销人员等，是典型的白领群体，也是人数比例增长较快的一组。

67～69分组占全部就业者的1.28%，主要是生产、销售、服务的各类企业的经理、负责人，科技专业人员，采矿、冶金、机械工程师，规划设计人员，电子、电力、广播、电影、电视、交通的工程技术人员，中学教师和各类中专、中级、中等职业教育人员，行政管理方面的人员等。

85分以上的最高分组仅占全部就业者的0.24%，主要是银行、金融、证券企业的经理、负责人，医生、教授、律师等高级专业技术人员，国家机关党群组织负责人，法官、检察官等高层司法人员等。

以上均是第六次全国人口普查数据。目前我国已经完成了第七次全国人口普查（2020年11月）（以下简称"七普"），但是，迄今为止国家统计局还只是公布了部分数据，还没有公布多方面更为详细的数据，当然也还不能使用原始数据。加之职业分类数据也尚未公布，所以，笔者只能根据已公布的教育分类数据做一下估算，因为人们的受教育程度与所从事的职业具有很强的相关性。笔者先计算出"七普"16岁及以上人口的总数，然后再计算各个受教育组的分布比例，计算结果如下。大学（指大专及以上）文化程度的在16岁及以上人口中占18.995%，高中（含中专）文化程度的占18.530%，初中文化程度的占38.104%，小学文化程度的占21.087%，文盲（不识字的）[①]占3.284%。也就是说，初中及以下文化程

---

① 第七次全国人口普查公布的文盲人口数是15岁及以上的，本处计算的是占16岁及以上人口的比例，所以，该比例略高于"七普"的文盲率。

度的（包括文盲）总共占 62.475%。由此可以推断出在"七普"数据中，我国大体上仍然是土字型社会结构，即处在较低层次的人群仍然占较高比例，但是，同时，中产阶层、中间阶层也有某些发展，社会结构变迁总趋势还是良性的，即朝着中产阶层逐步扩大的方向发展。

我们知道，数据分析本身不是目的，使用 ISEI 的测量方法是为了更深入了解中国社会分层结构。本研究发现中国是一种土字型的社会结构，社会学怎样解读此种社会结构呢？

土字型结构显示，社会确实有进步，但是，在整个社会结构中，下层群体比较巨大的现象还是十分明显的。用 ISEI 值测量，将 67 分及以上作为上层、41~66 分作为中层、40 分及以下作为下层，那么，"六普"全国城乡人口合计，上层占 5.62%、中层占 19.12%、下层占 75.14%，所以，在全国的社会结构中，下层还是占了大多数。当然，将城市和农村简单地合并在一起计算也存在问题，因为，中国的城市和农村还是生活在两种不同的社会共同体之中的，城乡分别计算更符合社会现状。由于我国人口流动现象突出，大量流动人口常年在城市劳动生活，所以，统计上的城乡人口是按照常住人口计算的，即将居住在该地区 6 个月和 6 个月以上的人口统计为该地区人口。按照这样的统计，中国农村的 ISEI 上层占 1.38%，中层占 7.23%，下层占 91.39%，中国农村下层的比例非常高。究其原因，社会学称之为"精英流出"，即有能力的、受过较好教育的、会挣钱的都跑到城市去了，农村往往成为老年、妇女和儿童的聚集地。按照常住人口统计，中国城市的 ISEI 上层占 12.67%，中层占 38.44%，下层占 48.89%。中层占比超过 38% 确实不算低，但是下层占比超过 48%，还是下层比较巨大。

怎样分析我国的土字型社会结构呢？土字型社会结构仍然属于金字塔型社会结构。社会下层群体的比例较高，这样，社会结构总体上还没有摆脱"社会结构紧张"的状态。美国社会学家墨顿（Robert Merton）曾使用过"结构紧张"（structural strain）概念，墨顿所说的是"心理失衡"现象，即社会文化所塑造的人们渴望成功的期望值，与社会结构所能提供的获得成功的手段之间产生的一种严重失衡的状态（Merton，1938）。墨顿也将此表述为一种社会失范的张力，特别是社会最弱势阶层在压力下会产生越轨行为（默顿，2006：296~297）。另一位社会学家斯梅尔塞（Neil J. Smelser）则更明确地使用结构紧张理论阐释社会运动与集体行为（collective behavior）的发生，特别是当人们所期望的生活水平得不到满足时，就会发生非理性行为、暴力行为，导致社会动荡（Smelser，1962）。

　　笔者借用该概念，阐释的是社会阶层或群体之间的不平衡现象。采用这样的理论视角可以理解和解释今天的诸多社会矛盾和社会问题。人们对于贫富差距、收入分配不公的种种抱怨，就反映了比例较高的下层群体的不满。当前，城市中产阶层出现了很大的对于食品安全的恐慌，一定程度上是因为，从事生产和加工食品的社会下层群体比例很高，受教育水平很低的生产者或者是意识不到滥用各种生长素、添加剂的巨大危害，或者是牟利驱动使然，两个阶层之间缺少共同语言。社会下层群体人数巨大，参与生产而低水平消费，一定程度上也造成了生产的过剩和消费的不足，具有较强购买能力的城市中产阶层比例有限，而占人口多数的下层群体又缺少购买能力。目前，中国社会运行的巨大难题就在于，社会结构分化造成社会群体之间社会需求差异较大，社会交换出现困境，中产阶级体面生活所需要的基本设施，在人数众多的下层群体看来都是奢侈的和可以用来谋生的途径。总之，几乎所有的社会问题，如秩序问题、治安问题、贫困问题、艾滋病问题、卖淫问题等，都可以从社会结构紧张上得到解释。

三　从倒丁字型到土字型社会结构的变迁

　　当然，中国社会结构总的变迁趋势还是在向良性社会结构转变。笔者曾经根据第五次全国人口普查数据证明，用 ISEI 方法测量，中国社会是"倒丁字型"社会结构（李强，2005）。也就是说今天的中国社会已经从"倒丁字型"社会结构演变成了"土字型"社会结构。这种变化所蕴含的意思是说，社会底层群体比例有所缩小，底层的一部分人明显上升了，进入了中间层或中间偏下的阶层。应该承认，这是很重要的社会进步。下面，笔者试分析一下"五普"至"六普"期间我国四个大的阶层或四个大的社会群体所发生的变化。

1. 农民群体的变化

　　这是指农民、农林牧渔从业人口、农业户籍人口、农村外出打工群体等所发生的变化。用 ISEI 测量，23 分值群体是典型的传统农业劳动者，2010 年"六普"时占 46.49%，与 2000 年的 63.20% 相比，下降了 16.71 个百分点，十年就发生了如此大的变化，这是一种巨大的社会进步，由此可以预测未来还会发生同一方向的巨大的社会结构变迁。此种变迁体现了工业化、城镇化的一般趋势，根据社会学的现代化指标，如果农业劳动力占总劳动力的比例低于30%是社会结构实现现代化的一项重要指标。

如果具体分析我国农民人数大幅减少的原因，可以发现主要有三种情况。

一种是农转非，起因于城市发展向农村扩张，该农村土地被征用，转为城镇建设用地，于是，农民转为市民。笔者参与组织的2013年清华大学城镇化全国城乡居民随机抽样入户调查数据（以下简称清华数据）证明，在城乡接合区和乡中心区，分别有21.3%和18.1%的家庭有过承包的土地被征用的情况。该调查还显示，以前承包过土地而现在不再承包土地的家庭，29.6%是因为土地被征用了。当然，这里面还有极为复杂的情况，譬如，同一个村庄一部分农民转户籍了，而另一部分没有转，或者同一个家庭有的成员转户籍了，有的则没有转。

第二种是农民外出打工，这部分以青壮年劳动力为主。外出打工农民的情况更为复杂，一方面，循环流动的现象依然存在，即一部分中年以上的打工农民又返回了家乡；另一方面，年轻农民返乡的可能性明显降低，清华数据证明1990年及以后出生的农民工愿意回乡务农的比例仅为3.8%，1980~1989年出生的农民工愿意回乡务农的比例为7.3%。所以，相当比例的离开土地的农民、农民工，已经没有返乡务农的可能性了。也就是说，结构变迁显示的大田农民的比例下降是真实的，是不可逆转的。

第三种是就地城镇化。调研发现，我国即使是留在农村没有外出的农民，很高比例也不从事农业生产劳动了。这部分农民既没有转变户籍身份，也没有到城里打工，因而也不是城市流动人口或城镇常住人口。但是，他们早已不从事农业劳动了，住房形态也发生了根本变化，农民上楼已经成为普遍现象。这些村庄以及村庄周边非农产业十分发达，多数农民从事工商业、服务业劳动。这些村庄本身虽然还被视为农村，农民户籍也是农业户籍，但是，从村庄发展的整体形态上看已经与城镇没有差异。这方面有很多成功案例，最著名的如无锡的华西村、河南的刘庄、北京的韩村河和蔡家洼、吉林的建华村等。当然，这些农村之所以在就地城镇化方面比较成功，是因为它们往往具备了较好的周边环境条件以及村庄带头人、乡村精英等条件。

此外，还有多种原因转入城镇户籍的，比如上大学进城，也不排除有少数富裕起来的农民在城镇买房，为使孩子受到更好的教育或使老人享受更好的医疗而转入城镇的。清华数据显示，在我国农业户籍的人口中，已经在城镇购买了住房的比例为21.6%。

2. 体力工人群体所发生的变化

体力工人群体主要是指工业、制造业体力劳动群体，ISEI 分值集中在 29~32 分组，2010 年占 13.58%，2000 年占 9.80%，上升了 3.78 个百分点。

这个群体属于最为典型的体力劳动工人群体，是生产一线的直接操作工人。我国是制造业大国，体力工人为我国基础工业、制造业做出了极大的贡献。笔者曾证明，我国经济发展最快的省份，同时也是体力工人比例最高的省份。体力工人按工种分布，包括建筑工人、砌筑工人、架子工、钢筋加工工人、漆器制作工、搪瓷制品工、石英玻璃制品工、建筑保温吸音材料生产工、建筑密封材料生产工、墙体屋面材料生产工、水泥及水泥制品工、建筑材料加工人员、人造板生产工、烟草制品工、卷烟生产工、粮油食品饮料生产加工人员、肉蛋食品加工人员、糖制品加工人员、盐业生产人员、乳品冷食罐头制作人员、纺织人员、纤维预处理人员、橡胶塑料制品生产人员、防化材料制作人员、火工品制作人员、引信加工制作人员、机电产品装配人员、机械制造加工人员、金属冶炼轧制人员、炼钢工人、地质勘查人员、矿物开采人员、生产运输设备操作人员、水产品加工人员、农副林特产品加工人员、工程设备安装工、供水供热服务人员、物业服务人员、中餐烹饪人员、餐饮服务人员等。目前，一线工人主要来自外出打工的农民群体，农民在农村擅长体力劳动，在工业场所很快就适应了工业体力劳动操作，成为我国体力工人的主力军。

从职业地位看，体力劳动、直接操作型工人，归属蓝领群体，确实不属于中产阶层。但是，他们在世界各国的就业群体中都是最重要的劳动群体，即使是在完成现代化转型的经济发达国家，一般也能占到全体劳动者的百分之十至百分之二十多。所以，在我国未来社会结构中，他们仍然会占有重要地位，仍然是推动中国经济社会发展的最重要的群体。对于蓝领工人，我们同样要尊重他们。他们中的绝大多数被称为"农民工"，这种称谓有问题，他们是最为典型的产业工人，是工人阶级中最为基本的群体。体力劳动工人的工作特点是劳动强度大、劳动艰苦、劳动危险性大、劳动环境差，而目前待遇较低，所以，应该提高该群体的劳动工资、经济收入。从国际比较看，在完成现代化转型的国家中，这个阶层的收入不亚于普通中产阶级的收入，而且由于工会力量强大，他们的收入甚至会高于一般中产阶级的收入。提高体力工人收入对于我国实现现代化转型、实现社会公平正义均有重大意义。

　　未来的几十年里，该群体在我国还会占比较稳定的比例。从数据分析看，该群体的比例从"五普"到"六普"上升了 3.78 个百分点，但随着后工业社会的来临，该群体会由于产业转型而有所减少。所以，预计该群体在未来不会有太大变化，会保持稳定。

3. 技术工人群体所发生的变化

　　在 ISEI 中，技术工人主要是集中在 33~40 分值的群体。非常令人吃惊的是，我国技术工人在劳动者中所占比例不升反降！2010 年占比为 9.8%，与 2000 年占比为 11.2% 相比，反而下降了 1.4 个百分点。究竟是什么原因呢？

　　让我们先看看这个群体的职业构成状况，即主要是公路、道路、铁路、水上运输人员和其他运输服务人员，商业服务业普通营业人员，餐饮业服务人员，机电产品、电子产品装备人员和装配人员，机械设备装配人员，机械设备修理人员，船舶制作人员，航空运输服务人员，磨料磨具制造加工人员，玩具制作人员，电子元器件与设备制造、装配人员，仪器仪表修理人员，乐器制作人员，体育用品制作人员，文教用品制作人员、工艺、美术品制作人员，印章刻字人员，生活生产电力设备安装操作修理人员，化工业的半技术人员，加工业的半技术人员，旅游及公共游览场所服务员等。这个阶层介于中产阶层与蓝领层之间的位置，可以称作白领下层或蓝领上层。学术上也称之为白领边缘层或白领过渡层。

　　技术工人群体比例没有增加，反而下降，值得深思。技术工人属于中产过渡层，是中产阶层形成的重要来源。与上面所说的体力工人相比，他们最明显的差异是占有技术技能，体力工人也可以通过提升技术而进入中产阶层。本书第十一讲会进一步分析我国技术认证体制上的障碍如何阻碍了广大有技术的农民工社会地位的上升，以及如何排除这种流动障碍。

　　目前，矛盾比较尖锐。一方面，我国技术工人队伍严重短缺，就业市场上对技术工人的需求十分强烈；另一方面，社会对技术工人没有给予尊重和较高的待遇，技术认证、地位认证、地位准入、职业培训等均存在问题。

4. 其他白领群体所发生的变化

　　这里有必要阐释一下白领群体与中产阶层的关系。在社会学研究中，白领阶层与中产阶层几乎是同义词，在很大程度上，这与白领阶层的较早研究者米尔斯有关（米尔斯，1987）。后来的职业社会学研究者以及国际劳工组织等，也都使用白领概念。白领群体或阶层通常指四个职业群体：管理者群体、专业技术群体、经营销售人员群体和普通办公室职员群体。其中两个群体——管理者群体和专业技术群体，往往有较高学历，来自大学生的比例较高。但此次 ISEI 测量显示，我国这两个群体变化微小。2010年"六普"数据显示，白领群体中增长最为迅速的是经营销售人员群体和普通办公室职员群体，十年来发生了极大的变化。仅 ISEI 的 43~45 分群体就增加了 10.44 个百分点，即 2010 年占 13.34%，而 2000 年仅占 2.9%，其增速惊人！这是中国中产阶层变化最大的群体，该群体主要从事哪些工作呢？包括：购销人员、营业人员、推销展销人员、各类销售人员、办事员、普通办公室职员、普通行政办公人员、普通行政业务员、护理人员、幼儿教师、裁剪缝纫人员、环境监测人员等，多属于白领中下层。

"六普"数据显示，这个群体中的大部分人，即 58.2% 是农村户籍，出身于农民家庭。也就是说，农民或农民工通过奋斗积累了小资本，从事小本经营，或者受雇处于经营者的位置。所以，该群体为农民地位上升开创了新渠道。该群体受教育程度不很高，从全国情况看，主要是初中、高中毕业生，受教育程度为高中及以下的占全部经营者群体的 83.1%。所以，这个群体进入中产阶层的主渠道不是教育渠道。该群体的开放性最强，接纳了社会的各个阶层。从实践上看，很多受到户籍阻碍或难以通过教育渠道上升的人群，都希望通过做小买卖或工商运营改变社会地位。这也是在中国城镇中颇具奋斗心、努力打拼、希冀向上流动的群体，是中国经济社会活力最重要的来源之一。然而，大城市的社会管理和户籍政策往往排斥这些人，这是非常危险的。

四 对于我国社会结构未来变迁的分析

我们知道，在多数情况下，社会结构变迁是一个很缓慢的过程，从目前完成社会结构转型的经济发达国家的历史看，它们大多是用了上百年甚至数百年的时间才完成了社会结构的转型。对比起来，我国经历的是一种后发、赶超型现代化转型，这样，我们社会结构的变化是短期内处于高速演进的状态。而从倒丁字型到土字型的变化，就显示了这样一种高速演进的现象。

社会结构的转变很大程度上是城乡人口结构的转变。21 世纪以来，我国城乡人口结构的变迁速度确实惊人。根据国家统计局数据，我国常住人口城镇化率 2000 年时仅为 36.22%，到 2020 年，我国常住人口城镇化率已经达到 63.89%。目前，我国仍然处于城镇化、城市化、产业化的高速发展时期。所以，可以预期，城镇常住人口的比例还会持续上升。

从现代化理论角度看，工业化、产业化导致了人们生产方式的变迁，城镇化、城市化导致了人们生活方式、居住方式的变迁。工业化、产业化与城镇化、城市化两大变迁与社会地位变迁是什么关系呢？两大变迁是怎样导致人们社会地位变迁的呢？

首先我们看看工业化、产业化是怎样导致社会地位变迁的。在上述 ISEI 定值时，对于典型的传统农业劳动者、从事大田劳动的传统农民的计值确实是非常低的，这样的计值合理吗？在各国社会学界关于社会地位的研究中，大田体力劳动农民地位低下是普遍现象。不仅如此，与城市和工业产业相比，传统农村和传统农业的劣势也十分明显。农产品生产周期长，容易受到自然灾害的侵袭，量大值低、不容易保存，需求弹性小、利润低、风险较大（赵满华，1997：121）。所以，世界各国都会采取一定措施保护农业。当农业人口降低到较低的比例时，比较容易采取辅助政策，但我国农村农业人口巨大，补贴的人均数额必然较小。所以，农业本身的劣势使得生活于农村的人口处于不利的地位。在我国的整体社会结构中，农业人口、农民在相比较的意义上一般属于社会的低收入群体。所以，农业人口向工业产业人口转移是实现地位上升的一种社会结构变迁，也显然是符合社会进步的历史趋势的。在此特别要注意，产业化是指运用集约化、标准化、市场化的现代经济经营方式来运营生产销售活动。这样说来，农产品的经营也可以现代化，也可以摆脱传统农民、农业的劳动方式，这就是现代农业产业经营，由此也可以提高劳动者的社会地位。当然，现代农业产业集约化程度非常高，这会使劳动者人数大大减少。所以，其结果是传统农民人数大大减少。这一过程当然会伴随着城镇化、城市化的发展。图 8-3 和图 8-4 显示了 2010~2030 年我国城镇劳动力增加和农村劳动力减少的趋势。

而图 8-3 和图 8-4 展示的城乡劳动力变迁，也就是我们说的城镇化、城市化进程。可以预计，在未来几十年时间里，中国的城镇化、城市化会有较大的进展，而且这种城镇化、城市化不仅仅是常住人口的城镇化，户籍人口，有着正式居住地位、正式居住登记的人口的城镇化也会有较大的增长，换一种说法，就是农村转移人口"市民化"会有较大增长。我们知

图 8-3 2010~2030 年我国城镇劳动力变迁

图 8-4 2010~2030 年我国农村劳动力变迁

道，已经完成现代化转型的国家，城市化率都是非常高的，仅以世界银行 WDI（世界发展指标）数据库提供的 2010 年数据为例，美国为 82.3%，英国为 90.1%，法国为 77.8%，德国为 73.8%，澳大利亚为 89.1%，韩国为 81.9%。中国的现代化转型与城镇化、城市化也是不可阻挡的大趋势。当然，中国历来非常重视农业生产和农村建设，即使在完成现代化转型后，也会有一定比例的农业和农村人口。一些中国社会学家认为，当城镇化、城市化人口占 70%~80% 的时候，意味着中国城镇化、城市化转型的大体完成。

我们再来分析一下城镇化、城市化究竟是怎样改变人们的社会地位，怎样实现人们社会地位上升的。城市的发展，人们到城市里来找工作，最初的动因显然是经济的，是为了寻求更高的收入，人们在农村往往挣不到钱或者挣钱很困难。随着到城市里来工作，农民工发现城市生活更精彩，城市的文化、娱乐、教育、医疗、社会服务条件更优越。根据前述清华数据，85%的城市农民工不愿意再回农村务农，而新生代农民工愿意回乡的比例就更低，1990年及以后出生的农民工中只有3.8%的人愿意回乡务农。当年上海世博会提出的口号是"城市，让生活更美好"。所以，追求更为美好的城市生活是绝大多数农村户籍年轻人的合理意愿。在此意义上，党的十八大报告提出的"有序推进农业转移人口市民化"是有社会进步意义的，市民化也意味着农民群体进入城市以后职业地位、社会地位是上升的。当然，这里要小心，这里的市民化可不是某些地方出现的强迫农民放弃耕地、宅基地，不是简单地拆迁农民上楼，而是以人为本的城镇化或者叫作"人的城镇化"。

如果真正实现了以人为本的城镇化或"人的城镇化"，那么，农民群体变为市民以后，社会地位的上升就表现在以下四个方面。其一，生产方式的转变。城镇化意味着人们进入了现代产业就业体系，也就是说，农民工进入了一种现代的生产运作的体制、经营组织体制，即劳动者与现代产业运营方式相接轨。这就需要学习现代产业技能、现代产业组织管理知识。从职业地位测量的角度看，现代产业技能水平越高、劳动者在生产场所的位置越高，其职业地位也就越高。其二，生活方式的转变。农民工变为市民，也是他们进入和融入现代文明的生活方式的过程，包括获得现代化的交通条件和基础设施条件，以及高品质的文化娱乐、医疗卫生、体育休闲等生活服务。生活方式的转变当然意味着农民工生活水平的大大提升。其三，现代文明素质的养成和形成。城镇人口聚集，大城市更是巨型人口密集居住，因此城市生活对每个个体都提出了更高的素质要求。城市的公共秩序与和谐生活需要市民具备公共意识、城市共同体意识以及城市生活的基本素养，而这些素养是城市中产阶层必须具备的。市民化意味着转为市民的人群现代城市文明素质的提升，也意味着城市中产阶层文明素质的养成和形成。其四，市民化也意味着在城镇化中要实现公平公正的社会权益。城乡分割的二元体制的突出问题是权益上的不公平、不公正。为此，城镇化就要建立和完善一整套包括权利公平、机会公平、规则公平的制度、体制、机制。人的城镇化的最终目标是城乡居民都拥有平等的经济权利、社会权利、政治权利和发展权利。所以，以人为本的城镇化、城市化会带来人们社会地位的上升是无可置疑的。

当然，在此，我们也必须注意，不是任何一种城镇化都会带来人们社会地位的上升。笔者曾经批评过"被动城镇化"，即不尊重农民意愿，强行实施"村改居"，强行推进农民拆迁"上楼"。这样的城镇化完全无视农民的意愿和利益，不仅不会带来农民社会地位的上升，反而使农民失去土地、失去生存依靠、没有新的就业依托，会造成农民生活水平和生存地位的下降。

参考文献

陈婴婴，1995，《职业结构与流动》，北京：东方出版社。

国家职业分类大典修订工作委员会编写，2015，《中华人民共和国职业分类大典（2015年版）》，北京：中国劳动社会保障出版社。

何建章主编，1990，《当代社会阶级结构和社会分层问题》，北京：中国社会科学出版社。

C. 赖特·米尔斯，1987，《白领——美国的中产阶级》，杨小东等译，杭州：浙江人民出版社。

李春玲，2005，《断裂与碎片：当代中国社会阶层分化实证分析》，北京：社会科学文献出版社。

李培林等，2018，《当代中国阶级阶层变动（1978~2018）》，北京：社会科学文献出版社。

李强，1989，《中国大陆的贫富差别》，北京：中国妇女出版社。

李强，1993，《当代中国社会分层与流动》，北京：中国经济出版社。

李强，2000，《社会分层与贫富差别》，厦门：鹭江出版社。

李强，2004，《转型时期中国社会分层》，沈阳：辽宁教育出版社。

李强，2005，《"丁字型"社会结构与"结构紧张"》，《社会学研究》第 2 期。

李强，2010，《当代中国社会分层：测量与分析》，北京：北京师范大学出版社。

李强，2019，《当代中国社会分层》，北京：生活·读书·新知三联书店。

陆学艺主编，2002，《当代中国社会阶层研究报告》，北京：社会科学文献出版社。

陆学艺主编，2004，《当代中国社会流动》，北京：社会科学文献出版社。

陆学艺主编，2010，《当代中国社会结构》，北京：社会科学文献出版社。

罗伯特·K. 默顿，2006，《社会理论和社会结构》，唐少杰等译，南京：译林出版社。

马克思，1972，《〈政治经济学批判〉导言》，载《马克思恩格斯选集》第二卷，北京：人民出版社，第 86~114 页。

马克思、恩格斯，1972a，《马克思恩格斯选集》第一卷，北京：人民出版社。

马克思、恩格斯，1972b，《马克思恩格斯全集》第二十三卷，北京：人民出版社。

塞缪尔·普雷斯顿，1988，《发展中国家的城市增长：从人口学角度的再思考》，载约
　　瑟夫·古格勒主编《第三世界的城市化》，牛津大学出版社。

叶启政，1992，《结构、意识与权力：对"社会结构"概念的检讨》，载瞿海源、萧新
　　煌主编《社会学理论与方法》，台北：中研院民族学研究所。

叶至诚，2001，《职业社会学》，台北：五南图书出版有限公司。

D. P. 约翰逊，1997，《社会学理论》，南开大学社会学系译，北京：国际文化出版
　　公司。

赵满华主编，1997，《中国城乡收入差距研究》，北京：经济管理出版社。

Bian, Yanjie. 1994. *Work and Inequality in Urban China.* Albany：State University of New York
　　Press.

Blishen, B. R. 1958. "The Construction and Use of an Occupational Class Scale." *Canadian
　　Journal of Economics and Political Science* 24, 519-531.

Duncan, O. D. 1961. "A Socio-economic Index for All Occupations" and "Properties and
　　Characteristics of the Socioeconomic Index," in *Occupations and Social Status*
　　(A. J. Reiss, Ed.), pp. 109-161, Free Press, Glencoe, IL.

Erikson, Robert and John H. Goldthorpe. 1992. *The Constant Flux: A Study of Class Mobility in
　　Industrial Societies.* Oxford：Clarendon Press.

Ganzeboom, Harry B. G., Paul M. De Graaf, and D. J. Treiman. 1992. "A Standard
　　International Socio-economic Index of Occupational Status." *Social Science Research*
　　21, 1-50.

Ganzeboom, Harry B. G. and D. J. Treiman. 1996. "Internationally Comparable Measures of
　　Occupational Status for the 1988 International Standard Classification of
　　Occupations." *Social Sciences Research* 25, 201-235.

Goldthorpe, John H. 1987. *Social Mobility and Class Structure in Modern Britain.* Oxford：
　　Clarendon Press.

Merton, Robert K. 1938. "Social Structure and Anomie." *American Sociological Review* 3.

Smelser, Neil J. 1962. *Theory of Collective Behavior.* New York：Free Press.

Treiman, D. J. 1977. *Occupational Prestige in Comparative Perspective.* New York：Academic
　　Press.

第九讲
社会分层理论的新流派

所谓新流派是对应传统流派而言的。什么是传统流派呢？前文已述，传统社会分层理论有四大流派，即马克思主义分层理论、韦伯分层理论、涂尔干分层理论和功能主义分层理论。后来，在传统马克思主义理论基础上又产生了新马克思主义分层理论，在韦伯分层理论基础上又出现了新韦伯主义分层理论，在涂尔干分层理论基础上又产生了新涂尔干主义分层理论，以及在功能主义基础上又有新功能主义。到了 20 世纪后期，除了上述这些理论以外，也还出现了一些流派，在本讲中统称"新流派"。

第一节　新自由主义的社会分层观点

传统上，社会分层理论并没有所谓"自由主义"的理论流派。如果说有左翼、右翼之分的话，那么，马克思主义分层理论可以看作左翼，而功能主义分层理论可以视为右翼。但是，新自由主义并不是源自传统的社会分层理论。那么，它是哪里来的呢？应该说，它是受到经济学理论的影响，或者说是社会学与经济学交融而产生的。如果从理论上溯源的话，那么首推当代经济学自由主义理论的两位大学者：美国经济学家米尔顿·弗里德曼（Milton Friedman）和奥地利出生的经济学家弗里德里希·哈耶克（Friedrich Hayek）。弗里德曼在《资本主义与自由》中主张效率优先，主张充分的自由竞争，认为只有充分自由竞争的社会才能够体现比较高的效率，而只有很高的效率才能创造出更多的财富，人们才能获得财富的分配。

哈耶克在《通往奴役之路》中对无效率的计划经济的抨击等，都对社会学分层理论的新自由主义流派产生了深刻影响。

新自由主义，亦称新右翼理论（New right perspective），是以 19 世纪的自由主义为基础的。它认为，资本主义经济中的自由市场，是有组织社会的最好基础。市场鼓励竞争，而竞争激发了发明创造和高效率。为了存活，商家都不得不制造出比竞争对手更便宜、更好的产品。自由市场经济建立在个人选择的基础之上，而这种选择是通过个人的消费、花钱实现的，出卖劳动力或购买他人的劳动力，由此推动了个人的自由。与 19 世纪自由主义前辈一样，新自由主义或新右翼认为应防止国家过多干预，干预只会损害经济效率，损害人们努力工作的动力。个人一旦知道将会有国家的帮助，就会停止努力。国家干预也会造成不公正。因此，效率与公平是他们讨论的核心问题之一。

中国自改革以来，在理论上对公平与效率的关系做出了重大调整。中国改革以前奉行近似于绝对平均主义的政策，造成经济效率十分低下，所以，自由主义主张效率优先的观点自然就很容易得到呼应。因此，中国的社会分层研究也自然会受到这方面的影响，占主流的理论强调发展是硬道理，强调利用地位差异所能够释放出来的能量促进经济发展。当然，虽然具有此种理论倾向，但我们并不存在成体系的新自由主义的分层理论，成体系的理论还是来自欧洲和美国。

英国社会学家哈拉兰波斯（Mike Haralambos）与霍尔本（Martin Holborn）在他们的著作中介绍了英国的社会分层新自由主义（Neo-Liberalism）流派。本节就从他们的介绍开始。下面第一点"新自由主义分层理论"，比较多地参考了他们的论述（Haralambos and Holborn，2000：30-32，105-106）。

一　新自由主义分层理论

20 世纪 80 年代以后，新自由主义逐渐占据上风。为什么呢？这当然与社会经济背景有着极为密切的联系。20 世纪六七十年代是西方社会动荡不安的年代，社会运动不断，阶级斗争频发，表现在理论上，当然是左翼思想风行一时。然而，到了 80 年代以后，劳工运动低落；在美国和英国，里根、撒切尔上台执政，政策上主张私有化，反对国家对经济的干预，反对劳工方面的最低工资政策，试图限制劳工的集体谈判权利。到了 90 年代初，苏联东欧社会主义体系的瓦解，证明了计划经济的失败。这些都是促生新自由主义思想的适当的温度和土壤。

新自由主义或新右翼分层理论认为，以往的社会学家过于关注不平等，主观上过于放大不平等的程度，其结果是否定了市场经济与工业社会的积极方面。该理论在英国社会学界，比较有代表性的是桑德斯（Peter Saunders）的观点。桑德斯在社会分层方面的著述很多，比如，关于住房所有者的研究著作《私房主的国家》《超越住房阶级》等（Saunders，1990a）。桑德斯讨论社会分层与自由问题，主要是在 20 世纪 90 年代的两部著作中：一部为《社会阶级与分层》，另一部为《不均等但是公平吗？英国阶级障碍之研究》。

1. 桑德斯理论与功能主义的异同

桑德斯理论的出发点与传统的功能主义极为相似，他认为，在任何社会中，不均等现象都是长期存在的，从来没有过完全均等的社会。他赞同功能主义者戴维斯和莫尔的理论，认为，即使是戴维斯和莫尔的批评者图闵等也不得不承认，社会分层现象是普遍存在的。桑德斯强调，社会分层和收入上的差异具有正向效果，可以促进人们更努力地工作。仅从这点上看，桑德斯的理论并没有什么新意，不过是功能主义的翻版。但是，在这个出发点的基础上，他提出了自己的观点。

桑德斯认为，利用不均等的财产收入、资源配置的不均等去刺激人们积极工作，并不是组织社会和管理社会的唯一办法。一个社会也有可能均等地分配财产、收入、资源、地位等，但这种均等化的做法会造成更严峻的社会问题。桑德斯说："在失去经济的奖励和惩罚以后，唯一能够替代的办法就是采取威胁、管理上的强迫手段。换言之，采取的手段包括将人们监禁，在殖民地强迫劳动，甚至处以极刑以儆效尤。"（Saunders，1990b：65）在这种奉行均等主义的社会体系内，之所以需要如此严厉的手段，是因为如果允许人们摆脱他们自己本应承担的工作，那将会损害整个体系，将会降低其他人的责任感。

所以，桑德斯的理论确实与功能主义理论不同。功能主义认为，建立在经济差异基础上的社会分层既必要也不可避免，而桑德斯在分层的必要性上，与功能主义是一致的，但桑德斯认为，不均等的特点并不是不可避免，社会也可以选择均等化的做法。桑德斯这里所说的均等化的做法，实际上是指 20 世纪一些国家的平均主义政策的实验。桑德斯比较了资本主义与社会主义的分层，他承认资本主义比社会主义会产生更大的不均等。他认为苏联的社会主义必定会比资本主义有更强的镇压性（more repressive），因为后者需要靠强迫手段让人们履行其社会角色。由于社会缺少适当的经济奖赏手段，于是不得不求诸强力。桑德斯认为，像苏联这样的国家，一旦转向以市场为基础的经济，国家的强制力度将会降低。

桑德斯的思想是明显右倾的，但他对于均等化和平均主义政策的批评也确实值得我们反思。从我国的经验教训看，20 世纪 50 年代末曾一度刮起了"共产风"，平均主义的实验造成了灾难性的后果。正是在反思改革前平均主义政策危害性的基础上，邓小平提出了经济收入差异可以刺激劳动积极性和可以激发社会活力的思路，并最终引导中国进入经济持续高增长时期。

2. 桑德斯关于平等与公正的观点

平等（equality）与公正（justice）的关系是桑德斯论证中的一个焦点，在理论脉络上他师承哈耶克等人的思想，并梳理出了系统的平等观念。桑德斯区分了三种平等。

第一，法律、法规、程序的平等（formal or legal equality），即所有成员在法律、规则面前平等。判断一个人，要根据他所做的，而不管他是什么人。桑德斯认为，此种平等是西方资本主义社会不可或缺的一部分。

第二，机会平等（equality of opportunity），即即使走向不平等，但每个人也有平等的机会。人们为成功而竞争，于是素质强、功绩（merit）更突出的人获得的更多一些。这里所谓素质、功绩是指具有该社会所赞赏的品质或工作更努力等。建立在此种平等基础上的社会称作"贤能统治"（meritocracy）。

第三，结果平等（equality of outcome），即在一个绝对平均主义的社会，不管人们出发点、努力程度有何不同，最终人们都会获得同样的结果，都同时通过终点。

在以上三种平等中，桑德斯接受第一、第二项原则，而反对第三项原则。受到哈耶克的影响，他认为，结果平等实际上损害了机会平等与程序平等。因为，为了获得结果的平等，你就不得不区别对待每一个人。桑德斯举例说明为了结果平等怎样造成了不公正。比如考试判卷，如果让每个学生都得到一样的高分，那么，这对真正勤勤恳恳努力学习的人是不公正的。

于是，桑德斯提出一个以程序平等为基础的平等概念，并提出"定名"或"应得权利"（entitlement）的观点。只有允许人们保留他们得到的权利，才有公正可言。只有当人们通过他们的工作或"非被迫地与他人的交换"获得资源或金钱，他们的所有权才没有被剥夺。如果人们将财富转移给他人，接受者就被给予享有的权利。

桑德斯承认，在这个论证中有漏洞（flaw）。在像英国这样的社会中，人们并不十分清楚他们被赋予权利拥有的是什么样的财富。现今掌握一些土地的土地所有者，就是当初帮助征服者威廉征服英格兰的那些法国诺曼底军阀的后裔。桑德斯并不愿意看到像 Westminster 公爵或女王这些土地所有者的财富被剥夺。如果发生这样的事情，那将会损害现代财产所有权的整个基础。于是，桑德斯转向为不平等做第二种辩解，这些思想来自哈耶克的著作。

桑德斯认为，为不平等辩护是因为它促进经济增长。通过允许和鼓励人们追求自己的利益，社会整体的利益将得到促进。当一些企业家成功运作企业时，他们积累了财富，与此同时，他们也增加了作为一个整体的社会的生产力和财富。

竞争保证了商品和服务的质量提高、价格下降，由此，这些服务可以提供给更为广大的人口。虽然不是社会的每一个人在一开始都能够享有这种产品，但全体人民的生活水平确实在提高。虽然通过企业家的努力经营和竞争能够富裕起来的仅是他们中的一部分人，但通过他们的这种努力经营却也可以增加社会的整体财富，从而有利于社会其他部分的富裕。桑德斯还以汽车、乘飞机旅游、圆珠笔、彩电、家用电脑、中央供暖、空调等在普通民众中的普及为例证。

桑德斯的这些观点与我国改革以来主张的一部分人先富可以激发社会动力，可以带来全社会的经济发展，最终有利于全体人民的观点颇为相近。

3. 桑德斯关于机会与不平等的观点

桑德斯明确提出资本主义社会的竞争会有益于全体人民。桑德斯在其著作中认为，英国已接近"贤能统治"，虽然还没有达到完善的"贤能统治"的水平。所谓完善的"贤能统治"，即每一个人真正实现有平等的机会去发挥他们的才能获取成功。

他认为，在资本主义社会，各阶级之间明显的机会不平等是由于能力、努力的程度本身分布就不平等。比如，中产阶级家庭的孩子比工人阶级家庭孩子更成功，是因为他们继承了更强的遗传上的能力，是因为他们更努力。

如果真是这样的话，那么，中产阶级的孩子比工人阶级的孩子得到更好的工作、收入更高，就没有什么可奇怪的。同样，建立在素质差异基础上的收入差别机会不平等的现象也就不值得大惊小怪。但是，桑德斯关于英国已接近"贤能统治"的观点受到了很多人的质疑。

桑德斯还强调，随着英国职业结构中收入较好的中产阶级职业比例的稳步增加，来自各种家庭背景的人的机会就都增加了。

在英国、美国这样的社会，与过去相比，不成功者人数降低了。不管相对机会（relative chances）怎样，每一个人的绝对机会（absolute chances）都增加了。资本主义提供了更多收入高、技术强、白领特征的职业，来自不同家庭背景的人都可以去竞争。

桑德斯总结说："资本主义有活力、动态，就是因为它不平等。任何试图将财富、收入拉平的做法，其代价必然是窒息创新、创造、发明，窒息社会、经济的发展。"（Saunders，1990b：53）

关于桑德斯社会分层理论的新右翼精英思想，本书第十四讲还会有详述。

二　对新自由主义观点的批评

新自由主义的右倾观点，招致许多批评，比较重要的如马歇尔和斯威夫特的批评。马歇尔和斯威夫特在 1993 年发表了《社会阶级与社会公正》（Social Class and Social Justice）一文，文中分析了桑德斯的观点，从论证阶级与公正关系的角度，对新自由主义进行了尖锐批评。他们采用了与英国 Essex 大学合作的一些调研数据，并用数据证明，即使是受教育程度、资格相似的人中，那些出身于特权阶级家庭的人，比阶级地位低下的人，最终进入工人阶级的比例要小得多。所以，阶级特权对于本阶级的子女起着保护作用。这样的事实推翻了那种认为英国是建立在所有人机会平等基础上的"贤能统治"的观点。他们认为，阶级背景造成机会本身的不均等，处在优势地位的阶级比处在劣势地位的阶级更容易获得教育等资源。既然阶级结构本身就是不公正的，那么，只要存在这样的阶级结构，又有什么公正可言呢？他们认为，不平等的权力就嵌入在阶级结构之中（Marshall and Swift，1993：188）。

他们认为，机会公平与程序公平虽然有时会一致，但常常并不一致，他们批评桑德斯将两者等同的观点。他们举例说："比如，一位百万富翁将金钱赠予一位毫无才能的纯粹懒汉，并且，因此这位百万富翁免交了遗产税，按照桑德斯的'定名'或'给予权利'（entitlement）的观点，这是公正的。然而，从任何常识的判断都会意识到这严重违反了公正原则，尽管它符合程序。"（Marshall and Swift，1993：191）

他们特别剖析了桑德斯的"贤能统治"命题（meritocracy thesis），认为资本主义社会并不是"贤能统治"。他们使用数据证明，社会流动的模式主要是受到阶级的影响，即使将教育获得的因素考虑在内也是如此。工人阶级背景出身的人比高层阶级背景出身的人在获得高层位置方面的机会更少，即使他们有着相同的教育文凭也是如此。这就否定了桑德斯的观点。桑德斯认为，阶级之间的不平等可能是生理差异造成的。马歇尔等证明，有着同样能力、获得同样文凭的工人阶级，仅仅由于他们的阶级背景，而仍然处在不利的社会地位。马歇尔和斯威夫特指出，虽然工人阶级出身的人中确实有一些人出现了上升流动的现象，但如果和上层阶级出身的人比较，就可以看出差异。上层阶级出身的人中，有比例高得多的人继续保留在上层阶级中，并利用他们的优势，成功地防止了地位的下降。所以，对于一个人的阶级出身和他最终达到的阶级地位的分析表明，阶级地位是相当稳定的（Marshall and Swift，1993：196）。马歇尔和斯威夫特说："如果人们在职业层级中的位置是遵循'贤能统治'原则，那么，阶级背景在决定社会地位中的影响就不应该这样明显，而教育文凭的影响就应该发挥主要作用。"（Marshall and Swift，1993：202）马歇尔和斯威夫特认为，事实说明，英国想通过经济、教育、社会政策的调整来推动社会向更为开放的方向发展的计划是失败的，没有达到预期目标。

他们对所谓市场力量必然会奖优罚劣提出质疑。例如，经营的成功既可能是由于努力，也可能是由于运气，还可能是由于企业家的某种特殊因素。自由市场并不能保证所有社会阶级都能平等地获得应得的报酬。政府为促进"贤能统治"而对就业等的干预，也可能会有助于推进社会公正。他们认为，只有通过政治干预（political intervention）才有可能实现"贤能统治"式的竞争。

他们引用哈佛大学教授罗尔斯（John Rawls）提出的关于不平等的原则，即只有当某一种不平等的存在，对于社会上的弱势群体也是有利的时候，这种不平等才具有合理性（罗尔斯，1988：12）。那么，怎样看待机会平等呢？他们认为，重视机会平等主要不是为了奖赏那些有才能者，而是因为这样做更有利于有效地配置资源，而有效配置资源会对弱势群体也有利。这样就要解释，机会平等究竟是要鼓励什么。他们认为，并不是为了奖励那些天生就具有才能者，不是为了鼓励一个人的先赋因素，而是为了奖励人们努力奋斗的精神。"贤能统治"之所以好，不是因为该制度让人们得到他们应得的部分，而是因为在"贤能统治"体制下，所有人都会获益，最终是对全体人民有利。

总之，由于新自由主义或新右翼为不平等辩护，所以很容易受到主张社会公正的学者的批评。其实，贫富差距的不合理方面是显而易见的，本书前面介绍的图闵对于功能主义的批评也同样可以用来批判新自由主义或新右翼分层观点。

三　新自由主义与中国改革以来的社会公平问题

20世纪80年代以后，中国奉行了全新的改革开放政策，仅从理论的趋势上看，与当时国际上新自由主义逐渐占上风的局面是合拍的。中国改革以前，特别是"文化大革命"时期，奉行十分激进的极左政策，强调阶级和阶级斗争，其结果是大多数老百姓对阶级和阶级斗争的说法十分厌烦。绝大多数国民希望国家安定、社会稳定。当时中国的理论界，也是这样一种心态。所以，从社会分层研究的角度看，在这一时期，具有温和、缓和、调和色彩的理论比较受欢迎，而具有激进色彩的理论没有市场。新自由主义强调，充分自由竞争才能创造出高效率，而只有高效率才能创造出更多的财富。这些观点在20世纪八九十代的中国就变得十分流行。

但是，自由竞争必然带来发展的差异、贫富的差距，有的人会迅速致富，有些人则会陷入贫困。这一时期，国内理论界的多数人接受了改革设计者邓小平同志的关于"允许一部分人因辛勤努力成绩大而先富起来"的观点。在社会分层的研究上，多数研究者都主张利用地位差异所能够释放出来的能量来促进经济发展。但是，怎样解决贫富差距与社会公平的问题呢？

本讲上文介绍了桑德斯的三种公平观的理论，我国学术界也大多接受了三种公平观的分析框架。多数学者认为，改革开放以前的中国，无论是在政策上还是在社会观念上，奉行和流行的都是"结果公平观"，即认为人们在收入分配的结果上应该大体相同。20世纪50年代的"社会主义改造运动"、私营企业的国营化和当年的私人房产交公，都是这种结果公平观最为典型的事例。目前，国内理论界对于单纯的结果公平观大体上都持批评态度，认为，这种不管人们的努力程度如何，最终让人们都获得同样结果的做法是不公平的，起到的作用是"奖懒罚勤"，不利于经济与社会的发展。

而改革开放以后的中国，流行的是"机会的公平观"和"程序的公平观"，即认为所谓社会公平就是让人们都具有平等的竞争机会，就是在竞争的程序、规则上要公平、公正。如果机会和程序是公平的，即使结果产生差异，那也是公正的。所以，20世纪90年代以后的中国社会，主导的政策是鼓励竞争。在这种政策的引导下，确实有一些企业成功了，但同时也有很多企业破产倒闭了。国有企业体制的大转型和现代企业制度的建立，也正是在这样的意识形态和理论背景下实现的。从官方的文件看，到了90年代中期以后，"效率优先兼顾公平"的观点就多次被写入中国共产党的文件。比如党的十六大报告在阐述收入分配政策时，认为基本的原则是：坚持效率优先、兼顾公平。效率优先的原则体现了邓小平同志关于"发展是硬道理""发展是第一要义"的指导思想。兼顾公平的原则体现了与改革以前的不同，改革以前的原则显然是公平优先。当然，到了21世纪，中国的经济与社会发展都出现了新的局面，怎样处理公平与效率的关系仍然是个难题。

首先，社会财富分布、收入分配都出现不均等程度大大高涨的现象。根据笔者对一些数据的分析，2008~2010年我国城乡居民家庭人均收入的基尼系数达到不低于0.5的水平，与之相比，改革开放刚刚开始的1979年，我国城乡居民家庭人均收入的基尼系数只有0.33，在约30年的时间里净增0.17。从国际比较看，这样的增长幅度确实是太高了一些。社会的富人群体与穷人群体在衣食住行方面的差距明显拉开，人们可以直观看到的贫富生活差距是显著的。在这样的情况下，怎样看待效率与公平的关系呢？还仍然坚持效率优先吗？党的十六届五中全会和六中全会的文件，开始使用要"更加注重社会公平"的说法。

其次，改革以来，在理论上，"机会公平观"和"程序公平观"的原则受到重视。但如果观察社会上的收入分配实践和现实，机会不公平和程序不公正的现象却比比皆是。比如，20世纪90年代中后期和21世纪以来，一些暴富者致富所依赖的途径和手段主要是土地与房地产开发、收购转卖国有企业、承包煤井或矿井等。而仔细考察这些致富的手段和过程，就会看到，机会不公平和程序不公正的现象是很突出的。所以，虽然从理论上说，我们不赞同结果公平而主张机会公平和程序公平似乎很有道理，但到了实践中，最后的结果是机会、程序和结果三者都不公平。这确实是一个新的难题。

最后，到了 21 世纪初期，由于财富和收入分配不均等现象变得比较突出，在理论上，新左派的观点又开始具有相当的影响力。所谓"新左派"的特征包括：关注穷人和社会下层，更加突出社会公平的原则，主张更多的国家干预，以及突出的民族主义立场等。在社会分层的研究上，冲突论的观点有所抬头。这与 20 世纪 80～90 年代，韦伯多元分层思想、功能主义分层思想占据绝对统治地位的局面有了很大的不同。

笔者以为，在社会公正、公平与收入分配的问题上，任何国家都要根据不断变化的现状而不断进行政策的修正和调整。政策的修正和调整是正常的，因为经济与社会局势的变化永远不会停止。当然，对于收入分配政策的调整要学会微调的方法，要避免过去那种"三十年河东，三十年河西"大幅度调整的方式，大幅度摆动必然带来社会不稳定的后果。

第二节　关于阶级死亡与没有死亡的争论

其实，关于无阶级与有阶级、阶级死亡与没有死亡，历史上已有长久的争论。有人将淡化阶级分析的观点溯源到爱德华·伯恩斯坦，他确实曾反对传统的两极分化式的阶级分析模式，而主张中产阶级的观点。笔者在之后讲到中产阶级理论时会有详细介绍。从文献上看，主张抛弃阶级分析的观点始终没有中断过。比如，1959 年奈斯比特（R. Nisbet）就发表了《社会阶级的衰落》一文，认为在美国，阶级已经没有什么意义了（Nisbet, 1959）。而丹尼尔·贝尔的后工业社会理论就是想说明，当代社会结构变化了，传统的阶级分析已经过时。虽然贝尔仍然使用阶级的概念，但其内涵已经不同。在后工业社会中，传统的阶级的对立现象已经不复存在，科学家成为统治者，这里已经不是经济利益的对立，而是科技治国（贝尔，1984：377～406）。因此，这种观点与上文新右翼的"贤能统治"论十分近似。20 世纪 90 年代以来，冷战结束，世界格局发生重大变化，新自由主义新右翼兴起。这样，社会分层研究就分成两派，一派与贝尔的

观点一致，并受到"后福特主义""后现代主义"的影响（李、特纳，
2005：6~10），反对继续采用阶级分析的视角；另一派则主张阶级分析，
认为资本主义社会虽然发生很大变化，但仍然是一个阶级社会，前面提到
的戈德索普、赖特等都属于这一派。

一　主张阶级死亡的观点

本书第五讲已经介绍过，反对阶级分析一派认为，阶级概念对于社
会学已经没有什么用处。这一派比较典型的论述，见于帕库斯基和沃特
斯的《阶级的死亡》一书。帕库斯基和沃特斯都是澳大利亚塔斯马尼
亚大学的社会学教授，社会分层、阶级阶层是他们研究的共同主题。
下面就是他们关于阶级死亡的基本观点。

首先，帕库斯基和沃特斯澄清了他们所说的阶级的含义。他们所说的
阶级还是传统的阶级概念，即阶级本质上是关于经济、生产的定位，是建
立在财产、市场基础上的。他们同意马克思和韦伯的偏重于从经济方面看
待阶级的观点，认为，在任何社会，只要因经济而产生社会集合（social
cluster），而同时这些集合体又成为社会结构的支柱时，这个社会就是阶级
社会。

其次，他们认为，阶级的构成有不同的程度，从最低水平的阶级构
成，即社会集合很弱小，到高度成型的阶级，即"到了这个程度，阶级
在社会、文化与政治意识领域都密切地关联在一起，阶级认同占据了主
导地位，阶级意识很尖锐，政治也受以阶级为基础的群体或组织之间的斗
争所控制"（格伦斯基，2005：753）。在不同的社会或同一社会的不同历
史时期，阶级构成的程度都会有所不同。而阶级分析的效用与阶级构成的
程度密切联系在一起，一个社会的阶级构成的程度高，则阶级分析就非常
有效用，人们可以从阶级的角度解释清楚社会的政治、经济、文化、意识
形态各个方面。反之，一个社会的阶级构成的程度低，则阶级分析的效用
也就变得很低。

再次，由上面第二点的逻辑，他们提出了这样的论点：在经济最发
达的社会（most advanced societies），阶级正在走向衰落，或者说，这些
社会已经不是阶级社会了。阶级解体的具体表现有很多方面。小财产所
有权大大扩散，这与20世纪80~90年代的私有化政策相关。比如，英
国有超过100万的公共住房承租人变成了所有者，股票持有者的比例从

占总人口的 5% 增加到 20%，资本集中程度下降。文凭、专业技术工作的普及，弱化了阶级的划分。公民权的扩大，妇女、少数人种地位的提高淡化了群体的对立。消费品价格的下降，大众消费的扩张，改变了大众的价值观，社会关系变得宽松。所有这些造成大众认同感的增加，产生了一致的感觉，促进了共同的行动，产生了一种"想象的共同体"。所以，阶级变得不重要了。阶级的意识、阶级的认同和阶级的组织都在逐步消解。当然，帕库斯基和沃特斯强调，阶级衰落只是发生在经济最发达的国家，而在发展中国家，情况就很不相同，阶级现象还是比较突出的。

最后，他们提出了一个"三个时期""三种社会分层秩序"的理论框架。他们认为，资本主义社会的分层秩序有三个大的历史时期，与这三个历史时期相对应，也就有三种不同分层秩序的社会。

第一种是"经济-阶级社会"。这是指 19 世纪殖民主义时代，当时经济问题占据主导地位，由经济领域中产生的各个利益群体（interest groups）之间的争斗，成为社会的主要特征。正如马克思所描述的，社会的主要冲突表现为资本家与工人的对立。资产阶级或统治阶级通过控制国家机器维系自己的统治，而被统治阶级只好采取集体行动和发动革命，所以，政治方面的特征是富豪的统治与革命党派的兴起。国家奉行的基本政策是自由放任的政策。

第二种是"组织-阶级社会"。这是指 20 世纪前四分之三时期的帝国主义时代，这时期，社会上占据主导地位的是政治与国家领域的问题。国家被一个高度统一的官僚政治精英集团控制，他们统治着大众。统治集团也可以分为执政党与在野党，但实际上都是同样层次的集团。那么，统治精英是由什么人构成的呢？他们可以是政党的领袖，也可以是整合了多种领导位置的领袖，这些位置包括政党、各种组织起来的经济文化利益群体的重要职位。经济管理中盛行的是福特主义，即崇尚资本密集、大规模的工厂，生产过程的标准化，分解和简化劳动过程的技术环节，科层式管理结构等这样的管理方式。

第三种是"身份-习俗社会"。这是指全球化时代的当代社会，这时期，社会分层主要产生于文化领域。社会分层表现为以生活方式或价值观为基础的身份结构，而不是以社会机会为基础。社会分层可以因为价值观、认同、信仰、符号、品味的差异而形成。所以，这样一种分层体系是流动的和极不稳定的。国家和经济的功能有所削弱。影响分层的不是集体利益，而是价值观、习俗。总之，他们认为到了这个时期——身份-习俗社会，阶级已经大大衰落，阶级分析也就失去了意义。

与上述"三种社会分层秩序"的理论相似，沃特斯还曾在1994年发表的一篇论文《社会分层系统中的演替：对"阶级的死亡"之辩论的贡献》中，提出了四种可能的分层模式的思想。第一种是地产等级社会，指的是工业革命以前的封建等级社会，该社会将劳动、土地、暴力工具和宗教合法性四种资源混合在一起。沃特斯认为，封建社会有三个层级：贵族、农民和知识分子。人的等级从出生就确定了，社会是封闭的，不流动的。第二种是阶级社会，与上面讲的"经济-阶级社会"的意思一样，属于利益群体之间的支配和斗争模式。第三种是命令社会（a command society），与上面讲的"组织-阶级社会"相似，社会受到政治官僚精英构成的单一的权力集团的支配，其他集团则处于受控制的从属地位。第四种是身份-习俗社会，与上面的说法一样。总之，他是想说明，社会从等级社会转为阶级社会，从阶级社会转向命令社会，从命令社会变为身份-习俗社会，所以，阶级最终死亡了（李、特纳，2005：92~101）。

二　主张阶级关系弱化的观点

研究社会分层的重要学者克拉克与李普塞特撰写了《社会阶级正在死亡吗?》，不同意阶级死亡的极端观点，但承认阶级关系已大大弱化。

特里·尼科尔斯·克拉克（Terry Nicholls Clark）是芝加哥大学社会学系教授，西摩·马丁·李普塞特（Seymour Martin Lipset）是研究社会流动的著名专家。他们在《国际社会学》刊物上发表文章，认为阶级关系确实有弱化的表现，但言称阶级死亡，那也是说得过分了。

他们承认社会的巨大变化，承认传统的分层结构发生变化，因此，分层的性质也已经变化，为此必须修正阶级理论。他们回顾了阶级现象弱化的历史，但他们明确提出，尽管有这些变化，但不应该抛弃阶级概念。

他们申明，他们对阶级概念的理解与马克思和韦伯相同，指的是经济方面有差别的群体。而达伦多夫、赖特等都在修改着传统的阶级概念。达伦多夫用阶级表示冲突群体，赖特则根据多元标准提出12个阶级阶层的分类。

克拉克与李普塞特提出了三个基本命题。第一，等级制产生并维系着严格的阶级关系。在一个社会中，垂直区分的等级越大，则阶级层次的划分就越深。第二，在分层的每一个方面，等级区分越大，阶级的模式就越明显。第三，等级制越衰落，社会阶级关系也就越衰落（李、特纳，2005：55~56）。他们具体分析了政治的、经济的和家庭的三个方面，来看阶级关系发生的变化。

首先，他们认为政治行为，特别是选举行为，是评价阶级分层的重要领域。根据李普塞特的《政治人》一书，人们选举投票所表现出来的阶级特征大大淡化了，如果研究工人阶级和中产阶级对于左翼和右翼政党投票的比例，人们越来越难以发现阶级的倾向。甚至连左翼和右翼的含义也发生了变化，左翼关注的已不是政治问题，而是社会问题。

其次，经济的增长瓦解了等级分层，弱化了阶级。生活的富裕会削弱等级制和集体主义，而增强个体主义。经济组织也发生了变化，2/3 的新就业岗位都是在 20 人以下的小公司而不是像过去那样大公司占据主导地位。原因是科学技术的发展更加发挥了个体的作用，弱化了等级控制的传统经济组织形式。这些变化带来了传统的等级、阶级分层的衰落。此外，职业结构的白领化、阶级结构变成菱形结构、高等教育的普及等，都弱化了两极分化的阶级结构。

最后，家庭的变化。家庭内部的平等也明显上升。传统的男性家长制模式逐渐消失，女性工作的比例越来越高，妇女和孩子在家庭内部的地位在上升。他们认为，数据证明阶级地位的代际继承也在弱化。

澳大利亚社会学教授罗伯特·霍尔顿（Robert Holton）则认为，可以用强阶级与弱阶级的概念来解释这种变化。他认为，社会学的传统中历来有强阶级与弱阶级的两种理论。强阶级理论的最典型代表是马克思的阶级理论，特别突出了阶级冲突与阶级斗争的作用。韦伯的分层理论是弱阶级论的最早代表。韦伯认为社会上有多种群体，而阶级只是其中一种，而且也不一定是最重要的一种。总的说来，19 世纪和 20 世纪前半期是强阶级理论占上风，而今天是弱阶级理论占上风，这是因为，阶级关系本身发生变化了。

三　主张后工业社会阶级继续存在的观点

与上述观点完全不同，社会分层界的一些学者对阶级死亡论持激烈抨击态度。客观地看，主张阶级死亡的一派确实有很多主观臆想的成分，缺少实证的经验材料的证明。而赞同阶级分析的学者，比如赖特等，在研究方法和态度上要更为严谨。这一派的理论家很多，下面仅介绍一下霍特等人写的论文《后工业社会中阶级继续存在》。

这篇论文是由迈克·霍特（Mike Hout）、科莱姆·布鲁克斯（Clem Brooks）和杰弗·曼扎（Jeff Manza）合作完成的。霍特是美国加州大学伯克利分校社会学教授，布鲁克斯是美国印第安纳大学社会学副教授，而曼扎是美国宾夕法尼亚大学社会学教授。

他们提出，在过去的 25 年中，阶级的影响并不是持续下降的，而是有时上升，有时下降，是上升和下降的混合，是不断波动的。他们特别批评了克拉克与李普塞特的阶级关系弱化观点，认为他们所使用的数据是有选择的，经不起推敲。

首先，霍特等人阐述了他们对阶级概念和阶级意义的理解。他们认为，阶级是指个人同生产资料和劳动力市场之间的关系，这种关系决定了个人的收入、财富，所以，他们的阶级概念认同马克思主义与韦伯主义关于阶级是经济地位不同的群体的观点。他们认为，阶级有重要意义，是社会学研究不可或缺的。因为阶级是物质利益的关键决定因素，既然是决定因素，阶级就会影响集体行动；同时，阶级成员的身份也会影响他们的社会机会，影响他们的行为。霍特等人承认，今天的阶级概念和阶级模式比过去复杂多了，但复杂本身不意味着阶级的死亡（李、特纳，2005：65~66）。

其次，他们分析了当代资本主义的不平等问题，认为，不平等不是减轻了而是仍然相当严重。当代资本主义社会，大量的财产由资产阶级控制。在不同的资本主义社会，占人口百分之一的最富有的人控制巨额财产的现象非常一致，这方面有大量的实证研究可以证明。财富拥有者对于政治生活也有影响力，他们通过捐赠、投资、组织等影响政府。此外，教育制度也再生产着阶级结构。他们认为，20 世纪 80~90 年代以来，财富和收入的不平等在美国是加剧了。调查表明，高收入与低收入的差距更大了，所以，阶级结构的变化并没有改变阶级对收入的影响。再者，中产阶级比例的扩大，并不否定收入不平等的继续存在，也不否定新的贫困者、边缘人口、长期失业者的存在（李、特纳，2005：67~68）。

再次，针对上面克拉克与李普塞特所说的政治的、经济的和家庭的三个方面阶级关系的变化，霍特等人一一做了反驳。克拉克与李普塞特认为，阶级在政治领域的重要性、影响性在下降，并以选举的变化作为证明。霍特等人也采用了一些实证材料，说明阶级对选举是有影响的，工会、社会运动组织、政党在选举中的作用都与阶级有关。他们认为，阶级确实不像早期知识分子解释的那样无所不能，但如同种族、宗教、民族、性别一样，阶级是政治资源中十分重要的一种。阶级之所以对政治仍然十分重要，是因为政治组织仍然是围绕阶级组织起来的。在经济方面，克拉克与李普塞特认为，经济增长瓦解了阶级分层，小公司的兴起表明阶级的弱化，而霍特等人认为，小公司对于工人的剥削比大公司还严重，小公司几乎不给雇员提供全工资，不提供福利，工人缺少就业安全，所以，受雇工人受到的剥夺更深重。在家庭方面，克拉克与李普塞特认为，后工业社会的"小家庭"越来越具有平等主义的特征，而霍特等人批评说，这要看什么样的小家庭，富裕的小家庭与城市贫民的小家庭之间的差别是很大的。

　　总之，霍特等人认为，发达资本主义社会的阶级结构确实发生了变化，比如白领工人增加，体力劳动工人减少，所以，19世纪的阶级模式已经转变为复杂的多元阶级模式。但这并不意味着阶级的死亡，当代资本主义社会以阶级为基础的不平等继续存在（李、特纳，2005：69~74）。

　　关于阶级死亡与没有死亡的争论对于中国有何意义呢？一方面，改革以来，中国的分层研究有淡化阶级的倾向和趋势。为什么呢？很大程度上是因为，改革以前，特别是"文化大革命"期间，由于过度宣传阶级与阶级斗争，人为鼓动所谓阶级斗争，广大民众对此已经感到十分厌倦。所以，"文化大革命"结束后，多数人都对阶级和阶级斗争的说法十分反感。记得1987年在河北沧州召开的中国社会科学界首次全国规模的阶级阶层研讨会上，就有人主张废止"阶级"一词，认为它在"文化大革命"中起的负向影响太大。研究人员也尽量避免使用阶级概念，而常常用阶层、利益群体、高收入层、中等收入层、低收入层等概念替代阶级概念。

　　然而，另一方面，改革以来，中国的社会结构发生了重大变迁。由于市场机制的引入，经济分层取代政治分层占据主导地位，于是，人们经济地位的分化变得十分突出，贫富差距迅速拉开。再加上现代化、工业化、城市化步伐的加快，中国成为产业结构演变、职业结构演变最为剧烈的国家。所有这些造成的结果是，中国进入了阶级分化和重塑阶级结构十分凸显的时期。所以，中国的情形与目前经济发达国家的局面恰恰相反，当前不是阶级的死亡，反而是阶级的成长和定型的时期。因此，关于阶级和阶级冲突的理论，对于中国当前的局面有着特殊意义。

第三节 布迪厄的后现代文化分层理论

法国社会学家布迪厄（Pierre Bourdieu）社会分层思想的突出特征是强调文化、生活方式、品味、惯习等在区分社会地位差异方面的重大作用。对于布迪厄使用的 taste 概念，国内虽有译为"品位"的，但笔者以为布迪厄强调的是品质趣味，故本书还是使用"品味"概念。在《区隔：关于品味鉴赏的社会评判》（*Distinction: A Social Critique of the Judgement of Taste*）一书中，布迪厄将文化、生活方式的差异所展现的阶级差异描写得淋漓尽致，可以说是在文化视野下考察阶级的杰出著作。所以，虽然在布迪厄之前早就有人研究过文化与阶级的关系，比如，凡勃伦就是这方面的先驱（参见本书第一讲），但布迪厄的创造还是令人叹为观止。所以，本书仍然将布迪厄的文化阶级论视为一种新的视角，仍然作为新的流派来讲授。

总之，布迪厄的理论不同于传统的阶级研究，虽然他不否认社会上的各个阶级具有经济、财产方面的差异，但他强调，除此以外，文化形式、品味、生活方式的差异也是十分关键的，当这些阶级的文化模式成形以后，它又成为分辨阶级地位的重要标志。从理论体系上来说，他的理论融合了马克思的理论与韦伯的理论。

要理解布迪厄的分层理论，首先需要理解他的四种资本的观点。

一 布迪厄的四种资本与阶级的理论

布迪厄认为，各个社会阶级的首要差异在于各个阶级占有的资本总量（overall volume of capital）不同。什么是资本总量呢？他理解为人们实际可以使用的资源与权力，即由经济资本、文化资本、社会资本，以及他后来又细化区分的符号资本构成，这就是他所谓三种资本或四种资本的理论。

1. 布迪厄的四种资本理论

什么是经济资本（economic capital）呢？指用于生产商品、服务的金钱和物质资料。大多数物质形态的资本都是经济资本。这种理解与经济学理解的资本没有什么差异，经济资本可以制度化为产权的形式。关于经济资本的观点，布迪厄并没有什么创新，只是重复了传统的说法。而他的创新观点主要在文化资本、社会资本以及符号资本这类非物质形态的资本方面。

什么是布迪厄的文化资本（cultural capital）呢？如果说布迪厄的经济资本基本上沿用了经济学的资本概念，并没有什么创造的话，那么文化资本确实体现了布迪厄的创新，他对文化资本给予了最多的关注。在最一般的意义上，布迪厄的文化资本指借助教育的行动所传递的文化物品。文化资本内容广泛，包括习惯、态度、语言、风格、受教育程度、格调、生活方式，以及人际交往、接人待物的方式等。文化资本可以制度化为资格证书、教育文凭等形式。布迪厄认为，在决定人的社会地位方面，文化资本与经济资本一样重要，比如，学历、声望、生活方式、品味等，可以影响和决定人们的地位。由于布迪厄特别研究和突出了社会不平等在文化方面的表现，尤其是生活方式、文化品味方面的不平等，因此布迪厄的阶级理论也可以归结为文化阶级理论。

布迪厄之所以提出文化资本，最初是因为他发现一个人的学术成就与这个人所出身的社会阶级有关。通常人们以为学术成就仅仅与一个人自己的努力、受教育的经历、学术的经历有关，但一个人之所以有某种受教育经历、上了某所名牌大学，往往与家庭背景有关。所以，布迪厄最初关于文化资本的论文发表在理查德森（J. G. Richardson）编辑的教育社会学研究的文集里（Bourdieu，1986）。不同阶级的家庭在子女教育上的期望和投入是不同的，其中最重要的是不同阶级的家庭所传送的文化资本是不一样的，由此最终影响了一个人的教育地位和学术成就。布迪厄提出文化资本，是针对经济资本而言，是批评经济学的那种只考虑金钱等物质资本的倾向，是批评单纯经济资本在社会解释方面的局限性。

布迪厄认为，文化资本有三种存在形态。第一种，身体化的形态，与人自身相联系，比如一个人受到的教育、具备的修养、习得的知识。这类文化资本的积累需要个人的投入，如时间的投入、学习的勤勉等。所谓

"十年寒窗苦"就是这类文化资本积累的最好表述。所谓身体化的形态，就是与人的身体结合在一起，为个人所拥有，它是不可转让的。这类文化资本的获得，常常是自然习得的，而不是经过预先详细策划的。比如，一个人的方言可能是某种阶级的标志，但终身也难以改变。文化资本具有隐蔽性，它与经济资本完全不同，不是物质形态的。它更像是一个人的能力，人们依靠这类文化资本获取利润更具合法、合理的性质。这类资本的传递也具有隐蔽的特点，不同阶级出身的人，从小到大，在他们一生中都在接收和传递着这类文化资本。

第二种文化资本是客体化的形态，表现为文化物品或文化商品，如文学、书籍、绘画、工具、机器等。它与经济资本有相似之处，可以传递、赠予他人。文化物品具有两面性，既有物质性的一面，也有非物质性或象征性的一面。其物质性的一面也就是经济资本，而其非物质性的一面是经济资本无法涵括的，比如机器所包含的科学技术思想、现代科技的文化象征意义，再如一幅绘画的风格等，这些只有通过文化资本才能展现出来。

第三种文化资本是制度化的形态，这种文化资本表现为体制的、制度的安排，比如对于教育资格、证书的一套规定和认定程序等。学校教育就是文化资本制度化的形态的载体。学校是传授知识的场所，但仅就传授知识的功能看，一个刻苦努力学习的自学者不参加正式的学校学习也可以获得知识，甚至达到很高水准。但是，高水准的自学者如果得不到正式的教育文凭，他的文化资本就没有制度化的保障。所以在这里，各种文凭、证书、资格认证，就是最重要的体制化的文化资本。拥有了这些证书的人，也就拥有了资本的价值。布迪厄批判说，很多官方的标准本质上是掩盖隐性标准的虚伪面具，表面上说是需要某种资格、证书一个人才能进入某种职位，实际上是只允许某些社会出身的人进入。这是一种资本的特殊体制，它也是一种权力，因为其合法性是首要的，必须得到官方认可。于是，证书拥有者、学术资格拥有者地位的高低，最关键的就变成是否得到体制的、官方的认可，这种认可具有强制性。在这种特定的制度下，文化资本与经济资本也可以互相转换。如特定的资格证书拥有者在就业市场、劳动力市场上具有相应的价格，如果某一类文凭发得过多则会出现资格贬值。反之，严格控制某种资格证书，则会大大提高该资格证书的价值。

什么是布迪厄的社会资本（social capital）呢？社会资本指一个人所拥有的持久的人际关系网络。这个由熟人所组成的关系网，是一种实际的或潜在的资源，关系网中相互熟悉的每个人都可以调动这种资源。一个人占有的社会资本的数量，是由关系网规模的大小决定的，并且取决于关系网中每一个人所占有的经济资本、文化资本、象征资本的数量。所以，社会资本与经济资本、文化资本的关系，并不互相完全独立，而是互相交融的。既然社会资本是关系网，那么，增强关系网的凝聚力当然就可以增加和集中社会资本，使资本的收益增值。因此，建立某种社会关系网也成为一种投资策略，将某些原来仅仅是偶然的关系转变成持久的关系，也就成为一种重要的投资。

符号资本（symbolic capital），也译作象征资本，指运用符号使占有不同形态的其他三种资本合法化，即上述三种资本——经济资本、文化资本和社会资本通过符号而获得合法化的形式。布迪厄认为，这四种资本之间可以互相转换，经济资本是其他类型资本的根源，通过经济资本直接就可以获得商品或服务，而其他类型的资本需要转换为经济资本才可以获得商品或服务（布迪厄，1997）。

2. 四种资本与阶级结构

布迪厄的四种资本理论与阶级、分层是什么关系呢？乔纳森·特纳在他的著作中对布迪厄的思想进行了清晰的梳理，下面主要介绍一下特纳的分析。总的来说，布迪厄认为，社会上的不同阶级、不同群体占有的资本总量和占有的四种资本的类型是个一样的，所以，四种资本的总量和类型决定了阶级地位和阶级结构。

布迪厄认为现代工业社会分为三大阶级或阶级集团：支配阶级（dominant class）、中间阶级（middle class）和下层阶级（lower class）；有时他也使用上层阶级、中间阶级和下层阶级的说法，或使用上层阶级、中间阶级和工人阶级的说法。支配阶级占有四种资本的数量最多，中间阶级占有的数量相对少些，下层阶级占有的数量极少。而三大阶级内部又各自分为三个集团，在阶级内部的三个集团中，四种资本的配置是有差异的。阶级内部的顶部集团控制着大部分的经济资本或生产资本，中间集团掌握着适量的经济资本、文化资本和符号资本，阶级内部的底部集团则占有文化资本和符号资本。特纳用表 9-1 显示了各个阶级和阶级集团与资本的关系（特纳，2001：192~193）。

表 9-1 工业社会中的阶级和阶级集团

支配阶级:占有四种资本的数量最多	
顶部集团	经济资本最富有,并用其经济资本购买了其他类型的资本。该集团主要由拥有生产资料的人组成——也就是老资产阶级。
中间集团	有一些经济资本,并同时拥有适量的社会资本、文化资本和符号资本。该集团主要由享有较高信任度的专家组成。
底部集团	仅拥有很少的经济资本,但拥有很高的文化资本和符号资本。该集团由知识分子、艺术家、作家和其他一些在社会上追求有价值的文化资源的人组成。
中间阶级:占有适中数量的四种资本	
顶部集团	与其他中间阶级相比,占有最多的经济资本,但如果与上述支配阶级中的顶部集团比,则经济资本要少得多。该集团主要由小资产阶级、小生意人等组成。
中间集团	占有一些经济资本、社会资本、文化资本和符号资本,但与上述支配阶级中的中间集团比,其资本量相对较少。这个集团主要由技术人员组成。
底部集团	只有很少的或没有经济资本,但占有相对较多的社会资本、文化资本和符号资本。该集团主要由教育者构成,比如学校教师、收入不高的文化生产领域的就业者。
下层阶级:占有四种资本的数量最少	
顶部集团	与下层阶级其他集团比,占有相对较多的经济资本,主要由有技术的手工业工人组成。
中间集团	与下层阶级顶部集团比,占有更少量的经济资本和其他类型资本,由半技术的工人组成。
底部集团	与下层阶级其他集团比,占有最少量的经济资本。由一些穷人构成。

二 社会空间中的阶级

布迪厄在分层中引入了社会空间(social space)的概念,将社会的各个阶级阶层都置入社会空间之中。正是在社会空间中,各个社会阶级展现了地位分异的异常复杂的社会关系。布迪厄认为,人们组成一个阶级也就建构了一种特定的社会尊重,除了区分他们的物质财产差异以外,还有另一类财产可以置入解释的模型。这就是说,传统上人们仅仅注意职业、收入、受教育水平等指标在决定阶级时的重要性,而布迪厄认为,阶级或阶级分异不仅由他们在生产关系中的地位决定,而且由一系列发挥作用的辅助因素决定。比如,地理空间的分布在社会意义上从来不是中性的，这些辅助因素并不是正规的条文所规定的，而是以一种社会默认的条件存在，但这些辅助因素却真实地发挥着选择与排斥的功能。布迪厄在社会空间中所要展示的正是这些方面（Bourdieu，1984：102）。

布迪厄说：他所谓的社会空间可以用图画来显示，这幅图画是一种抽象的展示，精心勾画得就像一幅地图；从这幅地图中，无论是社会学家还是普通读者都可以观察到社会世界（social world）的全景。社会空间是日常生活的实际空间，它与几何空间不同，两个在物质空间上很接近的邻居，在社会空间上也可能很遥远（Bourdieu，1984：169）。

布迪厄认为，他创造的是一种三维空间。

第一维是资本数量或资本总量，各个阶级的主要差异还是因为他们占有的资本总量不同。这里所说的资本总量并不仅仅指经济资本，而是指上面所说的所有四种资本组成的总体。在他的社会空间图中，他往往用纵向坐标表示资本总量的高低，排列在上方的常指资本总量高的，排在下方的常指资本总量低的。在这样一种资本总量纵向坐标上表现的可以是各个阶级、阶层的群体地位的差异，也可以是某种生活方式、生活惯习（作为布迪厄的专用语是"惯习"而不是"习惯"）地位的高低，这样甚至连饮食、食品、衣着、形体、音乐欣赏等也产生了社会空间，也用纵坐标显示资本总量的多寡。

第二维是资本的类型或资本构成，布迪厄常常用横坐标表示资本类型的不同方面。虽然他在理论上说有四种类型的资本，但他主要重视的，或者说他主要展示的还是经济资本和文化资本两种类型，他主要是通过这两种类型的资本来定位社会空间中的各个阶级。但正如表9-1"工业社会中的阶级和阶级集团"所显示的，即使是同一个阶级的人群，他们对各种不同类型资本的占有量也常常不一样。有些群体文化资本高些，经济资本低些；另一些群体经济资本高些，文化资本低些。那么怎样在社会空间图中展示此种现象呢？布迪厄常常用左边的象限（第二象限和第三象限）表示文化资本高而经济资本低些的群体或生活方式，用右边的象限（第一象限和第四象限）表示经济资本高而文化资本低些的群体或生活方式。

第三维是前两者在时间维度上的变迁，可以用社会空间中已经发生的和尚未发生的轨迹展现。在著述中，一方面，他比较多地用代际关系来表示这里的第三维度，比如研究家庭出身的影响，父亲、孩子的代际关系等；另一方面，在他的社会空间全景图中，他用地位处于上升趋势、停滞状态或下降趋势三种动向来显示这种历时的维度，他称之为"轨迹"（trajectory）或"轨迹阶级"（class of trajectories）。一个人或群体的资本量在历时的维度上是会发生变化的，这样在社会空间中，至少就产生了两个坐标点——该人或群体初始的资本量与目前的资本量。布迪厄认为，这种资本密度、强度的变化是可以统计的。于是就会产生这样的情况，一个人获得某种财产地位，但还没有接受这种新地位的惯习，还延续着他前一种地位的惯习，这就出现了惯习不匹配现象。布迪厄指出，个人并不能在社会空间中随意移动，其会受到空间中结构化力量的制约，比如一种客观的排斥机制或导向机制。一个拥有既定资本量的群体，其中的个人会有多多少少相似的轨迹，导向相似的社会位置。当然，每个人的轨迹不会完全相同，这种差异的产生既可能由于重大的集合事件而引起，比如战争、危机等，也可能由于纯粹个人事件而引起，例如个人的幸运或不幸。上述这种初始资本与目前资本的差异，就可以解释为什么在社会空间的一个特定时刻，仅仅靠资本数量并不能完全决定某种行动或实践。布迪厄还分析了群体轨迹与个体轨迹的联系和区别，指出群体轨迹的规模要大得多，可以涉及整个阶级地位的上升或下降（Bourdieu，1984：109-112）。

图 9-1（Bourdieu，1984：128-129；格伦斯基，2005：435~436）就是布迪厄用社会学"蒙太奇"的手法，展示了他所理解的社会空间中的阶级结构。该图从生活方式、生活特征、生活品味、生活内容等各个方面，对阶级地位的各类细微差异做出了区分。

社会空间的全景图展示了各个阶级的位置，前述社会空间中的第一维和第二维很清楚地表现在图中的横坐标和纵坐标上。如前所述，第三维是指上升趋势、停滞状态或下降趋势三种动态变量。那么，怎样判断一种阶级地位处于上升还是下降的轨迹上呢？布迪厄根据一定时期内某种职业就业人数的上升还是下降来判断。如果一种职业的就业人数增加超过25%，他就将该职业定义为处于上升趋势，在图中用向斜上方的"箭头"表示；如果一种职业的就业人数虽然也增加，但增加的比例小于25%，他定义为停滞状态，用水平的"箭头"表示；如果一种职业的就业人数不但没有增加反而减少，他定义为处于下降趋势，用向斜下方的"箭头"表示。

图 9-1　布迪厄的社会地位空间（用黑色表示)/生活方式空间（用灰色表示）图形

三　阶级文化与惯习

在布迪厄的理论中，惯习（habitus）是一个非常重要的概念，是布迪厄富有创意的学术概念。布迪厄所说的惯习，不是简单的、被动的习惯，惯习概念特别能体现他的实践理论。布迪厄是在两种能力的关系中定义惯习的，一种是区分、分类或制造分类活动的能力，另一种是欣赏分类结果的能力，惯习对于这两种能力兼而有之。从阶级与惯习的关系看，布迪厄认为，一方面，阶级地位会影响惯习；另一方面，惯习本身又生产着区分阶级地位的活动。所以，在他的图示中，他将惯习放在中间的位置上：一方面惯习是已经结构化了的产物，是被阶级结构化（structured）了；另一方面，惯习又创造着分类的行动，建构着结构（structuring structure），组织着实践活动并组织着实践的感知（Bourdieu，1984：170）。所以，惯习既是客观的，又是主观的，是主观与客观的统一。社会学者李猛的文章中有一段话讲得很到位："在布迪厄看来，惯习是一种生成性结构，它塑造、组织实践，生产着历史，但惯习本身又是历史的产物，是一种人们后天所获得的各种生成性图式的系统，正因为这一点，布迪厄称惯习是一种体现在人身上的历史（embodied history）。"（李猛，1999：280）

阶级地位的确定一方面取决于其在整个阶级体系中的位置、与其他阶级的关系，另一方面，也取决于社会上的差别体系，正是包括惯习在内的这种差别体系确认了社会身份。所以，阶级地位的确定也离不开惯习。惯习表现为同一阶级中的成员具有相似的行为模式，具有相似的风格，从一个人的身上就可以看到另一个人的模型，他们在理解、交流、判断、欣赏、鉴赏等方面具有行为的近似性。布迪厄说这就像人们写字的笔迹一样，无论使用什么样的笔，写在什么样的材料上，这些笔迹都很容易加以辨认；又好比画家或作家的风格一样，很容易识别（Bourdieu，1984：173）。惯习也是调节阶级和个人的理解、选择与行为的过程。惯习逐渐系统化，在实践过程中形成了生活方式（life-style）。惯习也营造了品味、言谈、举止、衣着、仪表等综合品质。

什么是布迪厄所说的"品味"（taste）呢？布迪厄是在阶级区分的意义上来理解品味的。品味表现的是阶级的一种偏好或能力，是生活方式的有效法则，是一种表现与其他人或其他群体相区别的偏好。这种区别可以表现在象征性的各种细节方面，比如家具、陈设、衣着、言语、举止等。

品味起到一种系统匹配作用，品味相似的人相互之间容易结合，因此，品味是人们之间能够相互适应的重要基础。布迪厄认为，资产阶级的生活方式是由一整套非常细致的品味构成的，甚至包括措辞、语调、姿态、微笑等，所以，品味也就成了阶级的一种象征和标志（Bourdieu，1984：169，174）。

对应于资本的多少和阶级位置的高低，布迪厄区分了不同阶级和群体的不同品味。

上层阶级、支配阶级或资产阶级的品味与下层阶级的品味不同，支配阶级属于"自由和奢侈的品味"，该品味的特点是不考虑直接的经济必需和物质需求，注重单纯的艺术形式，艺术形式的重要性高于功能和内容。硬性的物质方面仅仅成为一种符号，功能方面也仅仅成为一种形式。布迪厄还提出，支配阶级拥有一种合法的品味（legitimate taste），这表现在音乐、绘画、文学作品的各个方面。此外，特别能体现上层阶级、支配阶级的行为方式还包括：礼貌、有距离、讲规矩等。当然，在支配阶级内部也有区别。支配阶级有两个分支，分别代表占统治地位的文化空间的两种极端现象，一个分支是以知识分子为代表的品味，另一个分支是以工商业主为代表的品味。有时候，布迪厄也将知识分子的品味称为"左岸品味"（left-bank taste），而将工商业主资产阶级的品味称为"右岸品味"（right-bank taste）：前者喜爱现代的、当代的作品，而后者则喜爱古典的、神圣的、圣洁的作品；在音乐、绘画方面，前者更倾向于固态的价值，而后者则相反。布迪厄甚至认为，它们代表了两种不同的世界观、不同的人生哲学、不同的符号象征体系（Bourdieu，1984：16，292，342）。

与上层阶级不同的是小资产阶级的品味。小资产阶级包括小手艺人、小商人、小业主，他们的地位建立在占有一些经济资本的基础之上，他们占有的文化资本很少，文化品味不高。他们与主要占有文化资本的群体很不相同，区分前后两者的差异原则和区分工商业雇员与教师、艺术家的原则是一样的。与资产阶级表现出的安逸、自信、高雅、自由形成强烈反差的是小资产阶级的不自然、有约束、听天由命、不自信、被动的人生态度。当然，小资产阶级内部也有差异，所谓新小资产阶级——文化传媒工作者和医疗、社会工作者等，是富有文化资本的，其品味与小商人、小业主有区别，而与小学教员、技术员、普通管理人员相近，居于品味的中间档次（Bourdieu，1984：339，341-343）。

工人阶级的"大众流行品味"重视直接的经济必需和物质需求，因为他们有经济生活的压力；注重现实、简单，鄙视颓废的艺术形式；遭到"合法的"奢侈品味的藐视；表现为下层阶级的行为方式——更为物质化的互动方式、距离较近、不在乎彼此接触、直言不讳、不讲究礼节；在音乐上，表现为喜欢轻音乐、古典音乐，比如喜爱《蓝色的多瑙河》等（特纳，2001：195～196）。

布迪厄认为，品味不仅是现实阶级的标志和象征，而且这种阶级的品味也会影响到阶级的后代，比如雇主、经理的子女与体力工人的子女在品味上就具有重大差异。所以，品味作为阶级的象征可以代际继承。

布迪厄进一步认为，惯习、品味的差异也是区分阶级的重要方式。阶级文化的区分有多种表现形式。在表 9-2 中，布迪厄展示了消费的三个领域中阶级文化的差异，他采用的是法国 1972 年的调研数据。这三个领域是：第一，饮食的区别，包括食品差异，以及下饭馆、去餐厅的消费差异；第二，外在表现的区别，包括衣服、鞋帽、保养、清洁、化妆、梳妆、美容理发、家庭服务等方面的区别；第三，文化，包括购买书籍、报纸、杂志、文化用品、录制品、体育运动、音乐娱乐等方面的区别。布迪厄比较了三个职业群体在上述三个消费领域中的差异（Bourdieu，1984：184）。

表 9-2　中学和大学教师、专业技术人士与工商业雇主的消费比较

消费类型	中学和大学教师		专业技术人士		工商业雇主	
	法郎	占比(%)	法郎	占比(%)	法郎	占比(%)
饮食	9969	24.4	13956	24.4	16578	37.4
外在表现	4912	12.0	12680	22.2	5616	12.7
文化	1753	4.3	1298	2.3	574	1.3

表 9-2 中的数据是指，三大群体 1972 年全年的消费中，花在饮食、外在表现、文化三方面的数额和比例。布迪厄认为，三个群体有明显差异，工商业雇主在饮食上的消费最高，占总消费的比例达 37.4%，而在文化上的消费占比最低，仅为 1.3%，在外在表现上的消费占比居于中等水平。与其他群体相比，中学和大学教师在文化上的消费比例最高，在外在表现上的消费最低，而在饮食上的消费绝对数值最低，仅为 9969 法郎。专业技术人士在外在表现上的消费比例最高，而在文化上的消费居中，在饮食上的

消费虽然与中学和大学教师比例一样，但实际支出法郎数额却高出很多。

　　布迪厄还进一步发现各阶层在饮食结构上也有明显差异，他甚至还做出了图形来显示。从高社会身份地位的饮食结构差异，一直到低社会地位的饮食结构差异，显示了各阶层在饮食、食品上的细微差别，这就是所谓食品的社会空间图，见图 9-2（格伦斯基，2005：445）。正如上文所说的，图中纵坐标表示资本总量，上高下低，横坐标表示的是资本类型，左边的第二象限和第三象限是文化资本高而经济资本低的饮食方式，右边的第一象限和第四象限是经济资本高而文化资本低的饮食方式。从食品的空间图上看，资本总量高的上层阶级，饮食上以牛肉、鱼为主，而资本总量低的下层阶级则吃的是那些又咸又肥、口味重、反复煨炖的低营养食品。同是中上层阶级，也有差异。表现在横坐标上，文化资本比较高而经济资本并不很高的阶级，比如教师，他们的饮食中面包、奶制品、糖、非酒精类饮料（如：水果汁、果冻）等比例较高。这种饮食结构与那些经济资本比较高而文化资本比较低的阶级就很不相同。比如，制造业、商业雇主的饮食中，酒、腌肉、开胃糕点、口味重的食品比例较高。此外，布迪厄还指出，饮食惯习的差异还反映了各个阶级花费在烹饪上时间的差异。调查表明，体力劳动工人将大部分时间都花费在了烹饪上面。被调查的体力工人中，有 69% 的人说他们喜欢花费时间精心准备饭菜，而其他阶级，如初级管理人员、小店主、高级管理人员等，则都比这个比例低。布迪厄还认为，饮食惯习与身体、健康、形体也有密切关系。不同阶级饮食结构的不同，实际上反映不同阶级对身体、体形的观念不一样，对食品对于身体影响的取向也不一样。有的阶级更注重力量，有的更注重形体，有的更注重健康，所以，食品对于某一个方面的影响，在有的阶级看来非常重要，而有的阶级则认为不重要。所以，食品惯习的不同，反映了各个阶级对于身体的评价标准是不同的。对于工人阶级中的男性来说，他们更注重力量而不是形体，所以他们常常选择便宜有营养的食品。而专业技术人员则更倾向于选择清淡的、有利于健康的、不发胖的食品。品味作为一种阶级的文化塑造了阶级的身体。所以，表面上简单的饮食问题，实际上反映了复杂的阶级差异和阶级对立（Bourdieu，1984：186-190）。以上是关于各个阶级饮食的品味、惯习等差异的研究。此外，布迪厄关于各个阶级音乐品味差异的研究也很有趣。图 9-3、图 9-4 和图 9-5 显示不同阶级、不同层次的职业群体欣赏音乐品味的特点（Bourdieu，1984：17）。为测量阶级品味，布迪厄曾进行问卷调查，调查在巴黎等地进行，有效问卷1217份。在问卷中，布迪厄列出16首音乐作品，询问被访者是否熟悉该作品，并让其选出最喜欢的作品。结果得出图9-3、图9-4和图9-5中的结果。布迪厄将被访者按照这样的阶级体系由低到高排列：体力工人，家政人员，工匠，店主，办事员、商业雇员，普通行政管理人员，普通商业管理人员、秘书，技术员，医疗、社会工作服务人员，小学教师、文化传媒人员、手工艺人，工业、商业雇主，公有部门高级管理者、私有部门高级管理者、工程师，专业人士，中学教师，大学教师、艺术家。结果发现，音乐的欣赏品味有明显的阶级差异。在图9-3中，上层阶级对体现高雅文化的《平均律钢琴曲》的喜爱比例明显高于下层阶级，各阶级比例的排列显示为：向右下方倾斜的一条比例越来越高的斜线。当然，也有例外，工业、商业雇主，公有部门高级管理者的比例就不高，这恰好可以用布迪厄的关于这些人经济资本高而文化资本不高的理论来解释。图9-4显示的是中间阶级人士对中间档次的音乐作品《蓝色狂想曲》的喜爱比例最高的现象，而图9-5则显示了下层阶级对低档文化《蓝色的多瑙河》的音乐偏好现象。

图 9-2 食品与阶级地位

图 9-3 喜欢高雅文化《平均律钢琴曲》的各阶层人员比例

图 9-4 喜欢中档文化《蓝色狂想曲》的各阶层人员比例

总之，阶级的差异、阶级的冲突不仅表现在政治领域、经济领域，也表现在阶级成员的生活方式、生活空间、惯习和品味之中。阶级成员在惯

图 9-5　喜欢低档文化《蓝色的多瑙河》的各阶层人员比例

　　习和品味方面的差异和冲突是阶级的差异与冲突在文化资本、符号资本领域的重要表现。所以，布迪厄认为他的研究大大拓宽了阶级研究的领域。

四　对比中国的文化分层

　　布迪厄以法国为背景，展示的是一个老牌资本主义国家在阶级体系长期稳定的状态下，形成了具有鲜明阶级特征的文化体系。而中国的情况却不是这样，自清王朝解体以后的一百多年来，中国社会一直处于巨变之中：先是三次国内革命战争以及日本人的入侵，到 1949 年以后，进行了打碎阶级体系的实验，20 世纪 60~70 年代又遭遇史无前例的"文化大革命"的致命打击。所以，到了改革开放之初的时候，中国的文化体系已经支离破碎了。章诒和在《最后的贵族》一文中所描述的"文化大革命"中康同璧母女的贵族品味与惯习，在当时的中国确实是绝无仅有的个案。其实，早在"文革"以前，在接连不断的政治运动的冲击下，上层阶级的文化和生活惯习在当时的中国就几乎已销声匿迹。

　　改革开放以来，特别是到了 20 世纪 90 年代以后，随着老百姓生活水平的不断提升，人们对于高档次、高品味的生活方式的追求愈加强烈起来。

　　最初，接受新的文化模式表现为潮流式的，而不是阶层式的。即一种新的衣食住行方式，在大众中迅速普及开来，不管什么阶级阶层都成为新模式的效仿者。比如，20 世纪 80 年代初，改革开放后开始有了西服等西式服装，于是在各个阶层中都普及开来，20 世纪 80 年代开始有了流行歌曲，而各个阶层中流行的几乎是同样的歌曲。也是在 80 年代，成为全民族关注的文化焦点的"中央电视台春节联欢晚会"成为典型的不分阶级、阶层，雅俗共赏的文化模式。这与布迪厄所描述的阶级文化现象形成了强烈反差。

饮食文化在改革以后也曾经历过趋同的时期。20 世纪 80 年代至 90 年代初中国餐饮业刚刚复兴的时候，餐饮文化的典型特征是"品味趋同"。记得一个时期是川菜流行，于是，所有餐馆、饭店推出的都是川菜系列。又一个时期是粤菜流行，于是餐饮业就都追捧粤菜。还有过东北菜流行的时期。再一个时期，索性混合了，流行家常菜。所以，这个阶段的典型特征是文化不分档次。

然而，20 世纪 90 年代末期和 21 世纪以来，情况开始发生变化，出现了明显的文化分层现象。究其根由，应该承认，首先是阶级发生了巨大分化。笔者将 20 世纪 90 年代末期和 21 世纪以来的我国阶级结构演变称为"阶级结构定型化"，认为有四个特点，即阶级之间的界限开始形成，社会下层群体向上流动的流动率下降，具有阶级阶层特征的文化模式开始形成，阶级阶层内部的认同得到强化（李强，2004）。所以，从中国的事例看，是先有阶级分化，然后逐步出现阶级阶层的文化模式。布迪厄强调阶级分化与文化差异互为因果的作用，虽然也有一点道理，但从中国的情景看，是先有经济方面的阶级分化，持续了很长一段时间，才出现阶级文化模式的分化。上面所说的 20 世纪 80 年代至 90 年代初期的状况，就是文化混合模式。由于中国经历过 20 世纪 50 年代打碎阶级结构的实验，所以到了80~90 年代，中国成为阶级形成的最好的观察场所，这是布迪厄所观察不到的。因此，品味、惯习差异的基础还在于经济地位的差距。目前，中国人的生活方式和消费模式迅速拉开档次，其基础当然在于经济地位。其特别典型地体现在居住模式分化上。20 世纪 90 年代末期和 21 世纪以来，我国城市房地产市场化导致房屋价格的巨大差异，富有阶层的豪宅占据了最好的环境和地理位置，与贫民的住房反差强烈。所以，在这里首先是经济条件的巨大分化，其次才有品味和惯习的分化。

当然，经济分化一旦形成以后，消费方式、生活方式、品味、惯习的分化就如雨后春笋般涌现。正如笔者在阐述"阶级结构定型化"的理论时

指出的，中国进入了具有阶级阶层特征的文化模式形成的时期，与 20 世纪
80 年代至 90 年代初期的"文化混合模式"迥异，商店、餐饮、旅馆、服
务、装修、服装、家具等，都以拉开档次为特征。在这一时期，品味、格
调受到突出的重视。21 世纪初流行的所谓"小资""小资情调"，国外传
来、国内追捧的"BoBo 族""布尔乔亚情调""波西米亚风格"等，都是
具有阶级特征的品味、惯习形成的表现。由于突破了"文化混合模式"时
代，各个阶级的品味产生重大差异，所以，雅俗共赏文化模式时代的代表
"中央电视台春节联欢晚会"，近年来虽然演技、舞台效果等水平并不低，
但越来越众口难调，常常成为大家批评的对象。

　　尽管如此，文化是有记忆的。中国打碎阶级时代所形成的一些惯习，
在改革 40 多年后，人们仍然可以看到它们的痕迹。阶级混杂的文化模式，
甚至"痞子文化""底层文化"，在今天中国的舞台上也还常有所表现。如
果将大陆的惯习与香港、台湾地区的惯习比较，就可以看到明显差异。

参考文献

戴维·格伦斯基编，2005，《社会分层》（第 2 版），王俊等译，北京：华夏出版社。

戴维·李、布赖恩·特纳主编，2005，《关于阶级的冲突：晚期工业主义不平等之辩
　　　　论》，姜辉译，重庆：重庆出版社。

丹尼尔·贝尔，1984，《后工业社会的来临——对社会预测的一项探索》，高铦等译，
　　　　北京：商务印书馆。

李猛，1999，《第七章　布迪厄》，载杨善华主编《当代西方社会学理论》，北京：北京
　　　　大学出版社，第 257~312 页。

李强，2004，《当前我国社会分层结构变化的新趋势》，《江苏社会科学》第 6 期。

皮埃尔·布迪厄，1997，《文化资本与社会资本》，原载《教育社会学研究与理论手
　　　　册》，译文载包亚明主编《文化资本与社会炼金术——布尔迪厄访谈录》，包
　　　　亚明译，上海：上海人民出版社，第 189~211 页。

乔纳森·特纳，2001，《社会学理论的结构》（第 6 版·下），邱泽奇等译，北京：华
　　　　夏出版社。

约翰·罗尔斯，1988，《正义论》，何怀宏等译，北京：中国社会科学出版社。

Bourdieu, Pierre. 1973. "Cultural Reproduction and Social Reproduction." Pp. 71-112 in
　　　　Knowledge, Education, and Cultural Change: Papers in the Sociology of Education, edited
　　　　by Richard Brown. London: Tavistock.

Bourdieu, Pierre. 1986. "The Forms of Capital," in John G. Richardson. Editor. *Handbook of Theory and Research for the Sociology of Education*. New York: Greenwood Press, pp. 241–258.

Bourdieu, Pierre. 1987. "What Makes a Social Class? On the Theoretical and Practical Existence of Groups." *Berkeley Journal of Sociology*, Vol. 32, No. 1, 1–18.

Bourdieu, Pierre. 1984. *Distinction: A Social Critique of the Judgement of Taste*. Cambridge, Massachusetts: Harvard University Press.

Clark, Terry Nicholls and Seymour Martin Lipset. 1991. "Are Social Classes Dying?" *International Sociology*, Vol. 6, No. 4, 397–410.

Clark, Terry Nicholls, Seymour Martin Lipset, and Michael Rempel. 1993. "The Declining Political Significance of Social Class." *International Sociology*. Vol. 8, No. 3, 293–316.

Erickson, Bonnie H. 1996. "Culture, Class, and Connections." *AJS* 101: 217–251.

Friedman, Milton. 1962. *Capitalism and Freedom*. Chicago: Chicago University Press.

Haralambos, Mike and Martin Holborn. 2000. *Sociology: Themes and Perspectives*. Fifth edition. London: Harper Collins Publishers Limited.

Hayek, Friedrich. 1944. *The Road to Serfdom*. London: Routledge.

Marshall, Gordon. 1997. *Repositioning Class*. London: Sage.

Marshall, Gordon, Adam Swift, and S. Roberts. 1997. *Against the Odds?: Social Class and Social Justice in Industrial Societies*. Oxford: Clarendon.

Marshall, Gordon and Adam Swift. 1993. "Social Class and Social Justice." *British Journal of Sociology*, June.

Marshall, Gordon and Adam Swift . 1996. "Merit and Mobility: A Reply to Peter Saunders." *Sociology*, 30 (2): 375–386.

Nisbet, R. 1959. "The Decline and Fall of Social Class." *Pacific Sociological Review* 2 (1): 11–17.

Pakulski, Jan and Malcolm Waters. 1996. *The Death of Class*. London: Sage Publication Ltd.

Saunders, Peter. 1981. *Social Theory and the Urban Question*. London: Hutchinson.

Saunders, Peter. 1990a. *A Nation of Home Owners*. London: Unwin.

Saunders, Peter. 1990b. *Social Class and Stratification*. London: Routledge.

Saunders, Peter. 1995. "Might Britain be a Meritocracy?" *Sociology*, 29 (1): 23–41.

Saunders, Peter. 1996. *Unequal but Fair? A Study of Class Barriers in Britain*. London: IEA.

第十讲
中产阶级的理论与现代社会的中产阶级演变

上文关于社会结构转型的分析，已经涉及了中国在社会分层、社会结构方面面临的最重大任务就是如何实现社会结构的现代化转型，即推进橄榄型社会的形成。在社会分层的理论中，这属于中产阶级、中产阶层的研究。与社会学社会分层的其他理论一样，关于中产阶级的理论最早也是来源于西方的。在工业化社会与现代化社会的发展中，欧美社会较早地呈现以中产阶级为主体的现代社会结构，这方面的社会学理论探索与社会结构的演变交织在一起，所以，探讨现代中产阶级的理论，也是源于欧美的众多社会学学者。

本讲着重介绍西方学界的中产阶级理论与研究。试图总结一下 170 多年来的中产阶级理论研究发展脉络，以及近些年来的新进展。下一讲则着重分析我国的中产阶层、中等收入群体。

第一节　中产阶级理论的起源与变迁

一　中产阶级概念与中产阶级理论

我们知道，所谓"中产阶级"是对英文 middle class 的翻译，在中文里有时也有不同的说法，比如中产阶层、中间阶级、中等阶级、中间等级、中间阶层、社会中间层等，由于中文的春秋笔法，产生了诸多的表达词语。

在中文里，它们的含义有某些差异，但在英文中实际上是同一个词。所以，本书将这些术语同等看待。本书主要使用中产阶级和中产阶层两个概念，前者更强调与国际接轨的特点，后者更适合中国的情况。

从学术研究上怎样定义中产阶级呢？这就涉及阶级定义的两种思路，一种是将阶级定义为属性、性质不同的社会群体，另一种不是探索性质的不同，而是从数量指标上、层次等级上区分阶级，常常使用上、中、下阶级的说法。

大多数的社会分层理论家都是从属性或性质差异的角度定义阶级的，如马克思、韦伯、新马克思主义流派、新韦伯主义流派，直至赖特、戈德索普等理论家都是从性质上定义阶级的，当然从属性上定义中产阶级有很大难度。上文已述，英国社会学家吉登斯曾尝试从属性的角度定义中产阶级，他从市场能力的角度将中产阶级定义为对教育和技术证书占有的阶级，由此区别于对生产资料财产占有的上层资产阶级和对体力劳动力占有的下层工人阶级。

很多中产阶级理论的阐释者是从收入数量上和层次等级上定义中产阶级的，最简单的做法就是规定一定数量的收入标准、财产标准，处于较高收入、财产地位的就是上层阶级，处于较低收入、财产地位的就是下层阶级，处于中间状态的就是中产阶级。比较典型的如前述的沃纳学派（Warner School），就是使用上层、中层、下层的相对标准来定义中产阶级的。当然，绝大多数社会分层理论家都在不甚严格的意义上使用中产阶级的概念。

20 世纪中叶以后，白领阶层的概念流行开来。国际劳工组织也开始使用白领劳动者、蓝领劳动者作为国际劳工统计的基本分类，学术界则通常将白领阶层等同于中产阶级，这一时期有大量的关于白领阶层的学术著作涌现出来。根据国际劳工组织的定义，通常将管理人员、专业技术人员、普通办事员、商业服务业人员四大类视为白领阶层。其实，这四大类就业者之间的社会地位差异也很大。白领从业者的共同特征主要是与比较繁重的体力劳动者相区分，表现为其工作不是很耗费体力，其工作场所环境条件相对较好。

对于在西方发达国家逐渐成长起来的这样一个庞大的中产阶层，在过去很长一段时间里，我国在理论上研究不够。一些研究曾对它简单地加以否定，认为中产阶层或中产阶级的说法抹杀了阶级界限。然而，从社会学的角度看，中产阶层的存在是一个社会事实，不管我们管它叫什么名字，它在客观社会结构上都发挥着社会缓冲的功能。这就要求我们对这种功能进行研究。既然西方发达国家能借助这种中间结构来稳定社会，我们为什么不能取他山之石为我所用呢？

由于中产阶级是个外来概念、外来理论，所以，有必要对最先探讨中产阶级的西方理论做一个介绍。

二 早期的中产阶级理论研究

所谓中产阶级理论就是认为现代社会是一个中产阶级会不断扩大的社会。当中产阶级变成了社会中的多数人或社会主体时，下层阶级或低收入者就必然成为社会的少数群体。这时，社会的一个重要特征是：它在结构上比较稳定。因为，中产阶级往往对社会的主导价值观有较强的认同感，它往往起到缓解社会对立和社会矛盾的作用。反之，当中产阶级在社会中仅为少数人时，下层阶级或低收入者的比例就必然较高。这时，一个社会在结构上就处于不稳定状态。因为，下层收入群体对社会的认同感较弱，而反社会的情绪却较强。再者，失去了中产阶层的缓冲作用，上下两层之间容易产生矛盾和冲突。对于中产阶级的这样一种社会稳定器的作用，古希腊思想家亚里士多德（Aristotle）在其名著《政治学》中就有过表述，他说："以中等阶级（middle classes）为基础的共和政体，是我们这里所涉及的各种政体之中最为稳定的一种类型。"（亚里士多德，2007：491）

在西方发生了工业革命以后，理论泰斗卡尔·马克思如果不是最早，也是属于比较早就认识到了中产阶级或中间等级的上述社会功能的。当然，马克思是从反向理论视角阐述这一观点的。他在《共产党宣言》中指出，中间等级的瓦解、中间等级的大多数落入到无产者队伍中来，造成了社会的两极化，这是导致资本主义的重大社会冲突、社会动荡和社会革命的前提条件之一（马克思、恩格斯，2012：408、410~411）。这里的"中间等级"是中译本使用的概念，而在《共产党宣言》的英文版中原文就是"middle class"。所以，失去了middle class就会激化社会矛盾，这一点是马克思和其他学者的共识。

特别引起我们关注的是，我们也确实发现，马克思在《剩余价值理论》中有两处提出了中等阶级将不断扩大的观点（马克思，1976a：63；1976b：653），并且肯定地说："资产阶级社会的发展进程却正是这样。"马克思还批评了其他学者持有的与此相反的观点。马克思在《资本论》第三卷中也提到了这种趋势，他指出，企业规模的扩大，使得对于管理层的需求大大增加，于是一个人数众多的产业经理和商业经理阶级形成（马克思，1975：437），但是，马克思并没有说明这个阶层处于什么样的社会位置上。

当然，真正全面阐述中产阶级思想的肯定不是马克思，从文献上看，应是马克思思想的修正者——爱德华·伯恩施坦（Eduard Bernstein）。

伯恩施坦在 1909 年的一次演说中最早比较全面地阐述了中产阶级的观点。他根据当时德国的收入统计提出："收入的统计不是表明高收入和中等收入的人数的减少，而是表明它们的增加，而且它们的增长显著地超过人口的增长。"伯恩施坦还列出了具体的数据，从 1895～1908 年，德国中等资产群体增加了 25.6%，富裕的中等资产群体增长了 33.7%。（伯恩施坦，1963：22～24）

伯恩施坦还形象地用社会结构的图形来展示他所说的中产阶层的变化。图 10-1 就是伯恩施坦所使用的图形（伯恩施坦，1963：24），上面三个图形表现的是假设社会发生两极分化呈现的社会结构的变化，下面三个图形是他亲自画出的德国社会实际上发生的变化，"底座是雇佣工人阶级，中段或中间几段是小资产阶级和中等资产阶级，最上一段即尖端表示大地主和大资产阶级"。由此，伯恩施坦提出，社会关系并没有发生马克思所预言的两极分化，"在工人阶级和巨富之间的阶层没有一个环节显著地缩小"（伯恩施坦，1963：24～25）。依据这样一种判断，伯恩施坦认为，阶级对抗会因此而趋于缓和。

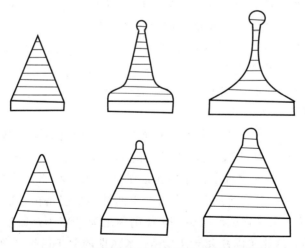

图 10-1　伯恩施坦展示的社会结构变迁图形

伯恩施坦在 1922 年发表的《社会主义的过去和现在》一文中提出，第一次世界大战前夕，资本主义社会结构已经发生变迁。中产阶级并没有消失，而是改变了自己的性质。他认为德国企业中的职员，包括从事技术工作、商业经营等工作的职员，虽然由于他们的阶级出身和教育等，曾经被一些所谓"资产阶级国民经济学家"视为更接近于企业主一方，但是，实际上，大部分职员感到自己与工人的利益有很大的一致性。而且，伯恩施坦还论证说，大规模的机械化农业只适合于平原地区，耕种自己的土地、饲养自己的牲畜的小农大量存在。在工商业方面，中小企业也都保持了下来，而且其数目还在增加。（伯恩施坦等，1961：48~50）

当然，从学术上全面论证了中产阶级观点的应该说是德国经济学家与社会学家埃米尔·莱德勒（Emil Lederer）。埃米尔·莱德勒于 1882 年 7 月 22 日出生于德国博赫曼镇（Bohemian town）一个犹太商人的家庭。在以优异成绩完成了高级中学的学业后，他于 1901 年 7 月开始在维也纳大学学习法律学和国民经济学，最终获得博士学位。1906 年，莱德勒发表了他研究马克思《资本论》的论述，这是他发表的第一篇论文。1915 年，莱德勒写作和发表了从社会学角度研究世界大战的论文。莱德勒于 1918~1931 年在德国海德堡大学任教授，此后又于 1931~1933 年在柏林的大学任教，并于 1933 年移民到美国纽约市。在政治立场上，他是民主社会主义的积极支持者，并于 1925 年加入了德国社会民主党，所以，莱德勒与上述伯恩施坦等关于社会结构演变的看法是一致的。在理论观点和学术观点上，莱德勒受到马克思和熊彼特的影响较大，对无约束的自由市场经济持批判立场。在德国纳粹统治时期，莱德勒由于他的犹太出身而受到迫害，1933 年开始流亡纽约。莱德勒在美国与其他一些学者合作在纽约市建立了"流亡大学"，称作"社会研究新学院"。莱德勒亲任首任院长，继续他的研究教学工作。几年后，他因突发疾病，手术医治无效，于 1939 年去世。

1912 年，埃米尔·莱德勒出版了他关于中产阶级的第一部著作《现代经济发展中的私人基础》，这也正是他的博士学位论文（Lederer，1912）。在该著作中，莱德勒发现了一个与传统的小商人、小业主、个体经营者、自由职业者不同的社会阶层，这个新产生的社会阶层是包括职员、技术人员、办公室人员等在内的新阶层，莱德勒称之为"新中产阶级"（the new middle class），这比美国社会学家 C. W. 米尔斯的关于白领"新中产阶级"的研究早了 40 年。

　　莱德勒认为，在现代企业中，在企业主、雇主与工人阶级之间出现了一个由职员、技术人员构成的新中产阶级，这是一个特殊的社会阶级，有着特殊的阶级利益。新中产阶级具有如下的一些特征。第一，新中产阶级与早期的中产阶级不同。在历史上，资产阶级（the bourgeoisie）曾被称为中产阶级。因为当时资产阶级居于地主阶级（land-owning class）与工人阶级（working class）之间。随着传统贵族的衰落，资产阶级成为统治阶级，这样在企业内部，在雇主与工人之间产生了一个新的处于中间状态的阶级，因此称之为新中产阶级。第二，这个以企业职员为代表的新中产阶级获得收入的方式是薪金，这是一种周期比较长的固定收入，特点是比较稳定，与体力劳动工人的工资不同，后者获得收入的周期短、不稳定。第三，职员阶层形成了自己特殊的生活方式和生活节奏（life rhythms）。在现代经济组织中，不同的社会阶层具有不同的生活节奏。体力劳动工人的生活是不规律的，他们生活的经济单元（economic unit）至多是星期，而职员生活的经济单元是月或者年。在工作中，他们有着更为自主的、更主动的工作活动和更好的职业前程。第四，领薪金的雇员（salaried employees）与产业工人的组织也是不一样的，在实践中他们建立了与产业工人相分离的工会。第五，这样一种新中产阶级形成了自己特殊的社会标记（social mark）。中产阶级由于处在资产阶级与工人阶级中间的地位上，这是一种特殊的合法位置（legal position），在公司里享有一些特殊的福利，他们自己和社会的评价都确认了他们这种中间位置的社会特征（social character）。白领雇员的自尊心（self-respect）与自身认同（the sense of identity）都使得他们与工人阶级保持距离，认为自己不属于无产者（proletariat）。莱德勒认为，传统的工人阶级是由体力劳动者组成的，与新中产阶级确实有多方面的差异。

　　在 1926 年出版的《社会经济学大纲》中[①]，莱德勒与马尔夏克（Jakob Marschak）合著了《新中产阶级》，阐释了上述关于白领工薪阶层的观点，并全面研究了中产阶级的起源、发展、社会地位和社会功能（Lederer and Marschak, 1937）。该著作认为，这种新阶级的观点修改了关于历史各阶级（historical classes）的现有理论。战争与革命的发生，极大地推

---

　　① 莱德勒以及很多德国学者的著作，最初都只有德文版，1937 年纽约州社会福利部与哥伦比亚大学社会学系共同资助了一个外国社会科学著作翻译项目，翻译了 25 种著作，油印和少量发行，其中有 10 种是讨论德国白领工人的，现存于哥伦比亚大学图书馆。

动了薪金雇员阶层的发展，战争意味着大企业的扩张，于是出现了庞大的科层化（bureaucratization）组织，导致薪金雇员的功能倍增。即使战争停止，社会分层也不可能回到战前的结构。与此同时，市政化和国有化（municipalization and nationalization）的发展极大地扩张了公务员（public servants）的队伍。公务员的扩张与资本主义体系及工业化的发展都没有关系，而是因为现代的"服务型国家"（service state）的发展，使得国家承担的职能大大扩张了。该著作对于德国领取薪金的职员阶层，包括技术人员、办公室职员、商业经营人员等的具体增长数据做出了详细分析。据此，作者得出结论，职员阶级的发展是经济发展、大企业发展和新的企业组织方式发展的结果。职员越来越成为一个有效率和活力的集团，该集团在大城市中尤为突出，仅从数量上看，职员成为工人阶级的抗衡力量（counterweight）。（Lederer and Marschak，1937）莱德勒等关于新中产阶级的著作最初以德文发表，直到十余年以后，《新中产阶级》的英文版才于1937年出版。

莱德勒等人的新中产阶级观点，在德国社会学界引发了一场激烈的争论，争论的焦点是这个新中产阶级的归属问题。有学者主张该阶层是受雇的群体，应纳入受雇的无产阶级，由此也提出了所谓"白领无产阶级"（white-collar proletariat）的观点。也有学者主张该阶层更倾向于资产阶级一方，应归属到资产阶级队伍中去。莱德勒则认为，新中产阶级是一个对于集体利益日益自觉的阶级，具有独立性，会组织自己的社会组织。这些观点也正是20世纪60~70年代欧美英语学术界讨论的热点问题。所以，关于白领阶层的争论，德国学术界比英美学术界早了几十年。

莱德勒的大多数著作是用德文出版的，在他的英语著作中，最著名的是他在《大众状态：无阶级社会的威胁》一书中提出的大众社会理论（Lederer，1940）。

第二节　西方国家社会结构的变迁
与中产阶级的状况

西方国家中产阶级的形成，曾经经历了漫长的历史阶段。早期的西方中产阶级，学术上称作"旧中产阶级"，它主要是由小业主、小商人、小企业主以及小的土地所有者构成的。到了19世纪末20世纪初，资本主义从自由竞争向垄断过渡，小企业被大的垄断组织大量吞并和取代。工业、运输、金融、商业等庞大的垄断机构开始大量雇用白领人员从事行政、管理、销售、计算、财物等工作。而股份公司的兴起也使得企业的管理阶层和所有者逐渐分离，出现了一个企业管理群体。这个时期，"旧中产阶级"纷纷破产，规模日渐缩小，而"新中产阶级"迅速成长为一个重要的群体。据统计，英国1931年作为"新中产阶级"的"白领人员"占到了经济活动人口的23%。"旧中产阶级"与"新中产阶级"最重要的区别在于，"旧中产阶级"是由业主构成的，是雇用他人的雇主，因此，他们在社会上不可能形成一个庞大的群体，而"新中产阶级"是由雇员构成的，因此，他们有可能发展为庞大的社会群体。

"新中产阶级"和"旧中产阶级"相比，地位有所下降。在迅速扩大的白领队伍中，只有少数上层人物能与企业主保持密切的联系并手握大权。大多数职员与工厂主、董事会的距离非常遥远，成为普通的雇员。他们的就业安全和向上流动的比例降低，而且收入水平也相对下降。以1913~1978年的英国为例，1913年英国专业技术人员的平均收入为蓝领工人收入的3~4倍，而到了1978年则下降到1.7倍。（李强，1990：143）在同一时期，美国的白领人员与蓝领人员的收入比例也发生了类似的变化。总之，在第二次世界大战以前，白领阶层中的专业技术知识分子，包括工程师、教师、科研人员等人数还不多，地位比较稳定。他们的就业安全率高，向上流动的机会也比较多。

第二次世界大战以后，科技革命和国家垄断资本主义的发展使发达资本主义国家的社会结构、劳动力结构发生了重大变化，非体力劳动者日益增多，白领人员的队伍迅速扩大起来，已经成长为社会的主导群体。

在美国，白领人员的总数由20世纪40年代的1608万人增加到70年代末的5105万人，增加了2倍多。其中，专业技术人员增长最快，由387.9万人增加到1542.3万人，增长了近3倍。白领人员占劳动力总数的比例由40年代的31%上升到1979年的50.9%。英国的情况也是如此，英国的白领人员总数由40年代的600万人增加到1978年的1160万人；1978年白领人员的比例已经占到了44%。（李强，1990：130~131）

到70年代，各主要发达国家的白领人数占比都达到了40%以上，参见表10-1。

表 10-1　20 世纪 70 年代发达资本主义国家白领、蓝领劳动者占有经济活动人口比例

单位：%

	美国	加拿大	西德	法国	荷兰	瑞典	挪威	日本
调查年份	1976	1979	1978	1975	1977	1979	1979	1975
白领比例	50.4	46.9	45.0	40.0	45.9	46.5	43.1	41.9
蓝领比例	43.0	44.8	53.7	44.8	46.7	50.6	54.2	55.7

　　注：白领、蓝领合计不足 100%，因为其余部分无法分类，原数据如此。

　　资料来源：1979 年、1980 年联合国劳工组织《劳工统计年鉴》，美国劳工部《1977 年劳动统计手册》。

　　这种白领成为社会主导群体的势头，在 20 世纪末和 21 世纪初还始终保持着。根据 2019~2021 年的数据，发达国家的白领人数占比一般都超过了 60%，如美国、英国、德国、日本、瑞典、澳大利亚等国，美国、瑞典、澳大利亚更是超过了 70%（参见表 10-2）。这说明在发达资本主义国家，白领已经成为社会中的主体。而一般来说，经济越发达，白领所占比重越高，这也显示出随着经济增长，白领群体规模的扩大也具有一定的必然性。

表 10-2　2019~2021 年部分发达国家白领、蓝领劳动者占有经济活动人口比例

单位：%

	美国	英国	德国	日本	瑞典	澳大利亚
调查年份	2020	2019	2021	2020	2021	2020
白领比例	75.46	77.41	72.38	67.44	79.10	73.50
蓝领比例	24.55	22.16	26.41	30.94	20.42	26.50
无法分类人员、军队人员	n. a.	0.42	1.21	1.62	0.48	n. a.

　　注：个别合计数据与 100% 略有差异是四舍五入所致，原数据如此。

　　资料来源：根据 2019~2021 年联合国劳工组织《劳工统计年鉴》数据计算制作。

　　不过，随着白领队伍的膨胀，原来意义上的"白领"的社会地位也出现了进一步的分化趋势。一方面，股份公司的发展、资本的社会化导致管理阶层的上层地位变得更高，许多时候这个群体实际控制着众多大公司和企业的经营。另一方面，低层白领的工作和收入却越来越接近工人群体。而且，由于第三产业、第四产业（信息产业）和各类"知识密集型"产业的发展，专业技术知识分子也越来越多地成为生产的主要承担者。这个原来处于中产阶级中上层的群体也出现了地位下降的趋势。如麦科洛克就指出，到 20 世纪 70 年代，美国工程技术人员升迁的机会已经微乎其微了，

他们长期待在原来的职位上，对升职失去了信心（McColloch，1983：16，177）。但是白领群体内部的这种差别更多地表现为一种连续性和多层性，而且最低层白领通常也有一定的晋升机会，这使得白领群体还是维持着一定的统一性和整体性。对于这个问题，西方社会学界也有一些争论。

到了20世纪60~70年代，一些当时的中等发达国家，如韩国、日本等也形成了比较庞大的中产阶级，其社会结构演变的趋势与欧美国家十分相似。

那么，中产阶级是在什么样的历史条件下发展起来的呢？换言之，一个比较庞大的中产阶级的形成需要具备哪些基本条件呢？笔者以为，需要具备如下几个条件。第一是产业结构变迁的条件。当产业结构从以工业制造业为主转向以第三产业为主时，信息产业、银行、金融保险、通信、教育、医疗、公用事业等便得到了迅速的发展，而这些新兴产业中需要大量的专业和管理人员，导致了专业技术与管理群体的出现。第二是职业结构变迁的条件。职业结构的变迁除了受到前述的产业结构变迁的影响外，还受到三重因素影响：一是资本所有权和管理权的分离不断扩大，出现了一个不具有财产权却有管理权的管理阶层；二是随着科学技术在社会生产中的作用日益显著，出现了一个具有较高学历和技术专长的专业技术精英群体；三是机器的广泛应用导致体力劳动工作大量减少，许多蓝领工作越来越多地由操作机器的专业人员代替。这些因素合在一起导致了全社会白领阶层规模的急剧扩大，而蓝领人员的比例相对下降。第三是收入分配的调整。随着资本的社会化、股份的分散化，大资产所有者在资本收入中的比例降低，资本收入为更多的阶层所享有。而在"福利国家"政策的导引下，社会保障有了很大的发展，社会保障客观上有调节收入分配的作用，而累进税制则进一步缩小了收入的差距。这些制度上的改进都促使资本主义社会中出现了一个庞大的中等收入层。第四是教育的发展。白领阶层的出现要求一个相应的教育的大发展，这个必要性从不同种类人员的受教育年限就可以看出。以美国为例，专业技术人员和管理人员在校受教育年限一般为15~16年，办事员、销售人员一般为12~13年，而体力工人仅为11~12年。当代发达资本主义国家都经历了一个高等教育从精英教育到大众教育的转变。目前，美国等国接受高等教育的人口占总人口的比例已经达到了50%以上。教育的发展为白领阶层的出现奠定了基础。

中产阶级的形成对社会具有深远的影响，它成为当代西方国家维护社会稳定的最重要力量。尽管近来一些研究提出，欧美国家的中产阶级也有某些分化发生，比如，2016年发生的两件大事：一件是英国对于是否脱离欧盟进行公投，结果同意"脱欧"的占51.9%，同意"留欧"的占48.1%；另一件是特朗普当选美国总统。一些研究人员认为，导致这两次重大政治结果的直接原因是英美中产阶级出现了分化，一部分中产阶级地位下降，民粹主义情绪在一部分中产阶级中有所蔓延。其实，中产阶级的分化从现代中产阶级产生起就一直频繁发生，每一次经济危机来临的时候，都出现了一部分中产阶级地位下降的情况。中产阶级这种视角本身就意味着它与上层或下层之间的界限并不是那样黑白分明，而是存在很多过渡地带。笔者以为，对于中产阶级的观察需要长远的历史视角，如果从现代中产阶级产生的百年历史看，在完成现代化转型的发达国家、发达经济体，中产阶级肯定是最重要的社会阶级和社会力量，也是相当稳定的无可替代的社会力量，其基本的社会功能也是毋庸置疑的，主要表现为以下四大功能。

第一，从社会结构和社会行动的角度看，中产阶级成为介于社会上层和下层的缓冲层，极大缓和了社会矛盾，降低了社会冲突的可能性。中产阶级的专业性使得他们形成了各种各样的"职业群体"，有利于社会上中下层的沟通。第二，中产阶级往往有广泛的社会交往，这为不同群体通过温和妥协的方式协调利益冲突提供了交往基础。第三，在意识形态上，中产阶级的中间位置使得这个群体代表一种温和保守的意识形态，这使得极端激进的思想很难有市场。第四，在经济稳定方面，中产阶级是参与经济消费的最主要群体。中产阶级收入的稳定性使得他们的消费非常平稳、形成广阔市场，在中产阶级占多数时，一个稳定而庞大的消费市场就有了保障。这就为经济的稳定提供了基础。

总之，从长远的历史进程看，中产阶级占据主导地位，可以说是现代资本主义社会走向社会稳定的最重要的结构性原因。这对于我们目前的社会发展是非常具有借鉴意义的。对于美国中产阶级在21世纪的变化，本讲后面还有进一步分析。

第三节　20世纪50~70年代中产阶级理论研究热潮

一　关于中产阶级的阶级归属问题

第二次世界大战以后，由于社会结构发生了很大变化，白领阶层不断扩张，对中产阶级的研究成为热门话题，这一时期，涌现了众多关于中产阶级的学术著作，影响比较大的如米尔斯的《白领——美国的中产阶级》、大卫·洛克伍德的《职员》、戈德索普与洛克伍德等人合著的《阶级结构中的富裕工人》、米歇尔·克罗泽（Michel Crozier）的《办公室工作者的世界》、西奥多·盖格的《处于熔炉中的阶级社会》以及弗里茨·克龙奈（Fritz Croner）的《现代经济中的员工阶层》等，当然也包括前述的新马克思主义流派的赖特等人的著作。

这些著作对新产生的社会阶层做了比较深入的研究。这些著作研究的特点是：第一，以大量的实证研究为基础，对欧美的中产阶级进行了比较全面的探索；第二，对构成中产阶级的各群体，包括专业技术层、管理层、办公室人员等均做了分类的研究；第三，分析了中产阶级的特征以及生活方式、社会地位、社会意识、社会态度；第四，发展出有关中产阶级的诸多理论流派。

这些著作讨论的焦点问题是中产阶级、白领阶层的阶级归属。从社会分层角度探讨中产阶级的一个核心问题就是如何在社会结构中给中产阶级定位，即中产阶级处在什么样的阶级地位上，以及与其他阶级的关系如何。

这个问题，自马克思、伯恩施坦、莱德勒等以来，一直就是核心问题。出于不同立场、不同理论，产生了太多的分类，比如沿着新马克思主义流派和新韦伯主义流派的立场就可以分为两大类和很多细类，有强调政治态度、政治立场分类的，也有从工作条件分类的，由于讨论过于精细，陷入其中会使问题复杂化。本书作为教材，为使学生比较容易理解，笔者在此仅从判定中产阶级的社会位置的角度，将理论观点大体上分为三大派别。当然，在每一派别内部还可以做出很多细致的分类。

第一派，认为中产阶级或白领阶层是一个独立的社会阶级或社会阶层，这一派的理论家众多。上述的莱德勒就试图论证新中产阶级或薪金雇员是一个独立的阶级。本书第七讲提到的赖特提出的"矛盾阶级地位论"，就是指这个阶层不能归属到其他阶级中去，其最大的特征就是处于矛盾的地位。另一位学者卡切迪（Guglielmo Carchedi）的观点与赖特有些类似，并且卡切迪也属于新马克思主义流派。卡切迪的分析方法是三种标准，即所有权（ownership）、剥削权（exploitor）和功能（function）。从所有权上看，新中产阶级不占有经济所有权。在剥削权上，新中产阶级既有被剥夺剩余劳动的因素，也有剥夺剩余劳动的因素。在功能上，新中产阶级既有资本的功能，也有工人的功能。而资产阶级和工人阶级在上述三方面都是泾渭分明的。所以，卡切迪实际上也认为中产阶级是一种特殊的阶级，不能简单归属到资产阶级与工人阶级的任何一方。（Carchedi, 1977）当然，所有这些将中产阶级、中间阶级或白领群体视为一个独立阶级或独立阶层的理论家，也都承认该阶级、阶层的两重性，并且也都区分了该阶层的上层与下层，指出了上层与下层的不同。也正因如此，后文会讨论统一的与分裂的中产阶级的问题。英国社会学家吉登斯从属性上定义中产阶级，当然也属于这一派。

第二派，认为中产阶级与资产阶级的地位更为相近，甚至未来会发展为统治阶级，这一派也称为资产阶级化（embourgeoisement）观点。该流派强调现代化、自动化所带来的积极后果，随着收入水平提升、高消费生活方式的形成，中产阶级会与社会上层相结合。著名社会学家贝尔（Daniel Bell）认为在后工业社会中，专业技术（technical skill）成为获取权力（access to power）的基础，教育成为获取权力的方式。这样的变化大大扩展了权力的范围，这使得专家治国论者（technocrats）有了新的角色。贝尔认为，专家治国论者圣西门（Henri de Saint-Simon）就提出过，后来经济学家凡勃伦在预见一种以技术组织和工业管理（technical organization and industrial management）为基础的新社会时也做过阐释。贝尔认为，在现代社会中，领导者需要具备制定经济、军事、社会计划的知识，所以，以技术为基础的精英必然兴起，这样一个掌握了决策知识和能力的阶层是由技术和专业知识分子（the technical and professional intelligentsia）组成的。（Bell, 1976: 358-364）这样的一个流派也被称为专家治国论或技术统治论（technocracy），持这种观点的理论家很多。如论述知识分子是一种作为文化资产阶级的新阶级的艾尔文·古德纳（Alvin Gouldner）也属于专家治国论者。

著名社会分层理论家李普塞特也属于这一派。李普塞特等在其论述社会流动的著作中提出了四点情况。第一，根据很多国家的职业声望调查，非体力劳动者的职业声望高于体力劳动者（包括技术工人）的职业声望。第二，白领阶层的位置（positions）会导致比体力就业者更高的收入。第三，非体力劳动的位置，比体力劳动位置需要更高的受教育水平。第四，占据非体力劳动者位置的人，即使是低收入的白领就业者，也会认为自己是不同于体力工人的中产阶级的成员，并在消费模式上扮演中产阶级的角色。（Lipset and Bendix, 1967: 14-15）

此外，新马克思主义流派的普兰查斯（本书第三讲介绍过他的理论），也可以归入这一派。因为普兰查斯坚持认为，必须将非生产型雇佣劳动者排除在无产阶级队伍之外，因为他们并不受资产阶级的剥削，而是处在帮助资产阶级的位置上。而且普兰查斯还强调政治关系和意识形态也是阶级地位的决定因素。白领技术人员在意识形态方面处于统治工人阶级的地位上。按照普兰查斯的标准，工人阶级比例很低，仅占全部劳动者的 19.7%。（赖特，1981：54）

属于这个流派的还有白领研究专家弗里茨·克龙奈，他曾任国际劳工组织的理事，是研究体力劳动、非体力劳动职业分类的专家。在克龙奈的早期著作中，他研究了白领雇员如何发展出无产阶级的意识（proletarian consciousness），认为在推进白领工会运动的进程中，白领雇员的立场从协助雇主的一方转移到了无产阶级的一方（Croner，1937）。但是，克龙奈在1962年修订版的著作《现代经济中的员工阶层》中，提出了与前述不同的阶级归属，实际上他根本就反对阶级区分，他甚至不同意阶级、阶层的社会分层，而是强调白领雇员的功能区分（functional differences）。他提出白领雇员在社会上承担如下四类功能（function）：其一，行政、事务；其二，设计、计算、研究、分析等技术工作；其三，监督、管理、控制；其四，经营商业、买卖（Croner，1962）。而这四类功能的一个共同点就是，它们过去都是由雇主承担的，白领雇员的职能、功能过去是（有些现在还是）雇主工作的一部分。按照这样的观点，白领雇员就被视为雇主一方了。克龙奈曾经是前述的中产阶级理论家莱德勒的学生，不过在理论观点上，他与老师完全不同，莱德勒受到马克思理论的很大影响，而克龙奈曾激烈抨击马克思主义（Crozier，1965：31）。

第三派主张这个所谓"中产阶级"的主体是雇佣劳动者，从受雇的地位上看，他们与工人阶级的地位更为接近。1848 年，马克思、恩格斯在《共产党宣言》中提出了资产阶级时代使得阶级对立简单化了，整个社会分裂为无产阶级和资产阶级两大阵营，传统的中间等级会不断分化的观点。从资本主义社会后来的发展看，社会上的绝大多数有经济活动能力的人成为雇员阶层，少数人成为雇主阶层，当然，雇员阶层内部极其复杂，产生了白领雇员、薪金雇员、办公室职员等，也有人称之为新中产阶级。在西方学术界，确实有很多著作仍然沿着马克思的理论思路，继续论证尽管由于劳动技术分工，工人阶级内部产生了很多新的阶层，然而从整体阶级关系看，社会确实变成了雇佣阶级与受雇阶级两大群体（Beker，1973）。持此种观点的论著确实不少。这一派中，有比较大影响力的是米尔斯与西奥多·盖格。米尔斯认为，新中产阶级在经济地位上是工资劳动者，是雇员阶层，并没有独立的财产，在客观地位上白领大众与普通工人越来越相似，收入也越来越接近，自动化导致了白领工作技能要求的降低，白领工作越来越像工厂（factory-like）劳动。白领工作也将更多地由来自工人家庭的孩子们承担。（Mills，1951：297）盖格则对当年曾经处于严重的两极分化的德国社会进行了深刻的剖析（Geiger，1967）。上文述及的20世纪30年代，在关于中产阶级地位的争论中，很多德国学者，如克考尔（Simon Kracauer）与德雷富斯（Carl Dreyfuss）等都是持"白领无产阶级"观点的。后来，另一位重要的美国社会学家布雷弗曼还专门撰写著作，描述白领的工作非常近似于工人阶级工作的技术细节（布雷弗曼，1978）。

这个第三派也常常使用无产阶级化（proletarianization）的概念。该概念最初是马克思提出的，到了20世纪60~70年代，在关于白领阶层的激烈争论中，不少研究者也提出了白领阶层无产阶级化、职员无产阶级化（clerical proletarianization）的观点（Rosemary and Jones，1984：7，34-42）。

属于第三派主张的还有一些关于"新工人阶级"的讨论，比较著名的来自法国的两位学者——马勒（Serget Mallet）和高兹（Andre Gorz）。马勒的著作《新工人阶级》最初用法文发表于1963年，此前，自20世纪50年代末，他就有这方面的一些论文发表。在《新工人阶级》一书中，马勒认识到，当资本主义发展到产业的高度自动化时期，工人阶级的劳动方式当然会发生很多变化。马勒在法国工厂做了深入的实证调查，他调查了那些技术最发达的工厂。他认为，高度现代化企业的工人是有知识、有技术的，他们是一种"新工人阶级"，专业技术人员、普通管理人员、工程师、科学家都属于新工人阶级。新工人阶级也是雇佣劳动者，他们在政治态度上更倾向于工人而不是雇主，由于他们的特殊地位，他们更为积极地要求参与管理，实现工人自治。（Mallet，1975）马勒也积极参加政治活动，曾经加入过法国共产党和法国统一社会党。可惜马勒去世较早，他于1973年在巴黎的一次车祸中不幸离世。

另一位法国学者高兹同样认识到在科技革命的背景下，工人阶级已经发生了重大变迁，工人阶级中出现了知识型、技术型的特殊阶层，这些具有白领阶层特征的新工人阶级包括技术人员、生产自动化过程的监督者、管理人员、工程师、科学家等。他的《告别工人阶级》一书并不是说工人阶级终结了，而是指传统意义上的无产阶级消失了，而新工人阶级崛起了。

高兹认为新工人阶级的理论更新了传统的无产阶级理论思想，新工人阶级的特征是具有突出的独立性和自主性。新工人阶级具有强烈的自主要求、自治要求和个人自由的要求。（Gorz，1982）当然高兹也看到了高水平技术人员的发展造成了工人阶级内部的分裂。高兹特别强调新的劳工战略，即工会应该积极参与企业的经营管理、监督企业技术的变迁、企业工作条件的管理、对工人的培训，这样的劳工战略最终会压缩资本家的自主性而扩大工人的自主性。（Gorz，1967）

　　总之，上述三大流派关于白领阶层社会地位、中产阶级地位的不同看法，很大程度上是因为中产阶级内部具有巨大的差异性，于是讨论就变得极为复杂。在此，学者们提出的问题是，究竟中产阶级是一个统一的阶级，还是有多个中产阶级。

二　统一的中产阶级还是分裂的中产阶级

　　中产阶级究竟是个统一的群体还是个分裂的群体，研究这个问题的意义在于，它与中产阶级的社会功能密切相关。如果中产阶级是个统一的群体，则它稳定社会的功能就有了依据。如果中产阶级是个四分五裂的阶级，其本身就矛盾重重，则很难起到稳定社会的作用。

　　20世纪60~70年代以来，有很多学者对此进行了探讨，他们的观点有很大分歧，本讲仅做一简述。英国颇具影响的学者吉登斯，近些年来以研究"社会构成""第三条道路"等闻名于世，但是70年代时，他研究的主题却是社会分层（参见本书第四讲）。吉登斯关于中产阶级的思想主要体现在他的《发达社会的阶级结构》一书中，他的主要观点是提出了一个界定中产阶级的标准，即从市场能力上定义中产阶级。他主张从市场能力上来区分三大社会阶级。发达资本主义社会有构成阶级的最重要的三种市场能力（three sorts of market capacity）。由于这三种市场能力的界限是清楚的，因此，中产阶级的界限也是清楚的。中产阶级与上层阶级的区别在于，上层阶级占有生产资料而中产阶级不占有；中产阶级与下层阶级的区别在于，中产阶级占有教育、技术证书，而下层工人阶级不占有。（Giddens，1975：107-108）

　　吉登斯当然看到了中产阶级内部的巨大差异性，但为什么他坚持将中产阶级视为一个统一的阶级呢？吉登斯认为，所谓社会群体的差异性主要来自两个方面，一是市场能力的不同，二是劳动分工的不同。所谓中产阶级的市场能力，就是他们提供市场所需要的技术知识，被社会承认的专业化技术的能力。那么，任何一个有此种能力的人都是中产阶级吗？他认为不是的，中产阶级通过社会屏蔽（closure）手段，防止其他阶级成员的进入。专业技术工作的市场能力，受到职业准入方面的"社会屏蔽"的限制，所有的专业技术协会都用屏蔽的方法排斥其他阶层成员的进入。他分析说，虽然劳动分工也会造成差异，但是与市场能力相比，劳动分工所造成的不是阶级的差异。因此，中产阶级内部尽管有很大差异，但大多是劳动分工的差异。吉登斯举例说，从劳动分工角度看，一个绘图员与一位社会工作者（social worker）有巨大差异，但是，从市场能力上看，他们却具有很大的相似性。（Giddens，1975：186-188）他还批评达伦多夫对于中产阶级的观点：达伦多夫认为，中产阶级的共性在于它是一个服务阶级，它在统治者与被统治者之间提供了桥梁，而吉登斯认为，这种定义完全不能区分中产阶级与其他阶级。总之，吉登斯依靠市场能力的理论解释了中产阶级为什么是一个统一的阶级。

然而，同意吉登斯"统一中产阶级"观点的人并不多，反对者却很多。比如，罗伯茨、库克、克拉克和西蒙诺夫提出了"破碎的中产阶级"的观点，认为所谓中产阶级已经日益分化为一些不同的阶层了，这些阶层处于分层体系的不同位置上。他们做了一项实证研究，对英国白领群体的阶层意识进行调查。结果发现，第一，只有27%的白领人员接受"大中产阶级"的概念，并认为自己也属于大中产阶级。所谓"大中产阶级"概念，就是认为上层阶级和下层阶级人数都很少，只有中产阶级是社会的主体。这部分白领的实际经济收入也确实处于中间状态。第二，有19%的白领认为，中产阶级是一个很小的社会阶层，它下面有一个巨大的、人数众多的工人阶级，上面有一个人数不多的上层阶级。他们认为自己属于这个处于夹缝状态的中产阶级，这部分人大多属于小商人。第三，有15%的白领认为，社会的阶梯是多层的，比如有四层以上的阶梯，并不存在一个处于中间状态的阶级，或者根本就不存在阶级分层，这部分人是受教育很好的、有专业技术的和收入较高的白领。第四，有14%的白领认为，构成社会阶级的主体是工人阶级，工人阶级处于分层体系的最下层，并认为自己就属于工人阶级，认为自己的地位与上层管理人员、专业技术人员有很大区别。这部分下层白领人员工薪低、上升机会少。（Roberts et al.，1977）所以，他们的结论是，中产阶级会越来越走向破碎化，会分化为不同的阶级。而艾伯克龙比（Abercrombie）则走得更远，他认为，中产阶级是走向两极分化的，一部分变为上层，另一部分进入了下层，这实际上等于同意了马克思的中产阶级无产阶级化的观点。总之，凡是否定中产阶级是一致群体的，都或多或少地采用了比较激进的观点看待社会。

英国分层方面的重要学者戈德索普也不同意有一个统一的中产阶级。他将最上层的阶级称为"服务阶级"，包括高级专业技术人员、管理人员、官员、大公司经理、大的产业主等，也就是说，将中产阶级与上层阶级合在一起了。戈德索普不同意使用中产阶级（middle class）的概念，而主张使用"中间状态的阶级"（intermediate classes）概念。他所谓"中间状态的阶级"包括职员、个体服务人员、小业主、小产业者、普通技术人员等，他们的地位比"服务阶级"的地位低一些。在后来的研究中，戈德索普又认为，由于受雇状态、就业关系的不同，比如养老金不同、发展机会不同、晋升提薪不同，阶层之间是有很大差异的。所以，他更倾向于划分细小的阶层，认为阶级结构是一种多阶级过渡的模式，而不是有一个统一的中产阶级。当然，戈德索普的观点是比较温和的，他是换了一种方式来表达缓和社会矛盾的途径。

英国学者杜克（Duke）等也是持"破碎的中产阶级"观点的。在一篇讨论英国社会学界关于阶级的理论与实证操作的论文中，他们提出中产阶级是极度分化的，中产阶级根本不是一个单一的实体（a single entity）。中产阶级是由众多碎片组成的，各小群体之间往往存在利益冲突。公共服务部门的雇员与私营部门的雇员之间就存在利益冲突。（Duke and Edgell，1987：455-463）

英国社会分层研究专家克朗普顿（Rosemary Crompton）则持有更为中庸调和的立场，她认为统一的中产阶级和分裂的中产阶级的观点可能都是正确的（correct）。一方面，中产阶级的不同群体之间确实是碎片化和不稳定的（fragmentation and instability），但另一方面也是事实，即那些相对具有特权的群体居于更优越的地位上，他们既保卫着自身的利益，也将这些利益传递给他们的后代。（Crompton，1998：150-151）

三　米尔斯的白领研究与戈德索普等的富裕工人研究

从上述西方学术界在 20 世纪 50~70 年代关于中产阶级理论的论战中可以看到，白领或中产阶级的研究著作汗牛充栋，涉及的理论家众多。为了让读者更清晰地了解重要社会学家的研究，这里专门讨论一下这方面研究的两部重要著作。

第一部著作是米尔斯关于白领中产阶级的研究。米尔斯的著作《白领——美国的中产阶级》在研究和写作风格上，与后来比较规范的社会学学术研究不同，不是那种建立在设计好的调查研究基础上的学术著作，而是议论式的，采用了比较发散的思维方式。应该说，其研究写作方法还是比较传统的。考虑到在他发表该作的 10 余年前沃纳等人已经做出了田野的数据分析型的美国社会分层研究，发表了多卷本著作，米尔斯的研究写作方法确实显得陈旧。当然正如米尔斯在《社会学的想象力》中阐释的，社会学研究的优势是通过敏锐的观察力和想象力，提出颇具影响力的见解，所以，直至今日我们仍然应该承认米尔斯关于白领的定性研究著作有其特殊的社会学学术价值。这也使得我们反思今日的以数据研究为基础的社会分层研究究竟提出了什么有社会影响力的见解？当然，与米尔斯的研究风格相比，戈德索普等人的著作则风格迥异。

在该著作中，米尔斯对美国中产阶级做了跨世纪的论述，从包括小企业家、小业主、小财产者、小经营者的旧中产阶级谈起，论述至白领新中产阶级的产生与发展。他对白领中产阶级的职业分类，包括管理人员、专业技术人员、办公室人员和销售人员，迄今还是白领职业的标准分类。米尔斯研究了白领的现代工资条件、收入、地位（status）、权力以及他们的地位惶恐（the status panic）。该著作可读性较强，描述型的表述比较多。

该著作比较重要的理论论述是归纳了学术界关于新中产阶级政治方向（political directions）的四种可能性。第一，中产阶级持续增长，在适当的时候发展为政治上的独立阶级，甚至成为下一个统治阶级，下一个时代将是他们的时代。第二，虽然没有成为独立的权力，但是将成为总体平衡社会各阶级的一种主要的稳定力量，在劳动和资本之间起到缓冲作用。中产阶级的发展遏制了无产阶级化的蔓延。第三，新中产阶级归入了资产阶级阵营，这不仅仅是指经济上的阶级，而是成为一种身份群体，成为保守的、反动的力量。第四，新中产阶级将遵循经典马克思主义的方案，于适当的时候，在所有重要方面都与无产阶级融为一体（homogeneous），转向社会主义的政策。（Mills, 1951：290-291）

作为新马克思主义流派的代表人物，米尔斯表示赞同马克思的无产阶级化观点。当然，米尔斯也深知此问题的复杂性。他在论述中多次提到，虽然雇佣地位一致，但是中产阶级在意识上并不认同工人阶级，米尔斯还专门分析了中产阶级心理感受与经济地位不一致的情况。米尔斯关于白领的著作很早就有中译本，读者可去详读，恕笔者在此不赘述。

第二部著作是戈德索普等人关于富裕工人的研究，该论著十分有趣。英国社会分层理论家戈德索普与他的老师洛克伍德等人，于 1969 年出版了三卷本的著作，探讨英国工人阶级的变化。我们知道，戈德索普等人是新韦伯主义分层理论的重要代表。他们深知工人阶级、无产阶级在马克思整个理论体系中的重要地位，马克思认为无产阶级的历史使命就是通过革命推翻资本主义制度而创造一种新的社会。（Goldthorpe et al.，1969a：1-3）所以，与马克思对立的学派提出了相反的论断，即所谓"资产阶级化命题"（embourgeoisement thesis），认为在后工业社会，由于科技的进步、人民生活水平的不断提升，各个劳动群体都更为富裕了，工人阶级也资产阶级化了。所以，这与上述米尔斯主张的"无产阶级化"是完全对立的立场。戈德索普等人的论著，在最初研究设计的时候就是出于"资产阶级化命题"的假设。该研究假设工人阶级富裕以后，他们的阶级地位会因生活方式等变迁而发生变化，如果该假设被印证，则"资产阶级化命题"成立，如果该假设被否定，则"资产阶级化命题"不成立。

该研究采用了规范的社会分层实证调查方法，选择的调查地点是距离英国伦敦西北约 48 公里的卢顿市（Luton），在该市三家工业企业中对工人及其家庭进行问卷访谈。戈德索普等人在选择调查样本时做出了三方面的限定。第一，富裕工人及其家庭的基本特征。基本上是有技术的劳动者（机械师、技术工人等），他们虽然不是白领雇员，但是收入上不亚于白领雇员，在经济方面有保障（没有过失业经历），在消费方面有强烈的消费动机，在房屋所有权和大件耐用消费品方面明显优于传统工人。第二，就业的产业环境特征。所选择的这些企业均是现代化企业，具有发达的技术特征，有良好的福利计划、医疗和养老保障等以及和谐的劳动关系，作者称之为奉行进步的就业政策（progressive employment policies）。第三，居住的社区环境。工人们居住的社区环境也是不错的，是城市周边房地产新开发社区，是与中产阶级混居的异质型社区，完全不同于那种老旧的工业居住区。（Goldthorpe et al.，1969a：32-45）

该研究之所以设定如此苛刻的选择样本条件，就是为了找到那些最适合于资产阶级化的富裕工人，即该群体所有的社会特征、社会环境均符合资产阶级化命题支持者的论证逻辑。换言之，如果在这样的群体身上都找不到资产阶级化的趋势，那么该命题就彻底被否定了。

该研究设计了详细的问卷（Goldthorpe et al.，1969a：203-225）进行

访谈，在分析数据的基础上，用三章进行了论证。其结论是："资产阶级化命题"被推翻。该著作得出三大结论。

第一，富裕工人的劳动就业。收入的增加、工作条件的改善、更加开明和自由的就业政策等并没有根本改变产业工人的阶级状况。该阶级仍然是一个通过将自己的劳动交给雇主换取工资（通常按件、按小时或按天支付）来谋生的群体。工业技术和管理的进步在某些情况下可能会减小劳动压力，然而，新的产业形式也会在工作中产生新式的紧张或剥夺。对于许多工人，尤其是没有稀缺技能的工人来说，获得足以维持中产阶级生活水平的收入就需要在正常工作周之外大量加班，而他们的正常劳动时间已经较长了。现代工业正在发生的变化趋势实际上并不是朝着减少阶级差异和分化的方向发展。体力劳动者和非体力劳动者在工作环境中的差异仍然普遍存在，与工作相关行为模式的差异也同样存在。（Goldthorpe et al.，1969a：157-158）

第二，富裕工人的社会交往模式。生活在新住房区的富裕工人及其家庭的生活方式确实与传统工人阶级社区的典型生活方式不同，但是，这种变化并不意味着他们采用了中产阶级特有的社交模式。从研究数据所记录的生活方式看，这并不是阶级生活方式的变迁，而只是一种适应新规范需要的行为调整。富裕工人即使居住在中产阶级社区，他们及其家庭也不会自动融入中产阶级社会。研究表明，他们与白领的社会关系很少形成，这并不是因为白领的排他性，而是因为富裕工人及其妻子没有发展这种关系的特别愿望，他们总体上倾向于以家庭为中心、相对自主的社会生活模式。所以"资产阶级化命题"的支持者显然在夸大了更高工资以及物质和社会环境的变化对阶级结构影响的同时，也夸大了消费水平提高及家庭生活、社会环境变化的影响。（Goldthorpe et al.，1969a：158-159）

第三，富裕工人的愿望与社会态度。研究显示，获得更高物质生活水平的强烈动机基本上并没有伴随着追求社会地位。作为消费者的富裕工人获得了可观的收入，但他们对未来生活的价值判断仍然受到作为生产者的阶级状况的制约。尽管他们的社会视野在很大程度上摆脱了传统主义的约束，但这并没有导致他们接受独特的中产阶级社会态度。富裕工人与工人阶级传统主义的决裂并不是以向中产阶级转变的形式出现的，因此，富裕工人变化的证据并不能成为中产阶级属性的证据。所以，"资产阶级化命题"将经济收入提高的强烈愿望与追求地位提升的愿望联结在一起，这是值得怀疑的，作者的研究结果表明这种联结并不存在。（Goldthorpe et al.，

1969a：159-160)

　　总之，戈德索普等人的富裕工人研究，从经验上和逻辑上完全否定了"资产阶级化命题"，而这一命题和观点在英国社会还颇有市场。戈德索普等人原本的理论假设是试图验证这一命题，以此否定马克思的阶级理论，结果通过非常严谨的学术研究，得出的结论是与该命题完全相反的，推翻了原本的理论假设。戈德索普等人的著作还特别强调，尽管此研究仅仅是在英国卢顿市做的，但作者断言，即使对英国其他地方的富裕工人做类似的研究也不可能找到与此相矛盾的情况。（Goldthorpe et al.，1969a：203-225）可见，即使是坚定的韦伯主义流派理论家，要想通过实证研究推翻马克思的阶级理论论断也是极其困难的。

第四节　21 世纪美国中产阶级的变迁

　　21 世纪以来，以美国为代表的西方发达经济体的经济结构与社会结构均发生了巨大变迁。这种变化也突出地表现为中产阶级的变迁。原本占社会人口最大比例的中产阶级及其家庭经济地位的变化，必然会引发巨大的社会震动。下面就分三个问题来谈，先分析美国经济收入分配结构的变化，然后分析美国中产阶级的变化，最后分析此种变化的社会后果。

一　21 世纪美国经济收入分配结构的变化

　　本讲第二节阐释了第二次世界大战以后，在经济复兴的影响下，西方发达经济体社会结构的重大变迁，白领中产阶级成为社会的主体。对于这一阶段中产阶级收入在整体社会收入分配结构中占比的上升现象，最为著名的是众所周知的诺贝尔经济学奖获得者库兹涅茨（Simon Smith Kuznets）倒 U 型曲线的解释。该理论阐释了经济增长与收入不平等的关系，即用数据证明，工业社会发展的初期，人均收入的不平等程度会急剧上升，当经济发展经历了不平等的高峰期以后，随着经济的继续发展，人均收入的不平等程度又会有很大下降，表现为倒 U 型的曲线。后来，也有学者使用更多国家的数据进一步印证了经济增长与收入不平等的此种关系。按照此种理论假设，欧美等经济高度发达国家收入的不平等程度会持续处在较低的水平上。

　　然而，在 21 世纪，库兹涅茨倒 U 型曲线的理论假设受到了挑战。不少

学者研究证明，到了21世纪，特别是在2008年的金融危机以后，以美国
为代表的发达经济体的贫富差距明显上升，中产阶级的收入在总体国民收
入中所占比例明显缩水。在这方面非常有代表性的是法国学者托马斯·皮
凯蒂（Thomas Piketty）于2013年发表的《21世纪的资本》①。该书用翔实
的数据证明，在21世纪初叶，包括欧美发达经济体在内，社会各阶层的收
入差距出现了普遍拉大的现象，贫富差距处于很高的水平上。仅从美国的
数据看，美国全体收入者中处在最高收入的10%的人群占有总体国民收入
的比重，曾经有一段时间，即从20世纪40年代中期到70年代末期，确实
是处在比较低的水平上，大体上是低于35%，甚至有时是低于33%。但是，
80年代以后则一路攀升，尤其是到了21世纪占比一度高达50%。所以，
库兹涅茨所记录的恰恰是不平等程度较低的那段时期，换言之，过了那段
时间以后，美国的不平等程度是处于迅猛的上升状态的（见图10-2）。（皮
凯蒂，2014：18）

图10-2　1910~2010年美国收入不平等的变迁

　　图片原说明：美国收入前10%人群的收入占美国国民收入的比重从1910~1920年的
45%~50%下降到20世纪50年代的不足35%（这一下降过程被库兹涅茨记录在案），之后
该比重从70年代的不足35%上升到2000~2010年的45%~50%。

　　皮凯蒂的研究还进一步证明，如果对美国收入前10%最高人群的收入
进行分析就会发现，其收入占比上升的原因，最突出地体现为美国收入前

____

①　该书中译本题为《21世纪资本论》，此译法并不准确，该书的主题就是研究资本在21世
　　纪发生的变迁。

1%人群的收入占总收入比重的更加疯狂的上升，在 21 世纪头 10 年里曾经一度达到了占比 24%的水平，这样的收入分配不平等相当于历史上 20 世纪 20~30 年代美国贫富分化非常严重及中产阶级缺失时期的状况（见图 10-3）。（皮凯蒂，2014：237）

图 10-3　1910~2010 年美国收入前 1%人群的收入占总收入比重变迁

　　皮凯蒂还在在更广泛的意义上讨论了中产阶级的收入在整体劳动收入中占比的变化状况。当然，皮凯蒂对中产阶级有他自己的定义，他将收入排序处在中间位置的占比 40%的群体定义为中产阶级。于是，皮凯蒂对经济发达国家的中产阶级的收入在整体劳动收入中的占比做出了跨时空的讨论。他认为，北欧国家属于贫富差距较小的国家，在 2010 年占比 40%的中产阶级在劳动收入中获得了 45%的份额，而 2010 年的美国属于高不平等国家，占比 40%的中产阶级在劳动收入中获得的份额是 40%。皮凯蒂预测，到 2030 年，美国会成为极度不平等国家，那时占比 40%的中产阶级在劳动收入中获得的份额将是 30%。如此，中产阶级的利益受损是很明显的。（皮凯蒂，2014：196~201）

　　关于美国中产阶级及其家庭收入水平和收入占比的研究还有很多，研究得出的结论与皮凯蒂的结论类似。所以，尽管美国的很多白领阶层还仍然在主观上认为自己属于中产阶级，并且在职业分类中，白领职业群体所占的比例也没有太大变化，但是，美国中产阶级实际上获得的收入比重以及实际收入水平都有所下降。尤其是在 2008 年金融危机的打击下，美国中产阶级地位下降的趋势是比较明显的。表 10-3 显示了美国中产阶级家庭（包括中低收入家庭、中等收入家庭和中高收入家庭）收入所占比重从 1979 年的 52.3%，下降到 2019 年的 47.9%。

表 10-3　美国各收入群体家庭收入在总收入中占比的变化（1979~2019 年）

单位：%

年份	最低收入家庭	中低收入家庭	中等收入家庭	中高收入家庭	最高收入家庭
1979	6.4	12.0	16.9	23.4	41.2
1991	5.5	11.0	16.3	23.3	43.9
2000	5.4	10.6	15.6	22.3	46.0
2010	5.1	10.5	15.7	22.9	45.8
2017	5.2	10.2	15.3	22.7	46.6
2018	5.2	10.3	15.3	22.5	46.9
2019	5.1	10.2	15.2	22.5	47.0

资料来源：世界银行世界发展指标数据库。

二　21 世纪美国中产阶级及美国社会结构变迁研究

社会各阶层收入分配结构的变化，也必然导致阶级关系的变化以至阶级结构的变化。21 世纪以来，有一些学者对美国中产阶级的变迁进行了探索。其中，由三位美国社会学学者——厄尔·怀松（Earl Wysong）、罗伯特·佩卢奇（Robert Perrucci）和大卫·赖特（David Wright）撰写的《新阶级社会：美国梦的终结?》就提出了比较激进的观点，认为今天的美国已经没有牢固的中产阶级了。当然，这只是一些学者提出的学术观点，在美国民众中"中产阶级"的说法还是比较普遍的，而且，根据美国主观社会地位的调查，多数被调查者还是自视为中产阶级。从前述国际劳工组织的数据看，在 21 世纪的前 20 年，美国以及西方发达国家的白领阶层仍然在职业结构中占有很高比例。所以，下面也只是从学术流派观点的角度做一个介绍。

该研究对中产阶级做出了三方面定义。在收入方面，中产阶级年收入即每个个体劳动者或家庭年收入为 3 万~10 万美元（2010~2012 年）。在物质资源方面，中产阶级有稳定的工作任期、全面低成本的医疗保险、实质的有保障的固定收益养老计划。在社会机会方面，中产阶级具有向上流动的现实机会。该研究证明，如果以通货膨胀调整后的美元为单位，美国大多数全职全年工作的中产阶级劳动者的年收入，在 1959~1973 年是稳步上升的，而在 1973~2011 年是下降的，全职全年受雇劳动者的年收入在后面的近 40 年中是下降的，下降了 8.2%。（怀松等，2019：77~83）

该研究认为，同一时间段（后面的近 40 年），在物质资源方面，美国中产阶级职业的稳定性降低，工龄减少、长期工作的人数减少，医疗保险的覆盖面减少、支出增加，养老金覆盖范围缩小、养老支出增加，社会福利减少。在社会机会方面，由于大学毕业生过剩，中产阶级大学毕业生的职业前景不好，美国能够提供给有学士学位的大学毕业生的岗位明显不足。在 21 世纪，与过去的数据相比，贫穷和平民家庭出身的成年人的代际流动一直呈下降的趋势。（怀松等，2019：86~94）

美国社会分层与社会流动研究专家费瑟曼（David L. Featherman）与豪泽（Robert M. Hauser）曾经在 1978 年的著作中证明，当年美国代际流动的上升流动趋势是比较明显的（Featherman and Hauser，1978）。然而，怀松等人的研究则得出了相反的结论。费瑟曼与豪泽研究证明当年父子两代的代际流动，子代 49% 上升、19% 下降，怀松等人使用 21 世纪的数据证明，子代 29.6% 上升流动、33% 下降流动。在费瑟曼与豪泽的研究中，处于高等级职业位置的子代，其中 46% 的人父亲也处于高等级职业位置，而怀松等人在 21 世纪的研究证明该比例为 77%。怀松等人的研究还证明父辈处于最低职业位置的，子代能够流入最高职业层的比例也比费瑟曼与豪泽的数据下降了。（怀松等，2019：100~101）该研究认为，中产阶级只是统计上的一种说法，在 21 世纪美国人的实际生活中已经消失了。

该研究提出了美国社会两极分化的观点，认为美国社会已经变成了双菱型的阶级结构，还形象地画出了上下两个菱型结构的图形。上面的菱型结构称作特权阶级（Privileged Class），占美国人口的 20%；下面的菱型结构称作新工人阶级，占美国人口的 80%。上面的菱型结构又分为两个阶级：最高层是所谓"超级阶级"（Super Class），是企业所有者、雇主、大公司高管等，人口占比为 1%~2%；占 18%~19% 的则是"文凭阶级"，指企业的管理者和拥有各种文凭的专业人员。下面的菱型结构分为三个阶级。靠上面的是所谓"安逸阶级"（comfort class），指教师、护士、技术工人等，在总人口中占 14%~16%；居中的是"不稳定就业阶级"（contingent class），指广大的雇佣劳动者（占 44%~46%）和自雇者（占 3%~4%）；最底层的是"受排斥阶级”（excluded class），指各种非技术的、低薪的、临时型劳动者等，占10%~15%。（怀松等，2019：30~35）

怀松等人的上述研究仅是一家之言，关于美国中产阶级已经消失的观点也显得有些偏颇。其实，学术界仍有不少关于美国中产阶级社会的研究。不过，该研究也在某种程度上呼应了长期以来很多中产阶级研究理论家的担忧，即中产阶级处于社会的中间状态，在经济社会遇到危机的时候，是随时可能出现分化的。

三 美国中产阶级变迁的社会后果

由上述分析可以得知，21世纪以来，美国中产阶级利益受损或中产阶级“缩水”确为事实。所谓中产阶级缩水，一方面是指中产阶级在全社会中的占比有所下降，另一方面也是指中产阶级的收入在美国总体收入分配中的占比有所下降。尤其是新冠肺炎疫情以来，通货膨胀日趋严重，中产阶级家庭的日常生活、住房、医疗、教育、育儿成本等不断上升，生活压力越来越大。中产阶级生活水平的下降当然会导致其政治不满情绪的上升。

尤其是2007~2008年以来的经济危机、次贷危机，使大批卷入次贷危机的中产阶级家庭受到沉重打击，而近年来上层金融资本集团，以及俄罗斯乌克兰军事冲突以来的上层军事工业集团反而获益，美国社会变成了贫富分化比较严重的社会。其结果是导致了美国的社会分裂，也可以视为美国中产阶级中下层与美国高层利益集团的分裂。美国长期奉行的两党竞争的民主政治体制也发生了社会断裂。米尔斯曾强调美国是“精英结盟”的社会，然而，今日的美国出现了精英集团的分裂，更进一步导致了大众的对立情绪。

从美国社会层面看，21世纪以来民族主义和民粹主义都有崛起的趋势。长期以来，美国是没有民粹主义（populism）传统的，研究美国的著述者也常常分析美国为什么没有社会主义，提出所谓美国例外论（American exceptionalism）（Sombart，1976）。然而，特朗普在执政期间宣扬的白人至上、排斥少数族裔，驱除非法移民，以及提出的很多极端口号，也得到了数量巨大的民众的支持，导致了民族主义和民粹主义的流行。虽然拜登代表民主党执政，但是仍然解决不了美国社会分裂、社会断裂的问题。下台总统不承认败选这在美国历史上是比较罕见的，时至今日，特朗普还频频挑战现任总统。这对于美国民主制度造成了重大伤害。这场政治动乱使笔者想起大思想家熊彼特关于民主体制的论述。熊彼特说民主政治能够生存的条件之一是"民主自制"，即政治家要克制自己。美国宪法赋予美国总统的权力实质上相当于古罗马的那种独裁者的权力，所以政治家不能在看来做得到的时候就违背原则去行事。如果领导人失去了民主自制，民主政治也就结束了。（熊彼特，1999：427~430）

历史的教训也值得我们深思，上文述及的盖格、克罗泽等学者在研究和论述第二次世界大战以前的德国中产阶级时，分析了德国中产阶级生活水平的下降也曾导致了该阶级的政治极端化倾向，当年德国白领雇员、中产阶级的下层曾经成为纳粹主义的支持者（Crozier，1965：26）。所以，21世纪以来美国中产阶级与美国社会结构的变迁也从反面证明了强大的中产阶级社会、橄榄型社会结构确实是能够起到社会稳定器作用的，如果中产阶级分化、中产阶级缩水，其结果是社会的动荡甚至分裂。

第五节　东亚中产阶级的研究

一　萧新煌教授等关于东亚中产阶级的研究

萧新煌教授首先分析了东亚新中产阶级产生的历史背景，认为 20 世纪 60~90 年代，在东亚的一些国家和地区，包括新加坡、韩国以及我国的香港和台湾等，经济迅速扩张，产生了一种"新兴工业化经济"（Newly industrialized economies，NIEs），而新兴工业化经济促使职员、管理者、专业技术人员等"新中产阶级"发展起来，也推进了小业主、小资产者等"老中产阶级"的增长。东亚中产阶级已成为在社会政治方面发挥作用的一支重要力量。

萧新煌教授等对东亚中产阶级的研究，是以对我国台湾和香港以及韩国、新加坡等的大型实证调研为基础的。该研究主要集中在以下四个方面。

第一，阶级界限（boundary）问题，即怎样和用什么标准将中产阶级与其他阶级区分开来。第二，从家庭背景、婚姻、同质（homogenety）方面看，东亚中产阶级的社会特征是什么？第三，东亚中产自我认定的阶级（class identity）是什么？他们的生活方式是什么？第四，政治态度方面，东亚中产阶级对国家、社会公正、民主转型的态度是什么？他们在政治运动、选举中的积极性如何？（Hsiao，1999：3-4）

该研究提出了东亚中产阶级的五个特征（Hsiao，1999：4-48）。

第一，代际特征。第一代东亚中产阶级出生在二战以后，多来自工人、农民家庭。例如，父亲一代是农民，儿子一代成为中产阶级的，在韩国的新中产阶级中占33.3%，在老中产阶级中占51.4%。又如，父亲一代是工人，儿子一代成为中产阶级的，在我国香港地区的新中产阶级中占36.1%，在老中产阶级中占44.1%；在新加坡的新中产阶级中占32.7%，在老中产阶级中占46.2%。这一代人年轻时生活艰苦，后生活在多元阶级家庭中，所以第一代中产阶级在阶级认同上和对待其他阶级上，比较模糊，在劳工冲突中倾向于劳工一方。例如，认为自己是工人阶级的，在韩国的新中产阶级中占15.9%，在老中产阶级中占24.9%；在我国香港地区的新中产阶级中占10.3%，在老中产阶级中占28.8%；在新加坡的新中产阶级中占31.7%，在老中产阶级中占31.3%。所以，相当比例的中产阶级并不认同自己的中产阶级地位，而认同工人阶级的地位。研究还证明了这种认同与他们的家庭出身有很大关系。

第二，中产阶级是东亚经济增长的主要受益群体（main beneficiary），市场带来的好处使该阶级享受到了较高的生活水平。该阶级发展出了一套显示其社会地位特点的象征符号。择偶时倾向于在同阶层中寻找。为了维持其社会地位，该阶级具有保守倾向。东亚中产阶级的上述经济特征请参见表10-4。

表10-4 东亚中产阶级的一些特征

单位：%

具有如下特征的占比	韩国		中国香港		新加坡	
	新中产	老中产	新中产	老中产	新中产	老中产
有硕士以上学位	70.5	23.6	31.7	3.0	15.9	6.1
月收入超过1250美元	84.5	74.1	91.2	66.7	69.8	48.5
年家庭收入超过36000美元	63.6	54.1	74.7	26.2	44.6	27.3
有汽车	61.4	41.3	20.4	34.8	53.7	63.6
有信用卡	87.3	53.8	86.4	59.1	64.9	39.4
拥有现住房	63.2	48.0	59.2	54.5	20.4	87.9
有第二套住房	5.9	1.8	23.3	19.7	3.0	18.2

第三，该阶级自认为地位处于上升状态，意识到了自己独立的利益，而不采取支持劳工或资本的战略。该阶级自认为是民主的捍卫者，推进了环境运动、妇女运动、保护消费者运动，积极参加政治选举。因此，政府、资本家、劳工都想将它拉入自己的行列。

问卷调查询问了一些中产阶级自认为在社会中的作用的问题，结果中产阶级对于强调自己阶级作用的问题给予了比较正向的回答，但是，在关心政治的问题上却倾向于中产阶级并不关心政治（见表 10-5）。

表 10-5　东亚中产阶级自评的社会作用

单位：%

同意下列判断的占比	韩国		中国香港		新加坡	
	新中产	老中产	新中产	老中产	新中产	老中产
中产阶级对社会贡献巨大	53.6	52.2	85.0	87.7	65.1	60.6
中产阶级是民主的先锋	54.5	46.2	50.0	53.6	41.3	30.3
中产阶级关注政治自由甚于经济发展	25.0	33.6	12.4	16.1	23.5	15.2
中产阶级不关心政治	42.3	54.5	28.3	24.6	24.2	28.1
中产阶级被征税过高	59.5	38.8	73.5	65.5	43.7	48.5

第四，该研究也提出了上文关于中产阶级是个统一的阶级还是个分裂的阶级的问题。研究证明，东亚中产阶级内部有很大差异，它是由众多阶层构成的，包括新中产阶级（受雇专业技术管理阶级）、老中产阶级（小雇主、小资产者）、边缘中产阶级（操作型的非体力劳动者）。新中产阶级的特征是同情工人阶级，老中产阶级的特征是比较保守，边缘中产阶级的特征是倾向于采取集体行动。

在分析阶级来源时该研究发现，与新中产阶级相比，老中产阶级和边缘中产阶级来自工人和农民家庭的人更多，在自我认定阶级地位时，老中产阶级和边缘中产阶自认为是工人阶级和较低阶级的比例也比新中产阶级高。

在市场能力方面，新中产阶级比边缘中产阶级显然具有更高的教育背景，新中产阶级比边缘中产阶级和老中产阶级的月收入和年收入也要高很多。在文化活动、生活方式方面，新中产阶级更倾向于现代生活方式，比如听音乐会、打高尔夫球、参加社会俱乐部、出国旅游等。

第五，东亚不同国家、地区的中产阶级因文化不同而有差异。新加坡、我国香港地区的中产阶级政治上保守，对政治运动没兴趣；我国台湾地区、韩国的中产阶级则有高度政治意识，试图改革其所生活的地区的政治制度。比如，新加坡的中产阶级在支持劳工和反对大资本方面的态度就比较缓和，表现出的是强烈支持政府的立场，而政治参与的兴趣很低。

二　关于日本中产阶级的研究

日本中产阶级的形成与第二次世界大战后日本社会结构转型密切相关。二战结束后，日本经济逐步恢复并进入迅速增长的时期，到了 20 世纪 70 年代前后，日本社会的职业结构演变与欧美大体类似，白领中产阶层逐渐占据主体。在社会调查中，主观认同中产阶层的比例高达 91.4%。总的来看，中产意识和中产生活方式，带来了日本社会的平稳发展。（周晓虹，2005：190~196）

日本中产阶级的"双重结构"特征。欧美的社会学者很早就指出，白领工薪阶层已成为现代中产阶层最重要的组成部分，如上所述，到了 20 世纪 70 年代前后，日本也演变成了白领阶层占就业者主体的社会。根据傅高义教授的研究，日本的中产工薪阶层或白领劳动阶层具有双重结构特征，即明显地分成两个部分。一个部分是在小企业就业的白领层，他们与雇主保持着"全方位渗透"的关系，双方有十分密切的交往，雇员的安全感建立在雇主良好声望的基础之上，但缺点是劳动关系不是很规范。另一个部分则是大企业的工薪层，大企业里已经建立了规范的现代科层制度，年轻人往往更希望到这种企业中去，认为这种就业更规范，有着更光明的事业前程。而且，这两种类型的企业之间员工流动十分罕见。（傅高义，2017：5~8）

日本中产阶级的家庭、家族特征。傅高义教授在著作中阐释了日本中产阶级的家庭、家族传承现象。虽然同样受到传统儒家文化的家庭、家族社会的影响，但是，日本的家庭是长子继承制，与中国的几个孩子分家的制度不同。在日本，"成年以后，一个儿子，通常是长子，便被赋予守护家族的名誉和责任。其余子女得去寻找其他家族栖身或者获许分家另过，建立了新的分支家庭，其生身之家就成为本家"（傅高义，2017：141~142）。

在日本中产阶级中有大量女性劳动者处于中产下层或中产边缘的位置上。日本社会分层与社会流动调查（SSM）从 1985 年以后才开始区分男女问卷。对于女性从业者的单独分析发现，其人数增加、比例上升较快，而且很多进入到白领职业群体，1975 年日本女性白领占白领总数的 43%。但是这些划归白领职业的女性劳动者，从事的多是普通事务员工作、商业服务业工作，而且有些也不是全时的工作，在职场上属于低工资的群体，其职业地位也很难上升。所以，只是因为白领的职业分类，才将她们划归到中产阶层。如果剔除这些女性就业者数据，就会大大降低日本中产阶级在整体社会结构中的比例。（周晓虹，2005：199~200）

日本白领工薪层的生活压力。日本工薪层大多为自己的工作地位而自豪，对工作尽心尽力，工作时间再加上通勤时间往往需要 12~15 小时，所以，他们的工作压力是很大的。而且同事之间的社会交往、娱乐交往明显高于欧美社会的工薪阶层，下班以后也要共同聚餐等，无形中更延长了在外的时间。再加上成为白领工薪层之前要经历一系列严格的考试竞争，这些就造成了日本白领工薪层的巨大压力，甚至伴随整个就业周期。（傅高义，2017：240~248）笔者 2012 年组织的对东京市民的问卷调研数据也证明，东京市民应答者在回答"职场竞争激烈、工作压力大"时，选择"非常强烈"和"比较强烈"者占比合计约为 75%（李强等，2015：235）。

关于日本中产阶级的社会流动。日本学者通过对日本社会分层与社会流动调查数据的分析，探讨了日本中产阶级的社会流动。日本的老中产阶级与新中产阶级有明显的差异。老中产阶级是指小的企业主、小的商铺业主、家族家庭的小的经营阶层，他们代代相传延续多年。数据显示，日本老中产阶级的代际流入率比较高，在 2005 年超过了 70%，代际流出率则比较低，多年处于约 30% 的水平。该研究得出结论，日本老中产阶级有明显的代际流动优势，即大体上属于父子两代人的地位继承。日本新中产阶级的构成与国际上的白领阶层一样，包括专业技术人员、管理人员、办事员和销售人员等，日本新中产阶级的代际流入率从 1975 年的约 30% 上升到 2005 年的近 50% 的水平，而代际流出率则多年在 60% 上下浮动，这说明新中产阶级并没有代际继承的优势，多是年轻人自己通过教育考试、职场竞争的结果，而一旦进入白领新中产阶级后就会比较稳定，该阶层代内流入率始终保持在约 80% 的水平，也就是说具有相当高的职业稳定性（佐藤嘉伦、有田伸，2009：397~403）。这可能是受到日本就业保护制度的影响。

关于日本中产阶级社会崩溃的观点。21 世纪以来，有日本研究者提出，曾经以中产阶级为主体的日本社会已经发生了社会结构的重大变迁，新生成的社会结构是英文字母 M 型的，即中低收入阶层占比急剧上升，另一端是高收入层比例有所提升，而恰恰是处于中间位置的中产阶层比例大大下降，由此提出了日本中产社会全面崩溃的观点。该研究依据的是日本薪资人均年收入数据（日元），300万日元以下为低层阶层，300万～600万日元为中低阶层，600万～1000万日元为中上阶层，1000万日元以上为上层阶层。该研究显示，到2002年低层阶层与中低阶层合计占78.9%，中上阶层占16.2%，上层阶层占4.9%，这样的数据与1992年相比，各收入阶层向两极移动，呈现两极化现象。（大前研一，2010：35～39）该研究认为，这样的变迁对日本人的生活有很大的冲击，在二战结束后的很长一段时间里，日本的从业者认为自己在职场上进入中产阶级是"合情合理的常识"（大前研一，2010：XI），但是在21世纪M型社会结构越来越明显，这对年轻人产生了心理上的极大冲击。

该研究还分析了M型社会的三个表现。一是就业者中正式员工减少、非正式员工增加，这导致了收入上的两极分化。二是不同产业、不同行业、不同企业之间的收入差距越来越大。三是年功序列的崩溃。日本企业过去奉行的是终身雇佣制，年功越高工薪越高。目前，日本企业引入了业绩机制，这样就发生了两极分化，一端是出现了多年工作但仍处在低收入水平上的群体，另一端是以科技新贵为代表的极高收入阶层，这是一种"马太效应"。

三　关于韩国中产阶级的研究

第二次世界大战结束以后，韩国的经济发展比日本要迟一些。朝鲜战争停战以后，韩国的经济先是逐步恢复，到20世纪60年代以后出现了经济高增长的局面，韩国中产阶级也有了快速的增长，中产阶级比例在1960年为20%，1970年为30%，1987年为65%（赵利济、金赢亨，1996：413）。研究认为，韩国的阶级结构也受到其历史文化传承的影响，历史上的韩国传统社会奉行一种等级森严的身份地位制度，分为两班、乡班、士班、中人、庶孽、常民、贱人七个阶层。这种文化也影响了今日韩国的中产阶级，由于非常重视社会身份地位，韩国的中产阶级更像上层阶级。韩国中产阶级与教育背景联系密切，韩国受过高等教育的人占比不高，这样，教育背景也成为约束中产阶级比例的重要因素，即只有受过较高教育的人士才被视为中产阶级。由于韩国人口高度集中在首尔等大城市，所以，受过高等教育的中产阶级多数聚集在极少数大城市。与很多其他国家的中产阶级持保守意识形态的立场不同，韩国中产阶级表现出了极高的政治激情，积极参与示威、游行、选举等政治活动。有研究认为，韩国中产阶级内部的异质性比较明显，大体上，韩国中产阶级是由三部分人组成的。其一，具有高等教育背景的专业人士，如医生、律师、大学教授等，还包括在各种不同单位担任多种管理职务的人士，这些人属于中上阶级。其二，从事专门技术工作的，以及在各种单位从事一般事务型工作的人员，属于新中产阶级。其三，从事独立经营工作的人员，有些是雇用了少数帮工的商业服务业经营者，属于旧中产阶级。（周晓虹，2005：208～214）

由于韩国中产阶级的诸多特殊性，韩国国立首尔大学的韩相震（Han Sang-Jin）教授提出了关于韩国中产阶级的"中民"（Middling grassroots）理论（Han，2009）。韩相震认为，研究中产阶级绝不仅仅是为了区分收入水平、生活水平，中产阶级也显示了一种身份定位，他们也会成为政治运动的行动者，中产阶级内部也会有不同政治取向的社会群体。研究中产阶级对自身身份的定位，可以解释中产阶级不同群体的政治行为。韩国在其现代化进程中表现出了突出的官僚威权主义（bureaucratic authoritarianism）特色，而韩国中产阶级及社会大众对威权政府的政治态度、社会认同有很大的差异。所以，该研究就从身份定位、政治态度、政治行为差异的角度，将韩国中产阶级区分为两个不同的社会群体。

一个是"中产主流"（Propertied Mainstream），主要由管理者、行政人员、专业人士以及小资产阶级组成。在韩国经济快速增长，快速城市化、工业化的局面下，中产主流是获益较大的群体。该群体在政治意识形态上主张国家主义，拥护威权政府。从代际上看，中产主流的年龄偏大一些，经历过韩国比较贫困的时期，他们有着走出困境、求得经济发展的强烈诉求，一生都在奋斗攀升。中产主流持一种关注经济利益的物质主义价值观。

另一个则是"中民"（middling grassroots），中民的重要代表是大学教授、文艺界人士、大学生及其他知识分子。该群体有强烈的民主化诉求。由于韩国的政治运动比较频繁，相当多的"中民"从大学生时期就参与了各种政治和社会运动。这种新生代大学生毕业以后多进入到各种社会组织中。"中民"在成长过程中注重社会参与、良好的关系、团结、环境保护等，持一种自我表达和参与的价值观（values as self-expression and participation）。

该研究采用了韩国多种全国规模的抽样调查数据，用实证数据证明了中民与中产主流在参加示威政治活动频率上的差异。中民直接参加过示威的占22.4%，表示可能会参加的占41.9%，两者合计占64.3%。而中产主流参加过示威的仅占7.7%，表示可能会参加的占37.8%，两者合计占

45.5%。该研究还详细分析了教育背景对韩国中产阶级内部阶层政治态度和政治行为的影响，数据显示，受过大学教育的"中民"在各种政治活动中都是最积极、最活跃的。

在社会分层的分类中，韩相震还区分了另外两个阶层——基层民众（Bottom Grassroots）和依附型基层国民（Bottom Subject）。在后来的研究中[①]，他又进一步深化了对这两个阶层的理解。对于基层民众，他亦称之为"民粹市民"（popular citizens），认为该群体的政治态度、政治行为都是比较积极的。而对于依附型基层国民，他亦称之为"靠福利生活的市民"（welfare citizens），是指那些完全依靠政府的社会福利保障而生活的基层市民，他们对于威权政府是完全顺从的。表 10-6 显示了这四类阶层的历史变迁数据（Han, 2009: 10）。

表 10-6　四类阶层的历史变迁（1987~2006 年）

单位：万人，%

分类	1987	1995	1999	2001	2002	2005	2006
中民 （Middling Grassroots）	260 （20.8）	322 （26.0）	310 （25.9）	436 （36.0）	483 （48.3）	289 （28.7）	228 （22.7）
中产主流 （Propertied Mainstream）	418 （33.4）	468 （37.8）	106 （8.8）	98 （8.1）	65 （6.5）	75 （7.5）	84 （8.3）
基层民众 （Bottom Grassroots）	213 （17.0）	163 （13.2）	479 （39.9）	409 （33.8）	294 （29.4）	392 （39.0）	388 （38.6）
依附型基层国民 （Bottom Subject）	359 （28.7）	284 （23.0）	304 （25.4）	268 （22.1）	157 （15.7）	250 （24.9）	306 （30.4）
总计	1250 （100.0）	1237 （100.0）	1199 （100.0）	1211 （100.0）	999 （100.0）	1006 （100.0）	1006 （100.0）

从表 10-6 的数据看，中民一直是韩国中产阶层中的重要力量，在 2002 年其占比曾经上升到 48.3%。中产主流的占比则呈现明显的下降趋势，从 1995 年的 37.8%下降到 2006 年的 8.3%。有积极政治态度和政治学行为的基层民众的占比也呈现上升趋势，从 1987 年的 17.0%上升到 2006 年的 38.6%。该研究对韩国中产阶级的政治态度、政治行为进行分类，从学术角度看颇具新意。

---

① 2016 年 11 月韩相震教授曾在清华大学讲学。

四 关于中国台湾地区中产阶级的研究

20 世纪 50 年代以来，我国台湾地区社会历经变迁，先是在农村进行了土地改革，使自耕农成为台湾农民的主体，到 20 世纪 60 年代资本主义的经营方式有了较快发展，台湾由农业社会变为工商业为主的社会，这些都对中产阶级的发展起到了促进作用。70 年代以后，台湾进入经济的高增长时期，产业也不断升级，到了 90 年代，多数研究认为中产阶级已经成为台湾地区社会的主体。（周晓虹，2005：265）

台湾地区社会结构的一个特点是中小工商业经营者、中小企业占比很高，据研究，在台湾企业中中小企业占比超过 90%。所以，很多研究者都聚焦于台湾的中小企业研究。比较著名的如台湾东海大学高承恕教授的研究。高承恕在一项关于"台湾中小企业"的研究中，分析了台湾中产阶级的四个基本特性（高承恕，1989：21~31）。

第一，高度流动性。高承恕发现，我国台湾地区的中产阶级显现高度的流动性，有从公家机关转到民营企业的，也有反过来的，但从公家机关转到民营企业的是主要流向（这有点儿像大陆的"下海"）。如果与日本、韩国相比，就更能看出这种流动性。日本比较强调终身雇佣制，流动性小。韩国中产阶级的流动是以流向大企业为主，流动率也不高。在我国台湾地区，很突出的一种流动就是，很多人原先在公司里做雇员，后来自己出来开公司。在公司里做雇员的时候熟悉业务、学会技术、掌握市场网络，然后自己出来办公司，当董事长。台湾的董事长特别多，这与流动性高有密切关系。我国台湾地区企业有 90% 以上是中小企业。高承恕所说的这种情况，目前在大陆也很普遍，大陆现在的董事长也特别多，人人都想当老板，这可能与华人的家庭式经济发达有关。

高承恕所说的另一种流动是纵向流动，指台湾地区的中小企业主大多来自农民或工人家庭，过去打工，现在当老板，通过创业逐渐积累财产，达到三四亿元台币的年营业额，成为中小企业主。

第二，模糊性。模糊性与流动性有关，由于不断流动，中产阶级表现出来的结构化程度不高。这样，在阶级认同上就比较模糊，特别是第一代中产阶级常常认同自己原来出身的阶级。

第三，多样性。这又涉及中产阶级是个统一的阶级还是个分化的阶级的问题了。高承恕认为，台湾地区的中产阶级内部差异是很大的。比如，中小企业主与公务员差异就很大，公务员与中小企业主的异质性大于同质性。即使在中小企业主群体的内部，不同产业之间也有很大差距。（严泉、陆红梅，2009：5~7）

第四，现实性。这是指台湾地区的中产阶级的认同和行动取向比较倾向于以现实的利益为标准，主要考虑的不是意识形态方面的标准，而是如何能够获得更多的机会，得到更多的利益。他们更关心的是经济指标，比如汇率、股票、外销市场等，而不是政治意识形态。

台湾东海大学的陈介玄教授通过很多实证调查，研究了台湾地区中小企业的众多案例，从产业社会学的角度，探讨了台湾中产阶级中的中小企业主的诸多特征（陈介玄，1998）。

参考文献

C. 赖特·米尔斯，1987，《白领——美国的中产阶级》，杨小东等译，杭州：浙江人民出版社。

K. 罗伯茨、F.G. 库克、S.C. 克拉克、E. 西蒙诺夫，1977，《破碎的中产阶级结构》，伦敦：海涅曼出版社。

埃里克·奥林·赖特，1981，《各种马克思主义的阶级结构概念》，《马克思主义研究参考资料》第40期（总第92期），北京：中国社会科学院马列所。

埃里克·欧林·赖特，2006，《阶级》，刘磊、吕梁山译，北京：高等教育出版社。

爱德华·伯恩施坦，1963，《社会民主党内的修正主义：在阿姆斯特丹向大学生和工人作的演讲》，史集译，北京：生活·读书·新知三联书店。

爱德华·伯恩施坦等，1961，《伯恩斯坦、考茨基修正主义著作选录》，北京：生活·读书·新知三联书店。

陈介玄，1995，《货币网络与生活结构：地方金融、中小企业与台湾世俗社会之转化》，台北：经联出版事业股份有限公司。

陈介玄，1998，《台湾产业的社会学研究：转型中的中小企业》，台北：经联出版事业股份有限公司。

大前研一，2010，《M型社会：中产阶级消失的危机与商机》，刘锦秀、江裕真译，北京：中信出版社。

丹尼尔·贝尔，1984，《后工业社会的来临——对社会预测的一项探索》，高铦等译，北京：商务印书馆。

厄尔·怀松、罗伯特·佩卢奇、大卫·赖特，2019，《新阶级社会：美国梦的终结?》（第四版），张海东等译，北京：社会科学文献出版社。

凡勃伦，1964，《有闲阶级论：关于制度的经济研究》，蔡受百译，北京：商务印书馆。

傅高义，2017，《日本新中产阶级》，周晓虹、周海燕、吕斌译，上海：上海译文出版社。

高承恕，1989，《对当前台湾"中产阶级"的几点观察》，载萧新煌主编《变迁中台湾社会的中产阶级》，台北：巨流图书公司。

格兰特，1964，《社会主义与中间阶级》，盛震溯译，北京：商务印书馆。

哈里·布雷弗曼，1978，《劳动与垄断资本：二十世纪中劳动的退化》，方生等译，北京：商务印书馆。

劳伦斯·詹姆斯，2015，《中产阶级史》，李春玲、杨典译，北京：中国社会科学出版社。

李春玲主编，2009，《比较视野下的中产阶级形成：过程、影响以及社会经济后果》，北京：社会科学文献出版社。

李强，1990，《西方发达国家的白领阶层》，载何建章主编《当代社会阶级结构和社会分层问题》，北京：中国社会科学出版社。

李强、于建明、陈宇琳主编，2015，《北京·首尔·东京城市生活与市民态度》，北京：社会科学文献出版社。

罗丝玛丽·克朗普顿，2011，《阶级与分层》（第三版），陈光金译，上海：复旦大学出版社。

马克思，1975，《资本论》第三卷，北京：人民出版社。

马克思，1976a，《剩余价值理论》（《资本论》第四卷）第二册，北京：人民出版社。

马克思，1976b，《剩余价值理论》（《资本论》第四卷）第三册，北京：人民出版社。

马克思、恩格斯，2012，《共产党宣言》，载《马克思恩格斯选集》第一卷，北京：人民出版社。

托马斯·皮凯蒂，2014，《21世纪资本论》，巴曙松等译，北京：中信出版社。

萧新煌，1989，《变迁中台湾社会的中产阶级》，台北：巨流图书公司。

熊彼特，2009，《资本主义、社会主义与民主》，吴良健译，北京：商务印书馆。

亚里士多德，2007，《政治学》，高书文译，北京：九州出版社。

严泉、陆红梅，2009，《台湾的中产阶级》，北京：九州出版社。

赵利济、金赢亨，1996，《韩国经济腾飞的政策剖析》，孔德涌、董桂兰等译，武汉：华中理工大学出版社。

中共中央马克思恩格斯列宁斯大林著作编译局国际共运研究室编，1981，《德国社会民主党关于伯恩施坦问题的争论》，北京：生活·读书·新知三联书店。

周晓虹、王浩斌、陆远、张戌凡，2016，《西方中产阶级：理论与实践》，北京：中国人民大学出版社。

周晓虹主编，2005，《全球中产阶级报告》，北京：社会科学文献出版社。

佐藤嘉伦、有田伸，2009，《全球化、地方制度与日本中产阶级》，载李春玲主编《比较视野下的中产阶级形成：过程、影响以及社会经济后果》，北京：社会科学文献出版社。

Beker, James F. 1973. "Class Structure and Conflict in the Managerial Phase." *Science & Society* 37 (Fall): 259–377.

Bell, Daniel. 1976. *The Coming of Post-Industrial Society: A Venture in Social Forecasting*. New York: Basic Books, Inc., Publisher.

Carchedi, Guglielmo. 1977. *The Economic Identification of Social Classes*. London: Routledge & Kegan Paul.

Crompton, Rosemary. 1998. *Class and Stratification: An Introduction to Current Debates*. Cambridge: Polity Press.

Croner, Fritz. 1937. *The White Collar Movement in German since the Monetary Stabilization*. New York.

Croner, Fritz. 1962. *Die Angestellten inder Moderne Wirtschaft*. Cologne.

Crozier, Michel. 1965. *The World of the Office Worker*. Chicago: the University of Chicago Press.

Duke, V. and S. Edgell. 1987. "The Operationalisation of Class in British Sociology: Theoretical and Empirical Considerations." *British Journal of Sociology* 38 (4).

Edwards, R. 1979. *Contested Terrain: The Transformation of the Workplace in the Twentieth Century*. London: Heinemann.

Featherman, David L. and Robert M. Hauser. 1978. *Opportunity and Change*. New York: Academic Press.

Geiger, Theodor. 1967. Die Soziale Schichtung des Deutschen Volkes. Stuttgart.

Giddens, Anthony. 1975. *The Class Structure of the Advanced Societies*. New York: Harper & Row Publishers.

Goldthorpe, John H., David Lockwood, Frank Bechhofer, and Jennifer Platt. 1969a. *The Affluent Work in the Class Structure*. Cambridge: at the University Press.

Goldthorpe, John H., David Lockwood, Frank Bechhofer, and Jennifer Platt. 1969b. *The Affluent Work: Industrial Attitudes and Behaviour*. Cambridge: at the University Press.

Gorz, Andre. 1967. *Strategy for Labour*. Boston, Mass: Beacon Press.

Gorz, Andre. 1982. *Farewell to the Working Class: An Essay on Post-Industrial Socialism*. Boston: South End Press.

Han, Sang-Jin. 2009. "The Dynamics of the Middle Class Politics in Korea: Why and How do the Middling Grassroots differ from the Propertied Mainstream?" *Korean Journal of Sociology* 43 (3): 1–19.

Hsiao, Hsin-Huang Michael edited. 1999. *East Asian Middle Class in Comparative Perspective*. Taipei: Institute of Ethnology, Academia Sinica.

Kelly, Michael P. 1980. *White-collar proletariat.* London: Routledge & Kegan Paul.

Lederer, Emil. 1912. *Die Privatangestellten in der Modernen Wirtschaftsentwicklung.* Tübingen.

Lederer, Emil. 1922. *Die Sozialen Organnisationen.* Leipzig, Berlin: B. G. Teubner.

Lederer, Emil. 1937. *The Problem of the Modern Salaried Employee: Its Theoretical and Statistical Basis.* New York : Department of Social Sciences, Columbia University.

Lederer, Emil. 1940. *State of the Masses: The Threat of the Classless Society.* New York: W. W. Norton and Company.

Lederer, Emil and Jakob Marschak. 1937. *The New Middle Class.* New York: Columbia University Library.

Lederer, Emil et al. 1979. Kapitalismus, Klassenstruktur und Probleme der Demokratie in Deutschland 1910-1940. Göttingen: Vandenhoeck und Ruprecht.

Lipset, Seymour Martin and Reinhard Bendix. 1967. *Social Mobility in Industrial Society.* Berkeley and Los Angeles: University of California Press.

Lockwood, David. 1989. *The Blackcoated Worker: A Study in Class Consciousness.* Oxford: Oxford University Press (First published 1958 by George Allen & Unwin Ltd.) .

Mallet, Serget. 1975. *The New Working Class.* London: Spokesman.

McColloch, Mark. 1983. *White Collar Workers in Transition.* Westport, Conn: Greenwood Press.

Mills, C. Wright. 1951. *White Collar: The American Middle Classes.* New York: Oxford University Press.

Roberts, K. , F. G. Cook, S. C. Clark, and E. Semeonoff. 1977. *The Fragmentary Class Structure.* London: Heinemann.

Rosemary, Rosemary and Gareth Jones. 1984. *White-Collar Proletariat: Deskilling and Gender in Clerical Work.* London: Macmillan Press Ltd.

Sombart, Werner. 1976. *Why is there No Socialism in the United States?* White Plains, N. Y. : International Arts and Sciences Press.

Speier, H. 1934. " The Salaried Employee in Modern Society. " *Social Research* Vol. 1, pp. 111-133.

Wright, Eric Olin. 1978. *Class, Crisis and the State.* London: New Left Books.

Wright, Eric Olin. 1979. *Class Structure and Income Determination.* New York: Academic Press.

第十一讲
中国的中产阶层与中等收入群体

21世纪以来，关于我国中产阶层与中等收入群体的概念频繁出现在各种传媒之中，也成为我国学术界讨论的热门话题。这与中国社会结构的变迁密切关联。改革开放四十多年以来，中国经济社会发生巨大变迁，随着全面建成小康社会目标的实现，中国人的经济收入和生活水平有了很大的提高，社会的职业结构、阶层结构、群体结构均发生了很大变化。研究表明，更多的中国人进入了中等收入群体和中产阶层（陆学艺，2010；李培林等，2018）。

本讲就集中讨论我国的中产阶层与中等收入群体问题。近些年来，国内关于此问题的研究，文献非常多，很难在一讲的篇幅内都予以概述。所以，本讲主要介绍了笔者关于我国中产阶层的一些研究。

第一节　怎样界定我国中产阶层与中等收入群体

一　中等收入群体的概念与标准

在目前国内的党政文件中，还没有直接使用"中产阶层"的说法，而是使用"中等收入群体"概念。中等收入群体，the middle-income group，在国际上也大体被视为与middle class近似的概念。党的十六大报告首次提出了"扩大中等收入者比重"的观点，此后在中央的一系列相关文件中都阐述了这样的思想。党的十八届三中全会通过的《中共中央关于全面深化改革若干重大问题的决定》强调：扩大中等收入者比重，逐步形成橄榄型分配格局。2016年5月，习近平总书记在中央财经领导小组第十三次会议上明确提出要"扩大中等收入群体"，将以往的"中等收入者"改称为"中等收入群体"。"中等收入群体"概念若仅从表面词义看是指收入处于中间位置的那部分人，其实，该概念的提出，绝不是简单的收入统计问题。"中等收入群体"体现了国家的发展目标，即作为收入分配和共同富裕的战略，让社会上的大多数人能够过上殷实富足、衣食无忧的生活，也就是人们常说的小康生活水平。从收入上看，社会群体确实存在着高中低收入之分，但是，作为国家发展战略，是要经过长时间努力，让社会中的绝大多数人进入到中等收入群体，这样就形成了一种橄榄型的社会结构。所以，这与我们讨论的中产阶层社会结构是类似的。

那么，怎样测量中等收入群体呢？表面上看，中等收入群体只是计算收入，似乎是很简单的事情，其实难度很大，关键是上限和下限设在什么位置，依据是什么。

首先，国际上较为常用的一种界定中等收入群体的标准，是以人均收入或收入中位数的50%作为中等收入区间的下限值，以人均收入的150%为上限值。譬如，经济合作与发展组织（OECD）的大多数成员国都以此作为界定中等收入群体的标准。这一标准的特点在于，区间范围相对较宽，可以随着国民收入的变化而划分出处于中等收入水平的群体，该方法更适用于收入分配较为均等的国家。OECD的一些经济较为发达的成员国，已经度过了贫富差距较大的时期，因而采用这种划分方法较为合适。但是，在我国，由于仍处在城镇化、产业化进程中，居民的收入差距较大，所以，这一方法对于我国并不适用。我国绝大部分就业者的收入都集中在中低收入交界的水平上，如果按照上述方法计算，我国中等收入群体比例会很高，但是，实际上是将很多低收入者、生活水平较低的一部分人划入中等收入群体，而这部分人还没有达到中等收入群体较为富足的生活水平，不符合国家的战略目标。所以，国内的多数学者并不采用此种方法。

其次，由于认识到将人均收入50%作为中等收入的下限值标准过低，国内一些研究就提升了下限值的水平。如李培林、张翼在研究中是将中等收入的下限由人均收入的50%提升到城市户籍人口年家庭平均收入水平，将人均收入在城市户籍人口年家庭平均收入线以上直到平均线水平的2.5倍（上限）的人群定义为中等收入层（李培林、张翼，2008：4~5）。笔者尝试按照这样的标准计算，采用2014年中国家庭追踪调查（CFPS）数据，得到的结果是，2013 年我国中等收入群体在全国仅占约 13%，在城市占 19%。笔者认为，以城市户籍人口年家庭平均收入作为中等收入群体标准的下限值确实偏高，导致我国中等收入群体比例过低，也不符合社会事实。

再次，国家发展和改革委员会宏观经济研究院课题组也曾提出中等收入的预测值。由于扩大中等收入群体是国家战略，并不是说当时就实现了。所以，该研究是预测了 2020 年的中等收入标准，采用了根据当时的经济总量和增长速度外推的方法来预测。该研究提出，以 2020 年城镇居民人均收入的推算值为中等收入的下限，以该下限水平的 3 倍作为中等收入的上限，这个区间就是中等收入。该研究最终得到中等收入标准为（人民币）个人年收入 3.4 万~10 万元、人均可支配收入 1.8 万~5.4 万元、家庭年收入 5.37 万~16 万元。（国家发改委宏观经济研究院课题组，2005）依照该研究，笔者同样采用 2014 年 CFPS 数据，测算得到 2013 年满足人均可支配收入 1.8 万~5.4 万元的群体比例为 25%。这一比例明显高于笔者根据李培林、张翼标准计算的比例。两种研究的区别在于，前者是按照"城市户籍人口收入"计算，而后者使用的是"城镇居民收入"的概念，城镇居民一般是指"城镇常住人口"。国家发展和改革委员会宏观经济研究院课题组的该研究是按照推算值计算的，仅列于此作为参考。

最后，笔者带领的课题组经过多种不同数据的反复测算和多次讨论，认为选取城市居民人均收入的 60%~70% 作为中等收入的下限，上限为下限水平的 2.5~4 倍较为合适。由于上述经验分析均是基于相对指标的中等收入标准，因而得到的这一区间是较为宽泛的。通过测算统计中常使用的三种收入，笔者提出中等收入群体的标准是：第一，人均年收入 3.5 万~12 万元；第二，家庭年收入 6.9 万~23.6 万元；第三，人均可支配收入 2 万~6.7 万元。根据此标准，使用 2014 年 CFPS 数据计算，采用人均可支配收入标准，中等收入群体在全国居民中占 21.9%，在城市居民中占 30.3%，在农村居民中占 13.0%。

二　中产阶层的概念与标准

直观地看，中产阶层是指生活水平、财产地位、社会地位等处于中等层次的社会群体。所以，中产阶层概念比中等收入群体概念复杂得多。其实，社会地位群体从来就是一种多重地位要素的综合体。收入不是孤立的，它会影响消费、生活水平等各方面。所以，社会学更倾向于使用中产阶层、中产阶级概念，它更能体现综合性地位群体的特征。

本讲在阐释中产阶层时，特别强调该阶层的三种社会地位：经济地位、教育地位和职业地位。对于中产阶层的经济标准，可以进行收入测量、财产测量和消费及生活方式测量。由于收入测量最容易操作，目前从收入角度测量的研究最为普遍。

关于中产阶层的教育标准强调的是，现代新中产阶层大多受过较好的教育、获得了较高的文凭，当然，如果反过来说，凡受教育水平较高的都是中产阶层也不准确，因为社会上层也有较高比例获得了较高文凭。由于教育是社会地位的基础要素，所以，受教育水平较高的群体会是中产阶层的潜在群体（见表11-1）。

表 11-1　我国教育分层的变迁

单位：%

教育分层	CGSS 2005	CGSS 2010	CGSS 2013	CGSS 2018
教育低层	71.89	68.12	65.49	64.19
教育中低层	15.24	13.13	13.50	15.62
教育中高层	12.87	18.75	21.01	20.19

表11-1使用的是中国人民大学的中国综合社会调查（CGSS）[①] 2005年、2010年、2013年、2018年数据，根据当年权重指数进行加权。教育分层的标准是：受教育水平在初中及以下的人员定义为"教育低层"，拥有高中及技校、职高学历的为"教育中低层"，中专、大学本科及以上的为"教育中高层"。在这里，"教育中高层"显然是中产阶层的潜在群体，是比较容易进入中产阶层的群体。从2005～2013年的数据看，该中产潜在群体占比在8～9年的时间里，从2005年的12.87%上升到2013年的21.01%。这就意味着，当前是中国中产阶层比较容易扩张的时期，从培育橄榄型社会结构角度看，"教育中高层"占比的提升为其提供了比较好的社会条件。当然，"教育中高层"上升速度虽然不慢，但整体上所占比例还不太高，这个大约21%的比例与下文从职业角度测量的中产阶层，以及从经济收入角度测量的中等收入群体，都比较接近。

[①]　本讲此处以及第二节均使用了 CGSS 的公开数据。

最后是关于测量中产阶层的职业标准。在现代社会，职业地位是人们的首要社会地位，中产阶层首先是由居于社会中间地位的职业群体构成的。

什么是中产阶层的职业构成呢？本书第十讲已经提到，从世界各国经验看，中产阶层主要是由四个职业群体构成的，即管理人员、专业技术人员、办公室办事员和商业服务业人员，这四个职业群体又常被称作"白领人员"。当然，根据中国国情可能需要做某些调整。暂且按照该分类，我国城乡白领职业群体构成如下（见表11-2）。

表11-2 我国城乡白领职业群体构成及与非白领职业人员的对比

单位：%

	农村	城镇	城乡合计
国家机关、党群组织、企业、事业单位负责人	0.47	4.89	1.84
专业技术人员	1.86	23.35	7.08
办事人员和有关人员	0.78	14.32	4.43
商业、服务业人员	6.76	28.44	16.60
非白领职业人员	90.13	29.00	70.05

由表11-2可以看到，我国城乡合计的白领群体占全部就业者的29.95%，但城乡之间差异很大，城镇为71.00%，农村仅为9.87%，显然，推进城镇化是非常有利于推进白领群体发展的。这里研究的是中产阶层的职业标准，简单地将白领群体等同于中产阶层也是有漏洞的，至少有两个方面的漏洞。第一，管理人员、单位负责人和专业人员中有一部分属于社会上层，尽管占比不高，但都归入中产阶层也是不准确的。第二，在中国，商业、服务业人员中还有一部分类似于体力劳动者而不是白领。尽管国际上一些发达经济体常常将"service workers and shop and market sales workers"归为一类并纳入白领范畴，但是，在中国，商业以及服务业职业还远没有那样规范和成熟。所以，也只能说中国的商业营销工作近似于白领工作。

本书第八讲介绍了"国际标准职业社会经济地位指数"（ISEI）方法，根据笔者多年研究的经验，此处将ISEI得分67分及以上定义为社会上层，将得分41~66分群体定义为中产阶层，将得分16~40分定义为社会下层。根据"六普"数据，我国上中下阶层的占比如下（见表11-3）。

表 11-3　我国城乡 ISEI 上中下阶层的构成比例

单位：%

社会分层	农村	城镇	城乡合计
社会上层	1.95	17.66	5.63
中产阶层	12.60	40.47	19.13
社会下层	85.45	41.88	75.24

从表 13-3 可以清楚看到，在城乡合计的我国全部就业者中，按照 ISEI 测量的我国中产阶层，所占比例为 19.13%，也就是说接近五分之一。当然，城镇要高很多，为 40.47%，农村仅 12.60%。

以职业标准划分中产阶层有很多优点。职业群体是属性差异群体，这样中产阶层的界限会比较清晰。职业地位中常常蕴含着经济地位和教育地位，所以其综合性强。另外，职业群体也是有真实社会互动意义的群体，进入某一职业的标准会近似，同一职业的人会有相似的职业规范、职业语言，也更容易发生社会交往。这就涉及我们为什么要研究中国的中产阶层问题。一个真实的社会阶层，而不是虚假的社会阶层，是有社会互动、社会整合、社会态度和社会行动意义的。从世界各国的经验看，中产阶层是一个在政治、经济、文化、思想等方面有特殊利益的、有一定认同的社会集团。在中国，如果这个集团将来发展为社会的主体，它将最终使中国社会进入稳定的发展状态，使中国社会从"结构紧张"进入"结构宽松"状态。所以，关注中产阶层的职业划分，更有利于研究真实的社会地位群体。

当然，从三个维度去测量，就会产生不一致的情况，一个标准符合了，另外的标准却不符合。所以，我们在研究中使用了"广义中产"与"核心中产"的概念，"广义中产"指只要有一个维度符合了就暂且算作中产，"核心中产"指三个维度符合标准的群体，当然，同时符合三个维度标准的人群规模确实很小。

尤其在我国，现代化转型的进程还远远没有结束，传统的社会结构特征还比较突出，现代意义上的中产阶层也还在发展过程之中，中产阶层的三个维度标准之间不匹配的现象会比较突出。但是，等到我国现代化转型大体完成的时候，当我国呈现橄榄型社会结构的时候，同时符合三个维度标准的中产阶层的比例会大大上升。在此意义上，强调作为现代社会阶层的中产阶层的三方面标准还是有意义的。

三 中国中产阶层的五个集团

中产阶层绝不仅仅是一个统计意义上的群体，而是一个有真实社会关系的群体，有其社会特性、社会功能、社会团结、社会行动。那么，我国当前的中产阶层中，究竟有哪几个有真实社会互动意义的群体呢？笔者曾经提出过我国中产阶层的五个集团的观点。

第一个集团是最典型的中产阶层——专业技术阶层。该阶层包括传统的知识分子阶层。专业技术阶层、知识分子阶层在中华人民共和国 70 多年的历史中，是贯穿始终的中产阶层。尽管"文化大革命"中有所谓"臭老九"之说，但实际上，无论是从工资水平、福利待遇还是从工作环境看，专业技术阶层的位置都高于农民和普通体力工人。当然，改革开放以后，这个集团也有很大变化。传统的知识分子都是在体制之内的，但是，近来市场的快速发展也将一部分知识分子吸引到了体制之外。他们很多在民营企业、外资企业、港澳台企业就业，也有不少人从事自由职业，但从工作性质看，都属于专业技术型，是典型的白领阶层。专业技术阶层中的体制内群体与体制外群体，由于他们受教育的基础没有太大差异，所以，基本价值观还是相似的。当然，由于体制的差异，也会有些利益、价值取向上的差异。

第二个集团是各类管理人员，包括企业事业单位的管理人员和广大的干部阶层。当然，高层管理人员、高级干部，属于更高的阶层，但占比很低，管理人员的大多数，仍应归入中产阶层。无论是什么单位的管理者，经济地位、权力地位、工作地位、市场地位当然都会高于一般非管理者。改革开放以后，民营经济管理阶层有了迅猛的发展。我国干部队伍的绝大多数是普通干部，其工资收入，虽然有可能比企业管理者、企业经理的收入低一些，但是，这类职位收入稳定、有上升机会，在住房、医疗、养老保障等方面条件好，社会资源机会多，能够在社会政治生活、经济生活和精神生活中发挥更大作用。上述两类管理者，虽然在经济收入、政治地位上存在某些差异，但仍然具有管理者的共同性，都是中产阶层最主要的构成部分。

第三个集团是所谓"新中产阶层"。这是考察"代际特征"，所以，与其他集团会有交叉。上一讲提到的很多中产研究者都提出过新中产阶层概念。我国的新中产阶层是指，有高等学历、从事新兴的或新技术职业、多聚集在大城市、形成新型消费方式的一代年轻人，亦称新白领阶层。传媒上曾有人列举了五类中国新中产阶层：科技开发型企业家、国外驻华企业的中方管理人员、国有金融行业中的中高层管理人员、就职于中介机构的专业技术人员、部分个体私营企业家。① 该列举不一定准确，但是在传媒上和影视中频繁出现。

第四个集团是效益比较好的国有企业、股份制企业和其他经营比较好的企业、公司、单位的职工层。"职工"本是"市场改革"以前的概念，笔者之所以使用它是因为没找到更好的概念。该群体有些类似于上一讲洛克伍德所讲的"职员"或米歇尔·克罗泽所讲的"办公室工作者"。他们多是大企业的普通人员，比不上前述的专业人员和管理者，但是属于白领阶层，生活、住房、医疗、养老等都有保障。严格地说，劳动力市场化改革以后，"铁饭碗"已经不存在了。但是，由于社会的惯性，传统模式的同化能力也很强，有些股份制企业、有限责任公司、外企、港澳台企业、合资企业也在学习传统模式，比如提供比较好的住房条件等，当然，前提是这些企业的经济效益要有保证。

第五个集团是大量的中小产业、中小工商业所有者、参股者、经营者。这部分人的职业构成比较复杂，尤其是农村居民、农村产业经营者，他们常常自称"农民"，实际上他们是通过多种产业运营已经富裕起来的中产阶层。在城市里包括大批下海的、从事工商业运营的中小工商业主、独立经营者、中小公司经理以及近年来比较流行的网络上的营销者等。我国中产阶层这个部分的构成最为复杂，这体现出变迁中的中国社会阶层重组的特征。笔者的研究证明，中产阶层的这个部分增长速度最快。中产阶层的前四个集团基本上都由城市居民构成，只有这第五个集团，农村居民占有相当比例，这意味着，如果该集团有较大发展，农村的社会结构就会有较大变化。推进中小产业经营集团发展对中国有重要战略意义。从文化的角度看，中华民族历来也有这样的传统，华人的家庭经济非常适合中小工商业经营模式。

第二节　我国中产阶层的内部结构

我国中产阶层的内部差异较大，下文试分析三大结构：城乡结构、区域结构和产业结构。

---

① 参见《五类人将成中产阶层，夫妻双方月收入最少达万元》，原载《北京现代商报》，转引自 http://www.sina.com.cn，2003 年 2 月 9 日，原文作者缺失。

一 我国中产阶层的城乡结构

我国中产阶层的城乡差异较大，突出表现在以下三方面。

1. 中产阶层越来越集中在城市地区

CGSS 数据显示，我国中产阶层主要集中在城市，并且城乡差距呈现扩大的趋势。在历年的数据中，中产阶层集中在城市的比例都超过 80%。不同的定义方法都呈现了相似的结果。2012 年，城市人口在收入中产中占到了 87.75%，在职业中产中占到了 91.18%。并且这种差距在 2004~2012 年有所扩大，城市的收入中产、职业中产比例都在增加。

中产阶层向城市集中，是发展中国家的普遍特征。这给我们两点启示：第一，推动城镇化，促进产业转型和提升，发挥规模经济的作用，提升生产效率，有利于促进中产阶层的壮大；第二，从国际经验来看，要真正实现社会健康发展，建设橄榄型社会，需要全社会的均衡发展，我国要真正壮大中产阶层，难度最大的是农村地区，应该促进农村地区中产阶层的发展壮大，实现城乡均衡发展。（李培林、朱迪，2015：45~65）

2. 城市地区已接近"橄榄型"，农村仍然是"倒丁字型"

从城乡内部的结构来看，在城市地区中产阶层已占相当比例，接近于橄榄型社会结构，农村则始终是"倒丁字型"，底层占比较大。我国城市地区"广义中产阶层"的比例在 2004 年就已经达到 48.91%，表明在职业或收入上已经有相当比例的人口达到了中产阶层的水平。受 2008 年经济危机的影响，这一比例在 2009 年有所下降，但随后迅速恢复起来，到 2012 年达到 53.54%。这些都表明，我国城市内部中产阶层已经占相当高的比例。

然而，农村地区的中产阶层发展却遇到了较大困难。2004~2012 年，农村的广义中产阶层比例仅增加了 0.38 个百分点，明显滞后于城市中产阶层的增速（4.63 个百分点）。农村的底层比例始终非常巨大，中上阶层群体非常弱小，城乡社会结构的差距越来越大。

3. 城乡在职业结构上的差异越来越大，农村的产业结构转型、人才培养面临困难

调查显示，城市的职业结构进一步优化，职业中上层的比例不断提升，农村的职业结构则发展缓慢。对受教育程度的分析也证明，2012年在城市地区，大专及以上学历的人口已经占到24.69%，而在农村地区则仅占2.05%，并且增速非常缓慢。这表明，我国经济社会发展的成果主要都集中在城市，而农村的产业转型、人才培养都面临较大困难。

二　我国中产阶层的区域结构

1. 中产阶层越来越集中在东部地区，区域间差距扩大

从区域分布来看，中产阶层进一步向东部地区集中，而中西部地区的中产阶层占比不断下降。在历年的数据中，中产阶层在东部地区的比例都接近或超过了50%。不同的定义方法都呈现了相似的结果。2012年，东部地区中产阶层人口在收入中产中占到了65.77%，在职业中产中占到了55.33%，差距在2004～2012年一直在拉大，东部地区相应的比例分别增加了15.49个和14.12个百分点，而中西部的中产阶层占比则不断下降，中部地区收入中产和职业中产分别下降了10.95个和9.61个百分点，西部地区则分别下降了8.4个和8.37个百分点。这表明我国中产阶层越来越集中在东部地区，而中西部地区中产阶层占比则不断下降，区域间的差距越来越大。

2. 东部地区已接近"橄榄型"，中西部地区仍呈"倒丁字型"

东部地区中产阶层增速明显，到2012年广义中产阶层的比例已达53.87%，已经接近于橄榄型社会。而其他地区则仍然有较大比例的底层群体，特别是中西部地区甚至出现了中产阶层比例下降的趋势，分别下降了6.14个和3.19个百分点。这证明，我国不同地区的社会结构差距越来越大，中西部地区的中产阶层不仅没有增加，反倒是流失了相当比例的优秀人才。

3. 职业结构与教育结构的区域差异

进一步分析发现，在东部地区收入、职业等不同维度的中产阶层的比例都以接近甚至超过10个百分点的速度增加的同时，中西部地区的中产阶层比例却出现了下降。在东部地区，2012年收入中产阶层的比例已经达到了33.37%，而中部地区、西部地区分别仅占7.96%、11.31%，并且在调查期间分别下降了5.17个和2.52个百分点。中西部地区收入低层的比例都超过了60%，并且在调查期间不降反升。这表明，中西部地区与东部地区的收入结

构差距越来越大，增加中西部地区人民的收入，仍然任务艰巨。

此外，职业中产占比在中西部地区也出现了下降，而同期东部地区则增速明显，到 2012 年职业中产的比例已经超过 30%。特别是在职业中上层、受过大专及以上水平教育人口方面，中西部地区在 2004 年原本与东部地区并没有太大差异，如 2004 年东部、中部和西部地区有大专及以上学历的人口分别占 8.90%、7.40% 和 6.98%。但在 2004~2012 年，东部地区的职业结构、教育结构得到了迅速的发展，而中西部则停滞不前或增速缓慢，流失掉了大量现代化素质比较高的人才。例如，在教育方面，东部地区 2012 年有大专及以上学历的高教育水平人口比例已经达到 25.79%，而中西部地区则都仅为 9% 左右。

三　我国中产阶层的产业结构

1. 第三产业是中产阶层壮大的主要就业领域

研究发现，第三产业已经成为我国中产阶层的主要就业行业，各个维度定义下的中产阶层都有超过 60% 的成员在第三产业就业。2012 年，64.69% 的收入中产在第三产业从业，职业中产相应的比例还要更高，达到 75.81%。可以看到，新增的高收入、高职业地位的人群主要流向了第三产业。所以，推进供给侧改革，推动第三产业发展，特别是高新技术产业和服务业的发展，是中产阶层壮大的重要战略之一。

2. 第二、第三产业内中产阶层已占较大比例

第二、第三产业内中产阶层已经占相当大的比例，2012 年分别达到 50.44%、63.94%，接近于"橄榄型"的结构，并且第二、第三产业中产阶层增速明显，2004~2012 年分别增长了 12.04 个和 8.9 个百分点。这表明，我国第二、第三产业是中产阶层壮大的重要动力，并且其内部的结构在不断改善。但是，第一产业中始终有非常高比例的底层群体，2012 年第一产业中中产阶层的比例仅为 3.19%，并且在调查期间比例还有所下降。可见第一产业的中产阶层壮大遇到了非常大的障碍。

3. 第一产业的精英流失问题

第一产业中各个维度的中产阶层都始终没有发展起来，收入中产、职

业中产的比例都非常低。近年来，农业收入中产的比例有一定上升，但职业中产的比例仍然在下降。而同期，第二、第三产业的收入中产、职业中产的比例都在迅速提升。笔者的研究发现，第一产业中的中产阶层壮大确实存在阻碍，精英流失严重，应该进一步加大扶持力度，提高新型职业农民的增收能力，拓宽增收渠道，鼓励高教育、高职业技术、高技能水平的精英人才从事新型农业、有机农业，挖掘现代农业产业经营的增收潜力。培育新型职业农民、农业管理与技术人才刻不容缓。

第三节 我国的中产边缘层

一 什么是中产边缘层

上中下的划分就意味着阶层之间是相互连接的关系，而不是不同属性群体之间界限分明的关系。所以，中产阶层与上层和下层都会存在过渡层的现象。中产阶层与下层之间的过渡层是我们研究的重点，为了推进橄榄型社会的形成，就必须研究通过什么样的途径、方法才能够使得目前数量和比例都很大的社会地位不高的群体实现地位上升，成为中产的核心层。"中产边缘层"就是指中产阶层中与下层群体接近的部分。

本书第八讲介绍了"国际标准职业社会经济地位指数"（ISEI）方法。根据多年的研究经验，我们将 ISEI 得分为 67 分及以上的群体定义为社会上层（upper class），将得分为 41~66 分的群体定义为中产阶层，将得分为 40 分及以下的群体定义为下层（lower class）。这样，不仅三大社会阶层的分界十分清晰，而且，很容易定义中产边缘层。本研究将中产阶层中地位较低的群体，即 ISEI 得分为 41~45 分的群体定义为中产边缘层。

中产边缘层的主要职业类别为购销人员、营业人员、推销和展销人员等各类销售人员，办事员，普通办公室人员，各类产品设备维修人员，多类技术人员和技术工人等，该群体在全国就业人口中所占比例甚高，为13.90%。上文讲过，我国城乡整个中产阶层也仅占 19.13%，而该群体就占到了目前整个中产的 73%。由此，我们更加认识到，中产边缘层在培育中产阶层方面占据举足轻重的位置。

中产边缘层的受教育状况是：受过大学专科及以上教育的占 17.00%，48.89%的人为初中毕业。绝大部分为外出打工的农村居民，他们脱离了繁重的体力劳动，进入到比较体面的工作场所。中产边缘层中的多数人聚集在地级市里，占 52.21%。所以，要想进入到类似白领的工作岗位，小城市里机会太少，还是要到有一定规模的城市中来。

二 不同类型城市中的中产边缘层

本研究发现，我国中产阶层与中产边缘层在不同规模的城市中的比例有明显差异。总的趋势是，城市规模越大，中产阶层及中产边缘层所占的比例就越高。关于城市规模，本讲将 1000 万及以上人口的城市定义为超大城市，300 万～1000 万人口的定义为特大城市，100 万～300 万人口的定义为大城市，50 万～100 万人口的定义为中等城市，50 万以下人口的定义为小城市。

表 11-4　不同规模城市中的中产阶层占比

单位：%

	小城市	中等城市	大城市	特大城市	超大城市
社会上层	4.00	4.68	7.18	9.05	11.30
中产阶层	14.10	17.17	23.01	27.68	41.40
社会下层	81.90	78.15	69.81	63.27	47.30

表 11-5　不同规模城市中的中产边缘层占比

单位：%

	小城市	中等城市	大城市	特大城市	超大城市
中产边缘层（ISEI 41～45）占全体 16～64 岁人口比例	10.58	13.19	16.40	19.34	25.35

考察表 11-4、表 11-5 中的数据，笔者试做如下四点分析。第一，全部社会阶层的社会地位随城市规模而上升，城市规模越大，下层群体所占比例就越低，中上层所占比例就越高，所以，大城市提供了更多的中上层就业机会，发展大城市可以优化整体社会结构，提升各阶层的社会地位。第二，城市规模越大，中产阶层所占比例越高，与此相对应，中产边缘层所占比例也越高。在 1000 万及以上人口的超大城市里，中产阶层比例达到了 41.40%，中产边缘层占 25.35%，也就是说，在这些超

大城市有经济活动的人口里面，每四个人中就有一个人属于中产边缘层。所以，培育中产，稳定中产社会地位，扶助中产边缘层，超大城市任务更重。我们知道，中产边缘层大部分是城市外来常住人口，是从农村或小城镇来到大城市经营或服务的群体，在大城市、特大城市、超大城市里常常受到各个方面的排斥和挤压。所以，我们应该反思和修正大城市户籍政策，将排斥变为帮助和改善中产边缘层的政策。第三，由上述两点可以推论出，城市规模的布局对于培育中产社会有重大影响。在城市的发展中，有一种错误的认识，即总是恐惧大城市的发展，担心大城市的发展会带来"城市病"。中国改革开放以来的发展证明，大城市和城市群是中国经济增长的主要源泉。大城市集约化效应带来的高效率、创造的就业机会、激发的经营创新、促成的经济社会繁荣，是中小城市所无法相比的。有人会说，大城市会带来"城市病"、交通拥堵，会造成环境污染，其实，如果管理水平低，中小城市同样会发生交通拥堵和环境问题。因此，所谓"城市病"的发生主要是因为城市管理水平低下，应从提高城市管理水平上解决大城市的诸多问题（陆铭，2016）。从东亚经验看，在人口数量大、密度高的社会，发展以大城市、城市群为主体的城市布局符合一般规律。以大城市、城市群为主导的城市布局与我国扩大中等收入群体，推进橄榄型社会的战略完全一致。第四，越是规模大的城市，"中产核心层"的比例就越高，这与大城市的现代社会结构、现代职业结构是一致的，超大城市的发展非常有利于推进中国社会的现代化转型，有利于推进中国社会结构的现代化转型，形成中国后工业社会的新型社会结构。

　　总之，我国中产阶层形成的时间还不长，社会地位还不太稳定，所以，各种突发事件的打击，会导致其地位下降。比如，中产阶层往往会有一些资金积蓄，开始有了一点小资产、小资本收益，但是，一方面是资本金额较小，另一方面是经验不足，所以，一有风吹草动，受损失的往往是这种小资本者。2020年以来，受新冠疫情的影响，这些"涉市未深"的小中产阶层利益受损较大。我国中产阶层大部分居住在城市里，城市房价昂贵使得年青一代的中产阶层大多靠按揭买房，生活压力极大，表面上看居住在光鲜的中产社区，但是，生活地位十分脆弱。一旦失去工作，还不起按揭，生活立即陷入困境，连住房都要失去，结果将是血本无归。当然，边缘中产层的地位下滑问题更为突出。所以，政策辅助是极为紧迫的。

第四节 培育我国中产社会的三条重要渠道

一 形成中产地位的正规教育渠道

教育历来是社会地位筛选的主要渠道，在我国更是如此。目前，中国最主要的教育筛选机制就是"高考"。该机制在"文化大革命"期间的中断，造成社会上升流动失去秩序，引发社会动荡，这也从反面印证了它在维护社会秩序方面的重大功能。自 1977 年恢复高考以来，该机制迅速成为社会地位流动的最为正规的渠道。获得中产地位的很多体制、机制都与这条主渠道接轨。如考取公务员、律师、注册会计师等，都有高等教育学习的要求。在职业、职位录用方面，优秀大学的文凭也常常是重要的录取条件。所以，千千万万的家长最为期盼的就是孩子能够通过高考上好大学，实现社会地位上升。根据教育部的数据，2021 年我国高校毛入学率已达57.8%，接受高等教育人口为 2.4 亿人（王鹏，2022）。我国大学生中农业户籍学生的比例高达 63.3%（李强等，2012），他们毕业后，是进入中产队伍的潜在力量。当然，高等教育虽然是社会认可的实现中产的主渠道，但是毕业生竞争地位上升的情况颇为复杂，有些顺利上升，另一些则受到各种阻碍。

概而言之，一些重点大学毕业生进入中产阶层相对顺利些，而大专生要想进入中产阶层则困难重重。所谓"重点大学"，最主要是被称作"985"和"211"的学校，但两类学校的在校生人数加在一起，仅占全国在校大学生的10.15%①。比"重点大学"再扩大一点的是普通本科院校，这类普通本科院校（包括上述重点大学）在校生人数占全国在校大学生的 52.33%，普通本科院校毕业生进入中产职位的比例高于下面的几类高校。如果再扩大一点，可以加上一些新办的所谓"独立学院"的本科学生（占 11.19%）和所谓"民办本科"的学生（占 2.77%）。以上这些是所谓"本科生"，他们进入中产阶层的比例会相对高一些。但是，千万不要忘记，高等教育中还有另一批学生，其中占比较高的是高等职业学校（高职）学生，占全国在校大学生的 23.25%，民办大专学生占 6.86%，以及高等专科（大专）学生占 3.60%，这三类学生合在一

---

① 本数据及以下高校数据均根据《中国高等教育统计年鉴 2013》和教育部数据中心 2009 年数据整理得出。

起比例为 33.71%，即占到全国在校大学生的三分之一。

此三类大学生，毕业后，要想进入中产阶层会面临诸多障碍。他们来自农村的比例较高，毕业后，在城市里寻找工作和安家时往往会遇到很多困难，在大城市、特大城市上升的渠道常常受到重重阻碍。这些人从所学专业看，更适合在大城市找工作，但是，很多制度设计对他们不利。这些农村来的大学生，往往是农民家庭几乎付出全部积蓄、负担了学费才获得高校文凭的，父母对他们期望值很高，他们回农村的可能性极低。他们是城市里最具奋斗心、具有极大上升动力的群体，但由于受到种种制度阻碍甚至排斥而难以进入中产阶层。为解决这样的体制问题，2021 年党和国家相关部门发布了《关于推动现代职业教育高质量发展的意见》和《关于做好本科层次职业学校学士学位授权与授予工作的意见》，其目的就是使接受了不同类型高等教育的人在就业、考研、考公务员等方面获得公正的社会机会，排除他们进入中产阶层的制度障碍。

二　进入中产阶层的专业技术渠道

从已经进入现代化行列的发达经济体的经验看，在全体就业者中，通过专业技术证书或专业技术渠道进入中产阶层中来的，占非常高的比例。社会学家吉登斯甚至将中产阶级定义为占有教育、专业技术证书的阶级。笔者认为，专业技术渠道可以分为两类。

一类是专业工作者，如教授、律师、医生、工程师、注册建筑师、注册规划师、注册资产评估师等，这类专业工作者与上面说的教育渠道是接轨的。我国专业职称、专业地位认证，已经建立了比较完善的评估认证制度，因此不是这里讨论的重点。

另一类是技术工作者，主体是技术操作人员。与专业工作者的职称制度相比较，我国技术工人的评估认证制度存在较大问题。国家的"五普"和"六普"数据显示，在长达十年的时间里，一方面，我国工业产值有了极大的增长，而另一方面，与此形成尖锐反差的是：我国技术工人所占比例，不但没有上升，反而有所下降，"五普"数据（2000 年）为 11.2%，"六普"数据（2010 年）为 9.8%，这是十分令人震惊的事情。这不仅是对于技术队伍发展的警告，也表明，通过技术进入中产队伍的渠道严重受阻。为什么会如此呢？笔者以往的研究就提出，原因并不是我国劳动者的技术水平不高，而是我国的技术人员、技术劳动者的认证体系存在问题。

笔者参与组织的清华大学"中国城镇化调查研究"开展了全国城乡居民随机抽样入户调查，询问了所有被抽中的劳动者关于他们的技能证书和等级的问题，发现了如下四种情况。

第一组数据，农业劳动者的技术证书情况。结果证明，无论是农村还是城市，绝大多数劳动者都没有任何职称、技能技术等级或证书。此次调查，农业劳动者共 5309 个有效样本，回答说没有技能等级的占 96.8%，只有微小比例样本回答说有农业技术、养殖技术、手工艺技术等级。其实，近年我国农业技术发展迅速，农业科技含量越来越高，农业劳动同样需要很高的技术技能，农业劳动者同样应该通过技术技能等级的上升而进入中产阶层，而我国目前农业劳动者若想通过技术技能实现地位上升几乎无路可走，农业劳动者队伍的状况十分堪忧。

第二组数据，非农业劳动者技术证书情况。非农业劳动者共 5895 个有效样本，回答说没有技能等级、无职称的占 88.5%，仅有很低比例的劳动者有各种类型的职业资格证书。有技术工人职业资格证书的劳动者中，初级技工占 4.3%，中级技工占 2.7%，高级技工占 0.8%。从事专业工作的劳动者，绝大部分也没有专业职称。

第三组数据，回答说没有技术证书的劳动者中，实际从事有技术技能劳动的究竟有多少人？非农业劳动者中回答无技能等级的有 4781 人，系统缺失 17 人，我们对剩下的 4764 人做更进一步的职业分类。其中，从事技术工作的人（包括技术工人、专业技术人员、自由职业者等）占 40.4%，从事各类管理工作的占 13.4%，从事服务业经营工作的占 21.9%，而真正从事无技术体力劳动的仅占 21.5%。也就是说，在非农业劳动者中，从事有技术、管理、服务性质工作的，占到了七成以上。所以，非农业劳动者中，潜在的技术队伍人数是巨大的。如果能创造更多的技术认证渠道，实现社会地位上升，对于改变中国社会底层过大，实现橄榄型社会结构会有明显作用。总之，上述数据证明，我国劳动者中，实际上从事有专业技术工作的人很多，但是，他们却得不到相应的技术地位认证。所以，不是我国劳动者没本领，而是我们的体制机制出了问题。

第四组数据，对农业劳动者中回答无技术的 5138 人做更进一步的职业分类，有 4592 人（占 89.5%）回答是普通农业劳动者，剩下的 10.5% 的人也不是完全没有技术的，有一些农业专业技术人员、手工业者、技术工人、维修人员、自由职业者，以及一些个体户、农村干部、基层办事人员等。所以，最为严峻的问题是，农业劳动者是否可以通过农业劳动技术晋升而实现技术晋升中产？我国的农民职业过于泛化，忽视了农业劳动者的技术培训和技术地位上升的可能性。这对于我国农产品质量的提升，乃至对于我国的食品安全都是十分不利的。

在现代化的进程中，世界各国中产社会的形成都是因为农业劳动者大量减少。比如，农业劳动者在全体劳动者中所占比例，在美国、英国、日本不足 5%，在韩国不足 7%。中国的情况是，农业劳动者在一段时间里还会保持较大比例。我国整体社会结构底层人数过大的主要原因也是农业劳动者占很高比例。我国土地集约化经营越来越突出，机械化和农业技术的成分越来越凸显，所以，我们必须建立农业劳动者社会地位的技术认证渠道。这也是使得农村能够吸引一部分年轻人的重要前提。

2022 年 3 月，人力资源和社会保障部发布了《关于健全完善新时代技能人才职业技能等级制度的意见（试行）》，这是一个积极的信号，预计会对新时代我国技能劳动者队伍的发展起到巨大的推进作用。

三　进入中产阶层的市场渠道

所谓市场渠道，指通过市场经营、运营、营销等运作而获得了经济利润、收益，进而实现了经济地位、职业地位、社会地位的上升。仍然使用 ISEI 测量职业地位，"六普"数据与"五普"数据相比，社会地位上升比例最高的发生在 43~45 分组。这里，试对于该组做进一步分析（见表 11-6）。

表 11-6　"六普"数据 ISEI 得分为 43~45 分的职业群体分布

单位：%

职业编码	具体职业	样本数	占比
198	护理人员	2199	2.4
245	幼儿教师	1380	1.5
311	行政业务人员	8694	9.5
411	营业人员：从事商品销售、服务销售	50246	55.1
412	推销、展销人员：推销员、出版发行人员、服装模特	9460	10.4
419	其他购销人员：医药商品购销、摊贩、摊商等	2567	2.8
422	商品储运人员：商品运输、商品托运、商品组配、接收	748	0.8
761	裁剪、缝纫人员：服装缝纫、划样、裁剪、整形等	12164	13.3
762	鞋帽制作人员	3545	3.9
	其他人员	209	0.2

表 11-6 展示了"六普"数据中社会地位得分为 43~45 分的各类职业群体。可以看到，占比居第一位的是从事商品销售、服务销售的营业人员，占到了 55.1%，即 43~45 分组的一半以上。如果再加上类似职业地位的推销、展销人员以及其他购销人员，总比例为 68.3%。这就真实显示了我国白领群体的职业状况。进入到白领中来的，比例最高的是营销人员。为什么会如此呢？这与进入渠道有直接关系：通过高考等正规教育渠道的人数毕竟有限，虽然一部分人可以进入到行政人员和普通办公室人员的队伍中来，但在 43~45 分组中也仅占 9.5%。所以，相比较而言，最为畅通的渠道就是这里所说的市场渠道。

从理论上说，市场渠道应该是最接地气的渠道，是老百姓最容易进入的渠道。改革开放以来，中国社会最大的变化是引入了市场机制。所谓市场主要指三个市场：商品市场、劳动力市场、金融信用市场。商品市场交易的双方是商品经营者与商品消费者，劳动力市场交易的双方是雇佣者与被雇佣者，金融信用市场交易的双方是金融机构与金融产品消费者。从机制上看，目前，前两个市场的开放度比较高，绝大多数老百姓都可以在市场环境下自由交易。第三个市场对于各类金融产品的消费大体是放开的，但是，对于金融机构设立的控制是非常严格的，民间的融资是违法的，所以，金融机构的垄断性最强，这就造成有垄断权的金融机构处于有利的位置，而广大老百姓处于不利的地位。金融管理部门和金融机构控制了各种金融产品利率的决定权，老百姓处于被动的消费位置。股市证券表面上看起来是自由市场，但上市公司设立是被严格控制的，再加上对于上市公司信息的监控有很多漏洞，一些公司发生坐庄盈利、内幕交易、"老鼠仓"等不法行为。这就造成了股民亏空而少数垄断者盈利的局面。所以，金融信用市场的垄断十分不利于中产阶层的扩大，反而会造成两极分化，即少数金融垄断者获得巨大利益，而广大老百姓的金融收益缩水。

"六普"数据显示，在过去十几年里，中产阶层最大的发展是在商品市场中发生的，即商品经营者的队伍急剧扩张，很高比例的老百姓进入到中小经营者的队伍中来了，而在中小经营者中，很高比例是农村流入城市人口中的成功者。在城市中小经营者中，来自农村的经营者占据主体，诸如个体工商户、小超市、建材城商贩、电子城商贩、服装营销商贩，乃至菜市场商贩以及近来的各种网络销售者。当然，这里面也同时包括劳动力市场的扩张，雇佣者大多数是中小雇主，而被雇佣者也有很多进入了中产队伍中。而且，对于不同类型城市 ISEI 得分为 43~45 分群体的分析证明，营业人员、推销展销人员和其他购销人员所占比例（指占该分值群体的比例）都是很高的，在特大城市（1000 万人口及以上）中占 64.7%，在小城市（50 万人口以下）中占 68.0%，这说明，在小城市，农民进入到商业营销队伍中来的机会、概率甚至高于特大城市，这为农民实现身份转变提供了巨大机会。在实际调查中，询问农民工未来的期望时，绝大多数人都回答"做小买卖"，这种期望与宏观数据是吻合的。研究证明，市场渠道在我国社会结构转型中是地位上升的最重要渠道，市场给农民提供了地位上升的最大机会，在改革开放以来的数十年中，是我国中产阶层增长的主渠道。从发展看，我国产业结构处于转型过程之中，制造业比例在下降，第三产业比例在攀升，市场渠道对于社会结构转型发挥的作用可能会越来越大。

四　小结

这里的小结，实际上也是本讲的结论。笔者以为，中产阶层对于国家来说可谓举足轻重，它既是社会生产的重要承担者，也是社会的管理者、经济的经营者、理念的创造者、观念的传播者、传统的继承者。

从社会结构的角度看，中产阶层承担着重要的社会功能。国际上已经形成以中产阶层为主体的社会表明，庞大的中产阶层是维系社会稳定的最重要的社会力量。第一，中产阶层是介于社会高层与下层之间的缓冲层，当它成为社会主体时，社会高层与底层之间的冲突就会受到阻止，社会矛盾和社会紧张程度就会大大缓和，这是社会稳定的政治原因。第二，中产阶层在社会上代表温和的、保守的意识形态，当这种意识形态占据主导地位时，极端的思想和冲突观念就很难有市场，这是社会稳定的思想原因。第三，中产阶层也是引导社会消费的最主要群体，当中产阶层占社会的多数时，中产阶层的生活方式就保证了社会庞大稳定的消费市场，这是社会稳定的经济原因。虽然我国的国情与发达经济体有差异，但是，中产阶层的稳定功能是相似的，所以，"扩大中等收入群体比重"也已经成为党和国家的重要战略。

我国目前正处在一个发展的关键时期，处在发展的十字路口，中产阶层的社会责任就显得尤为突出。改革开放带来了财富的巨大增长，但也带来了诸多的社会问题。改革是社会体制、社会规范、社会观念的深刻变革，这些变化就好比巨大钟摆上面固定点的变化，固定点变了，则摆锤会形成巨大摆幅的游动，所以社会上出现大量的违规、违法现象也并不奇怪。问题是面对这样一个关键时刻，中产阶层更应该承担起理念、信念、道德、价值观的重大责任。具有社会责任感的中国中产阶层，应该承担起自己的社会责任。

　　当然，迄今为止，中国的中产阶层在全社会所占的比例还不高，占中国全体从业者的 25% ~ 28%。中产阶层的更大发展，还需要具备如下的一些基本条件。第一，产业变迁的条件，即它一般形成于第二产业向第三产业转型的过程之中。正是在产业演进的过程中才形成了有规模的中产阶层。第二，职业变迁的条件。在现代社会中，现代职业结构取代了传统的职业结构，一个庞大的白领阶层形成并扩张起来。第三，教育条件。随着大多数人接受了高等教育，人数众多的中产阶层也就逐渐形成了。大学是造就中产阶层的机器，大学教育非常重要的功能之一就是使人们接受社会主导规范或中产阶层的规范。此外，中产阶层的发展，还依赖于其他广泛的社会条件，包括：完成具有中国特色的城市化的任务，实现农业人口转向现代城市人口的最终变革，通过严格的税收调节缓解贫富分化，以及建立能够覆盖社会多数人口的社会保障制度等。

参考文献

边燕杰、吴晓刚、李路路主编，2008，《社会分层与流动：国外学者对中国研究的新进展》，北京：中国人民大学出版社。

边燕杰主编，2002，《市场转型与社会分层：美国社会学者分析中国》，北京：生活·读书·新知三联书店。

丁学良，2011，《中国模式：赞成与反对》，香港：牛津大学出版社。

国家发改委宏观经济研究院课题组，2005，《中等收入者的定义和划分标准》，《经济研究参考》第 5 期。

何平立、孔凡河、陈道银、杨小辉，2015，《中产阶层与社会发展：中国模式下的问题与挑战》，北京：社会科学文献出版社。

胡建国等，2016，《中国中产阶层社会政治态度研究》，北京：社会科学文献出版社。

赖特，2006，《阶级》，刘磊、吕梁山译，北京：高等教育出版社。

李成编著，2013，《"中产"中国：超越经济转型的新兴中国中产阶级》，许效礼、王祥钢译，上海：上海译文出版社。

李春玲，2003，《中国当代中产阶层的构成及比例》，《中国人口科学》第 6 期。

李春玲，2005，《断裂与碎片：当代中国社会阶层分化实证分析》，北京：社会科学文献出版社。

李春玲，2016，《准确划分中国中产阶层需要多元指标》，《人民论坛》第 6 期。

李春玲主编，2009，《比较视野下的中产阶级形成：过程、影响以及社会经济后果》，北京：社会科学文献出版社。

李培林等，2018，《当代中国阶级阶层变动（1978~2018）》，北京：社会科学文献出版社。

李培林、张翼，2008，《中国中产阶级的规模、认同和社会态度》，《社会》第 2 期。

李培林、朱迪，2015，《努力形成橄榄型分配格局——基于 2006~2013 年中国社会状况调查数据的分析》，《中国社会科学》第 1 期。

李强，1993，《当代中国社会分层与流动》，北京：中国经济出版社。

李强，2010，《当代中国社会分层：测量与分析》，北京：北京师范大学出版社。

李强，2016，《中国离橄榄型社会还有多远——对于中产阶层发展的社会学分析》，《探索与争鸣》第 8 期。

李强，2019，《当代中国社会分层》，北京：生活·读书·新知三联书店。

李强、刘精明、王昊、曾迪洋，2012，《让每个学子都拥有公平的机会》，《光明日报》7 月 3 日，第 15 版。

李友梅等，2018，《中国中产阶层的形成与特征：基于特大城市的经验研究》，北京：社会科学文献出版社。

卢春龙，2011，《中国新兴中产阶级的政治态度与行为倾向》，北京：知识产权出版社。

陆铭，2016，《大国大城：当代中国的统一、发展和平衡》，上海：上海人民出版社。

陆学艺主编，2002，《当代中国社会阶层研究报告》，北京：社会科学文献出版社。

陆学艺主编，2004，《当代中国社会流动》，北京：社会科学文献出版社。

陆学艺主编，2010，《当代中国社会结构》，北京：社会科学文献出版社。

苏海南、王宏、常风林，2015，《当代中国中产阶层的兴起》，杭州：浙江大学出版社。

王鹏，2022，《我国高等教育毛入学率达 57.8%》，https://baijiahao.baidu.com/s?id=1733042992135358437&wfr=spider&for=pc，5 月 17 日。

张晓华，2021，《中国中产阶层比重的测度及变迁研究》，北京：经济管理出版社。

张翼主编，2018，《中产阶层与社会发展》，北京：中国社会科学出版社。

周晓虹、谢曙光主编，2006，《中国研究》第 2 期，北京：社会科学文献出版社。

Giddens, Anthony. 1973. *The Class Structure of the Advanced Societies*. London：Harper & Row Publishers.

Giddens, Anthony and David Held. 1982. *Class, Power, and Conflict: Classical and Contemporary Debates*. Berkeley：University of California Press.

Li, Cheng. 2000. *China's Emerging Middle Class: Beyond Economic Transformation*. Washington, D. C. ：Brookings Institute Press.

Zhou, Xueguang. 2004. *The State and Life Chances in Urban China: Redistribution and Stratification 1949-1994*. Cambridge：Cambridge University Press.

第十二讲
传统精英理论

从本讲开始，笔者用三讲来讲授精英理论。笔者以为，精英理论在社会分层研究中占有重要地位。什么是精英呢？在社会学理论中，英语的精英（elite）概念最初来源于法语。社会学的所谓精英，是指人群中最为突出的一小部分人。按照较早的精英理论研究者帕累托的观点，精英是指极为突出的人、精选出来的少数人，这里并没有价值判断，帕累托认为最优秀的专业人士是精英，最大的骗子也是精英。当然，不同的学者对此观点也不一致。

从社会分层的角度看，精英是在社会分层体系中占据最高位置的那部分人。比如，政治精英就是政治领导人，经济精英就是高层企业家，技术精英就是科学家、高层专业技术人士，社会学家米尔斯还强调军事精英，即军界有影响力的核心人物。虽然精英群体有多种分类，但是，比较一致的观点是政治精英是最重要的，或者说，精英更多的是指一个社会的统治者。对于社会的统治者，卡尔·马克思通常使用统治阶级的概念而不使用精英的概念，马克思的统治阶级理论，特别是对于工业社会以来作为统治阶级的资产阶级的分析本书前面已有详述，此处不赘述。关于新马派的精英理论，下文论述米尔斯的思想时会有详述。

所以，前面两讲是研究处在社会中间位置的社会阶层，即中产阶级或中产阶层，而本讲和后面两讲是研究处在社会最高位置的阶级或阶层。

精英理论与精英研究对于我国的意义十分重要。从中华民族的历史看，无论是在中华文明 5000 年的历史中，还是在中国有文字记载的 3000 年历史中，中国在政治方面，大体上表现为是一种精英政治。也就是说，中国的政治、经济、社会活动中，最高领导者、领导集团发挥着最为重要的作用。当然，自秦汉以来，中国虽有分裂时期，但大体还是一种中央集权的治理体系，比如盛唐、大宋以及后来的元、明、清三代，都实行典型的中央集权政治制度，全国的政治活动由最高层人士操控。

精英政治与民主政治是一对矛盾。主张精英政治的人认为，决策者应该是少数具有很高水平的社会精英，而民主政治主张将决策权交给大众。主张精英政治的人认为，只有少数掌握了全面知识的人、深刻洞察社会状况的人、深入理解社会发展未来趋势的人才能够对于一个国家或一个群体的事务做出正确的判断。而真正的民主政治则认为，少数精英自以为代表大众，但是，实际上并非如此，少数人代表的往往是他们本集团的利益，决策的权力应交还给人民群众，只有广大人民群众才具有决定重大事务的权力，所谓"人民主权论"，就应该一人一票，通过民主投票来决定重大事务。

中国的传统文化自古是崇尚圣贤文化。所谓"三皇五帝"讲的是精英政治，所谓"诸子百家"讲的也是精英政治。秦始皇统一中国后，建立中央集权的体制，实行国家机器强力专制的体制，甚至尝试实施皇帝一人集权的体制。短期的秦政权灭亡后，汉代还是中央集权体制，但是，创新了"德""法"并重的精英体制。所谓"罢黜百家，独尊儒术"就是确立意识形态的精英领袖。自此，在民国以前，大多数的朝代都将孔子作为文化思想界的精英领袖，确立了其思想在社会信仰、价值观、道德方面的精英地位。此后又用文字表现出来，称为"四书五经"，凸显了文化精英的治国理念。到了隋代，中国创立了科举制度，由此更成功建立了通过科举考试选拔精英的机制。

在国际上，精英理论、精英研究也一直受到重视。美国哈佛大学学者卡尔·多伊奇等，在20世纪完成了一个颇具影响力的研究报告，该报告指出20世纪国际社会科学领域有62项有重大影响的学术成果，社会学占7项，而由莫斯卡（Gaetano Mosca）、帕累托（Vilfredo Pareto）和拉斯韦尔（Charold D. Lasswell）等学者提出的精英理论（帕累托等，1993：I）就是其中之一。

传统精英理论涉及的理论家很多，但是，有两位是最重要的：莫斯卡和帕累托。本讲就用两节来阐释分析他们的思想。

第一节 莫斯卡的精英理论

一 精英思想的理论溯源

如果从理论溯源的角度看，西方思想界的精英思想当然可以追溯到古希腊的先贤。古希腊思想家柏拉图就是典型的主张精英主义的学者。柏拉图认为，社会和国家是分层的，在国家中有三个等级，这种等级是人的天性决定的。第一等级的天性是理智、智慧，这部分人很少，成为社会的统治者。一小部分人成为统治者是因为塑造他们的质料就很特殊，这种等级是先天形成的、是世袭的。三个等级各司其职、各守其序，这就是柏拉图所理解的"理想国"。（徐大同，1985：31~33）

意大利思想家马基雅维利（N. Machiavelli）也是精英理论的提倡者，他极力推崇君主制度。当然，他所说的君主制度不同于封建君主专制制度，他主张君主制，但是反对世袭的君主制。

虽然马基雅维利并没有直接使用精英概念，但是，他强调的强权政治、君主统治权确实可以归类为精英思想。马基雅维利的精英思想，与他所处的意大利的政治经济环境密不可分。与西欧国家相比，意大利非常落后，处于分裂状态，内忧外患，所以，马基雅维利主张用强大的君主权力、精英力量实现意大利的统一。为此，在马基雅维利看来，精英、君主与道德没有关系，他反对将道德、善良作为政治掌权者的追求目标，认为君主、统治者只应该以政治权力为追求目标。马基雅维利撰写的《君主论》一开始就明确宣称这本书是献给政治统治者的，甚至直言："因此殿下，请接受这份小小的礼物以及我的一份微薄心意吧。"（马基雅维利，2010：3）

马基雅维利的上述精英主义立场，显然对下面的两位意大利精英理论思想家——莫斯卡、帕累托产生了深刻的影响。

二 莫斯卡提出统治阶级理论的社会背景

莫斯卡（1858~1941）出生于意大利西部的西西里岛。该岛远远落后于意大利北部的工业发达区域，与北部的自由经济和议会民主形成巨大反差，西西里岛的政治主体还是封建秩序，贫困与封建专制的问题没有解决。

在这种环境下，政治权力、统治者自然成为莫斯卡一生关注的焦点问题。

虽然意大利很早就有了资本主义萌芽，但是，与欧洲其他国家特别是西欧国家相比，意大利经济发展滞后，政治上处于割据状态。众多的小国，如北部的米兰公国、威尼斯共和国，南部的那不勒斯王国，以及罗马教皇管辖地等，使意大利四分五裂，战争不断，可以说意大利处于乱世之中。

在这样的社会背景下，莫斯卡萌生了精英理论的思想，自认为找到了解释政治体制问题的关键。为此，他曾极为兴奋，认为自己"掌握了开启人类历史秘密的金钥匙"（莫斯卡，2002：2）。

从思想理论渊源上看，莫斯卡接受了圣西门的观点，认为权力由物质的与精神的两方面构成，即控制着财富的人与控制着意识形态、宗教、知识的人，共同组成了统治阶级。在对于人性的假设方面，莫斯卡受到了上述意大利思想家马基雅维利的影响。马基雅维利认为，只有在有组织的军事力量和强制力量的主导之下，人类这种动物才可能有良好的表现。因此，这种理论强调要依靠法律和军事力量来维护国家统治之基础、强调统治者的政治权术，认为权力、强权是国家机器与法律的基础。莫斯卡认为，为争夺支配地位、争夺权力而斗争是人类心理的一条普遍规律，因而也是一切社会的基本特征。

在学术经历上，莫斯卡最初是在巴勒莫大学师从梅塞达哥利亚学习法学、经济学。后来，曾于1881～1886年在母校巴勒莫大学任教，讲授宪法理论和政治学理论，但是，他只是没有薪金的讲师。据莫斯卡回忆，他的关于统治阶级的思想最初形成于1878～1881年，此后于1884年第一次出版了《政治科学原理》，出版时间恰是他在巴勒莫大学任教期间。后来，经思考、修订、编辑，他于1896年再次出版了《统治阶级（〈政治科学原理〉）》。虽然莫斯卡在书中并没有直接使用"精英"这个概念，但是，他所说的统治阶级（ruling class），毫无疑问就是后来学者说的政治精英。正因为如此，莫斯卡被认为是精英理论的创始者。莫斯卡于1895～1923年在意大利都灵大学任宪法学教授，1923年后又返回罗马任政治理论教授。他也曾积极参与政务活动，曾任下议院议员、参议院议员以及政府的殖民部次长等职务，在一定程度上，也算是亲自参与了意大利政治精英的实践。

在对于政治统治集团的理解方面，莫斯卡认为，无论是君主制、专制还是共和制，政治权力从来都不是一个人行使的，也不是由全体公民行使的，而是由一个特定的政治集团行使的，该集团的人数与被治理的整个人口相比，是非常少的。任何一个时代文明的基本特征，最主要的，就是由这个时代的、居于统治地位集团的统治者、政治家的特征决定的。莫斯卡认为，这个观点是他的独创。所以，社会学界阐释精英理论，一般都是从莫斯卡的这种统治阶级精英理论讲起的。

三　统治阶级与被统治阶级

莫斯卡认为，一切社会都存在着两大阶级：统治阶级与被统治阶级。发展到一定文明程度的任何社会，总是由一个特殊阶级，或有组织的少数人掌握政权。统治阶级永远是少数，被统治阶级永远是多数。少数人的统治阶级垄断了政治权力，从而为自己带来利益。统治阶级往往采用专断或强暴的方式控制权力，当然，统治阶级会依靠法律、政治模式、政治制度来巩固其统治地位（莫斯卡，2002：118~119）。这样，多数被统治的人就难以反对或战胜少数统治者。统治者虽然人数少，但是，他们有严密的组织，能够协调一致行动，而被统治者处于一盘散沙状态，他们人数再多也没用。同时，统治者的感觉也非常敏锐，他们知道，如果得不到人数众多的被统治阶级的尊重、服从和支持，他们的统治也难以维持。所以，统治阶级非常关注被统治大众的情感、不满，这些也会对统治阶级形成压力，对他们的执政产生影响。而且，莫斯卡论证了统治阶级存在的必然性，即统治阶级是维持社会运行的必要条件，即使强烈不满的大众推翻了一个统治阶级，大众中也会产生一个新的少数人的统治阶级来行使统治阶级的职能，没有了统治阶级，整个社会结构就会被毁灭。（莫斯卡，2002：97~99）

四　统治阶级与社会财富

统治阶级通常也控制着社会财富，拥有财富成为统治阶级的典型特征。土地通常是生产和财富的来源，在俄国、波兰、印度和中世纪的欧洲，统治阶级"几乎单独篡取了土地所有权"（莫斯卡，2002：104）。而且，统治阶级获得的财富，得到了公共权威机构的保护和法律的保护，对于这样的国家，莫斯卡称之为官僚制国家。

莫斯卡还通过两个国家的案例，来分析统治阶级与财富的关系。美国是普选制产生的国家政权，表面上看，在民主制普选中不管是穷人还是富人，大家都是平等的。但是，尽管富人自己并不直接执政，但是，他们手中的美元使得他们可以对控制政治权力的人施压，即使在立法机构里，也可以看到有权势的公司、大财阀的影响。

另一个例子是关于中国传统封建社会的。中国并不实行普选，官员一般是通过科举考试进入权力机构的。中国的富商与美国富商影响政治权力的途径不同，中国的富商可以花钱捐官，这使得一些没有执政能力的富人也控制了政治权力。

五　通过什么成为统治阶级？

上文已经陈述了，统治阶级总是少数人，他们之所以能够统治多数人，除了组织的优势外，还有一个原因就是他们与大众的素质不同。统治者往往被认为具有某种物质的、知识的、道德的优越性，莫斯卡认为，不管这种素质是真的还是假的，问题的关键是统治者的这种素质是被社会高度认可的。

莫斯卡认为，在早期原始社会阶段，军事上的勇敢是统治阶级的素质，勇武（military valor）是进入统治阶级的必备条件。在早期社会，战争频繁发生，在战争中显示出巨大能量的个人、最勇敢的人自然就被认可为首领。武士阶级具有军事上的优越性，很容易压迫从事生产劳动的阶级，武士阶级逐渐演变为绝对的统治阶级。

随着文明的发展进程，出现了大量资本和大城市，这时候，发生了重要的社会变革，财富取代军事勇气成为统治阶级的典型特征。这种变革的发生是因为建立了法律，武斗被禁止了，建立了集中化的社会组织，公共权威机构提供的保护远比私人武力提供的保护更有效。在这里，文明的习俗、道德习惯的形成也起了很大作用。在这种相对成熟的社会里，富有者就会变为有权者。

在宗教信仰具有巨大影响的社会里，教士、僧侣会成为贵族，他们对于财富和政治权力拥有支配权，从而成为统治阶级。在这样的社会里，拥有宗教、法律和科学知识会成为关键要素，所以，教士、僧侣贵族往往试图垄断学术，阻碍一般人轻易获得知识，甚至明确禁止下层阶级获得圣书上的知识。

莫斯卡认为，只有到了文明高度发达的阶段，清洗掉宗教色彩的真正的科学知识才能取代宗教成为重要的政治力量。只有在这个阶段，拥有科学知识的人，才能够跻身于统治阶级之中，这为学者进入统治阶级打开了方便之门。在不同的国家，也发展出不同的获得高级文化、通往官职和权力的体制机制。所以，统治阶级逐渐创造了一种统治艺术，这种统治艺术不是政治科学，但是在长期拥有政治职能的阶层中有很高的声望。（莫斯卡，2002：100~108）

当然，作为早期的对统治者的研究，莫斯卡的理论还比较粗糙。后来的研究者则对统治者控制权力进行了更深入的探讨，提出了权力控制者的两个必备条件，一个是对于权力控制的强烈的动机，另一个是能够支持该权力控制欲望的强大资源，权力的控制者是以能够掌控政治的、经济的、社会的众多资源作为其"权力基础"的（伯恩斯，1996：12~19）。

六 统治阶级的世袭倾向

莫斯卡认为，统治阶级有世袭的倾向，没有哪一个拥有长期文明的国家不在历史上的某些阶段经历过世袭贵族制度。所有的统治阶级都试图在法律上或事实上变成世袭的。一切政治力量都具有一种物理学上的"惯性"，他们往往愿意维持现状。而且，统治者也确实具备统治上的优势，常常具备处理重要事务的能力。

可能有人会说，普选的民主制度与统治阶级维持稳定的倾向是相互矛盾的。但是，实际上，普选民主制度中，当选者都有各种政治力量的支持，这些政治力量常常是可以继承的。比如，英国、法国、意大利的议会，都出现过现任议员与前任议员有亲属关系的现象。

世袭贵族通常喜欢夸耀自己的祖先是超常的、超自然的，这种夸耀反映了一个非常重要的社会事实：任何一个统治阶级都企图借助普遍的道德原则来维护其权力的合法性。事实上我们都知道，统治阶级的品质是无法通过生理来遗传的。在体现社会优越性的所有因素中，"知识优越性与继承关系的联系最少。一个聪明人的子女经常只有普通的天赋。这就是世袭贵族制从来不能仅仅以知识优越性，而要以他们在总体特征和财富上的优势为基础维持统治的原因"（莫斯卡，2002：111）。

我们看到的是任何统治阶级都经历过形成、衰落、失去权力的过程，所以，结论是统治者的素质是不可能通过生理遗传来传递的。

七 统治阶级的稳定与再生

既然任何统治阶级都有形成和衰落的过程，那么，在什么条件下统治阶级会发生变化呢？一种是政治力量发生变化、失去平衡，旧的力量失去了重要性，权力分配的方式发生变化，统治阶级的构成方式发生变化或统治阶级内部发生重大改组，社会需要不同于旧势力的新政治力量。第二种是新的财富源泉在社会中出现，或者新的知识体系发展起来。第三种是一种新的思潮扩展开来，旧宗教的衰落或新宗教的兴起。新的观点或信仰走上前台，扰乱了社会原有秩序和知识习惯，这样，统治阶级内部会发生广泛的混乱。第四种是外来的入侵或征服，原有的统治阶级部分地或全部地被毁灭。

在上述现象发生后，尽管统治阶级还想独霸政治权力，希望能够世袭，但是，新的社会力量与旧的势力的冲突已经不可避免了，出现了上下两个阶级的巨大分化，产生了上层阶级与下层阶级争夺权力的冲突。当统治阶级赖以掌权的才能找不到发挥的场所时，当他们不再像过去那样提供社会服务时，当他们的才能和为社会提供的服务在现实社会环境中丧失了重要性时，统治阶级的衰落就不可避免了。

莫斯卡还以东方社会为例，认为东方社会曾经有过辉煌的文明，但是，后来其政治力量、政治阶级走向了僵化，也可以说是一种"老化"的社会。该社会的科学知识、生产技术、信仰、财富分配方式一直陈旧不变，社会政治势力一成不变，拥有政治势力的阶级牢固掌握政权，政治权力被几个家族长久控制，社会各阶级也处于一种停滞的状态。这样的社会是走向僵化的社会，甚至历经几个世纪都没有变化，社会难以进步，甚至完全静止不动，或可称之为社会结晶化时期。

随着旧的统治阶级的衰落，就会出现新的统治阶级的兴起。新兴政治集团有可能推翻旧的统治阶级，这样统治阶级就会改组、重新组合，或发生革命。在这一时期，某些个人敢想敢为、精力充沛、充满激情、果敢刚毅，也可以说更为狡诈。这些人能够从社会底层进入上层。底层的人一旦进入了上层，从默默无闻的小人物变成声名显赫的大人物，就会拥有更大的野心和贪欲。在这种情况下，统治阶级迅速得到补充，这是新的统治阶级形成的时期，这个时期加入统治阶级会相对容易。这样，在一段时间里，新的统治阶级或统治阶级中的个人是具有活力的。

新的统治阶级掌权以后，又会形成自己新的政治集团的利益，日益为自己的利益争夺资源，日益变得排斥他人进入统治阶级，私欲膨胀，自以为拥有绝对的统治权力。这样所谓新统治阶级就变为保守势力，社会从有活力时期又再次进入静止期或结晶化时期。社会及其统治阶级就是这样周而复始运行的。在这里，莫斯卡虽然没有使用精英概念，但是，他实际上已经表述了后来由帕累托明确阐释的关于"精英循环"的观点。

莫斯卡最后提出疑问：对于普通大众而言，人们究竟在哪一个时期会更有幸福感呢？在社会静止、社会稳定、社会结晶化时期，每个人都处在原有的社会地位上，没有上升机会。在社会更替、再生时期，人们有了社会地位上升的机会，产生了向上攀升的动力，而且有的人也确实达成了自己的目的。当然，莫斯卡最终也没有能够对这个问题给出圆满的回答。（Mosca，1980：65-69）

八　统治阶级与社会类型

社会类型是莫斯卡理论的基本概念，莫斯卡所说的社会类型实际上是指拥有不同政治模式、文化传统、风俗习惯的社会或社会群体。他认为，每一种社会类型都具有形成集中单一政治结构、政治组织的倾向，都试图扩展自己的社会类型。早在远古，居于统治地位的民族就试图通过暴力征服被统治的民族，推广自己的社会类型。当然，通过传教、传播先进文化来同化被征服的民族是最好的办法。

但是，即使是被征服民族，其社会类型也常常会存在下去，被征服民族往往只是表面上屈服了，实际上并不真正服从。所以，不同文化传统、风俗习惯往往同时存在。因此，不同社会类型并肩存在的现象是比较普遍的。这样在一个国家里就会出现多种社会类型或混合的社会类型。在混合社会类型的局面下，统治阶级与被统治阶级的文化会有巨大差异，如果统治阶级不能将自己的文化推广到社会下层阶级，这样的社会就将处于较大的风险状态。上文已述统治阶级在人数上不占优势，如果统治阶级的文化本身就较弱、统治阶级的知识本身就没有魅力，而这时统治阶级又仅从自己的社会类型中选拔人才，那么，社会不稳定、政治动乱就不可避免了。（Mosca，1980：103-119）

笔者以为，用这种观点来思考中国传统封建社会的改朝换代，也会发现类似的现象。比如元朝，民族成分复杂、宗教信仰各异，人数众多的汉人被视为社会地位较低的阶级，蒙古族统治阶级将自己定位为第一等阶级，汉人的优秀分子不被提拔。而实际上，汉族文化的影响力却十分巨大。这样的社会当然是极其不稳定的，其实，元朝真正灭掉南宋皇权而主政全中国的时间也就约 90 年，显然是个短命的王朝。相比之下，清王朝就"狡猾"得多。清王朝初期曾试图全部由满族人来统治，但时间并不长，清朝的统治阶级就顺应时势地沿用了汉族人的科举制度，通过考试选拔人才，使得汉族人也有机会通过考试竞争得到晋升，进入统治阶级。此外，清朝的统治阶级也接受了汉族的文字、文化，这相当于汉族文化将异族统治者也同化了。而后来清王朝灭亡的原因，是无法解决外来文明形态入侵所造成的社会危机。

九　开放的统治阶级优于封闭的统治阶级

莫斯卡深入阐释了封闭社会、封闭的统治阶级所造成的社会恶果。由于统治阶级与社会下层阶级在社会类型上的巨大差异，阶级隔绝的体制机制很容易造成上层统治阶级活力的衰退，使他们越来越软弱，失去进取心。反之，被统治阶级、社会下层阶级会是另一种状态。社会下层阶级会对统治阶级产生不满，巨大的利益反差造成了他们的不满，除了物质利益上的差异外，更令他们不满的是他们地位上升的通道被统治阶级封闭了。社会封闭导致的结果是统治阶级实力的进一步衰退，统治阶级中有才能者变得越来越少。统治阶级越封闭，越拒绝吸收下层阶级成员，就越容易走向衰退。

于是，下层阶级就会在民间形成有严密组织的反对力量，并得到平民的拥护。这也可以被看作下层阶级内部产生的另一个统治阶级，这个新兴阶级与掌握合法政府权力的统治阶级处于敌对状态，那些具有开拓精神的下层阶级的领袖对掌权的统治阶级造成了严重威胁。有的时候，统治阶级内部也分化了，这样统治阶级内部那些希望另组政府的人，常常从社会的下层阶级中寻找支持自己的社会力量。

如果统治阶级能够实现社会类型的进步，能够改革其封闭的官僚体制，能够吸收下层阶级中的优秀分子，能够吸纳节俭、简朴的民风，那么，它就会具有组织上的优越性。莫斯卡还高度评价了下层阶级的活力。他认为，下层阶级为生活所迫，为获得基本生活需求而整日奔波，这使得他们保持了人类自强不息的全力奋斗的原始本能、原始动力。他得出的结论是，下层阶级中的优秀分子是有可能取代那些堕落的、遇到一点儿打击就会溃败的统治阶级的。（Mosca，1980：117-119）

十　社会力量、社会势力及其平衡

莫斯卡所说的社会力量、社会势力是指具有一定社会影响力的政治力量或社会阶层。统治阶级只有控制了社会力量才能拥有和控制政治权力。社会上有不同的政治力量，它们的利益不同，也都试图影响统治阶级的政治权力。各种政治力量可能互相结盟，也可能出现相互制约和平衡的局面，这种平衡导致了国家和司法、法律制度的产生。

莫斯卡深受孟德斯鸠以权力制约权力思想的影响，认为孟德斯鸠思想的本质是要约束统治者的权力，至于是否三权分立，这并不是孟德斯鸠思想的本质，而是某些阐释者的误解。莫斯卡认为，什么样的政治机构相互约束并不是问题的关键，关键是机构背后的政治力量、社会力量、社会势力。一个政治机构只有得到了强大的社会力量的支持，才真正有威望、有独立的权力。

莫斯卡强调世俗权力与神权应该分离，认为世俗权力不应控制信仰体系，要避免世俗统治阶级中的个人或集团控制绝对权力的现象，因为这样就不可能约束权力，不可能社会制衡、社会平衡、社会和谐，就会发生社会倒退。他非常重视社会力量、社会势力的平衡，强调军事的、资本的、宗教等社会势力平衡的重要性。他认为只有各种社会力量处于平衡状态，暴力才能被制约住，才能够按照司法程序办事情，有了法律，社会才有正义可言，社会才有道德秩序。

莫斯卡非常担心贫富分化的社会恶果：极少数人控制土地和资本，多数无产阶级处于极端贫困状态，在这种状况下谈普选权、人权就都是空话。莫斯卡还阐释了中产阶级理论的萌芽思想，他希望社会能够出现这样一个新的社会阶级：他们拥有小额的财产，也独立于那些掌权者，他们能够关心社会公众的福利，同时社会也发展出相应的社会组织。这样，不同的政治力量也就能够参与国家权力的控制，这是一种平衡的社会，也会产生进步的文化。（Mosca，1980：137-150）

这也正是本书前面两讲阐释的中产阶级的思想。如前所述，目前中国的中产阶级在全社会中占的比例还比较低，随着我国现代化进程的推进，我国的远景规划也希冀中等收入群体的比例越来越高，直至形成橄榄型社会结构的格局。那时候，显然，社会将更为进步、更为和谐。

十一 统治阶级的两种统治形式

莫斯卡对于统治形式的基本概念做了认真辨析。他认为，政府有两种基本形式，一种是"专制制度"（autocratic），另一种是"自由制"（liberal）。

"专制制度"是一种从权力的顶层向下逐级传递命令的政治组织形式，对下级官员选择的权力来自上级。尽管柏拉图、马基雅维利均称之为君主制（monarchial），但莫斯卡坚持认为更准确的表述是"专制制度"（autocratic）。莫斯卡分析了专制制度与贵族制（aristocratic）的差异：专制制度是一人控制权力，贵族制的核心是试图让自己的后代实现对社会和政治权力的控制。专制制度可能是世袭的，这样，专制制度就与贵族制相结合；专制制度也可能是选举的，这样专制制度就与民主制（democratic）相结合。

贵族制的世袭原则也具有某种优势，能自动地确保权力的稳定和延续，避免冲突。在专制制度中，统治阶级分为两个层次，在最高阶层之下，有一个人数众多的层次，他们构成了领导国家所需的全部力量，没有这个层次，任何社会的统治都是不可能的。统治阶级中第一个层次相当于将军，第二个层次相当于直接带兵冲锋陷阵的军官。

专制制度在世界上不同民族、不同文明中反复出现，这些不同民族的专制制度之间并没有密切的联系，并且专制制度历时长久，比如在亚洲很多国家和古埃及都很常见，专制制度适合于大规模的政治组织形式。专制制度行使权力简单明了，上层发号施令，下层服从命令。但是，专制制度有着明显的弊端：在专制制度下，人民俯首听命，受到压抑，社会各个方面都受到约束和压制，最终结果是严重制约和降低了专制国家文明发展水平，根本无法与世界上先进的文明相抗衡。

"自由制"虽然一般被称为民主制（democracy），但莫斯卡认为，准确讲是"自由制"。专制与自由是对立的两种倾向，贵族制与民主制是互相对立的。民主制指公民能够参与最高领导人的选择。从历史上看，公民并不是全体人民。而"自由制"强调的是在法治下能够行使公共权力的人民是自由的。在自由制盛行的国家里，统治阶级也分成两个层次，第一个层次人数少，第二个层次人数多。当选举人是由统治阶级中第二个阶层的大多数构成时，应用自由制原则最有利，这样第二个层次就构成了所有主要政治组织的骨干。自由制原则的另一个优势是，统治者的行为能够在会议上、传媒上被公开讨论。而民主制倾向于从下层阶级中选择人才补充上层统治阶级。（Mosca，1980：394-403）

总之，莫斯卡的核心概念是统治阶级，即当权的政治精英，这确实是非常核心的政治群体。当然莫斯卡没有讨论其他类型的精英。而另一位意大利思想家帕累托，则直接使用精英概念，并对精英理论做出了比较全面的阐释。

第二节 帕累托的精英理论

帕累托（1848～1923）是意大利著名的经济学家、社会学家。帕累托的父亲属于意大利热那亚贵族家庭成员，帕累托本人于 1848 年 7 月出生于法国巴黎。1855 年，他随父亲返回意大利。帕累托在中学时期接受了纯粹古典式教育，升入意大利都灵工艺学校后，先是攻读数学专业，后来又学习土木工程，完成了论文《固体均衡的基本原理》。帕累托从都灵工艺学校毕业后，还从事过一段时间的工程技术工作。这些理工知识对帕累托后来的社会科学思想产生了影响：他在分析社会现象时，常常引入一些理工学科的学术概念，他也试图将工程技术的一些原理应用于社会学研究之中。他的这样一些尝试，对后来的大学者帕森斯（Talcott Parsons）的理论也有影响。

1893 年，帕累托在瑞士洛桑大学任政治经济学临时教授，后被聘为终身教授。1906 年以后，他致力于社会学研究。主要著作有：《政治经济学讲义》（1896～1897）、《社会主义体系》（1902～1903）、《政治经济学教程》（1906）。1916 年，帕累托出版了百万言巨著《社会学通论》，其社会学理论体系极其庞大，一些朋友建议他搞一个缩写本，后来在友人的帮助下，他于 1920 年出版了其社会学理论的普及本《普通社会学纲要》。

帕累托与莫斯卡都是意大利人，所处的历史时期也相近，因此产生精英思想的社会背景也是相似的，故不赘述。帕累托的精英思想是他庞大的社会学理论体系中的一部分，因此，要了解其精英理论，就需要先了解其社会学理论体系。帕累托的社会学思想显然受到马基雅维利的社会理论以及法国思想家孔德、英国社会学家斯宾塞等人的实证主义社会学的影响。我们先从帕累托的社会学思想谈起。

一 帕累托的社会学思想

帕累托的社会学理论体系十分庞大。为把握其思想精髓，简而言之，帕累托的社会学思想主要有三方面内容。

第一，行为理论。帕累托试图探索的是，人类的行为究竟是符合逻辑的还是不符合逻辑的。所谓"符合逻辑的行为"（logical form of action）就是人们的主观判断是符合客观事实的（帕累托使用的表述是：客观目的与主观目的一致）。所谓"不符合逻辑的行为"（non-logical form of action），就是人们的主观判断不符合客观事实，比如人类为乞求上天关照而占卜（对于非逻辑行为，帕累托使用的表述是：客观目的与主观目的不一致）。他认为，文明民族的逻辑行为多得不可胜数，如科学活动，很多经济行为，一些军事、政治、司法活动。但是社会中存在大量的非逻辑行为，不是真正基于目的与手段的理性模式，而仅是对人的情感或心理状态的一种反映。人们总是把自身的行为掩盖在各种类型的意识形态、表面理性的伪装之下，从而掩盖了人的行为的真实方面——它的非逻辑性和非科学性。社会学的主要任务就是把人类行为的非逻辑性方面揭示出来。

第二，精英理论。主要讨论社会分层和社会统治问题。帕累托认为，在一个社会中，不同人的能力包括体力、智力和道德等是有巨大差异的，具有最高能力的人们构成了社会精英。在每一项人类活动中都有精英与非精英的区别，他特别强调了政治精英和经济精英。他认为，精英也是需要吐故纳新的，旧的精英衰落和新的精英兴起形成了精英的循环。

第三，社会系统理论。主要是研究社会的动态均衡问题。帕累托认为，任何社会系统都包括四个方面：经济生产力的水平、政治权力的分布状态、意识形态的特征和社会不平等的模式。如果社会系统的某一方面特征发生了重大变化，整个社会系统就会相应发生变化，变化最终又会实现一种新的均衡。如果社会系统的某一方面变化并不充分，它就会受到来自社会系统其他方面的压力，这样社会系统仍然会维持原来的均衡状态。

二　剩余物与派生物

由于帕累托的受教育经历以及工作经历中有很强的理工科背景，所以，他使用的很多概念也具有理工科的特征，他还创造了很多独具特色的社会学概念，剩余物和派生物就是这样的概念。

什么是剩余物和派生物呢？

剩余物（residues）本是化学概念，是蒸发过滤后留下来的物质，一定意义上也有沉淀物之意，帕累托用该词表示：影响人们情感的那些与人的某些本能相符合的、十分稳定的和不容易变化的因素。派生物（derivation）则是指意识形态、信仰和理论等因素，反映了人们的想象力，它是比较容易发生变化的。这两个概念，有一点儿像我们常说的经济基础与上层建筑，当然还是有很大区别的。

帕累托举例说，性本能是剩余物，它往往被掩盖，隐藏在禁欲主义的外衣下，比如有人宣扬压抑两性结合欲望的所谓美德；掩饰性本能，比如贞操观念，就是派生物。属于人类本能的因素，如食欲、饮水的欲望等，都是剩余物，剩余物往往是简单明了的，比另一部分派生物重要得多。

再比如，一位政客受金钱、权力、荣誉欲望的驱使而捍卫某种政治理论。虽然追求权力等是所有政客共有的特征，但是，在宣传这种政治理论时，政客们却绝不展现剩余物，相反却把用以说服他人的原则（派生物）放在首位。帕累托解释说，如果政客们将自己的剩余物公之于众，承认自己宣传的理论实际上是为了一己私利，那显然就会失去民众的信任，就会贻笑大方。所以，政客总是用派生物掩盖自己的剩余物。（帕累托，2001：125~126）

虽然人类的经济行为，尤其是与工商业有关的活动，可能符合逻辑，但是，人类大部分的行为是起源于情感（sentiment）的非逻辑行为。为什么人类的大部分行为是起源于情感的非逻辑行为呢？帕累托认为，在非逻辑行为、感情冲动背后隐藏着某种东西，这些被掩藏的东西，其中作为基础的部分、人的本能部分或不变的因素是剩余物，而外显的部分、人的主观方面或可变的因素是派生物。

剩余物与派生物的关系也比较复杂。如果剩余物 a 产生了派生物 b，而派生物可能再产生派生物，这样，派生物 b 又产生了派生物 c，当派生物不断产生派生物时，派生物也可能转化为剩余物而再产生出其他派生物。比如，某一历史事件造成了一种社会风俗，当这种社会风俗流行了上千年时，最初造成这种风俗的事件已经不重要了，这种风俗就可以再产生出其他派生物，于是，这种风俗就成了剩余物。（帕累托，2001：127~131）

那么，剩余物和派生物究竟有多少种类别呢？

帕累托将剩余物分为六大类别。第一类，组合的本能，由符合组合本能的剩余物构成，如科学家的明显假设、理论的组合，无知者的幻想、荒谬的观点也可以构成组合。这里面的具体组合很多，如人们将信仰与经验组合在一起，将真、善、美、仁义、人道组合在一起，等等。第二类，集合体的持久性。具体集合体很多，比如家庭集合体，人类家庭、血缘关系是一种强大的剩余物，延续了相关群体、共同体的发展。第三类，外在行为表现情感的需要。人类强烈的情感常常伴随着某些行为，比如宗教的歌曲、舞蹈，在宗教活动中可以到达狂热、癫狂的程度。第四类，同社会有关的剩余物。比如，很多群体都寻求自己成员的一致性；在社会现象中，模仿是很普遍的行为，还产生了时尚这样的剩余物。当然，当某些群体企图将这种一致性扩展到其他群体的时候，也会导致冲突的发生。第五类，个人及其附属物的完整性。这往往与个人的情感有关，所以，也可以说是对第四类的补充。与利益相关的情感就属于这类剩余物，利益的冲突会导致社会失去平衡，而平衡的丧失当然会造成很大的个人痛苦。人们当然不愿意社会失衡，于是就努力维持社会的平衡。再如，社会下层阶级渴望平等的情感也属于此类剩余物。社会下层阶级为了自己的利益，总是有企图挤入上层阶级的强烈情感。第六类，性剩余物，就是人类的性欲，性欲当然与人们的行为关系密切。古代有过各种对性行为和生殖器的崇拜现象，但是，现代人却常常试图掩盖或掩饰性剩余物，比如，不同的宗教教派之间就常常互相指责对方荒淫无度、道德沦丧。性剩余物也是大部分文学作品的主题。（帕累托，2001：132～179）

帕累托将派生物分为四大类别，每一类别又有很多细小的分类。派生物往往是在人们用来掩饰、掩盖他们的某些行为时发生的。第一类，断言。断言常常以公理、学说的方式来表达。断言可以是实验科学的结论，此时它是科学的派生物。断言也可能是人类的一种美好期盼，体现了民主、进步的原则，此时它具有派生物性质，但是，也显示了某种情感。第二类，权威。权威体现了一种说服方式，比如，专家的意见就是一种权威。权威可能是真实的，也可能是虚假的。但是，专家如果谈论的是自己专业领域以外的事情，那就可能是虚假的。权威者本人如果人品、道德品质很差，就会导致人们质疑他所提出的命题，其实，他所提出的科学命题仍然可能是真理。第三类，同情感或原则的一致。一个人的情感或原则为什么会与别人的相一致呢？有三种情况：一是由于尊重多数人或专家的意见，于是一个人调整自己的原则与多数人相一致；二是由于害怕与别人不一致会带来不利的后果；三是受到神秘力量的驱使，鬼使神差地就与别人相一致了。帕累托认为，这就是三种派生物。那么，一个人如果不愿意做某事，于是采取某种手段迫使他去做某事，比如断言做某事对他有利、不做对他有害，采取制裁手段、外部力量强迫他去做某事，这些都是派生物。情感或原则的一致性是很重要的，在人类社会中，个人利益与集体利益常常可能是冲突的，而借助派生物就可以消除此类冲突。第四类，口头证据。所谓口头证据就是没有实验的证据，这里面包含着夸夸其谈对人的诱导，因此，不确定、暧昧、诡辩等是这一类派生物的特征。在政治说教中和司法辩论中，常常充斥着此类派生物。一些政客常常使用此类派生物混淆视听、欺骗大

众，将黑的说成白的、白的说成是黑的。（帕累托，2001：180~221）

那么，帕累托的剩余物、派生物理论与精英理论是什么关系呢？帕累托的社会学学说是一个十分巨大的理论体系，在这个体系中，帕累托在分析剩余物、派生物的特征时，提出了他的精英理论，更具体地说，是在探讨社会异质性和社会阶级的循环时，提出了精英理论。

三　什么是社会精英？

帕累托特别强调，他的精英定义里没有道德、好坏的价值判断，只有强大、弱小，高能、低能的判断。于是他提出了广义的精英定义：精英就是最强有力、最有活力、最精明强干的人。他解释说，在每一类人类活动中，对每个人的能力都能打一个类似考试时的得分。譬如，给最优秀的专业人员打 10 分，给非常低水平的打 1 分，给笨蛋打 0 分；给能够挣得数百万里拉者打 10 分，给挣得几千里拉者打 6 分，给一贫如洗者打 1 分，给贫病交加者打 0 分；给颇有政治才干、赢得掌权者宠爱并能干预朝政的女人打高分，比如 8~9 分，给未对朝政施加任何影响的打 0 分；根据受骗上当者和诈骗钱财的多少，给大诈骗犯打 8 分、9 分、10 分，给未成功的小骗子打 1 分；给大诗人打 8 分、9 分，给蹩脚诗人打 0 分。总之，他将某一活动领域内拥有高分的人作为一个特殊群体，并称之为"精英"。（帕累托，2001：296~298）

从狭义上看，与莫斯卡一样，帕累托所说的精英阶级就是统治阶级。他指出："我们能做的最简单的事是将社会划分为两个阶层：上层阶层，通常统治者在此阶层；下层阶层，被统治者在此阶层。"（帕累托，2001：301）

当然，帕累托是精英理论的早期研究者，后来的研究者对于精英的定义更为精确，比如社会学名家布劳（Peter M. Blau）就提出精英是社会人口中恒定的极少部分的人，并以美国社会为例提出了 1% 的可操作的标准。当然，布劳也指出了精英是一种相对的地位，这是由精英地位与一般大众平均地位的社会距离所决定的，并且提出一些人流入精英队伍必然导致另一部分人流出精英队伍，这就是精英循环的原理。（布劳，1991：104~108）

帕累托为什么要关注精英阶级呢？帕累托认为社会学应该把握社会运作的规律，于是他考察了古希腊、古罗马以来的欧洲社会，特别是工业文明以来的欧洲社会，他发现，社会现象有两种截然相反的形式：一种是真实事物之间的真实的客观形式，另一种是人们的一种心理状态和主观想象。好比在哈哈镜中的影像，在人们的主观想象中客观事实是变了形状的。这种理论就是上文述及的帕累托的剩余物与派生物的理论。所以，帕累托是想拨开丛芜，揭开假象，寻找社会事实。正是在这样的探寻中，他发现，不管什么民族的历史，都是被精英阶级统治的历史，但精英阶级的统治也难以长久持续，精英阶级也常常是要更替的。于是，他就探索这样一种更替的规律。

总之，帕累托所说的精英具有这样的特征：其一，帕累托仅就人们素质的不同性质定义精英，不涉及这些人的好坏、伦理道德、赞誉批评的评价；其二，精英讲的是现实状态，不是潜在状态；其三，精英与其他民众的界限并不精确，也不可能精确（帕累托，2001：298）。

四　按照精英理论对社会阶级的区分

帕累托将全社会分为两个阶级。一个是下层阶级，非精英阶级；另一个是上层阶级，精英阶级。然后，又将上层精英阶级分为两个阶级：执政的精英阶级（the governing elite）和不执政的精英阶级（the non-governing elite），在两者之下则是普通大众（the masses）。帕累托总的思想倾向还是主张精英治理社会的，他认为，普通大众完全没有能力治理社会，民主听起来很好，但问题是大众的自治极其艰难。帕累托倒不是反对民主体制，他只是认为这根本做不到，精英体制的出现是无法避免的。

按照帕累托的剩余物理论，在社会的不同阶级中剩余物的分布也是不一样的。帕累托以罗马社会为例，认为在罗马的下层阶级中，第二类剩余物"集合体的持久性"以及第三类剩余物"外在行为表现情感的需要"分布得广泛、力量强大，而第五类剩余物"个人及其附属物的完整性"则严重不足。帕累托甚至认为，不同职业群体的剩余物也有不同的分布。虽然他还不敢断言，上层阶级或下层阶级的成员会产生特定的剩余物，特定个体的剩余物会形成特定的阶级。（帕累托，2001：235～236）

帕累托批评说，在执政的政治精英阶级里，有一些不具备精英基本素质的人，比如部长、参议员、众议员、法院院长、将军等中的一些人并不具备公务员的基本素质，这些人属于名不副实的所谓政治精英。而在经济精英和技术精英，如律师、医生、工程师、企业家、文学家等中，这样的人比例则小得多，因为他们是靠自己的本领而争取来的精英地位。

帕累托还剖析了政治精英中不称职者聚集的原因：有些是通过世袭血统而获得的精英地位——古代皇帝的家庭成员自然就被提拔到执政精英的位置，有些是巨额财产的继承者——通过贿赂选民而获得的精英地位。总之，财富、亲缘关系等都会使得某些精英获益。帕累托将这类现象也称为派生物，认为如果这类派生物比例不高，是一个固定的常量，就可以忽略不计。

帕累托非常关注精英阶级与非精英阶级的关系，因为这对于社会平衡十分重要。当比例关系出现严重失衡时，这些派生物就无比重要了。帕累托重点关注的是两个方面。一是在同一集团内部，属于该集团但不具备该集团素质的人在整个集团中占多大比例。二是在精英阶级与非精英阶级之间，怎样从一个集团过渡到另一个集团，以及这种流动的强度、速度。流动的速度与各阶层的供给与需求有密切关系。比如，在和平时期，一个国家的统治阶级仅需要少数的武装军人就够了，甚至还可能供大于求，但是到了战争时期，需要大量的武装力量，可能供不应求，帕累托认为这是很多贵族制度瓦解的原因。（帕累托，2001：298~301）

五　旧精英的衰落

当旧精英衰落的时候，往往有两种互相矛盾的现象同时出现：一方面，这个精英阶级变得比较软弱无能，不能捍卫精英的权力；另一方面，这个精英阶级贪婪成性、巧取豪夺的本性却丝毫未变，变本加厉地违法侵吞财产。也就是说，一方面，他们对大众加紧压迫，另一方面又没有真正的实力维持自己的统治。只有这两个条件同时出现，旧精英才会衰落，如果仅出现一个条件，那么，旧精英的统治就还能维持。帕累托还对比了英国和法国发生的革命，指出英国的精英懂得让步，于是维持了自己的统治，法国的贵族不懂得让步，还想增加特权，于是就激发了暴力革命。

帕累托对旧精英在衰落时表现出来的非精英的品质——懦弱、胆小怕事、缺乏勇气和牺牲精神等，做出了很多历史案例的分析。帕累托甚至认为，当旧精英衰落时常常表现出一种人道主义的或仁慈的情感，帕累托暗含的意思是，为维持统治，不应有人道主义的退缩。当然，帕累托也批判了旧精英人道主义的虚假性，比如，法国贵族一方面颂扬卢梭，另一方面却从食不果腹的农民身上榨取钱财。所以，帕累托批评说，你们最好少一点儿人道主义，多一点儿对于他人财产的尊重。

帕累托也用他的剩余物理论解释旧精英的衰落，即旧的精英阶层能够掌握和维持统治的剩余物比例越来越低，而处于社会下等位置上的阶层所占有的剩余物比例不断上升，他们具有更多的活力与朝气。

旧的统治阶级在精力衰退时，并不意味着暴力倾向的减少。衰退的精英往往是狂暴之徒、残暴之徒。一方面是统治阶级精力的衰退，另一方面是对人民的残酷镇压，两者之间的反差带来了旧精英的灭亡。（帕累托，2003：42~57）

六　新精英的兴起

帕累托认为，人们常常有一种幻觉，以为人民真的能够凭借民主制度主导社会。其实，这是不可能的。实际上只是一些新的精英阶级取代了旧的精英阶级，利用了人民爬到了执政精英的地位。精英与人民的区别，永远都像罗马的贵族与平民那样大。

帕累托注意到了职业竞争中的分层现象，认为能够爬到最上层的就是精英。劳工中的优秀分子地位上升，会进入新的精英阶层。帕累托分析了意大利资产阶级、贵族、工人阶级以及三个阶级的斗争，认为贵族的衰落是必然的，资产阶级出身的领袖与工人阶级出身的领袖组成了新的精英。工人阶级也变得有文化和强大了，他们会获得重大权力，但是这些获得权力的工人已经是获取高薪的新精英阶级了。资本的增长、工业的繁荣也带来工联、工团的发展，进一步促成工人新精英的形成，工人新精英的形成与资本的膨胀也是互为因果的。不仅是意大利，考察英国劳工的演变也能够发现工联领袖新精英阶级的形成。这些来自工人的领袖具备优秀品质，他们受过良好教育、讲究实际、有道德准则，比资产阶级虚假的人道主义要强大。在工人领袖、社会主义者中有大量的职业政客成为新的精英，这些新精英懂得使用暴力维持秩序，他们充满活力，公开宣布阶级斗争。他们比那些虚伪的资产阶级人道主义者强得多，所以，他们取代旧精英是大势所趋。

新精英取代旧精英就好比 A、B 两军对阵，B 军纪律严明、战士忠于信念、密切合作、奋不顾身，而 A 军纪律散漫、没有斗志，A 军很多士兵还临阵脱逃，投降 B 军。所以，任何人都很容易看清楚新精英替代旧精英的必然性。

但是，新精英取得胜利以后，也会像其他精英一样，变得越来越僵化，越来越排斥他人，不允许别人进入。根据历史经验，可以断定，新的精英集团虽然是依靠穷人和无产阶级上台的，但是，获取权力后，新的精英集团会违背承诺，这样人民群众会被更沉重的枷锁套住。（帕累托，2003：58~77）

七　精英循环理论

帕累托明确提出了精英循环（the circulation of elites）的概念，即一种类型的政治精英取代另一种类型的政治精英，精英的更新和替代永无休止。人类的历史就是精英不断更替的历史，这是一条社会学定律。由于精英的循环，执政的精英阶级就好比一条流淌的河流，永远处于变动状态。

精英队伍刚刚形成时，往往是符合精英素质的名副其实的精英。比如，百战百胜的武士、事业发达的商人、财源茂盛的富豪，他们在各自的领域都胜过常人。随着时间的推移，出现名实分离的现象，上层阶级的素质衰落，贵族并非永远是贵族，历史是埋葬贵族的坟墓。

精英循环是正常的，统治阶级只有淘汰其最衰败的成员才能恢复元气。如果精英循环停止就会发生严重社会问题，停止的结果是下层阶级中优秀分子的聚集，或上层阶级中低劣分子的聚集，这就会严重破坏社会平衡，最终使统治阶级走向毁灭，不过这往往还会引起整个民族的崩溃。

如果精英阶级循环出现了障碍，也会引发革命。因为在上层阶级中低劣分子越来越多，他们不再拥有用以维护政权的剩余物，并放弃使用暴力；相反，在下层阶层中优秀分子增加，他们拥有用以执政的剩余物，并且准备使用暴力。在暴力革命中，下层阶级的人们由上层阶级某些人士指挥，因为后者具有运筹帷幄的聪明才智，但缺少由下层阶级人们提供的剩余物。

研究精英循环时，要特别注意两个方面。一个方面是，在精英集团内部，名义上属于该集团，但实际上不具备精英素质的人究竟占多少比例。另一个方面是，从旧的精英集团向新的精英集团过渡的方式、循环的速度等。影响精英循环速度的因素非常复杂，譬如某些社会群体的需求与供给就会影响精英循环的速度：一个国家如果长期处于和平状态，武士的数量就可能供大于求，而当国家处于战争状态时，则需要大量的武士，这种供不应求也可能导致旧贵族精英的瓦解。

在这里，帕累托始终是用其"剩余物与派生物理论"来解释精英循环的。第一类剩余物"组合的本能"与第二类剩余物"集合体的持久性"的变化，对社会的平衡、失衡有重大作用。他举例说，上层阶级中第二类剩余物的减少和下层阶级中第二类剩余物的增强导致精英循环。他用这种理论来解释英国革命和法国大革命，甚至认为在美国，下层阶级之所以有强大的上升流动的动力，就是因为第二类剩余物的强大作用。派生物对精英循环的影响也不是完全可以忽略的，派生物的数量往往变化无常，所以，在研究精英循环的时候，对于精英阶级的情感、倾向、才能都要加以综合考虑。（帕累托，2001：300~304）

八　政治精英的两种类型：狐狸型和狮子型

帕累托分析了两种不同类型的政治精英，这一思想深受前述的意大利思想家马基雅维利的影响。马基雅维利关于狐狸与狮子两种类型统治者的思想，甚至可以溯源到古罗马政治家西塞罗（Marcus Tullius Cicero），恕笔者不再赘述。马基雅维利认为，统治者（君主）应该学会两种统治手段，在遇到狼群的时候应该像狮子一样勇猛，但是，仅凭勇猛也不行，还要学会像狐狸那样狡猾，善于发现陷阱。狮子虽然勇敢，但是不太会探索风向、随机应变，常常会落入陷阱。在遇到形势变化的时候，就要学会狐狸的狡诈。马基雅维利还提出，君主为了自己的统治，不必信守诺言，这正是狐狸的本性，狐狸是杰出的伪装者、伪君子，君主在必要时就应向狐狸学习。（马基雅维利，2010：80~82）马基雅维利的意思是，统治者为了维持统治可以不遵守任何道德约束，可以不诚实，为达目的可以不择手段。这与我们中华民族的治国理念是大相径庭的。

帕累托则提出在心理取向上（the psychological orientation）有两种不同类型的统治者或政治精英，他也沿用了狐狸型和狮子型的说法。狐狸型狡诈、灵巧、机敏、不忠诚、善于应变、擅操纵、有创造力、不固守陈规。相反，狮子型踏实、尊重传统、坚守传统的规则、不投机取巧、不妥协、坚强、廉正、保守，这种保守情绪有利于整个集体的坚持能力（their possession conservative sentiments of conductive to persistence of aggregate）。当一个社会的传统体制已经失去活力，传统的规则束缚社会的发展，需要变革、革新的时候，狐狸型的领导就会受到欢迎，易于上台当政。反之，当一个社会处于不稳定状态，需要维持秩序、团结一致，需要保留现存体制时，狮子型的领导就容易受到拥戴而执政。

帕累托认为，狐狸型和狮子型的精英应该保持一定的比例。因为，当狮子型的精英占主导地位时，体制容易变得崇尚传统、保守、僵化，占统治地位的精英集团也会变得僵化、专横，在这时，就应该将狐狸型的精英补充到精英集团中去。反之，当狐狸型的精英取代狮子型的精英而占据统治地位时，社会就会变的崇尚变革、革新，社会下层中的精英分子、精明者就有机会向上爬，进入统治群体，就会出现过多的投机取巧分子，社会就会失去秩序，于是，新的循环又会开始。两种政治精英的相互替换也是一种精英循环。(Jary and Jary, 1991: 70, 188, 530) 总之，帕累托的观点是两种类型的政治精英各有优缺点，应该互相补充，这样有利于维持精英的统治。

当然，无论是莫斯卡还是帕累托，他们阐释的传统精英理论都主要是以对欧洲或西方政治权力集团的分析为基础的，而对中国历代政权的更替虽有个别涉及，但他们都还是很不熟悉的。中国历代王朝的精英治理、精英循环的特征也很明显。自诸子百家以来，中国的知识分子对于精英集团所应具备的品质有很多精彩的分析。如三国时期的诸葛亮，显然是典型的中国精英，诸葛亮身上也集中体现了中国历代贤相的优秀品质。对于中国历代精英的剖析，也是留给中国社会学界的艰巨任务。

参考文献

彼得·布劳，1991，《不平等和异质性》，王春光、谢圣赞译，北京：中国社会科学出版社。

马基雅维利，2010，《君主论》，沈路译，南京：江苏文艺出版社。

莫斯卡，2002，《统治阶级（〈政治科学原理〉）》，贾鹤鹏译，南京：译林出版社。

帕累托，2001，《普通社会学纲要》，田时纲等译，北京：生活·读书·新知三联书店。

帕累托，2003，《精英的兴衰》，刘北成译，上海：上海人民出版社。

帕累托等，1993，《菁英的兴衰》，刘北成、许虹译，台北：桂冠图书股份有限公司。

徐大同主编，1985，《西方政治思想史》，天津：天津人民出版社。

詹姆斯·麦格雷戈·伯恩斯，1996，《领袖论》，刘李胜等译，北京：中国社会科学出版社。

Jary, David and Julia Jary. 1991. *Collins Dictionary of Sociology*. Great Britain: Harper Collins Publishers.

Marger, Martin N. 1981. *Elites and Masses: An Introduction to Political Sociology*. New York: D. Van Nostrand.

Mosca, Gactano. 1980. *The Ruling Class*. New York: The McGraw-Hill Book Company Inc.

Pareto, Vilfredo. 1991. *The Rise and Fall of Elite: An Application of Theoretical Sociology* (Trans. By Hans L. Zetterberg). New Brunswick: Transaction Publishers.

第十三讲
现代精英理论

上一讲述及的莫斯卡和帕累托的精英理论属于传统精英理论，之所以称他们的精英理论为传统精英理论，是因为他们的研究方法还不是真正的社会学的实证研究方法。他们采用的基本上是历史事件叙事方法，纵论古今，上下几千年，比较古希腊、古罗马以来欧洲的历代政权，由此探索一些政治集团、政权更替的规律。

而现代精英理论，首先，都是建立在社会学的实证研究基础之上的，都有对于现代工业社会的实证研究；其次，现代精英理论研究的重点，虽然依旧以欧洲北美社会为主要对象，但是，都是对现代社会转型中产生的政治权势集团的研究，而不是对传统封建王朝政权更替的研究；最后，现代精英理论研究的核心问题是，在工业革命以后建立的现代民主共和制（包括君主立宪制）究竟能否真的实现所谓民主或"人民主权"，还是打着民主的旗号，实际上依然是精英统治。

第一节 米歇尔斯的现代政党精英理论

一 米歇尔斯及其现代政党精英理论的由来

罗伯特·米歇尔斯（Robert Michels，1876~1936）是德国著名社会学家，也是德国政治活动的积极参与者，还一度是德国社会民主党和工人运动的积极分子。因此，他对现代政党精英政治的研究，一定程度上也来自他政治生涯的亲身体验。

米歇尔斯出生在德国的大城市科隆，科隆横跨莱茵河两岸，其城市规模在德国仅次于柏林、汉堡和慕尼黑，因此，米歇尔斯从小就受到大城市文明的熏陶。米歇尔斯的家庭生活条件很好，家庭富有并在当地颇有声望，受过良好的教育。米歇尔斯小时候正值德国铁血首相俾斯麦执政时期，俾斯麦几次发动战争，最终统一了德国。当时，德国工业经济迅速发展，采取殖民扩张政策，但工人的劳动生活状况十分恶劣，俾斯麦也残酷镇压工人运动。1890 年俾斯麦被免职的时候，米歇尔斯 14 岁。米歇尔斯受过欧洲多所大学的文化熏陶。上大学之前，他曾在柏林大学的预科学校学习，这是富家子弟聚集的为进大学做准备的中等学校。从柏林大学预科学校毕业后，米歇尔斯曾短期服过军役，接着就出国去学习了。他曾经在英格兰、巴黎等地学习，后来又回国在慕尼黑、莱比锡等地学习。1898 年，他进入哈利大学，并于 1900 年在哈利大学获得了博士学位。米歇尔斯初次任教的大学是马尔堡大学（Philipps-Universität Marburg），他成为该校讲师，该大学位于德国黑森州，是一所历史悠久的大学，并且是世界上第一所新教大学。

在马尔堡生活时期，米歇尔斯积极参与了德国社会民主党的活动，一度是德国社会民主党的积极分子。在参与了该党的很多活动以后，米歇尔斯发现，社会民主党日趋官僚化、等级化，他当时以为这是受到德意志文化传统的影响，曾试图从社会主义立场对该党进行改革，但是，他最终发现自己根本无力改造该党。这样，米歇尔斯受到了双重政治压力：一方面，由于他的社会主义立场，受到了德国政府的打压（政府控制着大学教职的任命）；另一方面，由于他与德国社会民主党主流的意见相左，在党内也受到排斥。这些因素最终导致米歇尔斯失去了马尔堡大学的教职。

在这段时间里，著名社会学家马克斯·韦伯非常欣赏米歇尔斯的才华，对他也是十分关照的，1908 年韦伯还曾经在媒体发表文章为米歇尔斯的立场辩护。当米歇尔斯在德国学界难以立足的时候，也是韦伯出手相助，帮助米歇尔斯在意大利都灵大学找到了教职。米歇尔斯的政党思想一定程度上也受到韦伯思想的影响。韦伯对于政党的分析在其理论中占有重要地位。韦伯认为，很多现代政党在其建立初期，是有着鲜明的理想目标、为实现某种理想主义而奋斗的。但是，任何政党在其发展过程中都会发生官僚化倾向，政党会被权力操纵者控制，最终，那些本来为理想主义而奋斗的政党也难免走向为维护政党统治、庇护该党自身小群体利益服务的立场。韦伯关于现代政党最终会转变为庇护党的思想对米歇尔斯有很大影响，由于他们二人的关系密切，在某种程度上也可以说他们的思想是相互影响的。当然，后来由于韦伯持支持德国战争的立场，米歇尔斯与韦伯的个人关系还是决裂了，不过那是很久以后的事情了。

在 1904 年前后，米歇尔斯也受到工团主义的影响。一方面，他发现德国社会民主党热衷于议会斗争，实际上是被一小撮政客控制，不能够代表工人利益。另一方面，他又发现，工会可以代表工人利益。这种思想来源于法国的工会理论，即认为工会才是团结和领导工人的最有效途径，所有的生产分配等都应在工会和工会联盟的领导之下，工会能够采取的最为强有力的手段就是总罢工，逼迫资本的一方让步。米歇尔斯也读了马克思和蒲鲁东的很多著作。当然，他最后还是放弃了工团主义立场，因为他发现，即使是工会、工会联盟，其领导权也往往被少数人操控，一小撮领导者会为了自己的利益而出卖工人利益，为此，他很失望。由此，他逐渐确信，任何社会组织都具有寡头统治的基本特征。

1907 年，在失去德国的教职后，米歇尔斯移居意大利，在都灵大学任教。这一年，他也明确宣布退出了德国社会民主党，后来又加入意大利国籍，他甚至视意大利为自己的祖国。上文说过，莫斯卡也在都灵大学任教，米歇尔斯与莫斯卡成为同事和密友，因此在思想上也受到莫斯卡统治阶级理论的影响。不仅如此，米歇尔斯还熟读帕累托和马基雅维利的著作，思想上渐趋保守，甚至接受了马基雅维利的立场，这种不讲道德的马基雅维利主义对于后来米歇尔斯走上政治歧途显然有深刻影响。在经历了参与德国社会民主党的负面体验后，他决定撰写一本关于现代政党的社会学著作。1911 年，他完成了《现代民主制度中的政党社会学》，这部著作最初是用德文撰写的，后来被译为多种文字出版，在欧洲思想界产生了巨大影响。其英文版题为 *Political Parties: A Sociological Study of the Oligarchical Tendencies of Modern Democracy*。后来，米歇尔斯又长期居住在瑞士，在瑞士巴塞尔大学任教。

第一次世界大战结束后，意大利发生了重大政治变动。1919 年，墨索里尼发起了法西斯主义运动，到 1921 年建立了国家法西斯党，墨索里尼被奉为领袖，后来逐步控制了整个意大利的军事力量和政治权力。在这一时期，米歇尔斯受邀从瑞士返回意大利，墨索里尼将他视为官方政治学者，还安排意大利佩鲁贾大学（Perugia University）聘任米歇尔斯，希望米歇尔斯帮助自己构建法西斯主义的政治学理论，这些都成为米歇尔斯生平中的政治污点。所以，我们也确实需要认真思考，米歇尔斯的这套"寡头统治铁律"思想与法西斯主义之间到底是什么关系。米歇尔斯并没有看到第二次世界大战中的法西斯轴心国，也没有看到意大利法西斯的崩溃。1936年米歇尔斯在罗马病逝。

二 米歇尔斯的"寡头统治铁律"思想

米歇尔斯最为著名的是提出了"寡头统治铁律"（iron law of oligarchy）理论。米歇尔斯的"寡头统治铁律"思想，是从对现代民主的认识谈起的。现代社会，人民都崇尚民主的体制机制，认为民主的体制机制可以解决代表最大多数人的最大利益的问题。大家都信奉卢梭的人民主权思想。米歇尔斯并不反对民主原则，但是，他发现民主只是个虚假的口号。人们信奉现代民主制度，也都赞同采用现代政党制度，但是，米歇尔斯研究发现，现代政党的民主制度遇到了极大的障碍和危机。

他认为，当时人们还没有能力解决这些问题。但是，社会学家的任务就是将问题暴露出来，让大家都看到问题的本质。现代的政党民主政治，其体制自身就包含着寡头统治的要素，政党政治最终走向寡头统治是无法避免的。

米歇尔斯认为，即使是信奉社会民主的社会主义政党也无法避免走向寡头统治的噩运。这样的政党与国家机器、官僚体制一样，即使在所谓民主制度中，进行了民主选举，组织制度体系本身也会使当选者利用选民对他的信任获取统治者的地位，并且在权力的玩弄中走向一小撮寡头统治的结果。

由于米歇尔斯对德国社会民主党的政治运作极其失望，转而参加工会、工会联盟的活动，但是，在参加这些活动的过程中，他发现，工会也同样容易被少数人操控，名义上代表工人，实际上是为一个很小的领导集团的利益服务。在此状况下，米歇尔斯的研究和论证对象就不仅是现代政党，还包括了几乎所有现代社会组织，如所谓志愿者组织等。米歇尔斯的结论是，一切组织都有走向寡头统治的倾向。

三 米歇尔斯"寡头统治铁律"的论证逻辑

米歇尔斯在其著作中非常认真、细致地展示了其"寡头统治铁律"的论证逻辑，笔者将其分为以下八个方面。

1. 组织的必要性

在现代社会中，没有组织，人们就无法共同行动，没有组织的民主是无法想象的。在经济上占主导地位的阶级面前，个体的、分散的工人完全没有能力保护自己，只有联合起来建立组织才能有抵抗能力，为自己赢得尊严。

现代社会组织是形成集体意志的唯一途径。组织能够让其成员付出小而收获大，是弱者对抗强者的有力武器。而且，在现代生活中，合作的理念已经深入人心，所以，建立组织很容易得到工人的认可。（米歇尔斯，2003：18～19）

当然，在看到组织优越性的时候，也不要忘记，组织也存在着另外的危险：组织具有保守性，组织从一开始就潜伏着被寡头控制的风险。

2. 在大型组织中直接民主是不可能的

既然组织是必要的，那么，在有组织的情况下怎样保障其成员的民主权利呢？理想的民主实践包括群众自治，即通过民众集会决定公共事务。在德国，也有人曾经设计了这种看起来良好的民众集会决定公共事务的体制。但是，在实践中发现，在这种体制中，民众直接行使公共职能，这样公职人员就丧失了基本的行为能力。而大众毕竟不专业，很容易被那些善于言辞的人蛊惑，导致偏听偏信。在大众聚集的场合常常混乱、无秩序，产生狂热行为，结果大众往往被那些别有用心的人操纵。操纵一大群人往往要比操纵一小撮人容易得多。（米歇尔斯，2003：21）

政党精英组织的大型聚会是这方面的典型。在这种聚会上常常以鼓掌一致赞同的方式通过决议，在这样的情境中，大众的言行是没有经过深思熟虑的，大众也没有什么责任意识，所以这根本不能体现大众主权。大众也往往不能容忍少数人的反对，其实，有时候少数人的意见是正确的，但是常常被大众的声浪所淹没。所以，在人数众多的情况下，大众直接民主无论是在机制上还是在技术上都是不可能的。（米歇尔斯，2003：21～22）

3. 代表制是必要的，但是在代表制中权力从大众手中被抽走

在人员众多的组织里，经常地通过大型聚会实现民主是不行的，代表制是必要的。这样，有理想的民主主义者就退而求其次，建立了一种代表制或议会制的国家体制。

最开始的时候，代表还比较听从大众的意见，受到大众的约束。但是，随着现代政治组织的发展，领导者的队伍逐渐定型，政治生活中也确实需要职业政治家和专家队伍。结果，就产生了一个经过特殊职业训练的精英群体。任何大规模的组织都不可避免地带来职能上的分化，做出决定的权力逐渐被认为是只有领导者才有的技能，权力从大众手中被抽走，集中于领导者手中。从世界各国形形色色的政党和劳工组织看，民主逐渐趋于衰落，民主的进化路径呈现抛物线的轨迹。（米歇尔斯，2003：23~28）

4. 职业化领袖的出现意味着民主走向末路的开端

由于技术上、管理上和组织策略的需要，强大的组织需要强大的领导。政党组织的寡头化和官僚化在技术上和实践中都是必要的。这是任何组织都无法避免的结果。任何政党发展到体系庞大和组织复杂的时候都需要一群专门从事党务活动的人，他们也是民主选举产生的，但是逐渐变为永久性代表。永久代表制使得代表高高凌驾于被代表的人之上，代表常常以人民的意志掩盖纯粹个人的欲望。在此，米歇尔斯批判了代表制、代议制本身，认为从本质上看，代议制不能自圆其说。他引用了卢梭的人民主权理论：主权永远不能转让，只要将主权转让给代表，自由便不存在了。（米歇尔斯，2003：31~36）

那些占据了永久代表位置的人，常常获得了该职位某种道德上的权利，于是出现了职业化的领袖。在任何大规模的组织中，领袖会取得近乎垄断的地位。米歇尔斯陈述了德国政党活动的实践，以此证明，领袖们宣传自己的行为是出于纯粹的民主精神，然而实际上他们的行为是寡头统治倾向的体现：尽力摆脱大众对他们的控制，使得大众屈服于领导人的权威。（米歇尔斯，2003：40~43）

5. 领袖赖以产生的心理基础和大众对领袖的需求

在任何国家的政党中，都存在大众对领袖的需求现象。米歇尔斯还特别以德国为例，阐释了领袖产生的大众心理基础。他认为，德国民众对领袖的需求尤为迫切，需要领袖为他们指引方向、发号施令。德国民众的特点是具有顺从式的心理倾向、强烈的自律本能，德国人迷信权威，具有普鲁士军事操练所造成的深刻烙印。在没有领袖的时候，他们往往是一盘散沙，没有权威的指点，他们就失去了行动能力。从德国社会民主党的实践看，领袖确实工作极为繁忙、身心劳顿，甚至健康也每况愈下。在这种情况下，大众仍对领袖有一种根深蒂固的渴望。（米歇尔斯，2003：48~51）

领袖赢得了大众保护者和导师的名声，在特殊的政治环境下，领袖还经常受到迫害，被监禁、放逐。这样，大众对于领袖便常怀感激之情。于是，领袖们获得了神圣的光环，这些感激之情使得这些政党领袖不断获得连任。有时候，人们对于领袖的认同达到了盲信的程度，即这种崇拜远远超过了领袖按照其实际才能所应获得的尊重。

这样，民主在经历了一种由优异分子统治的政府形式之后，最终变成一种贵族统治。无论是从物质上看还是从道德上看，在大众的拥戴下，领袖被认为是最能干、最成熟的人物。（米歇尔斯，2003：52~77）

6. 领袖具有专断的倾向

米歇尔斯通过对德国社会主义运动的考察发现，党的领导成员是长期处于领导位置的。米歇尔斯认为，对于民主而言，领导人的长期在位是一个危险的信号。因为，那些希望保持民主本质的组织都规定，所有领导职务都应当有一定的任期。从民主政党的程序看，领袖由普通党员大众选举产生，他们随时都可能失去手中的权力。但是，实际上，常常出现领导人长期在位的情况。领导人长期在位的原因必须从传统影响中寻找。一个重要原因是人类的那种知恩图报的感情，即认为领袖为党的创立做出了重大贡献，如果没有被选上，那无疑太残忍了，会受到广泛的谴责。这使得大多数工人产生了保守倾向。

领导人长期在位的结果是负面的。长期高高在上，与普通大众日益疏远，而领袖集团内部的人员和职位需要排定位次，他们不是通过民主的途径，而往往是根据自己的意愿来决定的，这样，领导群体便日益变成一个封闭的小集团。这时候谁来继承职位也不是由大众选举了，而是在集团内部进行权力交易。（米歇尔斯，2003：86~89）

权力长期被少数人控制，必然导致权力的滥用。长期居于领导地位的领袖会以为自己是不可或缺的，结果从人民的公仆变成了人民的主人。（米歇尔斯，2003：133）

7. 领袖长期行使权力，在心理上也会发生变化

米歇尔斯认为，长期担任领导职务会对领导者的道德品质带来许多负面影响。大众对此种现象的漠不关心也助长了政党领袖对权力的贪欲。这种普遍的人性特质助长了民主式寡头体制的形成。米歇尔斯从人性的角度分析了掌权者的心理：一旦获得了权力，就不会愿意回到过去无权力时候那种默默无闻的状态。掌权者很难放弃自己经多年努力而获得的职位。权力意识会使人变得自负、自视甚高、渴望主宰他人，这是人的心理层面的基本事实。

领导对自我价值的意识，以及大众对领导的渴望，常常使得领导心理产生优越感，激发起那种每个人内心深处都有的指使他人的精神需要。掌权者总是试图扩大自己手中的特权，设法巩固自己的权力，维护自己的领导地位，摆脱大众的控制。（米歇尔斯，2003：174~176）

8. 对领袖的社会分析

米歇尔斯用了很大的篇幅分析社会主义政党领袖、领导集团的来源，认为一类来自无产阶级，另一类来自资产阶级中的知识分子阶层。来自后一类的与来自前一类的比，他们的理想主义往往更为突出。米歇尔斯质疑来自资产阶级知识分子阶层的这些人，认为他们长期受到资产阶级影响而具有劣根性，在为工人阶级长期艰苦的斗争中会产生厌倦情绪。而来自工人阶级的领袖，他们在政党领袖的位置上，实际生活水平远远高于普通工人，所以也不能代表工人阶级了。米歇尔斯列举了一些国家的劳工组织，认为腐败发生率还是很高的。他认为，如何防止领导者凌驾于被领导者之上，是一个无法解决的难题。

对此，很多社会主义政党和劳工组织也做出了很多尝试来限制领袖的权力。为防止寡头统治的出现，做出了物质层面的和观念层面的很多限制，包括让领袖放弃自己的经济利益与群众打成一片等，但是也没有什么成功的案例。（米歇尔斯，2003：197~314）

总之，米歇尔斯的结论是很悲观的。他认为，组织本身就具有保守性，当某一社会集团获得权力后，它总是想尽一切办法维持这种权力。社会主义政党的领导权有可能落在那些与无产阶级利益相反的人的手中。社会革命无法真正改变大众的内在结构，任何大的社会集合体都无法避免寡头统治的形式。人们以为真正民主秩序的建立只是迟早的事，但米歇尔斯的研究证明，民主的结果是导致寡头统治。在现代政党组织中，领袖日益从大众中脱离出来，政党组织代表了一种建立在民主基础上的寡头化权力，这一寡头化的结构窒息了民主的基本原则。（米歇尔斯，2003：315~352）

没有一个由少数人组成的、在政治上居于统治地位的统治阶级，要想建立现代社会秩序是不可能的——领导集团的绝对必要性。这一思想最初是由莫斯卡倡导的,帕累托做出了权威的理论阐释,而米歇尔斯则以德国社会民主党和世界各国很多政党、政治组织为例,论证了民主政党也无法避免走向寡头统治的结局。

四 对米歇尔斯"寡头统治铁律"思想的评价

米歇尔斯在二战前关于寡头统治必然性的预言在二战中确实得到了体现。希特勒、墨索里尼成为最为典型的寡头。但是,我们也不能忽视,二战结束后,在重新构建政治秩序的过程中,人类也在探索政党政治中如何约束寡头,这方面也有很多成功的案例。在下一讲阐释熊彼特等人的思想时,读者可以深入了解这些案例。所以,米歇尔斯的"寡头统治铁律"思想是比较极端的,有其局限性。

米歇尔斯对于社会主义运动的预言,很值得深思。在社会主义、国际共产主义运动中,以苏联为代表,也确实出现了政权控制者不能代表绝大多数人民群众的利益,更凸显少数特权阶层利益的情况,这最终导致了苏联的解体。苏联政权的早期领导者之一布哈林(Nicolai Buharin)曾经注意到了米歇尔斯对于早期社会主义政党的警告,并考虑了在社会主义社会如何防止特权阶级出现的问题(米歇尔斯,2003:15~16),但是,后来苏联政权走向了由一小撮人控制各种社会资源的结局,严重脱离广大人民群众,导致其脱离社会主义轨道。

米歇尔斯的理论具有很大的影响力,很多研究者也在探索怎样解决米歇尔斯提出的社会组织寡头化倾向的难题。不少学者以美国的两党体制为例,认为美国的两党民主选举制度与当年的德国社会民主党不一样,组织松散,没有集权的控制,总之,认为多元民主制度能够代表多方面的利益群体。但是,2020年11月至2021年初美国大选的政治乱局,也让我们不得不反思美国的两党政治制度的很多缺陷与不足。所以,在实现现代化以后,巨型人口的大国,究竟怎样才能实现真正的民主体制,究竟怎样才能够代表最大多数人的最大利益,只能说,还在探索之中。不过,笔者以为,不要仅仅思考领导者集团,广大人民群众的因素也很重要。笔者同意这样的论断:"有什么样的人民就会有什么样的政府。"这也就是说,如果全体人民的素质都提高了,就会形成更好的自治能力,就能够在经济政治社会生活中发挥更大的作用,就能够对于少数领导人的行为真正实现政治约束,防止极少数人形成政治寡头。所以，不管什么样的社会制度、什么样的政党制度，都应该重视米歇尔斯关于寡头形成的警告。

由于从现代民主政治中找不到出路，米歇尔斯晚期开始相信韦伯所说的具有超凡魅力、具有克里斯玛的领导人、领袖（Charismatic leadership）。这也在一定程度上导致了他接受法西斯统治者墨索里尼的邀请，最终步入歧途。这是米歇尔斯人生经历中的政治悲剧。

米歇尔斯的观点是过于悲观的。今天，世界上也有很多种尝试不走向寡头的组织实验。大学者熊彼特提出"民主精英理论"试图解决米歇尔斯的政治寡头难题（本书第十四讲会有详述）。本书前述的新马克思主义重要代表人物赖特就在《真实的乌托邦》一书中列举了世界上很多尝试社会主义原则的案例，激发了社会的活力，比如用社会经济投资的发展模式、结社民主的治理模式、组织民主的参与模式。（Wright，2015：275-276）

近年来，笔者一直带领清华大学研究团队进行基层社会治理的"新清河实验"，一个重要目标也是激发社会活力、实现更多人参与社会治理的新的社会模式。所以，米歇尔斯的过于悲观的倾向也可能是历史上某一个时代的产物。

第二节　拉斯韦尔的精英理论

一　拉斯韦尔的生平

拉斯韦尔（Harold D. Lasswell，1902~1978），美国政治学家、社会学家，在社会科学的诸多领域都有创新，关于政治精英、政治权力、重要政治人物的研究都颇有影响，是行为主义学派的重要代表。

拉斯韦尔1902年2月13日出生于伊利诺伊州的唐尼尔逊（Donnelson，Illinois），父亲是牧师，他的家庭经济条件很好，家中藏书很多，从小受到很好的文化熏陶。他于1918年进入芝加哥大学，1922年获学士学位后曾赴欧洲英、法、德等国著名大学攻读研究生课程，曾在柏林大学学习心理分析，最早在美国学界引入弗洛伊德的心理分析理论，有很深厚的多元学术功底，后回到芝加哥，完成博士学位论文《世界大战时期的宣传技巧》（1927年正式出版），于1926年在芝加哥大学获哲学博士学位。

读研究生期间他就开始参与教学，后就职于芝加哥大学，1922~1938

年在芝加哥大学教授政治学。1939 年在纽约社会研究新学院执教。1952 年任耶鲁大学政治学教授。1954 年受聘任行为科学高级研究中心研究员，任美国科学院院士等。1955 年当选美国政治学会会长。1978 年 12 月 18 日去世，终身未婚。

拉斯韦尔一生勤勤恳恳耕耘学术，著述颇丰，发表的著述有 600 多万字。主要论著有：《精神病理学与政治学》（*Psychopathology and Politics*，1930）、《政治学：谁得到什么？什么时候和如何得到?》（*Politics: Who Gets What, When, How*，1936）、《传播的结构和功能》（*The Structure and Function of Communication*，1948）、《政治的语言：语义的定量研究》（*The Language of Politics: Studies in Quantitative Semantics*，1965）、《世界历史上的宣传性传播》（*Propaganda Communicaton in World History*，1979），以及《世界政治与个人不安定》《我们时代的世界革命》《政策科学》等。

二 拉斯韦尔关于精英概念的表述

关于精英理论，表述在拉斯韦尔的一些著作中，比较重要的是《政治学：谁得到什么？何时和如何得到?》。在该书中，他提出：政治学是对权势和权势人物的研究。什么是权势人物呢？他说："权势人物是在可以取得的价值中获取最多的那些人。可望获取的价值可以分为尊重、收入、安全等类。取得价值最多的人是精英（elite）；其余的人是群众。"（拉斯韦尔，2005：3）

精英的位置处于社会金字塔的塔尖，这样的位置仅能被很少人占有，攀登到这样的位置极为困难。由于精英集团占有大量财富，使得收入分配有巨大差距。精英虽然获得了巨大的价值，但是，精英也有所失，比如，最高层的政治精英很不安全。在不同国家不同时期，共有 423 位君主死于暴力。据拉斯韦尔统计："美国总统和法国总统中有 12.1%，天主教教皇中有 9% 死于暴力。"（拉斯韦尔，2005：4）

他认为精英概念填补了科学社会语言的一个空白，以往，缺少一个能够涵盖领袖层和产生领袖层的社会阶层的术语。政治精英是由某一政治共同体的掌权者组成的。它包括领袖和产生领袖的社会阶层。精英是占据高级地位的人，有多少种价值（比如尊重、财富、安全等）就有多少种精英。

他认为，人们对于精英概念有很多误解，有人因为精英概念被滥用而批评这个词，但是，社会科学的许多概念都被滥用，要把所有的"月晕效果"（halo effect）的概念都从社会科学中剔除是不可能的。关于精英概念的来源，他认为与犹太教、基督教有关，宗教中讲的上帝的选民、圣徒，有精选出来的含义。拉斯韦尔认为精英现象是一种客观事实，从而肯定了米歇尔斯等人的研究。但与米歇尔斯不同，他认为通过少数领袖来表达其意愿的社会也可以是民主的社会。

拉斯韦尔进一步解释说，代议制政府在控制行政权力的长期斗争中，在使得精英能够承担统治阶级责任的斗争中，发明了很多手段，如定期选举官员、官员任期制、动议权、复决权、罢免权、反对党的体制、竞选和投票、政府机构的分立、联邦和地方的分权、保护个人或私人组织免受行政权力侵害的法律。此外，拉斯韦尔也有所谓时势造英雄的观点，认为社会发展和社会形势的不同时期所需要的精英是不一样的，社会的危机期与危机的间歇期，会将不同特点的精英推上历史舞台。此外，拉斯韦尔也是最早提出精英结盟（interlocking）概念的学者之一，他使用该概念也主要是负向的含义，分析各种机构和政治力量是如何集合在一起的。（Lasswell et al. , 1952）后来，米尔斯在其著作中对该概念做出了深入的阐释。

三　精英阶级是怎样获取和巩固精英地位的？

政治精英是如何实现地位上升的？利用哪些方法或渠道获取精英地位呢？拉斯韦尔主要分析了三个方面：意识形态或象征符号、暴力和经济资源。

1. 利用意识形态的力量

拉斯韦尔认为，精英阶层总是利用现行制度的意识形态控制群众，强化自己的政治权力。在这里，拉斯韦尔使用的概念是象征（symbols）。社会学理论界到二战以后，发展出象征符号学派，应该也受到拉斯韦尔的启发。拉斯韦尔的意思是，美国人民生活中的各个方面，都被精英阶层使用各种象征符号、利用宣传手段控制着。人们不自觉地就进入到这种圈套之中。

比如，美国的日常生活、小说、电影中，都会传播这样的主题：你有钱、你的成功是因为你有本领，反之，你的失败、你的贫穷是因为你没有本事，与其他事情没有关系。这是通过耳濡目染让公众接受的理念、价值观。精英阶层在使用宣传手段时也是非常讲究技术技巧的，即采用那种容易引起共鸣的象征方法。在大众中宣传结盟国、敌对国的形象时，也成功地采用了这些方法。（拉斯韦尔，2005：11～32）

对于精英阶层利用意识形态力量强化自己地位的运作，拉斯韦尔是相当熟悉的：拉斯韦尔自己的博士学位论文主题就是研究世界大战时期的宣传技巧；成名以后，他又写过一系列的关于传播学的著作。因此，拉斯韦尔在论著中，对于精英阶层如何控制意识形态、如何操纵舆论宣传有过很多精彩的表述。他的观点是，精英阶层正是运用了众多的宣传手段牢固地构筑了自己的精英地位。

后来的美国学者哈伯斯塔姆（David Halberstam）采用大量的实证材料，分析美国的各类主流媒体，印证了媒体宣传是控制政治权力的重要途径。这也再次印证了拉斯韦尔关于美国政治精英利用象征符号、意识形态获取政治权力的观点。（哈伯斯塔姆，2006）

2. 利用暴力获取政治权力

拉斯韦尔对此直言不讳，他认为，暴力（violence）是精英阶层频繁使用获取政治权力的主要手段。他回顾了世界各国的常备军数量，分析了各国战争的持续时间，提出如果将小规模冲突也算在内的话，各大国大部分时间都在打仗。美国虽然常以和平自夸，但是没有打仗的时间却十分短暂。（拉斯韦尔，2005：33）

具体行使暴力的人员包括海、陆、空军，监狱、警察、警卫队，也包括私人雇用的警卫人员。在美国，由于没有犯罪记录的成年人购买和持有枪支合法，这样合法持有暴力武器的人数十分巨大。所以，拉斯韦尔也警告要清醒地认识暴力的危险性。当然，正规的武装力量是服务于政治和军事目的的。拉斯韦尔也分析了美国南北战争中的暴力冲突。拉斯韦尔认为暴力冲突是全方位的，暴力想取得胜利就必须与宣传工作配合、与情报工作配合、与反谍报工作配合，等等。

暴力当然是为达到某种目的的手段，运用暴力的战略家总是试图设计出最具优势的作战武器。拉斯韦尔也提到了毒气的使用等。这就不能不引起我们的深思，今天的军事暴力手段、技术已经大大发展了，暴力的使用达到了一种新的阶段。当然，应该认真思考拉斯韦尔写作精英阶层与暴力关系的真实动机，他确实没有如本书下面述及的米尔斯那样立场鲜明地直接抨击精英阶级使用暴力攫取政治权力，表面看来拉斯韦尔只是在陈述事

实和过程，但是这并不表明他赞同精英阶级为达到自己的目的而采取暴力手段。（拉斯韦尔，2005：34~46）

3. 利用经济资源

拉斯韦尔使用的概念是"物资"（goods），但笔者以为其实际含义是"经济资源"。拉斯韦尔认为，精英阶级会利用经济资源，采取破坏、停业、罢市、列入黑名单的方式，以及采用不合作、定量配给、价格战、贿赂等方式，来实现自己的目的，这些手段与前述的暴力都有密切联系。拉斯韦尔在此的陈述是颇具贬义的。（Lasswell，1936：342）

精英们为了保住自己的地位，就要将经济繁荣与自己的贡献密切联系在一起。而控制和配置经济资源有两种不同的方法，用我们今天的话说就是计划经济体制与市场经济体制，拉斯韦尔在著作中用的概念是"配给制"（systems of rationing）和"价格制"（systems of pricing）。他举例的最主要内容也分别是指当年苏联的体制和美国的体制。配给制的效率是很高的，尤其在特殊时期，平民百姓可以稳定得到定量的食品物品等，精英可以用这种方法控制老百姓的行动、控制"集体态度"。配给制也不单是苏联采用，世界大战时期的美国也采用过，而且，现代武装部队都采用这种制度。对于精英统治术来说，配给制的突出弱点是将所有责任都揽到了统治集团自己身上，一旦出现问题会动摇民心。

拉斯韦尔认为在这方面，价格制就狡猾得多，由于是"看不见的手"（invisible hand）在操纵价格，就会起到社会蒙蔽作用，不容易将发生问题的责任归到统治集团身上。价格制的明显缺点是经济涨跌的不稳定。拉斯韦尔认为，不管是在苏联还是在美国，不同的体制机制——"配给制"和"价格制"都是可以采取的手段。拉斯韦尔还具体分析了美国在经济不景气时期如何采用行政手段控制价格。（Lasswell，1936：344-347）

在中国特色社会主义理论体系中，邓小平同志也明确表述过这样的观点："计划多一点还是市场多一点，不是社会主义与资本主义的本质区别。计划经济不等于社会主义，资本主义也有计划；市场经济不等于资本主义，社会主义也有市场。计划和市场都是经济手段。"（邓小平，1993：373）邓小平的这一思想对于推进后来中国经济的腾飞发挥了极大的积极作用。

拉斯韦尔也提到了帕累托的执政精英与不执政精英的关系。拉斯韦尔说，执政精英控制着经济资源的支配权，尤其在采用"价格制"的资本主义体制下，人们的财富或收入分配常常会出现很大的差距，这样，反对派精英就必然攻击此种体制。反对派精英的办法是群众宣传、动员群众，群众中也蕴藏着很大的经济力量和战斗力量。拉斯韦尔分析了革命的发生，虽然反对派精英在夺取政权之前也能够控制一定的经济资源，但是，最主要的经济资源肯定是被执政精英控制着，所以，反对派精英主要还是依靠宣传的力量，运用上文所说的象征符号的力量。在关于暴力的分析中，拉斯韦尔还研究了革命家组织的暴力革命、革命起义的很多细节问题。（Lasswell，1936：348-355）

4. 精英的具体实践

在精英获取巩固地位的过程中，具体的应对措施、政策、管理方法，以及吸收和训练精英的方法等都很重要，拉斯韦尔将这些称为"实践"（practices）。精英阶层采用了很多收买人心的措施、改良的办法。对于收买人心的措施，拉斯韦尔使用的英文概念是 catharsis，目前拉斯韦尔著作的中文版将其翻译为"发泄"，让人难以理解。这个词其实很难翻译，源自古希腊语，亚里士多德曾经使用过这个概念，笔者以为可以译为"平衡协调"能力，也就是说精英阶层有高明的协调手法。拉斯韦尔认为此办法既能安全释放社会紧张气氛，又不会造成任何伤害。每当出现重大灾难的时候，包括地震、水灾、飓风、旱灾、瘟疫等，聪明的统治者要表现出关心、照顾、对幸存者的极大同情、慰问，用这样的手法解决不安全感对于社会秩序的潜在威胁。这是精英统治的基本技巧。（Lasswell，1936：360）

另一种应对措施就是改革或改良，拉斯韦尔称之为"细小的调整"（minor readjustment）。拉斯韦尔历数了资产阶级精英为维护其统治所采取的改革、改良措施，包括普遍选举制度、比例代表制度、公共教育制度等的改革都经历了漫长的历史过程，欧洲和美国国民中很多人在法律上的各种无资格状态都是经历了很长的时间才缓慢改善的。

精英阶层维护统治、释放社会不满情绪的另一种"安全阀"（safety valve）是宗教复兴（religious revivalism）。欧洲和美国都发生过宗教复兴、信仰复兴的浪潮，尤其在经济不景气的时候，福音传道者的运动等可以有效排放民众的不满情绪。（Lasswell，1936：360-362）

统治精英阶层也采用"社会立法"的方式，将政府的责任扩展到老年人的养老金、关照贫困者和残疾人等。拉斯韦尔发现，一些研究认为资产阶级精英阶层在民主改革方面所能够做出的让步措施已经不多了，各种各样的民主议会制度正在日益贬值，资本主义的民主已经四面楚歌了，所以，也有人预言资本主义不久将会放弃民主转而依靠专政。特别是在危机发生的时候，要求专政、集权、集中、服从的倾向就会凸显。（拉斯韦尔，2005：62~66）

拉斯韦尔的这些分析，至今还有现实意义。我们看到，美国在特朗普执政时期，在面临各种危机时，也往往抛弃民主的"外衣"，采取赤裸裸的集权、服从模式。

当然，拉斯韦尔也分析了苏联的模式，苏联是通过代表大会而不是立法机关来运作的。代表大会的代表人数很多，但开会时间很短，听一些报告和讨论一些政策。代表大会使得中央制定的政策具有合法性。制度也一样走向了中央集权。苏联制度开始时还允许反对党存在，但是随着精英阶层取得合法垄断地位后，就将其他党派清除了。拉斯韦尔也同意米歇尔斯的观点，即一个本来朝气蓬勃的革命党，在成功执政以后，社会上的各种追逐利益的人员加入到该党中来，改变了该党的成分，其精英阶层变成"贵族阶级"谋求各种特权。（拉斯韦尔，2005：66~74）

四　关于精英与阶级结构、与技能以及与人格关系的研究

拉斯韦尔认为，精英阶层的变迁与社会阶级结构的变迁有密切的关联。革命的发生使得精英集团和社会的阶级结构都发生了巨大变迁。拉斯韦尔以法国大革命为例。法国大革命使得工商业资本家阶级取代土地拥有者阶级占据了统治地位。这种阶级结构的变化，带来了精英统治词汇的变化，从臣民服从于国王的语境变化为"人人生而自由，权利平等"。列宁领导的俄国十月革命也创造了新的语汇，提出了工人、士兵、农民以及一切劳动者革命的口号，提出新的政权是无产阶级专政。

精英阶级结构的这种变化，当然会带来社会全方位的变化。法国大革命后不久，规定了普遍成人选举制、教会与政府分离制以及议会高于行政机构的制度等。俄国十月革命后，银行、保险公司、大型工业、铁路等被宣布为国有。（拉斯韦尔，2005：91~93）

拉斯韦尔认为，精英阶层词汇的变化，并没有真的成为社会事实。他批判说，以整个人类（自由、平等、博爱）的名义夺得政权的那些法国人并没有被整个人类所接受。自命为代表世界无产阶级说话，并在俄国夺取

了政权的人们，也没有在一切地方被所有无产阶级所接受。（拉斯韦尔，2005：95）

拉斯韦尔还讨论了中产阶级或中等收入技能群体掌握权力（the rise to power）的可能性。拉斯韦尔在更多的篇幅中使用的是"中等收入技能群体"（the middle-income skill groups）概念。当然，拉斯韦尔也认识到，由于缺乏阶级自觉性，小农、小商人、低薪知识分子、技术工人等，他们一向并不团结。拉斯韦尔所说的这个群体，后来被米尔斯命名为"老中产阶级"。拉斯韦尔还没有预见到后来的以白领阶层为主体的新中产阶级的出现。拉斯韦尔也看到了这个老式的中等收入群体与无产阶级有巨大裂痕，因为体力和脑力的劳动方式完全不同，互相敌视。拉斯韦尔也感叹，中等收入群体没有形成社会组织（a social formation），也就形不成充分的阶级意识，这一点与马克思的自在、自为阶级的说法很相似。他对中等收入技能群体恢复活力为争取社会正义而战斗，以及为完成其历史使命寄予厚望。（Lasswell，1936：404-407）

对于拉斯韦尔的中等收入技能群体能否掌握权力的思想，后来的大学者丹尼尔·贝尔给予了肯定的回答。当然，贝尔论证这一观点的基础是在后工业社会，这种有知识、有技能的专业技术阶级已经在社会上占据了主体地位，这样由这个阶级实现能人统治就是必然的事情，这样的社会才是公正的社会。（贝尔，1984：492~503）

关于中等收入技能群体能否掌握权力，后来的重要学者古德纳也持比较积极乐观的态度。对于这个未来有可能掌权的阶级，古德纳使用的是"知识分子"（intellectuals）概念。他认为，知识分子是一个特征为"语言共同体"的新阶级，他们继承了历史演变下来的"批判话语文化"的基本原则，这种批判话语文化是人文知识分子与技术知识分子能够团结在一起的纽带。他认为，技术知识分子与人文知识分子是未来掌权的新阶级的两种精英，两种精英的功能会有所区分，人文知识分子常常进入领导层，而技术知识分子不断推进技术创新。古德纳还调侃了帕累托的"狮子"与"狐狸"的观点。他说，有人认为人文知识分子是新阶级中的"狮子"，而技术知识分子是新阶级中的"狐狸"，但是情况并不这样简单，谁是"狮子"、谁是"狐狸"还说不定。对于知识分子这个新阶级，古德纳的看法还是比较冷静的，他认为，虽然这个新阶级确实代表了现代社会中的进步力量，拥有科学知识和技能，但是，这个新阶级有着天生固有的历史局限性。既然该阶级最突出的特征是批判话语文化，那么，这就意味着该阶级也会批判将自己置于他人之上的新精英主义或新的特权阶级。所以，知识分子能否掌权，还有待时间和实践的检验。（古德纳，2002：34~38、59~60、101~103）

与对中等收入技能群体充满憧憬的观点相一致，拉斯韦尔也讨论了不同技能的人，他们获得的尊重、安全、收入这些有价值的东西究竟有多少。涉及的核心理念还是社会公正问题。拉斯韦尔使用的是"技能"（skill）这个词，这就体现了他对于劳动者的尊重，以及对于那些玩弄权力的政治精英的蔑视。他定义说，技能是一种可以教授和学习的操作方法，包括操作物品或物品象征的技术（手工工人或工程师的技术）、操作仪式象征的技术，以及暴力、组织、谈判、宣传、分析的技术。他批判说，那些有本事、有技能的工人、工匠鲜有进入政治精英集团的，社会上非常重要的工程技术人员罕有地位显赫的，工程师或物理科学家也得不到人民英雄的称号。工程技术人员由于把精力都耗费在劳动工作上了，基本上没有公共政策上的发言权，反倒是那些大企业主有发言权。甚至连物理科学家、医生在公共事务中也不占据什么显赫位置。与这些对于社会真正做出贡献的人相比，反倒是那些玩弄礼仪、仪式象征符号的人，那些玩弄辩护技巧、掌握宣传技巧的群体，上升为社会权势集团的成员。（Lasswell，1936：375-391）

关于精英阶级与人格的关系，拉斯韦尔讨论了精英个人的人格特征。他以美国总统林肯为例。林肯的公开形象是具有绅士风度、宽厚仁慈的。他详细分析了林肯总统的多重人格（the manifold personality），提出的问题是：林肯这样的人格类型对于他登上总统位置成为政治精英的影响是什么？怎样影响？拉斯韦尔用了大量篇幅，采用了弗洛伊德式的心理分析方法，从林肯小时候家庭的影响，如9岁时失去母亲，父亲对他时而苛刻时而放纵的抚养方式等，分析林肯特殊人格的形成。他详细分析了这些多重要素形塑的特殊人格最后是怎样使林肯获得了那样大的精英声望。（Lasswell，1936：410-426）

与上述人格分析相类似，拉斯韦尔还分析了影响精英集团政治态度的极其复杂的社会环境和社会因素等。

五 对拉斯韦尔精英理论的评价

拉斯韦尔对于精英阶层研究的基本立场，还是具有批判精神的，对于社会上层的富有阶级，特别是对于那些不劳而获的富有阶级、那些垄断经济资源的阶级等，持明确的批评态度。与此同时，他对于全社会的劳动人民，对于敬业的工作者，对于凭借自己的各种技能本领从事职业活动并对社会有贡献的人，有明确的赞许与深切的同情。

拉斯韦尔也对比了当时世界上的两种不同制度下的精英现象，讨论了以美国为代表的资本主义制度与以苏联为代表的社会主义制度下的精英集团，很多思想迄今对我们还是很有启发意义的。

当然，拉斯韦尔提出这些思想的时间较早。二战以后，各国社会结构和世界格局都有了重大变迁，所以他的很多判断也明显有时代的局限性。

再者，拉斯韦尔的写作风格是陈述历史事件、具体细节、过程比较多，虽有一些讥讽的含义在字里行间，但是，表达方式还是比较含蓄、隐晦的。所以，如果与米尔斯的著作相比，显然，他不如米尔斯的立场明确，不是像米尔斯那样旗帜鲜明地抨击权力精英。

第三节　米尔斯的左派精英理论

关于米尔斯的学术经历以及新马克思主义分层流派的历史背景，在本书前面的新马克思主义分层理论和中产阶级理论等章节中都已有详述，故此处不赘述。我们就直接进入对米尔斯"权力精英"的讨论吧。

一　什么是米尔斯所说的权力精英？

米尔斯《权力精英》（*The Power Elite*）一书的第一章题为"高层圈子"（the higher circles）。米尔斯指出，在美国，权力是高度集中化的，那些掌握集中权力的人会影响没有权力的普通大众的生活。普通大众日日为生活奔波，他们根本不能理解和管控这些高层的力量。在美国社会，那些高层圈子里的人居高临下，他们的决策影响着大众的日常生活，他们可以让成千上万的大众就业或失业，他们也不用承担什么家庭责任，他们没有日常生活需求的压力，甚至还创造这些需求。反之，大众则日日为这些需求而奔波。（Mills，1956：3）

米尔斯也给出了权力精英的外延定义：美国的权力精英除了统治者（rulers）以外，也包括那些作为高层决策领航人的智囊、顾问、发言人、意见领袖等。紧密与权力精英相结合的是作为权力中层的职业政治家，包括国会议员、压力群体（pressure groups）以及城镇、城市、地方政府的新老上层阶级。还有一些所谓社会名流，多多少少属于公众人士，作为社会道德的批评家、通晓政治权力的专家、所谓上帝代言人、维持社会大众稳定的创造者等。(Mills，1956：4) 米尔斯对于权力精英的描述，字里行间蕴含着讥讽的含义。

米尔斯特别强调美国权力精英由政治、经济、军事三个圈子高层的头面人物组成，而且军人的权力得到了强化，大公司的圈子更多地参与了公共决策，反倒是职业政治家被弱化了。三个圈子谈不上是"轮流坐庄"(take turns)，哪一个圈子占据主导地位取决于精英们确定的这一时期的任务 (the tasks of the period)。(Mills，1956：276-277)

二　美国权力精英中的三巨头

米尔斯认为，在美国社会，主要的国家权力集中在政治、经济和军事三大领域，其他的社会力量，如家庭、宗教、教育等都居于从属的位置，这样就形成了美国社会的三巨头 (the big three)。其他的社会力量、社会机制都只能调试自己以适应三巨头所形塑的现代生活。学校要培养人才来适应军队的特殊任务，宗教机构要为军队提供随军牧师，家庭成员要离家服兵役。处于从属位置的机构要为三巨头权力的合法化和决策服务。

在三巨头各自的内部，机制和机构已经扩张，变得更为行政化和集权化。在经济领域，美国过去是小企业起到自主平衡作用，如今已被两三百家巨型公司主导着。在政治秩序领域，曾经是去中心化的几十个州，如今变成吸纳诸多分散权力的集中行政体系。在军事秩序方面，曾经是很小的州国民军，如今变成了最庞大的、耗费巨额经费的、官僚主导的政府组成部分。

三巨头已经组成了经济、政治、军事精英的高层圈子。经济的顶层是公司的富翁、总裁，政治的顶层是政治执政者的成员，军事的顶层是参谋长联席会议 (the Joint Chiefs of Staff) 要员。

米尔斯进一步解释了精英为什么有权力？米尔斯指出，权力是通过制度 (institution) 获得的，精英阶层的权力、财富、声望的重要基础是制度。(Mills，1956：9)。米尔斯说，如果把美国100个最有权力的、100个最富有的和100个声望最高的人，从他们现在占有的地位上拉下来，他们就会立即变得无权、无钱和无声望。所以是这些主要的制度机构 (major institutions) 给了他们机会，使得他们能够牢牢把握住这些有价值的东西。(Mills，1956：11)

三　关于精英结盟的思想

米尔斯认为，在 20 世纪 50 年代的美国，上述的三巨头——政治、经济、军事三大集团已经密切地结合在一起了，这就是精英结盟的思想。精英结盟的思想，在上述拉斯韦尔的分析中已经有所表述，米尔斯则予以全面论证。

米尔斯阐释了精英结盟的深刻基础。政治、经济、军事领域都在扩张和集权，于是三巨头的交往就更为密切。少数大企业的决策依赖于世界范围内军事、政治、经济的发展。军事集团的决策又依赖于政治生活和经济活动。政治领域的决策也决定着经济活动和军事计划。政治秩序、军事设施和赚钱有上千种方式联系在一起。于是，政府干预企业的经济活动，企业也干预政府事务。从政治、经济、军事结构的角度看，三巨头的权力三角关系是精英结盟的源泉（the source of the interlocking）。（Mills，1956：7-9）

现代资本主义社会的这种精英结盟的事实，每当遇到突发事件的时候，如经济萧条、战争、经济暴涨等，就会非常清楚地暴露出来。米尔斯认为，在 19 世纪的时候，美国这些机构的规模还较小，所以，还能够看到市场的自主运作、政治领域的自治活动。这些现象在三巨头的局面下已经不复存在了。（Mills，1956：8）

怎样看待米尔斯的精英结盟思想呢？米尔斯对美国社会体制进行了激烈抨击，认为代表极少数人利益的上层政治、经济、军事精英群体的利益密切交织在一起，相互结为盟友，他们的决策是为一小撮人的利益服务的，完全脱离了美国的大众。其实，这一点对于任何国家的精英阶层和所有研究精英理论的学者都是个警告，即如果精英阶层的决策只顾自己的利益而无视大众的利益，必然会带来恶劣的社会后果。

当然，一个社会的精英群体如果不团结，甚至发生精英分裂，也会带来社会灾难。笔者在对于中国社会分层的研究中发现，精英的团结或也可以说精英结盟，一定程度上有利于社会政治稳定。我国历史上也发生过政治精英与经济精英的分裂，发生过政治精英与技术精英的分裂，带来的社会后果都是极其严重的。（李强，2019：26~27）美国也是如此。2020 年底至 2021 年初，美国的大选中就发生了精英分裂现象，造成了美国全国的动荡，发生了冲击国会大厦事件，迄今美国各个精英集团相互冲突的现象也没有停止。所以，对于精英阶层内部关系、各个精英集团关系的研究，仍然是社会分层研究的重大课题。

四 关于精英互换观点

米尔斯发现，上述的政治、经济、军事三大精英集团，其成员是可以相互交换的，高层圈子的成员在各种高级的位置上可以相互转移，一个精英也可能占据两个高级位置。高层精英有着共同的利益、信念，意气相投，他们本身就交往极为密切，他们的位置互换（interchangeability of position）是很容易的事情。这种行政能力的可转移性（transferability of executive ability）本质上是源于他们利益的一致性，政府也成为这种流动的保护伞。（Mills，1956：287-289）对于这种精英互换的现象，媒体也常常称之为"旋转门"。米尔斯深入剖析了政治精英与军事精英的互换现象，军事将领们越来越多地参与政治和经济的决策，军方建制的扩展，军事将领直接进入外交和政治圈子很容易导致战争的发生。（Mills，1956：199-202）

在探讨精英互换现象的过程中，米尔斯研究了美国上层社会是如何形成的。米尔斯发现，在18~19世纪，美国也发生过旧家族与新权贵之间的斗争，这多发生在美国内战以前的时期。内战以后，巨大的移民浪潮造成了一个新时代的诞生。到了19世纪末20世纪初，美国大都市的上流社会开始形成，上流社会具有相同的门第、宗教信仰、出身等。米尔斯还专门研究了美国众多大都市的"社会名流录"（The Social Register）（Mills，1956：55）。这样的特殊阶级居住在高档住宅区，有着自己特殊的生活方式，购买高档物品，有自己的俱乐部和社交圈子。他们的孩子进入哈佛、耶鲁、普林斯顿等名牌大学，或进入一些声誉很高的学院，他们的家族也常常为这些学院捐款。

米尔斯认为，在美国上流社会的形成中，教育起到了重要作用。上层阶级家庭的孩子7岁以后就会进入一种特殊的培养模式。孩子们进入到私立的寄宿学校或预备学校（boarding or prep schools），这样的学校具有整合功能，培养学生为进入上流社会做好充分准备，这样的学校实际上是筛选和培养上层阶级的机构，本质上是使得上层阶级国家化（the nationalization of the upper classes）的重要力量。（Mills，1956：63-65）

五 分析美国权力精英的特点

米尔斯认为美国没有经历封建时代，这一点不仅对美国的权力精英有重要影响，对整个美国社会都有影响。由于在资本主义以前没有贵族集团凌驾于资产阶级之上，于是资产阶级就不仅垄断了（monopolized）财产，而且垄断了权力和声望。这样，美国与欧洲不同，美国资产阶级成为权力精英没有任何阻挡的力量。

美国上层社会的权力精英常常来源于并没有贵族身份的中产阶级，这样就大大淡化了美国权力精英与其他群体的身份差异，身份不那么显眼，容易为人们所接受（Mills，1956：12）。

所以，美国精英是作为无敌手的美国资产阶级的代表而进入现代社会的，它有着得天独厚的优越条件：新大陆丰富的自然资源和来自世界各地的劳动力。在世界工业化的风暴中，没有任何其他国家能够像美国统治阶级那样安然渡过。日本和德国在两次世界大战中都被击垮了。纽约成为西方资本主义世界的经济中心、华盛顿成为西方资本主义世界的政治中心。这些都巩固了美国权力精英在世界上的强大地位。（Mills，1956：13）

六　高层的不道德

米尔斯激烈地抨击了美国权力精英的不道德（immorality）现象。美国是金钱社会，在一个只讲私利的社会造就不出有良心的人，美国高层是典型的信奉金钱价值观者，金钱是衡量成功的标准，高层圈子所处的地位更容易使其人格退化（fading personal integrity）。高层人士往往有巨额的开支，他们采用多种多样欺骗的方法逃避税收，还常常串通一气形成关系网。在高层集团，当政治机构与经济机会集中连在一起的时候，公共机关就会被用来牟取私利。米尔斯说，高层的不道德是美国精英的系统性特征。（Mills，1956：343-346）

米尔斯认为，美国的高层圈子已经迥异于历史上的那些精英人物了。他们不配做公众的领袖，公众也不认可这些人物，在此意义上，美国已经没有领袖了。米尔斯指出：假设我们从美国最有权势的人里挑选出100个人，再从所有社会知识领域挑选出100个最有知识的人，我们就会发现，他们几乎是两组不同的人，鲜有同时入选两组的，而18世纪那些开创美国的领导人也同时是知识界的精英。今日美国的高层圈子多是一些庸才。（Mills，1956：351-354）

在世界面前，美国变成了一个赤裸裸的霸权国家，而这个国家是由二流人物支配着政治权力，在保守主义的情绪中，非理性（irrationality）上升为原则。官方的秘密、无聊的竞选、军界地位的上升等正在取代理性的政治讨论。（Mills，1956：360-361）米尔斯批判说，美国权力精英的发展趋势与自由民主是背道而驰的。

虽然米尔斯批评的是 20 世纪 50 年代的美国社会，但是，他剖析美国权力精英的本质是有现实意义的。从近来围绕美国大选产生的政治动乱——在政治斗争中两个党派相互攻击，都指出了对方权力精英的不道德甚至违法行为——以及近年来频繁发生的美国在国际关系中的霸凌行为看，我们还是应该高度评价米尔斯深刻的政治洞察力的。

七　权力精英统治下的美国社会结构

美国社会已经从过去的公众共同体变成了大众社会。在大众社会里，精英无视对于大众的责任，甚至二者就没有什么联系。美国已经沿着大众社会的道路走得很远了，这条路的尽头就是极权主义（totalitarianism）。早期的美国社会受到古典自由民主思想的影响，有自治权力的公众共同体确实是存在的。权力机构尊重公众的意愿，权力受到公众的约束。（Mills，1956：299-304）

米尔斯认为，现代美国社会的顶层越来越联合为一个整体，形成了密切的协作关系，这就是社会顶层的权力精英。社会中层（middle levels）变成一种不稳定的僵持的力量，社会中层已经不能够发挥连接社会底层和顶层的功能。这个社会的底层在政治上已经与社会断裂（fragmented），成为一种被动的和越来越无权的阶层。这样在社会的底层，出现了一个所谓大众社会（a mass society）。（Mills，1956：324）

于是，米尔斯提出了公众民主社会与大众社会的四点区别（见表 13-1）。

表 13-1　公众民主社会与大众社会的区别

公众民主社会（the democratic society of publics）	大众社会（a society of masses）
1. 在实际生活中，多数人有表达自己意愿的机会	1. 很少的人能够表达自己的意愿，大众只能听从于大众传媒的观点

公众民主社会(the democratic society of publics)	大众社会(a society of masses)
2. 传媒能够公开、迅速地回答公众个人所表达出来的意见要求	2. 传媒很难或不能够立即有效地回答大众个人的意见要求
3. 公众可以反对甚至是采取有效的行动反对占据统治地位的权力	3. 反映大众意见的行动受到掌权者(authorities)的控制,掌权者控制着大众行动的渠道
4. 公众的共同体具有自治和独立的特点,权力机构不能够干预共同体	4. 在体制上,大众没有任何自治权,权力机构干预着大众的讨论和意见的形成,阻碍着任何一种自治

米尔斯认为,美国社会传统的公众共同体已经消失殆尽,整个社会被改变成了一种大众社会。这种变化,实际上,正是美国现代社会生活与社会心理的基本含义与核心内容。

八　对于平衡理论的批判

在《权力精英》一书的"平衡理论"(The Theory of Balance)一章中,米尔斯严肃地批判了平衡理论。美国人有这样一种观点,认为政府是一种自动化的机器,是由相互平衡的而又相互竞争的利益群体构成的。这种对于政治机器的观点,受到将经济视为一种自动平衡机器观点的影响,即认为经济上并不需要权力中心,市场就可以使得经济力量实现平衡。很多人认为,政治上也一样,分权、权力的平衡会使得极权和专制主义失去生存的机会。

米尔斯认为,美国的现实证明政治平衡已不复存在。互相监督、互相平衡反映的是19世纪的美国现实,当时美国是一个中产阶级社会,小的企业家在政治权力的平衡上真正发挥了作用。但是,到了20世纪50年代,发生了两个重大变化。(Mills,1956:259-262)

第一,原来独立的中产阶级已经变得在政治上和经济上越来越依附于国家机器了,这表现在政治上就是,政府的各个部门不再是相互独立、相互监督、平衡的力量了。

第二,在美国社会的内部,产生了一个依附性很强的中产阶级,即白领的雇员群体,这个阶级很少起到政治平衡的作用,反而起的是推进公众民主社会向大众社会转变的作用。

米尔斯批判说，所谓权力平衡（balance of power）意味着权力的平等，而权力的平等听起来颇为公平甚至是高尚的，但是，实际上，对于一方的高尚平衡，对于另一方却是不公正和不平衡的。比如，权势处于有利地位的集团就认为权力是平衡的，利益是和谐的，因为他们想维持他们的统治地位不受干扰，大商人就攻击小的劳工领导人破坏了和平与平衡，有特权的民族就用国际主义的名义攻击弱小的民族。

米尔斯指出，所谓平衡理论主要是指议会中的平衡，在这里，主要的表演者是国会议员。但是，从社会分类上看，96 名参议员和 435 名众议员并不能代表千千万万的普通公民[①]。他们代表的是那些成功的企业界和专业界的捐赠者。这些人的特点是：年龄较大、有特权的白人、美国出生的并且父母也是美国人、信奉基督教、大学毕业、在收入和社会身份上至少是上层中产阶级。这些政客完全没有按小时付工资的或低薪的工作体验，他们或者处在或者来自地方社会的新老上层阶级。米尔斯证明，没有很大的金钱支持，要想当议员几乎是不可能的。所以，在上层阶级与普通老百姓之间并没有什么平衡，平衡顶多是上层阶级内部的平衡，况且，历史证明这种内部的平衡也只是暂时的。（Mills，1956：246-253）

九　对米尔斯精英理论的评价

米尔斯所处的年代是冷战刚刚开始的时期，当时美国麦卡锡主义盛行，持不同政见者是会受到政治迫害的。在这样的背景下，米尔斯敢于顶住压力批评作为美国当政者的权力精英，这是需要极大的政治勇气的。

米尔斯的研究在学术上也有很大意义。他对于美国上层社会的观察是很深刻的，揭示了上层社会内部的虚伪与黑暗，提出了应该建立一种制度去监督约束权力精英。

他还提出了权力结构（power structure）的问题，即权力在个人、群体、组织、社区之间是如何分配的问题。核心问题是权力分配是不平等的，换言之，民主制是权力的比较公平的分配，独裁体制（authoritarian）是权力的不公平分配。

在解释现代工业社会的权力结构（power structure）的问题上，有两派基本观点。一派就是以米尔斯为代表的权力精英观点，认为权力精英控制

---

① 美国参议员每州 2 名，目前是 100 名；众议员按照每州人口比例配额，目前仍是 435 名。

着主要的机构（institutions），这样，一个高层小圈子（the higher circles）就控制着主要的国家机器。这个小圈子的家庭背景、教育背景、阶级、职业、文化背景相似，有利于他们从一个集团到另一个集团的转换，有利于他们在集体利益上达成一致。当然，米尔斯的研究并不是基于严格的实证调查和数据，对于米尔斯的这些思想，后来，托马斯·戴伊与其学生的著作《谁掌管美国》（*Who are Running the America*）搜集了大量数据材料予以印证，对此本书第十四讲将会述及。

从社会分层理论看，米尔斯提出的是一元的精英理论（unified elite）。与之相对立的理论观点，也就是上文提到的现代工业社会权力结构理论的另一个流派"多元精英理论"（elite pluralism），正是本书下一讲的内容。

参考文献

艾尔文·古德纳，2002，《知识分子的未来和新阶级的兴起》，顾晓辉、蔡嵘译，南京：江苏人民出版社。

查尔斯·赖特·米尔斯，2004，《权力精英》，王崑、许荣译，南京：南京大学出版社。

戴维·哈伯斯塔姆，2006，《媒介与权势》，尹向泽等译，北京：国际文化出版公司。

丹尼尔·贝尔，1984，《后工业社会的来临——对社会预测的一项探索》，高铦等译，北京：商务印书馆。

邓小平，1993，《邓小平文选》（第三卷），北京：人民出版社。

哈罗德·D. 拉斯韦尔，2005，《政治学：谁得到什么？何时和如何得到？》，杨昌裕译，北京：商务印书馆。

李强，2019，《当代中国社会分层》，北京：生活·读书·新知三联书店。

米歇尔斯，2003，《寡头统治铁律：现代民主制度中的政党社会学》，任军锋等译，天津：天津人民出版社。

帕累托等，1993，《菁英的兴衰》，刘北成、许虹译，台北：桂冠图书股份有限公司。

W. D. 珀杜等，1992，《西方社会学——人物·学派·思想》，贾春增、李强等译，石家庄：河北人民出版社。

Wright, Erik Olin, 2015，《真实的乌托邦》，黄克先译，林宗弘校订，新北：群学出版有限公司。

Etzioni, Amitai. 1961. *Complex Organization*. New York：Holt, Rinehart and Winston.

Halberstam, David. 2000. *The Powers That Be*. Chicago：University of Illinois Press.

Lasswell, Harold D. 1936. *The Politics: Who Gets What, When, How*. Glencoe：The Free Press.

Lasswell, Harold D. , Daniel Lerner, and C. Easton Rothwell. 1952. *The Comparative Study of Elite: An Introduction and Bibliography*. California: Stanford University Press.

Michels, R. 1911 (1962) . *Political Party*. New York: Collier .

Mills, C. Wright. 1956. *The Power Elite*. New York: Oxford University Press.

Morton, R. K. et al. edit. 1952. *Reader in Bureaucracy*. Glencoe: The Free Press.

Weber, Marx. 1946. *Essays in Sociology*. New York: Oxford University Press.

Wright, Erik Olin. 2010. *Envisioning Real Utopias*. London: Verso Books.

第十四讲
多元精英理论与精英理论新流派

上一讲分析了米尔斯的一元的精英理论，与之相区别的是多元精英理论或称民主精英主义（democratic elitism）理论。多元精英理论认为，现代工业社会太复杂了，一个统一的、单一的精英群体已经无法对其进行统治了。在这里，权力结构是多元化的，权力已经被分配在相互竞争的多重利益群体（interest groups），比如工业家、工会、市民组织、环境组织、各种民权组织等之中。多元精英理论认为，竞争和斗争发生在不同精英之间，在影响全社会的政治经济生活甚至是影响精英自身的重大决策方面，他们的立场根本不可能一致。只有从多元的角度，才能够理解精英的活动。熊彼特的民主精英论就是这方面的重要代表。

第一节　熊彼特的民主精英论

多元精英理论试图寻求精英观与民主观之间的平衡，其重要的倡导者之一就是著名的经济学家和社会学家熊彼特。他认为，精英的出现是组织中的必然趋势，但是，由于利益的差异和自卫的需要，精英会发生分裂，并被置于一种相互竞争的关系中。因此，如果把民主重新定义为争斗的精英为了赢得大众的认可而进行的自由竞争，那么，民主就得救了。

一　熊彼特生平简介

大学者熊彼特（1883~1950）是著名经济学家、社会学家。他于1883

年生于特利希镇（Triesch，今捷克境内），一生阅历丰富，虽然以学术研究为主，但是也曾从政和经商。熊彼特的父亲是织布厂厂主，熊彼特幼年就学于维也纳的一个贵族中学。1901~1906 年，他在维也纳大学学习法律和经济学，曾经是奥地利学派主要代表人物庞巴维克（Eugen von Bohn - Bawerk）的学生。有文献记述他于 1906 年获得了法学博士学位，但也有文献认为他没有获得该学位，众说不一。1907~1908 年他曾游学伦敦。1909~1918年在捷尔诺维兹（Czernowitz）大学和格拉兹（Graz）大学任教授。其间，他一度到美国哥伦比亚大学讲学，并获得了哥伦比亚大学名誉博士学位。

1918~1924 年，熊彼特先是从政，后又经商。他曾出任考茨基等人领导的德国社会民主党"社会化委员会"的顾问，1919 年短期出任奥地利社会民主党参政的奥地利财政部部长，后因意见不合辞去职务。1921 年，他弃政从商，任私营比德曼银行行长，1924 年该银行破产，熊彼特又返回学术界。

1925~1931 年熊彼特在日本一些大学任教，后又返回欧洲，任德国波恩大学教授。1932~1950 年任美国哈佛大学经济学教授，1948 年曾任美国经济学会会长。

熊彼特的学术成果颇丰，他的成名之作是《经济发展理论》（1911 年以德文出版，1912 年出版英文版，后译为多种文字并多次再版。该书的 1926 年版有较大修改，副标题是"企业者的利润、资本、信贷、利息及景气循环"）。此外，他的《商业循环：资本主义过程的理论的、历史的和统计的分析》以及《经济分析史》等著作也颇有影响力。学术界公认，熊彼特从技术与经济结合角度提出创新理论，是现代创新理论的奠基人。

熊彼特的民主精英思想主要表述在他的《资本主义、社会主义与民主》一书中，该书最初于 1942 年在纽约和伦敦出版，它是熊彼特生前最后一部著作。

二　熊彼特提出民主精英论的理论背景

在熊彼特生活的年代，世界处于动乱之中，他目睹了两次世界大战血腥的利益争夺，目睹了美国大危机带来的世界经济的萧条。作为学者，他思考的是重大理论问题，即资本主义与社会主义究竟哪一种体制应该成为构建社会秩序的基础。对此问题，他有过几十年的理论探索。他虽然参加过德国社会民主党的活动，但是，他日常生活体验的还是资本主义制度，所以，他对于资本主义制度有着极其深刻的批判。他认为，资本主义的垄断和企业的官僚化运营既不利于企业家的商业创新，也不利于那些有本领的技术人员的技术创新，资本主义垄断集团的发展还不利于社会中间层的生存（这一点与马克思的有些观点相似），而人数众多的知识分子阶层有可能成为资本主义制度的批判者和反对者。

《资本主义、社会主义与民主》全书是一种宏大理论讨论的模式，共五编：第一编讨论马克思的学说，第二编的题目是"资本主义能存在下去吗？"，第三编讨论"社会主义行得通吗？"，第四编讨论社会主义体制与民主的关系，第五编介绍了欧美各国社会主义政党的发展历史。

熊彼特对于马克思的思想是非常熟悉的。他认为，马克思提出的社会主义理论历来是非常重视民主的。马克思认为资产阶级的政治权力只是其经济权力的一种形式，在马克思看来，只要私人控制着生产资料的权力就不可能有真正的民主。熊彼特认为，虽然马克思主张的社会主义及其在探索实现社会主义的理论与实践中，频繁使用革命和专政概念，使用无产阶级专政概念，并且直言不讳，不反对使用暴力，但是，马克思的真正目标是要实现民主。熊彼特批判说，一些自称为马克思主义门徒的人并没有真正理解马克思。熊彼特说："我们必须承认有这样的可能性：如果马克思不得不作出选择，他可能使社会主义建立在遵守民主程序的基础上。"（熊彼特，1999：351）

那么，在熊彼特看来，究竟什么是民主呢？在批评民主政治古典学说的基础上，他提出：民主是一种政治方法，是为达到政治——立法与行政——决定而实行的某种形式的制度安排。在这种制度安排中，一些人通过争取人民选票而得到做出政治决定的权力。因此，民主本身并不是目的。民主也并不是如古典民主学说所颂扬的那样美好，在历史上，民主程序也导致过邪恶和愚蠢。多数人的决定也可能是愚蠢的，甚至多数人也可能成为暴民。民主的形式多种多样，除了直接民主之外还有无限多的可能形式，使用这些形式，人民可以参与管理，影响或控制那些实际进行统治的人，熊彼特称之为"民治"。所以，古典民主理论认为民主的方法就是为实现人民的共同福利而做出政治决定的制度安排，其方式是使人民选举出代表，这些代表集合在一起来执行人民的意志、决定重大问题，这样的理论表面上看起来完美无瑕，其实是漏洞百出的。熊彼特提出，民主的核心就是通过一套符合法治的民主程序，由人民群众通过投票来选择政治领导人，这也正是熊彼特的民主精英论。

三 熊彼特对民主精英论的论证

要理解熊彼特的民主精英论，先要理解他对于古典民主学说的深刻批判。

1. 对于古典民主学说的批判

熊彼特认为，18世纪的民主哲学听起来很漂亮，但实际上是严重脱离社会实际的。由于各个集团的利益不同、每个人的利益不同，根本没有所谓共同福利。功利主义所阐释的最大经济满足、最大幸福也是不存在的。所谓人民的意志也仅仅是一种空洞的说法，以为人民意志就是个人意向的简单相加，这是不正确的。每个人独立地做出判断，不受集团判断和宣传力量的影响几乎是不可能的，在所谓民主程序下做出的政治决定，非常可能并不符合人民的真正需要。（熊彼特，1999：374～376）

熊彼特还从"政治中的人性"角度分析了为什么公众的意向容易被职业政客和经济利益集团操控。多数公民仅仅熟悉与他直接有关的、身边的事物，多数人凭他的现实感、责任感所能辨认的领域是比较狭窄的，他们对于国内国际政策也是缺乏判断力的，所以，如果由他们的简单投票来做出政治决定，很大程度上会被一些政治宣传所操控，会被一些别有用心的人所操控。所以，简单多数做出的决定在许多情况下是歪曲了人民意志而不是实施人民意志的。当然，熊彼特也认可杰斐逊关于"最终人民毕竟比任何个人聪明"和林肯关于"不可能永远愚弄所有人民"的说法，但是，那是指从长期的角度来看，短期内人民被愚弄是常常发生的。（熊彼特，1999：378～389）

熊彼特再次强调，民主实际上就是用人民投票的方法选出政治领导人，也就是竞争政治领导权的一种合理程序。熊彼特认为，这是一种全新的民主理论，即将古典理论强调的"把决定政治问题的权力授予全体人民"这一目标放到第二位，而将"选举做出政治决定的人"放在第一位。也就是说，人民的任务是产生政府，即选举出真正高水平的政治精英。

2. 政治精英与竞争政治领导权

熊彼特认为，竞争政治领导权的思想大大地改进了民主过程的理论。首先，是否让人民投票选举政府是辨别民主政府与非民主政治的有效标准。熊彼特承认不是民主的政府也可能实施符合人民意志和幸福的政策，但是，从合法性角度看，民主政府由人民投票选出显然具备充分合法性。其次，取得领导权有多种方法，比如军事的方法、武力夺权的方法，但是，从现代社会看，通过民主投票取得领导权的方法具备更大的合理性，是当今任何规模社会唯一可行的方法。最后，既然建立政府是选民的首要职能，那么取消政府也是选民的权利。取消政府也只是指选民具有通过投票否定该政府的权利，而并不是说人民选出了领导权还能进一步控制领导权，被选出的精英控制领导权是必需的，每个集体都要接受领导而行动。（熊彼特，1999：398~399）

熊彼特认为是否符合人民意志和幸福是难以判断的事情，所以，民主政体的原则是简单明了的，就是通过自由投票的自由竞争争取领导权。做出决定的是获得了领导权的精英的权力，简单多数做出的政策决定在许多情况下不但不是人民的意志，反而有可能是歪曲了人民的意志。所以，选出精英掌握领导权以后就要充分信任这些精英。

3. 民主竞争政治领导权的具体应用

选民投票选举政府也就是选举一组官员，熊彼特只就全国而言，不讨论地方政府。产生政府等于决定了领导人是谁。有两种投票选择领导人的体制。一种是美国的体制，美国是直接投票选出最高领导人，而其他多数国家不是直接产生政府，而是产生议会，作为中间机构承担产生政府的职能。英国的做法是，大选以后，胜利的党占有议会中多数席位，该党的领袖通过信任投票被议会指定为国家领导人，并从国王那里得到任命。该领导人组织内阁成员。

首相的领导地位包括三个要素。第一，首相作为议会中他所在党的领导人，直接担任下院领袖，间接地也是上院领袖。第二，他一定程度上也能够影响其他党和其他党的成员。第三，如果他的领导是十分成功的话，他的影响力上升成为公众舆论，他能够引导超越党的政见的全国舆论。

熊彼特评价说，内阁是形状古怪的两面人，是议会与首相的联合产品。内阁的领导们要为首相服务，他们的任务是使领导集团控制官僚机器，与保证人民的意志得到贯彻没有什么关系。议会的主要职能包括立法等，但制定预算是非常重要的职能。总之，议会不断地对国家的重大问题做出决定，议会也可以通过信任或不信任的投票来决定首相的存废，这就是资本主义制度下的民主运作。（熊彼特，1999：400~413）

4. 政治精英与社会主义的民主

熊彼特认为，竞争领导地位的理论不仅可以应用于资本主义制度，也可以应用于社会主义制度。当然，熊彼特当年所能看到的社会主义制度是以苏联为代表的制度，他也并不认可苏联的制度。他的思想与后来吉登斯提出的第三条道路相似。熊彼特坚持认为，社会主义与民主是能够相互适应的，"在适当的社会环境下，社会主义的发动机可以按照民主原则运行"（熊彼特，1999：414）。熊彼特提出了更深层次的问题：民主方法在社会主义政权下运作比在资本主义政权下运作效率更高还是更低？为了使民主方法在社会主义政权下运作的效率更高，熊彼特提出了民主精英必须具备的四个条件，对此，下文有详述。

熊彼特强调，在社会主义制度下，政治精英也必须是职业领导人，政治不可避免地是一种职业，这也是韦伯最早提出的思想。熊彼特严肃批判了政治家还有依靠别种工作为生的空想理论。熊彼特提出，要承认政治家这个特殊职业利益群体有其特殊的利益，这正如医生或工程师有其特殊的利益模式一样。人们常常怀疑庞大复杂的社会里民主政治的行政效率，这确实是显而易见的，议会的争斗会损害行政效率。民主政府必须遵守选票原则，而掌握投票权的人可能是短视者，这样做出的决定可能对国家长远利益不利，在民主的政体里，领导人全神贯注于不要"摔下马"来，常常无法考虑整个战略。以上现象都是反民主情绪容易传播的原因。

当然，熊彼特还是强调民主政体是必需的，独裁制度尽管有时候效率高，但那不是人们所希望的体制。完全可以适当地做出一些制度安排、制度设计来减轻对于最高领导人的压力。另外，必须清楚，在任何社会环境中，没有任何一种选举制度能够完全测出候选人的实践才能。民主政体的成功难度还是很大的，一方面它对社会模式、文明程度有很高的要求，另一方面要考虑怎样选拔出真正高水平的精英。（熊彼特，1999：414~421）

四 熊彼特关于民主精英的实现必须具备四个条件的观点

熊彼特认为，在民主方法可能运行的工业社会中，它所创新的竞争政治领导权的新的民主精英模式要取得成功，就必须具备下列四个条件。

第一，人的政治素质条件，即领导管理政党机器的人，被选出来进入议会、内阁的人，应该具备足够优秀的水平。民主的方法是从竞选的人中挑选人。要想获得品质极为良好的政治家，从以往长期的经验看，唯一有效的方式是保证存在这样一个社会阶层，这个阶层是经过最严格程序挑选出来的，他们一心一意地从事政治职业。当然，熊彼特也强调，对于外来者，这个阶层既不完全排斥又不是来者不拒，来自其他领域的成功人士也有可能进入这个阶层。熊彼特甚至还认为，这个阶层应该不太富也不太贫。这个阶层应该将有志于从事政治的精英人才聚集起来。（熊彼特，1999：421~423）

按照熊彼特这样的说法，历史上中国的科举制度确实是选拔这样一个阶层的有效方法，当然这是题外话了。

第二，民主政治决定的有效范围不应扩展太远。这个问题比较复杂，有效范围不仅取决于政府成功处理问题的性质和数量，而且取决于政府成员素质、政治机器的类型和社会舆论的模式。民主政治决定事情是有边界的，民主政治并不是要求国家的任何事物都受到它的支配，比如在多数国家法官就不隶属于政治机关，而具有独立性。再如，政治家任命国家机关工作人员的权力也应受到约束，否则会产生腐败。（熊彼特，1999：424~426）

第三，现代工业社会的民主政府为了做好国家事务领域包括的所有事务，必须有能力支配一个具有强烈责任感与同样具有强烈集体精神以及良好名望和传统的训练有素的科层（bureaucracy）机构的工作。当然这里的"科层"概念源于韦伯的思想。这个科层机构不仅能够有效处理日常事务，而且能够逐渐形成自己的原则，并独立地维护该原则，这个科层机构所形成的共同意见，使得政治家不敢轻易破坏文官制度的规则。熊彼特很有信心地认为这样的科层机构的发展是可以期待的事情，当然这是长期发展的产物，而不是一蹴而就的。（熊彼特，1999：426~427）

中国古代的朝臣，在有些方面就很像熊彼特所说的科层官员，一些朝臣敢于向皇帝谏言、纠正皇帝的错误甚至与皇帝辩论，这样的例子并不鲜见，古代朝廷也不都是唯唯诺诺、只会磕头听命于上层指令的官员。正如鲁迅先生所说的，中国自古就有为民请愿、舍身立法的人，鲁迅称之为"中国人的脊梁"。

第四，民主自制。要使民主方法顺利运行，所有集团必须要服从合法主管当局发出的行政命令。民主自制的含义还包括，选民和议会在智力和道德上有相当高度，这样就不会受到政治骗子和狂人的干扰。政治家们、不同的政治派别都一定要学会克制自己，不要在看来做得到的时候就颠覆政府、破坏政府。竞争领导权的不同政治家要学会聆听，即使当有人攻击你最宝贵的利益时，你也要耐心聆听其他人的意见。政治斗争必须约束在规则之内，要形成良好的民主传统，如果动辄就破坏传统、破坏成规，民主政治就结束了。选民的责任是选出政治领导人，一旦他们选出了政治精英，政治行为就是精英的事情了，不是选民去指导精英怎样做事，民主政治要给政治领导人以充分的运作空间，不要轻易收回对政治领导人的信任。其实，这也就是我们中国人常说的"疑人不用，用人不疑"。

熊彼特还指出，民主自制与民族特征、民族习性也有关系，不是任何地方都有机会形成这种特征的。竞争政治领导权的利益集团都需要自制，都要一致地忠于现存社会的结构原则，这样才能有效发挥民主体制的优点，如果拒绝自制和妥协，民主政治根本无法运行。（熊彼特，1999：427～429）

五　怎样避免民主的弱点

熊彼特清楚地看到了民主政治的弱点。民主政治由于是不同利益集团都在发表不同的意见，议会在永无休止地辩论，对立的政治派别之间互相批评，所以，常常难以决断，使得政治运作的效率比较低下。

熊彼特认为，为了避免低效率的弱点，几乎一切类型的民主政治都承认，在特殊形势下的垄断领导权是合理的。在一些特殊的形势下或在紧急状态下，民主方法常常是失败的。所以，在这种形势下，就应该放弃由竞争产生领导，而采取垄断性领导的方式，或者叫作独裁方式。熊彼特也举了美国的例子。美国宪法规定，美国总统在某种情况下取得一种权力使他实际上成为独裁者。当然，熊彼特强调，垄断领导权必须有时间限制，这样竞争领导权的民主原则只是短期中断，而不是长期中断。倘若没有时间限制，那就不是民主制度了，那就变成了现代意义上的独裁统治了。（熊彼特，1999：430）

所以，熊彼特是充分考虑到了如何避免民主体制的弱点，如何避免民主政治的低效率问题，如何处理紧急问题，如何处理危机。这是熊彼特认真讨论的问题，也是今天美国、西欧等西方国家的资本主义民主制度遇到的巨大难题。上文已述，近年英国的脱欧投票、美国2020年末至2021年初的大选危机，都体现出西方民主制度的危机和难题。不能不承认，熊彼特在理论上还是高瞻远瞩的。

对于熊彼特的民主精英理论，后来的英国社会学家吉登斯也十分赞同。前文对于吉登斯及其分层思想已经有不少介绍了。当然，关于精英理论，吉登斯也提出了自己的独立见解。吉登斯曾提出过关于精英的不同类型的思想，他提出了分析的两种维度——社会的高整合程度和低整合度，以及社会的开放流入方式和封闭流入方式——根据两种维度区分出社会精英的四种类型，即团结型精英（Solidary elite）、选取型精英（Abstract elite）、一致型精英（Uniform elite）和确定型精英（Established elite）（Giddens，1975：118-127）。囿于篇幅，笔者在此就不赘述了。

第二节　达尔关于多元精英理论的实证研究

当代社会分层研究和精英研究是应该以实证为基础的。上述的精英理论虽然也提出了很多创新的见解，但是大多缺少符合学术规范的、以田野研究为基础的实证研究。在这方面，美国耶鲁大学教授达尔（Robert A. Dahl）做出了贡献。达尔以他所工作和生活的美国纽黑文（New Haven）市为调查研究的基础社区，深入研究了该城市的政治精英、经济精英、社会名流对于该城市社会治理的影响。他的研究结论是：精英之间是互相竞争和冲突的，该城市的管理权力不是高度集中的，在不同历史时期，纽黑文的治理模式也是有很大变化的，从发展的角度看，该市市民从过去的参与不多，到后来越来越多地参与到城市治理中来。通过对该城市精英群体的深入考察，达尔发现，纽黑文的精英治理经历了从寡头政治向多元主义政体变迁的过程。所以，如果要回答"谁统治"的问题，答案既不是大众也不是精英，而是两者处于一种互动状态，实际上是两者共同进行统治。

所以，达尔的理论与米尔斯的权力精英思想是针锋相对的。达尔认为，从实证案例研究看，美国社会的权力并不是高度集中的，并不存在所谓完全结盟的权力精英，反之，精英之间存在着竞争、冲突，互相对立的精英代表之间的民主式的竞争，能够代表多元的政治力量、多元的利益群体，从而也就代表了多数人的利益，这样的民主式竞争是构建现代政府的良好的实践。

当然，也有不少研究者赞同米尔斯的权力精英理论，并且也以美国社会为例，做了大量调查研究，提供了大量一手数据，试图证明美国社会是由极少数的权力精英控制的。对于这方面的研究，本节在介绍了达尔的研究之后也将有所讨论。

一 达尔的学术简历及其精英研究的学术背景

罗伯特·达尔（1915~2014）是美国具有很高声誉的政治学家，耶鲁大学政治学荣誉退休教授（sterling professor），曾任美国政治学会主席，美国国家科学院和美国人文与科学院院士，对民主理论有深入的研究。他的学术历程是：1936 年于华盛顿大学获得学士学位，1940 年获得耶鲁大学哲学博士学位，二战期间曾服兵役，1946 年起在耶鲁大学任教，在这所著名的学府里长期担任多种讲席教授。达尔在 60 多年的学术生涯中，长期从事民主理论研究，颇有理论建树。

达尔的学术发表也是比较突出的，有众多的著作和论文发表。他出版的比较有影响力的著作包括：《民主力量的前沿》（*Preface to Democratic Theory*）、《政治、经济与福利》（*Politics，Economics and Welfare*）、《美国宪法的民主批判》（*How Democratic Is the American Constitution*）等。

本书讨论的达尔关于多元精英理论的实证研究，主要是达尔在 20 世纪 60 年代出版的《谁统治：一个美国城市的民主和权力》（*Who Governs? Democracy and Power in an American City*）一书。在此简要讨论一下该研究的学术背景。该研究是达尔对于美国一个城市规模的社区的实证研究，此类研究在美国起源于林德夫妇的《中镇》，对此，本书在功能主义分层理论一讲已有介绍。林德夫妇的研究结论与达尔研究的结论显然是不同的，《中镇》的调查研究证明，当年的美国是一种经营阶级与生产者阶级的两阶级社会，甚至可以说是两极社会结构，该城市社区中的大部分人是生产者阶级，精英阶级仅是极少数，所以，如果回答达尔所问的"谁统治"的问题，中镇显然是被精英统治的。当然，林德夫妇研究的是 20 世纪 20~30 年代的美国，当时的美国确实还没有形成"中产社会"。而达尔的著作发表于 20 世纪 60 年代，这时候美国社会已经发生了巨大变迁，第二次世界大战结束以后，美国经济与社会均有了很大变化，逐渐形成了中产社会，所以，达尔是对变迁以后的社会结构进行实证研究，得出的结论自然就会不同。

在林德夫妇的城市社区实证研究之后，另一位非常重要的社会学家亨特（Floyd Hunter）于 20 世纪 50 年代曾对美国大城市亚特兰大进行了社会分层、社会结构、精英结构的社区实证研究。达尔在其著作中也特别关注了亨特的精英研究。亨特提出了"社区权力结构"（community power structure）的概念。亨特研究了该城市诸多资源配置，如财产、收入、社会地位、知识、公众关注度、社会声望等，通过对亚特兰大的调研，亨特列出了该城市经济名流的详细数据，并认为这些精英人士相互之间已经联结成了一个控制城市权力的群体或集团。因此，亨特的研究结论显然是支持前述米尔斯权力精英理论的。正因为如此，米尔斯也对亨特的该著作大加赞扬，米尔斯表扬亨特是敢于直言不讳讲真话的人，绝不随波逐流，认为该书是美国精英实证研究的重要著作。亨特也将米尔斯的话印在该书的扉页上（Hunter, 1953）。当然，亨特的研究方法比较侧重于主观声望调查，亨特在调查中通常询问被访者"您认为谁掌握权力""谁是本地最大的领导"等，根据对这些主观问题的回答，列出权力精英的名单，很多地方更像是一种案例研究。达尔在著作中对亨特的该著作以及此类研究提出质疑，认为这样的询问过于简单，要真正探索决策与决策者（decision maker）还应该研究该城市的全部发展历史和很多细节。因此，达尔不同意亨特关于权力精英的研究结论，此外也有其他一些学者与达尔的观点近似。

当然，学界的不同观点、不同学说是很正常的事情，本节在讨论达尔的研究以后，也会简略介绍一下后来的与达尔观点不同的一些关于美国社会权力精英的研究。

二 达尔对于社区精英阶层的历史比较分析

达尔的研究方法很有特色，非常类似于社会学的社区实证研究方法。达尔所选择的实证研究地点就是他任教的耶鲁大学所在的纽黑文市（City of New Haven）。纽黑文市曾经一度是美国康涅狄格州（Connecticut）最大的城市，当然，最初它只是个小镇：1787 年总人口 3400 人，1820 年总人口 7000 人，1950 年总人口 164443 人，到了 21 世纪总人口 129585 人，目前它是康涅狄格州第二大城市。总之，在达尔调研的时期，纽黑文市的总人口具有相当的规模，具备城市社区精英实证研究的基础条件。

采用精英阶层历史比较方法，达尔全面研究了纽黑文市政治精英的历史变迁。达尔所提出的问题是：该市政府的政治决策是怎样做出的？大众的选举权真的能够影响政治资源分配吗？大众的影响力和精英控制的模式在该市不同历史时期是如何变迁的？

达尔研究了 1784~1960 年纽黑文市的 46 任市长，研究了他们所代表的党派、任市长前的职业分布，研究了不同历史时期市议员委员会和财政委员会任职者的职业分布等，研究了该市不同历史时期精英群体构成之变化，研究了选民人口结构、职业构成、种族构成之变迁，根据这些变化提出了精英变迁三个阶段的思想。达尔提出，在第一阶段（1784~1842年），纽黑文市的市长和公共职位几乎都是由贵族阶层、贵族家庭承担的。但是此后，随着移民家庭的不断涌入，社会结构发生了变迁。在第二阶段（1842~1900年）及以后一段时期，企业家群体、商人群体取代贵族阶层控制了公共职位。而随着工商业企业的兴起，该市的社会结构再次发生变迁（1900年以后），工业企业产生了无产者，达尔称之为"前平民阶层"，他们积极参与政治活动和选举活动。大量移民是由不同种族血统的群体构成的，有德国人、爱尔兰人、俄国人、意大利人和黑人等。外来种族群体一开始都是无产者，后来逐渐分化，不少人从事白领和中产工作，再往后大部分都融入中产阶层甚至进入上流社会阶层。这时候，市议员委员会和财政委员会的职业构成发生了很大变化，企业家商人所占比重大幅下降，雇员劳动者取代了他们的位置。政治领导集团的变化也带来了执政政策的变化，这些在处理大萧条时期的就业、救济、工资、社会保障等问题时都发挥了积极作用。第三阶段与第二阶段在很长一段时期是重合交叉的，大致上可视为二战以后。20世纪50年代以后，该市的政治经历了巨大的转型，最为突出的特征是新兴人群的政策取向更加注重集体利益。对纽黑文市社会名流、贵族身份名流和经济名流的研究发现，到了1957~1958年，他们在公共职位任职的人数大大减少，比例大大下降。（达尔，2010：3~94）

所以，达尔对纽黑文市精英历史的研究发现，工业社会的制度和进程导致了政治资源的分散格局，前平民阶层对决策的影响力明显提升。早期的精英或贵族寡头是资源通吃的，即同一群人控制着社会地位、合法性、宗教和教育机构、官职位置等，而在后期的政治系统中，虽然政治资源的不平等依然存在，但这是一种分散性不平等的政治系统，所以更多地体现了多元民主特征。（达尔，2010：95）

三 达尔对于社区精英阶层政治权力测量方法的创新

权力精英或寡头理论强调极少数精英垄断了多种资源，而多元主义精英理论则认为无论是影响力的分配、信息的获得，还是政治资源的分配、政治资源的利用等，资源都不很集中，而是多元分散的。这样一种观点，需要得到实证研究的支持，所以，达尔的很大贡献是设计出了这方面的很多量表，在社区中测量收集一手数据，以此来验证自己的观点。在达尔之前的很多人，虽然也收集了很多实证材料，但是，在权力测量方面，都没有像达尔这样，严格地采用社会科学定量和定性的实证方法。达尔的科研是十分严谨细致求实的。

达尔考察了自霍布斯、韦伯以来的关于权力、影响力等的概念，撰写了关于权力概念的论文，试图探索权力、影响力的可以测量、可以操作的尺度。达尔在其著作中采用了六种方法来评估精英们的影响力。第一，研究纽黑文在职市政官员社会经济类型的变化，探索他们权力的来源是否发生了重大变化。第二，分析社会和经济名流，看他们归属为哪种社会经济类型，考察此类型人物的地方权力参与度。第三，考察政治经济等领域的决策，探索影响力的可测量尺度，以确定哪些精英最具影响力以及影响力的模式。第四，随机抽样调查不同领域决策的参与者，研究其特征，最后确定不同领域次级领导者的社会经济来源。第五，对纽黑文的登记选民进行随机调查，发现不同程度、不同方式参与地方事务的人群的特征。第六，分析不同阶层投票模式的变化。（达尔，2010：361~362）

例如，在对纽黑文的登记选民进行随机调查时，达尔设计了如下的量表来测量选民们参与竞选的积极性、活动类型，进而分析精英们是怎样利用政治资源的真实的和潜在的影响力的。达尔在随机调查中询问了如下问题。

①竞选期间是否有任何党派的人给您打电话或拜访过您并与您交谈？

②竞选期间您是否与人交流并试图向他们表明为什么应该支持某个党派或某个候选人？

③您是否捐过钱或买过候选人名单或其他任何东西来帮助某个党派或候选人的竞选活动？

④您是否参加过政治性会议、集会、聚餐，或诸如此类的活动？

⑤您曾经参与过政党提名吗？

⑥您是否为某个党派或候选人做过其他工作？

⑦您是否曾经在某个政党中担任过职务或工作过？

⑧您是某个政治社团或组织的成员吗？

⑨您曾经担任过公职吗？

达尔设计的上述问题构成了一张竞选参与活动的量表，从只是被动地接受党派的电话或访问，逐步升级到表明自己的立场、捐款、参与政治活动，直至参与提名、为某党派工作、担任党派职务。以此来随机测量被访者参与精英竞选的从最低到最高的程度。根据达尔的研究，在整个 20 世纪 50 年代，纽黑文市的登记选民在 21 岁以上人口中占比为 65%~82%，而实际选民占比为 51%~76%。所以，有百分之十几的人登记了但是不去投票。调查结果证明，积极参与上述竞选活动的人占比很低，每 16 个公民中仅有 1 人除了投票还参与了上述 9 种活动中的 5 种及以上；有 50% 的人除了投票，参与过上述 9 种活动中的 1~2 种；有 20% 的人只投票，不参与上述 9 种活动的任何一种。（达尔，2010：306~307）

达尔还用以下量表测量了人们参与地方事务的积极性。

①当您和朋友在一起时，是否曾经谈论过纽黑文的政治及地方事务？

②您是否为了让他们了解那些您希望他们为您所感兴趣的事情做些什么而与当地政府官员或政治人物接触过？

③在过去一年左右的时间里，您是否与纽黑文的政治或政府官员有过任何接触？

④在过去一年左右的时间里，您自己是否主动地做过与地方性议题或地方性问题相关的事情（无论是政治的还是非政治的）？

调查结果证明，大多数人也不过就是与朋友们聊聊而已。调查样本中，有接近半数的登记选民回答谈论过纽黑文的政治及地方事务，有 13% 的人回答主动做过与地方性议题或地方性问题相关的事情，只有 3% 的人回答参与过上述所有的 4 项活动。（达尔，2010：307~309）

应该承认，达尔对大众参与公共事务的活动、对精英的政治影响力等，做出了以实证社会调查为基础的深入研究，在权力影响力测量方法方面有很多新的举措。达尔还探索了社会和经济名流的具体标准，使用了居住等级和社会地位指数、政治参与指数等。这比过去精英研究的那种泛泛而谈的方式有了很大的进步。

四　达尔的多元主义精英理论

达尔的理论研究是很精细的，通过不同方法、不同维度的研究得出了多元主义精英理论。

通过对纽黑文市精英阶层的历史比较分析，达尔提出，在大约 100 年的时间里，纽黑文的由极少数精英控制的政治系统已经让位给一个由不同阶层的精英主导的政治系统，这样不同阶层的代表者组织的政治资源及其组织方式均不同。这是一种多元主义的政体，而不是由极少数权力精英控制的政体。当然，达尔也强调，这种政体距离真正民主与平等的目标，还有很长的道路要走。达尔十分确定地说，权力精英统治的变化并没有导致人民统治的实现。（达尔，2010：95～96）

通过对影响力分配的研究，达尔提出，在这种多元主义的政体中，精英领导者与公民之间的关系常常是互惠的，即精英领导者会影响选民的决策，而精英领导者的决策也会受到选民偏好的影响。在纽黑文的案例中，领导者对于决策有直接影响力，而选民也会影响决策，选民对于决策产生的是间接影响力。由于是多元主义政体，领导者内部的意见常常不一致，所以，领导者会积极地寻求选民的支持。达尔也进一步深化了前述帕累托和拉斯韦尔等关于激励精英们动机的分析，认为这些因素是非常多元的，包括更高的收入、财富、权力、名望、尊重、爱、知识、好奇心、胜利的喜悦、道德、英雄主义、自我牺牲、羡慕、嫉妒、报复等。（达尔，2010：97～98、104～105、182～184）

在对影响力模式的研究中，达尔提出了五种领导模式的假设：第一，由经济名流暗中整合；第二，以行政首领为中心的各种同盟的大联盟；第三，领袖同盟；第四，具有一定势力范围的独立治权；第五，相互斗争着的竞争性统治权。达尔通过对纽黑文市的研究得出结论：尽管在历史上也出现过多种领导模式，但是，越到后期，竞争性统治权的模式就越突出。由于有两党定期选举制度的制约，两党的竞争性统治权的模式就成为最重要的模式。在这种模式中，政治积极分子或职业政治家通过选举、政治竞争获得官员位置，这些职业政治家在不同程度上能够采用选民政治价值的政策，职业政治家是否能够获得成功取决于很多因素的影响，包括社会和经济名流以及压力群体的影响。职业政治家选举成功以后会考虑当初的选举承诺，尽管美国是市场经济主导的社会，但是政府的政策对市场经济和公共福利还是有很多影响的。（达尔，2010：203～245）由此我们看到，达尔的理论观点与上述熊彼特的民主竞争政治领导权的精英理论是非常相似的。

总之，达尔认为，对于纽黑文市的研究证明，与很多美国城市的经历相似，政治、经济、社会变迁的趋势是从影响力资源高度集中的体制变迁为影响力资源高度分散的体制，当然，这种资源分散的格局并不意味着资源的平等分配，而是从政治资源的累积性不平等变成了政治资源的分散性不平等。一方面，没有任何一种影响力能够主导所有资源；另一方面，不同公民也可以使用不同资源。事实是市民参加选举的兴趣并不高，大多数市民根本就不使用他们的政治资源。所以，精英领导者与普通公民之间是一种多元民主的关系。（达尔，2010：254~255、302~305、356~357）。

五 关于美国权力精英的其他一些研究

在美国，自米尔斯以后，关于美国精英、上流社会的讨论一直是学界和传媒界关注的热点，一些学者发表了关于谁掌管美国的众多论著，比较突出的是托马斯·戴伊（Thomas R. Dye）。他曾在美国佛罗里达州立大学、佐治亚大学、威斯康星大学和宾夕法尼亚大学等任教授，发表了很多的关于权力精英的著述。从学科上看，戴伊偏重于从政治学、公共政策角度研究美国权力精英现象。在有关权力精英的论著中，传播比较广的是他先后出版的《谁掌管美国——卡特年代》和《谁掌管美国——里根年代》。此后，他对于布什年代、克林顿年代等的美国精英统治现象也都有评述。戴伊发表的著作虽然很多，但是从学术角度看，这些著作在研究特征、研究方法、收集资料方法等方面都很近似，现象的描述较多，理论建树不足。对其研究，笔者试总结如下。

第一，戴伊的基本观点。他认为，在美国，大权是高度集中的，在数以亿计的美国人中，做出最为重大决策，诸如战争、投资、生产、物价、工资、消费、司法、税收、教育、卫生等重大事情的决策者是极少数的人，他在书中指出不过是几千人（Dye，1983：3）。戴伊也研究了本书所介绍的很多学者的精英理论。他赞同米歇尔斯的寡头统治铁律的思想，认为在一切社会里，无论是集权的还是民主的，无论是否以人民的名义行使权力，统治者都是极少数的最上层的有权势者。他同意米尔斯的观点，即权力精英是通过美国的制度和机构而获得权力的，美国的大公司、银行、保险公司、传媒网络、白宫、国会、华盛顿的管理机构，均是联结在一起的，高层精英控制了这些机构的权力。戴伊特别强调，社会结构是权力精英的基础。

戴伊也提到了本书前面介绍的达尔等人的多元精英理论，指出多元论当然是想证明美国社会的民主性质。戴伊并不想从理论上与多元论争辩，不想做过多的理论讨论。戴伊认为自己的贡献是提供了美国那些掌权机构的很多细节数据，考察了这些权力机构掌权者相互之间的关系，分析了掌权者是如何步步高升的，探讨了掌权者的不同派系等。他是想让读者自己去判断权力精英现象。（Dye，1983：9-11）

第二，戴伊著作的特点是提供了美国各种不同类型精英的大量数据资料，列出了美国权力精英的具体数字。首先是经济精英，戴伊列出了美国最大的公司、企业、银行、金融机构的全部名单，比如按资产排列的前100名的公司、前50名的银行、前几十名的公用事业公司以及全世界前50名的跨国公司等。接着，他又实名列出了这些最大公司企业的一部分最高领导层的案例，分析了很多由家族统治的公司，并证明无论是家族继承人还是经理人控制着这些大公司，最终制定出来的政策是相同的。戴伊试图用这些材料证明，美国的经济权力是高度集中的，大约有3500人控制着财产大权，在美国全国人口中仅占十万分之二。其次是政府政治精英，即联邦政府的高层人士。他分析了历届总统及某些总统的家族，戴伊认为，政府的高层权力也可以用政府的巨大开支去衡量。戴伊也用比较详细的数据印证了米尔斯所说的军事精英阶层，分析了美国的军事工业集团，证明了这些军事工业集团依赖于政府的军费开支和武器订单。戴伊的结论是，政府的权力甚至比大公司的权力更加集中。最后，戴伊还剖析了美国的传媒精英、文化知识界和民间组织精英的大量材料。戴伊认为，美国的宣传机器权力是高度集中的，虽然表面上主张新闻自由，但实际上是被很少数的几家大的传媒公司控制的。民间权势集团也如此，他分析了美国最高级的律师事务所、美国最大的基金会等，认为这些是很有权势的民间集团，甚至有少数知识分子也是掌权人物。（Dye，1983：19-138）

第三，戴伊的著作与传统的社会学研究很不一样。传统上，社会学研究历来遵循学术匿名原则，研究中并不暴露被研究者的真实姓名。而戴伊的著作则是列出了所有这些机构和精英人物的真名实姓，所以，戴伊的研究风格更近似于新闻传媒，其目的有可能是加强传播效果。这样的著作发布后确实引起了广泛的关注。

第四，戴伊著作的理论贡献不足，研究的学术创新更谈不上，可以说主要是提供了大量的数据资料，印证了米尔斯等人关于美国上流社会和权力精英的理论假设。

戴伊后来又与其他学者合作出版了著作《民主的反讽：美国精英政治是如何运作的》，对此，本书将在下一节关于新流派的讨论中介绍。

与戴伊采用大量实证材料研究精英的方法类似，美国加州大学圣塔克鲁兹分校（University of California，Santa Cruz）教授多姆霍夫（G. William Domhoff）也发表了众多论著，探讨美国的精英现象。多姆霍夫研究的时间与戴伊的是重叠的，而且，其著作题目也与戴伊近似，题为"谁统治美国"。多姆霍夫的研究也是连续的和长期的，《谁统治美国?：公司富豪的

胜利》最初发表于 1967 年，后来又不断更新，直到 2014 年他第七次更新
该著作，理论上也有一些新见。对于该书的最新版本，本书也将在下一节
新流派中介绍。

第三节　精英理论的新流派

关于精英理论的新流派很多，这里主要讨论的是 20 世纪 90 年代以来
以及 21 世纪英国、美国学术界的一些精英研究。

一　桑德斯的新右翼精英理论

本书第九讲在分析社会分层理论的新自由主义流派时就介绍过桑德斯
的新右翼分层观点。这里仅简述一下桑德斯的新右翼精英思想以及其他学
者对于该理论的批判。桑德斯是英国苏赛克斯大学（University of Sussex）
社会学名誉教授，他在社会分层和城市研究方面有很多著述发表，在英国
学界以至国际学界均有较大影响。本书第九讲已经阐释了桑德斯新自由主
义分层理论的基本立场，这种立场在解释社会精英现象时所使用的基本概
念是"贤能统治"（Meritocracy），即在充分自由竞争的体制中，那些最有
能力的贤能之士会占据精英的位置，这是良性运行的社会所必需的
（Saunders，1995）。

首先，桑德斯承认有一个很小的精英群体掌控着英国的关键位置。我
们知道，英国是君主立宪制的国家，自然就有王室和贵族阶层，当然，巨
富的工业、商业、金融业的上层资产阶级对英国社会的影响更为深刻。所
以，桑德斯在著作中肯定了英国精英阶层的存在，认为在英国社会中确实
有一个人数很少的群体，占有了巨额财富，毫无疑问，英国社会存在着富
人集团。桑德斯甚至在著作中也使用了拉斯韦尔、米尔斯的精英结盟
（interlocking）概念，认为在英国工业、金融业的顶层，尽管这些精英有不
同的面孔，但是他们已经成为一种结盟的关系。他认为，确实有这样一个
精英阶层控制着金融和管理的关键位置，决定着英国产业金融的未来发展。

其次，他详细论证了大多数企业的管理者并不是资产阶级的观点。谁
是资产阶级或资本家阶级呢？桑德斯认为，应包括那些拥有大公司主要股
权的家庭、创建和拥有大企业的企业家、大土地所有者等。桑德斯认为，
从所有权角度看，实际上这些人所直接占有的仅仅是英国经济的很小部分。

英国绝大多数工商业是由经理运作的，而经理们的收入和权力主要来自他们的职位，而不是来自财富的所有权。桑德斯指出，在英国 250 家最大规模的公司中，仅有不到四分之一的公司，其经理所拥有的公司股权为 5% 及以上，所以，这些人所直接占有的是英国经济的很小部分。虽然可以称这些人为经济精英，但是，他们并不直接占有英国的大部分的生产资料，从他们对管理工作的贡献看，他们的身份也不是资本家阶级。

桑德斯认为，已经很难发现典型的"资产阶级"了。虽然有些人非常富有，但是，在 20 世纪，个人拥有的股份比例大大下降。大多数股份、大部分的商业用地是被银行、保险公司、住房基金（building society）、养老基金所占有的，而这些基金等是与数以百万计的普通老百姓的投资息息相关的。英国的"私有化计划"使得股权拥有的范围更加广泛了。所以，资产阶级已经被变为千百万小的碎片，这些碎片就在老百姓之中。这也就是强调了人民资本主义的观点，即大多数人都占有财富。

最后，桑德斯激烈抨击左派关于资本主义统治阶级的理论，认为，这不过是一些富有的经济精英（an affluential economic elite）现象。在经济上处于最重要运营者位置上的管理者阶层都不属于资产阶级，那么，他们就更没有权力成为统治阶级了。他进一步论证说，既然经理阶级缺少成为资产阶级的财富，他们也就难以被称为统治阶级。虽然他们可以做出重大的投资决定，但是，他们并没有垄断权力，他们不能独断专行。社会上的很多领域他们都不能控制，比如政府、大众传媒、教育系统等。资本主义的发展使得阶级分化变得弱化了，资本主义的成功使得财富、权力的基础都大大扩展了，结果，仅仅依靠财富并不能统治社会。（Saunders，1990）

总之，桑德斯精英理论的基本立场是论证英国精英阶层的合理性。在论证中，桑德斯并没有自己做出一手的数据，而是引用了戈德索普的观点，即认为英国不是一般人想象的比较封闭的社会，反之，从社会流动看，英国是开放的社会。桑德斯不同意戈德索普关于英国阶级体系阻碍了工人阶级中有才能者发展的观点。桑德斯认为英国是一种理想的精英社会，在英国，竞争体制是充分自由的。那么，为什么会出现戈德索普所说的高低不同阶层代际流动的差异呢？桑德斯的解释是，那些占有高位的最有才能的人能够培养出相对更为贤能的孩子，而那些职业地位比较低的人，他们培养出的孩子的平均水平也要低一些。（桑德斯，2005：137~141）

在社会理念上，桑德斯的极端右翼自由市场的立场十分坚定。在主张纯粹自由资本主义的同时，桑德斯也区分了资本主义的不同模式，基本上是颂扬美国、英国体制的合理性。他引经据典地批评德国模式有着天然的弱点，这种模式支付给工人过高的工资和较高的社会福利，明显地降低了自己的经济竞争力；再者，德国模式也更强调遵从国家文化、约束个人自由。日本模式更具有家长制特征，不利于培养自由思考的个体。短期看可以取得经济上的成功，但是，最终在科技创新方面还是竞争不过崇尚个人主义价值观的美国、英国。他甚至认为当初被社会主义者梦想出来的那些实现人类幸福的因素，诸如安全、友爱、尊严以及物质的与精神的满足等，也许在 21 世纪资本主义体制下是能够实现的。（桑德斯，2005：144、156~163）具有讽刺意味的是，桑德斯最为推崇的美国、英国体制，在 21 世纪20 年代之初就遇到了重大的挑战，美国经济、英国经济都面临巨大危机，就连政治上历来比较成熟的美国两党竞争民主选举体制也受到大选中政治动乱的冲击。所以，任何理论家的分析和预言正确与否，都不是自己说了算的，都需要经过历史和实践的不断检验。

二 斯科特对于新右翼精英理论的批判以及对英国上层阶级的分析

桑德斯的这种极端右翼的精英理论观点，自然会受到来自左翼的严厉批判。

约翰·斯科特（John Scott）是英国社会学家，曾任教于英国思克莱德大学（University of Strathclyde）、莱斯特大学（University of Leicester）与普利茅斯大学（University of Plymouth）。他曾就学于伦敦政治经济学院（LSE），早年在博士学位论文中就已经关注到英国上层阶级的研究。自 20世纪 80 年代以来一直到 21 世纪，他对于英国社会科学领域的研究，特别是社会分层与精英阶层的研究有一系列的论著发表。比肩于美国学者的《谁统治美国》，斯科特发表了有关英国精英阶层的专著如《谁统治英国》、《上层阶级：英国的财产与特权》（*The Upper Classes: Property and Privilege in Britain*）等。近年他还出版了关于社会网络分析方面的著作：《社会网络分析手册》（*The SAGE Handbook of Social Network Analysis*）、《社会网络：社会学中的关键概念》（*Social Networks: The Critical Concepts in Sociology*）等。

既然英国是至今保留王室和贵族的国家，那么，从理论上看，社会上层贵族阶级的现象会比较突出。

首先，斯科特认真分析了英国的上层阶级的变迁。斯科特运用大量数据剖析了英国的上层阶级，他承认英国上层阶级确实发生了重大变化，但不同意英国上层阶级已经消失的观点。他细致地分析了桑德斯所说的那些变化趋势，批判了桑德斯所说的统治阶级的碎片化的观点，认为英国明显地存在着一个统治阶级。

那么，在斯科特看来，什么是阶级呢？斯科特认为，阶级是在收入、财产和生活机会分配方面处在相似地位上的家庭户的聚合体（Clusters of households），这尤其表现为英国的那些相互通婚、有着密切联系的上层阶级家庭。

英国社会分层体系的顶层已经发生了重大变化。在工业革命以前，土地贵族和绅士是在英国社会中占统治地位的阶级。那时，家庭联系在组成上层阶级方面十分重要。18~19世纪的工业革命为工商业者开拓了新的上升渠道，由此新富人也可以变为上层阶级。最成功的企业家利用各种社会资源获得成功。有些是通过商业的合伙关系而进行家庭联姻，也有相反的，先是家庭有联姻关系，后成为商业的合伙关系。

20世纪发生的股份制的变化影响巨大。一方面，公司变得越来越大，财产集中在少数公司手中；另一方面，家庭所有权被股份制所取代，而股份是在市场上公开买卖的。股份制造成管理革命的发生，使工业控制权从所有者的手中转移到经理阶级的手中。历史上，上层阶级的三大分支是土地所有者、企业家和金融家。其实这三大分支也是相互重叠的，土地所有者投资于企业，企业主、金融家购买土地投资房地产，摇身一变成为贵族。迄今，最为显贵的上层阶级仍然是金融家、银行家和商人群体，诸如罗斯柴尔德家族和巴林家族（the Rothschilds and the Baring）。他们相互之间建立了比较密切的朋友关系，在社交场合有经常的来往。他们与企业家的关系也很密切，他们贷款给企业家。在地缘上，他们聚集在伦敦地区。

所以，斯科特认为，英国的历史变迁并没有造成资产阶级的消失，因为资产阶级是有权力的阶级。

其次，斯科特批判了人民资本主义的思想。斯科特不否认从20世纪到21世纪一些财产的所有权变得被更为广泛的人群所拥有了。更多的人拥有房屋、汽车、消费品等。然而，这些只是为了使用的财产。这些财产对于个人和家庭的生活方式和生活机会是重要的，但是，这些财产并不能将使用者列入资产阶级。资产阶级拥有财产是为了权力，这个权力包括在土地、股份、工商业企业上的投资。

再次，斯科特仍然坚持马克思以来的关于统治阶级的理论。在断言资产阶级仍然存在后，斯科特又进一步分析了统治阶级的存在。他认为，所谓统治阶级的存在是指：第一，要有政治统治；第二，这种政治统治是由资产阶级承担的。他论证说，确实有资产阶级统治的政治权力集团存在，在这个集团中，资产阶级占据大多数，而权力精英从这个集团中补充成员。同时，英国还建立了一种机制，该机制确保国家的运转符合资产阶级和资本再生产的利益。斯科特用实证数据证明，在英国，一个小的权力集团控制了国家的关键位置，这些关键位置包括首相、内阁成员、上下院议员、高级文职位置等；证明政府政策对于资产阶级有利，高级职位的人员补充来自特殊背景的群体。(Scott, 1991：124-140)

最后，斯科特还采用了社会网络的分析方法，证明那些巨型的公司企业已经形成了社会网络（social network），这种社会网络既包括个人之间的，也包括资本之间的、商业之间的密切关系。斯科特的研究主要是对于经济精英方面的研究，他指出连锁店的机制造就了极少数的高层经济精英的经济控制权。在英国、美国等发达经济体，形成了密切联系的金融集团，而且有明显的区域特征。斯科特还用图示的方法展示了资本如何从信贷、贷款、股权等下层建筑一步一步地构建成高层连锁的、经济金融等控制结构。(Scott, 1990a：ix-xvi) 斯科特组织出版了这方面研究的大部头著作，发表了这方面的众多论文。所以，斯科特的观点代表了新的左派精英理论，理论脉络上承继米尔斯的新马克思主义精英理论传统。

三　斯克莱尔的全球化与跨国资本家阶级理论

莱斯利·斯克莱尔（Leslie Sklair）目前是伦敦政治经济学院（LSE）荣誉退休教授。我国著名社会学家黄平曾经由他指导攻读博士学位。斯克莱尔早年也是在伦敦政治经济学院获得博士学位的。斯克莱尔最初研究发展社会学，后来有了更广泛的研究兴趣，对于世界上大的跨国公司、国际劳工、墨西哥社会、消费主义等都有研究，逐渐聚焦于资本主义全球化的研究领域。从理论溯源看，斯克莱尔提出的精英理论一方面受到马克思、米尔斯等的影响，但另一方面，斯克莱尔也有很多自己的创新。

斯克莱尔最初于1991年发表，后于1995年出版了修订版著作《全球体系社会学》（*Sociology of the Global System*）。该书指出，当代世界是全球化的体系，单一的民族国家仅仅是演员组中的一个角色。全球体系是由一系列的跨国实践构成的。所谓跨国实践内容很多，包括全球型商品等。斯克莱尔认为跨国实践的特点是，跨越国家边界并在全球范围内进行的实践。

跨越国界的实践主要表现在三大领域——经济、政治和文化意识形态。与这三方面相对应的是跨国公司、国际组织和跨国消费主义意识形态。

斯克莱尔认为，资本主义经济是全球体系的基础，是跨国资产阶级权力增长的源泉。他认为诸如麦当劳、通用汽车公司等，可以行使的权力和很多民族国家一样。他还曾发表《资本主义全球化及其替代方案》（*Globalization: Capitalism and Its Alternatives*）等多种著述。

斯克莱尔关于全球化背景下跨国精英阶级的思想主要见于他的《跨国资本家阶级》（*The Transnational Capitalist Class*）一书。在该书中，他提出了跨国资本家阶级（transnational capitalist class, TCC）的思想，全书涉及的内容很多，本书主要介绍以下三方面。

第一，斯克莱尔提出了统治阶级理论化（Theorizing the dominant class）思想。所谓"理论化"就是资本主义已经灌输到人们的日常生活中了，统治阶级已经与统治文化（a ruling culture）相结合，全球资本主义的主要文化意识形态工作（the prime culture-ideology task）就是尽可能向更多的人民群众灌输（inculcating）消费主义文化，使得人民群众相信尽可能消费更多的商品和服务是他们幸福生活的核心要素。（Sklair, 2001：10-11）

这样一种理论和意识形态的灌输是全球化的。斯克莱尔将全球化作为基础理论，关于精英阶级的研究也是基于他的全球化理论。对于全球化、全球资产阶级的研究，使斯克莱尔越来越关注全球经济精英的研究，并最终提出了跨国资本家阶级的思想。而以往关于上层阶级、统治阶级、精英群体的研究，都是在一个国家范围内来考虑的。斯克莱尔提出，在全球化的影响下，国界的重要性在降低，权力越来越多地在跨国的范围运作。（Sklair, 2001：13-16）

第二，斯克莱尔提出了全球化的新的阶级理论，认为全球化进程改变了资本家阶级的组织结构，出现了一个跨国资本家阶级。从组织结构看，这个全球化资本家阶级由四大部分构成。一是占据统治地位的群体，即拥有或控制跨国公司权力的高管（TNC executives）等，该群体的经济收入形式是获得薪金与股份，政治组织形式是顶端的商业组织，意识形态是消费主义聚合文化意识形态。二是全球化的官员和政客，其经济收入形式是政府薪金与补贴，政治组织形式是政府机构等，意识形态是全球民族主义与经济新自由主义。三是全球化的专业技术人士（professionals），其收入形式是薪金、补贴、津贴，政治组织形式是职业社团组织与智库，意识形态是经济新自由主义。四是全球化的商人和媒体人士，其收入形式是大公司薪金、津贴、股份，意识形态是消费主义聚合文化意识形态。虽然这四大部分各有特点，但是共同服务于全球资本主义体系的直接利益。他们的主要代表组成了跨国统治阶级（Transnational dominant class）。（Sklair，2001：17-23）

所以，在全球体系时代，那些既能够行使跨国权力又能够行使国内权力的阶级成为最有权势的阶级。跨国资产阶级主导着全球化，该阶级的突出代表是跨国公司董事长、在全球各地的主管经理、全球化的国家官僚体系、资本主义政治家、专家、消费主义的精英等。这个阶级常常做出影响全球体系的决定，旨在扩张他们自身的利益。

斯克莱尔还认为：随着全球资本主义体系的跨国实践变得越来越强大，就一国内的活动而言，只有那些不威胁全球资本主义项目的实践，才是被允许的实践。当某一国的政治领导人试图将本国利益置于跨国资产阶级利益之上的时候，便立即会发现跨国资产阶级的投资流走，于是，他往往只好让步。

第三，斯克莱尔认为，这个跨国资本家阶级力图通过全球竞争和消费主义口号实现对经济、政治和文化思想等的全面控制。通过深入细致分析全球经济和全球 500 强企业的数据和众多实证案例，斯克莱尔提出，为了实现利润增长的目标，这些企业只有走向全球化，别无出路。所以，跨国资本家阶级的产生和发展，是政治经济文化斗争的必然结果。斯克莱尔认为这实际上是一种帝国主义的国际体系，被那些霸权资本家阶级（Hegemonic capitalist classes）控制着，他们与政府政治精英的关系时而密切，时而紧张。（Sklair，2001：73-76，31）

单一民族国家总是试图增加自己民族国家的竞争力，那么，它们是怎样被 TCC 动员而加入全球资本主义体系的呢？这是因为，为提高国家竞争力就必须按照世界最佳经营标准、最佳规范去做，这种规范已经成为评价任何机构效率的标准。这种规范也成为全球资本主义生存的根本条件。所以，本质上是这种世界最佳经营标准决定了 TCC 的统治地位。（Sklair，2001：155-158）

这个阶级采取的是全球化视角而不是本地化视角，这个阶级具有相似的生活方式（Lifestyles），越来越多地在商学院受到高等教育的培训，享受着那些奢侈品和高档服务，出入那些会员制的俱乐部、高档饭店，休闲于全球各地的超豪华度假地，与大众的生活形成强烈反差，居住在远离普通人的豪宅，有武装警卫和电子防盗设备的严密保护（Sklair，2001：20-21）。

第四，斯克莱尔认为跨国资本家阶级试图将自己塑造成世界公民（citizens of the world）的形象。这在理论上涉及跨国公司的公民资格问题，这些跨国资本家本人既想拥有投资国公民身份又想保留出生地公民身份，为了追求企业利益改变国籍的情况也时有发生。（Sklair，2001：21）

这些跨国公司的行为受到不同国家投资条约规范的约束，斯克莱尔认为试图制定出约束跨国公司统一规范的努力是注定要失败的，诸如国际劳工组织等的约束是很脆弱的。斯克莱尔指出，跨国公司正在朝能够适应多国环境的企业公民转化，于是他用较大篇幅分析了全球公司公民身份（Global corporate citizenship）问题。企业要对自己商业经营所引起的后果负责任，跨国公司承担着更大范围的多国社会责任。按照传统的激进思想，这些巨富者与老百姓的利益是对立的，但现在不是这样的情况。那么为什么跨国资本家会关注普通老百姓的生活呢？斯克莱尔认为，这是一种驱动全球资本主义的价值体系，该价值体系是一种具有辩证特征的消费主义文化意识形态（the culture-ideology of consumerism），是一种消费至上的文化理论。（Sklair，2001：149-151）

既然是世界公民，那么全球500强企业在招募人才的时候就强调在全球范围内选聘人才，寻找高级技术人才、管理人才。这当然就导致了来自不同国家的"多元化精英"（the diversity elite）的出现。斯克莱尔列举了很多跨国公司的案例，这些公司试图实现一种全球领导计划，当然，在操作中也发现，这一点是有很大难度的。（Sklair，2001：160-167）

总之，斯克莱尔认为上层精英、上层阶级、统治阶级已经不局限于一国范围之内了，而是超出了国家的界限，真正出现了一种有跨国控制权力的阶级，一种跨国的统治阶级。

四　戴伊以及多姆霍夫等人的新著

上文已述，戴伊自20世纪七八十年代以来就接连不断地发表了很多关于美国上层精英的实证型分析著作。这些著作的优点是实证材料丰富，缺点是理论总结不足。在21世纪，戴伊与另外两位学者合作出版了新著，题为《民主的反讽：美国精英政治是如何运作的》。与戴伊合作的两位学者是哈蒙·齐格勒（Harmon Zeigler）与路易斯·舒伯特（L. Schubert）。在这本著作中，戴伊等坚持了一贯立场，即美国是由少数精英治理的，美国的民主实际上是由很小的精英群体掌控的，做出各种重大决策的都是少数精英而不是广大民众。这本著作的特点是偏重于理论的、体制机制的分析。

第一，该著作对于基本理论概念——精英主义、民主主义、民主主义中的精英主义、多元主义等做了辨析。戴尔等的精英主义接受了最为经典的精英定义，认为无论是传统社会还是现代社会、无论是资本主义社会还是其他类型社会，任何社会都是由精英阶层统治的。（戴伊等，2016：4~6）

第二，回顾美国精英的历史，戴伊等认为美国最初宪法的制定，就是由极少数受过教育、有才干、有大量财产的精英完成的，而不是由美国大众参与的。所以，美国的基本制度是在精英共识基础上建立的。精英主义理论可以解释美国政治经济演变的全部历史。非精英可以演变为精英，但是其过程是缓慢的。他们在成为精英以前，必须证明他们对于美国精英共识的贡献。精英之间是有竞争的，但是这种竞争的前提是必须保证美国的基本政治制度不变。（戴伊等，2016：27~97）

第三，美国的绝大多数民众并不了解公共事务，他们对政治不感兴趣，也不信任政府。在总统选举年大约有多于半数的合格选民去投票，非大选年参与政治活动的人也就占 15%~20%。所以，美国的民主是建立在不稳定的基础之上的。多数民众对于政府和政治事务是不满意的，当然，只要经济能够增长，他们多数对政治是冷漠的，只有精英能够从所谓民主制度中获益。（戴伊等，2016：100~134）

第四，美国政治事务的基本信息是自上而下由精英向大众传播的。主流媒体对信息的掌控高度集中，实际上是极少数精英在决定着新闻。虽然互联网也允许普通民众交流，民众个人也在通过互联网表达自己的观点，但是，主流媒体在影响大众认知上效果是凸显的，由此形成的公共舆论是很难改变的。（戴伊等，2016：136~164）

第五，对美国选举制度的分析。美国的两党意识形态是一致的，民主与共和两个党派在公共政策方面的差异，表面上看起来很大，但实际上都是在共识的价值观范围之内的。各个利益集团的捐献影响选举，所以，实际上是金钱驱动着选举。美国的选举基本上是一种象征性活动，选举虽然给民众提供了一种参与政治体系的机会，但是，民众参加选举并不意味着他们能够决定政府政策。（戴伊等，2016：166~200）

第六，利益集团与精英的关系。美国的各个利益集团是由少数精英控制的，利益集团的领导多是从中上层晋升的，所以，利益集团也并不代表多数成员的利益。利益集团的精英往往从现存的政治秩序中获益，所以，

他们就更倾向于现有政治制度。（戴伊等，2016：202~226）

第七，戴伊等是怎样评价本讲前述的多元精英理论的呢？他们认为，美国确实有一些被排除在权力之外的人们组织了一些抗议运动。但仔细观察就会发现，这些组织也是由少数精英控制的，他们实际上也认同前述的精英共识。在这些精英的领导下，所谓多元也绝不会超越社会、政治的共识要求。所以，民权运动等也不会真正实现机会平等。（戴伊等，2016：388~420）

第八，由于美国是当今世界上最强大的国家，美国在世界上处于一种霸权地位。美国可以被称作"国际警察"，美国的一贯做法是在维护其势力的基础上促进所征服领土的经济发展和民主发展。这样，美国精英就不仅在国内，而且在国际上发挥重大作用。美国精英在军事方面维持着全球系统秩序，美国精英在多数国际机构中居于主导地位，美元也成为全球最主要的货币，等等。（戴伊等，2016：422~456）

戴伊等的新著所阐释的美国精英理论，在一定程度上也确实能够解释当今美国的很多现象，包括2021年底至2022年初美国大选的乱象，当然，该著作的精英观点也受到很多人的批判。批评者之一就是多姆霍夫教授。

上文曾述及美国加州大学圣塔克鲁兹分校多姆霍夫教授的著作《谁统治美国？：公司富豪的胜利》更强调经济网络、经济精英在美国的突出作用。同时，他不同意戴伊等的观点，并予以批评。

多姆霍夫对戴伊等的上述观点持尖锐的批判态度。他认为现代社会与古代社会不同，现代社会仅有极少数人能够行使权力的观点是站不住脚的。他认为戴伊等仅仅从组织理论角度理解精英权力，完全缺少阶级分析的视角，这样就忽视了富豪集团、经济利益集团极其重大的影响力。由于没有阶级分析的视角，这样，戴伊等就忽视了公司共同体与阶级的关系，也完全没有分析美国的劳工阶级。另外，即使从组织理论看，戴伊等的观点也是有缺陷的，他们完全没有注意到工会领袖的精英作用。（多姆霍夫，2017：274~275）

多姆霍夫提出，美国有四个独立的权力基础，即经济网络、政治网络、军事网络和意识形态网络。这四大网络之间的关系是处于紧张状态的，特别是在苏联解体，一些国家爆发了所谓"阿拉伯之春"以后，美国的社会关系也发生了变化。在美国的四大网络中，经济网络一直是处于支配地位的。所以，多姆霍夫认为美国是由那些最大的公司的富豪统治的，联邦政府受制于这个富豪集团，军事集团和宗教等也都不能独立于富豪集团之外。

所以，多姆霍夫的理论观点是，美国是高度阶级支配的社会。多姆霍夫试图将组织理论与阶级理论相结合，认为自己的论证更为全面。（多姆霍夫，2017：275~278）

多姆霍夫用了比较大的篇幅论证了美国权力与阶级的关系、公司共同体与阶级的关系，以及决策、舆论、选举、政府与阶级的关系。

关于权力与阶级的关系。多姆霍夫认为，在美国，权力属于人民的观点深入人心，精英们也总是声称自己代表人民。多姆霍夫采用三种指标：谁受益、谁管理和谁获胜。多姆霍夫认为，在所有方面，都是阶级在背后发挥巨大作用，上层阶级控制着金融、银行、产业等绝大部分经济资源，他们已经形成了增长联盟，有着自己的交往圈子，控制着美国社会。

关于决策与阶级的关系。多姆霍夫认为，绝大部分能够参与决策的机构都有着明显的上层阶级的背景，各种研究机构的巨大资金都是由富有阶级支持的。

如同米尔斯一样，多姆霍夫也使用了权力精英的概念，不过他的定义与米尔斯的有所不同，多姆霍夫更注重从经济方面定义权力精英，认为权力精英是受公司共同体控制的机构中处于高层的群体，被控制的机构的类型是多种多样的，控制的途径是董事会成员、控制股权、财务支持等。多姆霍夫认为公司豪富集团通过各种途径产生了领袖群体，这就是权力精英。（多姆霍夫，2017：132）

多姆霍夫认为，自己补充了戴伊等单一组织视角的不足，他的权力精英理论是将阶级视角与组织视角结合在一起建立的一个更为完整的关于美国权力的理论。那么，相互之间高度竞争的公司，其权力精英怎么可能达成一致呢？多姆霍夫提出了美国权力的阶级支配力量理论。美国的公司富豪是一个支配阶级，他们拥有各种分配权力，这种权力的累积效应已经形成了美国人日常生活中不可或缺的组织、规则和习惯，绝大多数美国人只能处在服从接受的位置上，即使有的民众强烈不满，由于公司共同体制定了各种规章制度，他们也只能服从。支配阶级的成员都是各种公司或机构的高管，他们掌握着投资或不投资、雇用或解雇员工的权力，这样就造成了一种政治环境：当选的官员必须尽力去营造有利于投资的气氛，否则如果经济衰退就会被选民赶下台。美国的公司共同体是异常强大的，而美国的普通工薪阶层比其他民主国家都更为弱势。（多姆霍夫，2017：243~245）

总之，多姆霍夫认为自己关于经济网络（具有突出地位）、政治网络、军事网络和意识形态网络四大权力基础的分析，将阶级理论与组织理论相结合，是有理论新意的。

第四节　关于俄罗斯东欧社会转型后的精英研究

20世纪90年代，俄罗斯（苏联）东欧社会发生巨变，社会的政治、经济、社会关系以至于人们的日常生活在短时间内发生了重大变迁。对于这场变迁，学术界有很多研究，一些研究聚焦到了社会精英问题上，有的学者甚至认为这是一场来自上层的革命（柯兹、威尔，2002）。从社会学界精英理论角度看，有一大批欧美学者，包括伊万·塞勒尼（Iván Szelényi）、罗纳-塔斯（Akos Rona-Tas）、汉吉斯（Elemér Hankiss）、斯坦尼茨基斯（Jadwiga Staniszkis）、唐·特雷曼（Donald Treiman）等，深入研究了在这场变革中社会精英阶层所发生的变化。

一　关于市场转型与社会精英关系的讨论

俄罗斯东欧的这场变革源于政权的更替，然而在政权更替之后就面临着体制的变迁，苏联、东欧（有些属于中欧国家）发生了政治经济社会体制的突变。从经济体制方面看，有的学者认为是自下而上的侵蚀，即市场经济启发了来自民间发财致富的动力，更多地在消费经济领域产生了私营的公司（塞勒尼等，2010）。也有的学者认为是一种自上而下的模式，是上层决定了国有企业私有化，有些是产权明确变革，有些是产权模糊不清，原国有企业的管理人员或者成为新的产权所有者，或者仍然掌握着决策权（柯兹、威尔，2002）。而社会学的精英理论研究更多关注的是新的市场经济体制对于新的经济精英的形成产生了什么样的影响，市场经济与精英变迁是一种什么样的关系。

在美国执教（曾任耶鲁大学社会学系主任）的伊万·塞勒尼教授认为，原计划经济的以国有经济为主的体制在市场转型以后，财产关系、所有权和权威性质都发生了变革，有三种变迁的轨迹：第一种是自下而上的变迁，第二种是自上而下的变迁，第三种是外来投资引发的变迁（伊亚尔等，2008：3）。从精英理论看，市场经济与精英关系研究的焦点是新的经济精英阶层的形成究竟是公正的还是不公正的。这就涉及对于两种完全不同的经济体制的比较，一种是原社会主义国家的经济体制（也称计划经济体制或再分配经济体制），另一种是新的由市场自由配置资源的市场经济体制。有的学者认为再分配经济制造了不平等，在再分配经济下，干部有很多特权，老百姓没有，而市场经济给了普通老百姓更多的自由支配资源的权利。反之，另一批学者则认为，市场经济是不平等的根源，市场经济使得少数经济精英阶层获得了巨大的资源控制权力。这种争论集中地体现在如下的两种精英理论上。

二 "精英再生产"与"精英循环"理论

所谓苏联东欧国家变革后的"精英再生产理论"（theory of elite reproduction）是研究在原有体制下占据领导地位的人，在变革以后发生了什么样的变化。该理论认为，原来的领导或精英在新的社会结构中被成功地再生产出来，他们利用了原来就是领导、能够控制资源配置的优势，在新的体制中大部分仍然保有了精英的地位。很多是从变革前的政治地位优势，变成了在新的社会结构中的经济地位优势，即他们中的很多人成为新生的私营经济的管理者。也就是说，他们在变革前与变革后保持了精英的连续性，很多人从原来的政治精英转变为新的经济精英。这一理论的代表人物有上文提过的汉吉斯、斯坦尼茨基斯等。此外，还有匈牙利学者厄吉贝特·萨莱伊（Erzésbet Szalai）做出了比较细致的分析，她认为，虽然上层精英在体制变革后并没有发生根本的变化，但是，原有体制的精英可以分为文化水平不高的"老精英"和文化水平较高的"新技术专家"。在市场转型以后，一些文化水平不高的"老精英"出现了地位下降趋势，而文化水平较高的新技术专家则很容易保留地位较高的精英位置。塞勒尼等则将萨莱伊的思想进一步延伸，提出了精英循环的理论（塞勒尼等，2010：338~341）。

所谓"精英循环理论"（theory of elite circulation）认为，变革前与变革后的社会精英是不一样的，社会结构发生了重大变迁，以政治干部为代表的原有精英存在的基础不断丧失，他们出现了明显的向下流动，而在原来的非精英群体中产生了一批以私营企业家为代表的新的社会精英阶层。所谓精英循环的说法源于帕累托，即老的一代精英衰落了，新的一代精英循环上升了。具体到针对苏联东欧体制而言，就是认为，老的一代苏联东欧体制中的高层官僚们从最高权力位置跌落下去了，而新的一代有着完全不同文化特征的社会群体地位上升，占据了社会的精英位置。读者请注意，这里所说的精英循环理论与帕累托的精英循环理论虽有一些联系，但是含义有很大区别，这里是专门对社会主义国家社会变迁以后的精英变化而言的。

在此方面，还有一位美国学者倪志伟（Victor Nee），根据 1985 年在中国福建农村地区做的 624 份样本的数据，分析了在中国农村实行市场经济以后，究竟是改革前的基层农村干部（再分配者）获利多，还是改革前的普通农民（直接生产者）获利多。他通过数据分析证明，在市场转型以后，中国农村的直接生产者比原来的再分配者获益更多。他还证明了农村的市场经济越彻底，基层干部的政治资本就越贬值，以及在农村新生的私营企业家中，改革前的农村干部并没有什么优势。（Nee，1989）

这也就是说，倪志伟也是主张精英循环的观点。当然，对于倪志伟的观点，后来学界有过很多激烈的争论，很多学者都不同意他的观点。实际上，中国的情况非常复杂，城乡差异、地区差异都十分巨大，而且在中国改革开放的不同阶段，精英的构成也很不一样。所以，仅凭福建农村个别地方的小样本数据，很难证明全国的情况。

三　对于"精英循环"与"精英再生产"理论的实证研究

无论是精英循环还是精英再生产的假设都需要得到实证研究的印证。于是，伊万·塞勒尼教授就组织了一个比较大的团队，对于一些苏联东欧国家的精英阶层进行实地研究，至 1994 年，调查问卷在俄罗斯、捷克、斯洛伐克、波兰、保加利亚、匈牙利六个国家完成。最后获得了匈牙利、波兰和俄罗斯三个国家的问卷调研数据。塞勒尼教授的课题组对于俄罗斯、波兰、匈牙利三个国家的数据进行了分析。

研究数据表明，这三个国家的旧精英的流动与新精英的形成还是有明显国别差异的。该研究将转型前的原有统治精英按照转型以后的社会地位分成了四种类型：①仍然是精英，②非精英（但仍有下属，也可称一般管理人员），③非精英（且没有下属），④退休者。该研究证明，至 1993 年，原来的社会主义时期的干部仍然能够保留在新的精英体系中的，俄罗斯为64.2%，波兰为 38.2%，匈牙利为 20.0%；变成了上述第二类一般管理人员的，俄罗斯为 15.5%，波兰为 18.4%，匈牙利为 31.5%。就此，该研究得出结论说，如果使用精英再生产理论的话，俄罗斯的精英再生产比例是64.2%，而波兰、匈牙利的精英再生产比例则要低得多。（塞勒尼等，2010：345）所以，从整体上看，社会转型以后，俄罗斯原有的社会精英仍然处在统治精英位置上的比例明显高于波兰和匈牙利的比例，换言之，在俄罗斯，虽然社会发生了巨大转型，但是统治者的多数还是原来的统治者，而波兰和匈牙利则形成了新的精英统治集团。这也在一定程度上解释了后来的社会发展结果，波兰、匈牙利是由新生的精英集团管理，所以，展现了新的经济社会发展局面，而俄罗斯的精英统治集团中的多数还是那些老的统治精英，经济社会发展明显滞后。

该研究还将精英集团细分为经济精英、文化精英和政治精英。研究数据证明，原来的经济精英转型后还保持在精英位置上的，俄罗斯为81.1%，波兰为56.6%，匈牙利为29.2%；原来的文化精英转型后还保持在精英位置上的，俄罗斯为49.4%，波兰为43.9%，匈牙利只有9.0%；原来的政治精英转型后还保持在精英位置上的，俄罗斯为67.7%，波兰为27.5%，匈牙利为21.9%。（塞勒尼等，2010：349～351）从上述数据仍然可以观察到国别差异，俄罗斯原体制的经济精英和政治精英，在转型后，仍然高比例地居于精英位置上（也就是支持了精英再生产假设），而波兰和匈牙利的政治精英基本上被新的政治精英群体取代了（波兰为72.5%，匈牙利为78.1%）。波兰与匈牙利的经济精英还不一样，波兰原体制的经济精英56.6%还保留在新体制的精英位置上，而匈牙利的则完全不同，该数据只有29.2%。不过在文化精英方面，俄罗斯也显示出不同，新体制下的文化精英50.6%都不是原体制的精英，波兰也近似，该数据为56.1%，而匈牙利则情况迥异，其旧体制下的文化精英在新体制下只存留了9.0%。

所以，要回答究竟是精英循环还是精英再生产，并没有一个简单的答案。局面是比较复杂的，俄罗斯和东欧不同国家的差异很大，而且，在同一国家里，也要看精英的不同类别，经济精英、文化精英和政治精英的精英循环和精英再生产也都是有差异的。所以可以认为，两种现象并存。哪一种理论更适合要看具体的经济社会和文化条件。

四 关于精英群体与不同类型资本之间关系的理论

在分析俄罗斯、东欧社会的精英变迁时，伊亚尔、塞勒尼和汤斯利的课题组还分析了不同类型的精英与不同类型的资本之间的关系（伊亚尔等，2008）。

关于不同类型的资本，该研究吸收了布迪厄的资本理论，认为资本是多元化的，包括：通过财产权测量的经济资本、教育文凭代表的文化资本、采用社会网测量的社会资本、通过转化优势和便利度测量的符号资本，以及该课题组进一步细化的政治资本等。

该研究将俄罗斯、东欧社会分为三大时期——社会主义以前的时期、社会主义时期和 20 世纪 90 年代转型以后的时期。由于上文已经阐释过俄罗斯的精英变迁与东欧国家的精英变迁有很大差异，所以，下面所述的精英变迁理论实际上更适合于该研究调研的匈牙利、波兰、保加利亚、捷克等东欧国家的情况，该课题组的核心学者塞勒尼本人就是匈牙利裔，所以更了解东欧国家的情况。东欧国家进入社会主义是在二战以后，该研究认为，东欧国家转变为社会主义体制以前，拥有经济资本是最重要的，控制经济资本的阶层相应地也会控制文化资本和社会资本成为统治精英。这些国家转变为社会主义体制以后，经济资本的重要性骤降，变成了最低的甚至是负向资本，而政治资本的重要性突然被提到首要地位，这与笔者提出的政治分层与经济分层的观点有些近似（李强，1997）。掌握政治资本的人上升为精英阶层，该阶层也同时控制了社会资本，但是不少人文化资本偏弱一些。该研究提出，这些东欧国家到了 19 世纪 60 年代中期以后，社会有所改良，统治精英的文化资本有所上升。

到了苏联解体以后，在上述东欧国家，政治资本明显贬值，经济资本的重要性明显上升，但是，其重要性还是明显比不上文化资本。

这也在一定程度上解释了转型以后的东欧国家与俄罗斯精英构成的巨大差异，在这些东欧国家，文化资本占据了首要地位，最大的赢家是那些有高水平文化资本的人，他们首先控制了文化资本，进而控制了经济资本和社会资本，成为统治精英。所以，该研究得出结论说："胜利者都是受过良好教育的中年男性，尤其是那些在工程学和经济学方面受过训练的人。"该研究还强调，最大的精英胜利者是在原来的体制中的，他们在 20 世纪 80 年代就进入了干部队伍，到了社会转型以后，这些人既拥有占优势的文化资本，又有原来就是管理者的路径依赖，自然变成了社会的统治精英。（伊亚尔等，2008：28~42）该研究运用了在这些国家的问卷调研数据印证了上述理论假设。

第五节　我们应怎样理性看待精英理论与精英研究

本书用了三讲来介绍精英理论，因为笔者认为在社会分层理论中，精英理论极其重要。中国自古就属于精英治国的体制，中国儒家文化也非常崇尚精英治国，所以，笔者尝试洋为中用，认为在学习西方社会学理论之后，更重要的还是应联系我们国家的实际情况进行探索。

我们看到，现代精英理论的学术探索与政治实践已经有超过百年的历史了，而我国社会科学学术界真正讨论精英理论还是颇为滞后的，正如与较先实现现代化的国家相比，我国现代化进程是滞后的。但今天看来，滞后也不完全是劣势，也可以将滞后转化为优势，即我们有机会考察国际上其他国家所做过的研究、走过的道路，吸收经验教训，避免重复性错误。在精英问题上也是如此。

一　中国与西方精英概念之比较

精英现象在人类社会是普遍存在的，当然，在不同社会、不同文化背景下，其表现有所不同。在不甚严格的意义上，我们可以说中国文化自古是崇尚精英的，但是，如果严格考证的话，精英概念是源于西方的，中国的古典文献中没有这个概念。类似的概念，在以孔子为代表的儒家文化里，有圣人、贤人、君子等概念，其中圣人、贤人在社会地位上和能力上与西方的精英相似。但是，圣人、贤人与西方精英概念的最大区别是强调极其高尚的人格、高尚的道德，是德才兼备的，而西方的精英只强调地位高、能力强，不包含道德评价。尤其是儒家文化里最常用的君子概念，"君子"一词仅在《论语》中就出现了 106 次，在不甚严格的意义上，君子也可以被视为中国人理解的精英的一种类型，但儒家君子概念主要强调的就是拥有一种理想的人格、道德品质很高的人，君子也可能不占有很高的经济地位或行政地位，但是，君子是中国传统文化最为推崇的人群，受到社会各阶层的普遍尊重。君子可以类比为社会分层理论的声望（prestigue）地位很高的人，但在西方的社会精英理论中找不到相似的概念。君子的对立面是小人，小人也可能占有很高的经济地位或行政地位，但是，小人的人格与道德品质极为低下，为人们所不齿。所以，自古以来对于精英概念的理解，中国儒家文化与西方文化有极大的差异。

如果说一定要与西方的精英概念类比的话，中国的君主、皇权、官员、官僚概念是西方意义上的政治统治精英，与米尔斯的权力精英概念比较接近。但是，中国人将君主分为明君与昏君。明君是既有高尚道德又有强大治理能力的最高统治者，中国人历来期盼明君，在明君的治理下，国泰民安、人民生活富足、社会井然有序，中国人称为"治世"，史传"文景之

治""贞观之治"等。昏君是既无道德又无治理能力的最高统治者，昏君
出现就会误国误民，往往导致乱世发生。所以，昏君统治难以持久，往往
导致王朝更替，有些类似于帕累托所说的精英循环。自《史记》以来的二
十四史，记录的大体上是以中国古代政治精英活动为主线的历史，即通常
所说的帝王将相史。帝王将相是中国特色的政治精英或权力精英，中国古
代文字、文献对于该阶层活动的记录，始于金文、甲骨文，后经小篆、隶
书、楷书等演变，记录了在中国这块土地上 3600 多年的精英阶层的活动，
其历史之久远、记录之详细为世之罕见。可惜，今日中国社会学学者的古
典文字、古典文献的学术功底不够，迄今也没有能够运用精英理论对于古
代中国政治精英活动做出比较全面的社会学理论分析。

当然，中国自古除了皇权以外还有绅权、绅士、士大夫、士阶层等。绅
士阶层比较复杂，根据张仲礼先生对清代的研究，绅士集团分为上层绅士和
下层绅士，上层和下层是由科举考试的结果决定的，上层绅士多是获取了进
士、举人功名的，多能进入官吏集团，有很大的权势，可以被视为上层精英。
上层绅士人数不多，大多数是下层绅士。下层绅士是在基层科举考试后具有
生员资格的人，他们很难进入官吏集团，大多是以家族、宗族社会为基础的
地方精英或民间精英。但整个绅士阶层的地位是很特殊的，社会分层的"主
要分界线是在平民百姓与整个绅士阶层之间"，所以，不管是否为官，绅士
阶层在社会上均很有声望和影响力。（张仲礼，1991：4~39）

再者，中国文化里"士"的概念比较复杂，大体上类似于古代知识分
子的含义，应属于中国特色的精英。此外，还有"侠"，如游侠、侠客的
说法，这些概念亦有民间精英的含义。如张仲礼先生的研究所示，绅士与
中国特有的科举制度密切关联，人们熟悉的等级有秀才、举人、贡士、进
士等，该体制极其复杂，后文会述及。总之，绅权一般被地方精英所掌控，
这是一种中国特有的地方精英现象。当然，绅士阶层在新中国成立以后被
彻底瓦解了。

以上是对中国传统文化中的精英概念的分析。如果分析今日的中国社
会，笔者以为，将精英群体分为政治精英、经济精英和技术精英（或文化
精英、知识分子）比较符合社会的实际情况。在今日中国社会学界，总体
而言，运用社会学精英理论全面分析中国精英现状与问题的研究并不多见，
当然，对于某类精英进行研究的还是不少的。中国关于上述三类精英的社
会学研究中，对于政治精英的研究偏弱一些，对于后两种类型精英的研究
文献数量还是不少的。下面分别述之。

二 关于政治精英和管理干部的研究

所谓政治精英，在中国一般被称为管理干部，主要是指在中国共产党内和各级政府部门任职的干部，今天更严格的说法是公务员，目前国内也有一些关于公务员的研究，主要是关于公务员制度、公务员管理的研究（如薛立强等，2020；温志强、孙紫夏，2013）。公务员分为各种级别，基层的很多是科员、办事员，不是领导干部，也不属于政治精英。领导干部分为高级管理干部、中级管理干部和基层管理干部，如果按照干部级别区分的话，政治精英应该至少是处级及以上的干部。

国内素有"县处级"的说法，处级相当于县长、县委书记的级别，中国的一个县所辖人口通常有几十万人，超过百万以上人口的县也并不少见。上文美国学者达尔研究精英理论的实证地点纽黑文市，也就十几万人口，而且，如果做国际比较的话，全美国超过百万人口的城市（按单个城市人口计算，而不是按将几个城市合并在一起的 Consolidated Statistical Area 即统计意义的地区计算）不超过 10 个。所以，在中国能够治理一个县的县委书记、县长当然属于社会学意义上的精英群体了。中国县的政治、行政组织结构与整个国家的政治、行政组织结构基本上是一样的。常常有这样的说法，治理整个国家的政治精英，先要在县级岗位上经受锻炼和考验。目前有一些对于某一个县或某几个县政治精英的案例分析（金姗姗，2010），但是，可惜，中国社会学界少有对于全国县级精英群体的社会学实证研究。对于政治精英，中国社会学者有过一些探讨（李强，1993：276~312；陆学艺，2002：8~14）。中国社会科学院还组织过中国"百县市经济社会调查"，当然，该调查收集的数据很多，并没有专门聚焦在县级精英的研究方面。

在海外文献中，研究目前中国政治精英的著述还是不少的，但是，海外的文献情况比较复杂，有一些出版物，其信息来源不清楚，有明显的政治取向，不属于严肃的学术研究。真正以有代表性的一线扎实数据调研为基础的社会学精英研究比较少见，特别是与诸如上文所述的类似达尔、塞勒尼课题组那样的有坚实学术基础的研究比较，中国精英研究还是有差距的。

从现有文献看，海外社会学界专门研究中国的学者做出了一些研究，他们所提出的社会理论观点大致如下。第一，认为政治因素和教育因素对于政治精英的生成是二元的路径，从 20 世纪 90 年代中期的数据看，政治因素的影响有所下降，教育因素的影响明显上升，特别是受过大学教育的因素对于成为干部的影响力明显上升（Walder et al.，2000）。该研究表述的观点与中国共产党提出的干部队伍建设知识化、专业化的要求显然是一致的。至于政治因素的影响力，如果考察 21 世纪以来，中国共产党特别突出强调选拔干部的政治标准要求，那么，上述关于政治因素影响下降的观点肯定不能代表今天的局面。当然，从学术角度看，这需要新数据的验证。第二，研究者关注了入党的时间节点对于后来成为管理干部的影响，认为到 20 世纪 90 年代中期，那些刚开始工作的、入了党的年轻人，得到提拔的可能性会大一些（Li and Walder，2001）。其实，这与我们日常看到的，在大学时期入党的人政治上比较积极、靠近组织，后来进入干部队伍和被提拔的概率就会高一些的常识是一致的。该研究还发现，到 90 年代中期为止，通过成人教育获得大学学历的人比通过全日制大学毕业的人更容易被提拔到领导岗位上。笔者以为，这恐怕与 20 世纪 90 年代中期以前不少干部本来没有高等学历，于是努力提高自己的受教育水平，在职读成人教育或参加党校的专业教育有关。而到了 21 世纪以后，干部队伍普遍都是受过全日制大学教育的，情况已经有所变化。总之，该研究证明，党员身份与受教育水平、职业升迁的关系是比较复杂的。第三，沿着上述二元路径的思考，边燕杰教授等的研究进一步细化了在中国不同历史时期影响精英生成的教育因素和政治标准的变化。"文化大革命"期间，受过良好教育一度成为负向因素，那时候阶级出身、特殊的政治表现成为政治标准，而改革开放以后，情况又倒转过来，阶级出身不重要了，大学学历的正向功能明显上升。（Bian et al.，2001）第四，与上述二元路径的思考有关，臧小伟教授还对比了以往精英研究中的专家治国论（technocracy）思想。臧小伟在研究方法上的创新之处在于，他从各种公开的信息文献中找到了一部分高级党政干部的个人简历，这样，他创造出了两套数据，以此来对高级领导干部做量化分析，由此就能够对真正的政治精英进行分析，从而解决了以往的数据样本中混杂了非政治精英的问题。该研究认为，数据分析可以印证"政治专家治国群体"（political technocracy）得到了提拔，并且在决策中发挥了重要作用。（Zang，2001）其实，国内也有关于精英与专家治国群体兴起的讨论（徐湘林，2001）。

中国共产党的文件中和领导人的讲话中虽然并不直接使用精英概念，但历来都非常重视领导干部包括高级领导干部的选拔问题。通过认真分析这些文献，就可以了解执政党选拔政治精英的原则和标准。党的文件中通常使用干部队伍、领导干部、人才等概念，强调选拔人才要又红又专、德才兼备。党中央也曾使用过"接班人"的说法，毛泽东主席在1964年提出过无产阶级革命事业接班人的五项条件：第一，必须是真正的马克思列宁主义者；第二，必须全心全意为人民服务；第三，必须是能够团结绝大多数人一道工作的无产阶级政治家；第四，必须是党的民主集中制的模范执行者；第五，必须谦虚谨慎，勇于改正自己工作中的缺点和错误（人民日报编辑部、红旗杂志编辑部，1964）。在这里，毛泽东主席使用了"政治家"的表述，当然是指党的高级领导干部了。这五条讲的都是政治标准、道德品质标准。

改革开放以后，党中央明确提出了"实现干部队伍的革命化、年轻化、知识化、专业化"的选拔领导干部的原则（邓小平，1983a：3）。根据这样的原则，全国各地都提拔了一大批年轻有为、政治坚定、有知识、有专业的干部，彻底改变了"文化大革命"中发生的那种"造反派"掌权的局面。邓小平同志还特别强调："选拔人，第一个是政治条件。"（邓小平，1982：1222）中国共产党历来将干部队伍的建设置于极其重要的位置。党的十九大报告指出，建设高素质专业化干部队伍，要坚持党管干部的原则，坚持德才兼备、以德为先，坚持五湖四海、任人唯贤；报告还强调注重培养专业能力、专业精神，增强干部队伍适应新时代中国特色社会主义发展要求的能力（习近平，2017：64）。

这样的选拔人才的标准可以在领导干部的简历中看到。现在，领导干部任用时都会公布简历，从公开的简历看，高级领导干部都受过大学及以上教育，有专业，并且更重要的是大多在全国各地担任过多项重要领导工作，不少在各省做过省委书记、省长。我国是人口巨型社会，有的大省接近或超过一亿人口，有些省是六千万、七千万、八千万的人口规模，治理如此规模的社会，显然需要很高的治理能力、治理水平。所以，领导干部在全国各地的治理经历、治理经验也是成为政治精英非常重要的条件。

如果说中国社会学界对于县处级及以上领导干部研究有所不足的话，那么，中国社会学界对于基层治理精英的研究还是很有特色的。从级别上看，处级以下就是科级、乡镇级别干部以及普通科员、办事员了，再往下就没有级别了，属于村庄村委会、村党支部的和城市社区居委会、社区党组织的干部了。从严格的定义上看，这样的群体不属于政治精英，但是中国历来有"高手在民间"的说法。今日中国，有相当多的乡镇创造出了十亿元及以上产值，有数量可观的村庄创造出了一亿元及以上的产值，这样的经济社会成就与基层的管理者有着十分密切的关联。而社会学对于基层乡镇、城市街道、村庄、城市基层社区的研究证明，在这些基层组织里，确实有一批"能人"，这些能人或带头人在基层社会确实发挥着基层政治精英的作用。

在研究中国基层政治精英的时候，不要与经济精英搞混，基层有一些经济上很成功的人士是属于经济精英群体的（杨大跃，2003）。基层的政治精英很多是来自村庄的管理者，中国很长时间以来奉行"村民选举"的体制，这方面有过一些村民选举与基层政治精英关系的研究（郎友兴，2009）。中国的村庄是非常重要的基层政治单元，在中国，人口超过万人的村庄并不罕见，自费孝通、林耀华先生以来，中国社会学历来重视村庄的研究，在近些年的村庄研究中也发现了很多村庄的基层治理精英。但是，村庄的管理者不属于公务员队伍，即使有很高的治理成就，在目前的体制上，还是难以晋升到国家的行政级别中去，这样就形成了中国特色的基层地方政治精英的现象。当然，目前全国一些地方在做改革实验，让那些确有治理成就的村庄管理者能够得到晋升，这些实验值得我国社会学界研究。

在我国城市基层社区，也有此种现象。在笔者于 2014 年元月开启的"新清河实验"中，笔者通过对城市基层社区的研究，也发现了基层"能人"、基层精英的现象。调研发现，凡是有活力的、居民积极参与的、良性运行的社区，都有基层精英发挥了积极作用，这些基层精英可能是基层管理干部，也可能就是社区中的居民。"新清河实验"课题组的骨干成员还完成了专门探讨城市基层社区精英的论文（陈孟萍，2021）。

三　怎样看待今日中国的经济精英

改革开放以后，我国经济精英就涌现出来，这类精英一般被称为企业家。企业家分为国有单位的企业家和私营单位的企业家，目前社会学界对于私营单位的企业家研究比较多（童潇，2012）。中央明确提出了两个"毫不动摇"的思想："毫不动摇巩固和发展公有制经济，毫不动摇鼓励、支持、引导非公有制经济发展。"（习近平，2017：21）这样，我国私营企业家（更流行的说法是"民营企业家"）的发展有了党和国家主流意识形态的支持。

新中国成立以后，在理论与实践上，一度在如何看待旧社会来的经济精英或企业家的认识上出现偏差，实践上处理不很适当①，中国经济精英曾经经历过曲折的发展历程。

改革开放以后，如上文所述，我们对于经济精英有了全新的认识，党和国家在政策层面积极鼓励该群体的发展，中国经济精英的队伍迅速成长起来。根据社会学者的研究，仅中国民营企业家人数，改革开放以后，至1989年恢复到21.0万人，2000年为395.4万人，2006年为993.2万人（陆学艺，2002：215；陆学艺，2010：22）②。笔者根据国家统计局《第四次全国经济普查公报（第二号）》（2019）数据估算，2018年底我国民营企业家人数约为3497.54万人③。陆学艺将私营企业主列为我国十大社会阶层之一，并提出该阶层2006年占全国就业人口的比例为1.3%，笔者根据同样方法计算，2018年底该阶层占全国就业人口的比例为5.0%。当然，这还只是计算民营企业家，还没有计算国有企业家以及所有受企业聘用的高级管理人才等，我国国有企业也聚集着一批优秀的经济精英。当然，笔者并不认为所有的企业所有者或企业高层管理者都是经济精英，市场是激烈的竞争场所，不具备经济精英能力的人很快就会被市场淘汰，所以，每年破产的企业、公司数量也不少。笔者认为，在我们这样一个人口大国，要想计算出严格准确的经济精英群体的具体人数几乎是不可能的。笔者展示上述数据只是想说明，改革开放40多年来，中国的经济精英队伍（国有企业家和民营企业家）真的发展起来了，经济精英对于未来中国经济社会发展的推进作用不可限量。

经济精英也可以称为"企业家"，英文为entrepreneur，其含义包括具有创新精神和敢于承担风险的人。而"企业家"一词在中文里并没有这样的含义。传统中国文化里有商人的概念，但总体上传统文化是比较敌视商人的，有所谓"无奸不商"的说法，历史上亦有所谓"士农工商"的说法，有轻视商人、轻视工商业者、轻视企业家、重农抑商的政策取向与文化倾向。中国在明代中期以后，以及后来的清代，都曾出现过资本主义发

---

① 《中国共产党中央委员会关于建国以来党的若干历史问题的决议》，北京：人民出版社，1981，第14页。

② 2006年的民营企业家人数是笔者根据陆学艺上述著作和国家统计局2006年全国就业人口数计算出来的数据。

③ 国家统计局《第四次全国经济普查公报（第二号）》（2019）数据表述的是2018年末的情况，笔者从该公报的企业法人总单位数中仅取出了我国私营企业法人单位数（1561.1万），再按照陆学艺研究的私营企业注册法人数与私营企业法人单位数的比例，估算出该年我国私营企业主的总人数。

展的萌芽，尤其在江南一带工业、制造业、工商业经营曾具有相当大的规模，但是，资本主义还是没有发展起来。对于为什么资本主义在当年的中国没有发展起来，学界有过多种解释，社会学名家韦伯、沃勒斯坦（参见本书第三讲第一节）都有过自己的解释。

笔者认为，仅从经济精英理论的角度看，资本主义工商业的迅速发展需要一个强大的企业家集团去经营工商业，而在中国，历史上是不受约束的皇权至上局面，皇权、官府的控制者不能够容忍在自己的集权政治之外有一个强大的经济精英集团去控制经济运作，官府还总是试图控制这些民间工商业，有时甚至采用没收财产和"抄家"的方式，总之是政治精英集团过度运作、是政治权力窒息了经济精英的生命力。反之，譬如英国，自"大宪章"以后，国王的权力受到很大的约束，到了17世纪以后，又进一步限制国王的权力，于是，发展起了强大的经济精英集团。此外，中国传统文化中缺少创新精神和缺少敢于承担风险的精神，过于强调中庸之道，社会的精英筛选机制（下文有解释）又是以当官为主线，全社会的主导价值观都是以当官为荣，轻视或歧视其他类型的精英，其结果就是政治精英畸形发达，其他类型的精英被严重弱化。

正是从考察中国经济精英发展艰难历史的角度，我们才能理解今日中国经济精英形成了巨大人才队伍的来之不易，这证明我们的发展道路是正确的。在此，笔者挂一漏万地对中国经济与俄罗斯经济做一个简单对比。俄罗斯经济体制转轨以后，出现了寡头经济的现象，少数经济寡头垄断了大部分俄罗斯的经济运营（孔令栋，2000：44~48），这样的结果是民间没有经济活力甚至是排斥了民间经济精英的发展。而中国的改革开放激发了数千万企业家和企业经营管理者的活力，产生了广泛的民间经济精英，这是中国经济迅速崛起的不可忽视的重要原因。

当然，在肯定经济精英功能的同时，我们也要小心防止出现经济寡头和经济垄断现象。寡头经济有两个明显的弊端。一是垄断经济的发生会严重伤害公平合理的市场竞争，阻止了在广大人民群众中涌现出数量巨大的民间经济精英。二是寡头经济仅仅代表了人数极少的集团的利益，常常会伤害广大人民群众的利益、伤害民生。特别是经济寡头常常与政治权力相结合，这会形成一种极其恶劣的体制机制。从这一点看，我们在肯定我国经济精英发展的同时，也要不断完善反垄断法、完善国家治理体系建设，防止经济精英中的寡头垄断现象的发生。我们的目标是让广大人民群众都有参与经济竞争的机会。

从理论上看，马克思的劳动价值论也是肯定企业家的"指挥劳动"在价值创造和社会劳动过程中的特殊职能的，马克思在《资本论》中写道："在生产场所不能缺少资本家的命令，就像在战场上不能缺少将军的命令一样。""一个单独的提琴手是自己指挥自己，一个乐队就需要一个乐队指挥。"（马克思，1975：367~369）马克思并没有直接使用经济精英概念，但是，马克思历来是肯定管理劳动、指挥劳动的关键作用的，这就是众所周知的马克思关于企业管理劳动二重性的理论。

总之，力量巨大的经济精英队伍的产生，是改革开放以来最重要的社会分层变迁之一。中国经济精英队伍是由国有企业家和民营企业家两支队伍构成的，当然，仅从人数上看，民营企业家占了绝大多数。对于我国民营经济的贡献，中央给予了充分的肯定。习近平总书记指出：中国民营经济贡献了50%以上的税收，60%以上的GDP，70%以上的技术创新成果，80%以上的城镇劳动就业，90%以上的企业数量（习近平，2018b）。

四　技术精英（文化精英）与中国的知识分子研究

从社会学理论看，在中国，对于知识分子的认识常常与精英群体相关联，中国学术界讨论知识分子的文献非常多，恕不一一列举。关于知识分子的多种社会学理论和当年我国知识分子的基本情况，笔者在著作中也曾有表述（李强，1993：183~275）。

古代中国并没有知识分子概念，如上文所述，他们往往被称为士阶层。从文献上看，虽然马克思、恩格斯频繁使用"脑力劳动""知识""科学"等概念，但是他们并没有直接使用知识分子概念。而在列宁的著作中则频繁使用了"知识分子"概念（列宁，1972：246~248；列宁，1963：30），所以，中国共产党在理论中使用知识分子概念，很大程度上是受到列宁著作的影响。而且据考证，英语中的intellectuals概念，是来源于19世纪俄国的文化人概念（尤西林，2017：25~26），笔者曾在著作中提到，俄国作家鲍保雷金（P. D. Boborykin）于19世纪60年代首创了这个概念（intelligensia）（李强，1993：183）。

社会学研究将知识分子在中国社会中视为精英群体，有其历史原因。在很长一段时间里，中国人口的总体受教育水平很低，文盲率很高，受过较好教育的知识分子在中国总人口中所占比例非常低。毛泽东主席曾在1957年的讲话中提到，中国的各类知识分子，包括高级知识分子和普通知识分子在内，大约有 500 万左右（毛泽东，1977：404），这里面包括了大学文化程度的以及一部分相当于大学文化程度的人，按照这样数量的知识分子计算，也仅占中国该年总人口数的 1%。根据 1964 年全国第二次人口普查数据，具有大学文化程度的仅为 2875401 人，仅占总人口的 3.977‰。所以，对于国家的经济社会建设来说，知识分子是我国极其稀缺的宝贵人才。

但是，在一段时间里，我国在对于知识分子的理论认识上与实际政策上发生了失误，1957 年的反右派斗争被严重扩大化，把一批知识分子错划为"右派分子"，造成了不幸的后果①。在20 世纪60 年代中期，对于一些文艺界学术界代表人物进行了错误的、过火的政治批判，发生了愈来愈严重的"左"的偏差②。在"文化大革命"中更是对于所谓"反动学术权威"进行批判，使许多有才能、有成就的知识分子遭到打击和迫害③。对于作为国家极其宝贵人才的知识分子的打击与迫害，当然极大地损害了国家经济社会的发展，阻碍了文明程度的提高。

总结历史经验教训，新中国在一段时间里对于知识分子的政策发生错误的原因，首先是理论认识的失误，认为我国大多数的知识分子属于资产阶级知识分子（毛泽东，1977：409）。这种判断完全是违背马克思主义的。我们认真考察马克思的著作，可以看到，马克思历来是肯定脑力劳动者的巨大贡献的，他在《资本论》中提出了"总体工人"的思想，他认为在大工业时期，形成了以分工和合作结合起来的劳动整体，这种结合起来的劳动整体就是"总体工人"，总体工人形成后，对于脑力劳动者来说，为了从事生产劳动，现在不一定要亲自动手，只要成为总体工人的一个器官，完成他所属的一种职能就够了（马克思，1964：106；马克思，1972a：556）。马克思还论证了脑力劳动者是生产工人的思想，他提出演员、艺术家受雇于剧院老板，在此意义上他们是生产劳动者，是生产工人（马克思，1972b：148、443、444）。

"文化大革命"结束以后，我国理论界拨乱反正，1978 年，邓小平同志代表党中央提出知识分子"已经是工人阶级自己的一部分"（邓小平，

---

① 《中国共产党中央委员会关于建国以来党的若干历史问题的决议》，北京：人民出版社，1981，第 18 页。

② 《中国共产党中央委员会关于建国以来党的若干历史问题的决议》，北京：人民出版社，1981，第 21 页。

③ 《中国共产党中央委员会关于建国以来党的若干历史问题的决议》，北京：人民出版社，1981，第 24 页。

1983b：86），强调科学技术是生产力。其重大意义在于从政治上对于我国知识分子的地位和作用给予充分肯定，这对于中国社会的影响之巨大，今天的年轻人是无法体会到的。这种政治肯定，极大地焕发了我国知识分子、专业技术精英参与国家经济社会建设的积极性，这与改革开放四十多年来我国经济社会、科学技术和文化等多领域取得的巨大进步有直接关系。

当年，我国曾是一个受教育水平普遍比较低的国家，根据 1964 年第二次全国人口普查，我国文盲、半文盲人口的比例为 38.1%，1982 年第三次全国人口普查时，我国文盲、半文盲人口的比例为 23.5%，这均是对 13 岁以上人口的测量。如此高的文盲、半文盲比例是完全不能适应社会主义现代化建设的。相比之下，我们就更能够体会高水平的专业技术人才（知识分子）对于我国现代化建设的重大功能。我国学者曾于 21 世纪在部分大学生中做过关于对知识分子看法的小样本问卷调查，结果绝大部分回答者都肯定了知识分子在推动社会经济、文化发展中的重大作用，肯定知识是第一生产力（赵睿，2012：210~211）。

2020 年第七次全国人口普查数据显示，我国拥有大学（大专及以上）文化程度的人口为 2.18 亿人，而文盲比例下降到了 2.67%。根据教育部的数据，我国高校毛入学率已经达到了 57.8%，也就是说，未来的中国会实现多数人都受过高等教育的局面。随着全国人口文化教育水平的极大提升，社会学关于专业技术精英、文化精英的定义也在不断修正。从中央文件的表述看，21 世纪以来，更多地使用了人才的概念。

2021 年，中央专门召开了人才工作会议，习近平总书记强调人才是衡量一个国家综合国力的重要指标，综合国力竞争说到底是人才竞争，人才是自主创新的关键，顶尖人才具有不可替代性；强调人才是多元的，既包括科学家、科技工作者，也包括哲学、社会科学、文学艺术方面的人才（习近平，2021）。

所以，在 21 世纪里，随着全民受教育水平的极大提升，我国主流媒体在表述技术精英时，更多地使用了人才的概念。而我国学术界还没有太适应这种语境的变化，社会学的技术精英研究，今后也应加强关于人才的研究。

五　精英群体的社会筛选机制

笔者以为，任何社会精英群体的产生都与社会的筛选机制有关。所谓社会筛选机制与社会流动机制本质上是一样的（参见本书第一讲第三节）。功能主义认为，任何良性运行的社会都需要建立一套社会选拔和激励机制，使社会上的各种人才能够脱颖而出，进入到适当的重要位置上去。这种良性运行的社会机制与中华文化自古就有的"贤能政治""选贤与能"（陈成国，2002：513）思想是完全一致的。在西方社会学理论中也有 Meritocracy 思想（Young，1958），这种思想与英国的费边社会主义的改良政策有关，在实践上与 1944 年英国《教育法》改革有密切关系。"贤能政治""选贤与能"本质上涉及的是社会公平、社会公正问题。

笔者以为，在这个问题上，理论上的焦点是：我们的教育体制究竟是应该更多地强调通过严格考试、公正的激烈竞争机制来选拔最为优秀人才，还是应该更多地强调结果公平，即将重点放在绝大多数人都获得大体均等的教育资源上。笔者的观点是，在不同的历史时期，社会政策会有不同的侧重点，但是，两种公平、公正机制都应该受到尊重。在"文化大革命"中，我国曾经取消高考，取消的原因比较复杂，公开宣传的说法是不采取严格考试的方法，而从工农兵中用推荐的方法选拔大学生，这种政策给社会造成的恶果全社会有目共睹，耽误了我国一代人才的培养。"文革"结束后，党中央立即决定恢复高考制度，使得我国在激烈的国际人才竞争中又逐渐追赶上来，进入了先进人才国家的行列。所以，否定贤能人才、否定通过激烈竞争考试选拔人才的思想和政策肯定是错误的。当然，笔者也认为，关于教育资源的公平、公正分配，关于结果公平的方面也是教育政策制定者必须考虑的大问题。在我国教育资源有了极大增长的今天，也应该在相应政策上考虑教育资源的结果公平、结果公正问题。

在如上理论思考的基础上，我们来专门讨论精英群体的筛选机制问题。良好的社会筛选机制必须做到竞争公平、公正，使得优秀人才能够通过竞争向上流动，同时将非精英群体筛选下去。这也是帕累托精英循环理论的最初观点。既然上文分析了我国三种不同类型的精英，那么在三种精英的筛选机制方面也是有差异的。

在政治精英的筛选方面，中国很早就创立了科举制度。关于科举制度的起源有多种考证，有认为源于隋代的，但实际上最初考试取士的制度并不完备。科举制度的核心是不受人际关系的干扰，采取定期的、严格的考试制度选拔人才。在科举制度以前，中国奉行的是魏晋的门阀制度，当年西方社会还是爵位世袭制度，多是依靠家庭关系血统继承社会地位，与这样的制度相比，科举制度当然是极大的社会进步。一般认为，真正成熟的科举制度是到了唐代以后才完善的，考试获取进士以后就可以直接进入高层政治精英集团。这样一种通过考试选拔政治精英的制度，在当时的世界上属于优秀的制度文明。正是由于有了这样的制度先发优势，所以我国出现了盛唐、大宋经济社会繁荣的局面。也有学者曾经用白银的交易量证明，直到明代，中国经济居于全球经济的中心位置（弗兰克，2000）。中国科举取士制度的最大优点是：公平竞争，不依赖关系，否定任人唯亲，肯定任人唯贤（当然，科举考试中也时有作弊的，但这是违法违规的，一旦被发现会严惩不贷）。迄今的高考制度，在文化的意义上，仍有历史传承的某些特征，当然，其性质还是不一样的。科举的目的是直接选择领导者或政治精英，而高考并不直接筛选政治精英。当然，西方近代工业文明以来，西方的市场经济和资本主义制度、工业化、城市化创建了全新的社会筛选机制，使其迅速成为世界经济的中心，同时英国也建立了文官制度，建立了公平竞争选拔任用官员的体制。而中国的科举制度则没有与时俱进，逐渐变得陈旧落后，到 1905 年终于被废止。

在如何选拔政治精英方面，新中国自成立以来也在不断尝试与改革。从新中国成立以来的历史看，最初的政治精英，也可称作"老一辈无产阶级革命家"，他们是经历了长期的革命实践、枪林弹雨的考验而形成的。新中国成立以后的最初十几年、二十几年，关于新的一代政治精英的来源，如上文所述，毛泽东主席曾经使用选拔接班人的说法。

改革开放以来，中国共产党在选拔干部方面做出多种尝试，逐渐积累了经验。邓小平同志在有关选拔干部的讲话中就非常深入地阐释了干部的筛选问题。考虑到"文革"中提拔的"造反派"不能承担政治精英的重任，邓小平考虑过选拔大量中青年干部，在实践中考验。他说："比如说现在先定 5 万。这 5 万，是准备三五年之后，七八年之后，到领导机构的，就是到省、市、部这一级（大的企业也相当这一级）准备将来接替的，其中突出表现好的要到中央来。"（邓小平，1983c：341）选拔 5 万人，都是精英吗？显然不可能，所以，邓小平同志还说："现在我们选择的人中间，有些看得不准的，经过考验之后，还会淘汰下去的。"（邓小平，1983c：340~341）因此，他强调的是一种实践检验的方法。让干部在多种领导岗位上锻炼，长期考验证明是高水平的干部任用到重要的领导岗位上去。

近年来，中央高度重视年轻干部的提拔任用。习近平总书记在全国组织工作会议上提出，"改革开放前入党和参加工作的干部已经或将要退出岗位，70 后、80 后以至 90 后的年轻干部成为干部队伍的主体"。他指出一些地方还存在对年轻干部重选拔轻培养和论资排辈、平衡照顾、企事业单位优秀人才进入党政干部队伍的渠道不够畅通等问题，提出了破除论资排辈、平衡照顾、求全责备、打破隐性台阶的举措（习近平，2018a：27～34）。

在关于经济精英的筛选方面，最重要的当然是激烈竞争的社会主义市场机制的形成以及与此配套的与经济竞争相关的各种法律、法规的建立。在改革开放前的一段时间里，我国曾采用计划经济体制，否定市场经济体制。改革开放以后，邓小平同志多次强调社会主义也可以搞市场经济，他在南方谈话时提出，计划经济不等于社会主义，社会主义也有市场。社会主义市场经济的建立和完善，激发了数以千万计的企业家的活力。当前，我国拥有全世界一国之内最大的企业家队伍。中华民族极具经商头脑，只要为他们提供合理的市场机制，真正的企业家就会在竞争中凸显出来，形成助力中国经济发展的重要经济人才队伍。

在专业技术精英的筛选方面，2021 年中央召开的人才工作会议提出建设世界重要人才中心的战略。习近平总书记在讲话中指出，要坚持全球视野、世界一流水平，培养、引进顶尖人才（习近平，2021）。这就对中国的专业技术人才的筛选提出了世界一流的标准：我国的专业技术精英要在世界的科学技术领域有很高的竞争水平，真正实现世界一流的科学技术创新，要做出被全世界科学技术界认可的发明创造，要获得国际上最高的科学技术奖项。这与建设世界一流大学的目标是一致的。在这方面，我们确实还有很长的路要走。

参考文献

G. 威廉·多姆霍夫，2017，《谁统治美国？：公司富豪的胜利》（第 7 版），杨晓婧译，
　　北京：外语教学与研究出版社。

I. 赛莱尼，2015，《社会主义企业家：匈牙利乡村的资产阶级化》，史普原等译，北京：
　　中国社会科学出版社。

艾尔文·古德纳，2002，《知识分子的未来和新阶级的兴起》，顾晓辉、蔡嵘译，南京：
　　江苏人民出版社。

安德烈·贡德·弗兰克，2000，《白银资本：重视经济全球化中的东方》，刘北成译，

北京：中央编译出版社。

安东尼·吉登斯，2000，《第三条道路：社会民主主义的复兴》，郑戈译，北京：北京大学出版社。

彼得·桑德斯，2005，《资本主义：一项社会审视》，张浩译，长春：吉林人民出版社。

边燕杰、吴晓刚、李路路主编，2008，《社会分层与流动：国外学者对中国研究的新进展》，北京：中国人民大学。

蔡欣怡，2007，《后街金融：中国的私营企业主》，何大明译，台北：巨流图书股份有限公司。

陈孟萍，2021，《城市基层社区精英治理初探：基于新清河实验的案例研究》，博士学位论文，清华大学社会学系。

陈戌国点校，2002，《四书五经》，长沙：岳麓书社。

大卫·柯兹、弗雷德·威尔，2002，《来自上层的革命：苏联体制的终结》，曹荣湘、孟鸣歧等译，北京：中国人民大学出版社。

邓小平，1982，《在军委座谈会上的讲话》，载中共中央文献研究室编《三中全会以来重要文献选编》（下），北京：人民出版社。

邓小平，1983a，《中国共产党第十二次全国代表大会开幕词》，载《邓小平文选》（第三卷），北京：人民出版社。

邓小平，1983b，《在全国科学大会开幕式上的讲话》，载《邓小平文选》（1975～1982），北京：人民出版社。

邓小平，1983c，《老干部第一位的任务是选拔中青年干部》，载《邓小平文选》（1975～1982），北京：人民出版社。

费孝通，2006，《中国绅士》，惠海鸣译，北京：中国社会科学出版社。

费孝通、吴晗等，2013，《皇权与绅权》，北京：生活·读书·新知三联书店。

哈罗德·R. 克博，2012，《社会分层与不平等：历史、比较、全球视角下的阶级冲突》（第七版），蒋超等译，上海：上海人民出版社。

吉尔·伊亚尔、伊万·塞勒尼、艾莉诺·汤斯利，2008，《无须资本家打造资本主义：后共产主义社会中欧的阶级形成和精英斗争》，吕鹏、吕佳龄译，北京：社会科学文献出版社。

金姗姗，2010，《县级政治精英群体特征分析》，《南京社会科学》第 10 期。

孔令栋，2000，《产权变革和寡头垄断——对俄罗斯私有化的政治分析》，《东欧中亚研究》第 5 期。

莱斯利·斯克莱尔，2002，《跨国资本家阶层》，刘欣、朱晓东译，南京：江苏人民出版社。

莱斯利·斯克莱尔，2012，《资本主义全球化及其替代方案》，梁光严等译，北京：社会科学文献出版社。

郎友兴，2009，《发展中的民主：政治精英与村民选举》，西安：西北大学出版社。

李强，1993，《当代中国社会分层与流动》，北京：中国经济出版社。

李强，1997，《政治分层与经济分层》，《社会学研究》第 4 期。

列宁，1963，《革命青年的任务》，载《列宁全集》第 7 卷，北京：人民出版社。

列宁，1972，《怎么办？》，载《列宁选集》第 1 卷，北京：人民出版社。

陆学艺，2005，《陆学艺文集》，上海：上海辞书出版社。

陆学艺主编，2002，《当代中国社会阶层研究报告》，北京：社会科学文献出版社。

陆学艺主编，2010，《当代中国社会结构》，北京：社会科学文献出版社。

罗伯特·S. 林德、海伦·梅里尔·林德，1999，《米德尔敦：当代美国文化研究》，盛
学文等译，北京：商务印书馆。

罗伯特·达尔，1999，《民主理论的前言》，顾昕、朱丹译，北京：生活·读书·新知
三联书店。

罗伯特·达尔，2003，《多头政体——参与和反对》，谭君久、刘惠荣译，北京：商务
印书馆。

罗伯特·达尔，2006，《多元主义民主的困境：自治与控制》，周军华译，长春：吉林
人民出版社。

罗伯特·达尔，2010，《谁统治：一个美国城市的民主和权力》，范春辉、张宇译，南
京：江苏人民出版社。

罗伯特·达尔，2012，《论民主》，李风华译，北京：中国人民大学出版社。

罗伯特·达尔，2015，《美国宪法的民主批判》，钱镇译，北京：中国人民大学出版社。

马克思，1964，《直接生产过程的结果》，田光译，北京：人民出版社。

马克思，1972a，《资本论》，载中共中央马克思恩格斯列宁斯大林著作编译局译《马克
思恩格斯全集》第二十三卷，北京：人民出版社。

马克思，1972b，《剩余价值理论》，载中共中央马克思恩格斯列宁斯大林著作编译局译
《马克思恩格斯全集》第二十六卷第一册，北京：人民出版社。

马克思，1975，《资本论》（第一卷），中共中央马克思恩格斯列宁斯大林著作编译局
译，北京：人民出版社。

毛泽东，1977，《在中国共产党全国宣传工作会议上的讲话》，载《毛泽东选集》（第五
卷），北京：人民出版社。

人民日报编辑部、红旗杂志编辑部，1964，《关于赫鲁晓夫的假共产主义及其在世界历
史上的教训》，《人民日报》7 月 14 日。

童潇，2012，《机会空间与个人能量：经济精英地位获得研究——浙江温州 L 镇私营企
业主成长案例》，北京：法律出版社。

托马斯·戴伊，1980，《谁掌管美国——卡特年代》（第二版），梅士、王殿宸译，北
京：世界知识出版社。

托马斯·戴伊，1985，《谁掌管美国——里根年代》，张维等译，北京：世界知识出
版社。

托马斯·戴伊，2002，《自上而下的政策制定》，鞠方安、吴忧译，北京：中国人民大学出版社。

托马斯·戴伊、哈蒙·齐格勒、路易斯·舒伯特，2016，《民主的反讽：美国精英政治是如何运作的》（第 15 版），林朝晖译，北京：新华出版社。

温志强、孙紫夏主编，2013，《中国公务员管理》，北京：北京大学出版社。

习近平，2017，《决胜全面建成小康社会 夺取新时代中国特色社会主义伟大胜利——在中国共产党第十九次全国代表大会上的报告》，北京：人民出版社。

习近平，2018a，《在全国组织工作会议上的讲话》，北京：人民出版社。

习近平，2018b，《在民营企业座谈会上的讲话》，http://www. xinhuanet. com/politics/2018-11/01/，11 月 1 日。

习近平，2021，《深入实施新时代人才强国战略 加快建设世界重要人才中心和创新高地》，《求是》第 24 期。

徐湘林，2001，《后毛时代的精英转换和依附性技术官僚的兴起》，《战略与管理》第 6 期。

薛立强、刘文花、李娜、郝雅立编著，2020，《当代中国公务员制度》（第二版），天津：天津人民出版社。

杨大跃，2003，《职业经理人：企业领袖与管理精英》，北京：中国发展出版社。

伊万·塞勒尼等，2010，《新古典社会学的想象力》，吕鹏等译，北京：社会科学文献出版社。

尤西林，2017，《阐释并守护世界意义的人：人文知识分子的起源及其使命》（新修订版），上海：华东师范大学出版社。

约瑟夫·熊彼特，1999，《资本主义、社会主义与民主》，吴良健译，北京：商务印书馆。

张仲礼，1991，《中国绅士：关于其在 19 世纪中国社会中作用的研究》，李荣昌译，上海：上海社会科学院出版社。

赵睿，2012，《中国知识分子问题研究》，北京：中国书籍出版社。

Bian, Yanjie, Shu Xiaoling and John R. Logan. 2001. "Communist Party Membership and Regime Dynamics in China." *Social Forces* 79.

Dahl, Robert A. 2001. *How Democratic is the American Constitution.* Yale University Press.

Dahl, Robert A. 2005. *Who Governs? Democracy and Power in an American City.* Yale University Press.

Domhoff, G. William. 1967. *Who Rules America?* Englewood Cliffs, N. J.: Prentice-Hall.

Domhoff, G. William. 1983. *Who Rules America now?: A view for the '80s.* Englewood Cliffs, N. J.: Prentice-Hall.

Domhoff, G. William. 1998. *Who Rules America?: Power and Politics in the Year* 2000. Mountain View, Calif: Mayfield Pub. Co.

Domhoff, G. William. 2014. *Who Rules America?: The Triumph of the Corporate Rich*. New York：McGraw-Hill Education.

Dye, Thomas R. 1979. *Who's Running America?: The Carter Years*. Englewood Cliffs, N. J.：Prentice-Hall.

Dye, Thomas R. 1983. *Who's Running America?: The Reagan Years*. Englewood Cliffs, N. J.：Prentice-Hall.

Dye, Thomas R., Harmon Zeigler, and Schubert Louis. 2012. *The Irony of Democracy: An Uncommon Introduction to American Politics*.

Giddens, Anthony. 1975. *The Class Structure of the Advanced Societies*. New York：Harper & Row Publishers.

Hankiss, Elemér. 1990. *East European Alternatives*. Oxford：Clarendon Press.

Hunter, Floyd. 1953. *Community Power Structure: A Study of Decision Makers*. New York：Anchor Books, Doubleday & Company, Inc.

Hunter, Floyd. 1959. *Top Leadership*. Chapel Hill：University of North Carolina Press.

Li, Bobai, and Andrew G. Walder. 2001. "Career Advancement as Party Patronage：Sponsored Mobility into the Chinese Administrative Elite, 1949－1996." *American Journal of Sociology* 106.

Li, Cheng, and Lynn White. 2003. "The Sixteenth Central Committee of Chinese Communist Party：Hu Gets What?" *Asian Survey* 43.

Li, Hongyung. 1991. *From Revolutionary Carders to Party Technocrats in Socialist China*. Berkeley：University of California Press.

Lynd, Robert S. and Helen M. Lynd. 1929. *Middletown*. New York：Harcourt Brace Press.

Lynd, Robert S. and Helen M. Lynd. 1937. *Middletown in Transition*. New York：Harcourt Brace Press.

Nee, Victor. 1989. *A Theory of Market Transition: From Redistribution to Markets in State Socialism*. American Sociological Review 54：663-681.

Rona-Tas, Akos. 1997. *The Great Surprise of the Small Transformation: The Demise of Communism and the Rise of the Private Sector in Hungary*. Ann Arbor：University of Michigan Press.

Saunders, Peter. 1990. *Social class and stratification*. London：Routledge.

Saunders, Peter. 1995. "Could Britain be a Meritocracy?" *Sociology* 29.

Saunders, Peter. 1996. *Unequal but fair: a study of class barriers*. London：IEA.

Scott, John. 1982. *The Upper Classes: Property and Privilege in Britain*. London：Macmillan Pr. Ltd.

Scott, John. 1990a. *Matter of Record：Documentary Sources in Social Research*. Cambridge：Polity Press.

Scott, John. 1990b. *The Sociology of Elite*. Aldershot, Hants, England：Edward Elgar

Publishing Company.

Scott, John. 1991. *Who Rules in Britain*. Cambridge UK: Polity Press.

Scott, John. 1996. *Stratification and Power*. Cambridge UK: Polity Press.

Scott, John. 2002. *Social Networks: Critical Concepts in Sociology*. London: Routledge.

Sklair, Leslie. 1995. *Sociology of the Global System*. Baltimore: John Hopkins University Press.

Sklair, Leslie. 2001. *The Transnational Capitalist Class*. Massachusetts: Blackwell Publishers.

Staniszkis, Jadwiga. 1991. *The Dynamic of Breakthrough*. Berkeley: University of California Press.

Staniszkis, Jadwiga. 1992. *The Ontology of Socialism*. New York: Oxford University Press.

Walder, Andrew G. , Li Bobai, and Donald Treiman. 2000. "Politics and Life Chances in a State Socialist Regime: Dual Career Paths into Urban Chinese Elite, 1949-1996." *American Sociological Review* 65: 191-209.

Young, Michael. 1958. *The Rise of Meritocracy*. London: Thames and Hudson.

Zang, Xiaowei, 1998. "Elite Transformation and Recruitment in Post-Mao China." *Journal of Political and Military Sociology* 26.

Zang, Xiaowei, 2001. "University Education, Party Seniority, and Elite Recruitment in China." *Social Science Research* 30.

第十五讲
中国社会分层结构的特点与变迁

以上十四讲是对社会分层的基本理论与方法的介绍和说明。我们学习理论和方法的目的是研究和分析中国社会。在以上各讲中虽然也提及了怎样看待中国的社会分层现象，但是，并没有做出总体的分析。所以，本讲就试图完成这样一个任务，对中国社会分层的总体特征，对中国社会分层的演变，尤其是改革开放以后社会分层结构的变迁，以及 21 世纪二十多年来中国社会分层的一些新的变化做一个分析。

第一节　中国社会分层结构的总体特征

我们知道，社会的层化现象是普遍存在的，无论是我国古代社会还是现代社会，都存在社会分层现象。那么，从较为长远的历史看，我国的社会分层现象具有什么特点呢？特别是与世界上其他国家、民族比较，我们的特点是什么？笔者过去曾提出八个特点，现在又有所发展，提出如下九个特点。

一　社会差异巨大

中国历来是差异性很大的社会，从古至今，莫不如此。有些人以为只是改革开放以后，这些年来社会差距才拉得很大，其实差距从来没有小过。当然，对于差距的认识，人们会有不同的角度。本书第一讲在定义社会分层时就指出，社会分层指因社会资源占有不同而产生的层化现象，社会资源可以是政治资源、经济资源、文化资源等不同方面，所以，我国的这种巨大的差异性也可以表现为不同方面。比如，20世纪90年代以来，居民的收入差距、贫富差距明显地扩大了。但是，在80年代以前，其他方面的社会差距难道就小吗？笔者曾写过一篇文章，分析比较了"经济分层"与"政治分层"（李强，1997a）。笔者认为，在"文化大革命"时期，社会方面的差异程度并不小。那时候，虽然经济上的差异不是很大，但是，政治上的差异十分突出，有所谓"红五类""黑五类"的说法，出现了政治歧视，这难道还是差异小吗？当时政治斗争的激烈性，也反映出了社会方面的巨大差异。所以笔者以为，如果想弥合这样一种巨大的差异性，一定要认识到这是几千年形成的，既有经济的惯性，也有政治的惯性、文化的惯性、习俗的惯性，难度非常大。当然人们会提出问题，为什么差异会这么大？笔者认为秦统一以来，建立了集中型的社会，社会财富和资源的集中性很强，秦以后的社会更强化了这样的体制。毛泽东主席曾经说"历代都行秦政事"，也就是说，后来的社会都是"拷贝"秦朝的集中型政治体制。集中型的体制自然形成社会中心区域和社会边缘区域，各种社会资源的分布首先集中于中心区域，然后向周边扩散，所以资源在中心地带和边缘地带当然会有巨大差别。笔者将居于资源中心地带的群体称为"中心群体"或"核心群体"，而将处于社会资源边缘地带的群体称为"边缘群体"（李强，2004b：23~27），当然这只是笔者的一家之言。

二 城乡分野

由此导致了第二个特点，中国自古以来就是城乡差异巨大的社会。我们历来是城乡分布很不平衡的社会，许多人以为这是20世纪50年代建立了城乡户籍制度造成的，但实际上，城乡差异的形成历史是很久远的。古代中国有所谓"国人""野人"之分，"国人"就是指在城市里面居住的人，"野人"就是指在城外、乡下居住的人。中国是世界上建立城墙最多的国家，城墙就是用来区分城里人和乡下人的。费正清在对比美国与中国的社会结构特征时说："自古以来就有两个中国：一个是农村中为数极多从事农业的农民社会，那里每个树林掩映的村落和农庄，始终占据原有土地，没有什么变化；另一方面是城市和市镇的比较流动的上层，那里住着地主、文人、商人和官吏——有产者和有权有势者的家庭。"（费正清，

1999：20）当然，从 20 世纪 50 年代中后期开始，严格的户籍制度的建立，更加固化了城乡分野的格局，从 1959~1979 年，在二十年的时间里，城乡之间的人口流动基本上终止了。改革开放以后，虽然，城乡之间的流动是自由的，但是，从历史的传承看，要想在不太长的时间里消除城乡差别，仍是难度很大的事情。

三　金字塔型社会结构

中国社会分层结构的第三个总体特征，是金字塔型社会结构。社会学在分析社会结构的时候，常常使用结构图形的方法。比如，按照人口的收入分布，将高收入的放在上面，低收入的放在下面，这样就可以看到社会分层的结构图形了。中国自古以来就是一个金字塔型的社会结构。也就是说，顶层是椎形——上层很小、中下层很大的结构图形。中国自古就是一个皇权社会，皇室、贵族、高层官宦人数是很少的，绝大多数还是贫苦的农民。虽然有士绅阶层，处在中上层的位置，但是，其人数也是很少的，早年康有为在批判科举制度时就曾提到这一点，说考科举的人数本来就不多，而考中者仅占千分之一甚至万分之一。1949 年以后，特别是改革开放以后，中国的社会结构确实已经发生了不小的变化，但是，直到今天还是大体上属于金字塔型的，为什么呢？其实，我们从城乡的分化就可以体会到上面小、下面大的总体结构。虽然按照国家统计局的数据，到 2021 年底，我国城市常住人口占比已经达到了 64.72%，但是这个城市常住人口是包括了农村进城打工的农民工的，所以，如果计算农村的户籍人口，其占比还是超过城市的户籍人口的。所以说，我国现代化的社会结构还没有形成，如果想形成现代结构，就只有把农民占的比重大大缩小，不断扩大中间阶层在全社会所占的比例。

在本书中，笔者采用"国际标准职业社会经济地位指数"（ISEI）的方法，对第六次全国人口普查的数据进行分析，试图揭示社会结构模型，结果发现，与第五次全国人口普查时相比有了很大改善，从"倒丁字型"转变为"土字型"的社会结构，也就是说中间阶层占比有了很大上升，但是，仍然是下层略大一些。虽然第七次全国人口普查的详细数据还没有公布，但是仅从 2021 年 5 月国家统计局《第七次全国人口普查公报（第六号）》的人口受教育分布看，受过初中和小学教育的在总体受教育人口中占 65.99%，另外还有 15 岁以上不识字的占 2.67%，而受过大学（大专及以上）教育的在总体受教育人口中占 17.22%。人口教育结构与职业结构融合度是很高的，所以，迄今我国的总体结构还是下层比较巨大。

四　身份社会

中国社会历来是十分重视社会身份的，身份、等级是很森严的，比较突出地体现在官民身份和官员的等级层次上。迄今为止，无论是出席礼仪活动时的座次、会议发言的顺序，还是电视上镜头的时间、报纸上人名排列的先后，都常常是遵循着严格的级别顺序的。其实，此种情况绝非自今日始，中国社会自古以来就是十分讲究身份、等级、层次的，连落草的水泊梁山兄弟们，也要隆重地排一排座次。改革开放以前，由于户籍制度与利益的挂钩和单位制等，强化了身份制度。当然，改革开放以来，笔者以为我们的社会在淡化身份制方面，应该说有了很大的推进。过去那样一种非常强化的体制——比如说农民都不能够进城——已经大大弱化了，但是我们也不能忽视身份制是几千年形成的，是不可能在很短时间解决的问题。改革以来的再一个新问题是，新产生的社会阶层在原有的社会身份体系中找不到他们的位次，比如，新富阶层就常常抱怨，在正式的社交场合中，他们的地位常常被降低或被忽视。近来在官方的文件中，已经正式使用了"新的社会阶层"的概念，该概念指民营企业主、经理阶层、外企管理者和专业技术人员、自由职业者、新媒体从业者等新产生的社会阶层，官方已经正式修改了一些规定，使得这些新阶层能够与原有的身份体系接轨，使得新阶层能够适应社会的身份体系。

五　官民社会

与身份社会的特点相关联，中国社会历来是一个官民社会，即官吏与一般平民形成了两种有明显地位差异的群体，这种情形在汉朝以后的历代封建社会中均表现得很突出。根据对汉朝阶级结构的研究，官员不仅身份地位高、占有较多财产，而且"官员属于特权阶级。根据制度规定，他们可以依照各自的身份，专享某些物质生活资料"（瞿同祖，2007：100）。官员成为社会中控制社会资源的最主要群体。隋朝以来建立了科举考试的制度，使得官僚体系有了再产生、晋升的常规渠道。当然，官僚体系再生产的渠道除了考试以外还有恩荫、举荐、军功以及捐官等其他渠道，但是，科举制还是产生官员的最核心机制。总之，官僚体系成为全社会的中心，吸引着社会上的各种精英人才。因为，对于精英来说，有了官位，功名利禄就全都有了。反之，中国社会由于受孔子儒家思想的影响，轻视商人阶级，商人阶级虽然有资产但是社会地位并不高，无法与作为社会中心的官员阶级相抗衡。而且，商人的地位也不稳定，如果不与官府缔结良好关系，也常常会受到官府的侵扰。在中国封建社会，富有商人财产被查抄的事例屡见不鲜。中国的官僚体系与世界各国相比显得更为发达，官僚体系、政治权力控制着全社会最主要的资源，社会地位区分的主线在于政治权力，财产资源变成了从属于政治权力的因素。这恐怕与中国自秦以来一直奉行中央集权的政治制度有关。虽然中国封建社会确实是有官绅、地主和农民三大群体的，但是，地主与官绅阶级往往是结为一体的，地主的家族成为科举考生、士绅阶级的重要来源，民间的地主又往往要与官僚阶级通过联姻等方式结成十分密切的关系。总之，最重要的关系还是官和民两个基本阶级之间的关系。

六 精英层的巨大作用

本书用三讲阐释了社会学的"精英理论"，并说明了这个理论对于中国社会的意义。这里只是从中国社会整体特征角度分析一下中国精英阶层的特点。

我们知道，在任何社会中，精英都是规模很小的群体。虽然精英群体人数很少，但是，其能量巨大，特别是政治精英，往往会对全社会甚至对于一个时代的世界格局产生重大影响。中国社会的一个突出特点就是精英人物，特别是政治精英人物在社会中发挥的作用尤为巨大。这可能是自秦以来两千余年的中央集权体制造成政府具有超强的管理功能，并由此形成了具有深厚根基的精英文化所致。在中央集权的体制下，最主要和最重要的指令都是从上层发出的，下级官员都是由上级官员任命的，下级必须听命于上级，在上下层的比较中，上层的影响作用当然很大。不管是在中华文明五千年的历史中，还是在有文字记载的三千年的历史中，中国在政治方面大体上表现为精英政治，即政治的活动是由最高层的人士决定的。精英政治与民主政治是一对矛盾。精英政治主张将重大事务的决策权交给高水平的精英，民主政治则主张将决策权交给大众。

既然在中国精英层的作用十分巨大，那么，谁成为精英、如何选拔精英、精英的构成、精英群体是否团结、精英的来源等就变得异常重要了。笔者以为，我国的精英群体面临着四个基本问题，这就是精英配置、精英循环、精英互换以及精英团结的问题。下面试对我国改革开放以来处理这四个问题的方式做一分析。

笔者所谓"精英配置"，是指社会中不同类型精英群体的比例关系。任何社会都有三种基本的精英群体，即政治精英、经济精英和技术精英。三种精英的数量比例需要有一定的配置，三种中的任何一种都不可以无限制地扩张。改革开放以前，我国的政治精英群体过于强大，相比较之下，经济精英和技术精英就显得十分弱小。尤其是"文化大革命"期间，政治精英群体充斥于市，而经济精英和技术精英鲜有所闻。改革开放以来的一个重要举措，就是开始突出经济精英和技术精英的重要作用，比如改革初期邓小平同志就召开了全国科学大会和全国教育大会，提高技术精英的社会地位。改革开放以来也比较强调培育企业家——经济精英的队伍。长期以来，由于政企不分的体制，我国的经济精英只能隐藏在政治精英的队伍里面，或者说政治精英完全取代了经济精英。自20世纪90年代中期以来，政府积极推进政企脱钩的改革，一部分经济精英开始离开政府的保护。此外，在40多年的市场经济演习中，多种经济成分的体制也逐渐造就了国营（有）企业董事长、民营企业家、公司经理阶层、乡镇企业家、企业承包人、外企高级雇员等一批经济精英人物。政府精简机构等措施也迫使一批过去的政治精英不得不转入经济精英的队伍。经济精英队伍的扩大，显然对于中国经济的发展振兴具有重大意义。

当然，不是任何人都可以进入精英队伍的，一部分转入经济精英的干部，由于不擅长企业经营，使得企业走向衰败，这样的人就应该被淘汰出局。这就遇到了精英循环的问题。

所谓"精英循环"是指精英群体的继承问题，如莫斯卡说，精英群体要从底层吸收精英才能保持活力（莫斯卡，2002：173~174）。这就遇到了现有的精英集团与未来的精英集团的关系问题。居于社会高层的现有精英集团总是试图将自己熟悉的人输送到精英集团，总是希望自己的子女能够继续维持在精英集团以内。但是，从社会公正的角度看，在现代社会中，任何人都很难垄断精英地位。于是，统治集团就要采取一种公正的方式，既使得精英集团的循环能够顺利进行，也使得自己的子女或青睐的人士能够比较容易进入该集团。这就是考试、文凭、公开招聘、专家投票、选举、公开招标、竞标的体制。从形式上看，考试、公开招标、竞标、选举是公平的，评价指标是客观的。当然，由于原有的精英集团的子女在文化上、社会关系上占有优势，所以，考试、竞争的结果往往是原有的精英集团的子女进入精英集团的比例会稍高一些。世界各国莫不如此。

中国在"文化大革命"中，曾经废除了高考的制度，结果，传统的干部、政治精英和技术精英都无法得到循环。于是精英循环采取了"超常态"的做法，比如，不少人曾以"造反派"的方式进入政治精英队伍。所以，"文革"刚刚结束，邓小平同志就积极主张恢复高考，从而使得中国的精英循环走入正轨。经过40多年的努力，中国技术精英的循环已经有了比较完善的体制。40余年来，学位制度的恢复建立，多系列技术职称的审核、评审体制的建立，各种专业技术证书制度的建立，使得中国的技术精英的循环机制比过去有了巨大的进步。当然，当前的"假文凭"、买卖文凭、混取博士等头衔，以及"教授""博导"满天飞的现象也证明，技术精英循环仍存在不少问题，需要逐步完善。

随着我国市场体制的逐步建立，经济精英的循环也开始步入正轨。企业在市场中的成败，正在逐步成为经济精英循环的唯一标准。一批有相当水平的企业家正在成长起来。根据中国企业家调查系统的调查，2020 年我国企业经营负责人中，高中及以下学历的仅占 14.1%，大专学历的占 31.5%，大学本科学历的占 39.1%，研究生及以上学历的占 15.3%。而且，越是年轻的企业家学历越高，其中 44 岁及以下企业家受高中及以下教育的仅占 3.6%，大专的占 23.7%，大学本科的占 54.4%，研究生及以上的占 18.3%（李兰等，2022）。所以，我国经济精英受教育水平的提高十分明显。随着经济精英竞争机制和循环体制的完善，我国在国际竞争中已涌现出一批高水平的企业家，当然，与此同时，一些低水平的经营者会被淘汰出企业家和经济精英的队伍。

近年来，中国选择干部的体制也有很大改革，比如，强调了专业化、年轻化等因素，差额选举的方式也被频繁采用，这使得中国政治精英集团循环的体制也有了很大进步。

笔者所谓"精英互换"，是指政治精英、经济精英和技术精英之间的流动。前述的政企脱钩、政府精简机构等改革，推动较多的政治干部转变为企业家，就是典型的精英互换。如前所述，精英是社会中的杰出人才，因此，精英互换是有其道理的。从现代化国家的实践看，精英互换的现象也是比较普遍的。

改革开放以前，我国的精英互换并不普遍。这一方面是由于精英之间缺少认同，另一方面是由于经济精英消失殆尽，政治精英高度膨胀，因此也缺少精英互换的基础。当然，我国由技术精英转入政治精英的还是有不少事例的，但是，由政治精英转入技术精英的现象比较少见。然而，在国际上，政治精英转入技术精英的现象却屡见不鲜。比如，基辛格卸任后到大学去教书就是典型的事例。在我国，技术精英和政治精英转入经济精英的现象被称为"下海"，人们对于此种转换似乎还有些心理障碍。笔者认为，精英互换会有利于精英群体之间的相互认同和社会团结。当然，不是任何精英都可以互换的，互换的精英总需具备一定条件。

中国精英结盟的观点，是笔者与孙立平教授、沈原教授在一篇论文里提出的（中国战略与管理研究会社会结构转型课题组，1998）。从理论溯源看，本书第十三讲已经提到，精英结盟的概念最初是由拉斯韦尔提出的，后来，米尔斯在《权力精英》一书中予以发展，但他们都是在负向的意义上来使用这个概念的，比如米尔斯认为，美国社会的精英结盟，其结果是形成了与大众社会相分离的群体（Mills，1956：7—8）。

笔者以为，就中国的场景而言，对于精英结盟的现象应该从两方面来看，有负向的作用，也有正向的意义。因为，与精英结盟完全对立的现象是精英分裂，精英分裂曾经给我们带来了巨大的灾难。中华人民共和国刚成立时，曾经聚集了一代精英，政治协商会议制定的《中国人民政治协商会议共同纲领》体现了精英结盟的重大成果。但是，1957年的"反右"斗争，造成了精英集团内部的重大分裂，原本结盟的精英内部出现重大冲突，最终导致了中国的精英群体长期处于冲突和分裂的状态，一直到"文化大革命"结束之前，中国曾长期陷入动荡不定的政治运动之中。"文化大革命"结束之后，邓小平同志立即组织召开的全国科学大会和全国教育大会，应被视为弥合精英群体裂痕的重要举措。到了20世纪90年代中后期，中国的经济精英、政治精英、技术精英终于建立了相互信任、全面合作的结盟关系。这种关系十分明显地维护了中国社会的稳定与发展。党的十六大以来的历次报告都强调了"新的社会阶层"的重要地位和功能，允许"新的社会阶层"加入中国共产党，这也是体制内精英与体制外精英合作的重要标志。总之，从总的评价上看，精英结盟有助于中国的稳定与发展，当然，我们也不能忽视米尔斯的警告，即精英结盟容易造成忽视社会下层阶级利益的问题。

七 社会基层群体的重大社会功能

强调精英的作用并不意味着忽视广大基层群众的作用，尤其是中国社会如上所述，长期以来的整体结构是金字塔型的，下层、基层群体的占比和数量均十分巨大，如果不重视这个群体，如果忽视了这个群体的利益，必然带来严重的问题。在中国长期的封建社会里，社会的下层和基层群体是农民，每当社会矛盾激化的时候，巨大的农民群体会对社会的稳定产生巨大的影响。毛泽东主席总结说：中国自秦末以来，总计有大小数百次农民起义，农民起义的次数和规模之大，在世界历史上是仅见的（毛泽东，1967：588）。搞历史的人都知道，中国历史就像有一个内在的周期律一样，新王朝刚建立的时候总是蓬勃兴旺的，一直发展到鼎盛时期，到了后期财富过于集中，下层或底层聚集着巨大的生活困苦的群体，社会矛盾激化，于是有领袖人物组织社会底层、农民发动暴力起义，推翻上层建立新王朝，总之，数千年间农民或下层、基层、底层起义总是延绵不断，所以自古以来统治者总是强调要稳定。一个好的时代，叫作"大治"，如文景之治、贞观之治等，不好的时代称为"乱世"，实际上讲的就是社会的分化、社会矛盾激化造成的治乱兴衰。历代的统治者，在新王朝兴起时一般都采取宽松一点的政策，翦伯赞教授称之为"让步政策"，使分化的程度降低一些，缓和了社会矛盾，降低了社会紧张度，于是又恢复了社会稳定。

如果考察唐朝末年以来农民起义的口号，就会发现，起义的矛头和目标越来越明确地集中于财产、财富的公平问题。当财富的不均等配置已经威胁到社会的底层、下层群体的生存条件，威胁到农民的基本生存条件的时候，社会就处于"高张力"时期、社会结构紧张时期，这时候，一旦有导火索事件发生，往往就会引起燎原大火。

八 社会流动机制

本书第一讲曾介绍说，所谓"社会流动"，主要是指人们地位垂直的上下、高低的变化。一个公平、公正的社会应该有比较好的社会流动机制，应该给人们以机会，使下层的人有机会流入上层。从这方面看，自古以来，我们就创造了比较好的流动机制，这是很有中国特色的东西。虽然我们自古以来分层明显、社会差异性很大，但是中国社会从隋代就建立了科举制度，这个制度当时在全世界是领先的。当时的欧洲社会以及其他社会，大多还是贵族制度，通过家庭关系、血统来继承爵位，都还没有建立通过考试来选拔人才的制度。而且，科举制度不是一般的考试选才制度，它能够将精英人物通过考试直接输送到社会上层去，比如，出任官职，成为很重要的社会管理者。当然有人会问，考中科举的究竟是富家子弟还是贫家子弟呢？历史文献可以证明，中国直到明朝的时候，科举登第者有约50%的人是来自"前三代俱无功名"的贫家子弟。所以应该承认，我们自古以来是有比较好的社会流动机制的，当然，后来西方社会发展出了市场机制之后也学会了文官制度，就在体制上大大突破了，因为市场是面对每个人的，人人都可以在市场上竞争。所以在这些方面，西方逐渐地就超过了我们。可见在社会流动机制上，我们也要不断创新。

从社会流动这一点上看，近代以来，中国社会一直是流动率比较高的社会。社会学将社会区分为两种类型，一种是流动率偏低的社会，另一种是流动率比较高的社会。比如，贵族等级制的社会就是流动率偏低的社会，贵族是世袭的，这样的制度法规阻止着其他阶级流入上层。在中华人民共和国成立以来七十余年的历史中，中国一直是社会阶层流动率比较高的，当然，流动的原因有很大差异，在中华人民共和国前三十年的历史中，造成高流动率的更多的是政治原因，在此后的四十余年历史中，造成高流动率的更多的是经济原因。根据笔者的测算，我国20世纪90年代父母子女两代人之间的职业地位流动率，与美国的代际流动率近似，在国际上均属于流动率比较高的。这证明目前中国社会还是有相当活力的。

九　家庭纽带弥合社会差异的重要功能

最后一个特点是，自古以来，中国的家族、宗族起到了穿透社会阶级、维系社会团结的重要功能。在上述的特点中，前面五个特点都是强调分层差异的方面，其实，任何分层制度都有其社会融合的方面。上述第八个特点，讲到高流动率现象，就是通过社会流动而实现社会融合。这里第九点是强调血缘关系在社会融合方面的作用。宗族、家族在传统中国社会中占有重要地位，宗族指有着共同的祖宗，因而使用同一姓氏的人们。其成员的联系可以延续数代、数十代，甚至数百代。因此，宗族可以是极为庞大的群体。家族指同一血统的几代人所形成的群体，也有人称之为"大家庭"，它包括直系的和旁系的两种血缘联系，旁系的亲属是将叔、姑、姨、舅、甥等都包括在内的，因此，也常常是比较大的群体。在同一宗族或家族中，常常有富裕者也有贫穷者，宗族或家族常常是由不同经济地位或阶级地位的人构成的。虽然经济地位或阶级地位不同，但是，血统的纽带以及由此形成的血统的文化，比如家谱、族谱、同族的归属感等，维系了同一个宗族或家族内部的团结。

如前文所述，中国改革开放前是政治分层社会，改革开放后逐渐演变成经济分层社会，由于两个时代的社会结构巨变，造成了在同一个家庭内部，也常常出现阶层混杂的局面。家庭中，有的兄弟姐妹致富了，有的兄弟姐妹致贫了，有的当老板了，有的却下岗了。与西方社会不同，中国家庭成员之间在经济上的互相帮助是很普遍的，所以，血缘关系起到了转移支付的作用，家庭纽带起到了弥合阶级裂痕的作用。当然，20世纪80年代以来，中国城市进入了独生子女的时代，家庭规模普遍小型化，独生子女没有兄弟姐妹，这使得家庭关系弥合阶级裂痕的功能被大大地弱化了。新近的两孩、三孩政策会对于家庭小型化有所缓解。

以上就是笔者试图归纳的中国社会分层的总体特征。

第二节 制度变迁、政策变迁与中国社会分层结构

无论是分析中华人民共和国成立以来的社会分层，还是分析改革开放以来的分层结构，都会发现，中国社会分层受到国家制度变迁、政策变量（the variable of state policy）的巨大影响。制度变迁和政策变量影响社会分层结构，是当代中国社会最重要的特征。对于此特征以往的研究已经有过不少表述（Whyte and Parish，1984；Walder，1986；Zhou，2004：19-21，77，123，133-142，171，250），但是，对于国家政策变量影响社会分层的具体机制研究不足。

最大的变革当然是1949年中华人民共和国的成立，推翻了旧制度、建立了新中国，打碎了旧的阶级结构，建立了新的配置社会资源的体制、机制，对此笔者在以往的著述中已有阐释（李强，2019：32~38），此处不赘述。革命、根本的制度变革对于社会分层的影响是猛烈冲击式的，可以在短时间内变革体制，但是，一种新的体制、机制的建立，不可能一蹴而就，而需要一系列的配套的政策，在相当长的一个时期里变革和规范社会行为，这就是本节试图探索的国家政策变量影响社会分层变革的具体机制。

本节提出了"政策群"的概念，认为影响社会分层的具体机制有三个

层次，首先是"基调理论"，其次是将基调理论转化为"大的政策原则"，最后是落实为很多具体的政策。本节还提出了"政府主导型社会"的概念，当然，这也只是个理论假设，还需要不断验证。

一 政府主导型社会与社会分层结构变迁的特点

中国社会的一个最重要的特征是政府主导型社会。所谓政府（当然是党和政府）主导型社会，就是党中央和中央政权机构以及各级地方政权机构，在政治、经济、思想文化等各个领域重大事务的管理和决策上，起着最主要的作用。政府的主导功能不仅表现在奉行计划经济的时代，到了改革开放以后，市场化改革以后，通过对四十多年改革的观察，我们可以看到政府的作用仍然是最重要的。无论是改革的发动、重要改革举措的提出和实施，还是思想路线的修正、改革的计划与进程等，都是按照政权机构的指令进行的。政府主导型社会的特征，是理解中国的一条主要脉络。既然是政府主导，那么，政府的政策对于社会的影响就十分巨大。其实，在按照常规运作的、制度稳定的国家，政策变量对于社会制度、社会结构的影响力是十分有限的，政策是不太容易改变社会结构的，因为，稳定的制度、稳定的结构是长期社会变迁的结果，而制度和结构一旦稳定下来，要想改变它是非常不容易的事情。在长期倡导法治的社会中，由于法律相当稳定，所以，也就不会受到短期政策的影响。

但是，中国的情况却不是这样的。中华人民共和国成立七十多年来，我们始终是处于革命、改革或实验之中，各种体制机制均发生了重大变迁，在体制机制不稳定的情况下，政策发挥了重要的作用。成为全体国民共识的"改革"，就是不断地用政策变量修正制度或体制。

当然，在此必须申明笔者的立场。这里有两个概念。第一个，现实是什么样子；第二个，这种现实是不是最合理、最理想的模式。政府主导的模式并不是最理想的模式。在经济领域，我们改革的步伐比较大，市场的作用几乎开始与政府平分秋色了，我们把很大的资源交由市场去配置了。但是，如果我们综合起来看，将政治领域、经济领域、社会领域和思想文化领域这四个领域放在一起综合来看的话，我们国家还是典型的政府主导型社会。

那么，从合理、理想模式的角度看，政府主导型社会是不是合理呢？从政府与四大领域的关系看，实际上没有一个国家的政府对于四大领域是没有影响、干预或调控的，或多或少都会干预，只不过是干预程度不同。当然，政府主导型是强干预的，干预过多了就会有负面效应，所以，从合理的、理想模式的角度看，笔者以为，对于政府的影响、干预或调控也必须有一些界定。

笔者曾经探讨了政府对于经济领域、对于市场干预的四条界定，特列于此。笔者认为，第一，政府的干预或调控不应该是直接干预具体企业的运行，而是通过立法、法规调整市场的管理原则。第二，国家的干预不是简单行政手段的干预，而是通过经济杠杆，比如中央银行的利率调整等进行干预。第三，国家与市场以及企业的关系，都不是单向的，而是相互约束的，立法、法规不是政府单方向的对于企业、市场的约束，立法也是对于政府行为的约束。第四，立法、法规的建立应是普遍参与的，如果包括企业在内的各方都参与了立法、法规的制定，那么，它就会是大家都能接受的。如果上述四条界定都做到了，那么就会是比较公正的了。

总之，从社会现实看，中国社会的特点是政策可以改变结构。当然，也要注意，并不是任何一项政策都可以改变结构，如果考察政策改变结构的具体过程就会发现，它有两个突出特征。第一，它总是与重大历史事件联系在一起的，所以，笔者曾经组织撰写了著作，研究重大社会事件对于中国人生命轨迹的影响（李强等，1999）。中华人民共和国成立以来发生了多项重大事件，例如土地改革、社会主义改造、"文化大革命"、改革开放、邓小平视察南方等。第二，在发生重大事件时，出台的政策并不是某一个单一的政策，而是一种全方位的"政策群"，是涉及政治、经济、思想文化各方面的、相互关联的、导向明确的一系列政策。

下面，笔者就对社会主义改造、"文化大革命"以及改革开放三个重大历史事件，以及与三大历史事件相对应的政策变量是如何影响社会结构的，做一个非常简要的分析。当然，对于三大历史事件笔者所使用的笔墨是不一样的，除了对大背景的政策分析外，需要强调的是，笔者在分析改革开放以后的变迁时，还特别以知识分子的地位变为个案，说明了政策影响社会分层的具体运作机制。

二　重大历史事件、重大政策调整与社会分层结构变迁

下面，笔者就按照社会主义改造、"文化大革命"和改革开放的时间顺序，剖析一下政策对于社会分层的影响。

1956 年的社会主义改造，出台的政策包括：农村的合作化政策，农村取消土地分红的政策，农村大范围的统一核算、统一分配等政策；城市里的公私合营政策、"四马分肥"① 政策的废止、按照企业核定的私股给予定息的政策、对于城市私有房产改造的政策、对于私人占有城市地产收归国有的政策等。这一系列政策所组成的"政策群"的出台，大规模地改变了我国城市的社会分层结构。改造以前社会中的一个独立的阶级——民族资产阶级，改造以后作为一个完整的阶级在中国消失了。结构的改变不止于此，改造以前，城市里有一个占有房产的阶级或阶层，改造以后也大体上瓦解了。根据当时中共中央书记处第二办公室的报告《关于目前城市私有房产基本情况及进行社会主义改造的意见》，直到 1956 年，中国城市住房由私人占有的比例还是很高的，如果将城市居民私人占有的与极少量的外国人房产合在一起算作私房的话，按照建筑面积计算（只有北京按照自然间计算）：北京为 55.65%，上海为 73.6%，天津为 56.59%，南京为 62.25%，济南为 78%，苏州为 86%，无锡为 80.25%，哈尔滨为 44.66%。按照当时的政策，私房主除自住房屋以外，其他房屋一律交由国家管理，后来就逐步变为公房了，政府将这些房屋非常廉价地租给城市里没有房屋的家庭，该政策实施的结果是在城市房屋居住上大大地实现了均等化。所以，私有房产改造的政策取向非常明确，就是使住房均等化。这样城市里的一个通过出租房屋而获得利益的阶层就逐步消失了。

不仅有消失的阶级、阶层，也有新产生的。工商业社会主义改造以后，城市里的国营、集体企业迅速发展起来，在这些企业中工作的人员，我们通常称之为"职工"，职工队伍迅速扩大。笔者曾经提出，从相对的意义上看，市场转型以前，国营企业和大集体企业职工是当时中国社会的典型中间阶层。因为，无论与当时占人口 80% 以上的农民相比，还是与城市中其他小企业的和社会上的普通劳动群众相比，国营企业和大集体企业职工的经济地位、福利地位、社会地位都占有明显优势。当然，国营企业职工与一般意义上的中间阶层有明显区别，所以，笔者称之为"类中间阶层"。"类中间阶层"是 20 世纪 50 年代中期以后产生的重要社会阶层，这也是政策改变社会分层结构的一个证明。

---

① 所谓"四马分肥"，是中华人民共和国自 1953 年开始在私营企业实行的企业利润分配的办法，即所得税占 34.5%，福利费占 15%，公积金占 30%，资本家得到的红利占 20.5%，1956 年实施工商业社会主义改造以后，该政策废止，转为实施对资本家给以定息的政策（陈明显等，1989：140~145）。

1966～1976 年的"文化大革命"是政策改变社会结构的又一个突出案例。"文化大革命"中政策改变结构的特征是地位骤变。昨天还是地位显赫的高官，一夜之间被打倒，地位骤降，当然，也有靠造反起家地位骤升的。在当时极"左"的政策引导下，大部分的党政当权者都被打倒了，这当然造成了社会结构的剧烈变化。不仅政治结构变化巨大，而且经济分层也发生了重大变化。笔者曾经做过一个家庭经济史研究，通过分析发现，从收入分配和财富分布的角度看，"文化大革命"期间，财富和收入明显地向社会的下层转移。无论是测算基尼系数还是分析财产收入分布，数据证明，"文化大革命"期间是中华人民共和国成立七十多年来贫富差距最小的时期，是财富、收入的均等化程度最高的时期。所以，笔者一直认为，不能笼统地提缩小贫富差别，财富和收入的均等化也并不是我们的目标。如果贫富差距越小越好的话，那么，"文化大革命"时期，贫富差距最小，收入分配的均等化程度最高。如果采用五等分法（将全部人口按照收入高低平均分为五份，每一份是 20%的人口，这样就分为：最高的、次高的、中间的、次低的和最低收入的五组）测量的话，数据证明，1949 年以后到"文革"以前这段时间，最低收入组得到全部收入的比例，一般为 6%～7%，而"文化大革命"期间，最低收入组得到全部收入的比例为 9%～10%。可见"文革"时期的政策真的改变了收入、财富的分布。但是，所有具有理智的人都认为，用这样的手段来缩小收入差距不是好的事情，甚至是一场灾难。

1978 年开始的改革开放，再次体现了政策改变社会结构的特征。1978 年 11 月 10 日至 12 月 15 日，中共中央召开工作会议，会议开了 36 天，这是中央调整战略和政策的非常重要的会议；接着，在 12 月 18 日至 22 日召开了党的十一届三中全会。邓小平在会上所作的重要讲话成为战略调整的指导方针。这两次会议决定停止使用"以阶级斗争为纲"的口号，将工作重点转向以现代化建设为中心。邓小平在会上提出了解放思想、纠正严重"左"倾错误、批判"两个凡是"，以及在经济政策上提出要允许一部分地区、一部分企业、一部分工人农民收入先多一些，生活先好起来等方针政策。正如上文所说，党的十一届三中全会以后所实施的并不是某一个单一的政策，而是一组全方位的"政策群"，这个全方位的政策群涉及了政治、经济、思想文化和社会的各个方面。毋庸置疑，这样一种全方位政策群的实施，首先就是要改变社会结构。

会议结束之后，1979 年 1 月 29 日，中共中央作出了《关于地主、富农分子摘帽问题和地、富子女成分问题的决定》，该决定指出，除极少数坚持反动立场的人以外，对于大多数戴着地主、富农、反革命、坏分子政治帽子的人，经过群众评审、县革命委员会批准，一律摘掉帽子，给予人民公社社员的待遇。而对于地主、富农的子女，他们本人的成分一律定为公社社员，享有同其他社员一样的待遇，并指出在入学、招工、参军、入团、入党和分配工作等方面，不得歧视。笔者认为，改革开放前中国是政治分层社会，政治地位是那时候每一个人的首要地位，党的十一届三中全会刚刚闭幕就对处于政治底层的人的政治面貌给予重新界定，其意义非同寻常，政治分层的标准被逐渐淡化，政治分层的地位下降，经济分层的地位上升，在一定意义上甚至可以说，社会进行了重新的排列组合，这当然引起了社会结构的重大变动。

此后的变化意义更为深刻，其中，一个重要的变化是通过政策调整改变了知识分子的社会地位。如上文所述，改革开放以前是政治分层社会，人们在社会上地位的高低主要是由政治身份决定的，那么，当时知识分子的政治身份是什么呢？本书第四讲已经提到，1957年毛泽东主席在《在中国共产党全国宣传工作会议上的讲话》中提出："现在的大多数知识分子还是属于资产阶级的知识分子"，这样就给当时知识分子的阶级属性定了调子。我们知道，在政治分层的环境下，资产阶级是一个非常危险的概念，资产阶级是革命的对象、改造的对象，在"文化大革命"中，资产阶级更被划入敌人的阵营。知识分子被定位为资产阶级知识分子以后，就被视为改造的对象，是一个政治声誉很差的群体，"文化大革命"中更有所谓"臭老九"之说。而党的十一届三中全会以后，中央提出"落实知识分子政策"，这样，在新的政策环境下，知识分子的社会地位有了根本的改变。

改变知识分子地位的政策变量是一组综合"政策群"，而不仅仅是某一个单一的政策，这样，政策的轰动效应就十分强烈。笔者以为，通过观察这一"政策群"的运作可以发现政策改变社会分层结构的具体运作机制。

在这一"政策群"中，最为关键、最为基础的是"基调理论"，它为这一"政策群"定下调子、定下基本的政策方向，这就是关于知识分子"阶级属性"的判断。过去，贬低知识分子政治地位的基调理论是将知识分子定性为"资产阶级"，那么，与之相对立，现在，提高知识分子政治地位的基调理论是将知识分子定性为"工人阶级"。基调理论的起点源于邓小平的几次讲话，由此我们可以看到政策影响社会分层的具体运作机制，即一般先由领导人在比较重要的仪式上或场合中发表重要讲话，这些讲话本身还不是政策，其功能是为即将发生的政策改变定下基调，将来的具体政策肯定是沿着这一基调所指出的方向发展的。关于将知识分子定性为"工人阶级"的讲话，最重要的一次是 1978 年 3 月，邓小平在全国科学大会开幕式上提出：知识分子的绝大多数已经是工人阶级和劳动人民自己的知识分子，因此也可以说，已经是工人阶级自己的一部分。他们与体力劳动者的区别，只是社会分工的不同（邓小平，1994：89）。

在这样一个总的基调理论指导下，从 1978 年至 20 世纪 80 年代中期，中央出台了一系列的具体政策，后来统称为"落实知识分子政策"。先是 1978 年 11 月 3 日中共中央组织部提出了《关于落实党的知识分子政策的几点意见》，对邓小平定下的知识分子是工人阶级一部分的基调做了较大的扩展，并提出了一系列可以操作的政策。主要有五方面：第一，对知识分子队伍给予更进一步的正向的总体评价；第二，提出了在知识分子中做好复查、平反昭雪冤假错案工作的安排；第三，提出要把政治觉悟高、业务能力强、工作干劲大、群众关系好的知识分子提拔到适当的领导岗位上来；第四，提出了将知识分子、专业人才送到适当的岗位上去的办法。第五，提出了改善知识分子工作条件和生活条件的一些具体办法。（中共中央组织部、中共中央文献研究室，1983：51~64）中共中央组织部发出的这个文件，将邓小平的基调理论变成了可以操作的政策，因此，是非常重要的一步，当然这个文件也还是讲的比较大的政策原则，笔者所说的"政策群"是由"基调理论"、"大的政策原则"和很多具体的政策构成的。下面这个文件就体现了比较具体的政策。

1986 年 9 月 15 日，中共中央组织部发布了《关于检查落实知识分子政策工作的通知》，通知所规定的检查的内容，非常具体地描述了笔者所说的这一"政策群"的细节。这些政策包括以下几个方面。第一，对于冤、假、错案的平反纠正，因为在历次政治运动中，都有大批知识分子蒙受冤、假、错案之冤。第二，对于受错误处理造成使用不合理的知识分子依照政策和工作需要进行调整。第三，对于原在城镇工作的知识分子受错误处理下放到农村的，解决本人、配偶、子女的户口问题。第四，"文化大革命"中因冤、假、错案被扣发、减发工资的，按照政策予以补发。知识分子被错划为右派的，平反后生活确有困难的，给予适当补助，并在工资改革中逐步理顺工资关系和专业技术职务聘任。第五，对于"文化大革命"中被查抄的财物，退还本人或给予补偿。第六，对"文化大革命"中被没收、挤占的私人房屋的腾退。第五条和第六条不是专对知识分子的政策,但是由于此种类型的问题很多是发生在知识分子身上的,所以,也成为检查落实知识分子政策的重要内容。第七,对于从事业余兼职、收取合理酬金而被当作经济犯罪、错误处理知识分子的案件,给予纠正。这样一些具体的政策,非常详细地规定了怎样提高知识分子的地位,怎样改善他们的各种待遇。

当然,属于这一"政策群"的内容还有很多,比如在任用干部的政策上提出了"革命化、年轻化、知识化、专业化",其中,知识化和专业化都是在突出知识分子特征,在这样一种政策导向下,20世纪80年代以后,大批符合上述条件的知识分子进入到了各级领导岗位。总之,"政策群"是众多政策的集合体,笔者以上也只是举例阐述了这一"政策群"的某些部分。

此外,1982年颁布的《中华人民共和国宪法》序言第十段在提到中国社会的基本力量时,是这样表述的:"社会主义的建设事业必须依靠工人、农民和知识分子,团结一切可以团结的力量。"这样就将过去的宪法中只提依靠工人和农民两个基本力量,扩大为依靠三个基本力量。知识分子的地位也有了法律的保障。

总之,在上述"政策群"的作用下,知识分子的社会声望和社会地位有了全面的提升。到了80年代中期,传媒中十分流行的术语就是"尊重知识,尊重人才"。到了90年代以后,知识分子已经成为很受社会尊重的群体了,人们已经很难理解当年这样一个群体会被称为"臭老九",所以,改革开放后知识分子地位的变化可以被视为政策改变分层地位的一个很好的案例。

当然,在改革开放以后政策变量的影响下,除了地位上升的案例,也有地位明显下降的案例,比如,1983年,根据邓小平在党的十二届二中全会上的讲话精神,中央出台了清理"三种人"的政策。所谓"三种人"是指"文化大革命"中追随林彪、江青反革命集团造反起家的人,帮派思想严重的人和打砸抢分子。由此,在"文化大革命"中起家的一些显赫分子受到了清理,社会地位骤降。总之,这方面的案例还有很多,在此不赘述。

三 1992年邓小平视察南方后,政策对分层结构的影响

20世纪90年代以后最明显的一次政策变量的影响,是由邓小平视察

南方所引发的。如果考虑到当时特殊的社会背景，甚至可以说，视察南方所造成的社会轰动效应，不亚于当年改革开放刚开始时的效应。如果按照上文的分析逻辑，重大事件和政策对社会分层的影响可以分为三个阶段或三个方面，即"基调理论"、"大的政策原则"和很多"具体的政策"，那么邓小平的南方谈话就属于"基调理论"。那么，是什么样的基调理论呢？这就是关于"发展是硬道理"、"以经济建设为中心"和"建立社会主义市场经济"的论述。邓小平发表南方谈话以后，全社会逐步确立了市场经济格局，中共中央文件也正式提出了社会主义市场经济概念。也就是说，从此我们承认在经营领域主要是由市场去配置资源，大大减少了由政府配置资源的比重。而市场竞争、市场配置资源是与特定的社会分层结构相关联的。笔者认为，如果仔细分析 20 世纪 90 年代中期以来到 21 世纪初这段时间政策变量对社会分层结构的影响，会发现两种互相对立的影响。如果以中央说的"扩大中等收入群体在全社会比例"为目标的话，那么，一方面我们可以发现有利于中等收入层扩大的变量，另一方面，也可以发现不利于中等收入层扩大的变量。那么，究竟是哪方面政策变量的影响更大呢？从社会学角度来看，应该说这是一个理论假设与证明的问题，需要实证的调查和大量数据的分析来证明哪方面政策变量影响大。

具体的影响因素有哪些呢？90 年代以来，首先是两大政策变量：一个是 90 年代中期以来国有企业改革，另一个是市场机制的引入。

我们先看国有企业改革。从企业内部的关系看，应该说，90 年代初以来的国企改革，相对而言，对于企业的管理层和技术层还是比较有利的，因为他们在企业里本来就有一定的控制权，他们自己也常常是改革的管理者和运作者，即使离开企业，他们也有更多的机会选择到其他的位置上去。而改革对于工人或普通的职工则是不利的因素居多，他们在企业中的人数最多，就业机制转变以后，大量的失业下岗人员就出现在这个群体中。

当时，国有企业改革出台的政策包括"破三铁""减员增效""下岗分流""优化组合""抓大放小"等。到 90 年代后期，在新的政策的引导下，城市里面的住房、医疗、养老、就业四大体制均发生了重大变化。这样重大的改革，当然会改变资源在人群中的配置，从而影响社会分层结构。

尤其是一些传统产业、重工业和矿业，工人、普通职工的比例高，出现了大量失业下岗人员。根据笔者在 1998 年进行的一个全国调查的数据，如果将下岗、待业都算在内的话，当时的城市失业率超过了 10%。而且由于当时的保障体制不健全，对于"买断者"而言，一旦下岗失业，就失去了医疗、养老的保障。笔者曾经的一个研究证明，20世纪90年代与80年代有很大的不同。20世纪80年代，体力劳动者在整个改革中获利比较多，农民、工人在80年代收入上升明显。而90年代以后呢，收入分配明显地有利于管理层、技术层。好的方面是脑力劳动和体力劳动收入倒挂的现象消失了，但是，不好的方面是工人与普通职工的地位有很大的下降。

再看看市场机制引入的结果。直接的结果是与市场运作相关的群体成为直接受益者。谁与市场运作相关呢？当然是做买卖的工商业阶层，所以，90年代中期有一段时间出现了全民"下海"、全民经商的浪潮。当然，由于我们的市场机制初建，很多环节都不健全，比如市场的审批环节还比较繁琐，市场竞争机会并不公正，于是，出现了很多官商勾结、靠批件赚钱的，市场寻租很普遍，所以，权力与市场搅在一起，权钱交易的腐败案件蔓延开来。再加上中国自古就是关系社会，以家庭、朋友为基础的社会关系体系极其复杂，这样就为权钱交易创造了极容易繁衍的环境条件，其实，以家庭伦理为本位的东亚社会都有这个特点。所以，韩国、日本虽然已经高度现代化了，但权钱交易的现象还是频繁发生。

市场机制引入导致与市场利益最接近的工商层、老板层直接获益，这个道理是显而易见的。但是，工商层、老板层也并不是铁板一块，内部也是分层的，我国当前的情况是，比较明显地分成两种：一种是大工商业主层或大老板层，另一种是中小工商业主层或中小老板层。迄今为止，我国的大工商业主层与大老板层人数很少，绝大多数属于中小工商业主层与中小老板层。而且，目前在中国，做工商业经营、做买卖的绝大多数并不是私营企业主，而是个体工商户，其人数一直持续上升。根据国家市场监管总局的数据，2021年底，全国登记在册的个体工商户已达1.03亿户，而每一户都代表着一个家庭，所以，个体工商户支撑着中国数亿人的生活。这样，与政策相关的一个重要的问题就是，政策导向究竟应该对谁有利？即在政策上、导向上是向大资本倾斜还是向中小资本倾斜？这就涉及我们对于未来社会分层结构的设计。前面讲到了中央的总体思路是"扩大中等收入群体在全社会的比例"，也就是说，未来的社会结构是以中层为主体的，最高层的和最低层的人数都是较少的，比例都是比较小的。如果比较世界各国的阶级结构就会发现，世界上有两类阶级结构：一类是中产结构，就是上面描述的以中产阶级为主体的社会，比较典型的国家如瑞典、丹麦、挪威、芬兰、德国、奥地利等；另一类是以下层阶级为主体的社会，只有极少数上层大资产者，他们的人数虽然不多，但是占据了该社会的大部分财产，这样社会的中间层很小，大部分人口处于下层，南美洲、非洲、东南亚和南亚一些国家是这种社会结构。所以，为使中间层逐步扩大，在各类政策上当然应该向中小工商业者倾斜。如果能够使中小工商业者在社会中的比例上升，使中小工商业者获得更多的利益，也是社会公众普遍获益的一个重要方面。

以上所说的20世纪90年代以来的两大政策变量——国有企业改革和引入市场机制，也造成了多方面、多层次社会资源与经济资源的重新配置。其中最主要的资源包括住房、土地、国有资产、矿产资源等。下面就逐个地分析一下这些资源在重新配置中出现了什么情况，以及这些资源的重新配置对于社会分层产生了什么影响。

首先是住房。城市住房体制改革虽然从1979年就启动了，但是真正有实质意义的变革是从90年代中期开始的。十几年以后，中国城市已经从过去的以公有住房为主的社会变成了以居民自有住房为主的社会。住房是与居民利益密切相关的最主要的资源，如此大规模的住房资源的重新配置，利益的分配肯定不会是完全均等的，不平衡的现象很普遍。过去是单位分配住房，现在是市场化出售房屋，这里面房屋资源配置原则也发生了很大变化。房屋资源重新配置对于分层的影响也是两个方面的因素都存在。一方面，城市住房体制改革还是使多数人获益了，目前我国城市居民自有房屋的比例超过了80%，这样的房屋自有率超过了欧洲国家和美国。最近的调查显示，在我国城市居民自有的房屋中，大约半数的房屋是城市居民通过单位房改获得的，另一半房屋是居民是从市场上购买的。当然，随着市场机制的推进，从市场上购买的比例在不断上升。单位房改，将单位房屋出售给自己的职工时，价格是比较低廉的，主要是考虑到了职工过去对单位的贡献。而今天随着住房价格的暴涨，这些住房的价格也都大大膨胀了，所以，房改的政策还是使职工特别是老职工获益了。另一方面，近年来，城市房产价格急剧增长，这对于没有住房的年青一代压力是十分巨大的。根据华经产业研究院的数据，2020年，深圳商品房均价为每平方米56829元，北京、上海为每平方米30000～40000元。在这些城市，一套房屋的总价至少要数百万元甚至上千万元，这对于到该城市来就业的年青一代来说是完全承担不起的。这种情况，有些类似于韩国首尔城市的现象，居民分为有房产的富人与没有房产的穷人两个阶层。

其次，我们看看土地政策。自1990年国务院令第55号《中华人民共和国城镇国有土地使用权出让和转让暂行条例》签发以后，我国城镇土地的出租、批租就合法化了，从此房地产业迅速发展起来，房地产集团和房地产商也同步迅速成长。由房地产商去运作房地产，确实比过去计划经济、单位盖房效率不知道要高多少倍，所以，城市不再为没有房子发愁了。但是，房地产市场化以后，房产和地产资源的配置与过去的分配房屋比较发生了本质的变化。土地批租以后，人们就开始从土地上获利。城市住房体制改革中最为核心的问题是土地制度改革。土地制度改革以后，房地产商才能占有土地，然后才能盖房子。说是房价，实际上很大部分是土地价格。我们知道，城市房屋价格暴涨是土地价格暴涨的结果，因为盖房子用的材料价格变动不是很大，价格暴涨的是土地。那么，巨大的土地价格收益被谁拿去了呢？新近的研究提出了"地利联盟"的概念，通过详尽的实证案例证明，在市场化机制下，土地利益分配的情况比过去复杂多了，少数人构成的"地利联盟"获益较大，对于社会大众来说是不公正的，主张还是应该通过政府干预实现社会公正（陈振华，2022）。我国宪法明确指出，城市土地是全民所有的，但是，在实际运作中，城市的土地利益却被占人口极少数的"地利联盟"获得。所以，作为社会主义国家，在我国城乡发展中，究竟怎样才能让所有人民真正从全民所有的土地中获益，仍然是一道难题。

再次，我们看看国有企业转制中的问题。20 世纪 90 年代中期以后出现过国有企业转制的高潮，它们中有些改为股份制了，有些破产了，有些原厂破产了但优良资产又被组合成新厂了，有些被卖掉了、被收购了，有些在"抓大放小"中被人承包了。总之，有众多转制的新形式，转制中漏洞百出，不公正的现象比比皆是。我们理解如此大规模的体制变革确实是相当不容易的。从公共资产分配是否公平的角度看，国有企业转制中确实出现了国有资产流失、少数人侵占公共利益的问题，在不少国有企业并购时，连资产评估都有很多漏洞。所以，在那段时间里出现了很多职工和公共利益受损的情况。21 世纪以后，中央又做出了很多政策调整，将当年失业下岗、"买断"的职工纳入了社会保障体系，在一定程度上对职工利益受损的情况进行了补偿。

最后，我们看看舆论上一度被抨击比较多的矿产资源的配置。根据法律，我国的矿产资源是全民所有的，国家从来没有同意过矿产私有化。但是，如果大家到各地去看看，矿产特别是煤矿私有化现象一度非常普遍，虽然名义上说是承包。不少地方搞所谓改革，将煤矿等承包给私人矿主，当然在这个承包的过程中也出现了很多权钱交易的不法行为。一些人廉价甚至是免费获得了全民的或国家的矿产资源，再到市场上去出售，这种无本万利的买卖富了一批人。"煤矿主"一度成了引人注目的富人群体。媒体上也曾连篇累牍地报道山西煤矿主购买豪华轿车、疯狂抢购商品房的现象。在这方面，一度出现了社会分层的两个反差：一个是煤矿主的富有与他们基础素质的低下之间形成的强烈反差；另一个是煤矿工人艰苦的劳动、低下的待遇与这些矿主的富有形成的反差。当然，21 世纪以来，中央出台了一系列政策，逐步完善了矿产资源管理的法律法规，处理了这方面的很多腐败案例，起到了纠偏的作用。

除了以上四种资源之外，还有一种资源就是前面提到的组织资源，本书第七讲在介绍赖特的组织资源理论时已经做了分析。这里所说的房屋、土地、国有资产、矿产四种资源都会受到组织资源的调配。组织资源可以调配房产、地产、国有资产、矿产，当然，这里面有合法的也有不合法的，利用组织资源干预其他资源最恶劣的就是腐败行为，即利用组织资源为私人谋取利益。当然，有的时候是利用组织资源为小集团谋取利益，或为一部分人谋取利益，这里面的情况就要复杂多了。但不管是哪一种情况，都会影响资源在社会群体中的配置，最终影响社会分层结构。

从社会调查数据上看，这段时间也是我国改革开放以后贫富差距上升最快的时期。社会学界对于这个时期的分析，有多种理论。比较流行的是从市场转型的角度去解释，即认为改革开放以前中国是计划经济主导的社会，经济等资源的配置不是由市场完成的，而是通过政府的组织管理进行调配的，比如，房屋是分配的、工资主要由国家调整等，其结果是以"平均主义""均等化"为特征的收入分配结构；改革开放以后，由于逐渐引入了市场机制，经济等资源的配置主要是由市场完成的，而市场是不讲情面的，市场主张优胜劣汰，自然会产生很大的不平衡和分化，资源获得逐步拉开了距离。当然，社会学家也指出，我国的市场体制还处于初建阶段，还很不完善，而且市场只是分配的一个环节，在市场体制完善的国家，与市场经济相配套的还有多种环节，比如社会保障、社会福利机制等，对于分配进行再调节，近来也强调三次分配的理论，最终实现平衡发展。所以，我国目前的问题并不在于引入了市场机制，而在于市场体制还有待逐步完善。

对于这一时期的分层情况，中国社会学界提出的理论主要有四种。第一种是"十阶层"理论，是由陆学艺教授担任组长的课题组提出的，即认为在市场改革的影响下，中国社会阶层结构变化了，有新产生的阶层，而且各阶层的位置次序变化了，按新的分层次序十个阶层从高到低的排列为：国家与社会管理者阶层、经理人员阶层、私营企业主阶层、专业技术人员阶层、办事人员阶层、个体工商户阶层、商业服务业员工阶层、产业工人阶层、农业劳动者阶层、城乡无业失业半失业者阶层。对于该理论，本书第八讲已经有过详细分析。

第二种是"社会断裂"理论，是由笔者的好友清华大学孙立平教授提出的。该理论强调断裂是结构性的，造成社会断裂的原因是社会的急剧转型、市场转型，由于转型太快，很多社会阶层都被淘汰或被抛弃了，比如企业的失业下岗阶层等弱势群体。该理论所讲的断裂是多方面的，包括国企改制中的断裂、城乡结构的断裂、生产与消费之间的断裂、文化的断裂等。该理论认为，"多个时代的社会成分共存在一个社会之中"，导致的社会断裂是全方位的。所以，在该理论中，贫富分层也被解释为是一种断裂的关系。当然，如果社会真的断裂了或连接不上了，那样社会岂不就瓦解了？如果仔细考察的话，该理论对于中国社会发展的预测也并不都是悲观的，对于社会转型也有乐观的估计，所以，该理论更多的是对于社会的一种警告。（孙立平，2003）

第三种理论是笔者提出的"倒丁字型的社会结构"。对此本书第八讲已有详细介绍，在此不赘述。

第四种理论是笔者与沈原博士、孙立平教授合作提出的"四个利益集团"的观点。该理论是根据改革以来人们利益获得和利益受损的状况，将中国人分为四个利益群体或利益集团，即特殊获益者群体、普通获益者群体、利益相对受损群体和社会底层群体。因为，改革本身就是社会利益结构的调整，而利益结构的调整显然会使一些集团或群体获得利益，同时会使另一些集团损失利益。当然，"全赢"的局面——社会每一个集团都获得利益，社会整体利益上升——也不是绝对不可能的，但是，在目前要实现这种局面实在是太困难了。近年的住房体制、医疗体制、养老金体制、失业保障体制的改革，几乎每一项改革都难免会损伤一些人的利益。为使改革顺利进行，我们就必须分析，这样的改革究竟对哪一部分人群有利，对哪一部分人群不利。为使我国的改革能够顺利推进，我们就应做到使改革措施尽量能对更多的人有利。所以，四个利益群体的理论就是试图对该阶段社会分化的情况做出一种解释。

四 共同富裕与社会分层

2021 年 8 月 17 日，习近平总书记在中央财经委员会第十次会议上的讲话强调，共同富裕是社会主义的本质要求，是中国式现代化的重要特征。由此，共同富裕的政策取向受到社会各界的关注。

如果认真学习改革开放以来的中央文件，就会看到，共同富裕一直是中国共产党坚持的社会目标。早在 1985 年 3 月邓小平同志就指出，"社会主义的目的就是要全国人民共同富裕，不是两极分化"，共同富裕是我们必须坚持的社会主义的根本原则（邓小平，1993：110~111）。

考察改革开放以来中央关于收入分配的政策取向，在坚持以共同富裕为目标的同时，在不同时期会根据实际情况调整效率与公平的关系。党的十六大报告强调了"效率优先，兼顾公平"的原则（江泽民，2002）。党的十七大报告则表述为"要处理好公平和效率的关系，再分配更加注重公平"（胡锦涛，2007：36）。党的十八大报告还是强调要处理好两者关系，"再分配更加注重公平"（胡锦涛，2012：36）。党的十九大报告则明确提出要"缩小收入分配差距"（习近平，2017：47）。总之，从政策取向上看是越来越强调实现社会公平的目标。

今天决策界强调共同富裕，是对 20 世纪 90 年代中后期以来我国居民收入差距上升过快的一种纠偏。上文已述，在住房体制市场化改革、土地要素进入市场、企业市场化改革、劳动力市场化改革、矿产资源的处理等问题上，确实发生了不少分配不公的现象，所以，2004 年以后，一系列政策的出台都是朝向缩小收入差距这一目标的。

调整收入分配强调"共同富裕"的具体政策非常多，包括：推进新农村建设、乡村振兴、增加农民收入、缩小城乡差距；完善公共财政制度、加快推进基本公共服务均等化、建设普惠型公共服务体系；鼓励勤劳守法致富、扩大中等收入群体、增加低收入者收入、调节过高收入、取缔非法收入。此外，也强调在经济增长的同时实现居民收入同步增长，拓宽居民劳动收入和财产性收入。

我国理论界在总结新中国成立以来七十多年建设社会主义经验教训的基础上，对于共同富裕有了更为深刻的理解。中央也多次强调：共同富裕不是简单地"均贫富"，不是绝对平均主义，更不是仇富、敌视富人，共同富裕不是改变改革开放以来的多种经济成分的格局。共同富裕是指在存在高中低收入群体的局面下，尽量扩大中等收入群体的比重，也就是坚持最大多数人的最大利益原则（毛泽东，1991：1096）。

一方面，党和国家的这些政策很明显是增加社会公平方面的政策变量，试图使社会资源的配置向普惠的方向调整。但另一方面，其对社会分层的影响是一种循序渐进的方式。总的来看，我国城乡居民家庭人均收入的基尼系数在 2008 年达到高点以后，一直呈逐年下降的趋势，对此，下文会详细阐释。

第三节　21 世纪以来中国社会分层结构的变迁

中国共产党成立至今已逾百年，100 年来，中国共产党带领中国人民革命与建设的实践证明，认识社会分层结构的状况对于党和国家制定基本的战略策略具有极其重大的意义。

21 世纪以来，中国经济有了突飞猛进的发展，体制改革不断深化，特别是市场经济体制已经深入社会生活的各个方面。在完成商品市场化、就业市场化以后，各个资本要素的市场化也不断深化，包括金融市场化、房地产市场化，这些对中国老百姓社会地位和日常生活的影响极为重大。老百姓的住房从过去绝大部分是公有住房变为今天绝大多数是老百姓自己拥有的。这些都对中国社会分层结构产生了巨大影响。有些人地位上升，有些人地位下降。近年来的新冠疫情以及国际上发达经济体对于中国发展的打压，也都影响着老百姓的日常生活。本节试图探索 21 世纪以来，尤其是近年来，我国的社会分层结构和各种社会力量究竟发生了哪些变化及其未来趋势如何。

一　关于社会"整体结构"的变化

对于改革以前的中国社会结构，传统上有"四大阶级"的说法，后来也有"两个阶级一个阶层"的说法（陆学艺，2010：388~399），不需笔者赘言。改革开放以后，社会整体结构发生了翻天覆地的变化。原有的社会阶级阶层，农民、工人、知识分子都发生了很大变化，还产生了很多新的社会阶层。对于这种变化，陆学艺先生提出"十个阶层"的观点，即国家与社会管理者、经理人员、私营企业主、专业技术人员、办事人员、个体工商户、商业服务业员工、产业工人、农业劳动者、城乡无业失业半失业者十个阶层（陆学艺，2010：394~397），实际上这主要是一种职业分层解释。笔者则是采用纯粹量化的方法，即"国际标准职业社会经济地位指数"的方法，使用全国人口普查数据，对中国社会结构变迁进行定量研究。研究发现，中国目前已经从"倒丁字型"社会结构转变为"土字型"。从国家统计局 2021 年的《第七次全国人口普查公报（第六号）》居民受教育水平数据看，受过大专及以上教育的人口在全部受教育人口中仅占17.22%，也就是说 82.78% 的居民都没有受过大专及以上教育，而 65.99% 的居民仅受过初中和小学的教育，15 岁以上人口中还有 2.67% 的居民是文盲。这些都说明了我国整体社会结构的两个基本现状：其一，迄今为止，我国还是中下层群体占比比较大；其二，中产阶层所占比例有明显上升。根据笔者带领的课题组的测算，目前中国的中产阶层（包括其家庭成员）占总人口的 26%~28%，人口有 3 个多亿了。下面笔者先阐述以下四大整体变化。

第一，城乡人口结构发生了根本变化。就整体社会结构看，中国从 21世纪初以农村为主体的社会，变为当前的以城市常住人口为主体的社会。通常用城镇化率来显示这种变化。2001 年，中国城镇人口为 48064 万人，占总人口的 37.7%；乡村人口为 79563 万人，占总人口的 62.3%。2020 年第七次全国人口普查数据显示，居住在城镇的人口为 90199 万人，占63.89%；居住在乡村的人口为 50979 万人，占 36.11%[①]。也就是说，2020年的城乡人口比例与 2001 年相比正好倒了个个儿，当年是居住在农村的人口占六成以上，到 2020 年居住在城镇的人口占六成以上。

城乡关系变得复杂化了。城乡差异历来是中国的最大问题，但是目前也有新的特征，就是城乡的差异出现了复杂化和多元化局面。仅从收入曲线看城乡之间的差异，将城市居民的年人均收入与农村居民的年人均收入比较，差距有一些缩小，过去城市是农村的三倍以上，现在是两倍多一点。但是，实际情况远比这种平均数的比较复杂得多。今天，农村与农村的分化也很突出。农村、农民有很贫穷的，也有很富裕的。城乡关系比以前多元化了，以前农村发展主要通过城镇化、农民市民化解决，现在农民不愿意被市民化，因为被市民化就要失去土地，而土地是财富之母。这样的案例很多，不少地方土地确权后，农民手里有土地证、宅基地证、房产证，

---

① 参见《中华人民共和国 2001 年国民经济和社会发展统计公报》《第七次全国人口普查主要数据情况》，国家统计局官方网站，http://www.stats.gov.cn。

不少村庄还将地权股份化了、将集体财产股份化了，农民成为股权持有者，获得了很大的分红利益。尤其是离大城市比较近的农村，出现了一批富裕起来的、创建了新机制的乡村。总的来看，离大城市近的农村富裕一些，离大城市远的、边远地区的农村落后得多一些。

第二，城乡人口结构变化带来了居民生产方式、生活方式的巨大变迁。这样一种城乡人口结构的巨大变化，带来的社会变迁是全方位的。数亿人的生产方式从农村的农业劳动，转变为城市、城镇的工业劳动、服务业劳动、商业劳动。生活方式的变化也是根本性的，从农村的那种"房前屋后种瓜种豆"、养鸡养猪自给自足，日常生活基本上不用花钱的生活方式，转变为几乎所有事情都要通过商业交换才能实现的生活方式，一方面很多老人都不太适应，另一方面确实极大地提高了人口的市场消费水平。转变到城市生活以后，住房的面积显然不如农村宽敞，但是，生活的便利程度明显提高，出行条件是农村无法比的。那些通过"农转居"转变为城镇市民的人，获得了城镇居民的社会福利保障权利，所以，权利权益也发生了巨大变迁。当然，对于很多人来说，最难改变的还是生活习惯和观念，城镇生活也在每日每时训练人们遵守城市文明的行为方式。生产方式、生活方式、权利权益、文明行为，这四个方面的变化，很多难以做出量化的描述，但是，带来的巨大社会变迁是真实的。

第三，职业结构发生了巨大变迁。我们先来看看三个新生的职业群体。其一，快递员或称"快递小哥"。根据《2020～2025年中国快递行业市场前瞻与未来投资战略分析报告》，目前我国外卖员、快递员总数达到1000万人，而且其增长速度是十分惊人的，2018年该职业群体人数仅300万人（中研普华产业研究院，2020）。其二，网约车司机。根据2019年10月的报道，我国网约车司机从业人数达到3000万人（李润泽子，2019）。其三，网销人员。我国城乡从事网络销售的人群是一个大得无法统计的人群，迄今没有官方统计。据我们日常观察，各个年龄段都有很多人有在网上销售的经历，甚至在微信群里，网销也是常见现象。上述的三个巨大的从业群体，很多人都是兼业的劳动者，很多人都是一天打几份工。所以，这种新的从业方式，在我国历史上也是创新的。我国曾经经历过人人一生都只在一个单位、一个职业工作的"铁饭碗"时代。20世纪90年代中后期劳动力市场化以来，劳动者更换工作单位以及职业变迁已经成为比较普通的事情了。而今天，出现的新趋势是，哪一种劳动挣钱快，劳动者就涌入哪一个劳动力市场，而且，不少人都是在兼职工作，这样，研究者要想严格地区分每一个人的职业位置，就变得比较困难了。

　　第四，大城市、超大城市人口社会经济地位与小城市、小城镇人口社会经济地位的巨大分化。正如上文所述，我国在整体社会结构上，城乡关系发生了根本变化，由于持续多方位的政策调整，城乡之间的差异有了很大的变化，很多农民开始到家乡附近的城市城镇买房，从在乡村生活转变为在城市生活。而与此同时发生的一个巨大变化是，大城市、特大城市、超大城市与中小城市存在着巨大的分化。这种分化突出地体现在三个方面。

　　其一是城市之间职业地位的分化。人们的职业地位是一种综合社会地位，它暗含着社会地位、经济收入、声望等，非常重要。我们先看下面的表 15-1。

表 15-1　我国不同规模城市本地居民与流入人口的职业地位结构

单位：%

		职业上层	职业中层	职业下层
中小城市	本市人口	4.15	14.36	81.49
	省内跨市流入人口	7.68	30.83	61.48
	跨省流入人口	4.43	27.80	67.77
大城市、特大城市	本市人口	7.73	20.60	71.67
	省内跨市流入人口	7.34	38.57	54.09
	跨省流入人口	4.50	31.40	64.10
超大城市	本市人口	16.52	41.37	42.11
	省内跨市流入人口	7.24	46.09	46.66
	跨省流入人口	6.51	39.63	53.86

资料来源：李强，2019：243。

　　表 15-1 中的城市都是我国官方正式定义为城市的地区，而不同类型城市的定义是：市区常住人口 50 万以下的为小城市，50 万~100 万的为中等城市，100 万~300 万的为大城市，300 万~1000 万的为特大城市，1000 万及以上的为超大城市。由于国家还没有公布"七普"的职业数据，所以这里还是"六普"的数据。我们可以看到，这里所说的即使是中小城市，规模其实也是不小的。职业地位的区分采用的是"国际标准职业社会经济地位指数"（ISEI）。从表 15-1 中可以清楚地看到，尤其是本市人口，在超大城市与中小城市中人口职业地位的差异是十分明显的。所以，近年来，很多大学毕业生感到，虽然想回家乡参加建设，但是中小城市的职业结构与自己在大城市大

学里所学习专业的职业结构是不匹配的。这样，人才就更多地从小城市流往大城市。人才是城市发展的关键，人才的流失更造成了小城市发展的恶性循环。

其二，笔者以为，这种超大城市、大城市与中小城市的差异，是一种"政治经济社会区域体"的差异，所谓"政治经济社会区域体"是我国的一种比较突出的现象，由于政府在资源配置上起到了最为突出的作用，每一个地区都是有行政级别的，资源配置也是大体上依照这种行政级别配置的，所以，级别高的大城市自然获得了更多的政治经济社会资源，小的城市再有市场活力也比不了这种按照行政级别给予的全方位资源配置。

其三，这种差异也突出体现在房价上。特大城市、超大城市房价无论怎样控制，还是呈攀升的趋势。而中小城市，房价个别虽也有上升的，但大多数是下降的趋势。北京大学的研究证明，中国城镇居民家庭财产的构成，79.8%是房产（谢宇等，2014：33）。特大城市、超大城市房子越来越贵，小城市房子不升反降，这本身就代表着家庭财产的分化，这是导致财富两极分化的重要原因。所以，如何处理大城市房价的循环累积效应，迄今仍是一道难题。

二　关于我国的贫困群体问题

本书讨论了社会中产阶层和高层精英群体，但是，缺少对于贫困层的研究，所以在此做个补充。改革开放以来，尤其是近年来，我国在贫困治理方面取得了巨大的成就。2023 年 3 月 5 日，第十四届全国人民代表大会第一次会议发布《政府工作报告》，报告指出，经过八年持续努力，近 1 亿农村贫困人口实现脱贫，全国 832 个贫困县全部摘帽，960 多万贫困人口实现易地搬迁，历史性地解决了绝对贫困问题（李克强，2023）。这样的成就为全世界所瞩目。

当然，我们也要认识到，处理贫困问题是一项长期而艰巨的任务。从理论上看，贫困可以被区分为"绝对贫困"和"相对贫困"两种不同的情况。所谓"绝对贫困"是指低于维持人们有效活动的最低指标，这个理论和测量最早是由英国社会学家朗特里（B. S. Rowntree）提出的（李强，1997b：3~4）。当然，不同历史时期绝对贫困的测量标准也有很大差别，我国绝对贫困测量标准的最初尝试是 1984 年中共中央书记处农村政研室提出的，当年还是以口粮为标准，提出人均口粮南方稻米产区 400 斤以下，北方杂粮产区 300 斤以下，可见当年的标准是非常低的。此后改为用人均年纯收入测量，最初是只有两三百元人民币，如 1989 年的标准是 259 元，即使是这样的标准，该年的贫困人口为 1.06 亿人。此后，该标准每年都有很大提升，到 2011 年该标准为农村家庭人均纯收入 2300 元（这与该年世界银行的标准是一致的）。由于标准提升了，中国科学院发布的《2012 中国可持续发展战略报告》指出，该年的贫困人口为 1.28 亿人。到 2019 年，我国的标准是 3218 元。2020 年底标准是 4000 元，就是按照这个标准，2020 年底我国农村贫困人口全部脱贫。当然，除了人均年纯收入的标准以外，我国还制定了相应的其他保障标准。

那么，什么是相对贫困呢？所谓"相对贫困"指相对于社会上平均生活水平而言，有一部分人处于社会生活水准的最下层。因而，相对贫困测量的是财富或收入在不同社会阶层、不同社会群体之间的分配份额。党的十九大报告指出：当前，我国社会主要矛盾已经转化为人民日益增长的美好生活需要和不平衡不充分的发展之间的矛盾（习近平，2017：11）。所以，处理相对贫困问题，会是我国新时代社会主义建设的长期任务。目前，我国的不同地区、不同阶层、不同社会群体之间的财富和收入差距问题还比较突出，所以，我国需要从资源配置体系和制度、收入分配、社会保障体制等诸多方面推进改革，要有与相对贫困长期斗争的思想准备。

下面仅从城市居民最低生活保障标准的角度，讨论一下我国城市相对贫困问题的未来趋势和解决办法。2020 年底以前，我国扶贫脱贫工作的重点更多是关注农村地区，在打赢脱贫攻坚战以后，我们必须注意，相对贫困的问题在城市中开始凸显出来。这一方面是因为上义所说的我国已经变为以城市常住人口为主的社会，另一方面是因为城市的贫困问题有其特殊性。农村的农民以土地为生，只要种地总还有一点儿收成，多数农民家庭种菜、养鸡、养鸭、养猪，总还能够维持生活。而城市居民，生活的各个方面都需要钱，一旦没有了工作、没有了生活来源，如果再没有积蓄，那真的会陷入绝境。针对这个问题，中华人民共和国国务院令第 271 号决定，从 1999 年 10 月 1 日起施行《城市居民最低生活保障条例》。根据这个条例，全国每个城市都制定了自己的城市居民最低生活保障标准。在制定标准时，考虑到了维持当地城市居民家庭基本生活所必需的衣、食、住费用，并适当考虑水电燃煤（燃气）费用以及未成年人的义务教育费用等。

当然，不同城市的情况有很大的差异，特大城市、一线城市生活费用高，标准也就会高些。下面我们试比较一下北京和石家庄的城市居民低保标准。2020 年 7 月，北京市最低生活保障标准由此前的家庭月人均 1100 元调整为 1170 元，在过去的 8 年时间里，北京的标准一直逐年提升，从过去的家庭月人均 500 元、520 元、580 元、650 元、710 元、800 元、1000 元一直提升到 1170 元的标准。相比北京的标准，石家庄由于城市日常生活费用低一些，该城市 2020 年 2 月的低保标准为家庭月人均 671 元（8052 元/年），当然石家庄的标准也是逐年提升的。根据国家规定，当城市居民家庭人均收入达不到这个水平时，就可以到最基层的城市社区居委会去申请，经核准后，由民政部门发放，发给现金补齐到这个标准。

从上面的比较我们可以看出，就城市贫困问题而言，相对贫困的特征更为突出，该标准受到很多因素的影响。比如，受到物价的影响，如果物价上升，就要相应调整补助的标准。又如，受到新冠疫情的影响，一些人失去了工作，一下子没有了生活来源，那就要及时向有关部门申请。还要特别注意的是，目前我国的城市居民最低生活保障是针对有该城市户籍身份居民的政策，如果是外来打工者、外来流动人口，还不能享受该城市的低保福利。譬如，北京市的常住人口有近 2400 万人，有北京市户籍身份的只占一半，另一半——1200 万外来打工者、外来流动人口，虽然也常住在北京，但是并不能享受北京的低保福利。再者，在我国多数地区，城乡之间的低保标准还有很大差异。所以，我们必须认识到，相对贫困会长期存在，我们与贫困的斗争会是一项长期任务。

从社会学理论与实践看，在试图解决贫困问题的时候，最为艰难的还有"文化贫困"。也就是说，贫困不仅仅是一种经济现象，它也会形成一种特殊的文化体系。可以看到，贫困群体由于长期生活在贫困之中，形成了一套特殊的生活方式、行为规范、价值观念等，形成了一种"贫困亚文化"，对于周围的人群、对于后代产生影响，甚至代代相传。（李强，1997b：11~16）我国的一些扶贫计划曾经遇到过这样的事情，当地的扶贫干部帮助贫困群体搬到了平原地区，搬到了新家，结果后来，很多人又跑回落后的山里去了，说是在平原生活不适应。所以，如何帮助这样的群体形成积极上进、具有奋斗精神的价值观，形成新的生产方式、生活方式，这是更为艰巨的任务。

三　关于贫富差距问题

上面谈到贫困群体，这就必然涉及与富裕群体的比较，即贫富差距问题。测量贫富指标通常测量人们的财富或收入，由于测量财富比较复杂、不好操作，所以通常测量收入，所以也称为收入差距问题。

21世纪以来，我国贫富差距确实一直处于高位。下面用基尼系数显示贫富差距，采用的是中国居民家庭人均收入的基尼系数。改革开放以前，我国城市居民家庭人均收入的基尼系数为0.16（世界银行经济考察团，1983：59），这样低的基尼系数，在全世界是极为罕见的。这与当时我国均等化的分配体制（包括住房的分配体制）、票证供应的特殊分配体制等有直接的关系。改革开放以后，逐步建立了市场配置资源的体制，市场的原则是激烈竞争、优胜劣汰，这样我国城乡居民家庭人均收入的基尼系数是一路攀升的，根据笔者的研究数据，1988年为0.38，1994年为0.43。根据国家统计局的数据（见图15-1），全国居民人均可支配收入基尼系数，在21世纪之初是呈现继续上升趋势的，2004年为0.473，到2008年达到了0.491以后，又逐年下降，2010年为0.481，2013年为0.473，2019年为0.465。所以，总体来说呈现先上升后下降的趋势。

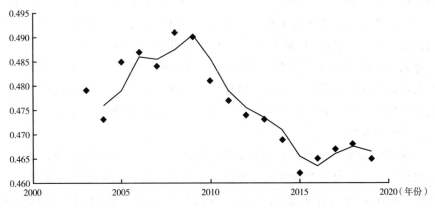

图 15-1　国家统计局公布的基尼系数（2003~2019 年）

资料来源：国家统计局住户调查办公室，2020：391；《2013年1月18日国家统计局公布2003~2012年10年居民收入基尼系数》，人民网，http://www.finance.people.com.cn/n/2013/0119/c1004—2055477.html；2013年、2014年、2015年数据来自各年统计公报。

　　社会分层研究从两个方面看待贫富差距问题。第一个问题是谁得了多少份额？第二个问题是为什么会得到这样的份额？从第一个问题看，我国改革开放以前广大居民得到的份额确实差距很小，改革开放以后，特别是到了21世纪，居民的收入差距明显较大，从基尼系数看，有些研究机构公布的基尼系数还远远高于国家统计局的数据，如西南财经大学中国家庭金融调查报告提出2010年中国城乡居民家庭人均收入的基尼系数是0.61（《第一财经日报》，2013），北京大学社会科学调查中心的报告提出2012年中国城乡居民家庭财产的基尼系数为0.73左右（谢宇等，2014：30），当然这都是非官方数据。尽管不同报告有差异，但判断21世纪以来我国的贫富差距比较大，是社会各界比较一致的共识。当然，图15-1也显示，2008~2009年基尼系数达到高峰后，出现了下降趋势，但是，迄今还是不低于0.46的水平，所以，还是在较高的位置上的。

　　怎样看待这种基尼系数较高的情况呢？这就涉及第二个问题：为什么会得到这样的分配份额。上面的分析已经指出，改革开放以前，我国的居民家庭人均收入的基尼系数很低的原因是我们采取了用行政体系、票证制度来配置资源，其结果是"均等化程度"确实很高，但绝不是共同富裕，而是在资源极其有限的情况下，维持供应的不得已的做法。所谓"干多干少一个样，干好干坏一个样"的分配方式，也在很大程度上损伤了劳动者的积极性和经济效益。1950~1975年，我国的人均国民生产总值与世界上一般工业化国家的差距越来越大（李强，1989：2），显然仅仅观察第一个问题还不行。笔者在20世纪90年代曾经组织过一次大规模城市居民入户抽样调查，研究家庭经济史，结果发现，1950~1994年，我国城市居民家庭人均收入基尼系数最低的一段时期是"文革"十年，所以，仅仅追求很低的基尼系数不是我们的目的，广大人民群众也不愿意过当年那种普遍贫穷、商品短缺的日子。

　　21世纪以来，我国的基尼系数确实处于高位。造成这种差异的原因上文也分析了，与市场配置资源的体制有直接的关系。市场是怎样配置资源的呢？党中央的文件表述是"健全各类生产要素由市场决定报酬的机制"[①]，也就是说，劳动、知识、技术、管理、资本各要素按贡献参与分配。尽管中央文件多次强调，要提高劳动报酬在初次分配中的比重，但是，

[①]《中共中央关于制定国民经济和社会发展第十四个五年规划和二〇三五年远景目标的建议》，北京：人民出版社，2020，第32页。

普通工人农民劳动获得的报酬还是很低的。相比之下，资本的获益有明显的"雪球效应"（越滚越大）。再有就是经济的高垄断造成了少数垄断者获利极大，而多数劳动者利益受损。我国是超巨型人口社会，有14亿多人口、4.9416亿家庭户，要想让他们中的绝大多数人都富裕起来，就必须更多地保护中小经营者、小微经营者的经济利益，而约束垄断者对经济资源的控制。

总之，造成较高基尼系数的原因是极其复杂的。在初次分配中，市场竞争的因素起的作用大一些，近来操作型技术人才短缺，这样一些高技能的一线工人的工资水平就上升了，甚至超过了坐办公室的白领工作人员，这也是中央多次强调要扩大培养高技术工匠型人才的原因。社会的再分配是由税收、社会福利、社会保障体系完成的，"十四五"规划就特别强调要加大税收、社保、转移支付等的调节力度和精准性。此外，社会还有第三次分配，也就是全民都参与的慈善、扶贫、帮助他人的事业，追求共同富裕的目标，确实需要全民的参与。政府政策的调节固然重要，但是，如果没有全体人民树立起这样的理想信念和目标，那么共同富裕也是难以实现的。所以，在21世纪，如何使全体人民树立起这样的理想信念和目标，任务也是相当艰巨的。

四　关于社会流动与阶层固化的问题

社会流动、阶层固化，是社会上讨论得比较多的问题。特别是每当高考前后，社会上讨论的热门话题是：高考是否还是地位上升的最重要渠道？社会上流行的一种观点认为，目前出现了阶层固化，并认为富二代、官二代等现象就是阶层固化的体现。

那么社会学是怎样测量社会流动和测量阶层是否固化的呢？社会学称之为"代际流动"测量。就是通过大样本的家庭户抽样调查，记录城乡不同类型的家庭中爷爷（奶奶）、父亲（母亲）、儿子（女儿）的社会地位（包括职业地位、经济地位、教育地位等），然后，通过数据分析得知上一代人与下一代人各种社会地位的变化情况。当然，这种社会地位变化有可能上升，也有可能下降，将上升和下降合在一起就可以得到流动的比例。比例高、流动率高说明阶层没有固化，比例很低说明阶层固化了。

根据这样的测量方法，我们试分析一下我国的代际流动率到底如何。根据陆学艺先生及其课题组于2004年出版的著作，当时我国代际流动的大致状况如下。

该研究的数据显示，首先，改革开放以后，代际流动率明显上升，改革开放以前是41.4%，改革开放以后是54.0%，而且是上升流动更为突出，改革开放以前上升流动为32.4%，改革开放以后上升流动为40.9%（陆学艺，2004：176）。这意味着，对普通老百姓而言，改革开放让人们有了更多的上升机会。其次，对当时国家与社会管理者的分析发现，他们的父母是干部、企业管理人员和企业主的总共占15.4%，也就是说当时其余84.6%的管理者来自其他各阶层的家庭。其中，9.2%来自专业技术人员家庭，9.2%来自办事员家庭，3.1%来自小业主家庭，16.9%来自工人家庭，46.2%来自农民家庭。（陆学艺，2004：140）也就是说，从全国社会调查数据看，并不支持阶层固化的观点。当然，该研究也解释了虽然在管理者中，来自农民家庭的占比很高，但是由于农民在整个人口中占比很高，超过总人口的60%，而管理者在全中国人口中占比很低，所以，从概率上看，管理者家庭出身的人进入管理者职位的概率还是要明显高于农民家庭出身的人的概率。

下面，笔者采用两个数据：一个是20世纪90年代中期笔者组织的全国城乡等比例等概率抽样入户调查数据，图15-2中显示为20世纪90年代；另一个是中国人民大学中国调查与数据中心的CGSS数据，图15-2中显示为21世纪。

图15-2　中国人的总体代际流动率

在图 15-2 中，纵坐标显示的是代际流动率，横坐标显示的是被调查者的出生年份，从 1934 年及以前出生的，直到 1975~1979 年出生的、1980~1989 年出生的。比较的变量是这些被调查者与他们的父辈相比，职业地位发生了什么变化。数据显示，改革开放以来，特别是 21 世纪以来，中国人的总体代际流动率还是比较高的。而且，这种总体流动率表现出的特征是：对于新中国成立后出生的人群，越是年轻的一代人，流动率越是逐年攀升的。用 1980~1989 年出生、1975~1979 年出生的人与前几组人比较，代际流动率明显上升。所以，全国的调查数据不支持阶层固化的说法。当然，笔者也同意上述陆学艺等学者的分析，由于农民、农民工的人口基数巨大，而高层管理者、高层技术专家的人群规模很小，所以，从概率上看，后者的子女进入管理阶层的概率比前者还是要高一些的。

问题是我们怎样解释当前遇到的矛盾现象呢？即一方面，如数据显示，从历史比较的角度看我国实际的代际流动率还是上升的，但是，另一方面，媒体上、社会上有社会阶层固化的观点，为什么会产生如此突出的矛盾呢？笔者以为，中国目前的代际流动率较高比较好理解，因为中国仍处在全世界最大规模的城市化、产业化转型的过程中，中国城乡发生巨变，人口最为巨大的群体——农民、农民工及其子女发生职业地位变迁，所以，计算总体代际流动率时当然会较高。那么，社会上流行的阶层固化的观点又是怎样形成的呢？不能否认，这确实源于一些具体的案例观察，比如在一些基层村庄、乡镇、县的管理部门，有明显的裙带关系现象，这是老百姓直接可以观察到的。当然，我们确实也可以发现另一些不同类型的案例，即一些父辈职业地位较低家庭的孩子，通过自己的奋斗实现了地位的上升。另外，地位很高的名人、富人、明星，他们的媒体影响力巨大，引起亿万人的关注，他们的孩子占据高地位就更受到全社会的关注，久而久之容易形成官二代、富二代的观念。所以，仅用案例来解释肯定不具有代表性，社会学还是强调采用严格的全国抽样调查的方法来获得数据，计算出能够代表全国人口的结论。这也体现了社会科学实证调查研究的意义。

那么，我国的代际流动率在国际上处于什么样的位置呢？如图 15-2 显示的，21 世纪以来我国的代际流动率在国际上也属于比较高的流动率。20 世纪 90 年代的时候，我国的代际流动率与美国的近似，即都是 0.40 多一些。21 世纪我国总体代际流动率为 0.55 以上，这显然是高于美国的。美国的流动率在国际上算是中等的，代际流动率最高的是北欧一些国家如丹麦、瑞典、挪威、芬兰等，这些国家的代际流动率高是因为它们都属于高福利国家，社会上的阶级、阶层现象已经极为弱化了。国际上代际流动率低的或也可称为阶层固化的国家多是阶级现象比较突出的，如南亚、非洲等地区的国家。譬如印度代际流动率就比较低，这与其阶级阶层现象比较突出有关。印度虽然在法律上早已经废止了种姓制度，但是，由于历史文化的传承，种姓与阶级阶层还是有关联的，所以阶层固化现象还是比较突出的。

总之，在21世纪，我国的总体代际流动率还是比较高的。代际流动率高是好事情，因为高流动率意味着社会具有活力，意味着能让更多的人具有通过自己的奋斗实现地位上升的机会。当然，未来，随着城市化、产业化的逐步完成，造成较高流动率的有利条件就逐步失去了。所以，要保持较高的社会流动率，还需要做出更多的体制优化和体制改革。党的十九大报告指出："破除妨碍劳动力、人才社会性流动的体制机制弊端，使人人都有通过辛勤劳动实现自身发展的机会。"（习近平，2017：46）所以，在21世纪，我们通过深化改革破除多种体制机制障碍，保持较高流动率的任务还是极为艰巨的。

五　关于新的社会阶层问题

所谓"新的社会阶层"是指改革开放以来，特别是21世纪以来在社会整体结构变迁的背景下，新产生的一些社会阶层。当然，从社会分层的角度看，改革开放以来社会的各个阶层几乎都发生了新的变化，上文也提到，很多新生的职业群体越来越多地成为各类产业和市场的主体，这些都是新阶层。但是在中国共产党的理论中，新的社会阶层是有特定含义的。新的社会阶层所体现的理论含义是：从统一战线的角度看，在新的社会局势下，如何最大限度地团结更多的社会力量。2020年新修订和发布的《中国共产党统一战线工作条例》提出新的社会阶层主要包括：民营企业和外商投资企业管理技术人员、中介组织和社会组织从业人员、自由职业人员、新媒体从业人员等。

由于新的社会阶层所涵盖的群体比较多，囿于篇幅，笔者在此主要谈一下民营企业管理者问题，这也涉及改革开放以来我们在社会阶层理论上遇到的最为重要的问题之一。

对于民营企业管理者或民营企业家，本书前面做过经济精英理论分析。这里试从阶级阶层政治角度做一讨论。从政治理论看，我国对于民营企业管理者的评价，经历过重大的理论变革。新中国刚成立时，我们称之为资本家或资产阶级，虽然宪法中提出"资本家所有制"是四种合法的所有制形式之一①，但是，它们在 20 世纪 50 年代中期均被改造为公私合营企业，资本家阶级也在后来的一系列改造运动以后不再占有生产资料了。改革开放以后，中央提出了全新的发展思路，推进民营经济发展。在改革开放初期，鼓励那些老的经营者重操旧业，这一点体现了我国与苏联的巨大不同。在我国，民营企业的中断是从 1956 年至改革开放以前，大约二十来年，所以，老一代的企业经营者还在，他们在改革开放初期曾发挥了很多创业和承续的作用。而在苏联，老的经营者阶层连同经营的文化都已完全消失多年了，这也是后来中国经济发展与俄罗斯经济发展局面大不相同的原因之一。

在 21 世纪，我国民营经济有了更为突飞猛进的发展。截至 2017 年底，我国民营企业数量超过 2700 万家，个体工商户超过 6500 万户，注册资本超过 165 万亿元。概括起来说，民营经济具有"五六七八九"的特征，即贡献了 50% 以上的税收，60% 以上的国内生产总值，70% 以上的技术创新成果，80% 以上的城镇劳动就业，90% 以上的企业数量。（习近平，2018）它们已经成为 21 世纪中国经济非常重要的发展力量。

更为重要的是，在 21 世纪，中国共产党已经在理论上清楚地阐释了民营经济是我国社会主义经济的两大组成部分之一，提出了鼓励民营经济发展的"两个毫不动摇"理论。目前，党中央的文件使用的是"民营企业"的说法，过去常常使用私营企业的说法，甚至曾使用资本家的说法，这种称谓上的变化有着深刻的理论含义。对此，理论界也给予了马克思主义理论的阐释。马克思在《〈政治经济学批判〉导言》中提出："在一切社会形式中都有一种一定的生产决定其他一切生产的地位和影响，因而它的关系也决定其他一切关系的地位和影响。这是一种普照的光，它掩盖了一切其他色彩，改变着它们的特点。这是一种特殊的以太，它决定着它里面显露出来的一切存在的比重。"（中共中央马克思恩格斯列宁斯大林著作编译局，2012：707）我国是中国共产党领导的社会主义国家，这种基本的政治、经济、社会制度就是决定其他一切关系的普照的光。在我国，民营经济和民营企业家也都在中国共产党的领导下，从事的是为国民经济服务、为民生服务的社会主义建设事业，他们是社会主义不可或缺的组成部分，我们也不应该用具有负面意义的称谓去称呼他们。

这也涉及如何看待企业家的问题。在任何现代国家，企业家都是推进经济社会发展、推动社会创新的最为重要的社会力量。企业家概念，英文

---

① 《中华人民共和国宪法》，北京：人民出版社，1954，第 8 页。

是 entrepreneur，其原义有创业者、风险承担者的含义。我们知道，企业家是需要承担巨大财务风险、经营风险的。所以，在 21 世纪，我们要完成将中国建设成为社会主义现代化强国的任务，就缺少不了企业家重大功能的发挥。一大批爱国的、敢于承担社会责任、敢于承担创业风险、敢于不断创新的企业家，是保证我们事业成功的最重要的社会力量之一。

　　总之，改革开放 40 余年来，中国始终处于迅速的社会变迁之中，如果想对变迁的规律进行总结，就需要在理论上不断探索、不断创新。

参考文献

边燕杰主编，2002，《市场转型与社会分层：美国社会学者分析中国》，北京：生活·读书·新知三联书店。

蔡欣怡，2007，《后街金融：中国的私营企业主》，何大明译，台北：巨流图书股份有限公司。

陈明显等编著，1989，《新中国四十年研究》，北京：北京理工大学出版社。

陈婴婴，1995，《职业结构与流动》，北京：东方出版社。

陈振华，2022，《增长联盟与地利联盟：城市化新阶段土地利益分配研究》，博士学位论文，清华大学社会学系。

邓小平，1993，《邓小平文选》第三卷，北京：人民出版社。

邓小平，1994，《在全国科学大会开幕式上的讲话》，载《邓小平文选》第二卷，北京：人民出版社。

《第一财经日报》，2013，《西南财大课题组详解基尼系数 0.61 调查过程》，4 月 11 日。

费孝通，2006，《中国绅士》，惠海鸣译，北京：中国社会科学出版社。

费正清，1999，《美国与中国》（第四版），张理京译，北京：世界知识出版社。

国家统计局住户调查办公室编，2020，《中国住户调查年鉴—2020》，北京：中国统计出版社。

哈罗德·R. 克博，2012，《社会分层与不平等：历史、比较、全球视角下的阶级冲突》（第七版），蒋超等译，上海：上海人民出版社。

胡锦涛，2007，《高举中国特色社会主义伟大旗帜　为夺取全面建设小康社会新胜利而奋斗——在中国共产党第十七次全国代表大会上的报告》，载《十七大报告学习辅导百问》，北京：党建读物出版社。

胡锦涛，2012，《坚定不移沿着中国特色社会主义道路前进　为全面建成小康社会而奋斗——在中国共产党第十八次全国代表大会上的报告》，载《十八大报告辅导读本》，北京：人民出版社。

加塔诺·莫斯卡，2002，《统治阶级（〈政治科学原理〉）》，贾鹤鹏译，南京：译林
　　出版社。

江泽民，2002，《全面建设小康社会　开创中国特色社会主义事业新局面——在中国共
　　产党第十六次全国代表大会上的报告》，《北京青年报》11 月 18 日，A3 版。

瞿同祖，2007，《汉代社会结构》，邱立波译，上海：上海人民出版社。

李春玲，1997，《中国城镇社会流动》，北京：社会科学文献出版社。

李春玲，2005，《断裂与碎片：当代中国社会阶层分化实证分析》，北京：社会科学文
　　献出版社。

李汉林，2004，《中国单位社会：议论、思考与研究》，上海：上海人民出版社。

李汉林、王奋宇、李路路，1994，《中国城市社区的整合机制与单位现象》，《管理世
　　界》第 2 期。

李克强，2023，《政府工作报告——2023 年 3 月 5 日在第十四届全国人民代表大会第一
　　次会议上》，https：//www.ccdi.gov.cn/toutiaon/202303/t20230314_ 252677.
　　html，3 月 14 日。

李兰、仲为国、彭泗清、郝大海、王云峰，2022，《新冠肺炎疫情危机下的企业韧性与
　　企业家精神——2021·中国企业家成长与发展专题调查报告》，《南开管理评
　　论》第 1 期。

李路路主编，2019，《社会分层与社会流动》，北京：中国人民大学出版社。

李明堃、李江涛编，1993，《中国社会分层：改革中的巨变》，香港：商务印书馆（香
　　港）有限公司。

李润泽子，2019，《3000 万网约车司机服务 3 亿用户，超四成司机驾龄过 10 年》，《南
　　方都市报》10 月 16 日，http：//sohu.com/a/347482223_ 161795。

李培林，2018，《当代中国阶级阶层变动（1978－2018）》，北京：社会科学文献出
　　版社。

李培林、李强、孙立平等，2004，《中国社会分层》，北京：社会科学文献出版社。

李培林、张翼、赵延东、梁栋，2005，《社会冲突与阶级意识：当代中国社会矛盾问题
　　研究》，北京：社会科学文献出版社。

李培林主编，2011，《中国社会》，北京：社会科学文献出版社。

李强，1989，《中国大陆的贫富差别》，北京：中国妇女出版社。

李强，1997a，《经济分层与政治分层》，《社会学研究》第 4 期。

李强，2000，《社会分层与贫富差别》，厦门：鹭江出版社。

李强，2004a，《农民工与中国社会分层》，北京：社会科学文献出版社。

李强，2004b，《转型时期中国社会分层》，沈阳：辽宁教育出版社。

李强，2005，《"丁字型"社会结构与"结构紧张"》，《社会学研究》第 2 期。

李强，2007，《政策变量与中国社会分层结构的调整》，《河北学刊》第 5 期。

李强，2019，《当代中国社会分层》，北京：生活·读书·新知三联书店。

李强等，1999，《生命的历程：重大社会事件与中国人的生命轨迹》，杭州：浙江人民出版社。

李强、洪大用等，1995，《市场经济、发展差距与社会公平》，哈尔滨：黑龙江人民出版社。

李强主编，1997b，《中国扶贫之路》，昆明：云南人民出版社。

李友梅、孙立平、沈原主编，2006，《当代中国社会分层：理论与实证》，北京：社会科学文献出版社。

刘精明等，2016，《教育公平与社会分层》，北京：中国人民大学出版社。

刘兆佳等编，2000，《市场、阶级与政治：变迁中的华人社会》，香港：香港中文大学香港亚太研究所。

陆学艺主编，2002，《当代中国社会阶层研究报告》，北京：社会科学文献出版社。

陆学艺主编，2004，《当代中国社会流动》，北京：社会科学文献出版社。

陆学艺主编，2010，《当代中国社会结构》，北京：社会科学文献出版社。

陆益龙，2003，《户籍制度：控制与社会差别》，北京：商务印书馆。

路风，1989，《单位：一种特殊的社会组织形式》，《中国社会科学》第 1 期。

罗丝玛丽·克朗普顿，2011，《阶级与分层》（第三版），陈光金译，上海：复旦大学出版社。

毛泽东，1967，《中国革命和中国共产党》，载《毛泽东选集》（一卷本），北京：人民出版社。

毛泽东，1991，《论联合政府》，载《毛泽东选集》第 3 卷，北京：人民出版社。

世界银行，2006，《2006 年世界发展指标》，方勇等译，北京：中国财政经济出版社。

世界银行经济考察团，1983，《中国：社会主义经济的发展》，财政部外事财务司组织译校，北京：中国财政经济出版社。

孙立平，2003，《断裂：20 世纪 90 年代以来的中国》，北京：社会科学文献出版社。

孙立平，2004，《转型与断裂：改革以来中国社会结构的变迁》，北京：清华大学出版社。

王亚南，1981，《中国官僚政治研究》，北京：中国社会科学出版社。

魏光奇，2004，《官治与自治：20 世纪上半期的中国县制》，北京：商务印书馆。

习近平，2017，《决胜全面建成小康社会 夺取新时代中国特色社会主义伟大胜利——在中国共产党第十九次全国代表大会上的报告》，北京：人民出版社。

习近平，2018，《在民营企业座谈会上的讲话》，《人民日报》11 月 2 日，第 2 版。

谢宇等，2014，《中国民生发展报告 2014》，北京：北京大学出版社。

许欣欣，2000，《当代中国社会结构变迁与流动》，北京：社会科学文献出版社。

杨晓民、周翼虎，1999，《中国单位制》，北京：中国经济出版社。

应星主编，2014，《中国社会》，北京：中国人民大学出版社。

于显洋主编，2016，《社区概论》（第二版），北京：中国人民大学出版社。

中共中央马克思恩格斯列宁斯大林著作编译局编译，2012，《马克思恩格斯选集》（第2
卷），北京：人民出版社。

中共中央组织部课题组，2001，《中国调查报告（2000~2001）——新形势下人民内部
矛盾研究》，北京：中央编译局出版社。

中共中央组织部、中共中央文献研究室编，1983，《知识分子问题文献选编》，北京：
人民出版社。

"中国改革改革与发展报告"专家组，2002，《中国财富报告：转型期要素分配与收入
分配》，上海：上海远东出版社。

中国民营经济研究会，2006，《民营经济占 GDP 比重达 65%》，载中国民营经济研究会
《民营经济内参》，9 月 29 日。

中国战略与管理研究会社会结构转型课题组，1998，《中国社会结构转型的中近期趋势
与隐患》，《战略与管理》第 5 期。

中华全国工商业联合会、中国民（私）营经济研究会主编，2005，《中国私营经济年鉴
2002 年~2004 年 6 月》，北京：中国致公出版社。

中研普华产业研究院，2020，《2020~2025 年中国快递行业市场前瞻与未来投资战略分
析报告》，中国行业研究网，http：//www. chinairn. com。

Bian，Yanjie. 1994. *Work and Inequality in Urban China.* Albany：State University of New York
Press.

Mills，C. Wright. 1956. *The Power Elite.* New York：Oxford University Press.

Nee，Victor. 1989. "A Theory of Market Transition：from Redistribution to Markets in State
Socialism." *American Sociological Review* 54：663-681.

Parish，William L. and E. Michelson. 1996. "Politics and Markets：Dual Transformation."
American Journal of Sociology 101：1042-1059.

Parkin，Frank. 1979. *Marxism and Class Theory: A Bourgeois Critique.* New York：Columbia
University Press.

Walder，Andrew G. 1986. *Communist Neo-traditionalism: Work and Authority in Chinese
Industry.* Berkeley：University of California Press.

Weber. 1994. "Class，Status，Party." Pp. 113-122 in *Social Stratification*，edited by David
B. Grusky，Boulder：Westview Press Inc.

Whyte，Martin King and William Parish. 1984. *Urban Life in Contemporary China.* Chicago：
University of Chicago Press.

Wright，Erik Olin. 1985. *Classes.* London：Verso.

Wright，Erik Olin. 1997. *Class Counts: Comparative Studies in Class Analysis.* Cambridge
University Press.

Zhou，Xueguang. 2004. *The State and Life Chances in Urban China: Redistribution and Stratification
1949-1994.* Cambridge，United Kingdom：Cambridge University Press.

附　　录

标准国际职业声望量表(SIOPS)、国际标准职业社会经济地位
指数（ISEI）和戈德索普量表（EGP）之比较

SIOPS	ISEI	EGP	职业各大组代码	职业子类代码	职业细类代码	职业再细类代码	具体职业
51	55	1	1000				立法者、高级官员和经理
67	70	1		1100			立法者、高级官员
64	77	1			1110		立法者
71	77	1			1120		中央政府高级官员
63	66	2			1130		地方政府高级官员
63	58	2			1140		特殊利益组织高级官员
						1141	政党组织高级官员
						1142	经济组织高级官员
						1143	特殊利益政党高级官员
60	68	1		1200			大型企业公司经理
70	70	1			1210		大型企业公司董事、总裁
63	67	1			1220		大型企业公司部门经理
60	67	11				1221	农业、渔业生产部门的经理
60	67	1				1222	制造业生产部门的经理
60	67	1				1223	建筑业生产部门的经理
60	59	1				1224	批发与零售贸易行业生产部门的经理

续表

SIOPS	ISEI	EGP	职业各大组代码	职业子类代码	职业细类代码	职业再细类代码	具体职业
60	59	1				1225	餐饮及酒店行业生产部门的经理
60	59	1				1226	运输、仓储及通信行业生产部门的经理
60	87	1				1227	商业服务行业生产部门的经理
60	59	1				1228	个人护理、清洁等行业生产部门的经理
60	67	1				1229	未归类的行业生产部门的经理
60	61	1			1230		大型企业公司其他部门经理
60	69	1				1231	财务及行政部门经理
60	69	1				1232	人事、劳资关系部门经理
60	56	1				1233	营销、市场部门经理
60	69	1				1234	广告、公共关系部门经理
60	69	1				1235	供应、配送部门经理
60	69	1				1236	计算服务部门经理
60	69	1				1237	研发部门经理
60	69	1				1239	其他部门经理
55	58	2			1240		办公室经理
65	64	1			1250		军官
73	70	1				1251	高级军事人员
63	60	2				1252	级别较低的军事人员
50	51	2		1300			小企业总经理
50	51	2			1310		小企业总经理
47	43	11				1311	小型农业、林业和渔业企业总经理
52	56	2				1312	小型制造业企业总经理
52	51	2				1313	小型建筑业企业总经理
46	49	2				1314	小型批发与零售贸易业企业总经理
38	44	2				1315	小型餐饮及酒店业企业总经理
52	51	2				1316	小型运输、仓储及通信行业企业总经理
52	51	2				1317	小型商业服务业企业总经理

续表

SIOPS	ISEI	EGP	职业各大组代码	职业子类代码	职业细类代码	职业再细类代码	具体职业
52	51	2				1318	小型个人护理、清洁业等企业总经理
52	51	2				1319	小型未归类的企业总经理
62	70	1	2000				专业人员
63	69	1		2100			物理、数学和工程学专业人员
69	74	1			2110		物理学家、化学家及相关专业人员
75	74	1				2111	物理学家、天文学家
72	74	1				2112	气象学家
69	74	1				2113	化学家
67	74	1				2114	地质学家及相关专业人员
56	71	1			2120		数学家、统计学家及相关专业人员
69	71	1				2121	数学家及相关专业人员
55	71	1				2122	统计学家
51	71	1			2130		计算机专业人员
51	71	1				2131	计算机系统设计师和分析师
51	71	2				2132	电脑程序员
51	71	2				2139	计算机及相关专业人员
63	73	1			2140		建筑师、工程师及相关专业人员
72	69	1				2141	建筑师、城市交通规划师
70	69	1				2142	土木工程师
65	68	1				2143	电气工程师
65	68	1				2144	电子及通讯工程师
66	67	1				2145	机械工程师
66	71	1				2146	化学工程师
61	67	1				2147	采矿工程师、冶金专业人员
58	56	2				2148	制图、测量工程师
56	69	1				2149	未归类的建筑师、工程师等专业人员
70	80	1		2200			生命科学与卫生保健专业人员
62	78	1			2210		生命科学方面专业人员
69	77	1				2211	生物学家、植物学家、动物学家等专业人员

续表

SIOPS	ISEI	EGP	职业各大组代码	职业子类代码	职业细类代码	职业再细类代码	具体职业
68	77	1				2212	药理学家、病理学家等专业人员
56	79	1				2213	农学家等专业人员
73	85	1			2220		卫生保健专业人员（不包括护理人员）
78	88	1				2221	医生
70	85	1				2222	牙科医生
61	83	1				2223	兽医
64	74	1				2224	药剂师
73	85	1				2229	未归类的卫生保健专业人员（不包括护理人员）
54	43	2				2230	护理人员和助产士
61	69	2		2300			教学专业人员
78	77	1			2310		大学、学院等高等教育教师
60	69	2			2320		中学教育教师
60	70	2				2321	有高中部的中学教师
57	66	2				2322	职业中学教师
57	66	2			2330		小学和学前教育教师
57	66	2				2331	小学教师
49	43	2				2332	学前教育教师
62	66	2			2340		专门教育教师
62	66	1			2350		其他教师
68	70	1				2351	教育方法专家
68	70	1				2352	学校督察
62	65	2				2359	从事教育的其他专业人员
60	68	1		2400			其他专业人员
57	69	2			2410		商务人员
62	69	1				2411	会计
56	69	2				2412	人事专业人员
57	69	2				2419	其他商务专业人员
73	85	1			2420		法律专业人员
73	85	1				2421	律师
76	90	1				2422	法官

SIOPS	ISEI	EGP	职业各大组代码	职业子类代码	职业细类代码	职业再细类代码	具体职业
71	82	1				2429	其他法律专业人员
54	65	2			2430		档案保管员、图书馆管理员及相关专业人员
54	65	2				2431	档案保管员和馆长
54	65	2				2432	图书馆管理员、信息管理等专业人员
58	65	1			2440		社会科学及相关专业人员
60	78	1				2441	经济学家
67	71	1				2442	社会学家、人类学家及相关专业人员
67	71	1				2443	哲学家、历史学家、政治学家
62	65	2				2444	语言学家、翻译及口译人员
67	71	1				2445	心理学家
52	51	2				2446	社会工作的专业人员
57	61	2			2450		作家、创作或表演艺术家
58	65	2				2451	作家、新闻记者、其他写作者
57	54	2				2452	雕刻家、画家、艺术家等
45	64	2				2453	作曲家、音乐家、歌手
40	64	2				2454	编舞、舞蹈人员
57	64	2				2455	演员、导演、电影、舞台等相关专业人员
60	53	2			2460		宗教方面的职业人员
48	54	2	3000				技术员和相关专业人员
48	50	2		3100			物理学和工程学专业人员
47	49	2			3110		物理学和工程学技术人员
46	45	2				3111	化学和物理学技术员
39	45	2				3112	土木工程技术员
46	46	2				3113	电工技师
46	46	2				3114	电子与通信工程技术员
46	54	2				3115	机械工程技术员
46	54	2				3116	化学工程技术员
53	54	2				3117	采矿及冶金技师
55	51	2				3118	绘图技师
46	53	2				3119	其他物理学和工程学技术人员

续表

SIOPS	ISEI	EGP	职业各大组代码	职业子类代码	职业细类代码	职业再细类代码	具体职业
53	52	2			3120		计算机相关专业人员
53	52	2				3121	计算机助理
53	52	2				3122	计算机设备操作员
53	52	2				3123	工业机器人控制员
46	52	2			3130		光学与电子设备操作员
46	48	2				3131	摄影与电子设备操作员
49	57	2				3132	广播与电信设备操作员
58	57	2				3133	医疗器械操作员
44	52	2				3139	光学与电子设备操作的其他专业人员
57	57	2			3140		船舶、飞机操纵员和技术员
60	52	2				3141	船舶工程师
55	52	2				3142	船舶甲板人员
60	69	1				3143	飞行员等相关专业人员
50	69	1				3144	空中交通管制员
46	50	2				3145	空中交通安全技术员
54	50	2			3150		安全质量检查员
54	50	2				3151	建筑、消防检查员
54	50	2				3152	安全、健康、质量检查员
51	48	2		3200			生命科学和卫生保健及相关专业人员
52	50	-2			3210		生命科学技术等的相关专业人员
52	50	2				3211	生命科学技师和技术员
47	50	2				3212	农艺学、林业技术员
55	50	2				3213	农业、林业顾问
51	55	2			3220		现代卫生保健助理专业人员（不包括护理人员）
53	51	2				3221	助理医生
48	51	2				3222	保健医
52	51	2				3223	营养师
60	60	2				3224	验光、配镜师
44	51	2				3225	助理牙医

续表

SIOPS	ISEI	EGP	职业各大组代码	职业子类代码	职业细类代码	职业再细类代码	具体职业
51	60	2				3226	物理治疗师等助理专业人员
48	51	2				3227	助理兽医
44	51	2				3228	制药助理
45	51	2				3229	其他现代卫生保健助理专业人员（不包括护理人员）
44	38	3			3230		护理、助产等助理专业人员
44	38	3				3231	护理相关的助理
44	38	3				3232	助产相关的助理
29	49	2			3240		传统医疗和信仰治疗医生
29	51	2				3241	传统医疗医生
22	38	2				3242	信仰治疗医生
50	38	3		3300			教育助理专业人员
50	38	3			3310		初等教育专业助理人员
50	38	3			3320		学龄前教育专业助理人员
50	38	3			3330		专门教育专业助理人员
50	38	3			3340		其他教育专业助理人员
48	55	2		3400			其他助理专业人员
47	55	2			3410		金融和营销助理专业人员
50	61	2				3411	证券、金融业经纪人
44	54	2				3412	保险代理人员
49	59	2				3413	地产代理人员
43	56	2				3414	旅游咨询和组织人员
46	56	2				3415	技术、商业销售代表
49	50	2				3416	采购员
46	56	2				3417	评估师、估价师、拍卖师
46	55	2				3419	其他金融和营销助理专业人员
42	55	2			3420		商业服务代理商和贸易经纪人
55	55	2				3421	贸易经纪人
50	55	2				3422	结算、货运代理商
49	55	2				3423	就业、劳务代理承包商
42	55	2				3429	其他商业服务代理商和贸易经纪人
49	54	3			3430		行政助理专业人员

续表

SIOPS	ISEI	EGP	职业各大组代码	职业子类代码	职业细类代码	职业再细类代码	具体职业
53	54	2				3431	行政秘书、协理等专业人员
49	59	2				3432	法律、商务等助理专业人员
49	51	3				3433	簿记员
51	61	2				3434	统计、数学等方面的专业助理人员
53	54	3				3439	其他行政类的专业助理人员
52	56	2			3440		海关、税务等政府助理专业人员
44	56	2				3441	海关边检员
52	57	2				3442	政府税务、海关官员
55	56	2				3443	政府社会福利官员
54	46	2				3444	管理许可证的政府官员
55	56	2				3449	其他未归类的海关税务等政府官员
45	56	2			3450		巡警、侦探等
60	55	2				3451	巡警和侦探
44	56	7				3452	没有纳入正式部队编制的武装人员
49	43	3			3460		社会工作助理专业人员
45	52	2			3470		艺术、娱乐和体育类助理专业人员
49	53	2				3471	装修、商业设计师
50	64	2				3472	广播、电视台及其他类传媒人员
32	50	2				3473	在夜总会等地方工作的音乐人、歌手及舞者
33	50	2				3474	小丑、魔术师、杂技表演者等专业人员
49	54	2				3475	运动员、体育人等专业人员
50	38	3			3480		宗教事务专业助理人员
37	45	3	4000				办事员
37	45	3		4100			办公室办事员
45	51	3			4110		秘书、键盘操作员

SIOPS	ISEI	EGP	职业各大组代码	职业子类代码	职业细类代码	职业再细类代码	具体职业
42	51	3				4111	速记员、打字员
42	50	3				4112	文字处理器等方面的操作员
45	50	3				4113	数据录入员
45	51	3				4114	计算机操作员
53	53	3				4115	秘书
44	51	3			4120		数字职员
45	51	3				4121	会计与簿记员
36	51	3				4122	统计、财务办事员
32	36	3			4130		资料记录和传递员
30	32	3				4131	库存登记职员
44	43	3				4132	生产办事员
37	45	3				4133	传递员
37	39	3			4140		图书馆、邮政及相关职员
36	39	3				4141	图书馆和存档办事员
33	39	3				4142	邮件运送和分拣职员
41	39	3				4143	编码校对等办事员
37	39	3				4144	抄写员、书记员等
37	39	3			4190		办公室其他办事员
39	49	3		4200			客户服务办事员
37	48	3			4210		收银、出纳、报关等职员
34	53	3				4211	收银、票据等办事员
42	46	3				4212	出纳员及其他柜台办事员
34	40	3				4213	赌场的管理人员
15	40	3				4214	典当、放债等管理员
27	40	3				4215	收债等工作人员
38	52	3			4220		客户信息员
38	52	3				4221	旅行社等的办事员
38	52	3				4222	接待员和信息员
38	52	3				4223	电话总机接线员
32	40	3	5000				服务业、商店市场销售人员
32	38	3		5100			个人服务和保安服务人员
32	34	3			5110		旅行服务员及相关人员
50	34	3				5111	旅游服务员、乘务员

续表

SIOPS	ISEI	EGP	职业各大组代码	职业子类代码	职业细类代码	职业再细类代码	具体职业
32	34	3				5112	列车长
29	34	3				5113	旅行和博物馆导游
26	32	3			5120		房屋管理和饭店服务员
37	30	2				5121	房屋管理等人员
31	30	8				5122	厨师
21	24	9				5123	饭店服务员、调酒师
27	25	9			5130		私人保姆、为个人照料服务的人员
23	25	3				5131	保姆、幼儿照料服务员
42	25	9				5132	在机构中为个人照料服务的人员
17	25	3				5133	在家庭中为个人照料服务的人员
29	25	9				5139	其他从事照料服务的工作人员
29	30	8			5140		其他为个人照料服务的人员
32	29	8				5141	理发师、美容师等工作者
17	19	9				5142	贴身侍候的人（男仆、女仆）
34	54	8				5143	殡葬人员
29	19	9				5149	其他为个人照料服务的人员等
37	43	2			5150		占星师、算命者等人员
37	43	2				5151	占星师等相关人员
37	43	2				5152	算命、看手相等人员
37	47	9			5160		提供保护服务的工作者
35	42	8				5161	消防队员
40	50	8				5162	警察
39	40	9				5163	狱警
39	40	8				5164	武装部队士兵
30	40	9				5169	其他类提供保护服务的工作者
31	43	3		5200			售货员、模特、推销员
28	43	3			5210		时装及其他模特
32	43	10			5220		商店售货员、模特
24	37	10			5230		货摊、市场售货员
37	23	10	6000				农业和渔业的技术工人

续表

SIOPS	ISEI	EGP	职业各大组代码	职业子类代码	职业细类代码	职业再细类代码	具体职业
38	23	10		6100			面向市场的农业和渔业工人
40	23	10			6110		面向市场的园林工人和作物种植者
40	23	10				6111	农田作物及蔬菜种植者
40	23	10				6112	树木及灌木作物种植者
40	23	10				6113	园林、园艺及苗圃种植者
40	23	10				6114	混合作物种植者
40	23	10			6120		面向市场的动物饲养生产者等
40	23	10				6121	乳品生产及牲畜饲养者
40	23	10				6122	饲养家禽者
40	23	10				6123	养蜂者、养蚕者
40	23	10				6124	混合动物生产者
40	23	10				6129	其他面向市场的动物饲养生产者
38	23	10			6130		面向市场的作物和动物生产者
40	23	11				6131	混合农业的农民
41	27	11				6132	农民的工头/管理者
40	28	11				6133	自耕农民
30	23	10				6134	农场技术工人
24	22	10			6140		林业类工人
24	22	10				6141	林业工人、伐木工人
16	22	10				6142	烧木炭等工人
28	28	10			6150		渔民、猎人和设陷阱捕兽者
23	28	10				6151	水产饲养工人
23	28	10				6152	内陆、沿海水域的水产工人
28	28	10				6153	深海水产业工人
6	28	10				6154	猎人和设陷阱捕兽者
38	16	11		6200			生态农业人员和渔民
38	16	11			6210		生态农业人员和渔民
38	34	8	7000				工艺及相关行业工人
34	31	9		7100			提炼和建筑行业人员
34	30	9			7110		矿工、矿井爆破工、石材切割和雕刻工

续表

SIOPS	ISEI	EGP	职业各大组代码	职业子类代码	职业细类代码	职业再细类代码	具体职业
34	30	9				7111	矿工、采石场工人
36	30	9				7112	爆破工人
34	27	9				7113	石材切割和雕刻工
34	30	8			7120		建筑构件及相关行业人员
36	29	9				7121	使用传统材料的建筑工人
34	29	9				7122	瓦匠、石匠
34	26	9				7123	混凝土、浇注混凝土的工人
37	29	8				7124	木匠、工匠
28	30	8				7129	从事建筑行业的其他未分类工人
37	34	8			7130		建筑装修工及相关行业人员
31	19	9				7131	吊顶的工人
31	30	9				7132	地板层、瓷砖工人
31	31	8				7133	泥水匠
28	34	8				7134	绝缘工人
26	26	9				7135	安装玻璃的工人
34	33	8				7136	水管工
44	37	8				7137	建筑业的电工等
31	29	8			7140		油漆工、建筑清洁工及相关人员
31	29	8				7141	油漆等工人
29	32	9				7142	粉刷、装饰类工人
20	29	9				7143	建筑清洁工
40	34	8		7200			冶金、机械及相关行业人员
38	31	8			7210		金属铸工、焊接工,钣金工人
38	29	8				7211	金属铸工
39	30	8				7212	电焊工
34	33	8				7213	钣金工
44	30	8				7214	金属结构工
32	30	8				7215	机身装配员、电缆接合员
26	30	8				7216	水下工作者
37	35	8			7220		铁匠、机修工及相关行业人员
35	33	8				7221	铁匠、锻工、锻压工人

续表

SIOPS	ISEI	EGP	职业各大组代码	职业子类代码	职业细类代码	职业再细类代码	具体职业
40	40	8				7222	机修工等
38	34	8				7223	机床安装员、安装机械操作员
27	24	8				7224	金属轮研磨工、抛光及磨床工人
43	34	8			7230		机械钳工与装配工
43	34	8				7231	汽车发动机钳工和装配工
50	42	8				7232	飞机发动机钳工和装配工
42	33	8				7233	工业与农业机械钳工和装配工
20	23	9				7234	车库非技术工人
38	40	8			7240		电气与电子设备钳工和装配工
38	40	8				7241	电气机械钳工与装配工
48	39	8				7242	电子装配工
42	41	8				7243	电子技工和服务人员
35	40	8				7244	电报、电话安装及服务工人
36	38	8				7245	电气线路安装、维修工及电缆接合工
39	34	8		7300			精密仪器工人、手工艺工人、印刷工人等
45	38	8			7310		金属及相关材料精加工工人
47	38	8				7311	精密仪器制造及修理
33	38	8				7312	乐器制造者及调乐器者
43	38	8				7313	珠宝及贵金属生产工人
28	28	9			7320		陶艺、玻璃制造工人等
25	27	9				7321	砂轮成形、陶艺工人等
37	29	9				7322	玻璃制造工人、磨工、润饰者
31	29	8				7323	玻璃雕刻师、琢刻师
31	29	8				7324	微晶玻璃、装饰画制造工人
31	29	9			7330		木材、纺织、皮革等方面的手工业工人
31	29	9				7331	木材等材料方面的手工业工人
31	29	9				7332	纺织、皮革等材料方面的手工业工人
42	40	8			7340		印刷及相关行业工人

续表

SIOPS	ISEI	EGP	职业各大组代码	职业子类代码	职业细类代码	职业再细类代码	具体职业
42	40	8				7341	排字等工人
41	40	8				7342	铅版、电子排版工人
41	42	8				7343	雕刻印刷工业中的制版工人
42	40	8				7344	照片印制等工人
32	37	8				7345	装订等工人
52	38	8				7346	丝网印刷、纺织印刷工人
33	33	8		7400			其他手工业及相关行业工人
28	30	8			7410		食品加工及相关行业工人
24	40	8				7411	屠宰、鱼处理等食品业工人
33	31	8				7412	面包师、糕点工、糖果制造工人
34	30	8				7413	奶制品工人
35	30	8				7414	水果、蔬菜等产品保鲜工人
34	30	8				7415	食品品尝者、品酒师
34	30	8				7416	烟草调制、制造人员
29	33	8			7420		木材处理工、细木工及相关行业工人
29	33	9				7421	木材处理工
40	33	8				7422	细木工
36	33	8				7423	木工机械安装员、操作员
21	33	9				7424	编织工艺、刷子制造业工人
34	36	8			7430		纺织、服装及相关行业工人
29	29	9				7431	纤维处理人员
32	29	9				7432	手工、机织的织布工
40	45	8				7433	裁缝、帽子制造工人
35	36	8				7434	毛皮制造业工人
40	36	8				7435	纺织品、皮革等图案、剪裁工人
26	33	8				7436	缝纫者、刺绣工等工人
31	28	8				7437	装饰业的其他工人
27	31	8			7440		毛皮、皮革和制鞋行业工人
22	31	8				7441	毛皮、皮革制作工人
27	31	8				7442	制鞋行业工人等
48	42	8		7500			其他技术工人（不以销售为目的）

SIOPS	ISEI	EGP	职业各大组代码	职业子类代码	职业细类代码	职业再细类代码	具体职业
46	42	7			7510		非农业体力劳动工头(不以销售为目的)
46	38	8			7520		技术工人(不以销售为目的)
37	26	9			7530		技术学徒工(不以销售为目的)
34	31	9	8000				设备、机械操作员和装配工
36	30	9		8100			固定设备和机械操作员
31	35	9			8110		采矿和矿物处理设备操作员
34	35	9				8111	采矿操作员
32	35	9				8112	矿石加工处理操作员
31	35	9				8113	打钻、钻孔类工人
40	30	9			8120		金属加工设备操作员
45	31	9				8121	矿石、金属熔炉操作员
36	30	9				8122	金属熔炼、炼铸、轧钢操作员
28	28	9				8123	金属热处理操作员
28	30	9				8124	金属成型、挤压操作员
31	22	9			8130		玻璃、陶瓷及相关设备操作员
31	22	9				8131	玻璃、陶瓷窑炉等设备操作员
31	22	9				8139	微晶玻璃等设备操作员
28	27	9			8140		木材加工、造纸设备操作员
29	27	9				8141	木材加工设备操作员
28	27	9				8142	纸浆设备操作员
28	27	9				8143	造纸设备操作员
42	35	8			8150		化学处理设备操作员
43	35	8				8151	破碎粉磨、化工搅拌设备操作员
43	35	8				8152	化学热处理设备操作员
43	35	8				8153	化学过滤、分离设备操作员
43	35	8				8154	化学、反应堆操作员
37	35	8				8155	石油、天然气精炼设备操作员
43	35	8				8159	未分类的化学加工设备操作员
38	32	8			8160		电力生产及相关设备操作员
42	33	8				8161	电力生产设备操作员
35	27	8				8162	蒸汽发动机、锅炉操作员

续表

SIOPS	ISEI	EGP	职业各大组代码	职业子类代码	职业细类代码	职业再细类代码	具体职业
34	33	8				8163	焚化炉、水处理等设备操作员
30	26	8			8170		自动装配线及工业机器人操作员
30	26	8				8171	自动装配线操作员
30	26	8				8172	工业机器人操作员
34	32	9		8200			机器操作员和装配工
37	46	9			8210		金属及矿产机器操作员
38	36	9				8211	金属矿产机器操作员
30	30	9				8212	水泥及其他矿产机器操作员
43	30	9			8220		化学品机器操作员
43	30	9				8221	制药与化妆品机器操作员
43	30	9				8222	弹药及炸药制品机器操作员
28	30	9				8223	金属涂装、电镀等机器操作员
43	30	9				8224	相片产品机器操作员
43	30	9				8229	未归类的化学产品机器操作员
30	30	9			8230		橡胶及塑料制品机器操作员
30	30	9				8231	橡胶产品机器生产操作员
30	30	9				8232	塑料制品机器生产操作员
31	29	9			8240		木材制品机器操作员
41	38	9			8250		印刷、装订及纸张产品机器操作员
41	38	9				8251	印刷机操作员
32	38	9				8252	装订机操作员
28	38	9				8253	纸制品机器操作员
28	30	9			8260		纺织、毛皮及皮革制品机器操作员
29	29	9				8261	纤维、纺丝及卷绕机器操作员
29	29	9				8262	织布机、针织机器操作员
25	32	9				8263	缝纫机器操作员
25	24	9				8264	漂白、染色及清洗机器操作员
26	32	9				8265	毛皮、皮革预处理机器操作员
28	32	9				8266	制鞋等机器操作员

续表

SIOPS	ISEI	EGP	职业各大组代码	职业子类代码	职业细类代码	职业再细类代码	具体职业
26	32	9				8269	未归类的纺织、毛皮及皮革等制品机器操作员
33	29	9			8270		食品及相关产品机器操作员
31	29	9				8271	肉类及鱼类机器操作员
34	29	9				8272	奶类产品机器操作员
33	29	9				8273	粮食、香料加工机器操作员
33	29	9				8274	烤制品、谷类及巧克力机器操作员
35	29	9				8275	水果、蔬菜及坚果机器操作员
45	29	9				8276	食糖生产加工机器操作员
34	29	9				8277	茶、咖啡及可可机器操作员
34	29	9				8278	酿酒、酒及其他饮料机器操作员
39	29	9				8279	烟草生产机器操作员
33	31	9			8280		装配组装操作员
30	30	9				8281	机械装配操作员
48	34	9				8282	电气设备装配操作员
48	34	9				8283	电子设备装配操作员
30	30	9				8284	金属、橡胶和塑料制品装配操作员
31	30	9				8285	木材等产品装配操作员
28	30	9				8286	纸板、纺织等产品装配操作员
33	26	9			8290		其他机器操作员及装配工
33	32	9		8300			驾驶员和机动设备操作员
36	36	9			8310		机动车驾驶员及相关工人
43	41	8				8311	机动车驾驶员
29	32	9				8312	铁路辊捏工、信号员、扳道员
32	34	9			8320		电机车驾驶员
31	30	9				8321	摩托车驾驶员
31	30	9				8322	小汽车、出租车及货车驾驶员
32	30	9				8323	巴士及电车驾驶员
33	34	9				8324	重型卡车及货车驾驶员
32	26	9			8330		农用设备及其他机动设备操作员

续表

SIOPS	ISEI	EGP	职业各大组代码	职业子类代码	职业细类代码	职业再细类代码	具体职业
31	26	10				8331	农用及林业设备操作员
32	26	8				8332	推土机等设备操作员
33	28	8				8333	起重机、吊车等设备操作员
28	28	9				8334	起重车操作员
29	32	9			8340		船员及相关工人
33	24	9		8400			半技术工人（不以销售为目的）
21	20	9	9000				基本职业
23	25	3		9100			销售和服务基本职业
25	29	3			9110		街头小贩及相关人员
24	29	3				9111	街头食品小贩
24	28	3				9112	街头非食品小贩
26	29	3				9113	登门推销和电话产品推销员
12	28	9			9120		街道服务的基本职业
21	16	9			9130		家务及相关佣工、清洁工、洗衣工
22	16	9				9131	家务佣工、清洁工
21	16	9				9132	由单位管理的佣工、清洁工
22	16	9				9133	手工洗涤、清洗工人
23	23	9			9140		房屋看管人、窗户及相关清洁工
25	23	9				9141	房屋看管人
19	23	9				9142	房屋设备、窗户清洁工
20	27	9			9150		邮递员、勤杂工、保安及相关工人
22	25	9				9151	邮递员、包裹和行李等搬运递送人员
20	27	9				9152	保安等人员
21	27	9				9153	自动售货机、街头停车机器收钱等相关人员
13	23	9			9160		垃圾清理工及相关工人
13	23	9				9161	垃圾清理工
13	23	9				9162	扫大街及相关工人
23	16	9		9200			农民和渔民等

续表

SIOPS	ISEI	EGP	职业各大组代码	职业子类代码	职业细类代码	职业再细类代码	具体职业
23	16	10			9210		农民和渔民等
23	16	10				9211	农业体力劳动者等
18	16	10				9212	林业劳动者
23	16	10				9213	渔业、狩猎、诱捕类劳动者
18	23	9		9300			采矿业、建筑业、制造业及运输业的劳动者
16	21	9			9310		采矿、建筑业劳动者
18	21	9				9311	采矿及采石业劳动者
15	21	9				9312	建筑和维修业劳动者(修道路、水坝等)
15	21	9				9313	房屋建筑劳动者
19	20	9			9320		制造业劳动者
18	20	9				9321	装配工
22	24	9				9322	手工包装工及其他制造业劳动者
20	29	9			9330		运输工、货运业劳动者
17	22	9				9331	机械手、机械爪操作员
22	22	9				9332	货运机械操作员
20	30	9				9333	货物管理劳动者

图书在版编目（CIP）数据

社会分层十五讲 / 李强著. --北京：社会科学文
献出版社，2024.6（2025.1重印）
（清华社会学讲义）
ISBN 978-7-5228-1634-0

Ⅰ.①社… Ⅱ.①李… Ⅲ.①社会阶层-研究-中国
Ⅳ.①D663

中国国家版本馆 CIP 数据核字（2023）第 055131 号

清华社会学讲义
社会分层十五讲

策　　划 / 清华大学社会学系
著　　者 / 李　强

出 版 人 / 冀祥德
责任编辑 / 赵　娜
责任印制 / 王京美

出　　版 / 社会科学文献出版社·群学分社（010）59367002
　　　　　　地址：北京市北三环中路甲 29 号院华龙大厦　邮编：100029
　　　　　　网址：www.ssap.com.cn
发　　行 / 社会科学文献出版社（010）59367028
印　　装 / 三河市龙林印务有限公司

规　　格 / 开　本：787mm×1092mm　1/16
　　　　　　印　张：33.75　字　数：585 千字
版　　次 / 2024 年 6 月第 1 版　2025 年 1 月第 2 次印刷
书　　号 / ISBN 978-7-5228-1634-0
定　　价 / 69.00 元

读者服务电话：4008918866